国家出版基金项目
NATIONAL PUBLICATION FOUNDATION

中國古代物質文化史

陵墓

刘毅 著

开明出版社

编委会

项目编辑组

出版说明

在人类历史长河中，我们的民族创造出光辉灿烂的中华文明，虽历经坎坷而连绵不绝，成为我们这个星球上唯一从远古走来，中途不曾断裂的最完整的一脉文化体系，留下了博大丰厚的文化遗产，对人类文明进步作出了独特而巨大的贡献。完整而丰富的地上、地下物质文化遗存就是中华文明传承与发展的最好佐证。然而遗憾的是，到目前为止，尽管我们的物质遗存如此丰赡，却没有一部全面系统基于实体的物质资料而构建和叙写的中国古代文化史。我们这个出版项目的主旨，就是尝试弥补这个巨大缺憾和学术空白。

以往我们看到的中国历史著作，大都是基于传统文献资料，来进行政治、经济、军事、文化等各个领域的书写和诠释。当我们开始有意识地利用考古资料、地上文物遗存资料，并借助人类学、民族学、社会学等研究方法和手段来观察历史时，我们的研究空间和视域顿时更加广阔，某些隐藏至深的信息得以深入发掘，原有的历史认识进一步丰富而立体。这是因为历史本身的复杂性，决定了我们发掘历史信息的方法和途径也应该是多方面的。而随着近几十年考古发掘工作的不断推进，地下考古发现越来越丰富，地上文物遗存越来越受关注，同时学界的相关研究也越来越多，这些地下、地上文物遗存所展示给我们的信息就越来越系统，这些信息所构成的历史文化空间就越来越恢宏。最终使得我们不仅有必要而且也有可能不再拘泥于传统的历史记述与研究的路数，另辟蹊径，书写一部基于物质的中国古代文化史，即首先立足于地下、地上文物遗存，同时充分参考文献资料来诠释这些文物遗存的文化内涵与外延而构建的中国古代物质文化史。

这样的一部中国古代物质文化史，必然是一部能够让我们从物质实体出发来认识博大精深的中国古代文化的历史，一部广阔而深邃、客观而生动、系统而完整的历史，既能反映政治、经济、军事、文化、法制、科技、社会各方面情况，又能反映人们的生产、生活、信仰以及思想观念、审美理念、价值取向、生活情趣等。从中我们可以感受到历史发展的脉搏，探索历史最生动的层面，还原历史本来面貌。

从某种意义上来说，编纂这样一部系统科学的物质文化史不但势在必行，而且极具创新价值、学术价值和开拓意义。这样的工作，对于彰显中华民族的伟大创造力、诠释中华民族优秀的历史文化、使我们更好地认识源远流长的中华文明有着极为重要的意义。同时这种注重物质的客观性和系统关联性的学术视角，也必然会在学术领域产生积极的影响，对于推动历史学、人类学、考古学等学科的深入研究具有积极意义。此外，我们也希望这部书能够进一步唤起我们珍视历史、热爱文物、保护文物的意识。一个爱护文物、爱护历史文化遗产、尊重历史的民族，才是一个有未来的民族。

我们的中国古代物质文化史项目从策划到最终立项经过了数年时间的酝酿，从立项到陆续开始出版又经历了数年。我们计划全套书共出70卷，除索引卷外，分为通史和专题两个系列，以纵、横的脉络建立历史时空坐标。纵的是通史系列，分为史前、商周、秦汉、魏晋南北朝、隋唐五代、宋元明清六个阶段，按中国历史的时间顺序，遵循物质文化变化节奏和规律，在历史大背景下宏观阐述中国古代物质文化史的发展进程，使读者对文化遗存在中国历史洪流中有个整体、全局性的把握。横的是专题系列，按照材质、用途和功能、艺术表现形式等的不同分为石器、陶器、瓷器、玉器、青铜、金银器、漆器、兵器、乐器、家具、纺织、货币、天文历法、水利、建筑、墓葬、雕塑、绘画、书法篆刻等类。内容丰富的类别再做进一步的细致分类，并分册出版，如绘画类包括壁画（寺观壁画、墓室壁画、石窟寺壁画）、卷轴画等；雕塑类包括石窟寺雕塑、墓葬雕塑和其他雕塑等。各专题或以时间为轴或以类别为序，展现各个物质形态继承与发展、沿袭与嬗变的过程，通过点线面结合，揭示物质遗存所特有的发展曲线和深层次的历史内涵。每卷随文附图200幅左右，以体现内容和版面的活泼生动，强调实证效果，增强视觉感知及可读性。对于某些卷册，如龟兹、敦煌等，由于涉及大量译名，还会附加名词索引。

经过编委、各位作者和编辑人员的共同努力，如今这套书终于要依次与读者见面。个中滋味，甘苦各半。回顾起来，我们不得不说，这样大规模高难度的项目，在当今要集合如此众多的专家学者，进行如此大量的资料、图片的收集与整理工作，其难度远超我们的预期；尤其是若没有足够的资金支持，仅凭一家出版社的力量，几乎是不可能开展也不可能完成的。对此，国家出版基金会给我们提供了最大限度的支持，不仅是资金方面，还有精神方面，使得我们有决心、有信心也有力量把这个项目逐步完成。也正因为这样，这套书才能有幸与读者见面。在此，我们对国家出版基金会表示由衷的感谢。此外，参与主编策划和书稿撰写的各位专家、学者也付出了异常艰辛的努力，他们每个人本身的工作都很忙，可为了这套书的构思策划，为了每一卷书稿的高质量完成，还是付出了大量的时间和精力，做了最严谨而细致的工作，在此也对他们表示诚挚的谢意。

项目编辑组

总序：中国历史和文化的物质表征

《中国古代物质文化史》经过参与该书策划、撰写和编辑的诸多学者的共同努力，现在终于问世了。这个总序本来应该由项目的主编、前国家文物局局长、北京大学兼职教授张文彬先生来写，以阐述项目成果即本套书的编写宗旨、设计体例、内容特点，并介绍每分卷的写作情况等。由于张文彬先生在主持项目过程中遇身体不适，我这个后来被指定的执行主编只有勉为其难，代张文彬先生撰写这个《中国古代物质文化史》的总序了。鉴于这套书的编写宗旨、内容特点及框架体例等在出版说明中已有介绍，每分卷的写作情况在每本书的后记中也多有述及，无须我在这里重复。下面，我拟从中国物质文化史的概念定义、发展历程、专项分类三个方面，谈谈自己对中国古代物质文化史以及编写这套书的粗浅认识。

一、中国物质文化史的含义

人们通常这样认为，“物质文化，是指为了满足人类生存和发展需要所创造的物质产品及其所表现的文化”。物质文化既然是文化的一种呈现形态，那么，与“物质文化”相对应的另一种文化呈现形态就应是“非物质文化”，它们之间的关系是怎样的呢？要弄清这个问题，还需要从“文化”这个最基本的概念说起。

关于文化的定义很多，20世纪50年代有人作过统计，据说那时就有164种之多。文化人类学的鼻祖英国学者爱德华·伯内特·泰勒（Edward Burnett Tylor，1832—1917）是第一个从学术的角度对文化进行定义的学者。他认为，文化是复杂的整体，它包括知识、信仰、艺术、道德、法律、风俗，以及其他作为社会成员所习得的任何才能与习惯的综合体，是人类为使自己适应其环境和改善其生活方式的努力的总成绩[1]。泰勒关于“文化”的定义，尽管还存在不全面等问题（如泰勒没有提及需要后天习得的文化要素“语言”），却已给后人奠定了很好的解释基础，以后的学者又不断有补充和发展。英国功能主义人类学家A.R.拉德克利夫–布朗（Alfred Radcliffe-Brown，1881—1955）认为，文化是一定的社会群体或社会阶级与他人的接触交往中习得的思想、感觉和活动的方式，是人们在相互交往中获得知识、技能、体验、观念、信仰和情操的过程，文化只有在

1 ［英］爱德华·泰勒著，连树声译：《原始文化》，上海文艺出版社，1992年。

社会结构发挥功能时才能显现出来，如果离开社会结构体系就观察不到文化。美国学者阿尔弗雷德·克鲁伯（A.L.Kroeber）和克莱德·克拉克洪（Clyde Kluekhohn）在1951年出版的著述中，对西方164种文化的定义进行了评析后，提出了他们新的定义，即“文化存在于各种内隐的和外显的模式之中，借助符号的运用得以学习与传播，并构成人类群体的特殊成就，这些成就包括他们制造物品的各种具体式样，文化的基本要素是传统（通过历史衍生和由选择得到的）思想观念和价值，其中尤以价值观最为重要”[1]。以后，还有一些学者对文化下过定义，如美国学者罗伯特·F.墨菲（Robert F.Murphy）这样定义文化：“文化是意义、价值和行为标准的整合系统，社会的人们据此生活并通过社会化将其在代际传递。”文化具有这样一些特点：“文化定义关键部分就是，它意指行为的规则和确定方式，而不是指行为的本身”“文化是我们在这个世界上的行为导引和对这个世界经验的符号表达”“文化也是所有知识、信念和生存技能的百科全书”“行为的不同习惯方式，以及某些特定的物质制品或艺术风格，可以使文化具有典型特征”[2]。根据以上学者对文化这一概念的解释，我们可以将文化理解为：

文化是人类社会在长期发展过程中凝固下来并在代际传承的价值观念、社会机制和行为规则，社会的人们据此思维、交流和行为，并且产生和创造具有特征的物质制品或艺术风格。

上述对文化的解释，包括了三个层面：其核心层面是人们的社会性，其中间层面是人们基于这种社会性的思维和行为，其外表层面则是人们思维和行为的产物。文化从表至里的三个不同的层面，其他两个层面都蕴含在表层的物质层面之下，故文化的三个层面又可以归结为两个不同的范畴（或两种不同的存在状态）——无固定形态的非物质的范畴就是所谓“非物质文化”（无形文化），有固定形态的物质范畴就是通常所说的“物质文化”（有形文化），这两种文化范畴构成了完整的文化形态。作为前人的完成了代际传承，经历了时间的筛选的两种文化的存在形态，已经成为我们需要加以关注、保护和传承的遗产。按照通行的解释，“非物质文化遗产”是人类创造这些物质文化的过程以及人类各社群为了满足自己精神生活需要的具有社会性、凝固性和典型性的行为，它是被各地区和社群视为其文化传统的表现形式、知识和技能，包括了口头传说、表演艺术、社会风俗、礼仪节庆、传统工艺等；而“物质文化遗产”，则是人类这些思维和行为的创造物，是有固定形态的可以被视觉感知的人类创造、制作和使用的人工遗留物。

说到文化的物质层面，就不得不提到考古学的一个核心概念“考古学文化”。我的专业是考古学，我们考古学家天天都在与考古学的文化打交道，不少考古学家还强调我们的考古学文化与别的学科的文化如何的不一样。翻开《中国大百科全书·考古卷》，该书对考古学文化的解释代表了目前中国考古界的主流认识：“文化一词有着不同的含义，一般是指人类社会在科学、技术、艺术、教育、精神生活以及其他方面所达到的总成就，如中国文化、文化遗产等。考古学中所讲的文化，有其特定的含义，专门指考古发现中可供人们观察到的属于同一时代、分布于共同地区、并且具有

1 A.L.Kroeber & Clyde Kluckhohn, Culture:A Critical Review of Concepts and Definition, Random House, New York, 1952.

2 [美]罗伯特·F.墨菲著，王卓君译：《文化与社会人类学引论》，北京：商务印书馆，2009年。

共同的特征的一群遗存。”[1]从这个定义中也可以看出，所谓具有独特性的考古学文化，与其他学科的文化概念并没有什么不同。文化的物质表层要素——即可以观察到的一定时期、一定区域的一群经常共存的具有共同特征的遗迹和遗物——就是考古学的文化；获取并研究这些文化的物质表征，透过现象去发现本质，揭示隐藏在物质表层之下的创造和使用这些遗存的人们的行为及其社会关系，即这些物质遗存所蕴含的非物质的东西，就构成了考古学这一学科的基本内涵。

考古学在包括中国在内的不少国家和地区的学科分类中，是历史学的分支，是以物质材料为主要研究对象去探究人类历史的一门学问。这里，我们有必要再谈谈物质文化史与考古学的联系与区别。考古学是通过调查和发掘地下古代物质遗存、并通过这些遗存提供的信息来理解和复原古代社会历史的学科，物质文化研究也是通过古人的物质文化遗存来重构古代社会历史，从研究目的上来看，二者并没有什么不同。正是由于这样的原因，苏联的全国性考古研究机构曾经被命名为“物质文化史科学院”或“物质文化研究所”[2]，以后才改为“考古学研究所”。仅从研究机构名称上来说，物质文化研究与考古学之间无疑具有密切的关系。不过，物质文化研究与考古学尽管内涵大致相同，其外延（主要是研究对象、研究内容等）也还存在差异。考古学研究的主要是埋藏在地下的古代物质遗存，物质文化研究的对象则包括了地下、地上和传世的古代文化遗存，后者比前者的研究范围要宽；考古学不仅研究古人遗留下来的物质遗存所包含的历史文化信息，还要研究获取这些物质遗存并提取其包含信息的技术和方法，后一方面的研究已经不是物质文化史研究所关注的问题。就中国的考古学科而言，其构成包括了考古学理论与方法、中国考古学、外国考古学、专门考古学等，如何开展田野考古和如何更多地提取遗存的历史信息，已经包含在考古学方法和专门考古学的分支中。可以这样说，中国考古学是基于考古获取的物质资料和考古学的研究方法所构建的中国物质文化史；而中国物质文化史，则是通过考古发现和现存于世的实物资料所构架的能够反映历史发展主线的中国古代史。

英国学者鲁惟一（Michael Loewe）和美国学者夏含夷（Edward Louis Shaughnessy）在《剑桥中国古代史》的序言中，将研究中国古代史的材料分为“文献资料”和“物质资料”两类，前者包括了出土文献和传世文献，后者也就是通过考古调查和发掘获取的实物资料。他们指出：“一个不注意考古证据的历史学家会感到他无法去顺应当代的学术潮流；同样，一位不熟悉传统文献的考古学家会难以把握相当一部分的中国文化之精髓。”正是基于这种考虑，这两位学者在主编《剑桥中国古代史》时，组织了历史学家和考古学家两个领域学者，各自基于不同类型资料来分别撰写同一个时期同一个区域的历史[3]。《剑桥中国古代史》的先秦卷面对的是文献资料并不丰富的“原史时代”，所以他们采取了历史学家和考古学家各自表述而不加整合的编写方式。即使在文献资料逐渐丰富的汉唐时代，甚至文献资料已经非常丰富

1 中国大百科全书总编辑委员会《考古学》编辑委员会：《中国大百科全书·考古学》，北京/上海：中国大百科全书出版社，1986年。

2 王伯洪、王仲殊：《苏联考古工作访问记（一）》，《考古》1959年第2期，第101—104页。

3 The Cambridge History of Ancient China: From the Origins of Civilization to 221B.C, Edited by Michael Loewe and Edward L.Shaughnessy. Cambridge University Press, 1999.

的宋元明清时代，主要基于通过物质的资料来编写一套中国古代的历史，与主要采用文献资料编写的中国古代历史并行于世，这对于全面认识和理解中国的古代文化和古代社会，仍然会有很大的帮助。

二、中国古代物质文化发展的历程

我们这套"中国古代物质文化史"是由纵、横两部分组成。最前面的是"中国物质文化史综述"，这是按中国历史的纵向时间顺序来概述中国古代物质文化史的发展进程。中国古代漫长的物质文化发展进程从来不是匀速前进，波澜不惊的，发展中会有大小不同的转折，高低不同的峰谷。根据物质文化面貌变化节奏的不同和撰写史书详略的不同，一套多卷本的中国古代物质文化史也有不同的分卷方式。如果编写比较简明的中国古代物质文化史，我个人倾向于以魏晋之际将其划分为两个阶段，也就是一套两卷本的书系。如果编写稍微详细的中国古代物质文化史，我希望划分为四卷，四卷本除了以魏晋之际作为一个分界外，另两个分界可定在龙山时代与二里头文化时代之间、五代十国与北宋之间。如果要编写更为详细的中国古代物质文化史，也就是类似本书系的规模，我们可将其细分为史前中国、商周、秦汉、魏晋南北朝、隋唐五代、宋元明清六个阶段即六卷，这样分卷主要基于这样一些理由。

我们知道，最能导致物质文化发生大变化的因素，是重大技术发明带来的产业革命。这些发明或本土自身产生，或域外传播而来。正是基于这些重大发明，才导致了中国古代社会的巨大变化，才引起中国物质文化的多次明显转折。在这些创造性的发明中，首先应该提到的是谷物栽培和动物驯化。谷物中的人工粟等人工栽培作物大约在距今一万年前后出现在中国北方的黄河流域，以后向周边传布，甚至远布至青藏高原地区，形成了范围广大的北方旱地粟作农业区。而稻等人工栽培作物，更远在一万多年前就出现在中国南方长江中游地区，以后更传播至东北至朝鲜半岛，东南至东南亚等广阔的温暖湿润的区域，形成了广大的南方水田稻作农业区。农业的发生和推广，使得人类的生活资源趋于稳定，从而脱离了栖居山洞和追猎迁徙的不稳定生活，开始走出山洞步入旷野，在平川形成了定居的聚落，产生了钻孔、磨制和制陶等新的工艺，促使社会逐渐复杂化和多样化，奠定了中国万年农业文明的基础。大约在距今4000年前后，大麦、小麦和青稞等作物传入中国，这种适应性强的谷物丰富了旱地农业的种类，除了在低海拔地区普遍种植外，青稞这类作物还经过了高原严酷的自然选择，成为青藏高原的单一谷物。至于工业的技术革命，从先前的手工业发展成为近代化的大工业，在中国开始较晚，直到清代晚期的鸦片战争后才逐渐引入西方工业革命的成果，从而从某种程度上推动了社会的变革。因此，以农业革命的发生和工业革命的引入为标志，将中国的物质文化史划分为三个大的时代，也就是猎取时代、农业时代和工业时代（相当于以生产工具为标准划分社会发展史的旧石器时代，新石器、青铜、铁器的时代，以及机器的时代），应该是比较恰当的。只是中国的工业时代已经属于近代，古代的物质文化史不宜包括工业革命时代；而旧石器时代的人类物质文化遗存较少，如果把它作为书系中的一本就显得单薄，故将其与新石器时代合并称为"中国史前物质文化史"，只是在这个"史前时代"

中，也明确划分出这两个时代而已。换句话说，这套中国古代物质文化史去掉了工业时代，弱化了猎取的时代，强调的是建立在农业革命基础上的石器、铜器、铁器三个时代。物质文化材料的年代越早，保存至今的也就越少，因而石器时代和青铜时代只能各自作为一卷，而物质文化材料丰富的铁器时代却被划分为四卷，可能会给人以前轻后重之感，尽管历史时代考古学的重要性已不如更早的时代。

说到史前时代，这就不可避免地会涉及介于史前与历史时代之间的"原史时代"。学术界一般认为，原史时代是一个过渡性质的时期，这一时期无论是属于本社群文字还是他社群文字的文献记录都相当有限，仅据这些零星和片段的文字和文献资料无法复原该社群历史的主要梗概，要认识一时期该社群的历史需要综合考古学、人类学、文字学、历史学及自然科学的知识体系和研究手段[1]。原史时代可有广狭二义：严格的原史时代不包括传说时代，而是以成熟文字体系的出现为开始，以这种文字体系撰写的史书出现为结束。具体到中国古代史来说，也就是商代晚期至西周时期，其开端以殷墟甲骨文的出现为标志，结束以中国最早的编年体史书《春秋》开始的年代为标志，二者间的年代跨度很小[2]。宽泛的原史时代以中国古史传说时代为开始，以文字产生后出现史书为结束，具体到中国古代史来说，其开端可以上推到传说中的夏代甚至龙山时代，而其下限则与狭义的原史时代相同。不过，就物质文化这个层面来看，无论是技术上还是艺术上，大约相当于夏代后期的二里头文化与先前的龙山时代诸文化都发生了许多变化，而这种变化在战国中期又一次出现。这之间的时间幅度约略相当于中国考古学界的夏商周时代或史学界的先秦时代，也约略相当于西方汉学界所说的"从文明起源到秦统一"的阶段[3]。在这个时代里，青铜既是一种制作工具、武器和礼仪用器的最重要材料，制造青铜器又是当时技术含量最高的工艺，青铜器具这类作品还是当时艺术的集中体现，如果史前时代是以石器制作为标志的石器时代，这个时代就是以青铜为标志的青铜时代。尽管关于中国青铜时代开始和结束的时间，学术界还有一些不同的说法。

按照我个人的见解，中国的原史时代应当定位在二里头文化中期至战国前期，这是基于这样几个考虑。首先，从二里头文化兴盛开始，具有中国金属铸造的特色的泥范铸造技术开始出现，并完成了从红铜时代（或称铜石并用时代）向青铜时代的转变；而人工铁器尽管早在两周之际就已引入中国，却也是在战国前期偏晚才与青铜冶铸技术相结合，使得大量冶炼铁和普遍使用铁器成为可能，才真正进入了铁器时代。其次，也是从二里头文化兴盛期起，青铜鼎等礼器、青铜戈等兵器，以及兽面纹等动物纹样才出现并流行，独特的中国艺术传统才开始形成；而到了战国前期以后，先前流行的礼器种类和装饰纹样已经趋于消失，来自北方草原地区的艺术风格已经占据主导地位。其三，从中国的史学传统来看，中国古人向来有将秦以前的历史划分为五帝时代和三王时代的传统，现代的史学家也还将先秦史单独出来，并将夏以前的传说时代与夏商周三代区分开来。因此，我们将夏、商、周三代作为中国物质文化

1 Glyn Daniel, A Short History of Archaeology, London: Thames and Hudson, 1981.

2 李学勤先生就这样说，这样一个原史时代与中国古代历史时代的对应关系，学者们认识也不尽相同，李学勤先生认为，商与西周时期属于原史时代，而不同于商和西周的东周已脱离了原史时代而跨入真正意义的历史时代了。参看李学勤《东周与秦代文明》，北京：文物出版社，1984年。

3 鲁惟一、夏含夷主编的《剑桥中国古代史》，其副标题就是"从文明起源到秦统一"，由此可见一斑。

发展历程中的第二个时期，也就是这套书通史系列的第二卷。

中国中心地区在战国后期就已出现了统一的趋势，东齐西秦是当时最有可能推进统一事业进行的大国，在齐国当时就有一批学者聚集在一起，开始构拟大一统后的政治构架，勾画新王朝的理想图景。秦国结束了战国时期诸侯割据的局面，建立了中央集权的大一统王朝，开创了中国历史的一个全新的时代。从此广泛推行的郡县制代替了传统的封建制，由中央政府控制的官营手工业作坊遍及全国各地，各地间的商业往来也较过去更为频繁。在这种背景下，秦汉王朝直接统治范围内物质文化产品，无论是工艺、种类，还是形制、纹饰，都逐渐呈现高度一致的状况，中国大部分地区的延续了千百年的区域文化差异从此逐渐减弱甚至消失。尽管从战国后期到西汉前期，这一时期物质文化的总体面貌还处在从商周旧制向秦汉新制的转变过程中；尽管在三国至两晋时期，中国的物质文化的发展进程发生了从"早期中国"到"晚期中国"的大转变；但如果模糊这个具体的分界，将秦汉时期这个中国古代文化发展的高峰期作为中国物质文化史的一个时期，单独设置秦汉卷作为这套书通史系列的第三卷，这应该是恰当的。

从三国鼎立局面形成一直到隋代，除了西晋短暂的统一外，中国出现了长达三百余年的分裂局面。北方古族在这期间纷纷进入中原，出现了空前的民族大融合。在这种历史背景下，各地区在文化面貌上的差异也进一步缩小，但由于从西晋以后长期的南北对峙，以及僻处一隅的某些由少数民族建立的国家保留了比较多的自身文化传统，这一时期文化除了存在着比较明显的南北差别外，在北方还存在一些更小的地区之间的差异。隋王朝结束了自西晋以后长期的分裂混乱局面和南北对峙的政治文化格局，中国遭受长期战乱破坏的社会经济得以恢复和发展。唐王朝继承了隋王朝的统一基业，实行了一系列重要的政治、经济和军事的改革措施，将中国古代社会推向了秦汉王朝以来又一个空前鼎盛的发展阶段。盛唐气象强大而持久，流风余韵，一直延续至五代十国间。基于这种考虑，虽然两晋南北朝和隋唐都是宗教热情极度高涨的时期，但两晋南北朝与隋唐五代的物质文化仍然存在比较大的差异。因此，我们将两晋南北朝与隋唐五代各自作为中国物质文化史的一个时期，各自单独作为一卷。

至于宋元明清时期，这个时期文献资料已经非常丰富，考古学家讲历史时期考古一般都只讲到元，北京大学过去的中国考古学教材最后一卷就是《宋元考古》，就反映了这个问题。我们认为，尽管在中国历史的重要性中，明清时期的物质遗存的确不如早先时期，但作为中国物质文化史应该是一个完整的过程。因此，我们这套中国古代物质文化史通史系列的最后一卷，从宋代一直写到清代，希望这些年代较晚的物质文化资料有助于丰富对这段时期历史的认识。

三、中国古代物质文化的种类

如同历史著述有通史和专门史一样，按照中国物质文化发展阶段编写的历史，只是基于物质文化遗存透露的历史文化信息，按照时间发展顺序和物质文化表征的变化程度连缀而成的中国物质文化的"通史"，"通史"中不同时段的物质文化史则相当于"断代史"。就整个中国物质文化史来说，有了这个"通史"系列，虽然可以从纵向认识整个中国古代物质文化发展的概貌，却难以从横向全面展示中国古代物质文化的方方面面。因此，还需要根据中国古代物质文化遗存的分类，按“类”来叙述某类物质文化遗存的分述系列，这个系列就是中国物质文化的“专门史”。

物质文化具有可视性，不同的物质文化具有不同的面貌特征，因而可以根据这些特征展开分类。物质文化是一个笼统的概念，我们所面对的古代物质文化是过去人们行为创造的物质遗留，也就是人们通常所称的“物质文化遗产”或“文物”。物质文化遗产的体量有大有小，大的文化遗产如建筑、壁画、纪念碑等，当初选址、设计、创造时就考虑了永固性等因素，没有考虑其位置变换，今天我们采取保护措施时也不便于将其移至他处，只能在原地保存（从保留关联信息的角度，也只能在原地保存）；小的文化遗产如家具、陈设、用具等，当初设计制作时就考虑了方便移动的使用功能，今天我们对其进行保护时，可以将其搬移到博物馆等具有更好保存环境的空间去保存。因此，物质文化遗产即文物首先可以划分为不可移动文物和可移动文物两大类，这两大类文物各自可以作为中国古代物质文化史“专门史”中的一个系列。

不可移动文物包括了大到历史城镇、传统村落、古代遗址等综合性的文物，也包括了宫殿衙署、寺观祠庙、陵园坟墓、石刻造像等专门性的文物，这些文物有三类不同的保存状态：第一类文物在历史上就已经废弃，成为历史的陈迹，呈现在人们面前的只是残缺不全的局部，有的还全部或大多掩埋在地下。历史上城镇村落的废墟、曾经一度兴旺的工矿作坊场所、废弃并垮塌殆尽的寺观祠庙、地面建筑甚至封树都已经不存的帝陵坟墓，乃至于一座房屋或一座塔幢的废址等，都属于这类文物。第二类文物虽然失去了它在历史上的作用，却仍然屹立在地表，被作为其他用途或作为历史名胜而存在。已经没有皇室官员使用的宫殿衙署、中断了宗教活动的寺观祠庙、原有功能已经退化或消失的石窟碑刻、已经弃置或被改做他用的城堡等，都属于这类文物。 第三类恐怕已不能简单地称之为文物，而是具有“物”和“非物”的综合体。至今还基本保持着原来的功能和文化传统，并随着时代的推移，继续在发生着变化，古今重叠且文化延续的城镇和村落，至今还有人居住的古村落民居，仍在使用传统工艺进行生产的作坊、农庄、牧场等，都可归属此类。

可移动文物，包括历史上各时代的重要工具、武器、礼仪用器、生活用器、艺术品、文书、档案、图书等，这些文物的材料和材质大致有两大类：第一类采用曾经具有生命的物质制作而成，也就是被称为“有机质文物”的一类，如竹木漆器、骨牙角器、纤维制品等。这类文物的存在周期相对较短，对保存条件要求也较高。第二类采用没有生命的物质制作而成，也就是被称为“无机质文物”的一类，包括地球自然演化形成的天然材料和人工合成的金属材料，如玉石制品、金属制品等。这类文物的存在周期相对较长，对保存条件的要求也相对较低。

上述对于物质文化遗产即文物的分类方式，是以文物的保存状态和保存条件作为分类标准，这对于文物的保护研究来说，无疑是最恰当的分类方式。不过，这种分类没有考虑这些文物的用途和功能，而文物这方面的属性恰好是从文物这一文化的表层物质现象通向创造和使用这些文物的人、人的行为及其社会关系的桥梁，是将物质资料变为物质文化史的重要途径。因此，我们这部中国古代物质文化史的“专门史”不采取上述分类方式来分卷，而是按照材质和功能对不可移动文物进行分类。

中国文物管理部门对于不可移动文物的分类，以全国重点文物保护单位的分类最具代表性。该文物分类体系将不可移动文物分划为古遗址、古墓葬、古建筑、石窟寺及石刻、近现代重要史迹及代表性建筑等类。这些类型的不可移动文物，除了古遗址是以文物的保存状态为分类标准，近现代重要史迹及代表性建筑是以时代为分类标准，其类型与以功能作为分类标准的类型有所不同外，其他诸类都可以作为中国物质文化专门史的不可移动分系列。由于遗址大多都在中国物质文化通史系列中曾经引述，且通史系列的物质材料主要就是遗址加上遗址和墓葬等出土的各类可移动文物，专门史系列可以不必再列出遗址作为一卷；由于中国物质文化史只是有关古代中国，不涉及近代中国，故本丛书也没有近现代重要史迹及代表性建筑的内容。

中国文物管理部门对于可移动文物的分类，以全国首次可移动文物普查的分类标准最为详细。该分类标准“根据文物的异同，即构成每件文物基本物质的自然属性和社会属性之差异性、同一性”，将可移动文物划分为金/银器、铜器、铁器、陶/泥器、瓷器、砖瓦、宝/玉石器、石器石刻、漆/竹器、绘画、书法、拓片、珐琅器、玻璃器、骨/牙/角器、纺织/绣品、皮革、玺印、文具/乐器/法器、货币、雕塑/造像、古人类遗体遗骸、文献图书、徽章/证件、邮品、票据、音响制品、交通/运输工具、度量衡器、武器装备/航天装备、古脊椎动物化石和古人类化石、其他共32类[1]。正如该分类系统的分类标准有文物的自然属性和社会属性两个一样，可移动文物实际上可以划分为两个小系列：一个系列是按照文物的自然属性即材料和材质划分的系列，如玉石器、金银器、铜器、铁器、陶器、瓷器、玻璃器、骨牙角器等；一个系列是按照文物的社会属性即功能用途等划分的系列，如纺织品、货币、雕塑、武器、度量衡器等。我们编写的这套中国物质文化史的可移动文物部分基本就按照这个体系进行划分，只是一些偏小的文物类型和产生年代较晚的文物类型难以单独成册，我们这套古代物质文化史只能暂且舍弃了。

在艺术史学界，尤其是西方关于中国艺术史的研究，往往综合考虑其时代、功能和形式等方面的因素，将能够基于视觉观察的物质文化领域的中国艺术品划分为四大类。第一大类是主要兴盛于商周时期的青铜艺术；第二大类是主要存在于两汉时期的汉画艺术；第三大类是风行于晋唐时期的佛教艺术；第四大类则是从宋代以后大盛的以卷轴画为主体的绘画艺术。青铜艺术比较单纯，其物质材料就是青铜器。绘画艺术也不复杂，主要是卷轴画，此外就是壁画。汉画艺术的涉及面较广，包括了汉代画像砖、画像石、独立雕塑和建筑雕刻等诸多类型的文物。佛教艺术就更为广泛，与佛教相关的石窟、雕像、壁画、供器等，乃至于佛教寺庙建筑等都可归属于佛教艺术。以上四大类，只是中国艺术门类的主流，其他如产生于中国本土且长期与佛教艺术并存的道教艺术，在东亚地区具有广泛影响的建筑艺术（尤其是园林建筑），具有中国特色的玉器、漆器、瓷器等艺术类型，也从不同的方面丰富和补充着中国艺术史和中国物质文化史。

正是基于以上诸方面的考虑，我们主编的这套中国物质文化史的专门史划分为了不可移动文物和可移动文物两大系列，前者又包括了古建筑、石窟寺、古陵墓、古水利、古天文等不同的功能类型，后者更包括了玉器、铜器、铁器、瓷器、金银、玻璃

1 国家文物局编：《第一次全国可移动文物普查工作手册》，北京：文物出版社，2013年。

等不同的材料材质类型，雕塑、绘画等不同艺术表现形式的类型，以及兵器、货币、纺织品等不同社会功能的类型。每个类型作为一卷，有的类型因文物丰富再细分为若干册。这种最终分卷的分类标准的不一致，我想读者应该是能够理解的。

四、另类的中国物质文化史

编写一套系统的中国古代物质文化史，是主编张文彬教授提出的构想。张文彬教授早年就读于北京大学历史系考古专业，以后曾在郑州大学历史系任教，对中国古代物质文化史自然非常熟悉；他又曾担任国家文物局局长和中国博物馆学会会长，熟悉全国的文物状况和博物馆藏品情况，是主编中国古代物质文化史的最好人选。在已经拟定了基于文物分类的物质文化史编写纲要，这套书各卷刚启动编写不久，张文彬教授就因病卧床，不能继续主持编写工作。还在张文彬教授患病之前，我就受他之命协助联络作者；张文彬教授患病后，我受参与编写工作的朋友的推举，担任这套书的“执行主编”。我基于自己对中国古代物质文化史的理解，增强了这套书的纵向通史系列，其他基本上按照张文彬教授原先拟定的编写体例来组织。现在大部分分卷已经定稿，回过头来看当时全书的设计框架，总觉得还有一些不尽如人意之处。这些主要表现在以下两个方面：

首先，一套完整的古代物质文化史通史不仅要有以时间为纲的通史主干，还应该有相应的纵向旁支。就如同北宋司马光主持编写《资治通鉴》（下简称《通鉴》），他首先按照年代编出汇集史料的“长编”，以此为基础才编写《通鉴》这部翔实的编年体通史。与此同时，为了说明自己对史料异同的取舍，还编写了《资治通鉴考异》作为附属，以驳斥相反意见并客观保存异说。由于皇帝日理万机，没有那么多时间来翻阅294卷的《通鉴》，他们还编写了简写本30卷的《通鉴目录》，以满足特定读者的需要。除此之外，为了弥补《通鉴》覆盖时间跨度上的不足，司马光等还编写了20卷的《稽古录》这样的简录，时间上溯至传说中的伏羲，下延至宋英宗末年。可见司马光等人编写《通鉴》，原本有一整套完整周密的构想，即便都是编年体的史书，也有主有从，有繁有简，有纲有目，所以《通鉴》才显得与众不同，为史家所重。作为一套体例完整的中国物质文化史，在通史部分也需要像《通鉴》那样，除了需补充强化史前的旧石器时代卷和新增近现代卷，编写与中国古代物质文化史相关的资料和研究汇集外，还需要考虑简化本的中国古代物质文化史。

简化本的中国古代物质文化史以上下两卷最为恰当，这是因为基于可视的物质文化形态和面貌，在公元3—4世纪间，也就是三国至两晋间，以佛教传入并流行中国为标志，中国的主流物质文化发生了重大变化——在佛教传布开来之前，中国的城市和乡村的标志性建筑和景观是统治者的宫殿、衙署、宗庙、神祠，人们崇奉的是祖先以及社稷、山川、天地诸神祇，并且这些神祇都不采用造像的形式来表现；而在佛教流行中国后，中国城市的标志性建筑和人文景观除了宫殿和衙署外，佛教寺庙（包括仿效佛寺而建的道教宫观）成为城乡最引人瞩目的标志性建筑和人文景观，大量佛教造像和少许道教造像占据了人们精神世界，成为最广泛的崇奉对象。因此，西方汉学界往往都是以佛教传入并流行中国作为中国历史和艺术的最重要的转折标志，这以前的中国为“早期中国”，这以后的中国是“中晚期的中国”。早期中国的文化主流是传统的自然发展过程，尽管不断会有来自周边，尤其是来自北方草原地区文化的影响，但这种影响的程度是有限的，没有造成传统的变异、转移或中断。晚期的中国，由于外来佛教的强力介入，使原先中国的主流文化发生了变异，佛教深深地浸入到社会生活的各个方面。原先不事偶像崇拜的中国社会，开始将大量财富用于制作顶礼膜拜的佛教像设和象征物，用于营建覆盖这些像设和象征物的殿堂楼塔，从而导致国家财政来源的分流，带来相应的经济和社会问题。宗教的驱动力量往往巨大且持久，以佛教传入中国且在中国流传为标志，将中国物质文化史划分为早晚两个大的时期，我想应该比较恰当。佛教传入中国的年代，尽管可以追溯到两汉之际前后[1]，但在整个东汉时期，佛教都是混杂在中国传统的神仙方士中流传，还没有得到人们的广泛认知。佛教成为一种专门的宗教为人们所接受，不会早于三国两晋时期。三国两晋时期正是中国制度、思想和文化的大变革时期，文学上有所谓“魏晋风骨”，反映在物质文化上，这时期的城市、陵墓、器用、书画等也都出现了一系列新的气象。据此，以三国两晋之际作为首要转折点，将中国古代物质文化史的通史部分划分为两个大的时期，编写一套两卷本的中国古代物质文化史简本，这一定是很有意义的。

其次，我们这套中国古代物质文化史虽配有大量的图片，但基本体例还是以文字为主，图片配合文字出现。而物质文化的视觉感知非常重要，故以文物的图像为基础而加以文字解说和诠释，对于形象地认知和理解中国古代物质文化非常必要。中国国家博物馆（原中国历史博物馆）研究员孙机先生，曾编写了一本《汉代物质文化资料图说》。这是孙机先生基于多年对汉代文物研究的心得，在数十篇论文的基础上完成的图文并茂的著作[2]。这种以图说的方式叙述一个朝代的物质文化史，既是中国“左图右史”史学传统的延续，又是博物馆陈列必要的基础研究和公众获取知识的良好途径，应当大力推广。只是这种以图说史的著述，另有一套独特的编写体系，需做大量资料整理的工作，还需有系统的研究积累，编写难度很大，故迄今未见以图说的形式撰写的其他时代的中国物质文化史的著作。续写一套中国古代物质文化史图说，应当很有必要。

作为一套全方位的“中国古代物质文化史”，理所当然应有一个“中国古代物质文化史图说”系列。这套图说不宜按照中国的历史时代来述说，而应该以物质文化本身发展演变的阶段性来编写。如果按照我们前面所说的中国物质文化发展的进程，需要有史前、三代、秦汉三国、两晋南北朝、隋唐五代、两宋·辽金西夏·南诏大理、蒙元、明清诸时代。每个发展阶段则应该有都城市镇、宫殿衙署、坛壝社稷、神祠寺观、祭祀礼器、街坊住宅、园囿苑林、陵园坟墓、矿场作坊、生产工具、钱币量具、路河邮驿、衣冠服饰、家具陈设、生活用器等名目，每个名目下再细分为若干种类来展开图文的叙述。这样一部图说的中国古代物质文化史，可以弥补目前这套书的不足，

1 关于佛教传入中国的时间，有两种说法：一种是西汉末期汉哀帝元寿年间，大月氏使者伊存向博士弟子景庐口授《浮屠经》之说，见《三国志》卷三〇裴松之注引曹魏鱼豢《魏略·西戎传》；一种是东汉明帝永明年间，蔡愔出使大月氏，与僧人摄摩腾和竺法兰一起用白马驮回佛经和佛像至洛阳之说。二说的年代相差不多，且都与大月氏有关。

2 孙机：《汉代物质文化资料图说（增订本）》，北京：文物出版社，2008年。

能够从更具体和更微观的层面展现中国古代物质文化的面貌。

我希望，今后如果能够有比较充裕的时间，组织相关专家编写一套这样的中国古代物质文化图说，对于更加深入地理解古代中国，普及传统文化知识，推进博物馆教育，将是一件很有意义的事情。

编写中国古代物质文化史是一项长期的工作，要有相当长时间的资料积累和研究积累。北京大学的考古学科，自1952年以来先后编写过多个版本的《中国考古学》征求意见稿，如1960年、1972年版的《中国考古学》铅印本等，并有“多卷本中国考古学”这样的重大科研项目来推动，但迄今为止，这套多卷本《中国考古学》仍然没有问世。这其中既有新的考古资料不断涌现所带来的认识的更新，也有老一辈学者与新一辈学者认识上的差异，当然也还有这样和那样的原因。不过，仅从这一事例就可以看出，要编写一套优秀的学术著作是多么的不容易。《中国考古学》从某种意义上来说，与《中国古代物质文化史》有许多共通之处，要编写这样一套书需要投入较长的时间和相当的人力和精力。这部《中国古代物质文化史》作为一项国家出版项目，有出版的时间限定，我这个慌忙上阵的执行主编，只能尽可能召集一些长期从事中国考古学教学和科研，手头有比较现成的研究成果或讲稿，经过补充、整理、强化就可以成书的研究者，来承担中国古代物质文化史的通史系列各卷的撰写任务[1]。由于撰写时间的限制使得一些作者在完成初稿后，可能没有更多的时间来广泛征求意见和做细致的加工完善。可安慰的是，这套《中国古代物质文化史》本来就有为今后编写《中国考古学》和修订补充各专门物质文化史征求意见的意图。如果读者发现这套《中国古代物质文化史》存在着这样或那样的不足，就尽管提出批评和建议，我们一定虚心听取，以便在今后编写《中国考古学》系列时能够做得更好些。

孙 华

1 考虑到我所在的北京大学考古文博学院，也在考虑重启多卷本《中国考古学》的编写，为了使二者不发生重合，保持《中国古代物质文化史》通史系列自身的特色，我主要邀请了北京大学以外的高校考古专业的专家和教师来承担各卷的编写任务。

目　录

绪　论

“陵墓”或“陵寝”，是对中国古代帝王墓葬的专门称谓。古代帝王陵墓是特殊的高等级墓葬，它们是中国传统礼乐文明的重要物化表现形式，也是中国古代物质文化史中重要的一部分。

一、中国古代陵墓的研究对象和范畴

《中国大百科全书·考古学》认为：“人类将死者的尸体或尸体的残余按一定的方式放置在特定的场所，称为‘葬’。用以放置尸体或其残余的固定设施，称为‘墓’。在中国考古学上，两者常合称为‘墓葬’。”[1]也就是说，“葬”是处理尸骸的一种行为方式，而“墓”则是葬地设施及相应的标识形式。具体到古代帝王墓葬，既有埋藏帝王遗魄的实用功能，还具娱悦亡者灵魂的祭祀功效；同时，还通过地面建筑程式化、美术化的象征意义，进一步实现了神化和强化皇权的政治功用。所以，中国古代帝王陵墓不只是一个简单的墓葬概念，它的基本内涵可以分别从“陵”、“寝”、“庙”三个方面来理解。

1.“陵”

“陵”字的本意是指高大突兀的山丘，东汉应劭考证说：“《诗》云：‘如山如陵。’《易》曰：‘伏戎于莽，升其高陵。’又：‘天险不可升，地险山川丘陵。’《春秋左氏传》曰：‘崤有二陵，其南陵，夏后皋之墓也；其北陵，文王之所避风雨也。’崤在弘农渑池县，其语曰：‘东崤西崤，渑池所高。’《国语》：‘周单子会晋厉公于加陵。’《尔雅》曰：‘陵莫大于加陵，言其独高厉也。’陵有天性、自然者。今王公坟垄各称陵也。”[2]这段话把“陵”字的本义和引申义辨析得很明白，并特别指出当时（汉代）王公坟墓各称“陵”。北魏郦道元引《三秦记》考证云：“秦名天子冢曰‘山’，汉曰‘陵’，故通曰‘山陵’矣。”[3]此后，沿袭应劭和郦道元之说者不乏其人，都认为汉代高坟大冢始称“陵”。

清初顾炎武在《日知录》中认为，帝王墓称“陵”已见于先秦：“古王者之葬，称墓而已。……及春

1　王仲殊：《中国古代墓葬制度》，载《中国大百科全书·考古学卷》，中国大百科全书出版社，1986年，第665页。

2　[汉]应劭：《风俗通义》卷一〇《山泽·陵》，影印常熟瞿氏铁琴铜剑楼藏元大德本，上海古籍出版社，1990年，第70—71页。

3　[北魏]郦道元：《水经注》卷一九“渭水”条，陈桥驿《〈水经注〉校证》本，中华书局，2007年，第460页。

秋以降，乃有称‘邱’者，楚昭王墓谓之‘昭邱’，赵武灵王墓谓之‘灵邱’，而吴王阖闾之墓亦名‘虎邱’，盖必因其山而高大者，故二三君外无闻焉。《史记·赵世家》：‘肃侯十五年起寿陵。’《秦本纪》：‘惠文王葬公陵，悼武王葬永陵，孝文王葬寿陵。’始有称‘陵’者，至汉则无帝不称陵矣。”[1]顾亭林把战国时期的赵肃侯十五年（公元前335年）作为以“陵”指称高坟大冢之首见。清末俞樾又根据《汉书·地理志》中“河东郡·襄陵”条下唐颜师古注“晋襄公之陵，因以名县”、“陈留郡·襄邑”条下颜注“圈称云襄邑宋地，本承匡襄陵乡也，宋襄公所葬，故曰‘襄陵’；秦始皇以承匡卑湿，故徙县于襄陵，谓之‘襄邑’”[2]等两条资料，认定“春秋之世已有陵名”[3]。按，晋襄公驩卒于周襄王三十一年（公元前621年）八月，宋襄公兹父卒于周襄王十五年（公元前637年）五月，如颜注无误判，则至迟公元前7世纪晚期已有以“陵”名诸侯墓之例。

综合以上考据：“陵”字由高大山丘之本义，不晚于春秋战国时期衍生出高大坟冢这一新含义，此义系因大型墓葬堆土象山的实际面貌引申而来。从汉代起，“陵”开始成为帝王墓葬的特定称谓，如高祖墓称“长陵”、文帝墓称“霸陵”等，是陵字又从单纯的封土象山之义扩充为指代帝王墓葬之全部及相应的附属设施。

2.“寝”

“寝”字的本义是指古人正规的或最主要的起卧处所，位于“堂”之后，正规的堂、寝之间还应该以门相隔。“寝门”之名数见于《仪礼》、《礼记》等典籍，如《仪礼·士昏礼》：“妇至，主人揖妇以入，及寝门，揖入，升自西阶。”[4]帝王则专门辟有寝宫，以与受朝办事之“殿”、“朝”相对应，帝王所居若多的寝宫具体又可以分为“露寝（正寝）”与“小寝”等。古人认为“事死如事生，礼也”[5]，因而也在宗庙中、陵园内为先人设置了“寝”和“便殿”，而且在寝中要如待生者一般服侍先人。汉代皇帝陵园中的寝“日四上食”，唐儒颜师古认为：“寝者，陵上正殿，若平生露寝矣；便殿者，寝侧之别殿耳。”[6]汉诸陵之寝中不仅要供奉饮食，还须“随鼓漏理被枕、具盥水、陈严[妆]具”[7]，寝中有宫人等人役应差，完全如墓主生时一般。此制唐宋相沿无改，陵上之寝名曰“下宫”。明初取消了皇陵中寝的建置，所以顾炎武说：“明代之制，无车马，无宫人，不起居，不进奉。”[8]是为中国古代陵墓制度发展史上一个重要的转捩点。

1 ［清］顾炎武：《日知录》卷一五“陵”条，影印清道光十四年嘉定黄氏西溪草庐重刊定本黄汝成《〈日知录〉集释》，上海古籍出版社，1985年，第1155页。

2 ［汉］班固：《汉书》卷八二上《地理志上》唐颜师古注，西北大学历史系点校本，中华书局，1962年，第1551、1559页。

3 ［清］俞樾：《〈日知录〉小笺》“陵”条，影印《春在堂全书·曲园杂纂》本，附载于影印黄汝成《〈日知录〉集释》，上海古籍出版社，1985年，第3298页。

4 《仪礼·士昏礼第二》，影印清阮元辑刻《十三经注疏》之《仪礼注疏》卷五，中华书局，1980年，第966页。

5 《春秋左氏传·哀公十五年》，影印清阮元辑刻《十三经注疏》之《春秋左传正义》卷五九，中华书局，1980年，第2174页。

6 ［汉］班固：《汉书》卷七三《韦贤传附韦玄成传》唐颜师古注，西北大学历史系点校本，中华书局，1962年，第3116页。

7 ［晋］司马彪：《后汉书志》第九《祭祀下》，见宋云彬等点校本《后汉书》，中华书局，1965年，第3200页。按，“严”即“妆”，避汉明帝讳改。

8 ［清］顾炎武：《日知录》卷一五“墓祭”条，影印清道光十四年嘉定黄氏西溪草庐重刊定本黄汝成《〈日知录〉集释》，上海古籍出版社，1985年，第1160页。

3.“庙”

“庙”字的本义是指宗庙。依礼上古自天子至士皆有庙，用于崇祀祖先；后代品官至庶人均可建造祠堂以祭享先人，也称之为“家庙”。天子的宗庙仿生前宫殿为之，有象征朝堂的“庙”，还有象征露寝的“寝”。东汉末蔡邕说：“宗庙之制，古学以为：人君之居，前有朝，后有寝，终则前制庙以象朝，后制寝以象寝。庙以藏主、列昭穆；寝有衣冠几杖、象生之具，总谓之宫。”[1]上古时代，庙用于祭祀祖先，而墓是祖先的埋葬之处；它们是没有直接关联的两个事物，并且墓的地位逊于庙。《礼记》记录了孔子和曾子的一段问答：“曾子问曰：‘宗子去在他国，庶子无爵而居者可以祭乎？’孔子曰：‘祭哉。’请问其祭如之何，孔子曰：‘望墓而为坛以时祭，若宗子死，告于墓而后祭于家。’”东汉郑玄在“望墓而为坛以时祭”句下注曰：“不祭于庙，无爵者贱，远避正主。”[2]从这段对话及郑注中，可以明显看出上古之庙在正规礼仪活动中的地位为墓所难望项背。

秦火以后，古礼不尽传于世，西汉列帝各自陵旁立庙，这种庙仍然是上古意义的宗庙，而不是陵园的设施。东汉明帝把“西都旧有上陵”之礼制度化，届时，“百官、四姓亲家妇女，公主、诸王大夫、外国朝者侍子、郡国计吏会陵”，“公卿群臣谒神坐，太官上食，太常乐奏食举，（舞）文始、五行之舞。乐阕，（群）臣受赐食毕，郡国上计吏以次前，当神轩占其郡（国）谷价，民所疾苦，欲神知其动静”[3]。这种仪式与陵园寝殿内的“上食”之礼不同，而是“如会殿前礼”[4]，亦即模拟朝会仪式。陵园中的祭祀建筑（石殿）开始具有了一部分宗庙的功能。

不晚于两汉之交的文献中已经出现了“陵”、“庙”并称之例。如《汉纪》记载：宣帝地节三年（公元前67年）五月，丞相韦贤病故，其子韦弘“为太常丞，贤以弘当为嗣，太常职当陵庙，烦剧多过，敕令自免”[5]。又如《后汉纪》记载，明帝于永平二年（59年）十月“甲子，幸长安，祠陵庙”[6]。“陵”、“庙”并列，从一个侧面反映了皇陵地位的提高。此后，这种陵墓前的祭祀活动越来越被重视，它与宗庙的祭祀方式也越来越相近似；从一定程度上看，明清皇陵中的享殿或曰献殿，具有和国都中太庙（宗庙）相同的实用功能和政治象征意义。在这种制度、观念变化的背后，是皇陵在国家政治中的地位也越来越高。

通过以上分析，可以归纳出概括性的结论：“陵墓”是一个特称名词，专指中国古代帝王的墓葬，其内涵不仅包括用于埋葬棺柩的墓室，也包括地面陵园建筑和其他附属设施（因为陵上寝宫也是陵园建筑的一部分，所以本书一般用“陵墓”而不用“陵寝”来表述）。陵墓制度则是历代帝王墓葬及其附属设施和各种礼仪规范的总和。中国古代帝王陵墓制度涉及物质和精神两个层面，其中陵园地面建筑、地下椁室或玄宫建筑以及随葬品等，属于凸显于表层的物质层面，而墓地卜选规则、墓主葬式、陵园布局和玄宫结构的范式特点所映射出的思想观念等，则属于更深层次的精神层面。

---

1 [汉]蔡邕：《独断》卷下，影印《四库全书》本，上海古籍出版社，1990年，第14页。

2《礼记·曾子问第七》，影印清阮元辑刻《十三经注疏》之《礼记正义》卷一九，中华书局，1980年，第1399页。

3 [晋]司马彪：《后汉书志》第四《礼仪上》，见宋云彬等点校本《后汉书》，中华书局，1965年，第3103页。

4 [汉]刘珍等：《东观汉记》卷二《显宗孝明皇帝》，吴树平《〈东观汉记〉校注》本，中州古籍出版社，1987年，第56页。

5 [汉]荀悦：《汉纪》卷一七《孝宣一》地节三年五月甲申，影印文渊阁《四库全书》第303册，台湾商务印书馆，1984年，第367页。

6 [晋]袁宏：《后汉纪》卷九《显宗孝明皇帝纪》永平二年十月甲子，影印文渊阁《四库全书》第303册，台湾商务印书馆，1984年，第594页。

中国古代陵墓制度包括两方面的主要内容，其一是地面陵园制度，包括陵园结构、祭祀建筑使用制度以及相关的陵园总体规划、祔葬墓和陪葬墓布列制度等；其二是地下埋葬制度，如棺椁制度、玄宫制度以及葬式和殉葬、祔葬之制等。除这两项主要研究内容外，还会旁及一些与陵墓规制有较密切关系的问题，如身份等级制度、宗法制度、灵魂观念以及宗庙、宫室制度等。陵墓制度本身的研究重点在于物化层面，而精神层面的东西则用于辅助具象解释。杨宽曾经认为："所谓陵寝制度，就是把远古流行的在墓地上建屋献食的礼俗，加以固定化和扩大化而已。"[1]似乎将陵寝制度的研究范畴限定得过窄。

二、中国古代陵墓制度研究的学术意义

中国古代陵墓制度的研究具有重要的学术意义。

首先，中国古代陵墓制度是中国传统文化的一项重要内容，是传统礼乐文明的一个缩影，不同的陵墓制度反映了不同时代的文化思想和社会风貌。因此，古代陵墓制度是对中国传统文化特别是物质文化进行深入研究的一个重要切入点。对历代陵墓制度进行系统、深入的研究，有助于对中国传统文化进行更深层次的探索，对于古代礼制文明的研究来说，其意义尤其重大。

其次，陵墓制度是古代王权或皇权制度的产物，陵墓除了埋葬亡故帝王的实际功用以外，也用来宣扬帝王的"威德"，借以展示墓主的"文治武功"，从而达到神化皇权并巩固统治秩序的目的。历代王朝均十分重视陵墓及其相关制度的建设，作为时代文化的载体，历代陵墓蕴涵着当时的礼制思想、灵魂观念、衣食住行、风俗习惯、科学技术发展水平、建筑艺术乃至帝王个人好恶等多方面的信息。历代帝王陵墓真实地记录了不同时代、不同侧面的历史，特别是社会上层的历史。

第三，中国古代陵墓制度的研究，对于古代帝王陵墓的考古调查和发掘工作具有重要的启示和指导意义。考古调查和发掘是帝王陵墓考古学研究的基础性工作之一；同时，帝王陵墓考古发现的一些遗迹或其他现象，也需要通过陵墓制度的研究给予合理的诠释。

三、中国古代陵墓的研究方法

出于礼制建设的需要，中国古代对于陵墓制度的研究起源很早，在儒家经书和先秦诸子中都有不少关于前代帝王陵墓的记载与相关讨论，如《易·系辞》、《礼记·檀弓》、《周礼·春官》等。《周礼·春官》中有"冢人"和"墓大夫"条，这两种官吏分别负责修治"公墓"和"邦墓"，对于墓葬排列位次和身份等级制度以及相关的祭祀等事项都有明文规定。自先秦以来，礼制研究应该是历代陵墓制度研究的重点所在。

中国古代第二种比较常见的陵墓制度的研究，是对于古代陵墓的历史文献著录和地理方位考订。东汉班固在《汉书·楚元王传附刘向传》中就记载了西汉末年刘向对于"不封不树"时代一些古帝王陵墓方位的考订意见，此后西晋皇甫谧撰《帝王世纪》、

1 杨宽：《中国古代陵寝制度史研究》，上海古籍出版社，1985年，第133页。

北魏郦道元作《水经注》、北宋宋敏求著《长安志》等，都有关于古帝王陵墓方位处所的记载。清朝盛世时期，一些地方官员还在文献考据和实地调查的基础上在前代帝王陵墓前立碑，镌刻墓主的庙谥陵号，妥加保护。如毕沅巡抚陕西，即为汉唐诸帝陵立碑，其间虽有舛差，但对于古代陵墓的保护实大有裨益。

中国古代陵墓制度的研究还有一种方法，即“堪舆术”。“堪舆术”也称“风水术”，“风水”二字源出伪托晋人郭璞所纂之《葬书》：“《经》曰气乘风则散，界水则止”；“古人聚之使不散，行之使有止，故谓之风水”[1]。风水之论可能肇始于先秦时期，传说秦始皇下令在孔子墓前挖洙水，欲以泄儒家灵气。又《博物志》记载：“汉滕公（夏侯婴）薨，出葬东都门外，公卿送丧，驷马不行，踊地悲鸣，跑蹄下地得石室，有铭曰：‘佳城郁郁，三千年见白日，吁嗟！滕公居此室。’遂葬焉。”[2]《世说新语》记载，东晋明帝司马绍会“解占冢宅”，还曾微服私访郭璞为人所择葬地[3]。南朝时期，风水术对陵墓选址有一定的影响，有些陵墓朝无定向，随山水之宜，可能就是这方面的反映。北宋以后，皇陵受堪舆术影响更加明显。风水术虽常为学人所小觑，但对于皇陵卜选和建置的影响却一直延续到清代。

20世纪20年代以来，随着近代西方考古学研究方法的引入和田野考古发掘的正式开始，中国古代陵墓制度的研究也进入到一个新的阶段。河南安阳殷墟商帝陵的发掘是中国古代帝王陵墓考古发掘的开端，此后，考古调查和发掘资料成为古代帝王陵墓制度研究中最基本的依据。最近五六十年来，历代帝王陵墓的调查和抢救性考古发掘工作取得了丰硕的成果，特别是陕西西安周围的秦始皇陵和西汉、唐代若干皇陵以及河南巩义北宋皇陵等持续多年的考古调查和局部发掘工作，积累了丰富的第一手资料，为古代帝王陵墓制度研究的开展和逐渐深入奠定了坚实的基础。帝王陵墓的调查和发掘，是秦汉至元明时期考古工作的重点之一，“半个世纪来的秦汉至宋明时代帝王陵墓考古在社会上和学术界产生了重大影响”，“使人们对秦汉以来的中国古代陵墓制度发展史有了较清楚的认识”[4]。与之相适应，对于古代帝王陵墓研究的着眼点，也从以出土文物为重点，转移到了以陵园结构和陵墓制度本身为重点；中国古代帝王陵墓制度的研究正在逐渐从一般墓葬的考古学研究中剥离出来，成为一个相对独立的研究领域。

诸多陵墓调查和发掘的个案资料，为古代帝王陵墓制度的考古学研究提供了可能。通过若干数据的排比分析，可以归纳出一个朝代或一个历史时段内陵墓制度发展演变的一般规律，总结出不同的阶段性特征；在此基础上，还可以进行分类、分期及其他更深层次的进一步研究。

和普通墓葬研究不同，古代陵墓研究必须同时重视文献资料。由于涉及典章制度层面的内容比较多，关于古代帝王陵墓的文献记载也比一般墓葬要多得多，因而必须把田野调查发掘资料和历史文献记载相互印证、比较勘合。只有这样，研究成果才能有可观的深度和广度，才更能发现问题并进一步去解决问题。1925年，国学大师王国维正

---

1 [晋]郭璞（传）：《葬书》内篇，影印文渊阁《四库全书》第808册，台湾商务印书馆，1983年，第14页。

2 [晋]张华：《博物志》卷七“异闻”条，《诸子百家丛书》影印《四库全书》本，上海古籍出版社，1990年，第27页。这个传说后来被推衍为夏侯婴自定墓地，《西京杂记》卷四：“滕公驾至东都门，马鸣，跼不肯前，以足跑地久之。滕公使士卒掘马所跑地，入三尺所，得石椁。滕公以烛照之，有铭焉。乃以水洗写其文，文字皆古异，左右莫能知。以问叔孙通，通曰：‘科斗书也。’以今文写之，曰：‘佳城郁郁，三千年见白日，吁嗟！滕公居此室。’滕公曰：‘嗟呼，天也！吾死其即安此乎？’死遂葬焉。”周天游校注本，魏全瑞主编《长安史迹丛刊》，三秦出版社，2006年，第173页。

3 [南朝宋]刘义庆：《世说新语》下卷上《术解第二十》“郭璞选葬龙角”条，钱振民点校本，岳麓书社，1989年，第173页。

4 刘庆柱：《古代都城与帝陵考古学研究》，科学出版社，2000年，第6页。

式提出了用“二重证据法”治史之说：“吾辈生于今日，幸于纸上之材料外，更得地下之新材料，由此种新材料，我辈固得据以补证纸上之材料，亦得证明古书之某部分全为实录，即百家不雅驯之言亦不无表示一面之事实。此‘二重证据法’，惟在今日始得为之。虽古书之未得证明者，不能加以否定，而其已得证明者，不能不加以肯定，可断言也。”[1]这是王国维对于“二重证据法”最简单明了的阐释。从《古史新证》的阐释以及王观堂自己的实际治学中可以看出，“二重证据法”的最初提出，主要是指利用出土的甲骨金文等古代文字资料研治中国上古史。随着中国考古不断取得骄人的成果，“二重证据法”的应用范围也在逐渐扩大，我们可以把“二重证据”的内涵扩充理解为所有古代文献和一切有价值的实物资料，包括出土的古文字资料和文物资料以及各类标本等；而它的适用范围也应该从上古史扩大到整个中国古代史研究和考古学研究领域[2]。随着历代帝王陵墓的调查和发掘不断取得丰硕的成果、大量历史文献的不断发现，今人之研究比前人越来越处于更加有利的位置。

四、中国古代陵墓的研究资料

相比一般墓葬，陵墓的研究内涵更为丰富，研究资料的种类也相对更多。中国古代陵墓的基本资料分为文献和实物两大类，前者主要包括礼制典章类史籍、档案资料、私家相关著述和诗文笔记、地方志资料、堪舆类资料，后者包括考古调查发掘资料、实地踏察访谈资料等。在具体分析研究过程中，这些不同性质的史料如何比堪取舍，对于最终得出结论的真实性和可靠性具有很大影响。

1. 礼制典章类史籍

皇陵是国家重要的礼仪性建置，历代官私所修正史、礼书中一般都有记载，这种记录有时可能会由于某些特殊原因而有所曲笔，但涉及典章制度的部分却大多都是真实的记录。中国古代对于帝王陵墓制度的关注和研究起源很早，在儒家经书和先秦诸子中即有不少这方面的记载与讨论，如《易·系辞》、《礼记·檀弓》、《周礼·春官》等。在历代官私纪传体正史中，有关陵墓制度的记载多见于帝王本纪、礼志以及有关人物的传记等。《史记》中就有若干关于上古帝王陵墓的记载，东汉班固在《汉书·楚元王传附刘向传》中记载了西汉末年刘向对于“不封不树”时代一些古帝王陵墓方位的考订意见；在此后的廿四史中，这类记载还有不少。其他体裁的史书中也有若干陵墓方面的资料，如东汉刘珍等在《东观汉记》中关于东汉皇陵的记载对于东汉皇陵位次的判定就具有极其重要的价值，同样是编年体的《资治通鉴》中也保留了一些不见于纪传体正史记载的古代陵墓资料。至于完整保留下来的《明实录》和《清实录》，更是明清两代帝王陵墓制度研究重要的史料渊薮。

一般史书中关于古代帝王陵墓的记载大都比较简单而且分散。相比较而言，历代官私所修礼制典章类史籍中有更为集中的陵墓资料，如官修《汉官仪》、《汉旧仪》、《唐

1 王国维：《古史新证》（清华研究院讲义）第一章“总论”，影印北京来熏阁1935年之影印本，清华大学出版社，1994年，第2—3页。

2 刘毅：《“二重证据法”与历史学、考古学研究》，载中国史学会编《世纪之交的中国史学——青年学者论坛》，中国社会科学出版社，1999年，第36—47页。

六典》、《大唐开元礼》等，历代《会要》中也都有关于所述时代或其前代陵墓的记述，在不同时代所修《通典》、《通志》、《文献通考》、《会典》等典章制度类著述的相关条目中则有更多的著录。唐宋以后，保留下来的史籍渐多，像《宋会要辑稿》、《大明会典》、《大清会典》（含《会典事例》、《会典图》）等，分别是研究宋、明、清等时期帝王陵墓制度的基础性文献史料。和一般史料相比，官修典章礼志类史籍对于历代皇陵制度研究具有更准确、更可信的资料价值。

历代官私史籍，特别是礼制典章类史籍，是中国古代帝王陵墓制度研究最基本的文献史料来源。

2. 档案资料

档案也是研究古代帝王陵墓制度的资料之一种，而且非常重要，但早于明代的档案已基本不存。在现存为数不多的明朝档案中，虽然有一些涉及明代帝王陵墓的文字，但主要是讨论帝王后妃丧葬典礼，以及明末内忧外患中皇陵的防护等问题，极少见直接关乎陵墓制度者。崇祯十六年（1643年）二月初八日的《兵部为宣大总督列报捐输助陵工各官员名钱数并请敕议叙事行稿》，奏报依靠“各官输助修浚”，建成了保卫昌平陵区的“陵后墙濠”工程[1]，这是关于皇陵外围防护设施修筑的原始记录。还有一些比较重要的档案资料可能已经亡佚，如《明孝宗实录》卷二〇九、沈德符《万万野获编》卷三、清朝官修《明史》卷一一三中，都提到明孝宗曾向大学士刘健、李东阳、谢迁等人出示《裕陵图》，联系前后记述文字判断，此图所绘应当是明英宗裕陵之玄宫结构。又，天启元年（1621年）正月，大学士韩爌自天寿山光宗庆陵工地回京，以新卜吉地形势、规模等事奏闻熹宗，“建造奉旨一准昭陵，该内监赍有工部原绘《陵图》，遍示诸臣，中加石桥一道，尤为合法，更于宝城后因山增筑，庶称尽美”[2]。这段奏对中也提到了昭陵或庆陵有《陵图》，并透露出此图为工部所绘、内容应该是地面建筑、用于陵墓营造等讯息。这类《陵图》所蕴涵的资料信息无疑非常丰富而且重要，倘能发现，其意义绝不亚于考古发掘。

清代档案保存较多，其中关于帝王陵墓的记载相对多见于历代皇帝或皇太后的“大事档”，相关的“工科题本”、“奏销黄册”，以及历朝“上谕档”、“朱批奏折”等。还有一些专著性质的专题档案资料，如《陵寝易知》以及光绪朝英廉重修的《昌瑞山万年统志》等。晚清百余年间关于慕陵（宣宗）、定陵（文宗）、定东陵（慈安太后和慈禧太后）、惠陵（穆宗）、崇陵（德宗）等帝后陵墓工程做法的档案资料对于清代皇陵制度，尤其是地宫制度的研究具有特别重要的意义；而“样式雷”所保留的烫样、地盘图等图像或模型资料，对于清仁宗昌陵以后各陵陵园建筑和地宫制度的研究提供了最直观、最可信的依据。

3. 相关的私家专门著述和诗文笔记

私家关于礼制类的专著、其他专题著述、学术笔记、诗词歌赋、札记中的有关条目等，间或也有一些关于古代陵墓制度研究的资料。如传为东汉伏无忌所著《古今注》，对

---

1 《兵部为宣大总督列报捐输助陵工各官员名钱数并请敕议叙事行稿》（崇祯十六年二月初八日），中国第一历史档案馆等《中国明朝档案总汇》影印本第43册，广西师范大学出版社，2001年，第353页。

2 ［明］温体仁等：《明熹宗实录》卷五“天启元年正月癸巳”条，校印国立北平图书馆红格钞本缩微卷本《明实录》第66册，中央研究院历史语言研究所（台北），1962年，第252页。

于东汉皇陵陵园建置有比较详细的记载，为东汉皇陵制度的研究提供了基础资料。类似的著作还有东汉王符《潜夫论》、蔡邕《独断》，西晋皇甫谧《帝王世纪》，北魏郦道元《水经注》，宋李攸《宋朝事实》、周必大《思陵录》，清顾炎武《日知录》、徐乾学《读礼通考》、赵翼《陔余丛考》等。现存关于陵墓的专著主要是明清时期的作品，价值较高的如明王在晋的《历代山陵考》、祁光中的《关中陵墓志》等，清代则有顾炎武的《昌平山水记》（皇陵部分）、梁份的《帝陵图说》和朱孔阳的《历代陵寝备考》等。

一般来说，私家著述不如官书重要，而且有些是多次转述甚至是道听途说，因而其准确性会打折扣；诗词歌赋等文学性较强的作品，还往往会有渲染乃至夸大的成分。但是官书往往会遗漏一些不被礼仪所重视的细节，而这些细节有时却是研究某些问题的关键点。在这种情况下，一些当事人各种形式的记录（包括回忆追记），就会凸显出十分重要的史料价值。由于宫廷斗争等原因，明英宗裕陵玄宫形制成为明朝皇陵玄宫中的一个特例，而它可能也是最终解开明代帝陵玄宫制度前后变化之谜的关键。明人关于裕陵的记载扑朔迷离，在可信的官方文件（如前揭《陵图》等）缺失的情况下，当事人的记录显得尤其重要。弘治十七年（1504年）三月十六日，明孝宗召大学士刘健、李东阳、谢迁三人至西角门议周太后陵庙事，“上袖出《裕陵图》一纸，指示陵门内有二隧道，其一西北行转而至者为英宗皇堂，虚其右圹而中有道可通往来。其一东北行转而至者为孝庄玄堂，相去可数丈，中隔不通”[1]。李东阳的这段描述，是目前所知对裕陵玄宫布局最详细的记载。

诗文词赋等有时也包含有古代陵墓研究所需的重要资料。南宋皇陵在历代皇陵的著录和研究中一直是薄弱环节，甚至诸陵的位次也有异说。《宋会要辑稿》比较详细地记录了孟太后至宁宗诸帝后攒宫的卜选和兴建，但对于各陵相对位置却没有直接的记载。宋宁宗末年，魏了翁奉诏祭谒绍兴诸攒宫，其纪事诗中有“先从攒殿拜昭慈”、“次从祐阜至思崇”等句，所附“自注”云：“先昭慈，次永祐上下宫，次永阜上宫，次永思上下宫，次永阜下宫，终永崇。谒之日以道便，祭之日仍以尊卑得次。”[2]这个位序的记载非常有价值，以之和《宋会要辑稿》中的有关记载相参校，就可以基本准确地推断出南宋南陵区诸陵的次序[3]。

4. 地方志资料

我国自古以来重视修志，除最多见的府州县志外，也有省志、全国性的“一统志”，还有一些特殊的方志。对于各自的所在地而言，古代帝王陵墓是重要的历史遗产和文化财富，在地方志中一般都有著录。唐代以来全国性的地方史志中，如唐李泰等《括地志》（辑佚本）、唐李吉甫《元和郡县图志》、宋乐史《太平寰宇记》、宋王存《元丰九域志》、元孛兰盻《大元大一统志》以及明清两代历次重修《一统志》等，都有若干关于古帝王陵墓的著录。现存宋元明清各种官私所修地方志中也保留了多条古代帝王陵墓的资料，一般在“陵墓”、“古迹”、“山川”和“金石”、“艺文”等门类中，“陵墓”或“古迹”、“山川”门所记多为古代陵墓的方位、道里、世次等，关于陵墓制度的具体记录甚少，但这些记载却为各地陵墓的考古调查和指认提供了最基本的依据。“金石”、“艺文”门著录部分碑文、圹志文和祭谒诗文等，直接研究价值并不特别大，但可以提供一

1 ［明］李东阳：《燕对录》，［明］邓士龙辑《国朝典故》卷四九，许大龄等点校本，北京大学出版社，1993年，第1189页。

2 ［宋］魏了翁：《八月七日被命上会稽沿途所历拙于省记为韵语以记之舟中马上随得随书不复叙次二十首》，魏了翁《鹤山集》卷一〇，影印文渊阁《四库全书》第1172册，台湾商务印书馆，1985年，第154页。

3 刘毅：《南宋绍兴攒宫位次研究》，《考古与文物》2008年第4期。

些间接参考信息。

古代帝王陵墓多集中分布在同时期的都城附近，因而在有关历代都城的方志中帝王陵墓资料相对集中，如南宋施宿等《嘉泰会稽志》、张淏《宝庆会稽续志》、潜说友《咸淳临安志》，清末周家楣等《光绪顺天府志》等；明清两代历次所修的《昌平州志》、《遵化州志》、《易州志》，也对于各自封域中的明清皇陵分别做了详尽的著录。还有一种特殊的地方史志，专门著录古代都城的史事，书中有比较集中的陵墓资料，对于古代陵墓研究具有重要的意义，如成书于汉晋间的《三辅黄图》、《三秦记》、《关中记》等，有关于西汉皇陵的重要记载。唐以后的这类书籍保留下来的更多，如宋代宋敏求《长安志》、程大昌《雍录》，元代骆天骧《类编长安志》、李好文《长安志图》，明代柳瑛《中都志》、曾惟诚《帝乡纪略》，清初顾炎武《历代宅京记》，乾隆时于敏中等奉敕编纂的《钦定日下旧闻考》等。

5. 风水理论资料

“风水术”也称“堪舆术”，其著述在古代通常被归入史部地理类，现存多为宋金及以后著作。除前举伪托晋人郭璞所撰《葬书》外，对于历代皇陵影响比较大的堪舆著作还有北宋王洙等人于嘉祐元年（1057年）修成的《重校正地理新书》、金元间成书的《大汉原陵秘葬经》、明代李国木编辑的《地理大全》、清朝陈梦雷等编辑的《古今图书集成·艺术典·堪舆部》等。根据各朝代所宗奉的不同风水理论，可以结合山水走向判定各陵墓之间的位次关系、依尊卑先后推定已经失考的古代帝王陵墓的位置，还可以对某些建筑物的功能做出准确判定。

6. 考古调查、发掘资料

随着近代考古学的研究方法引入中国，20世纪20年代，田野考古发掘工作正式开始，河南安阳殷墟商帝陵的发掘是中国古代陵墓考古发掘的开端，中国古代帝王陵墓制度的研究也由此进入了一个新的阶段。另在20世纪30年代前后，刘敦桢、朱偰等先辈研究者对于南北两京附近的明清皇陵、南朝帝王陵墓石刻等进行了较为系统的勘察测绘，开启了古代帝王陵墓建筑或其遗迹科学调查的先河。此后，考古调查和发掘资料成为古代帝王陵墓制度研究中最基本的依据。

陵墓考古调查和发掘资料提供了陵园建筑结构、建筑物布局和规格、墓室（玄宫）结构规模及装饰等基本信息，墓中随葬品还蕴含着墓主身份、墓葬年代等重要信息；陵墓的考古发掘材料具有其他各种文献资料无可比拟的准确性和直观性。最近五六十年来，历代帝王陵墓的考古调查和抢救性发掘获得了大量的资料，为古代帝王陵墓制度研究的开展奠定了坚实的资料基础。墓葬发掘所揭示的某些现象有时还会透露出一些其他种类史料很少能够记载的重要信息。江西南城明朝益藩后几代亲王陵墓均不建玄宫，采用石灰椁葬制，已发掘的实例有益宣王墓[1]和益定王墓[2]等，这实际上是一种很普通的墓穴之制，没有等级印记，一般官员直至庶民都可以使用。益藩贵为亲王，采用这种简陋的墓制并不是因为其个人品性节俭，而是另有原委。据《益恭王圹志》记载：“（恭王）吴妃薨，营葬于南城县资盛山之原，比世孙（益宣王）奉命开圹合葬，而水蚁交侵，哀恸几绝，权同吴妃厝于浅土。具书上请，亟图改卜，情词恳切。上嘉其孝，爰命壶［壸？］史金儒驻［往？］

1 江西省文物工作队：《江西南城明益宣王朱翊鈏夫妇合葬墓》，《文物》1982年第8期。

2 江西省文物工作队：《江西南城明益定王朱由木墓发掘简报》，《文物》1983年第2期。

彼相视。”[1]查《益恭王妃吴氏圹志》，吴妃卒于万历元年（1573年）五月八日，次年四月十七日，“葬于金华山左资胜山之原”[2]。而益恭王朱厚炫卒于万历五年（1577年）闰八月二十八日，吴妃葬后仅三年多墓地即遭“水蚁交侵”，所以益宣王才冒禁上疏请求改卜茔地。大约是金华山一带地下水位较高等原因，此处的益藩诸王陵大多保存不好，益庄王朱厚烨卒于嘉靖三十五年（1556年）五月二十二日，次年三月十七日葬金华山，其元妃王氏先卒于嘉靖二十四年（1545年），与益庄王合葬。其继妃万氏卒于万历十八年（1590年）八月十三日，嗣益王翊鈏“奏奉谕旨，扶柩附葬，开圹睹朽，更敛［殓］易棺，次年辛卯正月五日，重修勒石”[3]。益庄王墓发掘时发现，王及二妃三棺并置于棺床上，棺四周砌有高1.2米的砖墙，墙内以石灰将三棺之间及棺与墙之间的缝隙填实[4]。这种做法不符合明代帝王一般的将棺椁露陈于棺床上的埋葬通例，结合益恭王和吴妃二圹志记载推断，这是不改葬地而避免益庄王夫妻重葬后再遭水蚁之害的一种补救措施。万历年间的两次“开圹睹朽”、“水蚁交侵”，最终促成了益藩诸王玄宫制度的变化。所以，石灰椁是取其防潮防蚁之用，非取其节俭，这是益藩玄宫结构简陋的最根本原因[5]。

7. 实地踏察与访谈资料

上述诸种资料，无论是历史文献记载，还是考古发掘实例，对于非亲身调查发掘的其他研究者而言，都是“纸上得来”的第二手资料。要真正深入研究，研究者个人到现场进行实地调查十分必要。汉唐皇陵的雄浑气度、北宋和明清皇陵的山水凭依规律，非到现场是无法真正领悟其真谛的，而陵园或其遗址各建筑的布局及其功能、墓室结构所反映的主次关系及使用功能的划分等，也只有亲临现场才能得出更真实的认识。现场调查不仅能够增加感性认识，还可以采集到一些当地的口述史料，这些可以为时代晚近的帝王陵墓研究提供更加充分的证是辨伪依据。以现场调查资料佐证考古、文献资料，许多在书斋里的难题可能会迎刃而解。

古代陵墓制度研究涉及考古学、历史学（特别是典章制度）、建筑学、地理环境学等很多方面，综合交叉，史料来源丰富多样。关于古代帝王陵墓的各种文献记载比一般墓葬多得多，必须把田野调查发掘资料和多种不同性质的历史文献记载相互印证、比较甄别后取舍利用。古代陵墓制度中不同的具体研究课题对于史料的需求有不同的侧重，但通常是引证材料越广泛充分，得出的结论也就越坚实可靠。

五、中国古代帝王陵墓的卜选规则

中国古代帝王陵墓的选址主要受到地理位置因素、风水因素、政治因素、礼制因素等几方面因素的制约。地理因素对于古代帝王陵墓选址的影响，是指皇陵应该卜选在都城附近，而诸侯王的陵墓则要建在所受封地之行政中心附近。历代陵墓在选址过程中

1 ［明］佚名：《益恭王圹志》，陈柏泉《江西出土墓志选编》，江西教育出版社，1991年，第516页。

2 ［明］佚名：《益恭王妃吴氏圹志》，陈柏泉《江西出土墓志选编》，江西教育出版社，1991年，第519页。

3 ［明］佚名：《益庄王继妃万氏圹志》，陈柏泉《江西出土墓志选编》，江西教育出版社，1991年，第511页。

4 陈文华：《江西南城明朱厚烨墓发掘简报》，载江西省博物馆编《江西省考古资料汇编·封建社会部分（下）》，内部刊印，1977年。

5 刘毅：《明代帝王陵墓制度研究》，人民出版社，2006年，第519—520页。

都要考虑到地理环境问题，风水术是一种带有迷信色彩的、比较系统的地理环境选择理论；历代皇陵所采用的风水理念并不完全一致，宋代以后风水术与皇陵卜选的关系更加密切。政治因素对皇陵选址的影响是偶然的，主要是指一些特殊政治事件的影响。礼制规则对于帝王陵墓选址的影响，主要是指各陵墓之间尊卑位次关系的制约，特别表现在北宋以后“陵区制”的限制上[1]。

1. 地理位置的限定

地理规则或地缘因素对于古代帝王陵墓基址选择的影响，表现在皇陵一般卜建于都城附近，而分藩在外的诸侯王的陵墓则要建在所受封之王都或王府所在的府、县附近。帝王陵墓就近选址是中国历代王朝的习惯，它有便于瞻拜、守护、奉祀的用意，也是天子以四海为家的象征。商代晚期王陵在安阳殷都遗址附近发现、东周王陵也在洛阳王城周边发现，证明中国帝王陵墓制度发轫之初即有卜建于都城近旁的做法。由于封土墓的日渐普及，许多战国时期国君的高坟大冢保留至今，有不少已经过考古发掘和研究确认，这些诸侯王墓也基本都在各自的国都附近；而且一旦都城迁移，则后世嗣君即葬于新都。如随着秦人政治中心的不断东进，秦国历代君主陵墓的位置也在不断向东推移，从陇东到陕西，自三畤原到咸阳原再到临潼，形成了西陲、雍城、咸阳、临潼等若干陵墓区。

西汉以来尤其坚守皇陵卜选于京畿的原则，无论开国皇帝籍贯郡望何处，死后均葬于京郊，后嗣子孙因之。汉唐诸帝陵各自为兆域，陵园规模宏大，西汉渭北诸陵最东面的景帝阳陵和最西面的武帝茂陵、唐关中十八陵最东面的玄宗泰陵和最西面的高宗乾陵，相距百里至数百里，但其分布却都是以京城长安为中心。如汉高祖长陵在未央宫前殿正北约15公里，景帝阳陵在汉未央宫前殿遗址东北17公里，武帝茂陵在未央宫前殿遗址西北26.5公里，均隔渭河与宫城相望[2]。北魏孝文帝推行汉化政策，除全面接受汉族的衣冠典章制度、改鲜卑旧姓拓跋为元外，太和十八年（494年），还把国都从代（今山西大同）迁到了洛阳，进而严禁皇族勋贵死后归葬代北，孝文帝身为表率，“自表瀍西以为山园之所”[3]，死后即葬于此，号长陵。以后北魏诸帝皆葬洛阳。所以无论是汉唐这样的统一王朝，还是南北朝式的分裂王朝，抑或十六国、十国一类地方割据政权，历代皇陵都卜建在京城附近。南朝之齐、梁二朝虽然皆还葬于萧姓侨郡南兰陵（今江苏丹阳），但距都城建康（今江苏南京）并不遥远。像元朝皇帝那样始终坚持不远千里还葬家族发祥地的，实属罕见。

为了便于奉守祭享，有些王朝还因为迁都而不惜奉迎祖陵以就京城。天德三年（1151年）四月，金朝皇帝完颜亮下诏迁都燕京，称中都。贞元三年（1155年）三月，在中都西南大房山营建山陵，十一月，将太祖、太宗等梓宫自黑龙江阿城金源故地迁往中都，安葬于新陵所。正隆元年（1156年）十月，又奉迁始祖以下十帝梓宫葬于大房山[4]。海陵王的这一举措，解决了祖陵距新都燕京路途遥远、祭拜不便的问题，成为罕见的因迁都而迁陵之例。

---

1 刘毅：《中国古代帝王陵墓的卜选规则》，《人文国际》第5辑，厦门大学出版社，2012年。

2 刘庆柱等：《西汉诸陵调查与研究》，《文物资料丛刊》第6辑，文物出版社，1982年；刘庆柱等：《西汉十一陵》，陕西人民出版社，1987年；咸阳市文物考古研究所：《西汉帝陵钻探调查报告》，文物出版社，2010年。

3 ［北齐］魏收：《魏书》卷一三《皇后传·文成文明皇后冯氏》，唐长孺点校本，中华书局，1974年，第330页。

4 ［元］脱脱等：《金史》卷五《废帝海陵庶人纪》，张政烺等点校本，中华书局，1975年，第104—107页。

道里远近是历代皇帝选择陵址的最优先条件，远离京畿的其他地方风水再好，通常也不会考虑选用。秦以后统一王朝分封的诸侯王（藩王）一般也各自葬于封地统治中心（王都或王府所在城市）的附近，这在分封制比较典型的汉、明两代表现得最为充分。

2. 不同风水规则的采用

风水术对于古代帝王陵墓的选址有十分重要的影响，历代陵墓兴建之前都要有一个卜选陵址的过程，其间必然要考虑到地理环境问题。风水术，或称堪舆术，实际上是一种带有迷信色彩的、比较系统的地理环境选择理论。历代皇陵所尊用的风水理念并不一致，大体说来，唐以前堪舆术对于陵墓选址的影响可能并不十分明显，只是六朝时期较为突出，传说东晋明帝司马绍善占阴阳宅，曾经微服私访过堪舆大家郭璞为别人卜选的墓地[1]。梁“昭明太子葬其母丁贵嫔，遣人求墓地之吉者”[2]，后来竟由此事导致了与梁武帝之间的父子猜嫌。东晋南朝时期帝陵多建于山前漫坡上，与两汉据地高爽截然不同，这时以背靠山峦、面对平川的“山冲”之地为上吉佳穴，墓室建筑在山坡上，玄宫修筑工程完毕，墓坑还土，陵前石刻等安置在平地。由于随山势建陵，所以墓室的朝向很难完全一致，无法都是正南或正东，有些随山势而定，墓道有朝南，也有偏朝东、偏朝西的，南京西善桥油坊村陈宣帝之显宁陵墓室朝向正北（即俗称之“倒座”）[3]，在历代帝王陵墓中是比较少见的。有研究者对于汉唐陵墓选址的堪舆因素、陵墓之间尊卑关系定位原则等问题进行过探讨[4]，但尚未得到公认。或许唐代以前帝王陵墓的风水意义尚不完全被后人所洞悉，除时代因素外，都城周围具体地理环境对于不同王朝陵墓宗用不同风水术的影响可能也很大。

宋代堪舆术与皇陵卜选的关系更加密切，堪舆术对宋陵选址、建筑设计、平面布局的影响极大。宋朝皇室极端迷信“五音姓利”之说，将之奉为卜选山陵基址的圭臬。其基本理论是把诸姓按“五音”分为五类，再与“五行”相对应，从而得出某姓所利的阴阳宅方位、地势走向。赵姓属角音，角音所利为壬、丙两向，即南略偏东和北而略偏西，所利的地势走向首为东高西低、次为南高北低。宋陵的选址定穴充分考虑到了“国音”问题。乾德元年（963年）十二月二十三日，宋太祖“诏改卜安陵，命枢密承旨内客省使王仁赡为按行使，仁赡与司天监赵修已言，得河南府巩县西南四十里訾乡邓村地吉，从之”[5]，宋太祖曾经有迁都洛阳的筹划，所以把陵区选在了都城的正东偏南，后来迁都虽未成事实，但洛阳却一直是北宋的“西京”。南宋孟太后卜攒宫在绍兴东南，是因为当时宋高宗驻跸越州，后来确定临安为行都，绍兴攒宫仍在都城的东南方，和北宋一样，都是于“国音”有利的方位。两宋陵域之内各陵园的地势同样严格按照“国音之利”来勘

1 ［南朝宋］刘义庆：《世说新语》下卷上《术解第二十》“郭璞选葬龙角”条，钱振民点校本，岳麓书社，1989年，第173页。

2 ［宋］司马光：《资治通鉴》卷一五五《梁纪十一》武帝中大通三年，“标点资治通鉴小组”校点本，中华书局，1956年，第4808页。

3 罗宗真：《南京西善桥油坊村南朝大墓的发掘》，《考古》1963年第6期。

4 这方面的相关研究可参阅：沈睿文《西汉帝陵陵地秩序》，《文博》2001年第3期；秦建明等《西汉帝陵昭穆与陵位探》，《文博》2002年第2期；沈睿文《关中唐陵陵地秩序研究》，《唐研究》第九卷，北京大学出版社，2003年，第377—402页。

5 ［清］徐松：《宋会要辑稿》卷七三四六《礼》三九，据北平图书馆影印本复制重印本，中华书局，1957年，第1368页。

定，注重国姓音利，往往是宋朝勘定陵穴的第一重要标准，如果局部地势不利，还要通过填筑等方式来弥补。

对于明清两代帝王陵墓选址影响最大的堪舆学说是假托东晋郭璞所撰《葬书》为代表的一套理论。《葬书》认为，“葬者，乘生气也”，“生气附形而有，依土而行”，因而主张以石山土穴为上吉。从现存遗存考察，明代帝王陵墓特别是皇陵，都非常注重“乘生气”，诸陵皆建于山前，以高山为依靠而开穴于山坡前土地中，与汉陵之于土原上封土象山、唐陵主流之“因山为藏”、宋陵面朝山建于平川迥然有别。为了使墓主能够依土而“乘生气”，明清皇陵玄宫的石棺床正中，都要留一个方孔，其下直通原山黄土，称为“金井”。如已发掘的昌平明定陵后殿棺床正中、明神宗棺位下的金井南北长0.4米，东西宽0.2米；左、右配殿金井分别长0.39米，宽0.19米[1]，其内为“原山吉土”。“金井”制度为清代所继承，经过清理发掘的河北遵化清高宗裕陵[2]、易县清德宗崇陵[3]两陵的皇帝棺位下各有金井，遵化普陀峪定东陵慈禧太后棺位下也有金井[4]，清宫“样式雷”家族留下的大量清中期以后陵寝建筑“烫样”及各种档案中也有不少关于帝陵后陵墓地宫金井的资料。

《葬书》主张：“夫葬，以左为青龙、右为白虎、前为朱雀、后为玄武。”[5]这是指墓穴周围的山势而言；除山势而外，还要得水。明清两代皇陵的选址大都符合上述要求，即陵后为玄武山，山体高大，前面蜿蜒出一小山包，是为玄武垂头处，亦即“百尺为形”处，此前即为寿宫之穴；穴左右各有小砂山一道，是为青龙、白虎，砂山内有水流，此水流既可将山水排走而不致渗透墓穴，又有“得水”和“界水而止”的功效；陵前要有一孤耸秀丽的小山相对，是为朱雀，或名曰“案山”。一般说来，在一定的地理范围内最初卜建的陵墓风水形局最佳，如北京昌平明长陵、河北遵化清孝陵、河北易县清泰陵等都据有风水绝胜之地，其余诸陵并不能都卜选得有如长陵、孝陵一般理想的佳穴吉壤，但也大都遵循了墓穴周围四神布列的原则，有些还加以培补，尽量求得形局完美。

3. 政治事件的影响

政治事件对皇陵卜址的影响是偶然的，而且往往还都要通过礼制的表象来实现，但对于某些特殊人物或者特殊事件来说，却至关重要。汉高祖葬咸阳原上之长陵，惠帝以后诸嗣皇帝因之，逐渐形成了汉朝的渭北皇陵区。正常父死子继而即位的西汉诸帝皆建陵于渭北，但文帝、宣帝两位自外藩入继者分别葬于长安城东南的白鹿原和杜原上。吕太后当国，戕害高帝诸子，援立吕氏为王。吕后死，陈平、周勃等合谋尽诛诸吕，迎立高祖中子代王刘恒嗣位，是为孝文帝，由此开始了汉朝盛世的先声。薄太后虽然贵为文帝生母、景帝祖母，却未依后妃之例袝葬渭北长陵，而是别于文帝霸陵附近建陵，“葬南陵，用吕后，不合葬长陵，故特自起陵，近文帝”[6]，“亦谓南霸陵”[7]。薄太后别葬于渭

1 中国社会科学院考古研究所等：《定陵》，文物出版社，1990年，第20页。
2 于善浦：《清东陵大观》，河北人民出版社，1985年，第99—100页。
3 保定地区文物管理所等：《清西陵崇陵地宫清理简报》，《文物春秋》1990年第2期。
4 于善浦：《清东陵大观》，河北人民出版社，1985年，第166页；于善浦：《清代帝后的归宿》，紫禁城出版社，2006年，第201页；徐广源：《清皇陵地宫亲探记》，紫禁城出版社，2007年，第73—76页。
5 ［晋］郭璞（传）：《葬书》外篇，影印文渊阁《四库全书》第808册，台湾商务印书馆，1983年，第29页。
6 ［汉］班固：《汉书》卷九七上《外戚传·高祖薄姬》，西北大学历史系点校本，中华书局，1962年，第3942页。
7 ［汉］卫宏：《汉旧仪》补遗卷下，［清］孙星衍校集《汉官六种》本，周天游点校，中华书局，1990年，第102页。

南，固然可视为以庶避嫡，但也更有不欲居于吕氏之下的意义。东汉初年，光武帝废止了吕后的祔享高庙之祭，改奉薄太后为高皇后。中元元年（公元56年）十月，光武帝遣司空告祠于高祖庙曰："高皇帝与群臣约：非刘氏不王。吕太后贼害三赵，专王吕氏，赖社稷之灵，（吕）禄、（吕）产伏诛，天命几坠，危朝更安。吕太后不宜配食高庙，同祧至尊。薄太后母德慈仁，孝文皇帝贤明临国，子孙赖福，延祚至今。其上薄太后尊号曰高皇后，配食地祇。迁吕太后庙主于园，四时上祭。"[1]所以东汉配食高祖庙、地祇神坛等处的"高皇后"已经不再是死后被尊谥为高皇后的吕雉，而是文帝生母薄太后。这是继"南陵"卜葬之后，再次宣示文帝一脉的正统地位。同是因为吕太后，孝惠帝张皇后（吕后之女鲁元公主的女儿）在文帝即位后，被"废处北宫，孝文后元年（公元前163年）薨，葬安陵，不起坟"[2]，成为诸吕专权的牺牲品。

金朝大房山陵区在确立过程中也伴随着复杂的政治斗争，相关的陵墓叠经兴废。海陵王完颜亮嗣位后，追谥父辽王宗干（太祖庶长子）为"宪古弘道文昭武烈章孝睿明皇帝"，庙号德宗，后随太祖、太宗奉迁陵墓于燕京大房山新皇陵中。而被他杀死的从兄熙宗完颜亶则被追废为东昏王，自上京迁葬于大房山蓼香甸，与诸王同兆域，不得葬入皇陵区，"熙宗葬于山阴，盖以刑余，遂不入陵"[3]。后来完颜亮自己也因为淫虐无道在伐宋之役中被部下所杀，其从弟完颜雍即位，是为金世宗。完颜亮被追废为海陵郡王，初葬于鹿门谷诸王兆域中，后来再被追废为庶人，迁葬于陵区以外西南四十里。海陵王的父母亦被追夺帝后尊谥庙号，迁出皇陵区；金世宗之父（太祖之子宗辅）则被追尊为睿宗皇帝，迁葬于大房山帝陵兆域中。至于因暴虐而被弑的完颜亶，此时则得以追复帝号，并加庙、谥，名其墓曰思陵。大定二十八年（1188年），"以思陵狭小，改葬于峨眉谷，仍号思陵，诏中外"[4]。围绕着完颜氏三兄弟皇位的更替，相关人员的陵墓尊卑措置亦因而充满了变数，直到世宗末年才最后尘埃落定。

明初奠都金陵（今江苏南京），太祖预营寿宫于都城东郊钟山之阳。明成祖"靖难"夺位，没有在京师太祖孝陵附近为永乐五年（1407年）七月病故的发妻徐皇后建陵，而是命人在旧封地北京附近选择吉地，最终选中了天寿山。这里必须要特别说明的是，当时的北京并不是首都。虽然早在永乐元年（1403年）将北平升格为北京，永乐四年（1406年）已经下诏营建北京宫殿以备巡幸，但事实上，直到徐皇后病故，明成祖并未离开过南京。北京最多不过是相当于"陪都"，迁都北京之诏要到徐皇后死后十三年多的永乐十八年（1420年）底才颁下。天寿山陵址的选择，表明了明成祖即位之初就要远离太祖而葬的决心。从时间先后来看，明成祖不愿在南京近太祖而葬并不是为了近都城（北京）而葬，而是由于政治原因。简单地说，一方面是篡位的道德污点总难抹去，另一方面则是上厌于懿文太子[5]。

明成祖以"诛奸臣、清君侧"为辞起兵，宣称要"扶国家于既坏，安宗社于垂亡；恭朝阙庭，谒拜陵寝，然后退守旧藩，庶几以明忠孝之心"[6]。但最终的事实却是他假"靖

1 ［南朝宋］范晔：《后汉书》卷一下《光武帝纪下》，宋云彬等点校本，中华书局，1965年，第83页。

2 ［汉］班固：《汉书》卷九七上《外戚传·孝惠张皇后》，西北大学历史系点校本，中华书局，1962年，第3940页。

3 ［宋］宇文懋昭：《大金国志》卷三三"陵庙制度"，崔文印《〈大金国志〉校正》本，中华书局，1986年，第474页。

4 ［元］脱脱等：《金史》卷四《熙宗纪》，张政烺等点校本，中华书局，1975年，第87页。

5 刘毅：《明代帝王陵墓选址规则研究》，《中国社会历史评论》第3卷，中华书局，2001年。

6 ［明］张辅等：《明太宗实录》卷二"（建文）元年七月丁丑"条，校印国立北平图书馆红格钞本缩微卷本《明实录》第6册，中央研究院历史语言研究所（台北），1962年，第20—22页。

难”之名从太祖的合法继承人、自己的侄儿手中夺得了皇位，这种行为严重违背了中国传统道德规范，有悖于君臣之义和明太祖在《皇明祖训》中所特别强调的首重嫡长的原则。明成祖虽然能够如愿以偿地称帝建元，并且可以肆无忌惮地屠杀反对者，但却无法从根本上摆脱道德舆论的谴责，特别是那些“诛心”的言论，使他如芒在背。在这个背景下，远离太祖建陵可以产生一种重开天地、唯我独尊的效果，使“篡弑”之垢骂稍得舒缓。除道德压力外，更让编造太祖欲“传位于己”的明成祖无法接受的一个事实，是其长兄懿文皇太子占据了孝陵旁边真正合法继承人的陵位。洪武二十五年（1392年）四月，懿文皇太子朱标不幸先于父皇而病故，以太祖诏命安葬在孝陵之东，俗称“东陵”。明太祖从陵墓位次上继续肯定了朱标的嗣皇帝地位[1]，并且很快即宣布立懿文太子之长子允炆为皇太孙。如此，太祖由故太子而传长孙的安排已昭然于天下。成祖与懿文皇太子同为太祖之子，懿文太子既据有太祖之昭位，则成祖最多只能卜葬于孝陵之西，这种在懿文太子之下的安排当然让他无法接受，既然“无地自容”于父皇陵旁，择陵于北京也就势在必行了。

4. 礼制规则的限制

礼制规则对于帝王陵址卜选的影响，主要是指各陵墓之间尊卑位次关系的制约，特别表现在北宋以后“陵区制”的限制上。汉唐皇陵皆自为兆域，每座陵园封域数里、数十里乃至百余里不等，在大范围内相互之间的关系可能并不十分密切。有些王朝若干座甚至整个朝代的皇陵皆集中在一个相对独立的自然地理范围内，各陵墓之间具有明显的尊卑主次关系，笔者将这种葬制称为“陵区制”。南朝齐、梁两代皇陵皆在江苏丹阳，为高级皇室贵族聚族而葬，有一定的辈分排列规则，后来的陵区制可能即肇端于此。巩义北宋八陵位于嵩岳之北、洛水东南，为同一兆域，属于典型的陵区制。此后绍兴南宋攒宫、房山金陵，昌平明十三陵，京畿清东、西陵，以及年代与两宋大体相当的西夏王陵，也都是典型的陵区制。

在一个相对狭小的地理范围内，皇陵的卜选受到诸多条件的限制，一方面要遵循风水术，另一方面又要迁就尊卑次序；而且陵区葬法既成制度，后世嗣皇帝另择墓地便成“非法”。因此，“陵区制”成为制约王朝中后期皇帝陵墓选址的主要因素。宋仁宗驾崩后，英宗和皇太后都因考虑风水等因素，曾拟在永安旧兆域之外别择佳穴，司马光则明确反对，他上疏说：“国家自宣祖以来，葬于永安百有余年，官司储偫，素皆有备，今改卜他所，不惟县邑官司更须创置，亦恐大行皇帝神灵眷恋祖宗，未肯即安于新陵也。”[2]结果作罢。

明成祖长陵位居昌平诸陵之首，据绝胜之地，此后明朝诸帝既同葬于昌平兆域，若干代以后自然再难找到无可挑剔的上吉之穴。长陵东旁山势不佳，在明朝早中期只建有宣宗的景陵。其西旁则依次先后卜建了仁宗献陵、景帝废陵（即后来的光宗庆陵之地）、英宗裕陵、宪宗茂陵、孝宗泰陵、武宗康陵，至营建孝宗陵于史家山时，风水已经不理想，“初建泰陵，时都下盛传其地有水”，吏部主事杨子器上书直言其事，竟被迫与督工

1 明代南京陵墓布局，惟孝陵及懿文陵园在钟山之阳，其余开国功臣陪葬墓，如徐达墓、常遇春墓、李文忠墓等皆在山阴；除夭折者外，皇子亲王皆葬封国，惟韩王松以尚未就藩而薨于京邸，葬南京外城安德门外，事在永乐五年（1407年），其地亦远离钟山。帝陵在山阳，陪葬墓在山阴，以别等制；将懿文皇太子葬于山阳孝陵东旁（左侧，昭位），表明太祖在陵墓分布上依然认可懿文皇太子嗣皇帝的地位。

2 ［宋］司马光：《山陵择地札子》，［明］黄淮等编《历代名臣奏议》卷一二五《礼乐·丧礼·山陵及祭礼》，影印明永乐十四年内府刊本，上海古籍出版社，1989年，第1643页。

太监李兴至陵工现场对质[1]。武宗康陵以后诸陵多已不能取大致朝南之向，只以山势走向来卜穴。明神宗自万历十一年（1583年）二月开始卜选陵址，至次年九月，先后卜得若干处吉地，但都不十分理想，他表示："我祖宗山陵既卜于天寿山，圣子神孙千秋万岁，皆当归葬此山，安得许多吉壤，朕志定矣。"[2]最终钦定大峪山，但言下颇有不得已者。

清朝继承了宋明以来的陵区制，认同父祖子孙不葬于同一兆域有不合礼义之嫌。清世宗以"规模虽大，而形局未全，穴中之土又带砂石"[3]为由，对于为他在遵化陵区附近卜选的九凤朝阳山万年吉地的风水不满意。后来由怡亲王允祥、总督高其倬等人在易州泰宁山太平峪选择了寿陵址，世宗虽心喜其地，但却因与祖、父之"孝陵、景陵相去数百里，朕心不忍"，而不敢贸然开工，让大臣们讨论另处建陵"与古帝王规制典礼有无未合之处"。于是大学士九卿会议上奏："谨按《帝王世纪》及《通志》、《通考》诸书，历代帝王营建之地远或千余里，近亦二三百里。地脉之呈瑞关乎天运之发祥，历数千百里蟠结之福区，自非一方独擅其灵秀，今泰宁山太平峪万年吉地虽于孝陵、景陵相去数百里，然易州及遵化州皆与京师密迩，实未为遥远。"于是皇帝表示"朕心始安"，正式下令另辟易州陵区[4]。后来，清高宗考虑到若后世子孙皆依父祖而葬，则"孝陵、景陵日远日疏，不足以展孝思而申爱慕"，于是将自己的寿陵卜定于昌瑞山胜水峪；嘉庆初年，他又念及"若嗣皇帝及孙曾辈因朕吉地，在东择建，则又与泰陵疏隔，亦非似续相继之意"，于是命仁宗万年吉地卜于西陵界内。并预嘱："至朕孙缵承统绪时，其吉地又当建在东陵界内。"[5]从而确定了清朝皇帝父子异陵区而葬的祧葬之制。

历代帝王陵墓择址受到地理位置规则、风水规则、政治事件、礼制规则等若干因素的影响，具体到每一次卜陵活动，影响的主要因素可能是一种，也可能兼有几种。一般说来，不同时期、不同的历史条件下，影响陵墓择址的因素会有不同的侧重，开国皇帝卜陵首重地理位置和风水规则，王朝中后期诸嗣君陵墓选址主要受礼制规则的限制，一些特殊人物则主要受政治事件的影响；而帝王个人的奢俭好恶对于陵墓的选择和营造也有较大的影响。另外，工程中的一些不可预见性因素对于皇陵选址也有一定的影响，如汉成帝不满意渭北所建寿陵的环境，曾经在长安城东新丰县戏乡新建寿陵——昌陵，后来因为该地土层瘠薄，需要大量培填"客土"而不得不放弃，重新经营咸阳原上的延陵。又如清宣宗本来如制在东陵界内的宝华峪建成寿陵，并且葬入了孝穆皇后，结果因为地宫渗水而重新改卜于西陵界内的龙泉峪重建，也就是后来规制特殊的清慕陵。

六、中国古代帝王陵墓的分期

古史传说，中原地区在距今四五千年时已经产生了帝王制度，即伏羲、神农、黄帝、少昊、颛顼、帝喾、唐尧、虞舜等所谓"三皇"、"五帝"。后来禹之子启继父而立，建立

1 ［明］陈洪谟：《治世余闻》上篇·卷四，盛冬铃点校本，中华书局，1985年，第35页。

2 ［明］顾秉谦等：《明神宗实录》卷一六六"万历十三年闰九月丙午"条，校印国立北平图书馆红格钞本缩微卷本《明实录》第54册，中央研究院历史语言研究所（台北），1962年，第3013页。

3 ［清］鄂尔泰等：《清世宗实录》卷八九"雍正七年十二月壬寅"条，影印皇史宬等处旧藏清抄本《清实录》第8册，中华书局，1985年，第190页。

4 ［清］鄂尔泰等：《清世宗实录》卷八九"雍正七年十二月壬寅"条，影印皇史宬等处旧藏清抄本《清实录》第8册，中华书局，1985年，第190—191页。

5 ［清］庆桂等：《清高宗实录》卷一四九五"嘉庆元年十二月癸巳"条，影印皇史宬等处旧藏清抄本《清实录》第27册，中华书局，1986年，第1023—1024页。

夏朝，是为帝王“家天下”之始。夏代及其以前的个别王陵在先秦史籍中有零星的记载，现在虽然能见到一些传说时期和夏商两代的古帝王陵墓，但基本都是后世为追怀圣王功德而兴建的纪念性建筑，不一定是这些古帝王的真正埋骨处。因此，这些所谓的“圣王陵墓”，并不能用来作为研究中国古代陵墓制度的信史资料。迄今为止，能够为考古发掘所证实的年代最早的中国古帝王陵墓，是位于河南安阳侯家庄一带的殷商晚期的商帝陵和商王族墓。这也是目前学术界公认的中国古代帝王陵寝制度研究年代的上限。从商代晚期到清代，中国古帝王陵墓经历了由初始到完备、再由繁到简的发展过程，大体上可以分为七期。

第一期，发端起源时期：商至东周早期。

殷墟商帝陵为土坑竖穴式木椁墓，平面为“亞”字形（四条墓道），其他王族成员则有“中”字形墓（两条墓道）、“甲”字形墓（一条墓道）以及没有墓道等多种形式。一般认为墓穴之上没有封土，但在侯家庄等地一些大墓和小屯村妇好墓的墓口之上却发现有同期的建筑遗迹[1]。

西周王陵至今尚未能确认，推测应该在今陕西西安西南，即周都丰、镐遗址附近。2004年春，陕西岐山县凤鸣镇周公庙一带发现了西周早期的墓葬群，其中有“亞”字形大墓，有人认为或与西周王陵有关[2]；但此说尚缺乏充分的证据，有研究者认为它们或许是地位特殊的历代周公之墓[3]。西周王陵和商王陵一样，地表也应该是“不封不树”的。东周王陵在今洛阳附近，考古调查、钻探资料表明，东周王陵分为周山、王城、金村（成周）三个陵墓区，其中周山王陵区经过调查和重点钻探，初步推测其中的4座封土墓为周灵王陵等东周王陵[4]。2001年在洛阳西工区27中内发掘过一座“亞”字形大墓，出土铜鼎上有“王作宝尊彝”铭，初步断定为周王墓；2002年和2006年在洛阳中州中路与金谷园路交汇处及其附近的唐宫路，相继发现有六马驾车的车马坑，也为东周王陵的调查确认提供了重要线索[5]。根据有关资料分析，东周诸王陵的地下结构应该与商王陵相同，为土坑竖穴式木椁墓。

第二期，初步形成时期：春秋晚期至秦代。

从春秋晚期开始，中国古代陵墓制度有了清晰的发展序列，进入这一发展阶段的重要标志之一是封土墓的出现。中原地区王侯贵族墓上开始出现封土是在春秋晚期，战国时期，封土墓日趋普及，在今河北易县和邯郸、山东临淄、陕西咸阳、湖北江陵、浙江绍兴等地都发现过一些属于战国时代的巨大封土堆，它们分别是燕、赵、齐、秦、楚、越等国的王陵所在。这些封土夯筑而成，最高的可达10余米，封土的形状，有的呈覆斗形，有的接近圆形，有的原形已经难于判定，有些陵墓的封土堆上还明显地残留着同期建筑的遗迹。河北平山战国中山王嚳墓中出土的“兆域图”表明，战国时期王侯墓葬不仅出现了封土标识，而且还有规模宏伟的陵园建筑。

春秋战国时期王侯陵墓的墓室结构因袭前代，仍为土坑竖穴式，墓道或一或二，还

1 梁思永、高去寻：《侯家庄第二本：1001号大墓》，中央研究院历史语言研究所（台北），1962年；郭宝钧：《一九五〇年春殷墟发掘报告》，《中国考古学报》第5册，1951年；中国社会科学院考古研究所：《殷墟妇好墓》，文物出版社，1980年。

2 周原考古队：《周原李家楼铸铜作坊遗址发掘和岐山周公庙遗址调查获重要成果》，《中国文物报》2004年3月31日第1版；周公庙考古队：《岐山县周公庙遗址》，《中国考古学年鉴（2006）》，文物出版社，2007年，第391—394页。

3 赵丛苍：《周公庙墓地性质管窥》，《西北大学学报（哲社科版）》2004年第6期。

4 洛阳市第二文物工作队：《洛阳西郊周山东周王陵调查记》，《中原文物》2005年第6期。

5 俞凉亘：《洛阳市东周王城》，《中国考古学年鉴（2004）》，文物出版社，2005年，第253—255页；洛阳市文物工作队：《河南洛阳市唐宫路战国车马坑》，《考古》2007年第12期。

有些不设墓道，墓坑内为棺椁结构。除土坑竖穴外，还出现了开凿山岩为墓穴的特殊做法，如湖北随县曾侯乙墓墓穴系开凿于丘陵的岩石中[1]。位于陕西临潼的秦始皇陵经过历年的勘察，陵园及附属建筑的布局正在逐渐廓清[2]，它是秦代以前陵墓制度的集大成者，也确定了秦以后陵墓制度的基本框架。

第三期，发展和完善时期：两汉。

汉代皇陵因袭秦制，在制度上有所简省亦有所变化发展。西汉十一帝，葬于渭水北岸咸阳原上者九帝，文帝霸陵和宣帝杜陵两陵在长安城东南。自20世纪70年代开始，考古工作者对于西汉诸陵及其附属建筑遗址进行过比较全面的调查和勘探，弄清了渭北九陵的排列次序[3]；其中有些陵园如宣帝的杜陵[4]、景帝的阳陵[5]等还先后进行过全面勘探和局部发掘，获得了大量资料，陵园结构已经基本清晰。

西汉皇陵地下墓室结构尚不清楚，但根据陕西栎阳汉太上皇陵勘探[6]、北京大葆台汉燕王墓发掘[7]等结果分析，汉皇陵应为大型土坑木椁墓。墓穴之上建有高大的封土，为方或长方形覆斗状；文帝霸陵因高就势，不另起坟。诸帝陵域中还有阙、寝、便殿等地面建筑，帝陵旁建皇后陵，陵园外有勋戚陪葬墓，陵旁附设陵邑。

东汉皇陵陵园结构趋于简化。自明帝开始在光武帝原陵上推行“上陵礼”之后，陵上祭祀活动和祭祀建筑在国家政治中的地位日益重要，进而影响到唐宋以后的陵园建筑格局也发生了相应的变化。东汉诸陵分别在东都洛阳城的东南和西北，共有11座皇陵，由于行政地理变迁和后人张冠李戴之误指，具体位次尚有待进一步确切考证。

第四期，衰微到逐步复兴时期：三国至隋代。

魏文帝曹丕推行薄葬，不封不树，亦不建寝庙等陵园建筑，墓葬地面不留任何痕迹。曹操原已按汉制以王礼营葬，至此亦撤除陵上之车马衣服等。蜀、吴二国除汉昭烈帝惠陵在成都、传说吴大帝蒋陵在南京明孝陵前梅花山以外，其余诸帝陵虽有陵名记载，但大多尚难确认。西晋五陵亦不封不树，其中文帝之崇阳陵经过发掘，武帝之峻阳陵经过铲探[8]。东晋南迁，诸帝葬建康钟山西麓之阳，即今南京鸡鸣山、富贵山一带；另有晋穆帝永平陵在南京北郊北崮山。

---

1 随县擂鼓墩一号墓考古发掘队：《湖北随县曾侯乙墓发掘简报》，《文物》1979年第7期；湖北省博物馆：《曾侯乙墓》，文物出版社，1989年。

2 陕西省考古研究所等：《秦始皇陵兵马俑坑一号坑发掘报告（1974—1984）》，文物出版社，1988年；陕西省考古研究所等：《秦始皇陵园考古报告（1999）》，科学出版社，2000年；陕西省考古研究所等：《秦始皇帝陵园考古报告（2000）》，文物出版社，2006年；陕西省考古研究所等：《秦始皇帝陵园考古报告（2001—2003）》，文物出版社，2007年；刘庆柱：《秦始皇陵考古述评》，考古杂志社编《探古求原——考古杂志社成立十周年纪念学术文集》，科学出版社，2007年，第133—160页；秦始皇帝陵博物院：《秦始皇帝陵园考古报告（2009—2010）》，科学出版社，2012年。

3 刘庆柱、李毓芳：《西汉诸陵调查与研究》，《文物资料丛刊》第6辑，文物出版社，1982年；刘庆柱、李毓芳：《西汉十一陵》，陕西人民出版社，1987年。

4 中国社会科学院考古研究所杜陵工作队：《1982—1983年西汉杜陵的考古工作收获》，《考古》1984年第10期；中国社会科学院考古研究所：《汉杜陵陵园遗址》，科学出版社，1993年。

5 王丕忠等：《汉景帝阳陵调查简报》，《考古与文物》1980年第1期；陕西省考古研究所汉陵考古队：《汉景帝阳陵南区从葬坑发掘第一号简报》，《文物》1992年第4期；陕西省考古研究所汉陵考古队：《汉景帝阳陵南区从葬坑发掘第二号简报》，《文物》1994年第6期；陕西省考古研究所阳陵考古队：《汉景帝阳陵考古新发现》，《文博》1999年第6期；陕西省考古研究所：《汉阳陵》，重庆出版社，2001年。

6 中国社会科学院考古所栎阳发掘队：《秦汉栎阳城遗址的勘探和发掘》，《考古学报》1985年第3期。

7 北京市古墓发掘办公室：《大葆台西汉木椁墓发掘简报》，《文物》1977年第6期；大葆台汉墓发掘组等：《北京大葆台汉墓》，文物出版社，1989年。

8 中国社会科学院考古研究所洛阳汉魏故城工作队：《西晋帝陵勘察记》，《考古》1984年第12期。

南朝时期陵园制度有所恢复，南朝宋、陈皇陵在今南京附近，齐、梁皇陵在今江苏丹阳。从已经发掘的丹阳胡桥齐景帝修安陵[1]、齐废帝东昏侯墓以及齐和帝恭安陵[2]、南京西善桥陈宣帝显宁陵[3]等实例来看，南朝陵墓的地下建筑与东晋相仿，为砖砌单室结构。陵园地面建筑明显增多，墓上多筑有封土，还辟有很长的神道，自陵墓所在的岗阜顺山势直抵平地，神道两侧置望柱、天禄、辟邪等石仪。

北朝统治下的北方王朝陵园制度也有所恢复，北魏早期皇陵在代地，即今山西大同附近，其中文明太皇太后（孝文帝祖母冯氏）的永固陵经过发掘[4]。孝文帝迁都洛阳以后，诸帝皆葬于洛阳，仿汉制筑封土、建陵园，其中孝文帝的长陵经过勘察[5]，宣武帝的景陵经过发掘[6]。东魏、北齐诸陵在邺城，即今河北磁县漳河北岸，西魏和北周皇陵在陕西咸阳渭北原上。其中北齐文宣帝武宁陵[7]、北周武帝孝陵[8]经过考古发掘。

隋代北周，继而以北朝为基础统一了全国，隋文帝泰陵以汉陵制度为祖本，又兼采南北朝诸帝陵墓的长处，陵墓制度开始向复杂、完备发展。只是隋三代而亡，且炀帝死于非命，藁葬扬州，未能完成这一使命。

第五期，新的发展时期：唐代。

唐朝是中国传统社会的鼎盛时期，陵墓制度亦在此时得到了新的发展。唐朝共有21位皇帝（包括武则天），除末二帝外，其余19位皇帝均葬于汉陵以北的北山山脉一带，自乾县至蒲城，东西绵亘150余公里，号称“关中十八陵”。考古工作者对唐代诸陵做过较为系统的调查，其中有些陵墓还做过多次调查或局部清理发掘。

唐陵的建筑方式有两种，一是仿汉制封土为陵，如高祖献陵、敬宗庄陵、武宗端陵、僖宗靖陵；另一种是因山为陵，即在山腰间开凿洞穴，在岩洞内构筑墓室，帝后同穴合葬。这种做法始于太宗营建昭陵，至高宗乾陵已基本确定规制。因山为藏的唐陵规模宏大，在陵山周围建有气度恢弘的陵园，陵宫规模在整体上超越了历代。唐陵宫城四面正中各辟一门，以南门外为主神道，夹列石像生和蕃部客使等像。在陵宫（上宫）的西南方向约2.5公里处另建寝殿（下宫），供奉帝后灵魂起居生活。

第六期，中原地区的停滞和北方地区新因素的出现：五代至元代。

自唐末开始，中国古代陵墓制度的发展再度趋向低落，五代十国诸王朝的陵墓营造多承唐制，但规模却远逊之。保存相对完好的五代帝王陵墓有河南新郑的后周太祖、世宗二陵，规制简朴，有封土而无神道石刻。相比较而言，经过调查和发掘的一些十国陵墓别具特色。

北宋皇陵兼采汉唐诸陵制度为之，鲜见创新，南宋因之更为简陋，中国古代陵墓制度处于徘徊阶段。北宋皇陵在河南巩义市，埋葬着七个皇帝，另有太祖之父赵弘殷（追尊为宣祖）的迁葬墓，按地理方位分为4组。北宋皇帝生前不预营寿陵，陵墓规模也比较小。巩义宋陵陵园的基本建制是：中央为封土陵台，其下即为玄堂地宫，陵台四周环以陵宫城墙，四面辟门，南神门外为主神道，夹列石像生，设阙两道；陵宫北面偏西为下

---

1 南京博物院：《江苏丹阳胡桥南朝大墓及砖刻壁画》，《文物》1974年第2期。

2 南京博物院：《江苏丹阳胡桥县胡桥、建山两座南朝墓葬》，《文物》1980年第2期。

3 罗宗真：《南京西善桥油坊村南朝大墓的发掘》，《考古》1963年第6期。

4 大同市博物馆等：《大同方山北魏永固陵》，《文物》1978年第7期。

5 河南省文化局文物工作队：《洛阳北魏长陵遗址调查》，《考古》1966年第3期；朱亮等：《洛阳北魏孝文帝长陵调查钻探取得重要收获》，《中国文物报》2005年1月7日第1版。

6 中国社会科学院考古研究所洛阳汉魏城队等：《北魏宣武帝景陵发掘报告》，《考古》1994年第9期。

7 中国社会科学院考古研究所邺城考古队等：《河北磁县湾漳北朝墓》，《考古》1990年第7期；中国社会科学院考古研究所等：《磁县湾漳北朝壁画墓》，科学出版社，2003年。

8 陕西省考古研究所等：《北周武帝孝陵发掘简报》，《考古与文物》1997年第2期。

宫寝殿。北宋诸陵实行帝后分葬，皇后陵亦仿帝陵制度，但规模较小，一般在帝陵西北方。各陵近处有功臣陪葬墓，还有宗室墓区。北宋诸陵进行过比较系统的考古调查[1]，但只有一座皇后陵的墓室部分经过发掘[2]。南宋皇陵在浙江绍兴宝山，为奉厝待迁巩洛的暂葬之地，所以规制更为简单，但仍按旧制分设上、下宫，上宫有献殿、攒殿（棺椁在其下）等建筑，下宫仍为寝宫。南宋诸皇陵埋葬较浅，在宋亡后即遭到毁灭性的破坏，陵区的考古调查工作还不充分。

与宋朝并立的北方少数民族政权辽、西夏和金三个王朝的皇陵一方面吸收唐陵、宋陵的某些制度，另一方面也保留了若干自己本民族的传统和地域性特征，并且在陵墓选地、陵园布局、墓室结构、祭祀活动等方面出现了一些新的因素[3]。

现存确切的辽陵遗迹分布于三处，一处在辽祖州（今内蒙古巴林左旗林东镇），为辽太祖之祖陵，已发现比较清晰的陵园建筑遗迹[4]；另一处在辽怀州（今内蒙古巴林右旗幸福之路乡），名怀陵[5]，葬有辽太宗和穆宗；再一处在辽庆州（今内蒙古巴林右旗索布力嘎王坟沟），称庆陵[6]，葬辽圣宗、兴宗和道宗。另有辽世宗、景宗等葬于今辽宁北镇医巫闾山一带。

西夏王陵在今宁夏回族自治区银川市西郊贺兰山下，宁夏文物考古研究所等单位曾经进行过比较全面的调查[7]，其中6号陵的陵园和墓室[8]、3号陵的陵园遗址[9]经过发掘，全陵区北面的礼制建筑也经过发掘[10]。

金代皇陵最初在黑龙江，今黑龙江阿城金上京会宁府遗址西面有金太祖旧陵的遗址[11]。海陵王贞元三年（1155年），在中都大房山云峰寺营建山陵，奉迁太祖等人梓宫；正隆元年（1156年）十月，又"葬始祖以下十帝于大房山"[12]。大房山金陵在元初和明末经过两次大规模的政治性破坏，而今早已面目全非，考古调查与发掘工作正在展开[13]。

由蒙古族建立的蒙古—元朝相继攻灭了西夏、金和南宋，重新统一了中国。元代帝王的丧葬制度与前代迥异，诸帝崩后均归葬于"起辇谷"，不封不树，地下无墓室玄宫，地表亦不建陵园等一应设施，而起辇谷的地望也至今莫衷一是。以其实行"秘葬"，可以认为元代不存在正规的陵墓制度。

第七期，全新发展和集大成时期：明清。

---

1 郭湖生等：《河南巩县宋陵调查》，《考古》1964年第11期；河南省文物考古研究所等：《北宋皇陵》，中州古籍出版社，1997年。

2 河南省文物研究所等：《宋太宗元德李后陵发掘报告》，《华夏考古》1988年第3期。

3 刘毅：《辽西夏金陵墓制度的新因素及其影响》，《南方文物》2015年第3期。

4 洲杰：《内蒙古昭盟辽太祖陵调查散记》，《考古》1966年第5期；中国社会科学院考古研究所内蒙古第二工作队：《内蒙古巴林左旗辽代祖陵考古发掘的新收获》，《考古》2008年第2期；中国社会科学院考古研究所内蒙古第二工作队等：《内蒙古巴林左旗辽代祖陵陵园遗址》，《考古》2009年第7期；中国社会科学院考古研究所内蒙古第二工作队等：《内蒙古巴林左旗辽代祖陵龟趺山建筑基址》，《考古》2011年第8期。

5 张松柏：《辽怀州怀陵调查记》，《内蒙古文物考古》第3期，1984年。

6 田村實造等：《慶陵——関于東蒙古遼代帝王陵及其壁画的考古學的調查報告Ⅰ、Ⅱ》，京都大學座右室刊行會，1952年、1953年；田村實造：《慶陵の壁画：繪画、彫饰、陶磁》，同朋舍，1977年。

7 许成、杜玉冰：《西夏陵》，东方出版社，1995年。

8 宁夏文物考古研究所等：《西夏六号陵》，科学出版社，2013年。

9 宁夏文物考古研究所等：《西夏三号陵：地面遗迹发掘报告》，科学出版社，2007年。

10 宁夏文物考古研究所：《西夏陵园北端建筑遗址发掘简报》，《文物》1988年第9期。

11 许子荣：《金太祖完颜阿骨打陵址》，《黑龙江文物丛刊》1983年第4期。

12 ［元］脱脱等：《金史》卷五《海陵纪》，张政烺等点校本，中华书局，1975年，第107页。

13 北京市文物研究所：《北京金代皇陵》，文物出版社，2006年，第157—158页。

明太祖对于前代制度因革损益，创立了全新的皇帝陵墓规制。明孝陵和长陵确立了中国传统社会晚期帝王陵墓制度的发展模式，它们以鲜明的创新特色标志着中国古代陵墓制度走到了一个新的、也是中国传统社会中最后的一个发展阶段。相对于汉、唐、宋而言，明陵创新多而继承少，但对于清代的陵墓制度却有重大的影响[1]。明朝共传十二世，十六帝。其中15位皇帝及5位追封皇帝分别葬于今江苏盱眙、安徽凤阳、江苏南京、北京昌平和海淀，湖北钟祥，另有建文帝葬所不详。

清朝自太祖、太宗建国，传十一世，十二帝，除末帝溥仪未正式建陵外，余十一帝和四位追封先祖分葬于五处，分别在今辽宁新宾、沈阳和河北之遵化、易县。永陵、福陵、昭陵等关外三陵保留了不少满洲旧俗，与明清两代其他皇陵有明显的差别。入关后，九帝皆葬于京畿。世祖亲定兆域于京东遵化凤台岭，康熙二年（1663年）在此建孝陵，清世宗另择京西易县太平峪为万年吉地，这两片陵区习惯上称为“东陵”和“西陵”。清代皇陵在整体上继承明陵制度，但也借鉴了明代以前的一些制度规范，具有一定的“集大成”的特色。总体上，明清皇陵制度大同小异，处在同一个大的发展阶段。

1 刘毅：《明代皇陵陵园结构研究》，《北方文物》2002年第4期。

第一章 商周王陵

春秋（公元前770—前476年）以前，我国古代帝王之葬基本都是“不封不树”，即使能够准确分析出其埋葬区域，也很难找到具体的墓葬位置。迄今为止，能够为考古发掘所证实的、学术界所公认的年代最早的中国古代帝王陵墓，是河南安阳殷墟发现的商代晚期的殷帝陵。商代至东周早期，是中国古代帝王陵墓制度的发端起源时期。

第一节　中国古代帝王陵墓的出现

中国古代帝王陵墓的出现应该与帝王制度的形成同步。按照古史传说和后来的文献记载，中国帝王制度形成于距今大约四五千年前的五帝时期至夏代，但各地现存的那些“三皇五帝”以及夏、商等远古帝王陵墓大都是后人为追报功德而建的历史纪念性建筑，未必是真墓所在，更不足以资证远古时代的陵寝制度。考古发现表明，在新石器时代晚期，已经开始出现了大型的贵族墓葬，它们是中国古代帝王陵墓的最早雏形。

山东泰安大汶口遗址中发现有木椁式大墓，随葬品相对于一般墓葬多且精，出土有玉钺、象牙制品、精致的白陶器以及鳄鱼皮鼓等随葬品[1]，凸显出墓主身份的尊贵。

辽宁凌源牛河梁红山文化遗址中发现多处大型积石冢，在已编号的16个地点中，积石冢占到11处[2]。这些积石冢具有许多相同的特征，其中上层积石冢做工考究，每墓都以石块砌筑出冢界，冢形有圆有方，方圆皆中规中矩。遗址中第二地点下层积石冢诸墓葬都为南北方向，而上层积石冢诸墓葬都为东西方向。通常主墓墓穴由大石板砌成，四周再环砌以石块，形成二或三层台，随葬品基本都是玉器。根据上层积石冢堆积情况分析，当时在外面裸露的白色硅质石灰岩的冢体与最外层砌石平行还紧密地竖立着一排彩陶筒。有些积石墓主墓的周围还有若干小墓，以石板砌成。这些小墓中也有玉器等出土，表明墓主身份同样比较高。该遗址中还有方形或圆形的祭祀坛类建筑遗迹，在一座房子中发现有比真人略大的女性神像。

1987年在河南濮阳西水坡遗址发现了一座属于仰韶文化时期的特殊墓葬，即45号墓。该墓土坑竖穴，平面呈人头形，墓主为一壮年男性，身高1.84米，头朝南、仰身直肢而葬。墓主骨架的左右两侧

1 山东省文物管理处等：《大汶口》，文物出版社，1974年。

2 辽宁省文物考古研究所：《辽宁牛河梁文化“女神庙”与积石冢群发掘简报》，《文物》1986年第8期；辽宁省文物考古研究所：《牛河梁红山文化遗址发掘报告（1983—2003年度）》，文物出版社，2012年。

各有一组蚌壳摆塑的图形，东为龙，西为虎，龙、虎均头朝北，其背部上方为墓主骨架，可能是取负载墓主之义。墓主脚下有两根人的胫骨和一组蚌壳摆塑的三角形图案。在墓壁的东、西、北三面各有一个壁龛，每个龛内均有一具人骨架，东西两龛内的骨架头朝南，其中西侧骨架经鉴定为一位12岁左右女性，头骨有刀砍痕迹；北壁龛内骨架头朝东南，为一位16岁左右男性[1]。关于M45墓主的身份有不同的推测，该墓与传说中的颛顼、帝喾陵地望相近，在一定程度上佐证了传说时代的古史。

上述诸例说明，早于传说中的“五帝时代”，已经有了一些特殊身份者的特殊墓葬存在。人类社会早期，王权与神权高度统一，部族或部族集团的首领通常还兼有沟通天人之际的“巫”的身份，他们的墓葬往往与原始宗教祭祀活动密切相关。

随着社会阶层的分化，墓葬制度也在不断完善，仰韶时代晚期出现了一棺一椁的葬法；不晚于龙山时代早期，棺椁制度已经初步产生[2]。进入铜石并用时代（约公元前3000—前2100年）以后，中国出现了一系列城址，其中面积最大的达到100万平方米，多数为10万—20万平方米。这个时代与古传说的黄帝、尧、舜的时代相吻合，严文明认为，“既然有国家就必然有国王和国王的坟墓”，“浙江省余杭市的良渚、山西省襄汾县的陶寺和山东省临朐县的西朱封三处所发现的大墓，即使不能确定就是王墓，也应很接近于王墓了”[3]。

浙江余杭良渚遗址中发现过反山、瑶山等大型贵族墓地。良渚遗址以莫角山为中心，建有莫角山台城，面积约30万平方米。反山墓地位于莫角山城址西北，为人工堆筑的坟山[4]，其中规模最大的M12结构为漆棺木椁，随葬品多达数百件，包括刻有神人兽面纹的玉琮和玉钺等玉器，还有漆器、陶器等。其他规模较大的墓葬中也多有玉琮、玉钺等随葬。瑶山墓地系利用废弃的祭坛改建，墓葬规模也比较大[5]。

山西襄汾陶寺墓地所反映的贫富分化现象十分明显，截至20世纪80年代初的统计，在已发现的1000多座墓葬中，大墓占1%略多、中等墓占10%略多、小墓将近90%[6]。大墓的葬具多已被破坏，有些随葬品十分丰厚，如M3015中出土玉石器、木器、骨器和陶器等多达200余件，包括石磬、鳄鱼皮鼓和木俎、木匣、木豆、木盘、木斗和木仓模型等彩绘木器。中型墓不少有木棺，棺周围撒木炭屑，如M1650，墓主人系成年男性，身着不同颜色的衣服，头部与上身为白色，下身灰色，足部为橙黄色。身下垫麻布，身上盖麻布被，反复折叠达10—12层。棺上也盖麻布并捆以麻绳。

山东临朐西朱封发现过3座大墓，其中1座为一棺一椁，2座为一棺二椁，有的墓还有边箱和脚箱，墓坑面积约27—28平方米。随葬品有玉钺、玉簪和各种玉质或绿松石质的装饰品，还有精致的黑陶，器型有罍、罐、盆、豆、杯、盒、鼎、鬶等，多成对出现，很可能是用作礼器；另有大量鳄鱼甲片，可能是蒙鼓用的鳄鱼皮残迹。发掘者认为墓主具有

1 濮阳市文物管理委员会等：《河南濮阳西水坡遗址发掘简报》，《文物》1988年第3期；濮阳市文物管理委员会等：《濮阳西水坡遗址发掘简报》，《华夏考古》1988年第1期；濮阳市文物管理委员会等：《濮阳西水坡遗址试掘简报》，《中原文物》1988年第1期；河南省文物考古研究所等：《濮阳西水坡》，中州古籍出版社，2012年。

2 栾丰实：《史前棺椁的产生、发展和棺椁制度的形成》，《文物》2006年第6期。

3 严文明：《中国王墓的出现》，《考古与文物》1996年第1期。

4 浙江省文物考古研究所反山考古队：《浙江余杭反山良渚墓地发掘简报》，《文物》1988年第1期；浙江省文物考古研究所：《反山》，文物出版社，2005年。

5 浙江省文物考古研究所：《瑶山》，文物出版社，2003年。

6 中国社会科学院考古研究所山西工作队等：《1978—1980年山西襄汾陶寺墓地发掘简报》，《文物》1983年第1期。

特殊身份，地位显赫[1]。

公元前21世纪，禹之子启废止了部族首领的禅让制，建立夏朝，按照古史传说，这是帝王“家天下”的开始。夏代传14世，共17王，个别夏王的陵墓在先秦史籍中有所记载，如公元前628年秦人伐晋，秦大夫蹇叔告诉从征的儿子：“晋人御师必于崤。崤有二陵焉，其南陵夏后皋之墓也，其北陵文王之所避风雨也。”[2]这是说在崤山附近的一处高丘，是夏王皋的陵墓所在。另外传说，在河南太康县还有夏第二代王太康、第四代第五任王少康的陵墓。除了传说中的纪念性陵墓，真正的夏代王陵久已湮没无闻，至今未能找到任何有价值的线索。河南偃师二里头遗址被许多研究者认为是夏的一个都城，有人认为是太康王所居的斟寻。该遗址中先后发现过两座宫殿基址[3]。其中第1号宫殿基址的夯土台基略呈长方形，面积约10000平方米。周围有回廊，南面辟门，门内为广场，北部中央是主殿，面阔八间，进深三间，外设檐廊。1号宫殿基址东北约150米处为2号建筑基址，平面为长方形，面积约4200平方米，小于第1号宫殿基址，平面布局与之大体相同。其中心殿堂所在为一高台，高于当时地面20厘米，北边长32.75米、南边长32.6米、东边长12.4米、西边长12.75米，建筑为并列三室。在大殿的北面正中略偏东发现一座同期大墓，距2号建筑基址北墙0.9米、距中心殿堂台基1.5米，墓口东西长5.2—5.35米，宽4.25米，通深6.1米。该墓为东西向，其中线刚好通过2号建筑基址南大门门道正中间。这是已知二里头文化中规模最大的一座墓葬（图1—1），发掘者推测墓主可能是某位夏王，2号宫殿遗址是奉祭先王的宗庙，与1号宫殿的性质不同。根据最近十余

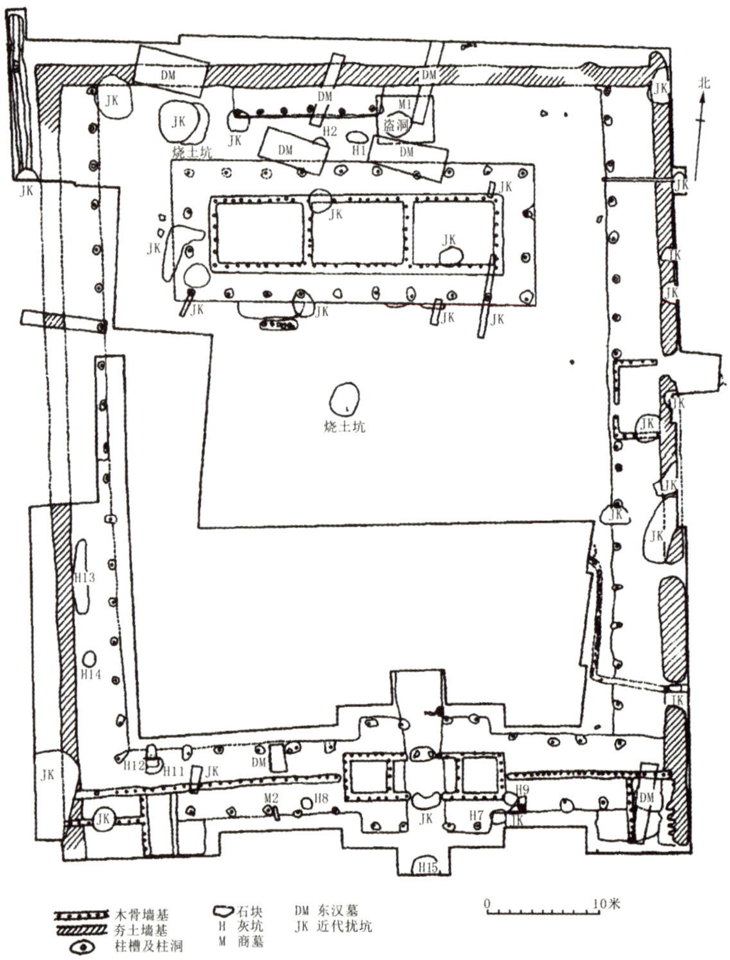

图1—1 河南偃师二里头2号宫殿遗址及墓葬平面图（引自中国社会科学院考古研究所《偃师二里头1959年—1978年考古发掘报告》，1999年）

1 山东省文物考古研究所等：《临朐县西朱封龙山文化重椁墓的清理》，《海岱考古》1989年第1期；中国社会科学院考古研究所山东工作队：《山东临朐朱封龙山文化墓葬》，《考古》1990年第7期。

2 《春秋左氏传·僖公三十二年》，影印清阮元辑刻《十三经注疏》之《春秋左传正义》卷一七，中华书局，1980年，第1832页。

3 中国科学院考古研究所二里头工作队：《河南偃师二里头早商宫殿遗址发掘简报》，《考古》1974年第4期；中国社会科学院考古研究所二里头队：《河南偃师二里头二号宫殿遗址》，《考古》1983年第3期；中国社会科学院考古研究所：《偃师二里头1959年—1978年考古发掘报告》，中国大百科全书出版社，1999年。

年来的考古发掘资料[1]，也有研究者对此说转持怀疑态度。

第二节 殷墟帝陵的考古发现与研究

公元前17世纪，成汤灭夏，建立商朝，都于亳。关于亳都的地望，历来有不同的考证，结合考古发现，有研究者认为河南偃师尸乡沟商城是成汤所都的西亳；越来越多的考古资料则支持了汤亳即今河南郑州商城之说。商朝立国600余年，传18代，共31王，商早期陵墓应该在其都城附近，但却一直没有发现有价值的线索。今安徽亳州城北门外1公里处的涡河北岸有一座“成汤陵”，土冢前有石碑一块，书“商成汤之墓”，这实际上是一处纪念性建筑；山东曹县等地也有传说中的汤王陵，性质与亳州汤陵相同，或是张冠李戴。此外，在河南淇县西岗乡河口村的淇水之滨，有一座殷纣王墓，陵前有墓碑一道。纣（帝辛）是商朝末代王，以荒淫无道著称于世，在朝歌（今河南淇县）战败被杀，该墓真伪也有待考证。

约公元前14世纪，商王帝盘庚迁都于殷。20世纪初，以甲骨文的发现和初步释读为契机，罗振玉派人查访到河南安阳洹水之滨的小屯村，确认是殷墟遗址。1928年开始的安阳殷墟发掘，不仅揭开了中国大规模田野考古发掘的序幕，同时也把殷商史的研究推向了实证，揭示出包括商帝陵在内的许多商代物质文化的面貌特征[2]。

考古发掘资料显示，殷墟商帝墓葬区位于安阳洹水北岸的侯家庄西北冈，与东南方向的宫殿、宗庙区隔河相望，相距约2.5公里。王陵所在为一片高地，墓葬区范围东西约450米、南北约250米。在这个区域内，已经钻探发掘商王陵的分布分为东、西两区（图1—2）。其中西区于1934—1935年由中央研究院历史语言研究所主持发掘，共发现7座四条墓道的“亞”字形大墓（M1001、M1002、M1003、M1004、M1217、M1500、M1550）和1座未完成的大墓（M1567）[3]；1978年又在该区西南部、规模最大的M1217东墓道北侧发掘了1座“甲”字形墓（78AHBM1）[4]。东区的遗迹现象较为复杂，既有规模大小不等的各种墓葬，也有大量的陪葬坑和祭祀坑等，其发掘时间也前后延续了几十年。东区西北部有1座四条墓道的大墓（M1400），该墓的西侧南北并列M1443和M1129，皆为两条墓道的“中”字形大墓[5]；东区东北部发掘过1座两条墓道的大墓（50WGCM1）[6]，东区

---

1 中国社会科学院考古研究所：《二里头（1999—2006）》，文物出版社，2014年。

2 ［汉］司马迁：《史记》卷三《殷本纪》：“周武王为天子，其后世贬帝号，号为王。”唐司马贞索隐：“夏、殷天子亦皆称帝，代以德薄不及五帝，始贬帝号，故本纪皆帝，而后总曰‘三王’也。”顾颉刚等点校本，中华书局，1982年，第108—109页。因此，商王墓的确切称谓应为“商帝陵”或“殷帝陵”。

3 梁思永、高去寻：《侯家庄第二本·1001号大墓（上、下）》，中央研究院历史语言研究所（台北），1962年；梁思永、高去寻：《侯家庄第三本·1002号大墓》，中央研究院历史语言研究所（台北），1965年；梁思永、高去寻：《侯家庄第四本·1003号大墓》，中央研究院历史语言研究所（台北），1967年；梁思永、高去寻：《侯家庄第五本·1004号大墓》，中央研究院历史语言研究所（台北），1970年；梁思永、高去寻：《侯家庄第六本·1217号大墓》，中央研究院历史语言研究所（台北），1968年；梁思永、高去寻：《侯家庄第七本·1500号大墓》，中央研究院历史语言研究所（台北），1974年；梁思永、高去寻：《侯家庄第八本·1550号大墓》，中央研究院历史语言研究所（台北），1976年。

4 中国社会科学院考古研究所安阳工作队：《安阳侯家庄北地一号墓发掘简报》，《考古学集刊》第2集，中国社会科学出版社，1982年。

5 梁思永、高去寻、石璋如等：《侯家庄第九本·1129、1400、1443号大墓》，中央研究院历史语言研究所（台北），1996年。

6 郭宝钧：《一九五〇年春殷墟发掘报告》，《中国考古学报》第五册，1951年。

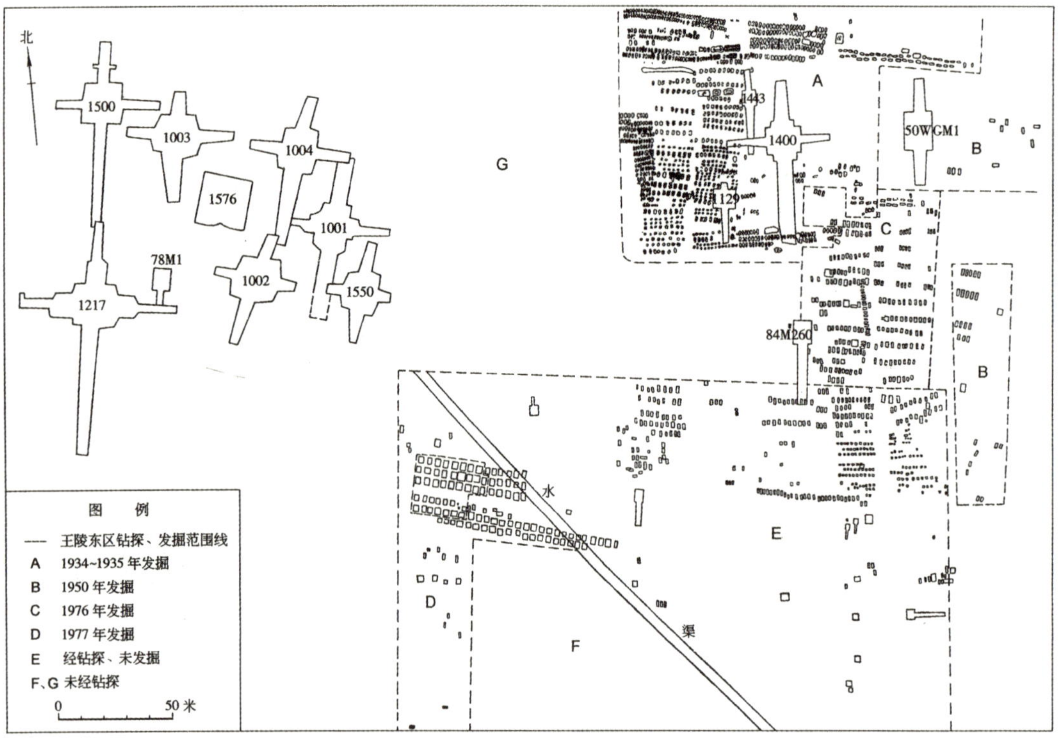

图1—2 河南安阳殷墟西北冈王陵区大墓及祭祀坑平面布局图（引自中国社会科学院考古研究所《中国考古学·夏商卷》，2003年）

中部、M1400的南侧发掘过1座一条墓道的“甲”字形墓（84AWBM260）[1]。

安阳西北冈商帝陵为土坑竖穴木椁结构，以位于西区东部的1004号大墓（HPKM1004）为例[2]，该墓东墓道打破HPKM1001的北墓道，南墓道则被HPKM1002打破。墓葬结构为土坑竖穴式，墓坑呈口大底小的斗形；墓口南北中线长17.9米、东西中线长15.9米，墓底南北中线长13.20米、东西中线长10.80米，墓室中心深度12—12.2米。四条墓道自地面通向墓底椁室，有的是台阶自地面而下，有的则是坡道，各墓道中线长度为：南墓道31.40米、北墓道14.10米、东墓道15.00米、西墓道13.80米，以南墓道为主墓道。墓坑底部为木材构筑的椁室，尚可以明显看出呈“亞”字形，部分地板尚可见痕迹，为直径约20—30厘米的木材，四壁高约3米，顶部已毁，结构不详（图1—3）。椁壁经过装饰，有抹灰、彩绘，还有雕刻、镶嵌，南侧开门。椁室与墓坑之间以夯土夯实。

除西北冈王陵区外，在殷墟宫殿区的范围内还发掘过1座一条墓道的大墓（殷墟M5），墓主妇好即后母辛，是商王武丁之妻[3]。该墓虽然规模不甚大，但却是已经发掘的殷商陵墓中唯一一座未被盗掘而且能确切断定墓主身份和年代的王室贵族墓，因而学术价值比较高。

根据各大墓盗洞回填土中的伴出物、后期墓葬叠压情况等迹象分析，可能早到周代、最迟不晚于东汉，侯家庄西北冈大墓即已经过大规模的盗掘[4]，因而各墓中出土的

1 中国社会科学院考古研究所安阳工作队：《殷墟259、260号墓发掘报告》，《考古学报》1987年第1期。

2 梁思永、高去寻：《侯家庄第五本·1004号大墓》，中央研究院历史语言研究所（台北），1970年，第10—25页。

3 中国社会科学院考古研究所安阳工作队：《安阳殷墟五号墓的发掘》，《考古学报》1977年第2期；中国社会科学院考古研究所：《殷墟妇好墓》，文物出版社，1980年。

4 有研究者认为，殷墟大墓最初被盗应与灭商有关，则其年代可更早至西周初年。参见何毓灵《殷墟王陵早

图1—3 河南安阳侯家庄1004号大墓发掘现场（引自梁思永、高去寻《侯家庄第五本·1004号大墓》，1970年）

资料十分有限，找不到墓葬的绝对年代以及墓主究竟为商代哪个王等具体信息。关于殷墟王陵的年代问题，李济[1]、邹衡[2]、张光直[3]等研究者先后进行过分析；但长期以来学术界依然存在着不同的认识，争论的焦点主要在于西北冈墓葬区的上限是始于盘庚还是始于武丁；其中持武丁为上限者认为，盘庚、小辛、小乙三帝葬在洹南后冈，那里是殷墟早期王陵所在[4]。目前商周考古界的基本意见是倾向于认为西北冈地区不包括盘庚等三帝之墓。

尽管疑问犹多，但殷墟大墓所蕴含的信息对于商代晚期陵墓制度的研究还是提供了相对比较充分的资料。其基本特征归纳如下：

一、商代晚期帝陵的分布有一定的规律。西北冈西区7座大墓的分布应该有一定的排列规则，自西而东，M1500和M1217、M1003和M1567（未完成的土坑）或M78AWBM1（甲字形墓）、M1004和M1002、M1001和M1550可以看出是4组南北纵列关系；如果不考虑未完工的M1567，则这7大1小共8座墓葬也可以按地缘远近再分为东西两组，或东西两两并列的四组。从不同墓葬墓道的打破关系，可以确定西北冈大墓中一部分墓葬的相对年代关系：M1217晚于M1500和M78AWBM1；M1004和M1550均晚于M1001，而

期被盗年代研究》，《考古》2014年第6期。

1 李济：《由笄形演变所看见的小屯遗址与侯家庄墓葬之时代关系》，《历史语言研究所集刊》第二十九本下册，1958年；李济：《笄形八类及其纹饰之演变》，《历史语言研究所集刊》第三十本上册，1959年。

2 邹衡：《试论殷墟文化分期》，所著《夏商周考古学论文集》，文物出版社，1980年。

3 张光直：《中国青铜时代》，三联书店，1983年，第207—208页。

4 杨锡璋：《安阳殷墟西北冈大墓的分期及有关问题》，《中原文物》1981年第3期；曹定云：《论殷墟侯家庄1001号墓墓主》，《考古与文物》1986年第2期；曹定云：《殷代初期王陵试探》，《文物资料丛刊》第10辑，文物出版社，1987年；杨锡璋：《关于殷墟初期王陵问题》，《华夏考古》1988年第1期；高去寻：《安阳殷代王室墓地》（杨锡璋译），《殷都学刊》1988年第4期；郑振香：《殷墟的发现与研究》前言，科学出版社，1994年；谷飞：《殷墟王陵问题之再考察》，《考古》1994年第10期。

M1002晚于M1004。至于排列规则与墓主身份的对应关系，可能还要结合各具体墓葬出土物年代的早晚、商人的方位观念、商代王位的继承制度、商王及其妻（相当于汉以后的皇后）的合葬制度，并参考其他同期墓葬群中的排列方式等综合分析。

二、商代贵族墓葬的等级制度已经比较明晰，西北冈区各墓规模大小不等，结合墓道多少、墓坑大小等因素来判断，四条墓道的“亞”字形墓规格最高、两条墓道的“中”字形墓次之，一条墓道的“甲”字形墓最低；陪葬墓大多为土坑竖穴式，无墓道。商帝陵的墓葬结构为土坑竖穴式，四条墓道，各墓虽然大小不尽相同，墓坑形状也不完全一致，但均以南墓道为主墓道；各墓朝向基本都是南而略偏西。

三、安阳商代大中型墓葬的埋葬形式为木材构筑的椁室结构[1]，“亞”字型商帝陵的椁室为方形或长方形，或和整个墓型结构一致，呈“亞”字形。侯家庄1001号大墓木椁室“东耳东南角盗坑底找到一块跟小屯村夯土基址上常见用作柱础一样的河流石子”，推测“木室各角曾立有木柱”[2]。棺置于椁室正中，墓中只有墓主一人，未见夫妻合葬之例；推测葬式当为仰身直肢。墓穴的底部正中往往有1个腰坑（“中心坑”），腰坑内通常埋1个殉人或1条殉狗。殷王陵地下椁室规模一般都比较大，但当时墓室的等级制度似乎并不十分严格，所以各王陵大小也不完全一致，具体每座墓椁室的大小与墓穴大小相当。侯家庄西区规模最大的1217号“亞”字型墓，墓穴深度超过15米，墓室面积为330平方米，如果再加上四条墓道，这座墓的总面积达到约1800平方米[3]。东区东北部的50WGCM1（武官村大墓）为两条墓道，据推测也是商代帝陵，墓室深度超过7米，总面积达340平方米[4]。

四、人殉和人祭。西北冈大墓和一些陪葬墓中都有殉人现象，如以证明“奴隶制”存在而著称的武官村大墓，就保留了清晰殉人迹象。此外，在西北冈东区发现有2500余座祭祀坑（大小多为2米×1米左右），排列密集，主要是人祭坑（图1—4），而且大多数坑内遗存骨架显示都是无头躯干，另外还有人头、头身分离和骨架完整等三种情况；也有些坑内出土的是兽骨或祭器。根据坑口大小、深度、方向以及埋藏物的特征，这些祭祀坑可以分

图1—4　河南安阳侯家庄杀殉坑

1 木质椁室是墓室的最初形式之一，所谓“椁以辟土”，即以木材垒筑而成的墓室。东周时期，椁室的结构更加复杂，开始出现了“黄肠题凑”。东汉时期，黄肠题凑所用之柏木为黄肠石所替代，砖、石墓室也在此前不久开始出现。

2 梁思永、高去寻：《侯家庄第二本·1001号大墓》上册，中央研究院历史语言研究所（台北），1962年，第26页。

3 梁思永、高去寻：《侯家庄第六本·1217号大墓》第三章，中央研究院历史语言研究所（台北），1968年。

4 郭宝钧：《一九五〇年春殷墟发掘报告》，《中国考古学报》第五册，1951年。

图1—5　河南安阳殷墟妇好墓遗址及墓上建筑复原

为许多组，推测每组分别对应一次祭祀活动（一组坑内通常有几十至上百、最多达数百个“人牲”个体）；这片祭祀坑是多年频繁使用而逐渐形成的[1]。

五、墓上无封土，但有同期建筑。殷墟大墓在墓室的地面上不筑封土，即“不封不树”，但值得注意的是，很多殷商大墓的墓口之上有同期建筑遗迹。安阳小屯殷墟M5，墓口长5.6米、宽4米，其上叠压有商代房基，南北残长5.5米，东西宽5米，在房基上发现了排列整齐的6个柱洞，洞内以河卵石填实用作柱础。房基东面有路土面，说明该建筑的门道是朝东的[2]。墓主妇好，死于武丁时期，庙号“妣辛”。妇好墓这座建筑遗址刚好落在墓室之上，而且没有损坏墓圹填土，表明它与地下的墓葬的直接关联（图1—5）。类似的现象在大司空村两座长方型墓的墓坑上也有发现[3]。关于这类建筑的功用，学术界尚有不同的意见。以妇好墓为例，研究者普遍认为其墓上建筑的用途是祭祀妇好，发掘者根据《殷墟书契后编》卷上著录的7·11卜辞“甲申卜，即贞，其又[祐]于兄壬。于母辛宗”等甲骨文记载，认为这座建筑就是卜辞中的“母辛宗”。有研究者更进一步提出，古代宗与庙不同，庙以“尊祖先貌也”；而宗则是祭祀祖先遗骸之处，应当建于墓上。因此，“母辛宗”就是祭祀母辛的享堂[4]。

六、如果安阳后冈大墓确实也是殷商帝陵，那么商代晚期的王陵结构明显经历了由简而繁的发展过程，武丁时期是一个重要节点。

第三节　西周王陵的探寻与研究

据《史记》等文献记载，代商而立的周王室也是黄帝、帝喾的后裔，姓姬氏，其祖先后稷与商始祖契同时代。传说有邰氏女姜嫄“践巨人迹”而生弃（后稷），为尧舜农官，

1 中国社会科学院考古研究所：《殷墟的发现与研究》，科学出版社，1994年，第112—121页。

2 中国社会科学院考古研究所：《殷墟妇好墓》，文物出版社，1980年，第6页。

3 马得志等：《一九五三年安阳大司空村发掘报告》，《考古学报》第九册，1955年。

4 杨鸿勋：《妇好墓上“母辛宗”建筑复原》，《文物》1988年第6期。

是为周始祖。后稷十五传至武王发，克商，建立周朝，都镐京（今陕西西安西南）。周天子是天下共主，废帝称王。武王十一传至幽王，犬戎攻周时被杀。公元前770年，周平王迁都洛邑（今河南洛阳），史称东周。平王又二十四传至赧王，周亡。周自武王伐商迄赧王，传32世，共37王。

《史记·周本纪》“周武王崩”条下，南朝宋裴骃集解引《皇览》曰：“文王、武王、周公冢皆在京兆长安镐聚东社［杜］中也。”唐张守节正义引《括地志》云：“武王墓，在雍州万年县西南二十八里毕原上。”[1]查《元和郡县图志》等有关记载，关中地区有毕原两处，一处在今西安市西南，唐属万年县：“毕原，在县西南二十八里。《诗》注云：‘毕，终南山之道名也。’《书》序云：‘周公薨，成王葬于毕。’是也。”[2]另一处在渭北咸阳县：“毕原，即县所理也。《左传》曰：‘毕原酆郇，文之昭也。’即谓此地。原南北数十里，东西二三百里，无山川陂湖，井深五十丈，亦谓之毕陌，汉氏诸陵并在其上。”[3]文、武、周公所葬之“毕”，当为前者，即长安西南，而不是在咸阳原上。司马迁著《史记》即明持此说：“所谓‘周公葬于毕’，毕在镐东南杜中。”[4]西周丰镐遗址区域东南部的三爻村曾出土唐代崔纮墓志，亦称所葬地为“万年县之毕原”[5]，可知二处毕原南辕北辙。

大约在魏晋至隋唐时期已经出现了周陵在渭北毕原之讹传，但当时人犹能辨正之。《史记·秦本纪》“秦武王”条下，裴骃集解引《皇览》云：“秦武王冢在扶风安陵县西北，毕陌中大冢是也。人以为周文王冢，非也。周文王冢在杜中。”[6]《史记·秦始皇本纪》秦悼武王“葬永陵”条下，张守节正义引《括地志》云：“秦惠文王陵在雍州咸阳县西北一十四里。”又云：“秦悼武王陵在雍州咸阳县西十里，俗名周武王陵，非也。”[7]直到清初顾炎武在《日知录》中、稍后孙星衍在《皇清经解·毕陌毕原考》中，对于这些记载也都有辨明。北宋以后，咸阳原周陵说在民间逐渐讹传成真，清代毕沅巡抚陕西，为咸阳原上诸帝陵立碑，虽有所疑，但终采讹传。《关中胜迹图志》云：“周文王陵，《通志》：在咸阳县北一十五里毕原上；……武王陵，《咸阳县志》：在文王陵北；……周公墓，《咸阳县志》：在文王墓东。”[8]遂立周文王、武王陵碑。根据考古调查资料并结合古代文献记载，有学者认为：所谓“周文王陵”、“周武王陵”应该分别是战国秦惠文王公陵和悼武王永陵[9]。也有人认为此二陵是秦惠文王和王后的合葬墓；咸阳原上的其他“周陵”也都是误传，“周成王陵”当为汉孝平帝王皇后陵，“周康王陵”当为汉孝元帝王皇后陵，“周恭王陵”则应该是汉孝成帝班婕妤之墓[10]。根据最近的钻探结果，“周陵”二主墓均以北墓道为主墓道，与秦人的习惯不符，因而有研究者认为，所谓“周文王陵”、“周武王陵”应该是西汉后期陵墓的附属陵园[11]。

按常理推断，周王的先祖应该葬于周原岐山一带，文王以后诸王则应葬于丰镐遗址范围内或其附近。确切的西周王陵迄今尚未发现，陕西长安西周丰镐遗址范围内的张

---

1 ［汉］司马迁：《史记》卷四《周本纪》，顾颉刚等点校本，中华书局，1982年，第132页。

2 ［唐］李吉甫：《元和郡县图志》卷一《关内道一·万年县》，贺次君点校本，中华书局，1983年，第3页。

3 ［唐］李吉甫：《元和郡县图志》卷一《关内道一·咸阳县》，贺次君点校本，中华书局，1983年，第13页。

4 ［汉］司马迁：《史记》卷四《周本纪》，顾颉刚等点校本，中华书局，1982年，第170页。

5 桑绍华：《西安南郊三爻村发现四座唐墓》，《考古与文物》1983年第3期。

6 ［汉］司马迁：《史记》卷五《秦本纪》，顾颉刚等点校本，中华书局，1982年，第210页。

7 ［汉］司马迁：《史记》卷四《周本纪》，顾颉刚等点校本，中华书局，1982年，第289页。

8 ［清］毕沅：《关中胜迹图志》卷八《古迹·郊邑·西安府》，张沛校点本，三秦出版社，2004年，第266—270页。

9 阎文儒：《“周陵”为秦陵考辨》，《考古与文物》1980年第2期。

10 罗西章：《西周王陵何处觅》，《文博》1997年第2期。

11 段清波等：《咸阳“周陵”属性研究》，《西北大学学报（哲社科版）》2013年第3期。

家坡[1]、普渡村[2]、花园村[3]等地发现过一些规模较大的墓葬，虽然不是周王陵，但有些可以肯定是王室同姓贵族，反映了周人的葬制。张家坡墓地被认为是西周中晚期的井叔家族墓地，共发现4座大墓，其中M157为两条墓道，另外3座各有一条墓道。M157土坑竖穴式，长5.5米、宽4米，深及泉下，南北斜坡墓道各一条，全长35.35米。其中南墓道长而宽，为主墓道，这是周人墓葬的特点。该墓被推测为第一代井叔之墓，是丰镐遗址中已知唯一的一座两墓道大墓。

陕西扶风周原遗址及其附近地区是周人故地，这里也有一些大墓发现。有人推测周原黄堆是西周王墓所在[4]；黄堆有大片西周墓葬区，曾经清理发掘过一些木椁结构的贵族墓葬，有些还有车马随葬[5]，但没有发现佐证王陵的证据。此外，这一地区的刘家大墓、姚家墓地等也都发现过带墓道的大墓。在陕西“大周原”地区发现过一些大型的聚落遗址，有研究者认为是西周贵族的家族采邑[6]。其中周公庙遗址已发现7处墓地共900余座墓葬，在陵坡墓地中发现带墓道的大墓22座，其中有10座是四条墓道的“亞”字型大墓，墓地的外围还筑有陵墙，墓主可能是西周时期的历代周公[7]。

除宗周地区外，一些分封诸侯的大墓也是西周王陵制度的重要佐证。其间著名的如河南浚县辛村卫侯墓地[8]、河南三门峡虢国墓地[9]、山西曲沃曲村晋侯墓地[10]、北京房山琉璃河燕侯墓地等[11]。这些诸侯墓葬，都是木椁结构，地面无封土，相对于同期墓葬规模比较大，随葬品丰厚，多有车马随葬，但殉人现象比较少见。

公元前771年，犬戎攻破镐京，周幽王被杀死在郦山脚下，西周亡。今陕西临潼代王镇宋家村有传说中的周幽王陵，真伪莫辨。

第四节　商周王陵的特点

西周及其以前，是我国古代帝王陵墓制度的发端起源时期，高等级大墓在缓慢地发展，制度在不断完善。这些不同时代的大墓，有一些共性的特点：

一、地下埋葬形式为木椁结构。

“椁以辟土”，实际上就是以木材或其他材料搭建的一个地下空间，用于放置棺和随葬品等（图1—6）。椁的作用相当于后世的墓室，就帝王陵墓而言，东汉或更早到西汉晚期，木椁即被砖石或土洞结构的墓室所替代。后世以棺外之棺称为椁，实际上是一种

1 中国社会科学院考古研究所：《张家坡西周墓地》，中国大百科全书出版社，1999年。

2 陕西省文物管理委员会：《长安普渡村西周墓的发掘》，《考古学报》1957年第1期。

3 陕西省文物管理委员会：《西周镐京附近部分墓葬发掘简报》，《文物》1986年第1期。

4 罗西章：《西周王陵何处觅》，《文博》1997年第2期；岳连建：《西周王陵位置初探》，《文博》1998年第2期；郑红利：《与西周王陵有关的几个问题》，《文博》2000年第6期。

5 陕西周原考古队：《扶风黄堆西周墓地钻探清理简报》，《文物》1986年第8期。

6 张天恩：《考古发现的西周采邑略析》，所著《周秦文化研究论集》，科学出版社，2009年。

7 赵丛苍：《周公庙墓地性质管窥》，《西北大学学报（哲社科版）》2004年第6期。

8 郭宝钧：《浚县辛村古残墓之清理》，《田野考古报告》（国立中央研究院历史语言研究所专刊之十三），商务印书馆，1936年；郭宝钧：《浚县辛村》，科学出版社，1964年。

9 中国科学院考古研究所：《上村岭虢国墓地》，科学出版社，1959年；河南省文物考古研究所等：《三门峡虢国墓地》第一卷，文物出版社，1999年。

10 北京大学考古系商周组等：《天马—曲村（1980—1989）》，科学出版社，2000年。

11 北京市文物研究所：《琉璃河西周燕国墓地（1973—1977）》，文物出版社，1995年。

误解。按照《周礼》等记述，用于盛敛尸体而不起墓室作用的都是棺，棺外之棺为“重棺”。从新石器时代晚期开始，木椁逐渐多用于高等级墓葬，从殷墟帝陵和陕西周原等地的大墓来看，椁室的大小与所葬者身份有一定的关系，但并不完全成正比，可能还没形成明确的等级制度。

图1—6　河南安阳侯家庄1001号大墓椁底（引自梁思永、高去寻《侯家庄第二本·1001号大墓》，1962年）

二、墓道制度开始形成。

墓道是由地表通向地下墓室的道路，通常为斜坡式或阶梯式，供修筑墓室和灵柩下葬使用，葬毕以土石填实。安阳殷帝陵和周原等地的西周大墓都显示出墓道的多少与墓主的等级身份有直接的关系，而且在四条或两条墓道中已经可以明显看出其中一条是主墓道。根据已知资料，商周王室贵族墓基本都是以南墓道为主墓道。

三、“不封不树”。

《周易·系辞》云：“古之葬者，厚衣之以薪，葬之中野，不封不树，丧期无数。后世圣人衣之以棺椁，盖取诸大过。”[1]文中的“树”是指在墓园封域内植树，而“封”则是指墓穴之上加筑封土[2]，简而言之，“不封不树”就是在墓穴处的地面上不设封土等明显标识。从历年考古发掘的实例来考察，东周以前中原地区的墓葬普遍实行“不封不树”之制，这类记载应该是可信的。

关于上古实行“不封不树”葬制的原因，可能并非如汉代及以后诸儒所解读的“圣王薄葬”，而应该与当时的习俗、信仰以及不同的地域有关。辽宁凌源牛河梁红山文化遗址上层的积石冢就有封土，其做法是先筑墓，墓上筑冢台，墓和冢台之上封土，在封土上积石，四周以石块砌出冢界，形成地上建筑冢体[3]。古人有“葬者，藏也”的信念，“不封不树”可能也是埋葬观念、灵魂观念与鬼神信仰尚未完全成熟的表现；或许商周时期核心统治区域内流行的观念不为秦汉以后人所理解。秦始皇“焚书坑儒”导致了中国古代文化的断层，古籍散佚，上古之礼不传于后世，西汉以后诸儒对于“不封不树”的解释才会出现附会甚至错误。

从商周实例来看，墓上不堆筑封土，并不意味着墓葬区域没有任何标识，殷墟大墓上的同期建筑无论功用如何，本身都具有标识意义。西周的大型墓地没有发现墓上建筑，但“世卿世禄”制和“公墓”制，也同样让后嗣对于祖先的墓址了如指掌，“公墓”现

1 《周易·系辞下》，影印清阮元辑刻《十三经注疏》之《周易正义》卷八，中华书局，1980年，第87页。

2 秦汉以后，“不封不树”之“封”一般理解为在墓穴之上加筑封土。在早期“封”也有界定墓葬封域的含义，《史记·周本纪》：周武王灭商，“命闳夭封比干之墓”。唐张守节正义云：“封，谓益其土而画疆界。”结合商周大墓考古发掘的实例分析，此“封比干之墓”，当不会是加筑封土，而应该是划定墓域疆界或修筑垣墙环壕等。

3 辽宁省文物考古研究所：《牛河梁红山文化遗址发掘报告（1983—2003年度）》，文物出版社，2012年，第471页。

象在晋侯等诸侯墓地中已经得到了一定程度的证实[1]。周公庙遗址大墓“陵垣”的出现，更进一步证明所谓“不封不树”并非没有标识，更与厚葬或薄葬无关。

第五节　关于“墓祭”问题的讨论

墓祭问题，是先秦陵寝制度研究中的一个争论焦点，有两种截然不同的观点，一种认为古无墓祭，另一种则说古有墓祭，现代研究者的争论又多与殷周墓上建筑功用相关联。

“古无墓祭”之说出现于东汉时期（25—220年）。王充在《论衡》中说：“古礼庙祭，今俗墓祀。”[2]最早正式提出“古无墓祭”之说的是汉末的蔡邕，他认为：“古不墓祭，至秦始皇出寝，起之于墓侧，汉因而不改。故今陵上称寝殿，有起居、衣冠、象生之备，皆古寝之意也。”[3]《晋书·礼志》记载魏黄初三年（222年）曹丕下令废除陵寝制度的诏书中说：“古不墓祭，皆设于庙。”[4]清初顾炎武在其《日知录》中也持“古无墓祭”之说，并据以解释《礼记·曾子问》中的一段话：“曾子问：‘宗子去在他国，庶子无爵而居者可以祭乎？’孔子曰：‘祭哉。’‘请问其祭如之何？’孔子曰：‘向墓而为坛以时祭，若宗子死，告于墓而后祭于家。’”认为墓祭只是“礼之权也”；汉明帝始行“上陵礼”于光武帝原陵，“此特士庶人之孝，而史传之以为盛节，故陵之崇庙之杀也，礼之渎敬之衰也”[5]。后来赵翼在吸收了“古有墓祭”之说的基础上提出：“盖三代以上本无墓祭，故辛有见被发祭野者而以为异。”“《孟子》东郭墦间之祭虽属设辞，然其时必已有此俗。《史记》：孔子没，鲁世世相传以岁时奉祠孔子冢，是春秋战国时已开其端。”[6]现代研究者中杨宽持“古不墓祭”之说，他认为先秦墓上建筑不可能用于祭祀，因为《礼记·曲礼上》有“适墓不登垄，助葬必执绋”之说，东汉郑玄注云：“为其不敬，垄，冢也；墓，茔域。”古人认为登冢是对墓主的不敬行为。他认为商周墓上的建筑是供奉墓主灵魂生活起居的“寝”[7]，墓祭应该起源于春秋战国之际。

清人阎若璩在其《四书释地》中持“古有墓祭”之说。他认为：“《成阳灵台碑》：‘庆都仙殁，盖葬于兹，名曰灵台，上立黄屋，尧所奉祠。’非墓祭之见于集乎？《韩诗外传》曾子曰：‘椎牛而祭墓，不如鸡豚逮亲存。’非墓祭之见于子乎？《周本纪》：‘武王上祭于毕。’毕，文王墓地也，非墓祭之见于史乎？《周礼·冢人》：‘凡祭墓为尸。’非墓祭之见于经乎？更有可言者，孟子之前，孔子卒葬鲁城北泗上，鲁世世相传以岁时奉祠孔

---

1 北京大学考古系等：《1992年春天马—曲村遗址墓葬发掘报告》，《文物》1993年第3期；北京大学考古学系等：《天马—曲村遗址北赵晋侯墓地第二次发掘》，《文物》1994年第1期；山西省考古研究所等：《天马—曲村遗址北赵晋侯墓地第四次发掘》、《天马—曲村遗址北赵晋侯墓地第三次发掘》，《文物》1994年第8期；北京大学考古学系等：《天马—曲村遗址北赵晋侯墓地第五次发掘》，《文物》1995年第7期；李伯谦：《从晋侯墓地看西周公墓墓地制度的几个问题》，《考古》1997年第11期；北京大学考古文博院等：《天马—曲村遗址北赵晋侯墓地第六次发掘》，《文物》2001年第8期。

2 ［汉］王充：《论衡》卷二三《四讳篇》，北京大学历史系《〈论衡〉注释》，中华书局，1979年，第1329页。

3 ［汉］蔡邕：《独断》卷下，影印《四库全书》本，上海古籍出版社，1990年，第14页。

4 ［唐］房玄龄等：《晋书》卷二〇《礼志中》，吴则虞等点校本，中华书局，1974年，第632页。

5 ［清］顾炎武：《日知录》卷一五“墓祭”条，影印清道光十四年嘉定黄氏西溪草庐重刊定本黄汝成《〈日知录〉集释》，上海古籍出版社，1985年，第1156—1159页。

6 ［清］赵翼：《陔余丛考》卷三二“墓祭”条，中华书局，1963年，第676页。

7 杨宽：《先秦墓上建筑和陵寝制度》，《文物》1982年第1期。

子冢。岂有非礼之祭而敢辄上圣人之冢者哉。”[1]这是他根据《孟子·离娄下》关于东郭坟间之祭的寓言，并摭举经、史、子、集中的记载为例，证明古有墓祭。

现代研究者中亦有人持“古有墓祭”之说，郭宝钧在《辉县发掘报告》第二编中就作过这种推断。杨鸿勋根据1976年殷墟王陵区人祭遗存的发掘资料[2]，认为至迟到商代已有墓祭，战国中山王嚳墓出土的《兆域图》上标示其墓上建筑名曰“堂”，由此可确定先秦的墓上建筑不会是“寝”，而是“享堂”；“墓上建宗——享堂，属殷商的一种制度”[3]。并认为“秦开始才在陵墓原有的‘堂’之外，又添置了‘寝’。这样，堂是为前朝，寝是为后寝。先秦陵墓只有堂而没有寝”[4]。他还根据偃师二里头2号宫殿遗址的发掘情况[5]，认为“殿堂虽不建在墓上，但整组建筑是坐落在墓上的。如果发掘判断无误，是否表明这是一个宗的建筑群体，是很值得研究的”[6]。

根据各种资料分析，笔者认为“古无墓祭”之说应该更接近实际。

这里首先要弄清楚“古无墓祭”说的“祭”是指什么。随着墓葬制度的逐步健全，人们对于先人墓葬的重视程度也同步增长，在墓地近处举行一些尊崇缅怀祖先的行为十分正常。1988年，在河南濮阳西水坡45号墓南端20米处发现了一组蚌壳图，有龙、虎、鹿、蜘蛛等；在它南面25米处又有一组蚌壳图案，为虎和人骑龙。推测这两组蚌壳图案可能是致奠45号墓的墓主的遗留物[7]。良渚遗址中的大型墓葬毗邻祭祀坛、二里头2号建筑遗址等，也可能是当时人们敬礼墓主活动的遗存。殷代大型墓葬之上多有建筑遗存，这类建筑毫无疑问与敬礼墓主的行为有关。但必须要特别说明的是，在中国上古时代，“祭”是按礼制规则而举行的正规政治性礼仪行为，不能随便、随时举行。

《孟子·离娄下》以一个虚拟的讽喻故事描述了当时墓前的“祭享”行为：“齐人有一妻一妾而处室者，其良人出，则必餍酒肉而后反。其妻问所与饮食者，则尽富贵也。其妻告其妾曰：‘良人出，则必餍酒肉而后反，问其与饮食者，尽富贵也，而未尝有显者来。吾将瞯良人之所之也。’蚤起，施从良人之所之，遍国中无与立谈者。卒之东郭墦间，之祭者，乞其余。不足，又顾而之他，此其为厌足之道也。”[8]可见，齐东郭“坟间之祭”是供奉酒食。据《汉书》记载：朱买臣贫贱时曾“负薪墓间，故妻与夫家俱上冢，见买臣饥寒呼饭，饮之”[9]，可证汉时上冢亦供奉饮食。这类“上冢”、“祭墓”等活动，局限于上食、供奉衣冠等，参加人员亦仅限于墓主亲属，与属于礼制范畴的“祭”有明显区别，绝不是蔡邕等人所指的“墓祭”，而应该属于“歆享”一类。《说文》解享（亯）曰：“亯，献也，从高省，曰象进孰物形。《孝经》曰：祭则鬼亯之。”《殷周金文集成》中著录有一件“享陵”铭鼎[10]，有学者对之进行研究认为，此类鼎即专为享陵供食而用[11]。先秦时期墓上献食之俗可能比较普遍，大墓之上的“寝”具有献食的功能。妇好墓房基与墓葬填土被

1 ［清］阎若璩：《四书释地》“墦间之祭”条，影印文渊阁《四库全书》第210册，台湾商务印书馆，1983年，第327页。

2 杨锡璋等：《从商代祭祀坑看商代奴隶社会的人牲》，《考古》1977年第1期。

3 杨鸿勋：《妇好墓上“母辛宗”建筑复原》，《文物》1988年第6期。

4 杨鸿勋：《关于秦代以前墓上建筑的问题》，《考古》1982年第4期。

5 中国社会科学院考古研究所二里头队：《河南偃师二里头二号宫殿遗址》，《考古》1983年第3期。

6 杨鸿勋：《妇好墓上“母辛宗”建筑复原》，《文物》1988年第6期。

7 濮阳西水坡遗址考古队：《1988年河南濮阳西水坡遗址发掘简报》，《考古》1989年第12期。

8 《孟子·离娄下》，影印清阮元辑刻《十三经注疏》之《孟子注疏》卷八下，中华书局，1980年，第2732页。

9 ［汉］班固：《汉书》卷六四上《朱买臣传》，西北大学历史系点校本，中华书局，1962年，第2791页。

10 中国社会科学院考古研究所：《殷周金文集成》第五册，中华书局，1985年，第100页。

11 黄盛璋：《魏享陵鼎铭考论》，《文物》1988年第11期。

一座商代晚期的灰坑打破[1]，类似现象在侯家庄1001大墓上也有发现[2]。这种现象很可能和"祧"制有关，《汉书·韦玄成传》中有"寝园皆无复修"等记载，可资佐证。先秦时期墓上的献食等行为似应名之曰"享"，这种行为出现的理论依据是"鬼犹求食"[3]，其根源则是当时一种普遍的社会观念："事死者如事生，思死者如不欲生。"[4]此外，《礼记》中孔子关于庶子无爵位者"望墓而为坛以时祭"的表述，也可以旁证先秦墓上并没有专门用于祭礼的建筑，所以在进行正规告祭活动时要另外"为坛"。

东汉明帝开始举行的"上陵礼"，并不是献食于光武帝原陵，而是一种正规的礼仪性祭祀活动。据晋人司马彪《后汉书·礼仪志》记载："（上陵）之仪，百官、四姓亲家妇女、公主、诸王大夫、外国朝者侍子、郡国计吏会陵。……乘舆自东厢下，太常导出，西向拜，折旋升阼阶，拜神坐。退坐东厢，西向。侍中、尚书、陛者皆神坐后。公卿群臣谒神坐，太官上食，太常乐奏食举，（舞）文始、五行之舞。礼乐阕，（群）臣受赐食毕，郡国上计吏以次前，当神轩占其郡（国）谷价，民所疾苦，欲神知其动静。孝子事亲尽礼，敬爱之心也。"[5]可见，这种礼墓行为的主旨不再是以上食和敬奉衣冠为事，而是被赋予了鲜明的政治色彩，它与上古乃至西汉原有的上冢、上陵之礼以及其他所谓"祭墓"有本质的区别，是载入国家祀典的重要政治礼仪活动，这才是真正意义上墓祭的开始。东汉末去古未远，蔡邕应该是看到了这一根本性的差异，才有"古不墓祭"之说。

先秦是否有墓祭，墓上建筑性质的判定是一个无法回避的问题。笔者认为：先秦墓上建筑应该是"寝"，无论其名称、位置如何变换，其核心功能都是《后汉书·祭祀志》中所记载的"随鼓漏理被枕、具盥水、陈严[妆]具"[6]。至于认为"寝"出现于秦始皇陵，可能是误解了蔡邕的文意。蔡氏《独断》："古不墓祭，至秦始皇出寝，起之于墓侧，汉因而不改。故今陵上称寝殿，有起居、衣冠、象生之备，皆古寝之意也。"[7]文中"出寝"之"出"，不是"出现"的意思，而是一个使意动词，有"迁出"之义。对于同一事件，《汉旧仪》记述得更为清楚准确一些："古不墓祭。秦始皇起寝于墓侧，汉因而不改。诸陵寝皆以晦、望、二十四气、三伏、社、腊及四时上饭。其亲寝所宫人，随鼓漏理被枕，具盥水，陈庄[妆]具。"[8]意谓古代大墓有寝，到秦始皇建陵墓时把寝迁出，建于墓的旁边。结合早于战国末的妇好墓、辉县魏墓、平山中山王譽墓等实例分析，所谓"迁出"，应该是由墓顶迁至墓侧。考古发掘证实，秦始皇陵的寝在其墓冢北偏西约50米处[9]，其冢顶没有发现建筑遗迹。这种变革或许与秦始皇的专制独尊倾向有关。西汉承袭秦制，各在陵旁立寝。陵上设"寝殿"，用于奉衣冠，备饮食，还是沿用古代寝的本意。汉明帝推行上陵礼之初，权行其礼于陵上旧有的寝殿，当时制度并不健全，后来才在陵前出现了专门仿照朝堂的"石殿"、"享殿"一类建筑。

---

1 中国社会科学院考古研究所：《殷墟妇好墓》，文物出版社，1980年，第4—5页。

2 梁思永、高去寻：《侯家庄第二本·1001号大墓》上册，中央研究院历史语言研究所（台北），1962年，第4—7页。

3 《春秋左氏传·宣公四年》楚令尹子文语，影印清阮元辑刻《十三经注疏》之《春秋左传正义》卷二一，中华书局，1980年，第1869页。

4 《礼记·祭义》，影印清阮元辑刻《十三经注疏》之《礼记正义》卷四七，中华书局，1980年，第1593页。

5 [晋]司马彪：《后汉书志》第四《礼仪上》，宋云彬等点校本《后汉书》，中华书局，1965年，第3103页。

6 [晋]司马彪：《后汉书志》第九《祭祀下》，宋云彬等点校本《后汉书》，中华书局，1965年，第3200页。

7 [汉]蔡邕：《独断》卷下，影印《四库全书》本，上海古籍出版社，1990年，第14页。

8 [汉]应劭：《汉官仪》卷下，[清]孙星衍校集《汉官六种》本，周天游点校，中华书局，1990年，第182页。

9 赵康民：《秦始皇陵北二、三、四号建筑遗迹》，《文物》1979年第12期；秦始皇陵考古队：《秦始皇陵西侧"丽山飤官"建筑遗址清理简报》，《文博》1987年第6期。

综上所述，“古不墓祭”说基本上反映了上古乃至西汉的礼制，此前的礼墓行为似名之曰“享”比较妥当，而其时墓上或墓旁的礼墓建筑应该是“寝”的性质。东汉以后，陵上之殿逐渐演化为朝堂及宗庙的象征物，后代之献殿、享殿、祾恩殿、隆恩殿等皆由此源出。此外，认为先秦礼仪直线式继承发展也是导致某些认识误区出现的一个重要原因，上古的礼墓之俗可能会因朝代不同而有所区别，再进一步说，殷有礼墓之俗，夏、周不一定必有之或完全相同，研究这个问题应该充分考虑到三代礼仪不尽相同这一事实，具体问题具体分析或许更有助于揭示真相。对于汉代以前文献的解读和利用应该准确把握，三《礼》虽然有理想化甚至虚拟化的部分，但其中亦必有真实映象的成分，只是由于这方面可资印证的材料比较少，目前还很难进一步深入研究。

第二章
东周至秦代陵墓制度

春秋战国至秦代是中国古代帝王陵墓制度的初步形成时期。从春秋晚期开始，封土墓在中原地区日渐趋于普遍，一些诸侯国也开始有了预营寿陵的做法。王陵之上不仅有高大的封土，还有宏伟的陵园建筑。秦始皇统一六国，以秦国旧制为基础，兼采东方诸国之优长大修骊山陵园，建成历史上规模最大的一座皇帝陵墓。

第一节 东周王陵的考古发现

公元前771年，犬戎攻破镐京，周幽王被杀，太子宜臼即位，是为平王。公元前770年，周平王迁都洛邑（王城在今河南洛阳市区西部王城公园一带），史称东周。平王又二十四传至赧王，为秦所灭。

据北魏郦道元《水经注》记载，在洛阳西南有周灵王陵和周"三王陵"，洛水"枝渎又东，径周山，上有周灵王冢。……又东北径三王陵东北出。三王，或言周景王、悼王、定王也。……今陵东有石碑，录赧王以上世王名号，考之碑记，周墓明矣"[1]。历年来的考古调查和勘探显示，东周王陵分为王城、金村（成周）、周山三个区域，但具体王陵的位次、墓主身份尚有待进一步研究确认[2]。

王城墓区位于王城东北即今洛阳市纱厂路东的西工区中心地区，这一带发现过东周王室墓葬的重要线索。1957年在西小屯勘探出4座"甲"字形东周大墓，其中1号大墓经过发掘，墓圹南北长10米，东西宽9.1米，深12.5米，墓道在南侧，长约40米。在墓道和墓圹中有红黄白黑四色彩绘，椁室周围填充有木炭和碎石，应该是积石积炭的遗存。该墓曾经被盗，出土的残余随葬品有铜车马器、玉器、铁器、彩绘陶器以及带有"天子"字样的石圭，因而有人推测墓主可能是周天子[3]。4号墓于1972年发掘，南北长达88米，据出土物分析，其时代为战国中期[4]。此外，这一带还发现过一些战国时代的陪葬

1 ［北魏］郦道元：《水经注》卷一五"洛水"条，陈桥驿《〈水经注〉校证》本，中华书局，2007年，第368页。

2 徐金星等主编：《洛阳市文物志》，洛阳市文化局内部印行，1985年，第80—82页；黄明兰：《洛阳历代皇陵分区考辨》，《中原文物》特刊总第7期，1987年；李德方：《东周王陵分区考辩》，《中原文物》特刊总第7期，1987年；洛阳地方志编纂委员会：《洛阳市志》卷14《文物志》，中州古籍出版社，1995年；刘富良等：《洛阳：从车马坑找到东周王陵》，《文物天地》2002年第2期；胡进驻：《关于洛阳周都与东周王陵的几个问题》，《考古与文物》2006年第5期；吴迪等：《东周王城内的大墓与东周王陵》，《中国古都研究》第二十三辑（南越国遗迹与广州历史文化名城学术研讨会暨中国古都学会2007年年会论文集），三秦出版社，2008年，第407—413页。

3 考古研究所洛阳发掘队：《洛阳西郊一号战国墓发掘记》，《考古》1959年第12期。

4 洛阳市文物工作队：《洛阳市西郊四号墓发掘简报》，《文物资料丛刊》第8辑，文物出版社，1985年，第141—150页。

图2—1 河南洛阳“天子驾六”葬车坑

墓[1]、陪葬坑[2]。这批墓葬不同于习见商周天子墓的形制，因而也有人认为它们应该是周王所封西周君的墓葬[3]。

2001年，在洛阳市第27中学内发掘过1座“亞”字型大墓[4]，墓道通长约30米，墓室长6.6米、宽5米，出土随葬品有鼎、爵、斝等青铜器，其中1件鼎上有“王作宝尊彝”铭，应为周王自做用器。这是迄今为止很少见的四墓道的东周大墓，可以初步断定墓主为周王，甚至有研究者推测墓主是周平王[5]。2002年，在洛阳中州中路与金谷园路交汇处发现有六马驾车的车马坑[6]，出土大量的殉葬车马（图2—1），在其西南曾经探出1座大墓，推测与周王有关。2006年，在天子驾六博物馆以西约500米的唐宫路上又发现了含有六马驾车的战国车马坑[7]。这几个地点都位于王城东墙外，属于王城墓葬区。另外，1995年，在王城东南部发现1座王室贵族大墓，推测这一带可能也有王陵[8]。

洛阳金村曾经勘探出1座大墓，墓室长19米，宽14米，深12米，墓道在南侧，长约60米。该墓坐落于汉洛阳城太仓范围内，墓上有封土，根据有关文献记载，推测是东周中期的景王姬贵（公元前544—前520年在位）之墓[9]。金村所在为汉魏洛阳城的东北角，周代属于成周地区。据《洛阳故城古墓考》介绍，1928—1934年，这里相继发现了8座“甲”字形大墓[10]，墓道全部朝南，排列有序，北排6座、南排2座。其中北排自东而西第5座墓，即V号墓，墓口方12.19米，墓底方9.32米、深14.33米，墓道长76.2米、宽3.05米。

1 洛阳市文物工作队：《洛阳市西工区C1M3943战国墓》，《文物》1999年第8期。
2 洛阳市文物工作队：《洛阳解放路战国陪葬坑发掘报告》，《考古学报》2002年第8期。
3 潘付生等：《洛阳西周君陵墓位置探析》，《中原文物》2011年第6期；徐昭峰：《西周君陵区考辨》，《华夏考古》2012年第3期。
4 洛阳市文物工作队：《洛阳体育场路东周墓发掘简报》，《文物》2011年第5期。
5 吴迪等：《东周王城内的大墓与东周王陵》，《中国古都研究》第二十三辑（南越国遗迹与广州历史文化名城学术研讨会暨中国古都学会2007年年会论文集），三秦出版社，2008年，第413页。
6 俞凉亘：《洛阳东周大型墓地及车马坑群》，《2003中国重要考古发现》，文物出版社，2004年；俞凉亘：《洛阳市东周王城》，《中国考古学年鉴（2004）》，文物出版社，2005年，第253—255页。
7 洛阳市文物工作队：《河南洛阳市唐宫路战国车马坑》，《考古》2007年第12期。
8 洛阳市文物工作队：《洛阳东周王城第5239号大墓发掘简报》，《考古与文物》2000年第4期。
9 徐金星等主编：《洛阳市文物志》，洛阳市文化局内部印行，1985年，第81页。
10 霍宏伟编译：《洛阳故城古墓考》，《洛阳工学院学报（社科版）》2002年第2期。案，《洛阳故城古墓考》原作者为加拿大籍传教士怀履光（White.W.C），1934年在上海出版英文版。怀履光误将金村的这批墓葬定为公元前6世纪的韩墓，并与新郑韩墓出土物进行了比较；后经唐兰考证为东周墓，遂成定谳。

墓室为木椁结构，平面为南北长东西短的八边形，椁外有积石积炭（图2—2）。室内中央置双重棺、棺头朝北，棺南陈设大铜鼎1、大铜釜2，再南为铜鼎1、铜壶2。墓道南端东西两侧各有一座车马坑，内有错金银车马饰件和马骨。金村地区总共发现过20余座东周大墓，但因早年盗掘，文化层遭到严重破坏、出土文物基本流失，学术价值大打折扣。

2002年，洛阳市第二文物工作队对周山王陵区进行了调查和重点勘探，初步推测其中4座封土墓为周灵王陵等东周王陵[1]。其中周灵王姬泄心（公元前571—前545年在位）陵墓封土呈覆斗形，平面略呈正方形，边长105—110米，高约20米；封土南侧钻探出墓道一条，为"甲"字形墓，墓道残长40米，宽5.8—6米。灵王冢东600余米处为"三王冢"，三冢相连，皆为覆斗形封土，长130米、宽70米、高约14米；三冢南北两侧各有一条墓道，为"中"字形大墓。

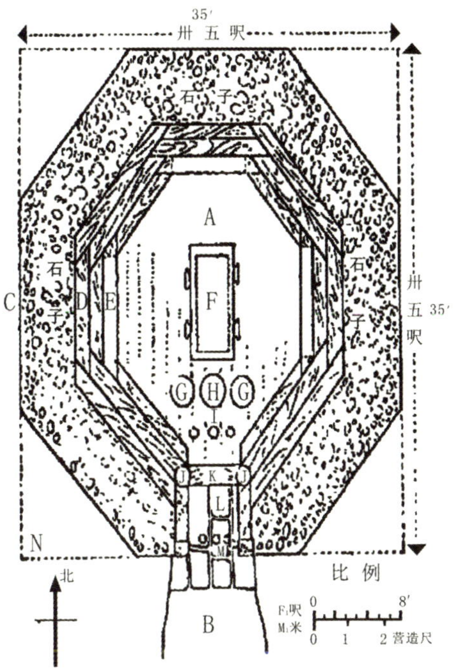

A八角形墓室　B墓道　C卵石层　D木板层　E随葬品搁架　F双重棺　G两件大铜釜　H大铜鼎　I三件青铜器（2壶1鼎）　J圆形铁柱础　K墓门口　L石板　M三件青铜器（2壶1鼎）

图2—2　河南洛阳金村V号墓平面图（引自《洛阳工学院学报》2002年第2期）

根据上述资料判断，东周早期诸王葬法与西周相同，地面不封不树，其墓主和具体所葬之地多已失考；随着春秋晚期中原地区封土墓的逐渐出现，东周王陵也同样开始堆筑封土。东周王墓的地下部分是木椁结构，按殷商以来的礼制，应为四条墓道，或许还有两条墓道等不同形式。各墓规模大小不一，均继承了西周以来的做法，以南墓道为主墓道。墓道的多少有等级礼制的差异，但具体到东周500余年，可能也有时代因素和经济因素的影响。

第二节　大型墓葬封土的普遍出现及其原因

根据安阳殷墟西北冈墓地的发掘资料，梁思永最早提出"殷代大墓上大概原来是有坟堆"的观点[2]；后来，高去寻在台湾整理殷墟发掘资料时继续推衍此说，并加以系统论证，坚持商代大墓上有封土之说[3]。1984年，河南信阳地区文物管理委员会等单位在罗山县天湖村晚商息氏家族墓地中的一座木椁墓上，发现了封土的遗迹，并推测封土原高

1 洛阳市第二文物工作队：《洛阳西郊周山东周王陵调查记》，《中原文物》2005年第6期。

2 梁思永：《河南安阳侯家庄西北冈殷代墓地发掘报告》第四章"西北冈文化堆积之结构与殷代墓葬在堆积层中之位置"；转引自高去寻《殷代墓葬已有冢墓说》，台湾大学《考古人类学刊》第41期，台北，1980年。

3 高去寻：《殷代大墓的木室及其涵义之推测》，《中央研究院历史语言研究所集刊》第39本，台北，1969年；高去寻：《殷代墓葬已有冢墓说》，台湾大学《考古人类学刊》第41期，台北，1980年。

约为1.5米[1]。这一发现进一步佐证了殷代墓上有封土之说，也引发了更多的研究者对此种观点的关注与支持[2]。但这些商墓的封土是否具有普遍性的意义（特别是对于中原地区而言）、殷帝陵的“封土”与墓上同期建筑台基的关系等，可能还有再作进一步探讨的余地。至于西周大墓是否有封土，目前尚未找到确凿的考古学证据。在今安徽的屯溪[3]、南陵[4]、繁昌[5]、当涂[6]，江苏的句容[7]、溧水[8]、丹徒[9]、金坛[10]、武进[11]、江阴[12]、无锡[13]，浙江的长兴[14]、海宁[15]、慈溪[16]、黄岩[17]、温州[18]、萧山[19]等地区曾经发现过一些西周到春秋时期的墓葬，地面筑有封土。但这些墓葬并不是穴地挖出墓坑，而是在平地先铺一层卵石，或以一层红烧土、木炭铺底，上置葬具、随葬品等，然后再堆成坟丘。这种墓葬实际上是挖地为穴而葬的一种变异方式，与春秋战国以及后世的封土墓不同，中国考古学上通常称之为“土墩墓”。一般认为，它们是流行于吴越地区的一种地域性特征明显的墓葬形制，春秋晚期开始逐渐消亡[20]。

1 河南信阳地区文管会：《罗山天湖商周墓地》，《考古学报》1986年第2期。

2 胡方平：《中国封土墓的产生和流行》，《考古》1994年第6期。

3 安徽省文化局文物工作队：《安徽屯溪西周墓葬发掘报告》，《考古学报》1959年第4期；殷涤非：《安徽屯溪周墓第二次发掘》，《考古》1990年第3期。

4 安徽省文物考古研究所：《安徽南陵千峰山土墩墓》，《考古》1989年第3期；安徽省文物考古研究所等：《安徽南陵龙头山西周土墩墓群发掘简报》，《文物》2013年第10期。

5 杨鸠霞：《安徽省繁昌县平铺土墩墓》，《考古》1990年第2期。

6 安徽省文物考古研究所等：《安徽当涂陶庄战国土墩墓发掘简报》，《文物》2013年第10期。

7 南京博物院：《江苏句容县浮山果园西周墓》，《考古》1977年第5期；镇江市博物馆浮山果园古墓发掘组：《江苏句容浮山果园土墩墓》，《考古》1979年第2期；南京博物院：《江苏句容浮山果园土墩墓第二次发掘报告》，《文物资料丛刊》第6辑，文物出版社，1982年；南京博物院：《江苏句容寨花头土墩墓D2、D6发掘简报》，《文物》2007年第7期。

8 刘兴等：《溧水凤凰井春秋土墩墓》，《东南文化》1989年第4、5期。

9 镇江博物馆等：《江苏丹徒大港母子墩西周铜器墓发掘简报》，《文物》1984年第5期；镇江博物馆：《丹徒镇四脚墩西周土墩墓发掘报告》，《东南文化》1989年第4、5期。

10 镇江市博物馆等：《江苏金坛鳖墩西周墓》，《考古》1978年第3期；邹厚本：《江苏南部土墩墓》，《文物资料丛刊》第6辑，文物出版社，1982年。

11 常州市博物馆：《江苏省武进县潘家乡腰沿山土墩石室墓》，《东南文化》1989年第4、5期。

12 陈晶等：《江苏省江阴县大松墩土墩墓》，《文物》1983年第11期。

13 无锡市博物馆：《无锡庙山石室土墩墓》，《考古与文物》1984年第3期。

14 浙江省文物考古研究所：《浙江长兴县便山土墩墓发掘报告》、《浙江长兴县石狮土墩墓发掘简报》，《浙江省文物考古研究所学刊——建所十周年纪念专刊（1980—1990）》，科学出版社，1993年。

15 浙江省文物考古研究所：《海宁县夹山商周土墩石室结构遗存》，《中国考古学年鉴（1985）》，文物出版社，1985年，第143—144页。

16 浙江省文物考古研究所：《慈溪市彭东、东安的土墩墓和土墩石室墓》，《浙江省文物考古研究所学刊——建所十周年纪念（1980—1990）》，科学出版社，1993年。

17 浙江省文物考古研究所等：《黄岩小人尖西周时期土墩墓》，《浙江省文物考古研究所学刊——建所十周年纪念专刊（1980—1990）》，科学出版社，1993年。

18 浙江省文物考古研究所等：《浙江瓯海杨府山西周土墩墓发掘简报》，《文物》2007年第11期。

19 杭州市文物考古研究所等：《杭州萧山柴岭山土墩墓（D30）发掘简报》、《杭州萧山蜈蚣山土墩墓（D4）发掘简报》，《文物》2013年第5期。

20 陈元甫：《江浙地区石室土墩遗存性质新证》，《东南文化》1988年第1期；冯普仁：《试论吴国石室墓》，江苏省吴文化研究会编《吴文化研究论文集》，中山大学出版社，1988年，第178—193页；林留根：《土墩墓的渊源及其葬俗》，《东南文化》1988年第5期；陈元甫：《土墩墓与吴越文化》，《东南文化》1992年第6期；谷建祥等：《江南大型土墩墓形制之研究》，《东南文化》1998年第1期。

一、墓上封土的大量出现

中国古代真正意义上的封土墓大量出现的时间是在孔子生活的春秋晚期。孔子父早卒，依古礼墓而不坟，至母死，“问于郰曼父之母，然后得合葬于防”，始封有坟丘，他说：“吾闻之，古也墓而不坟。今丘也，东西南北之人也，不可以弗识也。于是封之，崇四尺。”[1]另在《礼记·檀弓上》中还记载了子夏对参加孔子葬礼的燕人讲述孔子所见诸式坟墓封土的情况：“见封之若堂者矣，见若坊者矣，见若覆夏屋者矣，见若斧者矣；从若斧者焉，马鬣封之谓也。”东汉郑玄注释这四种封土的形状分别是：“四方而高”，“旁杀平上而长”，“旁广而卑”，“旁杀刃上而长”。这说明，春秋晚期坟墓封土的形状并不统一，至少有四种之多。《礼记·檀弓下》记载孔子观礼吴公子季札葬子，“既葬而封，广轮掩坎，其高可隐也”，即封土的面积与车轮相仿，刚好盖住墓坑，高度略与人等。孔子父母墓封四尺，约合今0.9米。

春秋战国之交到战国时期，各国王陵竟相堆筑封土，有些封土十分高大，数冢毗连，有如山状。《墨子·节葬下》说当时王公达官之葬，“棺椁必重，葬埋必厚，衣衾必多，文绣必繁，邱垄必巨”[2]；《吕氏春秋·安死篇》也说“世之为邱垄也，其高大若山，其树之若林，其设阙庭、为宫室、造宾阼也若都邑。以此观世示富则可矣，以此为死则不可也”[3]。此时已经有了一些关于坟丘规格的等级规定，如《礼记·月令》记载，孟冬之月要“饬丧纪，辨衣裳，审棺椁之薄厚，茔邱垄之大小、高卑、厚薄之度，贵贱之等级”[4]；秦国规定“小夫死，以上至大夫，其官级一等，其墓树级一树”[5]。国君墓葬封土的规模通常都比较大，西汉末刘向说：“吴王阖闾，违礼厚葬，十有余年，越人发之。及秦惠文、武、昭、孝文、严[庄]襄五王，皆大作丘垄，多其瘗藏。”[6]不仅如此，一些国君还开始了预建寿陵的做法，《史记》记载赵肃侯“十五年（公元前335年），起寿陵”[7]，这可能是关于帝王预营陵墓的最早记载，一般认为也是帝王墓称“陵”的初始。据清初顾亭林考证：“古王者之葬，称墓而已。……及春秋以降，乃有称邱者，楚昭王墓谓之昭邱，赵武灵王墓谓之灵邱，而吴王阖闾之墓亦名虎邱。盖必其因山而高大者，故二三君之外无闻焉。《史记·赵世家》肃侯十五年起寿陵；《秦本纪》惠文王葬公陵，悼武王葬永陵，孝文王葬寿陵，始有称陵者，至汉则无帝不称陵矣。”[8]因为封土高大象山，所以战国时期也出现了“山陵”二字连用，如《墨子·节葬下》中已见“山陵”之说。《战国策》中有以“山陵崩”而讳王侯死的用法，如吕不韦说华阳夫人之弟阳泉君曰：“王一日山陵崩，子傒立，士仓用事，王后之门必生蓬蒿。”[9]又如触龙说赵太后云：“今媪尊长安君之位，而封之于膏腴之地，多予之重器，而不及今令有功于国，一旦山陵崩，长安君何以自托于赵。”[10]据此可知，至迟到战国中后期，国君封土高大若山已成常态。

---

1 《礼记·檀弓上》，影印清阮元辑刻《十三经注疏》之《礼记正义》卷六，中华书局，1980年，第1275页。

2 《墨子》卷六《节葬下第二十五》，影印清毕沅校《二十二子》本，上海古籍出版社，1986年，第242页。

3 《吕氏春秋》卷一〇《孟冬纪·安死》，陈奇猷《〈吕氏春秋〉校释》本，学林出版社，1984年，第535—536页。

4 《礼记·月令》，影印清阮元辑刻《十三经注疏》之《礼记正义》卷一七，中华书局，1980年，第1381页。

5 《商君书·境内第十九》，高亨《〈商君书〉注译》本，中华书局，1974年，第153页。

6 ［汉］班固：《汉书》卷三六《楚元王传附刘向传》，西北大学历史系点校本，中华书局，1962年，第1954页。

7 ［汉］司马迁：《史记》卷四三《赵世家》，顾颉刚等点校本，中华书局，1982年，第1802页。

8 ［清］顾炎武：《日知录》卷一五“陵”条，影印清道光十四年嘉定黄氏西溪草庐重刊定本黄汝成《〈日知录〉集释》，上海古籍出版社，1985年，第1155页。

9 《战国策》卷七《秦五》，张清常等《〈战国策〉笺注》本，南开大学出版社，1993年，第191页。

10 《战国策》卷二一《赵四》，张清常等《〈战国策〉笺注》本，南开大学出版社，1993年，第548页。

春秋战国时期的许多高坟大冢在南北朝以前尚能知道墓主。汉高祖十二年（公元前195年）十二月，高祖诏曰："秦始皇帝、楚隐王、陈涉、魏安厘［僖］王、齐缗王、赵悼襄王皆绝无后，予守冢各十家，秦皇帝二十家，魏公子无忌五家。"[1]北魏郦道元作《水经注》时尚能指认关中秦惠文王、悼武王、庄襄王陵，洛阳周灵王陵和景、悼、敬三王陵，临淄齐桓公冢、晏子冢，威、宣、缗、襄四王冢（"四豪冢"）以及湖北沮、漳江汇流处之楚昭王墓等上古帝王墓。《水经注》中所记载的这些墓冢，有些已经被考古调查或发掘所证实。

二、封土墓出现的原因

关于中原地区封土墓大量出现的原因，杨宽认为"和当时社会变革密切有关"，并推测为四条具体原因：第一，家族墓葬代替宗族墓葬，家族墓葬分散，需要识别；第二，地主和富商大贾出现，家族观念加强，重视祖先坟墓建筑；第三，新的等级制度的需要；第四，挖穴土回填困难，建墓工程需要[2]。

封土墓大量出现的最根本原因应该是在于西周宗法制的破产。一方面，理想状态的"公墓"、"邦墓"制度无法继续维持，新型官吏和富有者借高大的坟冢展示权威和富足，封土墓规模的大小成为新贵显示身份地位的一种表征，其顶端例证就是国君之墓号为"陵"。所以《礼记·礼器》中有"有以大为贵者，宫室之量，器皿之度，棺椁之厚，邱封之大，此以大为贵也"[3]之说。另一方面，人口的增多和"世卿世禄"制度的废止，也使得一些破落贵族不得不另谋职业，士阶层如孔子一般"东西南北之人"更多，传统的社会结构也因此而出现了变化；墓上加筑封土，有助于识别祖先葬地所在，便于归乡奉享。

另外，封土墓的普遍出现，还应该与礼墓之俗渐长、墓葬地位的变化有关；而封土最主要的功能就是其明显的标识意义。更进一步说，封土墓的普遍出现，可能与当时人们对于灵魂观念认识的转变、社会风俗的发展变化有一定的关系。《礼记》认为，人身后"魂气归于天，形魄归于地，故祭求诸阴阳之义也"[4]。同书记载吴公子季札葬子之事云："延陵季子适齐，于其反也，其长子死，葬于嬴博之间。孔子曰：'延陵季子，吴之习于礼者也。'往而观其葬焉。其坎深不至于泉，其敛以时服。既葬而封，广轮掩坎，其高可隐也。既封，左袒右还其封，且号者三，曰：'骨肉归复于土，命也；若魂气则无不之也，无不行也。'而遂行。"[5]东汉王充也认为："人死精神升天，骸骨归土，故谓之鬼神。鬼者，归也；神者，荒惚无形者也。"[6]这三条史料都说明东周至汉代有一种比较普遍性的认识，认为人死后分为魂与魄两部分；尸骨为魄，葬之地下，精气为魂，升于天。战国到汉初还有一种观念认为魂依于魄，死者在地下继续生活，即仍在墓内活动，于是大造陵寝以歆享之。此时对于先前所不甚看重的魄极为重视，所以才封土高筑，寝堂华丽，厚葬之风大行于世。王充所说，明为推衍古义，实乃由现实观感而发。《史记》记载条侯周亚夫之子为父预买明器而招祸事，生动地反映出汉初人们对于"地下"世界的认

1 ［汉］司马迁：《史记》卷八《高祖本纪》，顾颉刚等点校本，中华书局，1982年，第391页。

2 杨宽：《中国古代陵寝制度史研究》，上海古籍出版社，1985年，第10—11页。

3 《礼记·礼器》，影印清阮元辑刻《十三经注疏》之《礼记正义》卷二三，中华书局，1980年，第1433页。

4 《礼记·郊特牲》，影印清阮元辑刻《十三经注疏》之《礼记正义》卷二六，中华书局，1980年，第1457页。

5 《礼记·檀弓下》，影印清阮元辑刻《十三经注疏》之《礼记正义》卷一〇，中华书局，1980年，第1313—1314页。

6 ［汉］王充：《论衡》卷二〇《论死篇》，北京大学历史系《〈论衡〉注释》本，中华书局，1979年，第1185页。

知："条侯子为父买工官尚方甲楯五百被可以葬者，取庸苦之，不予钱。庸知其盗买县官器，怒而上变告子，事连污条侯。书既闻上，上下吏，吏簿则条侯，条侯不对。景帝骂之曰：'吾不用也。'召诣廷尉。廷尉责曰：'君侯欲反耶？'亚夫曰：'臣所买器，乃葬器也，何谓反耶？'吏曰：'君侯纵不反地上，即欲反地下耳。'吏侵之益急。"[1]

封土墓的普遍出现可能是多种因素所促成，中国中南部楚文化区域若干例证的年代似乎更早一些[2]；而江浙地区流行的土墩墓，在外观上与封土墓并无明显的区别，对封土墓的普及应该也有一定的推动作用。陕西西部、甘肃一带发现过属于新石器时代的古羌人的封土墓，因而有研究者认为：中原地区封土墓的出现是受到戎狄影响。此外，从文化传统来看，封土墓的出现和普及也有可能间接受到过中东地区的影响。

第三节　东周诸侯封土陵墓的考古发现与研究

周自平王东迁后开始衰落，"天子号令不出王畿"；各地原周天子所分封的诸侯群雄争霸，一些封国逐渐强大。春秋中晚期以后，各诸侯国君之墓的规模不断扩大，许多在等级上甚至超过了周天子。"礼崩乐坏"的结果，不仅仅是等级制度的僭越和破坏，也促成了陵墓制度中一些新因素的出现。

传统观点认为：封土墓流行于春秋晚期以后[3]，最近30余年来虽然发现了一些商代的封土墓，甚至一些新石器时代晚期的墓葬上已见有积土或积石，但墓葬封土出现显然并不能等同于普及和流行。根据已知考古调查发掘资料分析，各地现存周天子和诸侯国君封土墓的年代，以春秋中晚期为最早。战国时期封土墓普及，许多国君的高坟大冢保存至今，有不少经过勘探发掘。

东周齐王陵墓在山东淄博临淄齐故城附近，在齐故城大城东北部曾经发掘过1座以大型石块累砌成椁室的"甲"字形无封土大墓，墓道在南侧，墓圹长26.3米、宽23.35米，椁室南北长7.9米，东西宽6.85米，四面用大石块垒砌，以卵石填充缝隙。墓室的东、北、西三面环绕大型殉马坑。墓葬时代为春秋晚期，推测墓主为齐景公[4]。勘探表明，临淄齐故城大城东北部一带为西周到春秋的贵族墓葬区，发现大中型墓葬20余座，有的大墓有南北2条墓道，应为姜姓齐公墓。春秋末，周初所封姜氏齐国为权臣田氏所取代，仍称齐。田齐王陵分布于临淄齐故城东南[5]，在鲁沂山北侧山前地带，包括临淄齐陵镇的"四王冢"和"二王冢"，青州东高镇南辛庄墓和"点将台"墓，青州普通乡"田和冢"等[6]（图2—3）；墓上筑有封土。

1 ［汉］司马迁：《史记》卷五七《绛侯周勃世家》，顾颉刚等点校本，中华书局，1982年，第2079页。

2 胡方平：《楚墓坟丘起源蠡测》，《东南文化》1991年第4期；胡方平：《略论楚墓坟丘产生的背景与年代》，《江汉考古》1995年第4期。

3 黄展岳：《说坟》，《文物》1981年第2期；王仲殊：《中国古代墓葬概说》，《考古》1981年第5期；王世民：《中国春秋战国时代的冢墓》，《考古》1981年第5期；张立东：《初论中国古代坟丘的起源》，《中原文物》1994年第4期；韩国河：《论中国古代坟丘墓的产生与发展》，《文博》1998年第2期。

4 山东省文物考古研究所：《齐故城五号东周墓及大型殉马坑的发掘》，《文物》1984年第9期；山东省文物考古研究所：《临淄齐故城》，文物出版社，2013年，第61—62、545—546页。

5 张学海：《田齐六陵考》，《文物》1984年第9期；罗勋章：《田齐王陵初探》，《中国考古学会第九次年会论文集（1993）》，文物出版社，1997年。

6 山东省文物考古研究所：《临淄齐墓》第一集，文物出版社，2007年。

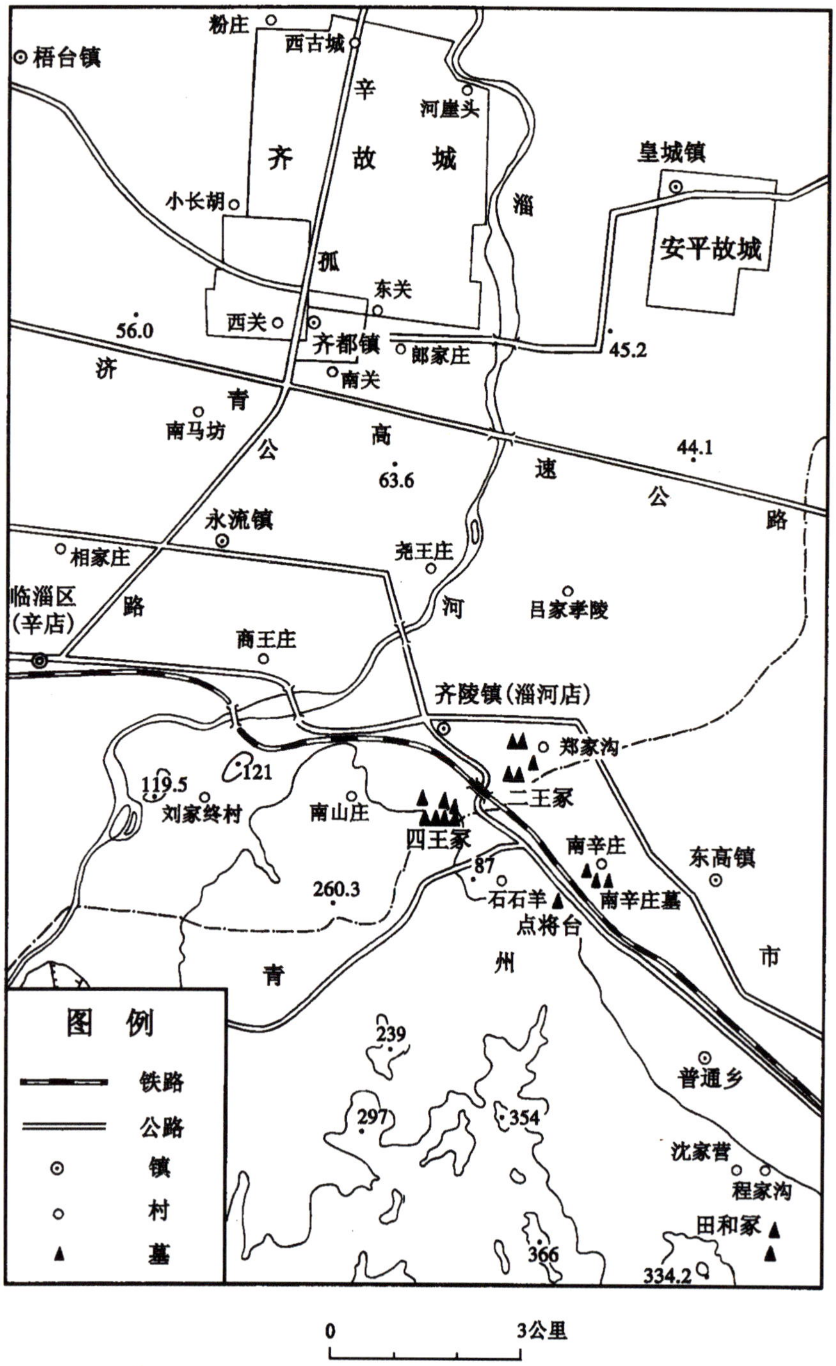

图2—3　山东临淄战国田齐王陵分布图（引自山东省文物考古研究所《临淄齐墓》第一集，2007年）

北京房山琉璃河曾经发现过西周时期的燕侯墓地[1]，战国时期燕王墓在河北易县燕下都。历年来的考古调查发掘资料显示，从春秋晚期到战国晚期，燕侯或燕王及其配偶等高级贵族皆葬于城内[2]。燕下都遗址分为东西两部分，墓葬区在东城的西北部，分为“虚粮冢”（北）和“九女台”（南）两个集中的墓地[3]，封土夯筑，一般呈方锥形。“虚

1 北京市文物研究所：《琉璃河西周燕国墓地（1973—1977）》，文物出版社，1995年。

2 河北省文物研究所：《燕下都》，文物出版社，1996年，第875页。

3 河北省文化局文物工作队：《河北易县燕下都故城勘察和试掘》，《考古学报》1965年第1期；河北省文化局文物工作队：《1964—1965年燕下都墓葬发掘报告》，《考古》1965年第11期；河北省文化局文物工

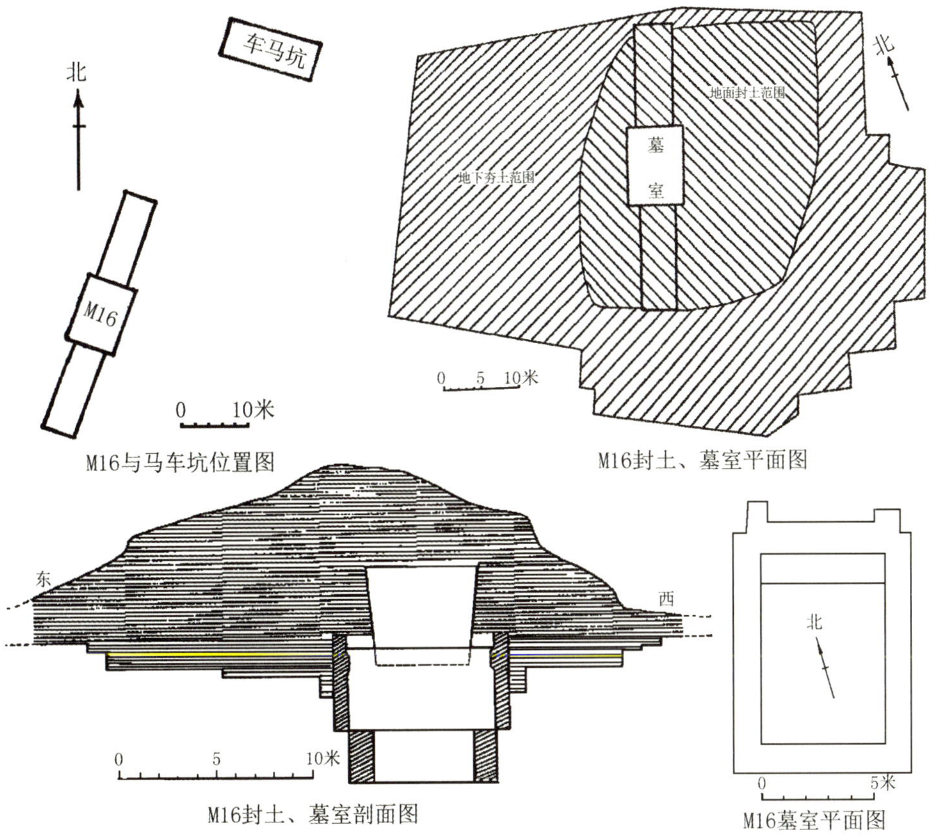

图2—4 河北易县燕下都九女台M16平剖面图（引自河北省文物研究所《燕下都》，1996年）

粮冢”墓区，13个墓冢分为四排，其中北排3个及其余三排东面的一个墓冢体积最大，长宽均为40—55米、高7—15米，其余则长宽15—30米、高2—7米；另有一冢被取土破坏。“九女台”墓区，共有10个墓冢，除一座墓冢在西南角外，其余9座分为两排四组，北排西组有3冢，其余每组各2冢。此墓区土冢均为长宽三四十米、高六七米。西城区域有5个长宽各二三十米、高五六米的土冢。虚粮冢墓葬区M2经过勘探，为“甲”字形大墓，M8经过发掘，为“中”字形大墓。九女台墓区M16经过发掘，墓室长10.4米、宽7.7米，四壁夯筑，复经火烧加固，墓中出土仿铜礼器，有镬鼎2件，带盖䐑鼎9件，方形带座簋8件，墓主应为战国早期的某位燕王[1]（图2—4）。

河南辉县固围村曾经发掘过3座战国中期的魏国王室大墓[2]。墓葬所在为天然岗坡地，广袤约600米，经人工修饰，墓葬位于岗坡中部的方形平台上，陵园呈“回”字形。平台面阔15米、进深135米、突出地表2米多。2号墓规模最大，位居正中，1号、3号两墓在其两侧；在3座大墓的西端另有南北并列的2座中型墓。各墓上有建筑基址，刚好覆盖住面积略小的墓圹。2号墓的墓上建筑推测为七开间、瓦顶，包括砾石散水在内的正方形台基长宽各约二十五六米。1号墓、3号墓的墓上建筑略小，其中1号墓墓上建筑长宽各18米，3号墓者长宽各19米，推测原各为五开间建筑。3座大墓均有南北向的墓道，以南墓道为主墓道，通长在150米以上，墓穴深约15米。墓上建筑遗址的东南散水下还有2个瘗

作队：《河北易县燕下都44号墓发掘报告》，《考古》1975年第4期；河北省文物研究所：《燕下都》第二章第六节，文物出版社，1996年。

1 河北省文化局文物工作队：《河北易县燕下都第十六号墓发掘》，《考古学报》1965年第2期。

2 中国科学院考古研究所：《辉县发掘报告》第二编《固围村区》，科学出版社，1956年。

埋祭品的小型陪葬坑。推测这3座墓是魏王的异穴合葬墓，年代相当于公元前300年前后。

河南新郑先后发现过郑国和韩国国君及贵族的墓葬，其中春秋时期的郑公和郑国贵族墓葬为不封不树式，郑公大墓为木椁结构，有车马坑和祭祀坑[1]。战国时期的韩王陵分别位于新郑许岗和胡庄，墓上有封土。其中许岗村发现4座"中"字形大墓，东西并列[2]；胡庄发掘过2座"中"字形大墓，也是东西并列，均以南墓道为主墓道。根据出土器物特征判定，胡庄大墓为战国晚期的韩王陵[3]。

图2—5 河北邯郸赵王陵（陈三陵2号陵）封土

战国时期赵国都城邯郸位于今河北邯郸市区西南，赵王陵则位于邯郸赵故城西北太行山与平原交界的丘陵地区，目前已知赵王陵有5座，分别为陈三陵1号陵、2号陵（图2—5）、3号陵和温窑1号陵、2号陵[4]。这5座陵墓均建于山顶之上，加筑封土，宏伟壮观。王陵旁有陪葬坑和陪葬墓，在各陵园东部发现有大路遗迹，推测赵王陵应该是坐西朝东的。

南方地区的楚国也建有规模宏大的王陵。民国时期曾经在安徽寿县发现过大量被盗的楚器，据调查，这批器物出土的"李三孤堆"周长近300米，残高数米[5]，被推测为楚幽王墓，入葬于公元前228年或稍晚些。"李三孤堆"又写作"李三古堆"，后来再做调查时，证实其墓道朝东，但具体测绘数据前后有所不同[6]。河南淮阳马鞍冢发掘过2座封土墓，南北并列，土坑竖穴式，其中北墓为"甲"字形，南墓为"中"字形，均朝向东[7]。1991年，在湖北荆门市楚都纪南城北10公里的纪山寺西北2公里处，发现一座规模宏大的陵园建筑遗址，调查者推测为某代楚王陵园[8]。陵园南面开阔，与纪南城遥遥相对，没有其他墓葬封土遮挡，东西两侧地势低凹，环绕陵园，再往两侧分别为一道南北走向岗地，上面古冢累累。陵园建于中间岗地上，长650米、宽300米；坐北朝南，由矩形台、祭坛、陪葬墓区三部分组成。矩形台东西走向，祭坛在其北，东西长66米、南北宽25米，北接陪葬墓区。陵园从上至下共分5级台阶，第一级台阶宽5米，第二级宽37.5米，第三级宽25米，第四、五级均宽15米。每级台阶高度均相差1.5米左右。陵园内有2座封土，一座位于中央最南端，直径68米、高10余米。另一座位于其正北，直径55米、高7.6米，两者相距75米。第二座封土的后面有40座陪葬墓，横4纵10，南北一线排列，均为直径13米，高

1 河南省文物考古研究所：《新郑郑国祭祀遗址》，大象出版社，2006年。

2 河南省文物研究所新郑工作站等：《新郑县辛店许岗东周墓调查简报》，《中原文物》1987年第4期。

3 河南省文物考古研究所：《河南新郑胡庄韩王陵考古发现概述》，《华夏考古》2009年第3期。

4 河北省文物管理处等：《河北邯郸赵王陵》，《考古》1982年第6期；郝良真：《赵国王陵及其出土青铜马的若干问题探微》，《文物春秋》2003年第3期。

5 李景聃：《寿县楚墓调查报告》，《田野考古报告》（国立中央研究院历史语言研究所专刊之十三），商务印书馆，北京，1936年。

6 李德文：《李三古堆楚王墓钻探情况》，安徽省考古学会编《安徽省考古学会会刊》第六辑，1982年。

7 河南省文物研究所等：《河南淮阳马鞍冢楚墓发掘简报》，《文物》1984年第10期。

8 李兆华：《荆门发现楚大型陵园建筑》，《中国文物报》1991年8月4日第1版；荆门市博物馆：《纪山楚冢调查》，《江汉考古》1992年第1期。

1.5—2米左右。

纪南城遗址在今湖北江陵（荆州）城正北，在该城址以西、以北的大片区域范围内大中型封土相对集中，总计约七八百座，分属于今江陵、荆门、枝江、当阳等几个县市，墓主应该是当时的楚王和楚国贵族。2006—2008年，在纪南城西北26公里处发掘了熊家冢墓葬区[1]，该区域中有特大型封土10余座、大中型封土数十座、小型封土近百座。主墓为带斜坡墓道的“甲”字型大墓，土坑竖穴，木椁结构。墓向96°，墓道在东侧，长36米、宽6—35米，墓口东西长67米、南北宽70米，墓口至椁顶板深约14.5米，椁室面积约400平方米。整个陵园区域内还有陪葬墓、殉葬墓、车马坑、祭祀坑及附属建筑组成等，至2008年底共清理发掘出东周殉葬墓36座、祭祀坑5座、马坑6座、小车马坑5座、大车马坑1座，驾车有2马、4马、6马等不同形式[2]。熊家冢主墓在已发掘楚墓中等级最高，推测墓主可能为战国早中期的某位楚王。也有人认为墓主应该是春秋晚期的楚昭王或战国早期的楚惠王[3]。2011年勘探发现，荆州八岭山冯家冢墓地也应该是楚王陵园，其中1号墓墓主为某代楚王，还有王后等陪葬墓和祭祀坑[4]。

河南固始侯古堆一号墓推测是一座春秋战国之交的王陵。该墓建于50多米高的丘陵之上，封土残高7米，直径55米，墓中出土有吴式簠和楚式钟，推测其年代为公元前5世纪中叶[5]。该墓地处吴楚交错之地，关于墓主的国属和身份还有不同认识[6]。

今江苏南部地区是周代吴国的核心区域，一些吴王陵墓也经过发掘。丹徒北山顶曾发掘一座大型封土墓，墓葬平面呈“刀”字形，兼有中原大墓和土墩墓的双重特点，发掘者推测墓主为春秋晚期的吴王余昧[7]；丹徒谏壁一带发现有多座大型封土墓，时代约为春秋晚期。吴王余昧墓等考古发掘证明，丹徒应该是吴国国君的墓葬区之一[8]。1994—1995年，江苏苏州浒墅关真山相继发现了2座春秋中晚期和3座战国晚期的封土墓，其中D9M1现存人工夯筑封土高7米，封土底部东西长70米、南北宽32米，墓穴开凿于真山主峰之上，墓圹长方形，墓口东西长13.8米、南北最宽处8米、最高处距墓底1.8米，重椁重棺，发掘者推测墓主为春秋中晚期的吴王寿梦[9]。也有人认为该墓坐西朝东，不同于典型的吴国贵族墓，却具有明显的越墓特征，因而对其墓主身份提出质疑[10]。

曾有研究者依据古文献记载对越王允常、勾践等人的墓葬是否有过迁建等问题进行过探讨[11]，随着绍兴越王墓的发现，一些疑案涣然冰释。1996—1998年，在浙江绍兴西

1 荆州博物馆：《湖北荆州熊家冢墓地考古发掘简讯》，《江汉考古》2008年第2期。

2 荆州博物馆：《湖北荆州熊家冢墓地2006—2007年发掘简报》，《文物》2009年第4期；荆州博物馆：《湖北荆州熊家冢墓地2008年发掘简报》，《文物》2011年第2期。

3 徐文武：《熊家冢楚墓墓主身份蠡测》，《江汉论坛》2010年第3期；邹时雨：《熊家冢楚墓墓主新探——与徐文武教授商榷》，《宜宾学院学报》2011年第4期。

4 荆州博物馆：《湖北江陵八岭山冯家冢墓地勘探简报》，《文物》2015年第2期。

5 固始侯古堆一号墓发掘组：《河南固始侯古堆一号墓发掘简报》，《文物》1981年第1期；河南省文物考古研究所：《固始侯古堆一号墓》，大象出版社，2004年。

6 欧潭生：《固始侯古堆吴太子夫差夫人墓的吴文化因素》，《中原文物》1991年第4期。

7 江苏省丹徒考古队：《江苏丹徒北山顶春秋墓发掘报告》，《东南文化》1988年第3、4期。

8 张敏：《吴王余昧墓的发现及其意义》，《东南文化》1988年第3、4期；肖梦龙：《吴国王陵区初探》，《东南文化》1990年第4期。

9 苏州博物馆：《江苏苏州浒墅关真山大墓的发掘》，《文物》1996年第2期；苏州博物馆：《真山东周墓地》，文物出版社，1999年。

10 张敏：《吴越贵族墓葬的甄别研究》，《文物》2010年第1期。

11 董楚平：《〈国语〉“防风氏”笺证》，《历史研究》1993年第5期；董楚平：《越国王室迁葬考》，《历史研究》1997年第1期。

南兰亭镇木栅村印山发掘了一座春秋晚期的大墓，推测墓主为越王允常[1]。该墓上有椭圆形封土，周围有环濠，其别致的木椁结构和独木棺等（图2—6），揭示出越贵族独特的埋葬方式，为越国王陵制度研究提供了丰富的资料。

除了这些大国或曾经称霸的强国外，那些在夹缝中的小国国君的陵墓也毫不逊色。1974年以后，在河北平山相继发现过一些战国时代的中山王墓，其中灵寿故城内西北部的2座大墓，推测墓主分别为桓公和成公，M6（成公）经过发掘，为南北向的"中"字形大墓，南墓道为主墓道，总长91米[2]。灵寿城西有M1、M2两座大墓东西并列，其中M1经过发掘，根据出土铜器铭文可知墓主为中山王嚳[3]。

1978年在湖北随县发现了春秋末或战国早期的曾侯乙墓[4]，墓穴系开凿于丘陵的岩石中，墓室形状亦不规则（图2—7），该墓中不仅出土了大量精美的青铜、漆、金、银等不同质地的随葬品，还出土了一套完整的青铜编钟。发掘者根据有关迹象分析，该墓在发掘以前也有封土。2009年，湖北省文物考古研究所等单位在随州市文峰塔发掘了东周时期的又一处曾侯墓地[5]，其中M1为岩坑竖穴墓，方向30°，已被施工破坏，墓底长7.1米、宽5.9米，根据出土青铜编钟、鬲等器物上的铭文确认为曾侯與之墓。

图2—6　浙江绍兴印山春秋越王陵墓室

图2—7　湖北随县春秋末/战国早期曾侯乙墓墓室和木椁（引自湖北省博物馆《曾侯乙墓》，1989年）

1 印山大墓考古队：《绍兴印山发现越国王陵》，《中国文物报》1998年6月28日第1版；田正标等：《浙江绍兴印山大墓墓主考》，《中国文物报》1999年2月10日第3版；浙江省文物考古研究所等：《浙江绍兴印山大墓发掘简报》，《文物》1999年第11期；陈元甫：《绍兴印山越国王陵葬制初探》，《东方博物》第五辑，浙江大学出版社，2000年；田正标等：《浙江绍兴印山大墓墓主考证》，《东南文化》2000年第3期；浙江省文物考古研究所等：《印山越王陵》，文物出版社，2002年；陈元甫：《绍兴印山越国王陵陵园制度初探》，《东方博物》第十一辑，浙江大学出版社，2004年。

2 河北省文物研究所：《战国中山国灵寿城：1975—1993考古发掘报告》，文物出版社，2005年。

3 河北省文物管理处：《河北省平山县战国时期中山国墓葬发掘简报》，《文物》1979年第1期；河北省文物研究所：《嚳墓——战国中山国国王之墓》，文物出版社，1996年。

4 随县擂鼓墩一号墓考古发掘队：《湖北随县曾侯乙墓发掘简报》，《文物》1979年第7期；湖北省博物馆：《曾侯乙墓》，文物出版社，1989年。

5 湖北省文物考古研究所等：《随州文峰塔M1（曾侯與墓）、M2发掘简报》，《江汉考古》2014年第4期。

M2位于M1西南59米处，也是岩坑竖穴墓，方向208°，由墓道、祭祀坑、主墓椁室、主棺、腰坑、陪葬棺组成。墓圹深5.2米，墓底长6.68米、宽6.58米，内东西向置木椁，仅见朽痕，长5.1米、宽5.04米、高1.34米，椁痕厚0.16米；漆棺朽痕长约2.28米。殉葬棺位于椁室外北部。M2墓圹填土中的多达12层的积石、祭祀坑等在南方地区都很少见。文峰塔曾侯墓的发现，证实了“曾”、“随”实为同一个姬姓之国，文峰塔一带是曾侯的墓葬区之一。

1983年，河南光山县宝相寺北发掘了1座有封土的夫妻合葬墓，出土铜器上有“黄君孟”等铭文[1]；1988年，在距该墓100余米俗称“天鹅墩”处，又发掘出黄季佗父之墓[2]。据《春秋左氏传》，黄国亡于鲁僖公十二年（公元前648年），推测这2座毗邻的封土墓墓主为春秋早期的黄国国君。

上述各地的王墓，大多分布于当时的都城附近，各墓区域相近。其中周天子和齐、燕等国的一些王陵排列整齐有序，各墓封土毗连，可能在一定程度上仍然继承了“公墓”或“邦墓”的形式。

第四节　战国中山王陵陵园制度

在已经发掘的各地东周王陵中，对于陵园制度研究价值最高的首推河北平山中山王嚳墓。

1974年11月—1978年6月，河北省文物管理处在平山县三汲公社东部发现一座战国城址，判定是中山国最后一个都城——灵寿城。在西城墙以西2公里处有东西并列的2座大墓，编号为M1和M2。根据随葬青铜器的铭文分析，1号墓的墓主是中山王嚳，埋葬时间在公元前310年左右，时值中山国强盛时期[3]。

王嚳墓及陪葬墓陵园制度比较完备。M1封土平面呈方形，自下而上为三级台地，现高15米、底边东西宽约92米、南北长约110米，南面有平台，封土系夯土筑成。第一级台地夯层较厚，内侧有散水遗迹，第二级台地以内夯层薄而坚硬，第三级台地上有回廊建筑遗迹。散水北半段的东西两侧各有陪葬墓2座，北面有陪葬墓1座，封土下西侧北部有小型陪葬墓1座，南面平台东西两侧各有车马坑1座，西侧台下有杂殉坑和葬船坑各1座。地面建筑基址上残存有板瓦、筒瓦、圆瓦当和山形瓦脊饰等。

M1墓坑口距封土顶9米，平面呈“中”字型，南北通长110米、东西宽约29米、墓底距墓口深5.7米。墓坑壁呈四级阶梯状，内抹草泥，外抹澄浆细泥，表面以白粉涂饰，泥皮厚约1.2厘米。全墓分南墓道、北墓道、椁室、东库、东北库、西库六部分，其中东库、西库未经盗扰。南墓道是主墓道，位于南侧正中，外宽内窄，分上下两层，上层分内外两段，外段为墓室门外部分，道路面平整坚实，低于墓室内底部30厘米。内段分中左右三路，中路是通向椁室的阶梯，下降深度为1.84米，距椁室底部甚高，左右两路狭窄，通向室内两侧。下层墓道只清理了北端的一段，底距上层墓道底深度为94厘米，向外延伸呈缓坡状，是修筑椁室时使用的通道。北墓道位于墓室的北面中间，由外而内直通向椁室，但不通室内两侧，底部呈缓坡状，至椁室长52.4米、下深度为2.6米，原来路面上有路

1 河南信阳地区文管会等：《春秋早期黄君孟夫妇墓发掘报告》，《考古》1984年第4期。
2 信阳地区文管会等：《河南光山春秋黄季佗父墓发掘简报》，《考古》1989年第1期。
3 河北省文物管理处：《河北省平山县战国时期中山国墓葬发掘简报》，《文物》1979年第1期；河北省文物研究所：《嚳墓——战国中山国国王之墓》，文物出版社，1996年。

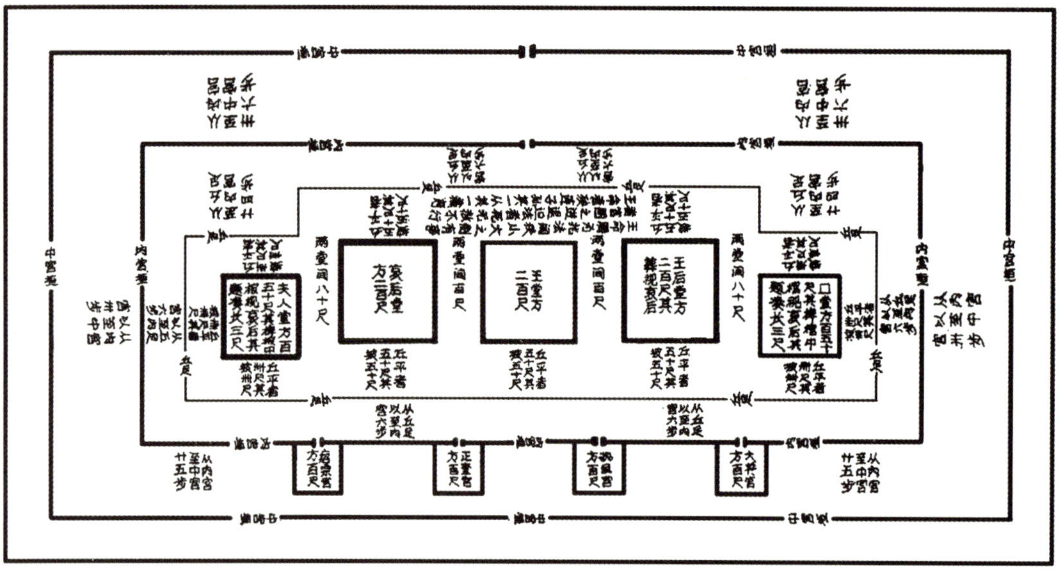

图2—8　河北平山战国中山王譽墓出土《兆域图》摹本（引自《考古学报》1980年第1期）

土和木炭痕迹，其上铺有2—6厘米厚的黄土。

椁室位于墓穴的正中，平面长方形，南北长14.9米、东西宽13.5米、底深8.2米。椁室的顶部和北面各有1个盗洞，曾被严重盗扰，盗后又经火烧。棺椁被扰乱，从棺位和8个长方形铜垫以及棺椁上不同的铺首排列情况看，原制应为二椁二棺。椁室内最外一层有积石，石块垒砌、卵石填缝，厚1.5—2.1米，顶部超出墓圹口，用同样石块封盖两层，厚90厘米。积石以内为积炭。

主墓旁还有6座陪葬墓，除2号墓外均被盗扰，葬具为一棺一椁，头均朝向主墓，随葬品以磨光压划纹黑陶为主，还有少量铜器和玉器。按《礼记》所云，“天子有后、有夫人、有世妇、有嫔、有妻、有妾”[1]，则1至5号陪葬墓墓主应该是中山王的夫人、世妇、嫔、妻之属；6号墓的随葬陶器均为粗质灰陶，并且没有鼎，表明墓主身份地位低下，应该是媵妾。这几座墓的墓圹打破了主墓封土，填土中杂有夯土和砂石，随葬品也有年代早晚之分，因此，应该是各墓主寿终后陪葬，而不是殉葬。

王譽墓最重要的发现之一，是在椁室内出土的《兆域图》（图2—8）。《兆域图》或称《兆窆图》，是一块金银嵌错图案的铜板，长94厘米、宽48厘米、厚约1厘米，一面装饰有一对铺首，另一面是错金银的墓园平面图，出土时已经被火烧变形。这幅图上刻填出了宫垣、墓上建筑以及附属建筑的具体方位，标明了建筑物的名称和尺寸大小，还刊有一段中山王的诏命：“王命賙为逃［兆］乏［法］，阔閔［狭］少［小］大之叫［制］，又［有］事者官㘝［图］之。建［进］退迈［违］乏［法］者死亡［无］若［赦］，不行王命者恣［殃］谘［连］子孙。丌［其］一从，丌［其］一瘤［藏］府［府］。”

对照发掘现场所揭示出的遗迹现象，可知《兆域图》应该是王譽墓园的整体规划平面图。该图显示：在中宫垣和内宫垣以内筑有南向呈“凸”字形高丘，高丘正中为王堂，其东为哀后堂，其西为王后堂，次东为夫人堂，次西为□堂。王堂和后堂各方200尺，按战国尺约折合今22厘米推算，即应为约44米见方的建筑物，两侧夫人堂各方150尺，为约合今33米见方的建筑物。所记尺寸均包括廊庑结构在内，所以实际各“堂”的面积应该再小一些。有人做过复原研究，认为若用木梯构成的飞陛，则王堂的最大尺寸为27米

1 《礼记·曲礼下》，影印清阮元辑刻《十三经注疏》之《礼记正义》卷四，中华书局，1980年，第1261页。

×27米；若用台身内挖纳陛，则王堂最大面积不能超过20×20平方米[1]。在内宫垣以北，紧靠宫垣正对五堂之间的间隙处，辟有宿宗宫、正奎宫、执自宫、大楢宫等四宫，各为方100尺的庭院，有门南向通入内宫垣。四宫用途可能与储藏先王遗物、祭器、祭品以及保卫陵园有关。内宫垣和中宫垣为全封闭式，仅各在南面正中辟一门。

从《兆域图》来看，王嚳墓经过总体规划，地面结构为三重陵园，内陵园正中建有五堂，王堂下M1即王嚳墓，哀后堂下M2为哀后墓。整座陵园并没有完全建成，只完成了2座大墓，哀后或死于王嚳以前，王后及夫人等人则殁在其后。王嚳入葬10余年后，赵灭中山，迁其王于肤施，王嚳遗属死后不可能再在灵寿如制兴建陵园。因此，主墓封土下的5座陪葬墓应该是墓主死后迁回故国藁葬的。

根据中山王的诏书，《兆域图》一式二份，一随葬地下，一藏内府。《周礼·春官》记载："冢人，掌公墓之地，辨其兆域而为之图。先王之葬居中，以昭穆为左右。"[2]但这种"墓图"或因其以丝麻、木、皮等易朽质地制成而不存，或以金属质地制成而被盗出后改作他用，一直未见实物。王嚳墓《兆域图》铜板的出土，不仅证实了"墓图"的确存在，而且提供了战国时期王侯陵园规划的一个示例，证明当时王陵有陵园、有封土，封土之上还有建筑，对于中国先秦帝王陵墓制度研究具有十分重要的参考意义[3]。春秋末年孔子合葬父母于防见诸经史，但尚缺乏同期王室贵族层面的合葬资料。参照《兆域图》，并结合中山国2座大墓的发掘情况来看，可以认定至少在战国中后期，诸侯王中已经有了夫妻异坟异穴而同陵园合葬的做法，证实了《史记》中关于"（秦）昭襄王卒，子孝文王立，尊唐八子（孝文王生母）为唐太后，而合其葬于先王"[4]一类记载的准确性。

中山不是华夏族，《春秋左氏传》"哀公三年（公元前492年）"中始见"中山"之名，在春秋时期也被称为"鲜虞"。据《左传》、《战国策》等文献记载，中山国屡兴屡灭，在战国时曾经一度强大，公元前323年曾会同燕、韩、赵、魏，"五国相王"。《吕氏春秋》说："中山亡邢，狄人灭卫。"[5]则是中山曾攻灭周天子所封之国，据有今冀西之地。中山为非华夏之国，其陵园制度严整而宏敞，由此揭示中原诸侯王陵与"夷"、"狄"王陵之间的相互影响关系或许有必要重新检讨，中原地区由不封不树到大建陵园有可能受到过"夷"、"狄"之制的影响。

第五节　秦公、秦王大墓和秦始皇陵陵园制度

据《史记·秦本纪》记载：秦人出自帝颛顼，其祖先大费曾经佐帝禹治水，帝舜因赐姓嬴氏。其后人"或在中国或在夷狄"，费昌曾为商成汤驾车而败夏桀于鸣条，非子曾为周孝王养马，孝王封其于秦，号秦嬴，"使复续嬴氏祀"。其后秦仲为周宣王大夫，奉命征伐西戎，为西戎所杀；其孙襄公护送周王室东迁有功，"平王封襄公为诸侯，赐之岐以西之地"，至此秦才"与诸侯通使聘享之礼"[6]。春秋战国时期秦国日渐强大，最后由秦王

1 傅熹年：《战国中山王嚳墓出土的〈兆域图〉及其陵园规制的研究》，《考古学报》1980年第1期。
2 《周礼·春官·冢人》，影印清阮元辑刻《十三经注疏》之《周礼注疏》卷二二，中华书局，1980年，第786页。
3 傅熹年：《战国中山王嚳墓出土的〈兆域图〉及其陵园规制的研究》，《考古学报》1980年第1期；杨鸿勋：《战国中山王陵及兆域图研究》，《考古学报》1980年第1期。
4 ［汉］司马迁：《史记》卷五《秦本纪》，顾颉刚等点校本，中华书局，1982年，第218—219页。
5 《吕氏春秋》卷八《仲秋纪·简选》，陈奇猷《〈吕氏春秋〉校释》本，学林出版社，1984年，第441页。
6 ［汉］司马迁：《史记》卷五《秦本纪》，顾颉刚等点校本，中华书局，1982年，第173—179页。

政统一中国。

一、东周秦公、秦王大墓的考古发现与研究

历代秦公和秦王墓分布在今甘肃礼县和陕西宝鸡、凤翔、咸阳、阎良、西安、长安、临潼等地（图2—9），有不少墓葬已为考古发现所证实，揭示出东周至秦代比较完整的发展序列。

甘肃礼县大堡子山发现过西周晚期到春秋早期的秦公大墓，其中M2和M3为南北并列的2座“中”字形大墓[1]，一般认为墓主是秦襄公及其夫人，也有秦文公、秦宪公等说[2]。墓葬区域环以壕沟[3]。今礼县一带是当时秦人活动的中心区域，《史记·秦本纪》称为“西垂”，这里的秦公大墓群因被称为“西垂陵区”[4]。

《史记》唐人张守节正义引《括地志》云：“秦宁公墓，在岐州陈仓县西北三十七里秦陵山。”[5]陈仓即今陕西宝鸡。20世纪70年代末，在宝鸡市陈仓区虢镇以东的杨家沟公社太公庙村发现过春秋早期的祭祀坑，出土带有“秦公”铭文的钟5件、镈3件，推断为秦武公做器，祭祀坑发现地即武公所都之平阳[6]。2013年4月，在该祭祀坑东北约100米处，钻探出一座“中”字形大墓和“凸”字形车马坑，还发现了陵园的环壕（兆沟）迹象。太公庙和其东约10公里处的宁王村一带被认为是秦宪公新建之都平阳和秦平阳陵区所在，宪公还葬于西垂；其后，武、德、宣、成四公葬于太公庙地区[7]。

雍城以宗庙（“雍太寝”）所在，是秦人春秋战国时期的一处重要的都城，陕西凤翔雍城遗址南郊的三畤原是秦公的雍城陵区。雍城陵区北距雍城遗址约10公里，共钻探出14组陵园，有规整的城壕（兆沟），占地面积约21平方公里[8]。每座陵园由不同数目的大墓组成，共钻探出大墓49座，平面分为“丰”字形、“中”字形、“甲”字形、“刀”字形等多种形式，其中“丰”字形大墓发现1座、“中”字型大墓发现20座，推测墓主为都雍城时期的历代秦公（图2—10）。各墓的共同特点是：椁室为长方形，东西两侧辟墓道，

1 王辉：《也谈礼县大堡子山秦公墓地及其铜器》，《考古与文物》1998年第5期；陈平：《浅谈礼县秦公墓地遗存与相关问题》，《考古与文物》1998年第5期；戴春阳：《礼县大堡子山秦公墓地及有关问题》，《文物》2000年第5期；早期秦文化考古联合课题组：《甘肃礼县大堡子山早期秦文化遗址》，《考古》2007年第7期。

2 王辉：《也谈礼县大堡子山秦公墓地及其铜器》，《考古与文物》1998年第5期；陈平：《浅谈礼县秦公墓地遗存与相关问题》，《考古与文物》1998年第5期；祝中熹：《大堡子山秦西陵墓主及其他》，《陇右文博》1999年第1期；戴春阳：《礼县大堡子山秦公墓地及有关问题》，《文物》2000年第5期；张天恩：《试说秦西山陵区的相关问题》，《考古与文物》2003年第3期；田亚岐等：《甘肃礼县大堡子山秦陵墓主考》，《唐都学刊》2006年第3期；马振智：《甘肃礼县大堡子山秦公墓地之我见》，《西部考古》第一辑，三秦出版社，2006年；早期秦文化考古联合课题组：《甘肃礼县大堡子山早期秦文化遗址》，《考古》2007年第7期；杨惠福等：《礼县大堡子山秦公墓主管见》，《考古与文物》2007年第6期。

3 在墓葬区域（陵园）外环以壕沟而不筑陵园墙，是东周时期秦公秦王陵墓的一个突出特点，在历年的发掘简报和研究著述中也写作“兆沟”、“围沟”等。礼县大堡子墓地的兆沟可能是目前已知年代最早的。

4　焦南峰等：《秦人的十个陵区》，《文物》2014年第6期。

5　［汉］司马迁：《史记》卷五《秦本纪》，顾颉刚等点校本，中华书局，1982年，第182页。

6　卢连城等：《陕西宝鸡县太公庙村发现秦公钟、秦公镈》，《文物》1978年第11期；韩伟：《北园地望及石鼓诗这年代小议》，《考古与文物》1981年第4期。

7　王炜林：《周秦汉唐考古的新进展——以陕西大遗址考古为例》，《考古与文物》2013年第5期。

8　韩伟：《凤翔秦公陵园钻探与试掘简报》，《文物》1983年第7期；陕西省雍城考古队：《凤翔秦公陵园第二次钻探简报》，《文物》1987年第5期；韩伟等：《秦都雍城考古综述》，《考古与文物》1988年第5、6期；田亚岐等：《雍城秦公陵园诸公墓主考识》，《秦汉研究》第二集，三秦出版社，2007年。

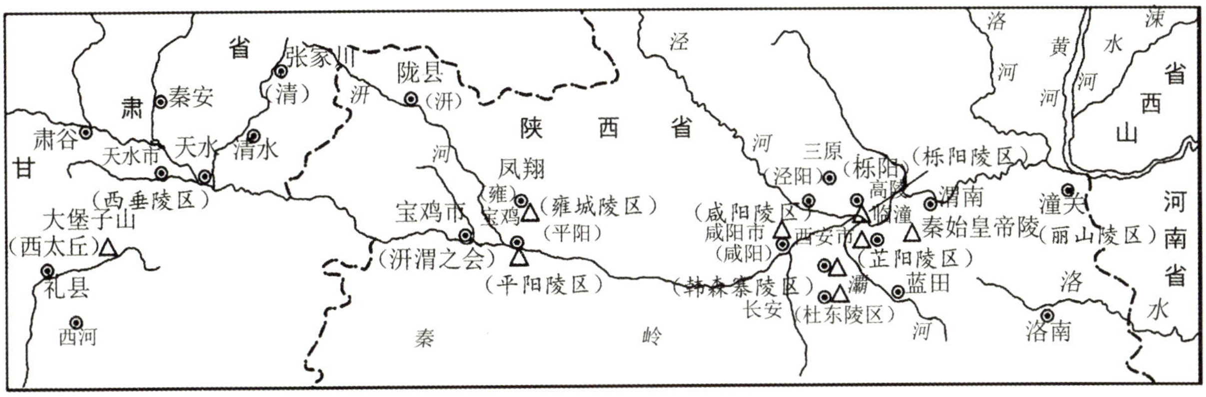

图2—9　秦国—秦朝陵墓分布图（引自《文物》2014年第6期）

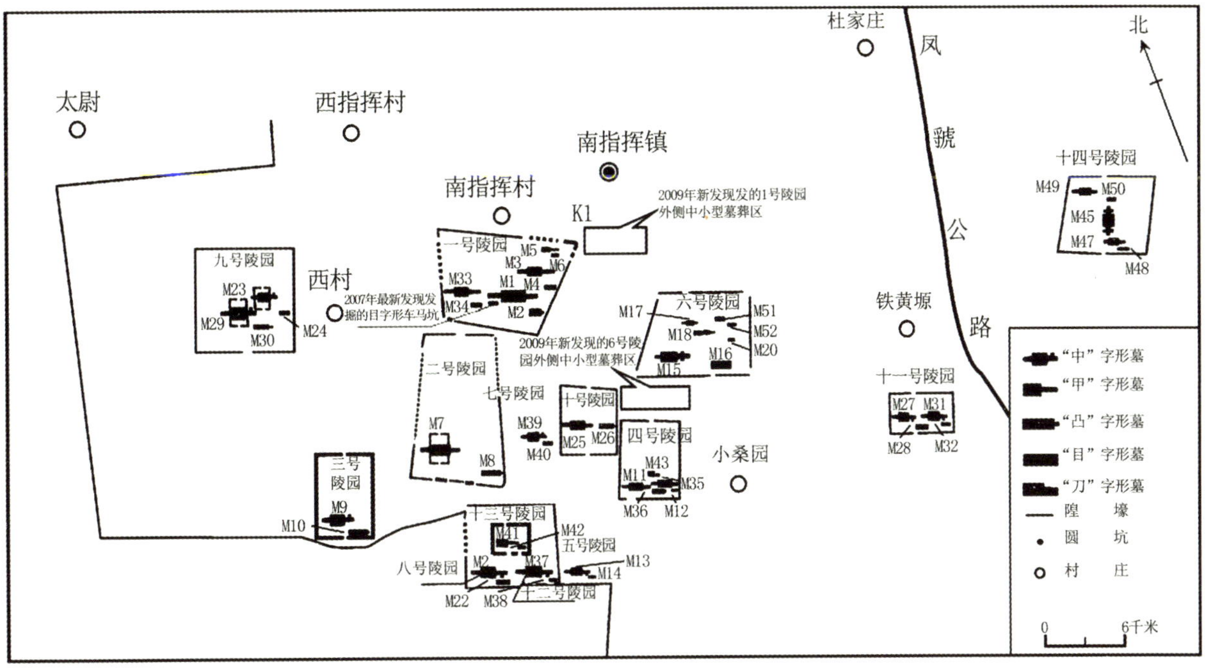

图2—10　陕西凤翔雍城秦公陵园分布图（引自《文物》2014年第6期）

东道较西道长而坡缓；有双耳室、单耳室、无耳室之分，耳室均开于东墓道，单耳室者设在南壁。此外，秦公大墓之上还发现有建筑遗迹，陵园外环以内、中、外三重隍壕，这是雍城秦公陵的一个重要特点[1]。

凤翔秦公1号大墓经过考古发掘，根据出土石磬的铭文，基本可以确定墓主为春秋晚期的秦景公。墓平面为中字形，东西2条墓道，坐西朝东。全长300米、最深24米。墓室部分由主椁室、副椁室、箱殉72具、匣殉94具等组成。主椁室为长方形箱式，南北两壁由带榫头的柏木板组成，被认为是开后世“黄肠题凑”之先河。虽经多次严重盗扰，该墓中仍出土各类文物3500余件，还有大量的殉人和殉牲。墓葬东南有车马坑，西南有车马和人牲祭祀坑。

凤翔一带的秦公陵布局严整、等级分明，使用时间长，案例丰富，揭示出东周时期秦国陵墓制度的基本特点。这些特点，如陵园平面为南北长而东西短的长方形，陵墓位

1 陈伟：《凤翔、临潼秦陵濠沟作用试探》，《考古》1995年第1期。

于陵园内南半部，坐西朝东，墓葬区东部有大型殉葬坑等，都为后来咸阳等地的秦王陵和秦始皇陵所继承。

随着秦人活动中心的不断东进，秦国历代君主陵墓的位置也在不断向东推移，自雍城到咸阳原，复由咸阳东至临潼，分别形成了咸阳、芷阳和临潼陵区。

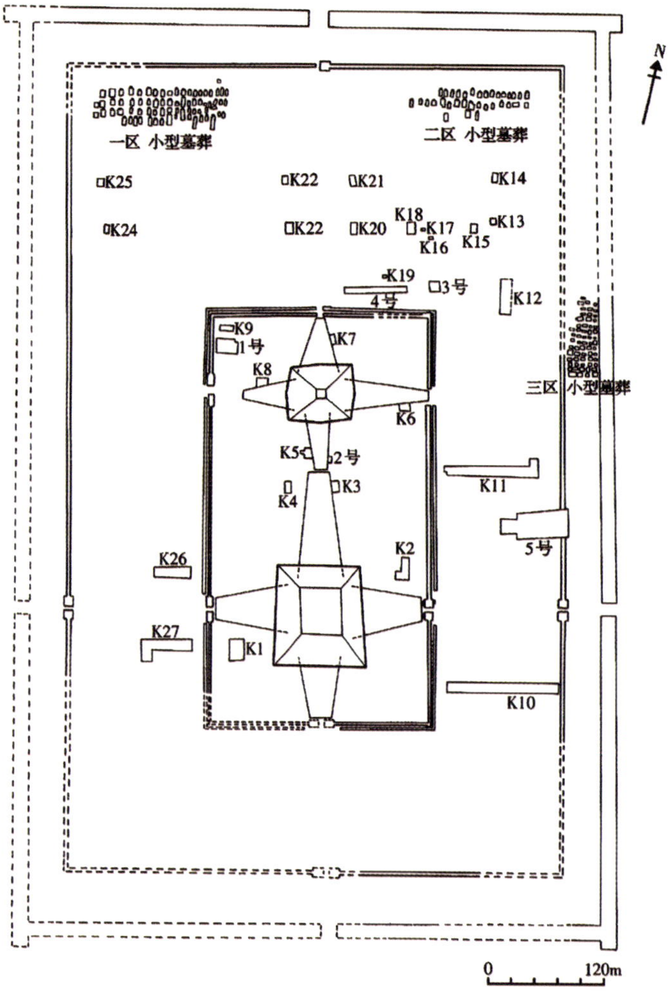

图2—11 陕西咸阳“周王陵”战国秦王陵园平面图（引自《考古与文物》2011年第1期）

咸阳陵区位于战国秦咸阳宫殿遗址以北的咸阳原上，共发现3组王陵。周陵镇的“周王陵”为南北长东西短的长方形陵园，内外双重围墙、双重壕沟，2座“亞”字形大墓南北并列，另有建筑遗址和殉葬坑、陪葬墓等，确认为战国秦王陵园[1]。通常认为“周文王陵”是秦惠文王之公陵[2]（图2—11）；也有研究者认为此二墓均以北墓道为主墓道，与秦国陵墓习惯不符，应该是西汉后期陵墓的附属陵园[3]。在咸阳渭城区严家沟村，即汉成帝延陵东北约600米处，有2座封土，原传为陪葬延陵之班婕妤墓，经钻探发现为“亞”字形、“中”字形大墓各1座，也被认定是战国秦王陵园，推测是悼武王的永陵。渭城区司家庄村北，原传为陪葬汉哀帝义陵之大司马董贤墓，钻探发现“亞”字形大墓、“甲”字形大墓各1座，陵园环以三道兆沟，区域内还有陪葬坑、建筑遗址等，也符合战国秦王陵的特点[4]。

芷阳陵区位于秦芷（茝）阳城遗址以东、骊山西麓的土塬上。共勘探出4座陵园，发现“亞”字形大墓3座、“中”字形大墓2座、“甲”形大墓5座[5]。陵园呈南北长东西窄的长

1 阎文儒：《“周陵”为秦陵考辨》，《考古与文物》1980年第2期；刘卫鹏等：《咸阳塬上“秦陵”的发现和确认》，《文物》2008年第4期；陕西省考古研究院等：《咸阳“周王陵”考古调查、勘探简报》，《考古与文物》2011年第1期；焦南峰等：《咸阳“周王陵”为战国秦陵补正》，《考古与文物》2011年第1期。

2 阎文儒：《“周陵”为秦陵考辨》，《考古与文物》1980年第2期。

3 段清波等：《咸阳“周陵”属性研究》，《西北大学学报（哲社科版）》2013年第3期。

4 王炜林：《周秦汉唐考古的新进展——以陕西大遗址考古为例》，《考古与文物》2013年第5期；焦南峰等：《秦人的十个陵区》，《文物》2014年第6期。

5 张海云：《芷阳遗址调查简报》，《文博》1985年第3期；张海云等：《秦东陵勘查记》，《文博》1987年第3期；陕西省考古研究所等：《秦东陵第一号陵园勘查记》，《考古与文物》1987年第4期；骊山学会：《秦东陵勘察初议》，《考古与文物》1987年第4期；陕西省考古研究所等：《秦东陵第二号陵园调查钻探简报》，《考古与文物》1990年第4期；陕西省考古研究所秦陵工作站：《秦东陵第四号陵园调查钻探简报》，《考古

方形，环以兆沟，没有发现陵园围墙。据《史记·秦本纪》记载，葬于芷阳的应该有宣太后、昭襄王与唐太后、悼太子、孝文王与华阳夫人、庄襄王与帝太后，也有人认为孝文王不葬其间；各墓葬年代均为战国晚期。

2004年，在长安区神禾塬上发掘过1座"亞"字形大墓，陵园有兆沟和夯土围墙，四边设门阙或门道，共有5门。墓圹含斜坡墓道东西135米、南北110米，墓室长12.1米、宽10.5米；在4条墓道周围有13个从葬坑。根据墓葬结构和随葬品特点推定此墓为战国秦陵园，墓主可能是"别葬杜东"的秦始皇祖母夏太后[1]；也有人认为此墓规格与夏太后身份不符[2]，更有研究者具体认为墓主应该是秦二世胡亥[3]，或汉惠帝的张皇后[4]。另外，在今西安市区韩森寨还有一座封土大墓，旧传为秦庄襄王陵，最近也有重要考古发现。

东周时期的秦公、秦王陵墓资料丰富而自成系统，从礼县秦公大墓到秦始皇陵，不同时期陵园制度的演变轨迹连续而清晰，提供了秦国—秦朝帝王陵墓制度发展历史的相对完整信息。有不少研究者对陵墓分布与墓主、陵园制度发展变化等问题进行过不同角度的分析探讨[5]。

二、秦始皇陵陵园制度

秦始皇名嬴政，庄襄王之子，公元前246年13岁时即秦王位。从公元前230—前221年的10年间，先后灭掉韩、赵、魏、燕、楚、齐六国，建立了中国历史上第一个专制集权的王朝——秦，自称"始皇帝"。秦始皇前后在位37年，称皇帝后废除封君，建立郡县制，强化中央集权，统一文字、货币、度量衡，在全国范围内修筑以国都咸阳为中心的驰道，南击百越戍五岭，北筑长城以抗匈奴，罢百家之言、焚书坑儒，征收"太半之赋"，无休止地役使百姓，大修宫殿、陵墓，急政暴虐，人民困苦不堪。秦始皇三十七年（公元前210年），始皇帝在最后一次出巡途中病死于沙丘行宫（今河北广宗西北），还葬咸阳。《史记·秦始皇本纪》记其陵墓之制云："始皇初即位，穿治郦山，及并天下，天下徒送诣

与文物》1993年第3期；陕西省考古研究院：《2013年陕西省考古研究院考古发掘调查新收获》，《考古与文物》2014年第2期。

1 张天恩等：《陕西长安发现战国秦陵园遗址》，《中国文物报》2006年1月25日第1版；陕西省考古研究院：《陕西长安神禾塬战国秦陵园遗址田野发掘新收获》，《考古与文物》2008年第5期；王学理：《神禾塬秦墓墓主考》，《陕西历史博物馆馆刊》第15辑，三秦出版社，2008年；丁岩：《神禾原战国秦陵园主人试探》，《考古与文物》2009年第4期；丁岩：《长安神禾原战国秦陵园年代述考》，《文博》2010年第2期。

2 田亚岐等：《雍城秦公陵园诸公墓主考识》，《秦汉研究》第二集，三秦出版社，2007年。

3 韩伟：《揭开长安神禾塬大墓主人之谜》，《陕西历史博物馆馆刊》第14辑，三秦出版社，2007年。

4 段清波：《关于神禾原大墓墓主及相关问题的讨论》，《考古与文物》2009年第4期。

5 王学理：《东陵和西陵》，《考古与文物》1988年第5、6期；马振智：《试论秦国陵寝制度的形成发展及特点》，《考古与文物》1989年第5期；刘云辉：《论秦国君墓葬名称演变的原因》，《文博》1990年第5期；张海云等：《秦东陵再探》，《考古与文物》1993年第3期；石兴邦：《秦代都城和陵墓的建制及其相关的历史意义》，《秦文化论丛》第一辑，西北大学出版社，1993年；韩伟等：《秦陵概论》，《考古学研究》第10期，三秦出版社，1993年；尚志儒：《秦陵及其陵寝制度浅论》，《文博》1994年第6期；张海云等：《对秦东陵有关问题的几点看法》，《考古与文物》1996年第5期；徐卫民：《秦公帝王陵园考论》，《文博》1999年第2期；赵化成：《秦东陵刍议》，《考古与文物》2000年第3期；徐卫民：《秦公帝王陵发展演变的特点及其在历史上的地位》，《文博》2001年第6期；赵化成：《从商周"集中公墓制"到秦汉"独立陵园制"的演化轨迹》，《文物》2006年第7期；胡进驻等：《秦公王陵墓制管窥》，《秦文化论丛》第十三辑，三秦出版社，2006年；田亚岐等：《雍城秦公陵园诸公墓主考识》，《秦汉研究》第二集，三秦出版社，2007年；徐卫民：《秦帝王陵墓制度研究》，《唐都学刊》2010年第1期；马振智：《秦国陵寝制度研究》，《梓里集——西北大学考古专业七七级毕业三十周年纪念文集》，西北大学出版社，2012年。

七十余万人，穿三泉，下铜而致椁，宫观百官奇器珍怪徙臧［藏］满之。令匠作机弩矢，有所穿近者辄射之。以水银为百川江河大海，机相灌输，上具天文，下具地理。以人鱼膏为烛，度不灭者久之。二世曰：'先帝后宫非有子者，出焉不宜。'皆令从死，死者甚众。葬既已下，或言工匠为机，臧［藏］皆知之，臧［藏］重即泄。大事毕，已臧［藏］，闭中羡，下外羡门，尽闭工匠臧［藏］者，无复出者。树草木以象山。"[1]最近几十年来的考古调查和发掘表明，司马迁对于秦始皇陵的描述基本上是真实可信的（图2—12）。

秦始皇陵在今陕西临潼，骊山北麓、渭水之南，一说本名"丽山"[2]。陵墓修建于骊山北麓的冲击扇上，继承了春秋以来秦公、秦王陵墓的基本制度，又广泛吸取了战国时期各诸侯国王公陵园的优点，建成了一座陵墓本体和附属设施均规模庞大的墓园，陵域范围东西约7000米、南北约8000米，总面积达56.25平方公里（图2—13）。历年公布的资料显示[3]：始皇陵陵园位于陵区的中部，由内、外两重长方形城垣构成，坐西朝东，外城垣南北长2173米、东西宽974米；内城垣曾有旧说为正方形，实测亦为长方形，南北长1355米、东西宽578米；墓冢封土位于内城南部中央，南北长515米、东西宽485米、残高43米（一说高76米）。外城四面各辟一座城门，其中南北两门在城垣正中（曾有考古资料

图2—12　秦始皇陵封土北面

1 ［汉］司马迁：《史记》卷六《秦始皇本纪》，顾颉刚等点校本，中华书局，1982年，第265页。

2 赵康民：《秦始皇陵原名丽山》，《考古与文物》1980年第3期；王学理：《浅论丽山》，《考古与文物》1988年第3期；郭罗：《试论秦始皇陵原名"丽山"的原因》，《文博》2014年第6期。

3 陕西省文物管理委员会：《秦始皇陵调查简报》，《考古》1962年第8期；不著撰人：《秦始皇陵》，《文物》1975年第11期；武伯纶等：《秦始皇帝陵》，上海人民出版社，1990年，第15页；陕西省考古研究所等：《秦始皇陵园考古报告（1999）》，科学出版社，2000年；陕西省考古研究所等：《秦始皇陵园2000年度勘探简报》，《考古与文物》2002年第2期；陕西省考古研究所等：《秦始皇陵园内城南墙试掘简报》，《考古与文物》2002年第2期；陕西省考古研究所：《西安秦始皇陵园的考古新发现》，《考古》2002年第7期；陕西省考古研究所秦始皇陵园考古队：《秦始皇陵》，《中国考古学年鉴（2003）》，文物出版社，2004年，第348—349页；陕西省考古研究所等：《秦始皇帝陵园考古报告（2000）》，文物出版社，2006年；陕西省考古研究所等：《秦始皇帝陵园考古报告（2001—2003）》，文物出版社，2007年；陕西省考古研究院：《2009年度秦始皇帝陵园考古勘探简报》，《考古与文物》2010年第5期；秦始皇帝陵博物院：《秦始皇帝陵园考古报告（2009—2010）》，科学出版社，2012年；秦始皇帝陵博物院：《西安市秦始皇帝陵》，《考古》2014年第7期。

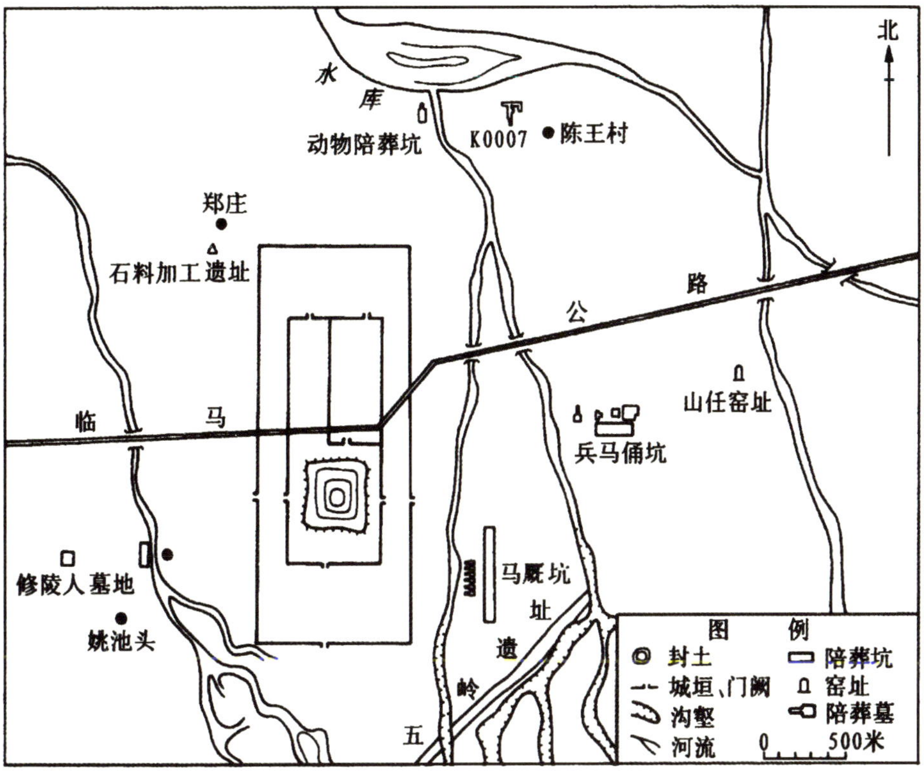

图2—13 秦始皇陵陵园平面图（引自陕西省考古研究所等《秦始皇帝陵园考古报告（2001—2003）》，2007年）

显示外城无北门[1]），东西两门则偏于南侧，与墓冢中心点相对；内城辟五门，东、南、西三门正与外城东、南、西三门相对，北墙则独辟东、西二门。内城中的东北部有一个独立的院落，南北各辟一门，南门通向墓冢，北门即内城北垣之东门。城墙墙基宽约8米，城门上均建有阙楼，城四角建角阙。

在陵墓封土西北50余米处，发现过一组建筑基址，面积约3500平方米，中央为高台建筑，四周有回廊，遗址及其周围地区发现有砖、瓦、瓦当、线雕菱纹铺地石等建筑遗存；推测这组建筑是始皇陵的寝殿[2]。遗址中出土过一块半圆形的夔纹大瓦当，高0.48米、直径0.61米，据以可知当年的建筑物极其高大宏伟。在陵园内城东、西、南三面墙垣外发现有廊房建筑遗址，其中西垣外出土的陶壶上有铭文“丽山园”、“丽山飤官”等[3]，说明该处是“丽山飤官”所在，推测是为始皇陵寝宫制备餐食的机构。

1998—1999年，秦陵考古队对始皇陵外城进行了勘探，采用传统钻探与GPS定位勘测相结合的方法对陵园外墙进行了实测，测得北垣长971.112米、南垣长976.186米、西垣长2188.378米、东垣长2185.914米，外城周长6321.590米，外城垣以内总面积为2129482.6平方米[4]。城垣遗址情况基本探清，勘探得知内城的东门建于南北长134米、东西宽8—23米的夯土台基之上，有三条门道。2009年，进一步勘探确认了外城北门

1 陕西省考古研究所等：《秦始皇陵园2000年度勘探简报》，《考古与文物》2002年第2期。

2 赵康民：《秦始皇陵北二、三、四号建筑遗迹》，《文物》1979年第12期；张占民：《秦始皇陵北寝殿建筑群的发现与初步研究》，西北大学文博学院编《考古文物研究——纪念西北大学考古专业成立四十周年文集》，三秦出版社，1996年。

3 秦始皇陵考古队：《秦始皇陵西侧“丽山飤官”建筑遗址清理简报》，《文博》1987年第6期。

4 段清波等：《秦陵考古勘探工作获重要进展》，《中国文物报》1999年10月20日第1版；陕西省考古研究所：《西安秦始皇陵园的考古新发现》，《考古》2002年第7期。

的存在和内城2座北门的准确位置[1]（图2—14）；陵园内的建筑遗迹揭露日多，寝和便殿等内涵也越来越清晰[2]。

秦始皇陵的地下墓室部分未经发掘，钻探得知，墓室坐落在封土以下，墓圹口大底小，口部南北长515米、东西宽485米，底部南北长约120米、东西宽约160米，深约33米。四面正中各有斜坡墓道通向地面，墓道内有多个大型耳室。2003年11月验收通过的科技部“863”计划项目《考古遥感和地球物理综合探测技术》对秦始皇陵地下结构进行了探测分析[3]，认为地宫位于封土台顶及其周围以下，开挖范围主体东西长170米、南北宽145米。墓室呈矩形，位于地宫中央，顶深海拔高程470—480米，高15米左右。东西长约80米、南北宽约50米。宫墙顶深海拔高程约471米，高约16米、厚约8米、东西长约145米、南北宽约125米。宫墙之上的细夯土墙与宫墙位置、范围基本一致，高约30余米。借用地球化学土壤含汞量等自然科学手段测试，发现始皇陵封土中心位置土壤中汞的含量异常，附近土壤中汞含量的平均值为35ppb，而封土中央为70—140ppb，最高处达280ppb，强汞面积约12000平方米，其中高于280ppb的点11个，约为1100平方米。一般某地汞含量高出周围一倍即为异常，而始皇陵所在竟高出周围地区1—8倍，这证明该处地下确实含有大量的水银[4]，司马迁关于始皇陵中以水银为江河大海的记载是可信的。《史记》唐张守节正义引《关中

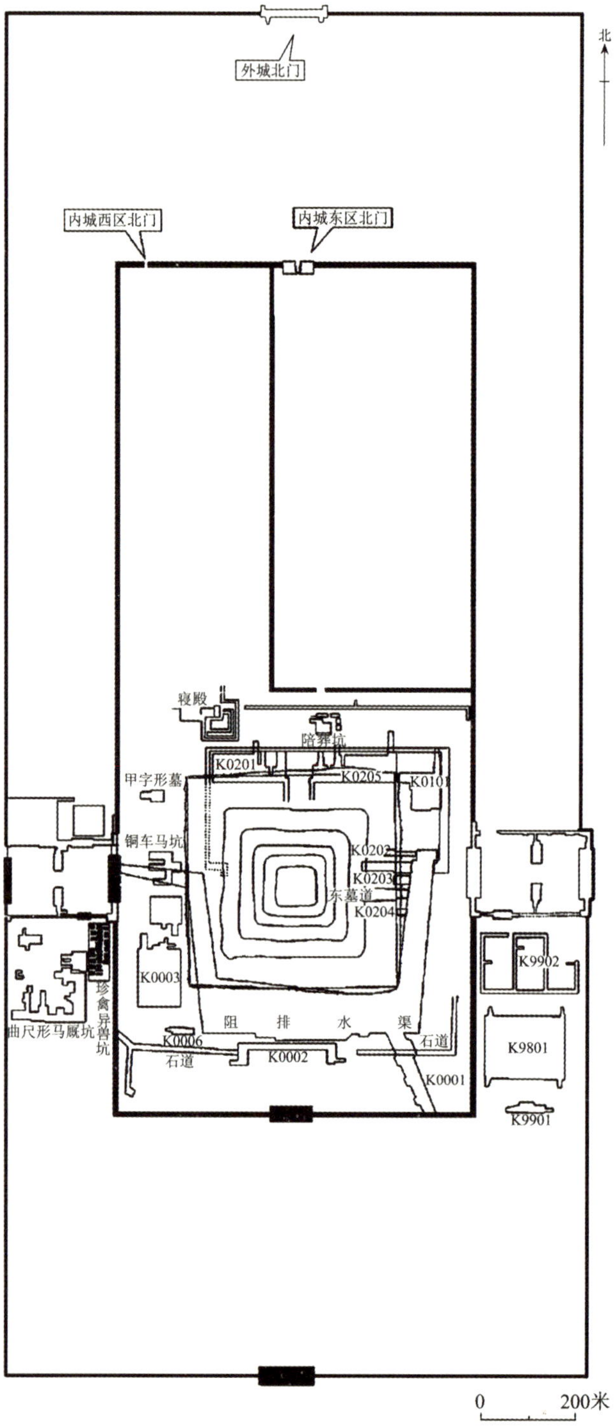

图2—14 秦始皇陵内外城及北门位置图（引自《文物》2010年第6期）

1 秦始皇帝陵博物院等：《秦始皇帝陵园北门勘探简报》，《文物》2010年第6期。

2 秦始皇帝陵博物院：《西安市秦始皇帝陵》，《考古》2014年第7期；曹玮等：《近年秦始皇帝陵考古的新收获》，《秦始皇帝陵博物院（2014）》，陕西人民出版社，2014年。

3 王立彬：《科技工作者初步揭开秦始皇墓室神秘面纱》，《中国文物报》2003年12月19日第1版；段清波：《秦始皇帝陵的物探考古调查——“863”计划秦始皇陵物探考古进展情况的报告》，《西北大学学报（哲社科版）》2005年第1期。

4 常勇等：《秦始皇陵中埋藏汞的初步研究》，《考古》1983年第7期。

记》云："始皇陵在骊山。泉本北流，障使东西流。"[1]研究表明，始皇陵地面、地下都应该有比较完善的阻水排水设计[2]；而"穿三泉"之说，也已经被证实为是一种科学的地下阻排水系统设施[3]。另外，据《三辅黄图》记载："青梧观，在五柞宫（西汉离宫之一，在今陕西盩厔县）之西。观亦有二梧桐树，下有石麒麟二枚，刊其胁文字，是秦始皇骊山墓上物也，头高一丈三尺。"[4]有研究者根据这类有关文献记载认为秦始皇陵冢上旧有石刻，至汉已毁[5]。

自1962年首次对秦始皇陵园进行考古勘探调查以来，50余年间发现了数百座陪葬墓、殉葬坑以及建筑遗址等重要遗存；在始皇陵封土近处和两重城垣之间相继发现过跪坐陶俑坑、马厩坑、小型葬仪坑、珍兽瓦棺葬坑等陪葬坑[6]。1980年，在封土的西部边缘地下发现了一座铜车马殉葬坑，坑内有2乘大型彩绘铜车马，为安车、立车各一套，各有驭手，驾以驷马，其体量大小大约是真人车马的一半[7]。这两套铜车马已经被成功修复并展出，成为震惊世界的重大考古发现。秦始皇死后，秦二世下令始皇后宫中未曾生育的宫女全部殉葬，在始皇陵内城范围内探出了28座中小型墓，有人推测或许就是这些无出宫女们的葬地[8]。1998年以后数年间在陵园内又先后发掘了若干陪葬坑，出土了彩绘文官陶俑、铜缕石片铠甲和兜鍪、"百戏"陶俑、青铜鹤等[9]，为研究秦始皇陵的殉葬问

---

1 ［汉］司马迁：《史记》卷六《秦始皇本纪》，顾颉刚等点校本，中华书局，1982年，第266页。《关中记》已佚，诸家引本不尽相同。《太平御览》引作："秦始皇陵上骊山之北，……骊山泉本北流者，皆陂障使西流。"刘庆柱《〈关中记〉辑注》，《长安史迹丛刊》本，三秦出版社，2006年，第102页。类似的记载亦见于《三秦记》，《史记》正义引作："始皇作骊山，陵周回跨阴盘县界，水被陵，障使东西流。"刘庆柱《〈三秦记〉辑注》，第60页。

2 孙嘉春：《秦始皇陵地学考辨》，《文博》1989年第5期；张仲立：《秦始皇陵阻排水工程若干问题探讨》，《秦文化论丛》第十一辑，三秦出版社，2004年；朱思红：《秦始皇陵园水工程新认识》，《考古与文物》2007年第6期。

3 秦始皇陵考古队：《阻排水系统叙述"穿三泉"》，《中国文物报》2002年3月15日第5版；陕西省考古研究所等：《秦始皇陵园2000年度勘探简报》，《考古与文物》2002年第2期；段清波等：《"穿三泉"与秦陵地宫阻排水系统》，《考古与文物》2002年增刊（汉唐考古）。

4 ［汉］佚名：《三辅黄图》卷五"观"条，何清谷校注本，三秦出版社，1995年，第316页。

5 张文立：《秦陵墓上石刻探微》，《文博》1992年第5期。

6 赵康民：《秦始皇陵东侧发现五座马厩坑》，《考古与文物》1983年第5期；程学华：《始皇陵东侧又发现马厩坑》，《考古与文物》1985年第2期；程学华：《秦始皇陵园发现的"明琼"》，《文博》1986年第2期；程学华：《秦始皇帝陵陪葬坑综述》，《考古与文物》1998年第1期；陕西省考古研究所等：《秦始皇陵园考古报告（1999）》，科学出版社，2000年；段清波等：《秦始皇帝陵的外藏系统》，《考古》2003年第11期。

7 秦俑考古队：《秦始皇陵二号铜车马清理简报》，《文物》1983年第7期；秦俑考古队：《秦始皇陵铜车马发掘报告》，文物出版社，1998年。

8 秦俑坑考古队：《秦始皇陵园陪葬坑钻探清理简报》，《考古与文物》1982年第1期；王学理：《秦始皇陵研究》，上海人民出版社，1994年，第118页。

9 段清波等：《巨型陪葬坑出土罕见石甲胄》，《中国文物报》1999年10月10日第1版；段清波等：《秦陵又发现百戏陶俑陪葬坑》，《中国文物报》1999年10月13日第1版；王兆麟：《秦始皇陵的重大发现》，《文物天地》2000年第1期；袁仲一：《关于秦陵百戏俑几个问题的探讨》，《文博》2000年第4期；始皇陵考古队：《秦始皇陵园K9901试掘简报》，《考古》2001年第1期；秦始皇陵考古队：《青铜禽类显现秦始皇陵园》，《中国文物报》2001年11月23日第1版；秦始皇陵考古队：《聚焦秦始皇陵——秦始皇帝陵近年考古发现大检阅》，《中国文物报》2002年3月15日第5版；秦始皇陵考古队：《秦始皇陵园K0006陪葬坑第一次发掘简报》，《文物》2002年第3期；段清波：《秦始皇帝陵园K0006陪葬坑性质刍议》，《中国历史文物》2002年第2期；陕西省考古研究所：《西安秦始皇陵园的考古新发现》，《考古》2002年第7期；陕西省考古研究所等：《秦始皇陵园K0007陪葬坑发掘简报》，《文物》2005年第6期；陕西省考古研究所等：《秦始皇帝陵园考古报告（2000）》，文物出版社，2006年；陕西省考古研究所等：《秦始皇帝陵园考古报告（2001—

题提供了重要资料。

在两重城垣之外，秦始皇陵还有很多附属设施。在陵园东门外350米处以南发现有南北排列成行的陪葬墓和葬马坑，陪葬墓共有17座，在墓室西面有斜坡墓道，为有棺有椁的单人葬，从骸骨来看，墓主有男有女，年龄大约在二三十岁之间。这10余座墓葬墓主的身份等级较高，但大多身首分离或被肢解，死于非命，推测他们可能是被秦二世杀死的秦始皇其余诸子女，死后从葬始皇陵[1]。殉马坑在17座陪葬墓之东，分南北三行排列，共90余个，坑内殉埋生马一匹或陶人俑一个，或马、俑同坑，马头朝西，俑面朝东，坑内还有陶罐、陶盘、灯、铁斧等器物[2]。在陵园东垣外1200 余米处、陵园东西主轴线的北侧，自1974年起相继发现了3个大型的木结构坑道式陶兵马俑坑和1个尚未完工的空坑。3个俑坑坐西朝东，气势雄伟，总面积在25000平方米以上。其中一号坑规模最大（图2—15），大体呈长方形，为驷马战车、指挥官、步兵相间的军阵[3]；二号坑呈不规则形状，为战车和骑兵军阵[4]，发现有遗迹清晰的坑道棚木和保存基本完好的带彩绘陶俑[5]；三号坑规模最小（图2—16），仅有陶俑68个、驷马战车一驾，相当于“指挥部”[6]。推算3个俑坑总计有人俑7000个以上、驷马战车100余驾、战马600余匹，这些兵马俑的体量与真人真马大小相等，原均施有彩绘，人物面相表情各异，衣冠发式等细部一丝不苟，形象逼真，令人叹为观止，1987年被列入“世界文化遗产”名录。在兵马俑三号坑以西，曾发现过1座秦代大墓，墓主身份尚待进一步探索[7]。

秦始皇陵园东南方骊山口处有一道长1400余米、高约10米的人造山脉，号称“五岭”，实际功用是防洪堤坝。陵园以东约4公里，即临潼大王镇东南，有1座秦阙，残高2米余，推测是始皇陵园最外围的标识。秦始皇三十五年（公元前212年），“立石东海上朐界中，以为秦东门”[8]；有人考证，始皇陵的东西轴线暨陵园东门大道正与“秦东门”相对[9]。

始皇陵陵园的外围还有许多当年陵墓营造施工的遗迹，如陵园东北有取土而成的凹坑即“鱼池”[10]；西北有石材加工场的遗址[11]，西部有陶窑分布[12]。陵墓封土西南约1公里处的赵背户村曾经清理出刑徒墓地，这些在建陵工程中死亡者的墓坑狭小，每坑内葬

2003）》，文物出版社，2007年；秦始皇陵博物院：《秦始皇帝陵园考古报告（2009—2010）》，科学出版社，2012年。

1 秦俑考古队：《临潼上焦村秦墓清理简报》，《考古与文物》1980年第2期。

2 秦俑坑考古队：《秦始皇陵东侧马厩坑钻探清理简报》，《考古与文物》1980年第4期；赵康民：《秦始皇陵东侧发现五座马厩坑》，《考古与文物》1983年第5期；程学华：《始皇陵东侧又发现马厩坑》，《考古与文物》1985年第2期。

3 始皇陵秦俑坑考古发掘队：《临潼县秦俑坑试掘第一号简报》，《文物》1975年第11期；陕西省考古研究所等：《秦始皇陵兵马俑坑一号坑发掘报告（1974—1984）》，文物出版社，1988年；秦始皇帝陵博物院兵马俑坑考古队：《秦始皇帝陵一号兵马俑陪葬坑2009—2011年发掘简报》，《文物》2015年第9期。

4 始皇陵秦俑坑考古发掘队：《秦始皇陵东侧第二号兵马俑坑钻探试掘简报》，《文物》1978年第5期。

5 刘占成等：《秦俑二号坑出土精美彩绘俑》，《中国文物报》1999年8月1日第1版；王志友：《秦俑二号坑发现两层棚木》，《文博》2000年第2期。

6 秦俑坑考古队：《秦始皇陵东侧第三号兵马俑坑清理简报》，《文物》1979年第12期；张仲立：《秦俑三号坑性质刍论》，《文博》1990年第5期。

7 临潼县博物馆等：《临潼县城东侧第一号秦墓清理简报》，《考古与文物》1993年第1期。

8 ［汉］司马迁：《史记》卷六《秦始皇本纪》，顾颉刚等点校本，中华书局，1982年，第256页。

9 杨宽：《秦始皇陵园布局的探讨》，《文博》1984年第3期。

10 始皇陵秦俑坑考古发掘队：《陕西临潼鱼池遗址调查简报》，《考古与文物》1983年第4期。

11 秦俑坑考古队：《临潼郑庄秦石料加工场遗址调查简报》，《考古与文物》1981年第1期。

12 秦俑考古队：《秦代陶窑遗址调查清理简报》，《考古与文物》1985年第5期。

图2—15 秦始皇陵兵马俑一号坑

图2—16 秦始皇陵兵马俑三号坑

有2—3人，有些骨架上还戴着刑具[1]；相同性质的墓葬在姚池村南等地也有发现[2]。

秦始皇陵前后经营了将近40年，至始皇入葬犹未完工，陵园地面、地下建筑均极尽奢华，被视为历代帝王厚葬的极端典型。这座空前绝后的超级陵园在项羽入关时即被烧成一片废墟，它的考古工作还在继续进行中，秦始皇陵的奥秘日渐为世人所洞悉，关

1 始皇陵秦俑坑考古发掘队：《秦始皇陵西侧赵背户村秦刑徒墓》，《文物》1982年第3期。

2 王学理等：《秦始皇陵工程与兵马俑从葬坑浅探》，《人文杂志》1980年第1期。

于其陵园制度的探索不断涌现出新的成果[1]，相关研究和学术争议也在走向深入[2]。秦始皇陵是秦代以前陵寝制度的集大成者，也是规模最大的一座帝王陵墓；它既是先秦陵寝制度的最高级范例，也确定了秦以后帝王陵寝制度的基本框架。

1 李铨：《秦陵布局与兵马俑坑》，《文博》1986年第5期；李自智：《试论秦始皇陵园布局对后代帝陵的影响》，《文博》1990年第5期；邵友程：《从水文地学看秦陵地宫深度》，《文博》1990年第5期；袁仲一：《秦始皇陵兵马俑研究》，文物出版社，1990年；瓯燕：《始皇陵封土上建筑之探讨》，《考古》1991年第2期；尚志儒：《秦陵及其陵寝制度浅议》，《文博》1994年第6期；孙嘉春：《秦始皇陵墓向与布局结构问题研究》，《文博》1994年第6期；袁仲一：《对“秦始皇陵墓向与布局结构问题研究”的一点商讨意见》，《文博》1995年第3期；王学理：《秦汉相承　帝王同制——略论秦汉皇帝和汉诸侯王陵园制度的继承与演变》，《考古与文物》2000年第6期；张卫星：《试论秦始皇陵葬制的突破》，《考古与文物》2009年第5期；张卫星：《秦汉帝陵陵寝制度及其象征研究的思路探析——以秦始皇陵的研究为例》，《中原文物》2010年第3期；张仲立：《秦始皇陵礼制建筑群与“秦始出寝”》，《考古与文物》2011年第2期；张卫星：《试论秦始皇陵的堧地》，《考古与文物》2014年第4期。

2 刘庆柱：《秦始皇陵考古述评》，考古杂志社编《探古求原——考古杂志社成立十周年纪念学术文集》，科学出版社，2007年，第133—160页。

第三章
汉代陵墓制度

西汉皇陵因袭秦制而有所简化，陵园结构也有明显的变化和发展；东汉陵园规制进一步简化，但皇陵的祭祀制度发生了重大的变革。两汉是中国古代陵墓制度的初步发展和完善时期。

第一节　汉代皇陵的考古发现与研究

西汉立国215年，建都长安，传十一世，共十二帝。自高祖以下十一位皇帝分别葬于渭水北岸的咸阳原和长安城东南原上两个区域（图3—1）。其中咸阳原上葬九帝，自东而西依次为景帝的阳陵、高祖的长陵、惠帝的安陵、哀帝的义陵、元帝的渭陵、平帝的康陵、成帝的延陵、昭帝的平陵、武帝的茂陵。文帝的霸陵和宣帝的杜陵分别在长安城东南的白鹿原和少陵原（汉代名杜东原）上。末帝刘婴（孺子婴）被王莽所废，新莽末复立，又被更始帝派人杀死，葬不如礼。除11座皇帝陵墓外，在秦汉栎阳城遗址（今属陕西阎良）西北有高祖之父汉太上皇的万年陵，霸陵南有文帝生母薄太后的南陵，杜陵近处有宣帝曾祖母卫思后（武帝卫皇后）园、祖母戾后（戾太子刘据之妻史良娣）园、父（戾太子之子史皇孙）母奉明园，在甘泉宫之南（今属陕西淳化县）还有钩弋夫人（昭帝生母）的云陵，这些陵墓在汉代也都按帝后陵墓之礼奉祀。

清朝乾隆三四十年代，毕沅前后任陕西巡抚10年，他借地利之便察勘古迹，将西安等十二州府的地理沿革、山川古迹编为《关中胜迹图志》三十卷。在毕沅的主持下，关中地区的汉唐陵墓等重要遗迹均被立碑标识，并且“令各守土者即其邱陇茔兆，料量四至，先定封域，安立界石，并筑券墙。墙外各拓余地，守陵人照户给单，资其口食，春秋享祀”[1]。这应该是对于西汉皇陵最早的系统踏查，毕氏所立之碑虽有不少舛误，但却奠定了后来陕西汉唐陵墓田野考古调查的基础。20世纪初，日本人足立喜六曾对西汉皇陵进行过调查，拍有照片多幅并有部分测绘数据[2]，但他对于诸陵位次的认定完全照搬毕沅等人的旧说，因而不尽可信。20世纪30年代初，刘敦桢对汉代陵墓的资料进行过梳理研究[3]；王子云在20世纪40年代末编成《汉代陵墓图考》一书，记录了他当时的调查成果[4]，但该书完成60年后

1 ［清］毕沅：《关中胜迹图志》卷八《古迹·郊邑·西安府》，张沛校点本，三秦出版社，2004年，第267页。

2 ［日］足立喜六著，王双怀等译：《长安史迹研究》，三秦出版社，2003年，第85—114页。

3 刘敦桢：《大壮室笔记·西汉陵寝、东汉陵寝》，《中国营造学社汇刊》第三卷第四期，1932年；后收入《刘敦桢文集》第一卷，中国建筑工业出版社，1982年。

4 王子云：《汉代陵墓图考》，太白文艺出版社，2007年。

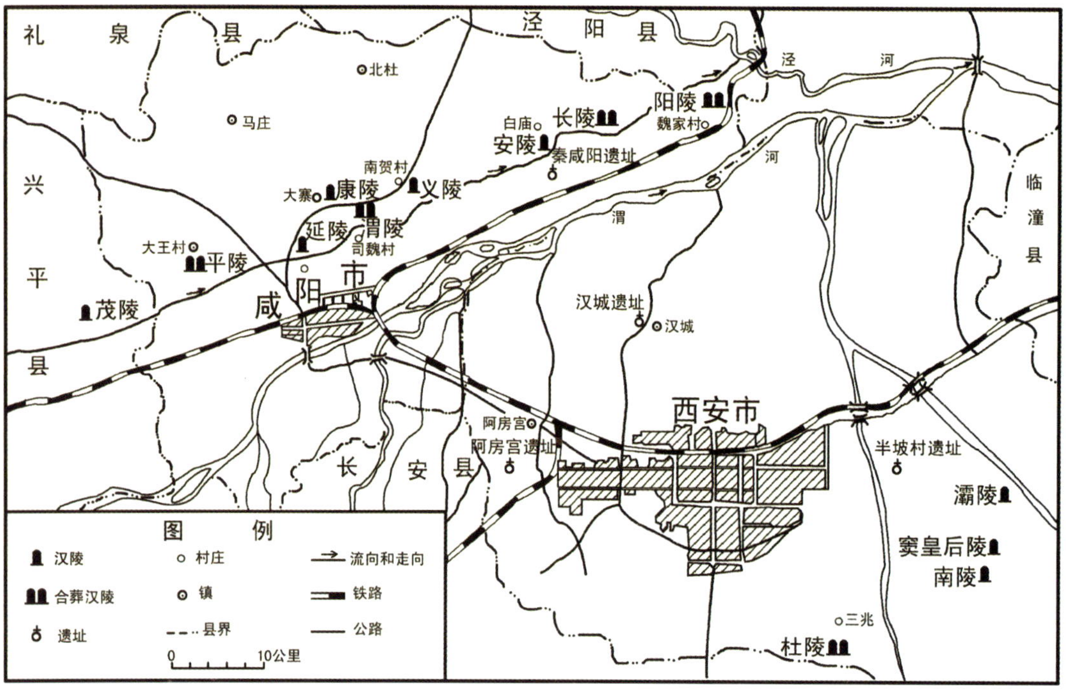

图3—1　西汉诸帝陵分布图（引自《考古与文物》1980年第1期）

才得以付梓。

西汉皇陵真正意义上的考古调查和研究工作，是始于1962年陕西省文物管理委员会对汉武帝茂陵的调查[1]。此后20余年间，中国社会科学院和陕西省的考古工作者先后对西汉诸陵进行过多次全面系统的调查，结合汉代以来关于各陵墓位置及其毗邻关系的记载，纠正了以往的一些错误认识，基本明确了渭北西汉诸帝后陵墓的位次[2]，从而奠定了进一步调查和研究的基础。1980—1981年，中国社会科学院考古研究所对秦汉栎阳城址西北的汉太上皇万年陵进行了勘探[3]，1982—1985年，又对西安东南的汉宣帝杜陵和王皇后陵的陵园进行了勘探和局部发掘[4]，弄清楚了陵园地面建筑的基本结构布局和墓道形式，推进了西汉帝陵制度研究走向深入。从1990年开始，陕西省考古研究所（今陕西省考古研究院）对汉景帝阳陵陵园内外的建筑遗迹和从葬坑等进行了长达20余年的调查、勘探和发掘工作，获取了丰富而翔实的研究资料[5]，并且于2003年首次在阳陵发

1 陕西省文物管理委员会：《陕西兴平县茂陵勘查》，《考古》1964年第2期。

2 杜葆仁：《西汉诸陵位置考》，《考古与文物》1980年第1期；刘庆柱等：《西汉诸陵调查与研究》，《文物资料丛刊》第6辑，文物出版社，1982年；刘庆柱等：《西汉十一陵》，陕西人民出版社，1987年；焦南峰等：《陕西秦汉考古四十年纪要》，《考古与文物》1998年第5期。

3 中国社会科学院考古所栎阳发掘队：《秦汉栎阳城遗址的勘探和试掘》，《考古学报》1985年第3期。

4 中国社会科学院考古研究所杜陵工作队：《1982—1983年西汉杜陵的考古工作收获》，《考古》1984年第10期；中国社会科学院考古研究所：《汉杜陵陵园遗址》，科学出版社，1993年。

5 王学理：《陕西汉景帝阳陵发现大型从葬俑坑》，《中国文物报》1990年9月20日第1版；王学理：《西汉阳陵陵园考古有重大发现》，《考古与文物》1991年第2期；陕西省考古研究所汉陵考古队：《汉景帝阳陵南区从葬坑发掘第一号简报》，《文物》1992年第4期；陕西省考古研究所汉陵考古队：《中国汉阳陵彩俑》，陕西旅游出版社，1992年；陕西省考古研究所汉陵考古队：《汉景帝阳陵南区从葬坑发掘第二号简报》，《文物》1994年第6期；焦南峰等：《汉景帝阳陵发现陪葬墓园》，《中国文物报》1999年11月14日第1版；焦南峰等：《汉阳陵园内发现大批从葬坑出土大量珍贵文物》，《中国文物报》1999年11月28日第1版；陕

现了环绕帝后陵城等建筑遗址的外城墙垣遗迹[1]，从而证实了西汉帝陵外陵园的存在[2]。2001—2005年间，咸阳市文物考古研究所对于渭北阳陵以外的西汉八陵进行了系统的考古调查工作，对封土外围的墓道部分和陵园、陵邑的遗迹及其范围等进行了钻探，取得了一些与以往认知不尽相同的研究资料[3]。

除了这些大规模的系统性集中工作外，陕西省和咸阳市的考古工作者还先后发掘了霸陵的从葬坑[4]、薄太后南陵的从葬坑[5]、平陵的从葬坑[6]、长陵杨家湾陪葬墓（推测墓主为周勃或周亚夫）及其陪葬俑坑[7]、茂陵1号陪葬墓的从葬坑[8]、阳陵西北方的刑徒墓地[9]；对于长陵[10]、安陵[11]、阳陵[12]、茂陵[13]、平陵[14]、渭陵[15]、延陵[16]、义陵[17]、康陵[18]、钩弋夫人云陵[19]等帝后陵墓也做过专门的调查或钻探；在国家文物局大遗址保护项目进行过程中，对长陵、阳陵等陵墓进行过GPS测量[20]。由于大量考古资料的支撑，西汉皇陵陵园结构和基本规制得以廓清，西汉帝陵制度的研究因而也有了更多突破性的认识。

关于西汉帝陵制度的研究，陵园建制及其功能、平面布局和相关特点等一直是重点

西省考古研究所阳陵考古队：《汉景帝阳陵考古新发现》，《文博》1999年第6期；陕西省考古研究所：《汉阳陵》，重庆出版社，2001年；陕西省考古研究院：《汉阳陵帝陵陵园南门遗址发掘简报》，《考古与文物》2011年第5期。

1 焦南峰：《试论西汉帝陵的建设理念》，《考古》2007年第11期。

2 刘庆柱和李毓芳最早推测西汉皇陵可能会有外陵园，见其文《西汉诸陵调查与研究》，《文物资料丛刊》第6辑，文物出版社，1982年。

3 咸阳市文物考古研究所：《西汉帝陵钻探调查报告》，文物出版社，2010年。

4 王学理等：《西安任家坡汉陵从葬坑的发掘》，《考古》1976年第2期。

5 王学理：《汉南陵从葬坑的初步清理——兼谈大熊猫头骨及犀牛骨骼的有关问题》，《文物》1981年第11期。

6 庞博：《汉昭帝平陵陪葬坑出土大批骆驼骨骼》，《中国文物报》2001年12月7日第1版。

7 陕西省文物管理委员会等：《陕西省咸阳市杨家湾出土大批西汉彩绘陶俑》，《文物》1966年第3期；陕西省文管会等：《咸阳杨家湾汉墓发掘简报》，《文物》1977年第10期。

8 咸阳地区文管会等：《陕西茂陵一号无名冢一号从葬坑的发掘》，《文物》1982年第9期。

9 秦中行：《汉阳陵附近钳徒墓的发现》，《文物》1972年第7期。

10 石兴邦等：《长陵建制及其有关问题——汉刘邦长陵勘察记存》，《考古与文物》1984年第2期。

11 咸阳市博物馆：《汉安陵的勘查及其陪葬墓中的彩绘陶俑》，《考古》1981年第5期；陕西省考古研究所：《西汉安陵调查简报》，《考古与文物》2002年第4期；孙铁山：《关于西汉安陵的新发现》，《考古与文物》2002年第4期。

12 王丕忠等：《汉景帝阳陵调查简报》，《考古与文物》1980年第1期。

13 咸阳市文物考古研究所：《汉武帝茂陵钻探调查简报》，《考古与文物》2007年第6期；陕西省考古研究院等：《汉武帝茂陵考古调查、勘探简报》，《考古与文物》2011年第2期。

14 咸阳市博物馆：《汉平陵调查简报》，《考古与文物》1982年第4期；咸阳市文物考古研究所：《西汉昭帝平陵钻探调查简报》，《考古与文物》2007年第5期；陕西省考古研究院：《2013年陕西省考古研究院考古发掘调查新收获》，《考古与文物》2014年第2期。

15 李宏涛等：《汉元帝渭陵调查记》，《考古与文物》1980年第1期；李健超：《关于傅太后陵的位置问题》，《考古与文物》1982年第4期；王丕忠：《不能肯定渭陵而否定傅太后陵》，《考古与文物》1983年第3期；陕西省考古研究院等：《汉元帝渭陵考古调查、勘探简报》，《考古》2013年第11期。

16 刘卫鹏等：《陕西咸阳市西汉成帝延陵调查记》，《华夏考古》2009年第1期。

17 陕西省考古研究院等：《汉哀帝义陵考古调查、勘探简报》，《考古与文物》2012年第5期。

18 陕西省考古研究院等：《汉平帝康陵考古调查、勘探简报》，《文物》2014年第6期。

19 姚生民：《汉云陵、云陵邑勘察记》，《考古与文物》1982年第4期；姚生民：《汉云陵与钩弋夫人研究》，《文博》1999年第1期。

20 陕西省考古研究所：《西汉长陵、阳陵GPS测量简报》，《考古与文物》2006年第6期；焦南峰等：《“十一五”西汉帝陵大遗址考古新收获》，《中国文物报》2010年4月2日第5版。

所在[1]，与之相关的制度源流[2]、陵墓设计建设理念[3]等也同样被关注。咸阳原上九陵的排列方式及其相互关系，是历年来的研究热点之一，有研究者认为西汉皇陵在不同区域中分别存在着昭穆制度，与《周礼》“先王之葬居中，以昭穆为左右”的记载相吻合；并进一步认为由于同辈分者及祖孙辈分者昭穆相同，故而以外藩入继的文帝、宣帝不葬于渭北兆域，而是别起陵于长安城东[4]；也有人认为西汉皇陵并不存在昭穆制度[5]，相关讨论在2000年以后仍然在进行[6]。此外，对于西汉皇陵的封土形制[7]、从葬坑及其象征意义[8]、陵名渊源及意义[9]、防盗与薄葬问题[10]、奉陵邑设置及相应制度[11]、陪葬墓及其分布[12]，以及

1 石兴邦等：《长陵建制及其有关问题——汉刘邦长陵勘察记存》，《考古与文物》1984年第2期；刘炜：《西汉陵寝概谈》，《中原文物》1985年第2期；刘庆柱等：《关于西汉帝陵形制诸问题探讨》，《考古与文物》1985年第5期；曾青：《关于西汉帝陵制度的几个问题》，《考古》1987年第1期；马正林：《咸阳原与西汉诸陵》，《人文杂志》1987年第2期；黄展岳：《西汉陵墓研究中的两个问题》，《文物》2005年第4期；李岗：《浅议汉阳陵的营建规划》，《考古与文物》2006年第6期；邸楠：《西汉帝陵布局浅析》，《榆林学院学报》2007年第1期；焦南峰等：《神道、徼道、司马门道——西汉帝陵道路初探》，《文物》2008年第12期；焦南峰：《宗庙道、游道、衣冠道——西汉帝陵道路再探》，《文物》2010年第1期；刘尊志：《西汉帝陵分布及相关问题浅析》，《中原文物》2010年第5期；马永嬴：《汉武帝茂陵陵园布局的几点认识》，《考古与文物》2011年第2期；焦南峰：《西汉帝陵形制要素的分析与推定》，《考古与文物》2013年第5期。

2 徐苹芳：《中国秦汉魏晋南北朝时代的陵园和茔域》，《考古》1981年第6期；刘士莪等：《秦国陵寝制度对西汉帝陵的影响》，《文博》1990年第5期；王学理：《秦汉相承帝王同制——略论秦汉皇帝和汉诸侯王陵园制度的继承与演变》，《考古与文物》2000年第6期；赵化成：《从商周“集中公墓制”到秦汉“独立陵园制”的演化轨迹》，《文物》2006年第7期；焦南峰：《西汉帝陵考古发掘研究的历史及收获》，《西部考古》第一辑，三秦出版社，2006年；岳起等：《由平陵建制谈西汉帝陵制度的几个问题》，《考古与文物》2007年第5期；董清丽：《浅析西汉后期陵寝制度变化及其原因》，《西安社会科学》2010年第4期。

3 石兴邦等：《长陵建制及其有关问题——汉刘邦长陵勘察记存》，《考古与文物》1984年第2期；焦南峰：《试论西汉帝陵的建设理念》，《考古》2007年第11期；杨哲峰：《渭北西汉帝陵布局设计之观察》，《文物》2009年第4期；焦南峰等：《西汉帝陵选址研究》，《考古》2011年第11期；马永嬴：《汉平帝康陵布局试析》，《文物》2014年第6期。

4 杜葆仁：《西汉诸陵位置考》，《考古与文物》1980年第1期；刘庆柱等：《西汉诸陵调查与研究》，《文物资料丛刊》第6辑，文物出版社，1982年；刘庆柱等：《关于西汉帝陵形制诸问题探讨》，《考古与文物》1985年第5期；李毓芳：《西汉帝陵分布的考察——兼谈西汉帝陵的昭穆制度》，《考古与文物》1989年第3期。

5 叶文宪：《西汉帝陵的朝向分布及其相关问题》，《文博》1988年第4期；雷依群：《论西汉帝陵制度的几个问题》，《考古与文物》1998年第6期；焦南峰等：《西汉帝陵无昭穆制度论》，《文博》1999年第5期。

6 沈睿文：《西汉帝陵陵地秩序》，《文博》2001年第3期；秦建明等：《西汉帝陵昭穆与陵位探》，《文博》2002年第2期；赵化成：《从商周“集中公墓制”到秦汉“独立陵园制”的演化轨迹》，《文物》2006年第7期；雷百景等：《西汉帝陵昭穆制度再探讨》，《文博》2008年第2期。

7 李毓芳：《西汉陵墓封土渊源与形制》，《文博》1987年第3期；焦南峰：《秦、西汉帝王陵封土研究的新认识》，《文物》2012年第12期；杨武站等：《汉霸陵帝陵的墓葬形制探讨》，《考古》2015年第8期。

8 焦南峰：《汉阳陵从葬坑初探》，《文物》2006年第7期。

9 马永嬴：《西汉陵称小议》，《文博》2000年第3期。

10 杨爱国：《先秦两汉时期陵墓防盗设施略论》，《考古》1995年第5期；王子今：《霸陵薄葬辨疑》，《考古与文物》2002年第2期。

11 石兴邦等：《长陵建制及其有关问题——汉刘邦长陵勘察记存》，《考古与文物》1984年第2期；朱顺玲：《陵县的形成过程》，《南都学坛》2005年第5期；刘卫鹏等：《茂陵邑的探索》，《考古与文物》2008年第1期。

12 蔡永华：《西汉早期大墓葬俗特征浅析》，《考古与文物》1983年第1期；梁佐：《汉武帝茂陵与霍去病墓》，《文博》1985年第3期；韩国河：《论秦汉魏晋时期的家族墓地制度》，《考古与文物》1999年第2期；高永丽：《茂陵石雕：大汉不朽的丰碑》，《文博》2001年第2期；马永嬴：《秦汉之际的“功”、“德”思想与汉陵陪葬墓的兴起》，《考古与文物》2012年第4期；曹龙：《西汉帝陵陪葬制度初探》，《考古与文物》2012年第5期；焦南峰：《西汉帝陵“夫人”葬制初探》，《考古》2014年第1期；马永嬴：《汉元帝渭陵陪葬

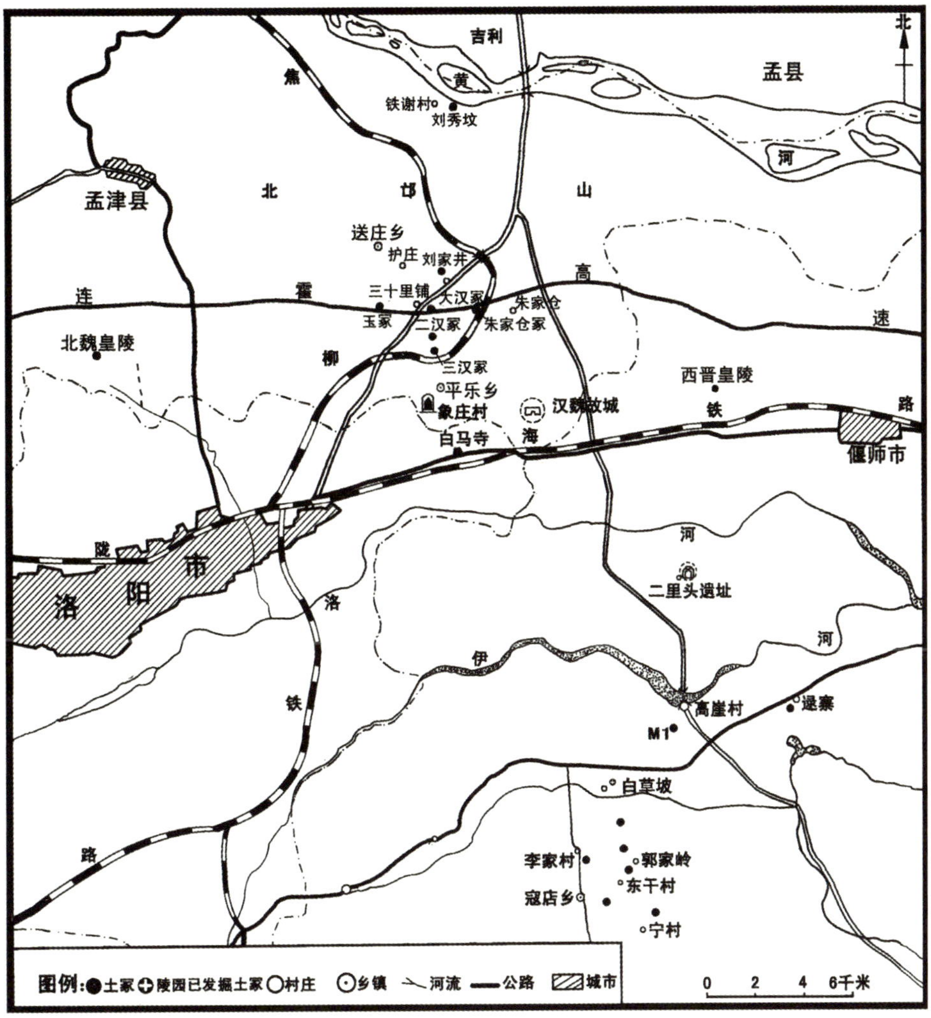

图3—2　东汉诸帝陵分布图（引自《考古与文物》2005年第3期）

和陵园制度密切相关的西汉宗庙制度等问题[1]，也都有过分析探讨。

光武帝中兴汉室，定都洛阳，史称东汉。东汉传八世、十四帝，其中2位少帝刘懿、刘辩，在位各一年，葬所失考；献帝为曹丕所废，其墓在今河南修武县北，称“禅陵”；其余11位皇帝的陵墓都在洛阳附近。东汉诸陵名称，据汉末成书的《东观汉记》记载：光武帝葬原陵、明帝葬显节陵、和帝葬顺陵、殇帝葬康陵、安帝葬恭陵、顺帝葬宪陵、冲帝葬怀陵、质帝葬静陵，其余失载；另据南朝宋范晔等《后汉书》补记：章帝葬敬陵、和帝葬慎陵（与《东观汉记》不同）、桓帝葬宣陵、灵帝葬文陵。东汉11陵分布在汉洛阳城东南和西北两个区域，原陵等5陵在洛阳城西北，显节陵等6陵在洛阳东南，诸陵距洛阳故城的里程和方位在西晋皇甫谧的《帝王世纪》、唐章怀太子李贤的《〈后汉书〉注》中都有记载，但它们的具体位置尚有疑义（图3—2）。

东汉帝陵考古资料的积累远不及西汉，各陵的位次尚缺乏共识性的认识。清朝洛阳县令龚松林曾为东汉诸陵立碑，指今洛阳邙山“大汉冢”为显节陵，“二汉冢”为敬陵，“三汉冢”为慎陵（顺陵）等，后人认为其舛误颇多；惟孟津县白河乡有大型封土，

墓墓主身份推测》，《考古》2014年第5期。

1 焦南峰等：《西汉宗庙刍议》，《考古与文物》1999年第6期；焦南峰等：《西汉宗庙再议》，《考古与文物》2000年第5期。

传为汉光武帝原陵，北宋以后几无异辞。据《魏书》记载，北魏孝文帝太和二十年（496年）夏四月，“丙戌，初营方泽于河阴。遣使者以太牢祭汉光武及明章二帝”[1]。有人根据这些记载，认为今传所谓“原陵”实际上是北魏太和间所筑方泽坛，真正的原陵在今洛阳刘家井，即龚松林所考订之桓帝宣陵，而“大汉冢”为安帝恭陵、“二汉冢”为顺帝宪陵、“三汉冢”为冲帝怀陵，护驾庄西南的大土冢为灵帝文陵[2]。也有人认为光武帝原陵应该在洛阳老城东北10里的蟠龙冢[3]；由于洛阳刘家井出土有带“建宁”、“熹平”年号的黄肠石，有人认为刘家井大墓实际是灵帝的文陵[4]。根据历年的考古调查资料，结合有关文献记载分析，东汉原陵、恭陵、宪陵、怀陵、文陵等5座帝陵应在今孟津县东邙山之上；明帝显节陵、章帝敬陵、和帝顺陵、殇帝康陵、质帝静陵、桓帝宣陵等6座帝陵在今偃师县高龙、大口乡。

受考古资料限制，以往关于东汉皇陵制度的研究成果相对比较少并且主要都是记述性的内容[5]；随着河南孟津邙山东汉陵区（汉洛阳城西北区）、偃师东汉陵区（汉洛阳城东南区）考古调查钻探工作的先后开展[6]，特别是其中偃师高崖村1号墓（发掘者推测可能是汉质帝的静陵）[7]、偃师白草坡帝陵陵园（发掘者推测其时代为东汉中晚期）[8]、孟津朱仓2座帝陵陵园（发掘者认为是顺帝的宪陵和冲帝的怀陵）[9]的考古钻探发掘，获得了大量具有填补空白意义的资料，对于东汉帝陵的研究和相关认识也明显走向深化，近年来的研究主要涉及各陵位次判定及相关制度源流[10]、封土形制及有关文献解读[11]、陵园建筑性质与功能[12]、祔葬和陪葬墓制度[13]等。东汉皇陵无论在陵园建筑结构还是

1 ［北齐］魏收：《魏书》卷七《高祖纪下》，唐长孺点校本，中华书局，1974年。

2 陈长安：《洛阳邙山东汉陵试探》，《中原文物》1982年第3期。

3 黄明兰：《东汉光武皇帝刘秀原陵浅谈》，《中州今古》1982年第2期。

4 李南可：《从东汉“建宁”、“熹平”两块黄肠石看灵帝文陵》，《中原文物》1985年第3期。

5 刘炜：《东汉帝王陵寝制度》，《文博》1986年第6期；黄明兰：《洛阳历代皇陵》，《中原文物》1996年增刊；宫大中：《东汉帝陵及其神道石刻》，中国古都学会编《中国古都研究》第四辑，浙江人民出版社，1989年，第214—229页。

6 韩国河：《东汉陵墓踏查记》，《考古与文物》2005年第3期；王竹林等：《东汉南兆域皇陵初步研究》，北京大学中国考古学研究中心等编《古代文明》第4卷，文物出版社，2005年，第183—206页；严辉等：《“陂池”——东汉帝陵封土的新形制》，《中国文物报》2006年10月20日第7版；严辉：《邙山东汉帝陵地望的探索之路》，《中国文物报》2006年11月3日第7版；洛阳市第二文物工作队：《洛阳邙山陵墓群的文物普查》，《文物》2007年第10期；洛阳市文物考古研究院：《洛阳偃师东汉洛南陵区2008年考古勘探简报》，《洛阳考古》2015年第2期。

7 郑州大学历史学院考古系等：《偃师市高崖村东汉墓（陵）冢钻探试掘简报》，《中原文物》2006年第3期。

8 史家珍等：《洛阳偃师发现东汉帝陵陵园和陪葬墓园遗址》，《中国文物报》2007年10月26日第5版；洛阳市第二文物工作队等：《偃师白草坡东汉帝陵陵园遗址》，《文物》2007年第10期。

9 洛阳市第二文物工作队：《洛阳孟津朱仓东汉帝陵陵园遗址》，《文物》2011年第9期；洛阳市文物考古研究院：《洛阳朱仓东汉陵园遗址》，中州古籍出版社，2014年。

10 王竹林等：《东汉南兆域皇陵初步研究》，北京大学中国考古学研究中心等编《古代文明》第4卷，文物出版社，2005年，第183—206页；王竹林等：《东汉安乡侯张禹墓碑研究——兼谈东汉南兆域陵墓的有关问题》，西北大学文化遗产学院编《西部考古》第一辑，三秦出版社，2006年，第341—355页；韩国河：《东汉帝陵有关问题的探讨》，《考古与文物》2007年第5期；韩国河：《东汉北魏陵寝制度特征和地位的探讨》，《文物》2011年第1期。

11 严辉等：《“陂池”——东汉帝陵封土的新形制》，《中国文物报》2006年10月20日第7版；蔡运章：《东汉帝陵封土考辨》，《中国文物报》2007年10月19日第7版。

12 严辉：《洛阳孟津朱仓东汉帝陵陵园遗址相关问题的思考》，《文物》2011年第9期。

13 张鸿亮等：《略谈东汉帝陵陪葬墓茔域问题》，《华夏考古》2014年第3期。

在祭祀礼仪上都与西汉有明显的差异。汉明帝开始推行“上陵礼”以后，“陵上之庙”在国家政治礼仪中的地位日益重要，并进而影响到唐宋及其以后皇陵的建置格局。

第二节　西汉皇陵制度

继战国和秦大兴厚葬之后，西汉皇帝也非常重视陵墓建设。汉朝制度，天子即位一年即开始营建山陵，天下的贡赋三分之一用于修筑陵墓，西汉皇陵虽较秦始皇陵逊色，但陵园及附属建筑的规模也很大，并且陵中多殉宝物。西晋末，三秦数千家以饥馑盗发汉霸、杜二陵，多获珍宝，晋愍帝不解其故，侍中索綝解释说：“汉天子即位一年而为陵，天下贡赋三分之，一供宗庙，一供宾客，一充山陵。汉武帝享年久长，比崩，而茂陵不复容物，其树皆已可拱。赤眉取陵中物不能减半，于今犹有朽帛委积，珠玉未尽。此二陵是俭者耳。”[1]五十余年来的考古发现和研究，使西汉帝陵的面貌越来越清晰。

一、西汉皇陵的陵园制度

西汉皇帝陵园是模仿都城长安制度而规划营造的，各建筑的功能也象拟生前，陵园坐西朝东，环以城垣，以东门为正门[2]。除文帝霸陵“因其山，不起坟”[3]外，其余诸陵皆于墓穴之上堆筑覆斗状封土，还有寝殿、便殿以及陵庙（宗庙）等建筑。诸陵陵园的东部或东北部分布着大量的功臣和勋戚陪葬墓，元帝渭陵以前各陵园的旁边或附近还设有相当于县级行政建置的陵邑。兹以数陵为例进行讨论：

1. 长陵

汉长陵在今咸阳市渭城区正阳镇三义村北，是西汉开国皇帝刘邦（公元前256—前195年）的陵墓[4]。陵园内有两座封土，两冢东西相距240米、南北间距60米，均为长方形覆斗状。西北封土东西长162—164米、南北宽143米、高24.5米，顶部东西长40.5米、南北宽15.3米（图3—3）。东南封土东西长164—166米、南北宽132—134米、高24.6米，顶部东西38.7米、南北17.5米。许多资料支持西北封土为高祖陵、东南封

图3—3　汉高祖长陵封土东面

1 ［唐］房玄龄等：《晋书》卷六〇《索靖传附子綝传》，吴则虞等点校本，中华书局，1974年，第1651页。

2 刘庆柱等：《关于西汉帝陵形制诸问题探讨》，《考古与文物》1985年第5期。

3 ［汉］班固：《汉书》卷四《文帝纪赞》，西北大学历史系点校本，中华书局，1962年，第134页。

4 石兴邦等：《长陵建制及其有关问题——汉刘邦长陵勘察记存》，《考古与文物》1984年第2期；咸阳市文物考古研究所：《西汉帝陵钻探调查报告》，文物出版社，2010年。

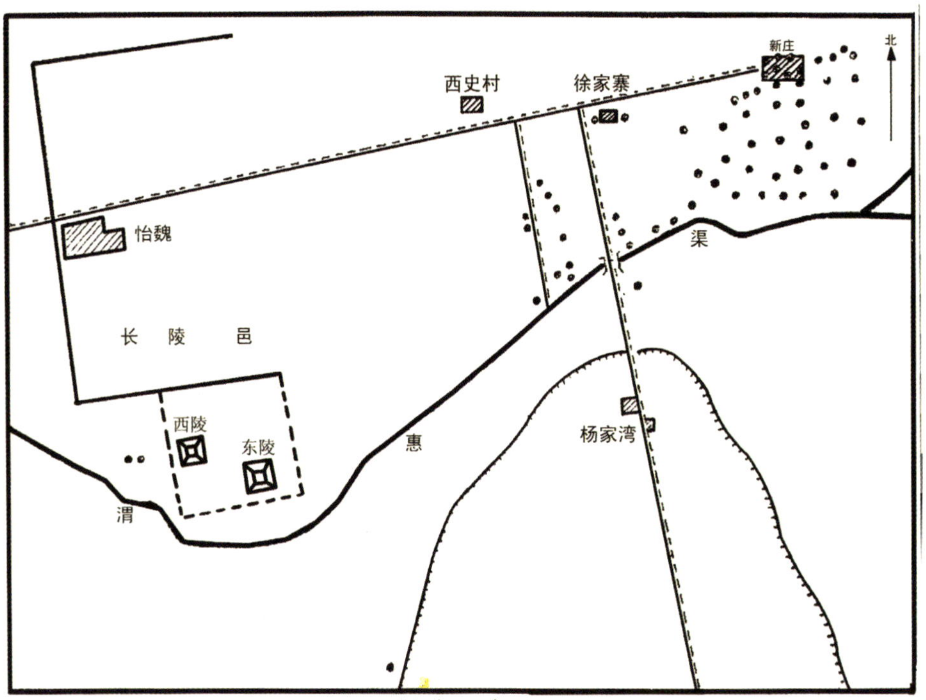

图3－4　汉高祖长陵、长陵邑平面图（引自刘庆柱等《西汉十一陵》，1987年）

土为吕后陵之说。2001年咸阳市文物考古研究所钻探发现，两座封土都是在东、南、北三面各有一条墓道，西面未见墓道迹象，其中东墓道最为宽大。西北封土的东墓道宽13—69米，长170米，位于封土东边中部；南、北两墓道皆偏近东边。东南封土的东墓道宽13—56米，长150米，基本位于封土东边中部；南墓道位于封土中部偏西，北墓道偏近东边。

长陵两座封土共用一座陵园，平面略呈方形，夯土筑城，其中西墙、北墙壁尚有部分遗存。东墙长943米、西墙长944米、南墙长829米、北墙长842米，东、西、北三面各设一门，南边设二门。各门并不居中，东门与东南封土东墓道相对，西门、北门分别与西北封土相对，南门2座分别与东、西封土相对。

长陵邑在陵园以北，南墙即利用了陵园北墙的一部分，另向西再延伸出364米。根据实测，长陵邑呈长方形，南北长，东西窄，北略偏西方向。南、北、西三面有墙，东面没墙（图3—4）。南城墙长1210米、西城墙长2156米、北城墙长1347米。据《关中记》记载："长陵城有东、西、北三面，东面无城。陪葬者皆在东，徙关东大族万家以为陵邑。长陵令秩禄千锺，诸陵者皆六（百）石。"[1]

2. 阳陵

汉景帝阳陵是陕西省考古研究院30余年来做工作比较细致的一座西汉陵园，积累了丰富的资料。汉景帝刘启（公元前188—前141年），高祖之孙，孝文帝之子，公元前157年即位，西汉第四任皇帝。根据历年披露的考古资料[2]，阳陵由内外两重城垣构成

1 ［晋］潘岳：《关中记》，刘庆柱《〈关中记〉辑注》"汉高祖陵"条，三秦出版社，2006年，第106页。《关中记》久佚，关于其作者，有潘岳、葛洪二说。刘庆柱认为，根据较早的文献记载和潘、葛二人经历分析，当以潘岳为是。

2 王丕忠等：《汉景帝阳陵调查简报》，《考古与文物》1980年第1期；王学理：《陕西汉景帝阳陵发现大型

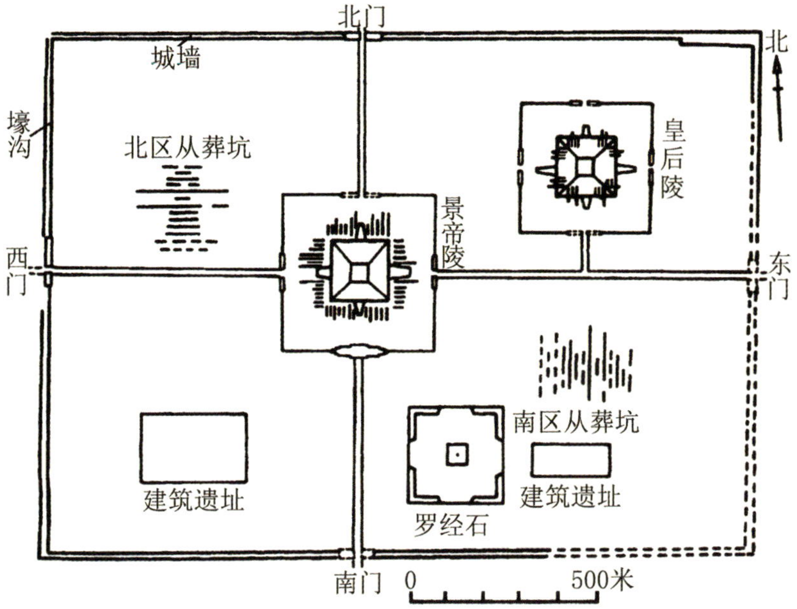

图3—5　汉景帝阳陵内外城平面图（引自《考古》2007年第11期）

（图3—5），外城为南北短、东西长的长方形，夯筑城垣，四面辟门，内有皇帝陵、皇后陵、建筑遗址、从葬坑等。帝陵、后陵各为一座内城。帝陵内城在外城内部正中略偏西，平面呈正方形，边长417.5—418米，夯筑城垣，墙厚3—3.5米，四面正中辟门，有道路连通外城四门；其南门经过发掘，为三出阙。封土位于内城正中，呈覆斗形，底边长167.5—168.5米，顶边南北长63.5米、东西宽56米，高32.28米。封土四面正中各钻探出一条墓道，其中东墓道最长，为主墓道，长69米、宽8—32米，呈13° 斜坡下行。东、西墓道，帝陵内城东、西门，外城东、西门在一条东西向的轴线上；南、北墓道，帝陵内城南、北门，外城南、北门在一条南北向的轴线上。帝陵内城内已发现长条形从葬坑86座，呈放射状环封土排列，出土大量的人和动物俑以及车马器具等。据发掘者研究，不同的从葬坑应该是象征不同的官署机构[1]。

皇后陵内城位于帝陵的东北，规制与帝陵相似，但规模略小，边长347.5—350米，封土4个底边长151—167.5米不等，顶边长48—64米不等，高26.49米（图3—6）。封土四面正中各钻探出一条墓道，东墓道为主墓道。四条墓道与内城四门相对，南门外有一条南北向的大道与帝陵内城东门至外城东门间的大道垂直相交。皇后陵内城探出长条形从葬坑28座，呈放射状排列，部分叠压在封土四面的边缘之下。

帝陵内城西北和东南各有一片从葬坑，被命名为北区从葬坑、南区从葬坑，其中南区从葬坑在皇后陵内城正南。帝陵内城西南有建筑遗址1处，东南有建筑遗址2处，其中位于帝陵东南方的一处规模最大，即“罗经石”遗址。该遗址所在地势稍高，平面近正

从葬俑坑》，《中国文物报》1990年9月20日第1版；王学理：《西汉阳陵陵园考古有重大发现》，《考古与文物》1991年第2期；陕西省考古研究所汉陵考古队：《汉景帝阳陵南区从葬坑发掘第一号简报》，《文物》1992年第4期；陕西省考古研究所汉陵考古队：《中国汉阳陵彩俑》，陕西旅游出版社，1992年；陕西省考古研究所汉陵考古队：《汉景帝阳陵南区从葬坑发掘第二号简报》，《文物》1994年第6期；焦南峰等：《汉阳陵园内发现大批从葬坑出土大量珍贵文物》，《中国文物报》1999年11月28日第1版；陕西省考古研究所阳陵考古队：《汉景帝阳陵考古新发现》，《文博》1999年第6期；陕西省考古研究所：《汉阳陵》，重庆出版社，2001年；陕西省考古研究院：《汉阳陵帝陵陵园南门遗址发掘简报》，《考古与文物》2011年第5期。

1 焦南峰：《汉阳陵从葬坑初探》，《文物》2006年第7期。

方形，边长约260米，外围环以壕沟。遗址中部是正方形夯土台基，边长54米，每边各开3门，四周有铺砖地面、卵石铺散水及砖瓦遗存。遗址中心为“罗经石”，南北长1.83米、东西宽1.80米、厚0.40米，石面上凸起直径为1.40米的圆盘，上刻十字凹槽，槽宽、深均为2.3厘米，十字线所指为正南北、东西方向（图3—7）。关于罗经石遗址的性质，主要有陵上之寝[1]、修建帝后陵墓时的测绘基点[2]、“太社”[3]、陵旁宗庙[4]、祭祀遗址[5]、明堂[6]等不同推测。从阳陵的整体布局来看，罗经石遗址应该是陵旁所立之景帝庙，而阳陵帝陵西南的建筑遗址和罗经石东面的建筑遗址（位于皇后陵内城正南），则可能分别是帝后的寝和便殿建筑群。

图3—6　汉景帝阳陵之皇后陵封土西南

图3—7　汉景帝阳陵“罗经石”遗址

阳陵外城以东约1公里处开始，为大片的陪葬墓区，再东为阳陵邑。阳陵外城东门司马道穿过陪葬墓区，通向阳陵邑。

3. 茂陵

武帝茂陵是西汉时期规模最大的一座皇陵，也是考古调查工作开展最早的西汉皇陵[7]（图3—8）。汉武帝刘彻（公元前156—前87年），高祖曾孙，孝景帝之子，公元前141年正月即位，西汉第五任皇帝。汉武帝在位54年，陵墓修造了50余年，到下葬时，陵园中的

1 杨宽：《中国古代陵寝制度史研究》，上海古籍出版社，1985年，第207页。

2 董鸿文等：《阳陵罗经石的实测和研究》，《测绘通报》1995年第6期。

3 韩伟：《罗经石乎？太社乎？——西汉阳陵“罗经石”性质探讨》，《考古与文物》2001年第2期。

4 王学理：《太社乎？陵庙乎？——对汉阳陵罗经石为“男性生殖器座”论驳议》，《文博》2001年第5期。

5 王占奎：《试论汉阳陵“罗经石”遗址的祭祀性特征》，《考古与文物》2002年第6期。

6 李零：《说汉阳陵“罗经石”遗址的建筑设计》，《考古与文物》2002年第6期。

7 陕西省文物管理委员会：《陕西兴平县茂陵勘查》，《考古》1964年第2期；王志杰等：《汉茂陵及其陪葬冢附近新发现的重要文物》，《文物》1976年第7期；梁佐：《汉武帝茂陵与霍去病墓》，《文博》1985年第3期。

图3—8　汉武帝茂陵封土南面

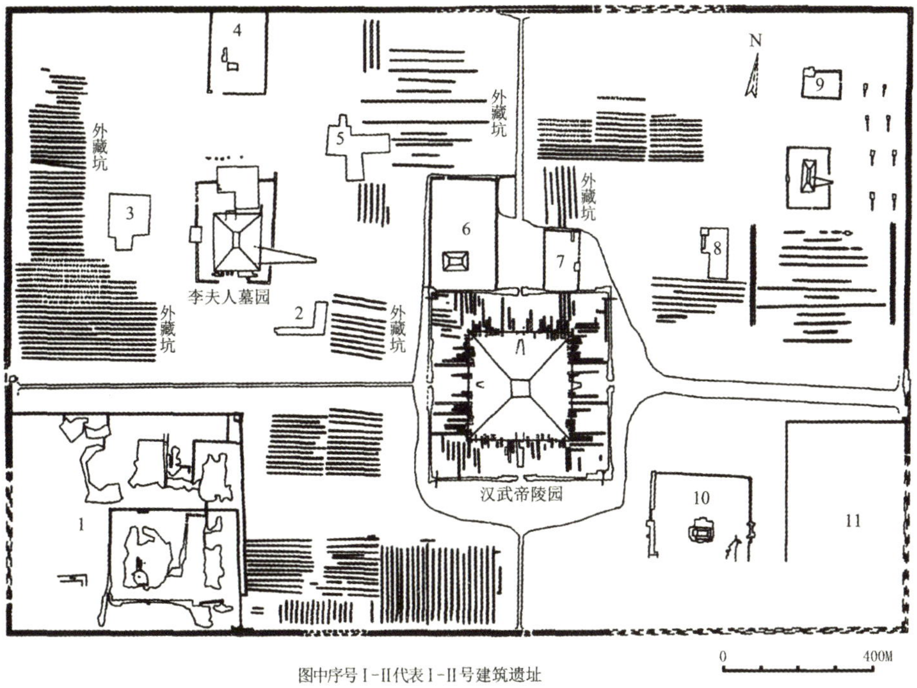

图3—9　汉武帝茂陵陵园平面图（引自《考古与文物》2011年第2期）

树已经可以合抱；并且“昭帝幼弱，霍光专事，不知礼正。妄多臧金钱财物，鸟兽、鱼鳖、牛马、虎豹生禽，凡百九十物，尽瘗臧之，又皆以后宫女置于园陵”[1]。

茂陵在陕西兴平，是西汉诸陵最西面的一座（图3—9）。帝陵内城平面呈正方形，四周建有城垣，东墙长426米、南墙长414米、西墙长425米、北墙长420米，厚6—8米。四面正中各辟门，阙三出，东西北三面门阙基址仍清晰可见，阙的残高3米左右。内城正中为封土，覆斗状，底部边长分别为东236米、南224米、西228米、北226米，顶部边长分别为

1［汉］班固：《汉书》卷七二《贡禹传》，西北大学历史系点校本，中华书局，1962年，第3070—3071页。

图3—10 汉武帝茂陵东门外陪葬墓群

东36米、南41米、西36米、北40米，高46.5米。2003年调查时仅在封土东、南两侧钻探出墓道，另外两侧未发现墓道[1]。内城外西北有一组建筑遗址，被认为是寝园。遗址平面为长方形，南北长243米、东西宽154米，夯土垣墙，地面已无遗存。其南墙即是帝陵内城北墙的西段，西墙与内城西墙相连但略向内（东）收，东墙位于内城北门司马道以西40米。寝园内残存高台建筑遗址，东西长55米、南北宽43米、现高5米，上有柱础石、绳纹瓦片等。据文献记载：茂陵有寝殿、便殿、世宗庙，以及游乐设施白鹤馆等。

茂陵封土西北约0.5公里处为李夫人墓，李夫人原是宠姬，配食武帝庙，称“孝武皇后”。其封土底边南北长131米、东西宽114米，顶部南北长40米、东西宽21米、高25米。封土的东部偏南探出1条墓道。封土西北48米处发现有建筑遗址，南北长50米、东西宽38米，残存高3.1米的夯土台基，上有柱础石、散水以及砖瓦残片。

茂陵邑位于陵园东北和北部，平面呈曲尺形。陪葬墓分布在陵园东门外司马道南北两侧，还有些在陵邑东面，陪葬墓主据记载有霍光、上官桀、公孙弘、卫青、霍去病、金日磾等人（图3—10）。

2006年，陕西省考古研究所等单位对茂陵进行了全面调查和重点勘探。探明茂陵封土四面正中位置各有1条墓道，平面均为梯形。陵园内城四面正中各有阙门，四角还有角阙类建筑。封土以外、帝陵内城以内有大量从葬坑，已探明118个，内城陵垣外已探明从葬坑120余个。李夫人墓，只探出墓道1条，其四周亦有园墙，东西175米左右，南北约220米。在内城之外，茂陵也发现了陵园外城墙，东西2086米、南北1393米、墙宽2.5—3.5米，外城之内发现建筑遗址4处[2]。

4. 杜陵

汉宣帝杜陵在今西安市雁塔区曲江乡三兆村，其寝园经过考古发掘[3]。汉宣帝刘询（公

1 咸阳市文物考古研究所：《汉武帝茂陵钻探调查简报》，《考古与文物》2007年第6期；咸阳市文物考古研究所：《西汉帝陵钻探调查报告》，文物出版社，2010年，第44页。

2 焦南峰等：《茂陵陵园遗址》，《中国考古学年鉴（2007）》，文物出版社，2008年，第461—462页；陕西省考古研究院等：《汉武帝茂陵考古调查、勘探简报》，《考古与文物》2011年第2期。

3 中国社会科学院考古研究所杜陵工作队：《1982—1983年西汉杜陵的考古工作收获》，《考古》1984年

元前92—前49年），孝武帝曾孙（戾太子刘据之孙），公元前74年即位，西汉第七任皇帝。杜陵内城平面为正方形（图3—11），边长433米，墙基宽8—10米（其中南墙东段宽约6米）；四面正中辟门，四门大小、形制基本相同，门址面阔82—84米、进深20—22米。内城正中为覆斗形封土，底和顶部平面均为正方形，边长分别为172米和50米，高29米。封土四面正中各有1条斜坡墓道，通向墓内。封土东南187米处有一建筑遗址，推测是“寝园”。寝园范围东西174米、南北120米，四面筑墙，其中北墙与陵园南墙东段共用，部分墙体尚有残存，南墙外侧还筑有宽0.85米的檐廊。寝园南侧辟三门、东西两侧各辟一门。

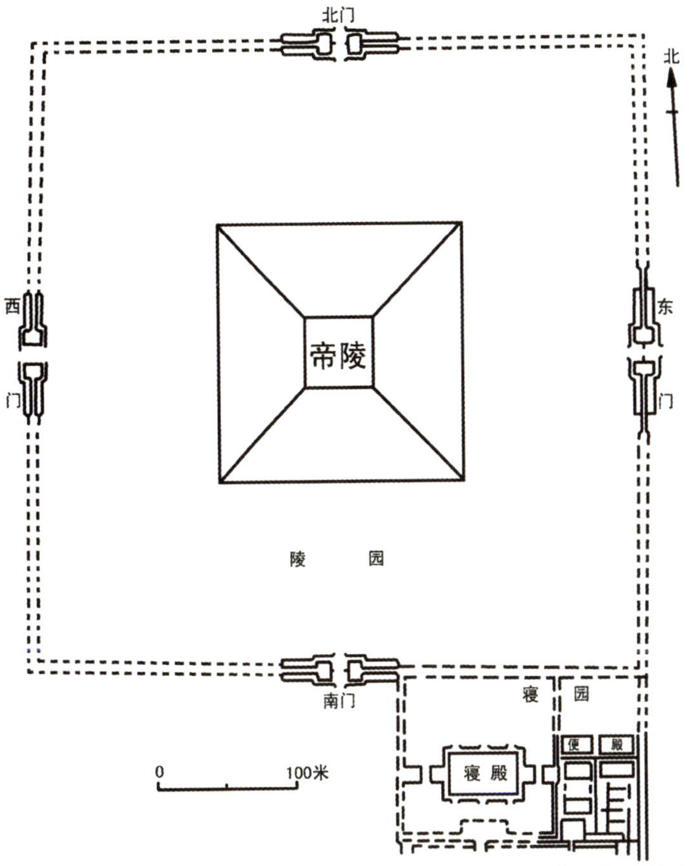

图3—11　汉宣帝杜陵陵园平面图（引自中国社会科学院考古研究所《汉杜陵陵园遗址》，1993年）

寝园内的建筑分为东西两组。西组院落，南、北、西三面为寝园墙，东面有廊，其范围东西116米、南北120米。院落正中偏南为殿堂夯土台基，东西长51.2米、南北宽29.6米，现存夯台高出地面10—25厘米，推测是陵上寝殿。殿基四周为廊，东、西廊各长35.5米，南北廊各长56.8米，四面廊道各宽2.1米，寝殿南北各辟三门（或可称三阶），阶的甬地道面呈斜坡状，西东各设一门。台基廊外为卵石散水，散水外沿线砖以外又铺设一排方砖。寝殿西门与寝园院落西门东西相对，大殿东门与东院（便殿）西门东西相对。寝殿南有露台遗址，东西28.8米、南北8.6米，露台东、西、北三面各有檐廊和散水，南为寝殿院落南墙里面的南廊道。露台南接本院落南门，南门为整个寝园建筑群的西南门，在寝殿院落内基本正中的位置。

东组院落推测为便殿建筑群（图3—12），范围东西73.5米、南北120米，其东墙即寝园东墙，南北二墙即寝园南北墙的东段，西面设廊。东、西、南三面共设4门，其东门即寝园东门，西门即寝殿院落东门，南侧有2门。便殿由堂、室、院子三组建筑群组成，堂在西路，室在东南部。

皇后陵在帝陵东南575米处，其封土、内城、寝园等一同帝陵，惟规模稍小。覆斗形封土，底和顶部平面均为正方形，边长分别为148米和45米，高24米。内城东西两面墙基长335米、南北两面墙基长334米，四面正中各辟城门，其中东墙基北端（长35米）、北墙基东端（长30米）分别变宽，推测是东北角阙基址[1]。寝园在内城西南，范围东西129米、南北86米。

第10期；中国社会科学院考古研究所：《汉杜陵陵园遗址》，科学出版社，1993年。

1 中国社会科学院考古研究所：《汉杜陵陵园遗址》，科学出版社，1993年，第63页。

图3—12 汉宣帝杜陵便殿遗址（引自中国社会科学院考古研究所《汉杜陵陵园遗址》，1993年）

帝陵东北（相距40米）、后陵西北有一处“八号遗址”，中央夯土台基东西73米、南北70米、高5米，出土有大量的龙凤纹空心砖残块，推测是宣帝庙遗址。

杜陵陪葬墓位于主陵东南和东北两个区域，勘查发现，现存有封土的62座、封土已平毁者45座。杜陵邑在杜陵北部。

根据以上数例，并结合其他七陵调查、钻探的有关资料，将西汉皇陵陵园制度特点及其发展变化归纳如下：

一、西汉诸陵于墓穴之上堆筑覆斗状封土，用以象山，其中高祖长陵、惠帝安陵等陵封土的平面为长方形，景帝阳陵以后诸陵封土平面基本都是正方形。据《关中记》记载：“汉诸陵皆高十二丈，方一百二十步，惟茂陵高十四丈，方一百四十步。”[1]按汉晋间一尺约准今0.23—0.24米计[2]，这个记载是大体正确的。

二、西汉初期长陵和安陵，皇帝、皇后的二座封土共处于同一座陵园内；并且从二陵陵园与北边的陵邑的关系来看，这时的皇陵应该只有一重城垣环绕，没有外城。大约是由于文帝不另起坟的原因，自霸陵以后，诸帝后皆各自单独建陵园内城，二园毗邻；至迟从景帝阳陵开始，皇陵出现了外城建置，将帝后陵墓内城及寝殿、便殿、宗庙等包容在内。

三、西汉诸陵实行帝后异坟异穴合葬，汉初帝后二冢共一陵园，霸陵以后皆各自单独建陵园内城，共用外城。西汉帝后陵墓封土都很高大，但大部分仍能看出大小差异，帝后身份比较容易判定。在渭北九陵中，长陵二座封土大小几乎相等；阳陵、平陵、康陵西封土明显大于东封土，是帝西后东；安陵、茂陵东封土明显大于西封土，是帝东后西；渭陵、延陵情况比较特殊，详后；渭南杜陵西封土明显大于东封土，是帝西后东；霸陵可能也是帝西后东（图3—13）。东汉王充认为：“夫西方，长老之地，尊者之位也。尊长在西，卑幼在东。”[3]可见，汉代习俗应该是以西为尊、以西为尚；因此，一般认为帝西后东应该是西汉皇陵分布的常态。但也有人引《汉旧仪》中“已营（帝）陵，余地为西园后陵，

1 ［晋］潘岳：《关中记》，刘庆柱《〈关中记〉辑注》“汉陵”条，三秦出版社，2006年，第119页。

2 此推算以梁方仲《中国历代户口、田地、田赋统计》之“附录二”（上海人民出版社，1980年，第540—541页）所列参照物为据。

3 ［汉］王充：《论衡》卷二三《四讳篇》，北京大学历史系《〈论衡〉注释》本，中华书局，1979年，第1326页。

图3—13 汉文帝窦皇后陵封土东面

余地为婕妤以下，次赐亲属功臣”[1]等记载为依据，认为西汉合葬常态应该是帝东后西[2]。事实上，所谓帝东后西者都有特殊情况。安陵，惠帝和张皇后合葬。张皇后以党诸吕，文帝即位，被“废处北宫，孝文后元年（公元前163年）薨，葬安陵，不起坟”[3]。因此，今安陵西北之冢是否为张皇后墓仍存疑。武帝先后立陈氏、卫氏为皇后，皆因故废之，茂陵中本不应有皇后陵。李夫人以乐人进宫，先卒，葬茂陵西北。武帝死后，“大将军霍光缘上雅意，以李夫人配食，追上尊号曰孝武皇后”[4]。渭陵，元帝在东、王皇后在西，原因比较复杂。渭陵东面原有哀帝祖母傅昭仪之墓，傅昭仪生前称“皇太太后”，“元寿元年（公元前2年）崩，合葬渭陵，称孝元傅皇后云”[5]。后来王莽专权，毁傅昭仪陵。孝元王皇后死于王莽篡汉以后，以王莽之姑而改称“新室文母”，因为渭陵东面有傅太后废陵，故西祔，扬雄作诔辞曰“作合于汉，配元生成”[6]，表明仍然是合葬渭陵；一说王莽为了表示“绝汉”而单独为之起陵，所以未按汉制葬于渭陵东。延陵，成帝许皇后被废10年，因谋复立，被成帝遣廷尉孔光持节赐药，“自杀，葬延陵交道厩西”[7]，显然不是正常的葬制。成帝赵皇后为王莽所废，自杀。班婕妤原亦有宠于成帝，许皇后被废后亦失宠。成帝崩，班婕妤充奉山陵，死即葬园中，其冢在延陵东。故延陵实无皇后陵。可见，安、茂、渭、延四陵帝东后西都有特殊原因。关于长陵，长期是帝西后东、帝东后西两说并存。晋人潘岳在《关中记》中说：“高祖陵在西，吕后陵在东。汉帝后同茔，则为合葬，

1 ［晋］司马彪《后汉书志》第六《仪礼下》南朝梁刘昭注补引《汉旧仪》，见宋云彬等点校本《后汉书》，中华书局，1965年，第3144页。

2 曾青：《关于西汉帝陵制度的几个问题》，《考古》1987年第1期。

3 ［汉］班固：《汉书》卷九七上《外戚传·孝惠张皇后》，西北大学历史系点校本，中华书局，1962年，第3940页。

4 ［汉］班固：《汉书》卷九七上《外戚传·孝武李夫人》，西北大学历史系点校本，中华书局，1962年，第3951页。

5 ［汉］班固：《汉书》卷九七下《外戚传·孝元傅昭仪》，西北大学历史系点校本，中华书局，1962年，第4002页。

6 ［汉］班固：《汉书》卷九八《元后传》，西北大学历史系点校本，中华书局，1962年，第4035页。

7 ［汉］班固：《汉书》卷九七下《外戚传·孝成许皇后》，西北大学历史系点校本，中华书局，1962年，第3983页。

不合陵也。”[1]明清时期以目测封土高矮大小判定为帝东后西：“今长陵正作二冢，东冢稍前，西冢视东冢高广不及者十二，祭者亦皆于东冢。”[2]20世纪七八十年代以来，帝西后东说基本成为定论，但咸阳市文物考古研究所因长陵钻探，发现陵园东门正对东封土东墓道，结合《汉旧仪》“西园后陵”等记载提出相反的意见[3]。从现有资料来看，长陵帝西后东符合汉制特点，但对于咸阳市文物考古研究所的调查结论，以及“西园后陵”之说也应该给出合理的解释。

四、除陵墓本体外，西汉各陵还有寝、便殿、掖庭诸官寺以及陵旁宗庙。汉初寝、便殿、掖庭诸官寺等都在陵园城内，“长陵山，东西广一百二十步，高十三丈。长陵城周七里百八十步，因为殿垣，门四出，及便殿、掖庭诸官寺皆在中”[4]。杜陵寝园的发掘，首次准确揭示了西汉中期的寝、便殿、掖庭诸官寺以及陵旁宗庙的布局。茂陵的寝殿遗址在内城西北，返顾西汉早期，长陵东西封土的北部各有建筑遗址，阳陵西南建筑遗址、皇后陵南部建筑遗址，应该分别是帝后的寝殿。从这些例证来看，西汉早期寝园的位置变化比较大，长陵在城内、阳陵在内城外，茂陵以后都在内城外，但多与内城相连，南北各随地之宜。至于宗庙，长陵是在城外，阳陵以后应该是在内城以外、外城之内，两陵之间南北中线延长线上的位置；至于位于陵园南北的差异，可能与渭南渭北等地理因素有关。

五、西汉皇陵的陪葬墓一般都在主陵以东，有些在东北。汉陵陪葬制度可能自太上皇万年陵已有，以高祖长陵数量最多。陪葬者身份包括后妃、功臣、贵戚、佞幸等，依墓主身份等级高低距本陵由近而远。大体来看，昭帝平陵以前以勋臣陪葬墓居多，此后则以贵戚陪葬墓居多。异姓功臣陪葬是汉代新出现的制度，它是汉初布衣将相统治格局的真实反映，宣告了原世卿世禄条件下“邦墓”制度的终结。

六、汉初诸陵设置陵邑，是附属于皇陵的县级行政单位。陵邑建在皇陵旁边，长陵、安陵则直接与陵园墙相接。陵邑最初设立与中央政府控制六国旧贵族的政策密切相关，刘敬向高祖建议：“愿陛下徙齐诸田、楚昭屈景、燕、赵、韩、魏后，及豪桀[杰]名家居关中。无事，可以备胡；诸侯有变，亦足率以东伐。此强本弱末之术也。”[5]《汉书·地理志》也认为：“汉兴，立都长安，徙齐诸田、楚昭屈景及诸功臣家于长陵，后世世徙吏二千石、高赀富人及豪桀[杰]并兼之家于诸陵，盖亦以强干弱枝，非独奉山园也。”[6]长陵以后，渭北安、阳、茂、平四陵相继设置陵邑，渭南的霸陵、杜陵，以及太上皇万年陵、钩弋夫人云陵也都有陵邑；其他高级贵族墓也有规模不等的奉邑。各陵邑即以所奉之陵为县名，单独筑城以居民众，其中茂陵县的居民达到16000余户。渭北长、安、阳、茂、平四陵邑，号称“五陵”，汉唐间一直是富贵者的聚居地。长陵县的南垣与长陵陵园的北垣共一墙垣，有人认为这种总体布局是仿天象，如北斗七星布列，陵园若北辰，陵邑若六星拱之，余陪葬墓则若众星拱极[7]。《汉书·元帝纪》载：

> （永光四年十月）以渭城寿陵亭部原上为初陵。诏曰：“安土重迁，黎民之性；骨肉相附，人情所愿也。顷者有司缘臣子之义，奏徙郡国民以奉园陵，令百姓远弃先祖

---

1 ［晋］潘岳：《关中记》，刘庆柱《〈关中记〉辑注》“汉高祖陵”条，三秦出版社，2006年，第106页。

2 ［明］祁光宗：《关中陵墓志》，影印上海图书馆藏清抄本，见《续修四库全书》（史部·地理类）第720册，上海古籍出版社，2002年，第15页。

3 咸阳市文物考古研究所：《西汉帝陵钻探调查报告》，文物出版社，2010年，第179—181页。

4 ［汉］佚名：《三辅黄图》卷六“陵墓”条，何清谷校注本，三秦出版社，1995年，第348页。

5 ［汉］司马迁：《史记》卷九九《刘敬叔孙通列传》，顾颉刚等点校本，中华书局，1982年，第2720页。

6 ［汉］班固：《汉书》卷二八下《地理志下》，西北大学历史系点校本，中华书局，1962年，第1642页。

7 石兴邦等：《长陵建制及其有关问题——汉刘邦长陵勘察记存》，《考古与文物》1984年第2期。

坟墓，破业失产，亲戚别离，人怀思慕之心，家有不安之意。是以东垂被虚耗之害，关中有无聊之民，非久长之策也。《诗》不云乎，'民亦劳止，迄可小康，惠此中国，以绥四方'。今所为初陵者，勿置县邑，使天下咸安土乐业，亡有动摇之心。布告天下，令明知之。"又罢先后父母奉邑。[1]

元帝明令不再设置奉陵邑，故渭陵以下不再有陵邑。

二、西汉皇陵的埋葬制度

《汉旧仪》记述西汉皇陵墓室结构："天子即位明年，将作大将营陵地，用地七顷。方中用地一顷，深十三丈，堂坛高三丈，坟高十二丈，武帝坟高二十丈。明中高一丈七尺，四周两丈，内梓宫、柏黄肠题凑，以次百官藏毕。其设四通羡门，容大车六马，皆藏之内方，外陟车石。外方立，先闭剑户，户设'夜龙'、'莫邪'剑，伏弩，设伏火。已营陵，余地为西园后陵，余地为婕妤以下，次赐亲属功臣。"[2]《皇览》也有类似记载："汉家之葬，方中百步，已穿筑为方城，其中开四门，四通，足放六马，然后错浑杂物，扦漆绘绮金宝米谷，及埋车马虎豹禽兽。发近郡卒徒，置将军尉侯。以后宫贵幸者皆守园陵。元帝葬，乃不用车马禽兽等物。"[3]从这些文献记载来推断，西汉帝陵的地下建筑应该是结构复杂的大型木椁，其具体结构尚缺乏考古学上的直接证据，但根据诸陵钻探结果和各地诸侯王墓的发掘资料分析，可以确认西汉皇陵是多墓道的大型土坑木椁墓。

1980—1981年，中国社会科学院考古研究所栎阳发掘队对秦汉栎阳城遗址进行了勘探和试掘，同时对该城址北面的汉太上皇陵进行了铲探。汉太上皇，即汉高祖之父太公，高祖即位后迎居栎阳，仿拟故乡丰县街道市肆，又迁丰民故旧以居之。高祖十年（公元前197年）七月，太上皇病故于栎阳宫，十月，葬于栎阳北原，号"万年陵"，改栎阳为万年县以为陵邑。万年陵封土呈覆斗状，平面为正方形，底边长68米、高17米，陵顶塌陷2.5—3米。四条墓道分别位于封土四边的正中部位，呈斜坡状自地表通向墓室，其中东墓道为主墓道，长82米，东端宽10米，西端（靠近墓室的一端）宽35米，东墓道地表堆有东西狭长的条状封土，西高东低，高度差为4米，西接墓冢，东与地表平齐。其余三条墓道，西墓道长31米，南墓道长34米，北墓道长31米。如果再结合阳陵、杜陵的钻探结果，西汉帝陵封土四边正中各有1条墓道应该是定论。但咸阳市文物考古研究所2001—2005年间对于渭北八陵的钻探结果却几乎全面颠覆了这一结论[4]，真相究竟如何，可能还需要更准确的遗迹现象解读和更深入的资料分析研究。

据《汉书》等文献记载，汉朝帝王之葬用"黄肠题凑"之制，这是一种考究的木椁结构，西汉时期为使用高峰期，在汉代诸侯王墓考古发掘中已经找到诸多实证。1974年在北京丰台区郭公庄发掘的大葆台汉墓[5]，最早揭示了完整的"黄肠题凑"葬制。大葆台汉墓为东西并列的两座大型土坑木椁墓，早年被盗，位于西侧的2号墓墓室被烧毁。据发掘者考证，1号墓的墓主应为燕剌王刘旦或其子广阳顷王刘建，2号墓为王后墓。刘旦

1 ［汉］班固：《汉书》卷九《元帝纪》，西北大学历史系点校本，中华书局，1962年，第292页。

2 ［晋］司马彪《后汉书志》第六《仪礼下》南朝梁刘昭注补引《汉旧仪》，见宋云彬等点校本《后汉书》，中华书局，1965年，第3144页。

3 ［清］徐乾学：《读礼通考》卷八八"葬考七·山陵一·元帝渭陵"引，影印文渊阁《四库全书》第114册，台湾商务印书馆，1983年，第125页。

4 咸阳市文物考古研究所：《西汉帝陵钻探调查报告》第二章，文物出版社，2010年。

5 北京市古墓发掘办公室：《大葆台西汉木椁墓发掘简报》，《文物》1977年第6期；大葆台汉墓发掘组等：《北京大葆台汉墓》，文物出版社，1989年。

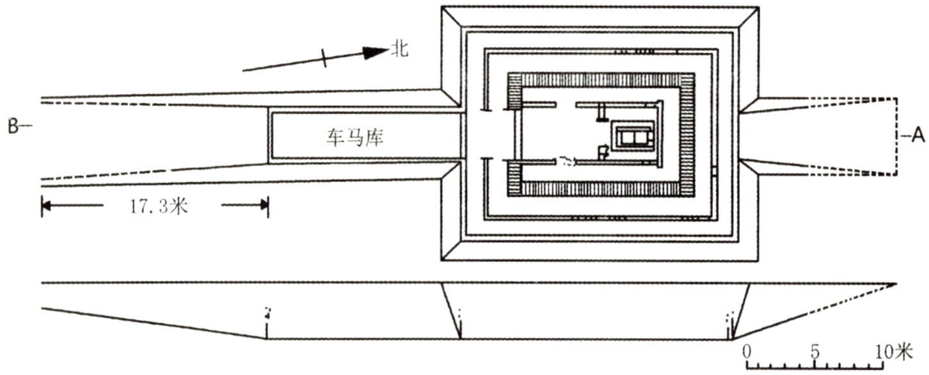

图3—14　北京大葆台1号汉墓墓坑平剖面图（据1989年大堡台汉墓发掘组等《北京大葆台汉墓》改绘）

为汉武帝之子，在王位38年，昭帝元凤元年（公元前80年）九月因谋反事泄而羞愤自尽，谥曰刺王；王太子刘建免为庶人。宣帝即位，于本始元年（公元前73年）封刘建为广阳王，刘建在王位29年，元帝初元四年（公元前45年）卒，谥曰顷。

大葆台1号墓坐北朝南，平面呈"中"字形，墓圹口大底小形如斗，墓底南北长23.2米，东西宽18米，深3.7米；由墓道、甬道、内外回廊、黄肠题凑、前室、后室等几部分组成（图3—14）。南北两条墓道，北墓道已残毁。南墓道是主墓道，长16.7米，宽4.25米，墓道北端放置殉车3乘、马11匹，形成"车马室"。墓室平面为长方形，环以两重周长77.2米的"外回廊"，各宽1.6米、高3米，呈"回"字形，南部两端留有缺口，其处为甬道，与墓道相连接。外回廊中殉葬有一豹三马。黄肠题凑位于墓室的正中，平面为长方形，南部留门道，与甬道相接，门高3米，总宽3.6米，其上有鎏金铜铺首衔环。所谓"黄肠题凑"实际上就是用柏木块垒成的一道厚木墙，由大约15800余根黄肠木组成，这些黄肠木长0.9米，其截面一般都是边长10厘米正方形，少量的是边长20厘米的正方形或10厘米×20厘米的长方形。黄肠木条的一端都朝向墓室中心，从墓室中心所见四壁都是黄肠柏木头，所以《汉书·霍光传》颜师古注引苏林解释："以柏木黄心致累棺外，故曰黄肠；木头皆内向，故曰题凑。"大葆台1号墓的黄肠题凑外径南北长16米，东西宽10.8米；内径南北长14.20米，东西宽9米，高3米。各黄肠木之间无榫铆相连，均系干摆，顶端用压边木加固。黄肠题凑以内为该墓墓室的核心——椁室，椁室与黄肠题凑之间为"内回廊"。椁室分前后两部分，前室南北长7米，东西宽9米，高4米，内置黑漆朱彩大榻两个以及游戏用具"六博"和各种器用、食品等，这里应该是文献记载"梓宫、便房"中的"便房"，象征墓主生前饮食宴乐之处。后室在前室之北，与前室相接，南北长7.20米，东西宽9米，高3.3米，后室内有一个由扁立木围成的三面椁室（南面为缺口），内置棺，共五重，外棺为梓木、内棺为楠木。整个椁室的底部以十二条地龙承托，其下有0.2米厚的木炭和0.5米厚的白膏泥。墓室之顶覆盖木檩，其上有0.05—0.1米厚的两层木炭，其间夹0.4—0.7米厚的白膏泥。墓室四壁之外亦包有一层木炭。

西汉诸侯王势力较大，"制同京师"，各地木椁式王陵规模宏大，已发现各例的随葬品大多十分丰厚[1]。"黄肠题凑"是汉代天子和诸侯王的葬制，有时也特赐某些功勋卓著的大臣，如《汉书·霍光传》记载，曾经辅立昭、宣两朝少帝的大司马大将军霍光于宣帝地节二年（公元前68年）死后，就蒙赐"梓宫、便房、黄肠题凑各一具，枞木外臧椁十五具，东园温明，皆如乘舆（皇帝）制度"。大葆台汉墓提供了西汉"梓宫、便房"、"黄肠题

1 山东省淄博市博物馆：《西汉齐王墓随葬器物坑》，《考古学报》1985年第2期；郑绍宗等：《汉诸侯王陵的营建和葬制》，《文物春秋》2001年第2期。

图3—15 江苏高邮汉广陵厉王墓"黄肠题凑"

凑"、"外藏椁"等实例及其装置使用的实证。此外，经过考古发掘的"黄肠题凑"大墓还有石家庄北郊发现的西汉初年赵王张耳墓[1]，长沙风盘岭发现的西汉早中期长沙国某王或王后墓[2]；西汉中后期之例则有河北定县中山怀王刘修墓[3]、湖南长沙象鼻嘴吴姓长沙王墓[4]、江苏高邮广陵厉王刘胥夫妻墓[5]（图3—15）、北京西郊老山燕王墓[6]、安徽六安市郊六安王墓[7]、江苏盱眙江都王刘非夫妻墓[8]以及山东定陶丁太后（哀帝生母）墓[9]等，其中盱眙大云山江都王墓葬周围还发现了陪葬墓、陪葬坑、陵园墙垣等诸多遗迹，对于西汉诸侯王陵园制度研究具有重要价值[10]。"黄肠题凑"葬制终汉用之，但由于这种墓室结构需要大量的柏木，有时难以凑办，东汉时期出现了以黄肠石替代的做法，晋人司马彪《后汉书·仪礼志下》记载东汉皇帝大丧礼有"方石治黄肠题凑、便房如礼"之说，这类"黄肠石"在洛阳一带的东汉大墓中常有发现。

汉文帝没有按照高祖长陵规制营建寿陵于渭北，而把墓址选在长安城东的浐、灞二河之间，史称文帝陵墓"因其山，不起坟"[11]，后人指今西安市东郊白鹿原东北隅的"凤凰嘴"即其陵址。霸陵初卜，文帝曾经对随行巡视陵地的群臣说："以北山石为椁，用纻絮斮陈，蕠漆其间，岂可动哉！"中郎将张释之谏曰："使其中有可欲者，虽锢南山犹有郄；使其中无可欲者，虽无石椁，又何戚焉！"[12]文帝乃依其议，实行薄葬。史载"治霸

1 石家庄市图书馆文物考古小组：《河北石家庄市北郊西汉墓发掘简报》，《考古》1980年第1期。
2 长沙市文物考古研究所等：《湖南长沙风盘岭汉墓发掘简报》，《文物》2013年第6期。
3 河北省文物研究所：《河北定县40号汉墓发掘简报》，《文物》1981年第8期；胡金华：《两汉的中山王与中山王墓》，《文物春秋》2000年第1期。
4 湖南省博物馆：《长沙象鼻嘴一号西汉墓》，《考古学报》1981年第1期。
5 梁白泉：《高邮天山一号汉墓发掘记》，《文博通讯》第32期，1980年。
6 王鑫：《北京老山汉墓》，国家文物局编《2000中国重要考古发现》，文物出版社，2001年。
7 汪景辉等：《安徽六安双墩一号汉墓》，国家文物局编《2006中国重要考古发现》，文物出版社，2007年；汪景辉等：《寻找六安国王陵》，《中国文化遗产》2007年第4期。
8 南京博物院等：《江苏盱眙县大云山汉墓》，《考古》2012年第7期；南京博物院等：《江苏盱眙大云山江都王陵二号墓发掘简报》，《文物》2013年第1期；南京博物院等：《江苏盱眙县大云山西汉江都王陵一号墓》，《考古》2013年第10期；南京博物院等：《江苏盱眙县大云山西汉江都王陵东区陪葬墓墓》，《考古》2013年第10期。
9 山东省文物考古研究所等：《山东定陶县灵圣湖汉墓》，《考古》2012年第7期。
10 李则斌等：《江苏盱眙大云山汉墓考古成果论证会纪要》，《文物》2012年第3期；刘庆柱：《关于江苏盱眙大云山汉墓考古研究的几个问题》，《东南文化》2013年第1期。
11 ［汉］班固：《汉书》卷四《文帝纪赞》，西北大学历史系点校本，中华书局，1962年，第134页。
12 ［汉］司马迁：《史记》卷一〇二《张释之冯唐列传》，顾颉刚等点校本，中华书局，1982年，第2753页。

陵皆以瓦器，不得以金银铜锡为饰，不治坟，欲为省，毋烦民”；“霸陵山川因其故，毋有所改”[1]。据《关中记》描述：文帝陵“上有池，有四出道以写［泄］水”[2]，陵中既有比较完善的排水设施，其墓室结构应该不会特别简陋。关于霸陵的具体情况，文献中语焉不详，《史记》南朝宋裴骃集解引东汉应劭说认为是“因山为藏”，可能与事实不尽相符。有研究者曾对于霸陵为岩洞墓之说提出质疑，认为可能是岩坑或土坑墓[3]；而西安市文物考古研究所新近的发现也表明，文帝陵和其他西汉陵可能并没有本质的差别。

凿山为室而葬的做法虽不见于帝陵，但在各地诸侯王墓葬中却不乏实例。这类墓一般都由墓道、甬道、一至若干个墓室等部分组成，并有排水沟等完整的排水设施。墓道在山坡上露天斩山开凿，甬道、墓室等则自墓道的尽头掏挖山洞建成，属横穴崖洞墓，洞室内部往往都有木石结构的建筑。墓道在墓主下葬后以巨石填塞，再以碎石和土掩盖其上。

河北满城西汉中山靖王和王后墓是一座典型的因山为藏大墓，该墓因当地驻军修筑设施挖到其耳室而发现，1968年发掘，因出土了基本完整的男女各一套“金缕玉衣”而闻名天下[4]。中山靖王刘胜，孝景帝之子，景帝前元三年（公元前154年）立为中山王，在位43年而薨；王后名窦绾。

中山靖王墓葬所在地名“陵山”，南北走向，高200余米，仔细观察才能发现有过人工挖掘的痕迹。王陵和后陵坐西朝东，南北并列，编号为1号墓的王陵在南侧，由墓门、墓道、甬道、南耳室、北耳室、中室、回廊和后室组成。全长51.7米，最宽处37.5米，最高处6.8米，整个墓室平面略呈“十”字形，全部开凿于山岩间，中室和两个耳室所在的岩洞中原来建有瓦顶木屋，发掘前已经坍塌。中室两侧壁还凿出若干凹坑，表示窗（图3—16）；与后室之间以门隔开，后室用石板搭盖成石屋，有门道、主室，另附一象征浴室的小侧室。环绕后室的北、西、南三面开凿有高1米多的券洞隧道式回廊，以供墓主灵魂游荡。回廊的两个出口与中室的排水沟相连，中室以及南北耳室中都建有排水沟槽，直通向建于甬道中的地下渗井中。2号墓的结构与1号墓大体相似，只是后室建于中室的南侧，大约是表示靠近1号墓。2号墓全长40米，最宽处64米，最高处7.9米。这两座陵墓未被盗扰，考古学价值很高；除金缕玉衣外，还出土了“长信宫灯”、铜错金博山炉等稀世珍品。

图3—16　河北满城汉中山靖王陵中室北壁

1［汉］司马迁：《史记》卷一〇《孝文本纪》，顾颉刚等点校本，中华书局，1982年，第433—434页。

2［晋］潘岳：《关中记》，刘庆柱《〈关中记〉辑注》“汉文帝陵”条，三秦出版社，2006年，第114页。

3 李银德：《论汉代的因山为陵》，北京大学中国考古学研究中心等编《古代文明》第4卷，文物出版社，2005年，第149—163页。

4 中国科学院考古研究所满城发掘队：《满城汉墓发掘纪要》，《考古》1972年第1期；中国社会科学院考古研究所等：《满城汉墓发掘报告》，文物出版社，1980年。

图3—17　山东曲阜九龙山西汉鲁王陵

西汉鲁国始封王名刘余，为景帝中子，前元二年（公元前155年）封淮阳王，次年徙封鲁，在位28年而薨，谥曰恭。鲁恭王好建宫室，曾因扩建宫苑而毁孔子故宅，闻钟磬琴瑟之声而止，自其夹壁墙中得古文经书。鲁国自恭王之后，安王光、孝王庆忌、顷王劲、文王睃以次嗣位，文王无子，哀帝建平三年（公元前4年）另立顷王子文王弟刘闵为鲁王，共五世六王，王莽篡汉，鲁国亡。

汉鲁王陵建于山东曲阜市南的九龙山上，共发现5座大墓，已发掘4座，坐北朝南，东西毗邻[1]（图3—17）。其中东侧二墓由墓道、东西车马室、甬道、左右耳室、前室、左右侧室、后室等部分组成。二墓西临的一墓还增加了中室，但开凿于中室东西两壁的侧室结构已经简化。最西面的大墓只完成了前室，后室正在开凿即葬入墓主。九龙山汉墓规模也很大，其中3号墓全长72.1米，最宽处24.3米，前后室高约4米，甬道和车马室高20余米。后室中原有瓦顶木屋建筑，已毁。墓道开凿得十分整齐，宽4.6—4.8米，高18米多，葬毕以大石块封填，有的石块上还刻有尺寸和人名，可能是工匠或监工的名字。

西汉初年始封大将韩信为楚王，因谋反被废，其地分为荆、楚二国，高祖立同父异母少弟刘交为楚王，领有36县，是为楚元王。元王死，子夷王刘郢（楚夷王名在《史记》、《汉书》有“郢”或“郢客”的不同记载）、孙刘戊相继承袭王爵，刘戊在位21年，于景帝前元三年（公元前154年）因策动“吴楚七国之乱”兵败自杀。叛乱平定后，景帝另立楚元王之子平陆侯刘礼为楚王，是为楚文王。文王死，子安王道、孙襄王注、曾孙节王纯、玄孙延寿相继嗣位。延寿为王32年，于宣帝地节元年（公元前69年）因谋立广陵王刘胥（武帝子）事泄而自杀，楚国除封。自刘交至刘延寿，楚国共六世八王。甘露三年（公元前53年），宣帝另立自己的儿子刘嚣为楚王，是为楚孝王。此后楚国再传三王，即怀王文、思王衍、王刘纡，王莽篡汉，国除。

西汉楚王都彭城，即今江苏徐州，历代楚王分别在徐州周围的楚王山、狮子山、驮篮山、北洞山、龟山、东洞山、南洞山、卧牛山等山上修筑了巨型陵墓。当地地名中的所谓“洞山”，可能就是因为这些大墓被盗后留下黑漆漆的墓洞而得名。

楚王山1号汉墓在徐州市西10公里处的铜山县大彭镇，推测墓主为楚元王刘交。此墓见于《后汉书·郡国志》注及《水经注》等文献记载，如《后汉书·郡国志三》刘昭注补引伏滔《北征记》云：彭城“城西二十里有山，山有楚元王墓”。该墓1997年被盗，徐州市考古工作者随后进行了勘察，墓室坐西朝东，平面呈“甲”字形，由墓道、左右耳室、甬道、墓室几部分组成。也有人对于楚王山汉墓墓主为刘交的旧说表示怀疑[2]。

---

1 山东省博物馆：《曲阜九龙山汉墓发掘简报》，《文物》1972年第5期。
2 黄展岳：《汉代诸侯王墓论述》，《考古学报》1998年第1期。

1984年12月，在徐州市东郊狮子山的西麓发现了大批西汉兵马俑[1]，1991年在兵马俑发现地以东400米处的狮子山主峰南坡发现了主墓[2]。墓室坐北朝南，由外墓道、内墓道、天井、甬道（塞石书铭中称为“筒道”）、东西侧室、主室和9个耳室组成，其中内墓道东侧有1个耳室、西侧有2个耳室，甬道塞石以内东侧有4个耳室、西侧有2个耳室。外墓道长47.9米，内墓道长19.2米，甬道长39.96米，甬道尽头有一木质双扇门，门内经过一段长4.25米的过道到达主室，主室东西宽7.98米、南北长3.37米、高1.84米（图3—18），整个墓通长114.68米。甬道前端有四组总长为10.26米的塞石，共16块，塞石的两端以及甬道中部各有一道墓门。大概是因为主室中有石裂隙的缘故，这里没有按常例用作棺室，出土文物以乐器为主，可能是象征宴乐之殿堂，棺室设在了主室南面4米多的东侧室，该室长4.58米、宽3.4米、高1.97米，地面高出甬道0.25米，出土物有玉璜、玉鼻塞以及人骨等。该墓西汉末即已被盗，但内墓道中的3个耳室和外墓道北面的陪葬墓保存完好，墓室其余部分也遗留了一些殉葬品，总计出土了2000余件各种质地的珍贵文物，其中有玉璜、玉杯以及玉衣残片等。

图3—18　江苏徐州狮子山汉楚王陵主室

狮子山汉墓规模壮观，工程浩大，显示了西汉早期楚国强大的实力，但从墓室壁面处理来看，并没有完全达到原来的设计要求。该墓的天井、外墓道后段、内墓道、甬道等处壁面在开凿后经过精细的再加工，一些石壁上的裂隙部分都用特制的石块或石片镶砌，而外墓道和各耳室等则没有再加工，其中东侧的一个耳室只开凿了一小部分，主室顶部山体的自然裂隙也没有镶补，这种现象可能与急于安排墓主入葬有关。该墓出土物没有提供明确的墓主身份信息，随葬品只显示出应为西汉前期的某位楚王。关于狮子山墓主身份，学术界目前还有不同的看法[3]，一般认为是第二代楚王刘郢或第三代楚王刘戊。

龟山汉墓在徐州市西北九里山余脉的龟山西麓[4]，根据征集到的出土于该墓中的“刘注”龟纽银印，确认该墓墓主为楚襄王刘注。龟山汉墓为夫妻异穴合葬，二墓并

1 徐州博物馆：《徐州狮子山兵马俑坑第一次发掘简报》，《文物》1986年第12期。

2 狮子山楚王陵考古发掘队：《徐州狮子山西汉楚王陵发掘简报》，《文物》1998年第8期。

3 黄盛璋：《徐州狮子山楚王墓墓主及出土印章问题》，《考古》2000年第9期；耿建军等：《试析徐州西汉楚王墓出土官印及封泥的性质》，《考古》2000年第9期；刘照建等：《徐州狮子山汉墓墓主考略》，《东南文化》2001年第7期；梁勇：《从西汉楚王墓的建筑结构看楚王墓的排列顺序》，《文物》2001年第10期；韦正：《江苏徐州市狮子山西汉墓墓主的再认识》，《考古》2002年第9期；刘尊志：《徐州狮子山楚王墓墓主再探》，《徐州师范大学学报（哲社科版）》2005年第2期；周保平等：《西汉楚王陵墓形制研究》，《中国历史文物》2005年第6期；孟强：《从随葬品谈徐州狮子山汉墓的墓主问题》，《考古》2006年第9期；梁勇：《徐州狮子山楚王墓出土印章与墓主问题的再认识》，《考古》2006年第9期。

4 南京博物院：《铜山小龟山西汉崖洞墓》，《文物》1973年第4期；南京博物院等：《铜山龟山二号西汉崖洞墓》，《考古学报》1985年第1期；徐州博物馆：《江苏铜山县龟山二号西汉崖洞墓材料的再补充》，《考古》1997年第2期。

连，坐东朝西，南为楚襄王（2号墓）、北为王后，各有墓道和甬道，共有墓室15间，其中王10室，王后5室；重迭盘桓，后室开凿一条小甬道把两套墓室从内部贯通起来（图3—19）。大部分墓室中发现有筒瓦和板瓦，推测原先室内应该有木构瓦顶建筑。此墓东西全长83米，南北最宽处33米，总面积约700平方米。龟山汉墓虽然内部结构复杂，但甬道却很窄小，宽度只有1.06米，高1.78米，长56米，甬道开凿方向非常准确，为正东西向，从外至里误差仅有一二厘米，壁面经过磨光，地面有外低内高的排水沟。这种窄小甬道的做法是西汉中晚期徐州楚王陵的基本特征，其工艺之精湛，堪称鬼斧神工。

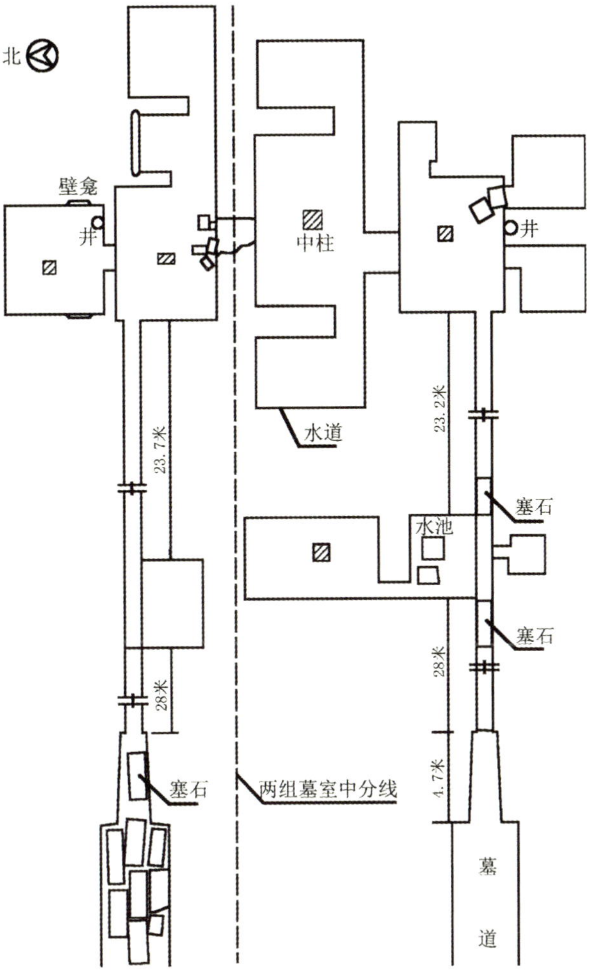

图3—19　江苏徐州龟山汉楚襄王陵墓室平面图（引自《考古学报》1985年第1期）

此外，徐州周围的驮篮山（墓主可能是策动“七国之乱”的刘戊）、北洞山[1]（墓主可能是夷王刘郢或文王刘礼，也有人认为是元王刘交、安王刘道）、东洞山（墓主可能是节王刘纯或其子废王刘延寿）、南洞山、卧牛山等大型楚王陵墓也各具特色[2]，它们全面揭示了徐州地区西汉楚王陵从早到晚的发展历程，提供了西汉诸侯国王陵研究的完整个案。

河南永城芒砀山梁国王陵的发掘，不仅揭示了更为复杂的因山为藏的玄宫结构，而且还发现了比较完整的王陵寝园遗址[3]。

汉文帝前元二年（公元前178年），窦皇后所生少子刘武被封为代王，四年徙封淮阳王，十二年（公元前168年）再徙封梁王，都睢阳（今河南商丘睢阳区）。刘武受封三王爵前后共在位35年，景帝中元六年（公元前144年）六月薨，谥曰孝。子孙传国至西汉末，共八世九王。孝王以后依次为共王买、平王襄、顷王无伤、敬王定国、夷王遂、荒王嘉、废

1 徐州博物馆等：《徐州北洞山西汉墓发掘简报》，《文物》1988年第2期；徐州博物馆等：《徐州北洞山西汉楚王墓》，文物出版社，2003年；刘瑞：《徐州北洞山楚王墓墓主考》，《考古》2008年第10期。

2 周学鹰：《徐州汉墓建筑——中国汉代楚（彭城）国墓葬建筑考》，中国建筑工业出版社，2001年；周学鹰：《“因山为陵”葬制探源》，《中原文物》2005年第1期；中国国家博物馆等：《大汉楚王——徐州西汉楚王陵墓文物辑粹》（展览图录），中国社会科学出版社，2005年。

3 河南省文物研究所等：《河南永城芒山西汉梁国王陵的调查》，《华夏考古》1992年第3期；《永城清理梁孝王寝址》，《中国文物报》1994年5月22日第1版；河南省文物考古研究所：《永城西汉梁国王陵与寝园》，中州古籍出版社，1996年；商丘地区文物工作队：《河南永城夫子山三号汉墓发掘简报》，《华夏考古》1998年第4期；河南省商丘市文物管理委员会等：《芒砀山西汉梁王墓地》，文物出版社，2001年；永城市文物工作队：《河南永城市西汉梁王陵陪葬器物坑的清理》，《考古》2004年第12期；河南省文物考古研究所：《河南永城市芒砀山汉代礼制建筑基址》，《考古》2007年第7期。

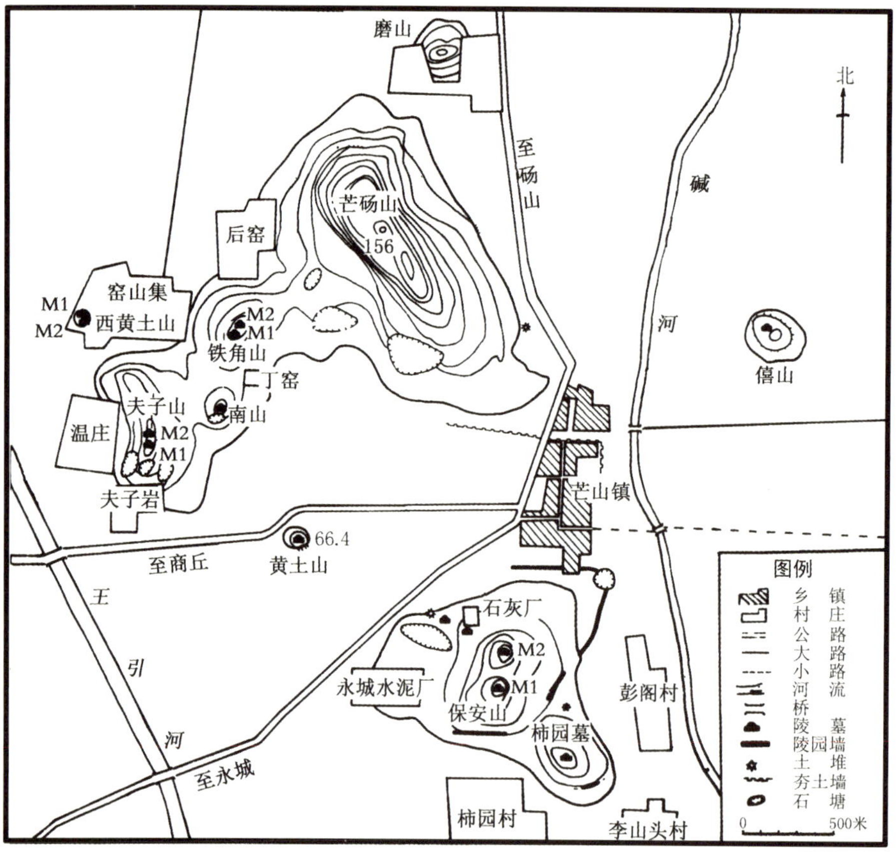

图3—20 河南永城西汉梁王墓分布图（引自河南省文物考古研究所《永城西汉梁国王陵与寝园》，1996年）

王立，刘立在位27年，汉平帝元始三年（公元3年），因过被王莽奏请废为庶人，自杀国除。两年后王莽又奏请立梁孝王玄孙之曾孙刘音为梁王，不久王莽篡汉，梁国绝。

梁自孝王起在芒砀山修建王陵，目前已在保安山、僖山、夫子山等地发现西汉时期的大型陵墓8处，墓主应该分别是前八代梁王（图3—20）。据《汉书》记载：梁“为大国，居天下膏腴地，北界泰山，西至高阳，四十余城，多大县”。梁孝王是汉景帝同母弟，深得窦太后喜爱，所受赏赐无数，在封国大建宫殿苑囿，“得赐天子旌旗，从千乘万骑，出称警、入言跸，拟于天子”；“多作兵弩弓数十万，而府库金钱且百钜万，珠玉宝器多于京师”；“及死，藏府余黄金尚四十余万斤，他财物称是”[1]。确认为梁孝王墓的保安山1号墓位于保安山南峰，坐西朝东，墓室结构复杂，全长约90米、最宽处30余米、高4米，由墓道、南北车马室、甬道、南北耳室、主室及附室、环绕主室的回廊等几部分组成（图3—21），墓室内面积约700平方米，室内原有仿木结构建筑，位于东侧的墓道中原来用重约1吨的大石块填塞。墓室所在山上筑有封土，周围散布砖瓦残片，估计原有建筑物。该墓在东汉末年被曹操率兵盗掘，仅余空穴。

梁孝王陵以北200米保安山北峰上为保安山2号墓，从陪葬坑内出土的“梁后园”铜印判断，应该是梁孝王王后李氏（卒于梁襄王在位时期）之墓。该墓比1号墓规模更大，结构也更复杂，由2条墓道、3个甬道、前庭、前室、后室、34个侧室、“回”字形回廊、隧道等部分组成，东西长210.5米、南北最宽处72.6米、最高处4.40米，东墓口至隧道南端的最大高度差为17米，墓室总面积为1600余平方米。墓道、前庭、甬道等处均以大石块

1 [汉]班固：《汉书》卷四七《文三王传》，西北大学历史系点校本，中华书局，1962年，第2208、2211页。

图3—21　河南永城芒砀山汉梁孝王陵墓墓室回廊

图3—22　河南永城芒砀山汉梁孝王陵寝园遗址

堵塞。此墓开凿于西汉全盛的武帝时期，无论规模、结构都堪称汉代岩墓之巨擘。

保安山1号墓和2号墓的周围建有陵园围墙，经勘探得知，陵园南北长约900米，东西宽约750米。陵园中除了两座主墓以外，还有若干座陪葬墓以及寝园等建筑遗址。梁孝王寝园在其墓室东面的台地上，依山势而建，平面为长方形，园墙南北长89米，东西宽44米，内分若干组院落，由朝堂、寝殿、回廊、厨房以及各类附属建筑组成（图3—22）。

此外，已经发掘的因山为藏西汉诸侯王墓还有长清双乳山济北王墓[1]、广东广州南越王墓[2]等。

1 山东大学考古系等：《山东长清县双乳山一号汉墓发掘简报》，《考古》1997年第3期；任相宏：《济北王陵发掘记》，《文物天地》1998年第2期。

2 广州象岗汉墓发掘队：《西汉南越王墓发掘初步报告》，《考古》1984年第3期；麦英豪等：《广州象岗南

三、西汉陵寝的祭祀

西汉晚期韦玄成讲述汉皇室祭祖之制："京师自高祖下至宣帝，与太上皇、悼皇考各自居陵旁立庙，（与郡国庙）并为百七十六。又园中各有寝、便殿。日祭于寝，月祭于庙，时祭于便殿。寝，日四上食；庙，岁二十五祠；便殿，岁四祠，又月一游衣冠。"[1]按照这一记载，西汉皇室主要奉先之处有庙、寝、便殿三处，它们的具体功能不同。

庙即宗庙，一般应建在都城内，其祭祀活动是国家的重要典礼。东汉蔡邕记载："宗庙之制，古学以为：人君之居，前有朝，后有寝，终则前制庙以象朝，后制寝以象寝。庙以藏主、列昭穆；寝有衣冠几杖、象生之具，总谓之宫。"[2]据《史记·叔孙通列传》记载，汉高祖晏驾后最初在长安城内东南部建宗庙奉祀，后来因为"月一游衣冠"须自渭北长陵到高祖庙（一说是自未央宫以北的寝到高庙），衣冠出游之路要经过长安城中皇宫复道（驾设于皇帝未央宫与皇太后长乐宫之间）之下，有不敬祖先之嫌，于是惠帝接受叔孙通的建议，在渭北长陵附近为高祖重建太庙，称为"原庙"。以后西汉诸帝皆缘此制各在陵旁立庙，列帝均自为一庙；这些庙虽然建于帝后陵园近旁，但却是宗庙，从礼制方面来说，并不是陵墓设施的组成部分，其祭祀活动也不属陵园奉祀内容。据记载，帝庙除有些加祖宗庙号外，还另有名称，如汉武帝为世宗庙，其庙名曰"龙渊庙"。西汉宗庙既不同于《周礼》等记载的以昭穆为序的集中群庙制度，也不同于唐宋等后代列祖列宗共庙的"同堂异室"之制。

寝殿与便殿之祭是西汉陵寝中的主要奉祀活动，寝与便殿也因而是陵园中的重要设施。西汉早期一重陵园，帝后封土、寝殿、便殿都在陵城内，如"长陵城周七里百八十步，因为殿垣，门四出，及便殿、掖庭诸官寺皆在中"[3]。根据前揭阳陵、茂陵、杜陵等陵墓的发掘资料，西汉中期以后各陵中的寝殿、便殿应该是建在陵园内城之外，帝后各有一组。武帝建元六年（公元前135年）四月，长陵便殿灾，董仲舒有"高园殿不当居陵旁"之议[4]，也可证其前后制度之变。《三辅黄图》说：长陵"既有正寝，以象平生正殿路寝也；又立便殿于寝侧，以象休息闲晏之处也"[5]。寝与便殿均仿墓主生前生活区而建，不是仿拟处理政务的"朝"，因而其功用也不同于"庙"。寝殿象征生前居住的路寝正宫，所以杜陵寝园西院所见是高台大殿式建筑；所谓"日祭于寝"的重要内容是"日四上食"。《独断》说：汉代"陵上称寝殿，有起居、衣冠、象生之备，皆古寝之意也"[6]。便殿象征晏闲休息处，所以杜陵寝园东院是小型院落，这个区域中可能还有"掖庭诸官寺"。所以，西汉帝陵中的奉祀活动仅局限于"事死如生"的意义，供奉帝后生活起居。这种奉祀活动与国家宗庙大祀明显不同，规范性的礼仪色彩很微弱，其意义与宗庙祭祀不可同日而语；理论上不属于三《礼》所规范的祭祀活动。

事实上，寝殿、便殿等陵上之祭与宗庙之祭分属于两个不同范畴，这在汉代本是无疑义的。《汉书》记载，元帝崩，行祧制，因"毁太上皇、孝惠、孝景皇帝庙，罢孝文、孝昭

越王墓墓主考》，《考古与文物》1986年第6期；广州市文物管理委员会等：《西汉南越王墓》，文物出版社，1991年；吴海贵：《象岗南越王墓主新考》，《考古与文物》2000年第3期；吴海贵：《南越与东越的诸侯王陵墓》，《华夏考古》2006年第4期。

1 ［汉］班固：《汉书》卷七三《韦贤传附子玄成传》，西北大学历史系点校本，中华书局，1962年，第3115—3116页。

2 ［汉］蔡邕：《独断》卷下，影印《四库全书》本，上海古籍出版社，1990年，第14页。

3 ［汉］佚名：《三辅黄图》卷六"陵墓"条，何清谷校注本，三秦出版社，1995年，第348页。

4 ［汉］班固：《汉书》卷二七上《五行志》，西北大学历史系点校本，中华书局，1962年，第1332页。

5 ［汉］佚名：《三辅黄图》卷五"宗庙"条，何清谷校注本，三秦出版社，1995年，第291页。

6 ［汉］蔡邕：《独断》卷下，影印《四库全书》本，上海古籍出版社，1990年，第14页。

太后，昭灵后、武哀王、昭哀后寝园”[1]，即是一例；《汉书》等文献中数见“陵庙”合称，通常情况下是兼指二者。

顾炎武认为：“（汉代）有人臣而告事于陵者。苏武自匈奴还，诏奉一太牢谒武帝园庙是也。”[2]按，苏武以太牢谒武帝园庙，是因武帝遣其出使，被久拘匈奴而不屈汉节终归汉，故特告武帝灵魂，这既非汉制常典，也不同于后代之以军国大事遣官告祭山陵之礼；其所告者，应该是庙，而不是寝。

由于年代久远、礼俗变迁和文献不足征，对于西汉宗庙、皇陵礼制的精准解读还有待于考古资料的进一步丰富和相关文献资料的进一步整理发掘。

第三节　东汉皇陵制度

光武帝恢复汉朝，礼制典章多承西汉之制稍损益而定。陵寝制度方面，在以金缕玉柙入葬、黄肠题凑葬制、封土象山以及陵园中设置寝殿和园省等方面均与西汉诸陵相仿，可以说是直接继承了前汉制度。但东汉在陵寝规制、墓室结构、祭祀制度等方面也出现了明显的变革。

一、东汉皇陵的文献记载和考古发现

从文献记载来看，东汉皇帝的陵墓制度趋于简化。西汉帝王厚葬多藏的现象在武帝以后就已经引起了不少非议，成帝即位之初，有司因渭陵大葬奏请“乘舆车、牛马、禽兽皆非礼，不宜以葬”，得到皇帝的批准[3]。这些记载与历年考古发掘中所见宣帝、元帝以后墓葬中陪葬车马日渐减少乃至消失的现象相吻合。建武七年（公元31年）正月，光武帝下诏提倡薄葬：“世以厚葬为德，薄终为鄙，至于富者奢僭，贫者单［殚］财，法令不能禁，礼义不能止，仓卒［猝］乃知其咎。其布告天下，令知忠臣孝子慈兄悌弟薄葬送终之义。”[4]光武帝本人也没有遵循即位一年而营陵的旧制，直到建武二十六年（公元50年）才“初作寿陵”；同时强调：“古者帝王之葬，皆陶人瓦器、木车茅马，使后世之人不知其处。太宗识终始之义，景帝能述遵孝道，遭天下反复，而霸陵独完受其福，岂不美哉！今所制地不过二三顷，无为山陵，陂池裁令流水而已。”[5]根据汉唐间的有关文献记载分析，光武帝原陵比长陵等西汉诸陵封土、陵园规模要小。孝明帝继续推行光武帝的薄葬政策，“遗诏无起寝庙，藏主于光烈皇后更衣别室。帝初作寿陵，制令流水而已，石椁广一丈二尺，长二丈五尺，无得起坟，万年之后埽［扫］地而祭，杅水脯糒而已。过百日，唯四时设奠，置吏卒数人供给洒埽［扫］，勿开修道。敢有所兴作者，以擅议宗庙法从事”[6]。此后，东汉诸帝皆遵循光武、孝明之制，陵寝制度相对于西汉明显简化。

关于东汉皇陵的系统考古资料相对较少，因而东汉文献中对于当时诸帝陵制度的

1 ［汉］班固：《汉书》卷九《元帝纪》，西北大学历史系点校本，中华书局，1962年，第298页。

2 ［清］顾炎武：《日知录》卷一五“墓祭”条，影印清道光十四年嘉定黄氏西溪草庐重刊定本黄汝成《〈日知录〉集释》，上海古籍出版社，1985年，第1163页。

3 ［汉］班固：《汉书》卷一〇《成帝纪》，西北大学历史系点校本，中华书局，1962年，第302页。

4 ［南朝宋］范晔：《后汉书》卷一下《光武帝纪下》，宋云彬等点校本，中华书局，1965年，第51页。

5 ［南朝宋］范晔：《后汉书》卷一下《光武帝纪下》，宋云彬等点校本，中华书局，1965年，第77—78页。

6 ［南朝宋］范晔：《后汉书》卷二《显宗孝明帝纪》，宋云彬等点校本，中华书局，1965年，第123—124页。

记载显得弥足珍贵，其中以《古今注》价值最高。该书记载：

光武原陵，山方三百二十三步，高六丈六尺；垣四出司马门，寝殿、钟虡皆在周垣内。提封田十二顷五十七亩八十五步。

明帝显节陵，山方三百步，高八丈；无周垣，为行马四出司马门，石殿、钟虡在行马内，寝殿、园省在东，园寺吏舍在殿北。提封田七十四顷五亩。

章帝敬陵，山方三百步，高六丈二尺；无周垣，为行马四出司马门，石殿、钟虡在行马内，寝殿、园省在东，园寺吏舍在殿北。提封田二十五顷五十五亩。

和帝慎陵，山方三百八十步，高十丈；无周垣，为行马四出司马门，石殿、钟虡在行马内，寝殿、园省在东，园寺吏舍在殿北。提封田三十一顷二十亩二百步。

殇帝康陵，山周二百八步，高五丈五尺；行马四出司马门，寝殿、钟虡在行马中，因寝殿为庙，园寺吏舍在殿北。提封田十三顷十九亩二百五十步。

安帝恭陵，山周二百六十步，高十五丈；无周垣，行马四出司马门，石殿、钟虡在行马内，寝殿、园寺吏舍在殿北。提封田一十四顷五十六亩。

顺帝宪陵，山方三百步，高八丈四尺；无周垣，为行马四出司马门，石殿、钟虡在司马门内，寝殿、园省、吏舍在殿东。提封田十八顷十九亩二十步。

冲帝怀陵，山方百八十三步，高四丈六尺；为寝殿、行马四出门，园寺吏舍在殿东。提封田五顷八十亩。

质帝静陵，山方百三十六步，高五丈五尺；为行马四出门，寝殿、钟虡在行马中，园寺吏舍在殿北。提封田十二顷五十四亩。因寝为庙。[1]

根据这段文字，桓帝以前东汉九陵的陵园结构可以分为三种不同形式：

第一种，原陵类型，封土为陵，环以方形城垣，四面各辟门，最接近西汉之制，但寝殿和钟虡等皆设于陵垣之内。

第二种，显节陵、敬陵、慎陵、恭陵、宪陵类型，以行马（木栅栏）代替夯土城垣，行马内增设石殿；寝殿等一般设于陵东。

第三种，康陵、怀陵、静陵类型，封土矮小，行马中设寝殿、钟虡，不建石殿，因寝殿为庙。

上述三种类型，以原陵规制最齐备，接近西汉陵墓制度；第三种类型最为简陋，墓主都是幼殇的儿童皇帝，“少帝未逾年而崩，皆不入庙，以陵寝为庙者三：殇帝康陵、冲帝怀陵、质帝静陵是也”[2]，显然属于非常之制。以显节陵为代表的第二种形式是东汉皇陵的典型陵园形态，不见于《古今注》记载的桓帝宣陵、灵帝文陵应该也属于这一类。

东汉各帝陵的地理方位，根据《东观汉记》、《后汉书》等文献记载，分别位于汉洛阳城西北和东南两片区域；近四五十年来的考古调查和局部钻探发掘也提供了一些重要线索[3]。但由于古今地理的变迁，以及对于考古资料和相关古代文献记载的解读存在歧义，因而关于东汉诸陵的位次的确认以及相应的陵园建置等问题尚未完全形成

1 ［汉］伏无忌（？）：《古今注》“陵寝”条，《丛书集成初编》本，中华书局，1985年，第2—3页。《古今注》，一名《伏侯古今注》，作者失考，一说为东汉伏无忌所著。原书已佚，有茆泮林辑本，此段辑自《后汉书》志第六《礼仪下》、卷四《孝和帝纪》、卷六《孝质帝纪》南朝宋刘昭注引。

2 ［汉］蔡邕：《独断》卷下，影印《四库全书》本，上海古籍出版社，1990年，第15页。

3 郭建邦：《孟津送庄汉黄肠石墓》，《河南文博通讯》1978年第4期；郭建邦：《河南孟津送庄汉黄肠石墓》，《文物资料丛刊》第4辑，文物出版社，1981年；李南可：《从东汉“建宁”、“熹平”两块黄肠石看灵帝文陵》，《中原文物》1985年第3期；韩国河：《东汉陵墓踏查记》，《考古与文物》2005年第3期；洛阳市第二文物工作队：《洛阳邙山陵墓群的文物普查》，《文物》2007年第10期。

共识。

汉洛阳城西北区东汉帝陵，即邙山上的东汉诸帝陵，中心区域位于今河南孟津县送庄镇、平乐镇，现存5座保存相对完整的独立大冢，封土平面为圆形，大多近似半球状[1]。其中基本可以确定是光武帝原陵的“大汉冢”封土直径130米（图3—23）、“二汉冢”封土直径118米、“三汉冢”封土直径70米，此三冢自北而南基本一线排列；刘家井大冢位于大汉冢北偏西，封土直径114米；玉冢位于大汉冢以西（目前学术界倾向于认为此墓是北魏孝明帝的定陵），封土直径94米。在大汉冢以东还有一座封土已经基本被夷平的大墓，即朱仓大冢。2009年初，因连霍高速公路改扩建工程，原洛阳市第二文物工作队对朱仓2座大墓的陵园遗址进行了抢救性考古发掘[2]。

朱仓M722帝陵陵园遗址，平面略呈方形，边长420米，四面构筑垣墙，东垣外还有壕沟，暂未发现门址。封土在陵园的中西部，仅局部略有保存，钻探原始封土为圆形，直径约136米；封土下部平垫土之上有一层极薄的木炭层。墓葬形制为方坑明券墓，平面呈“甲”字形，墓道长50米、宽8.8—10.4米，墓室东西28.8米、南北25米、深6.7米。

建筑遗址在陵园的东部、南部，分西、中、东三组并列。西组为一“丁”字形廊道，由东西向和南北向各1条小廊道组成，其中东西向廊道长67米、宽14.6米、部分保留隔墙厚0.85米。其结构为中间夯筑窄墙，两侧各有柱础石和散水，分别连结东侧、南侧2座大型夯土台基。南侧夯土台基在此次工作范围之外，未经发掘。东侧夯土台基即此次发掘的中组遗址。中组夯土台基仅发掘了其中一部分，复原东西长46米、南北宽31.2米；台基外侧是回廊，最外圈是卵石散水（图3—24）。台基东西两侧正中各有阶道，北侧偏东有漫道。台基周围有互相连通的砖铺路，东西分别有路通向西、东两组遗址。东组遗址原为东西2套院落。西侧院落呈南北向长方形，由东西两排房屋和中间的天井庭院组成。房间一般为东西5米、南北4.1米，夯土墙壁（图3—25）。一些房屋地砖下

图3—23　河南洛阳“大汉冢”封土东南面

图3—24　河南洛阳朱仓M722寝园大殿遗址

1 洛阳市第二文物工作队：《洛阳邙山陵墓群的文物普查》，《文物》2007年第10期。

2 洛阳市第二文物工作队：《洛阳孟津朱仓东汉帝陵陵园遗址》，《文物》2011年第9期；洛阳市第二文物工作队等：《洛阳孟津朱仓东汉墓园遗址》，《文物》2012年第12期；洛阳市文物考古研究院：《洛阳朱仓东汉陵园遗址》，中州古籍出版社，2014年。

埋设陶瓮，F5房间内还发现了有使用痕迹的陶质炊具。东侧院落破坏比较严重。

朱仓M707帝陵陵园遗址，平面大致呈长方形，南北320米、东西210米，规模小于M722，遗址范围内没有发现垣墙和环壕遗迹。封土在陵园的西部，现存部分平面近圆形，直径55米。钻探地面以下原始封土呈圆形，直径86米。墓葬形制为方坑“甲”字形明券墓，墓道长40米、宽8.8—13.6米，墓室东西18—19米、南北23米、深8.2米。

图3—25　河南洛阳朱仓M722寝园便殿遗址

建筑遗址在陵园的东部，东西两组并列（图3—26）。西组为夯土台基，钻探东西长36米、南北宽24米；台基外侧是回廊，最外圈是卵石散水。台基东西两侧正中各有阶道。东组遗址为东西2套院落。

图3—26　河南洛阳朱仓M707寝园遗址与封土

发掘者认为，“朱仓M722与朱仓M707是顺帝宪陵和冲帝怀陵的可能性非常大”；而大型夯土台基应该是寝殿和石殿；东组院落中的西院为“园省”、东院为“园寺吏舍”[1]。朱仓M707以东还有2座大墓，即朱仓M708和M709，推测是陪葬墓。

汉洛阳城东南区东汉陵墓在今偃师市，位于万安山北麓、伊洛河南岸；有些陵墓的封土保存较好，但其周围未钻探出陵垣的遗迹，可证当时确实是以“行马代周垣”[2]。2004年，郑州大学等单位对偃师市高崖村推测是汉质帝静陵的M1进行了钻探[3]，得知原封土底边周长260米，平面大致呈圆形，半径41.4米，墓道在南侧，斜坡形、南北向，长24.6米、宽4.0米、底深8.6米。2007年，因西郑高铁通过，在洛阳东南区东汉陵墓的核心区域偃师白草坡发掘了一座东汉帝陵陵园[4]，该墓封土大约在发掘前20年已被完全破坏，钻探地表以下原始封土直径约125米，墓室为砖石结构，墓道宽10米。发掘的建筑遗址在墓冢东北约100米处，南北长380米、东西宽330米，是一处外围有夯土墙垣的建筑遗址群，南部有大型夯土台基，北部是规模较小的房屋（图3—27）。发掘者推测这里应该是守陵宫人居住的“园省”；墓葬年代为东汉中晚期。

1 洛阳市文物考古研究院：《洛阳朱仓东汉陵园遗址》，中州古籍出版社，2014年，第102—103页。
2 韩国河：《东汉陵墓踏查记》，《考古与文物》2005年第3期。
3 郑州大学历史学院考古系等：《偃师市高崖村东汉墓（陵）冢钻探试掘简报》，《中原文物》2006年第3期。
4 洛阳市第二文物工作队等：《偃师白草坡东汉帝陵陵园遗址》，《文物》2007年第10期。

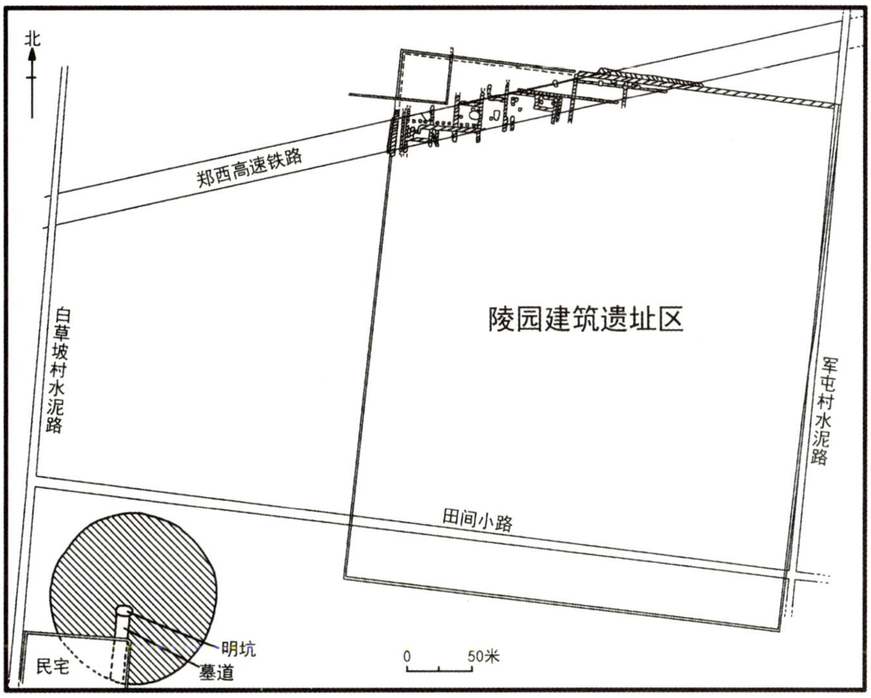

图3—27　河南洛阳白草坡东汉帝陵陵园遗址平面图（引自《文物》2007年第10期）

二、东汉皇陵制度的变革

与西汉相比，东汉皇陵制度出现了明显的变革，有些是制度的简化，有些则是新的创制。具体表现在以下几个方面：

一、东汉皇陵的陵园结构明显简化。无论是从《古今注》等文献记载，还是从大汉冢、白草坡、朱仓等陵园的考古钻探发掘资料来看，东汉皇陵陵园中仍然保留了寝殿、便殿（园省）及宫廷机构设施（园寺吏舍）等，但这些大都建在陵园内，通常都是在封土的东北部（图3—28）。有些陵园周围没有探出夯土宫墙遗迹，直接可证显节陵以后东汉诸陵确实是“行马代周垣”之制；朱仓M722陵园钻探出有夯土城垣遗迹，但究竟是宫墙的基础还是行马的基础，还有待于进一步的发现和研究，特别是没有探出门址，显示行马的可能性也许更大一些。东汉各陵园都没有发现外城的遗迹。

二、东汉皇陵的封土由方形覆斗状改为圆形半球状。根据已知各陵的考古钻探资料分析，除幼殇皇帝稍小外，各陵正常的封土直径应该在一百二三十米左右，冢体规模和相应的土方量均远远小于西汉各陵。至于封土形状变化的原因，究竟是礼俗变化、地域性影响抑或其他因素，则尚待进一步探究。东汉皇陵既以圆坟为制，则过去所指认的方形封土之“东汉陵”，已经基本可以否定。

三、东汉皇陵的玄宫结构发生了革命性的进步，由土坑木椁结构变为土坑砖石结构，墓道也相应地由4条或2条演变为1条。皇帝陵墓墓室结构的这一根本性变革发生于何时，目前尚未有考古发掘的实证。2010年，山东省文物考古研究所等单位在定陶县马集镇大李家村发掘了一座西汉晚期的大型木椁墓，推定墓主为定陶共王刘康之丁姬，即汉哀帝生母帝太后丁氏（卒于建平二年，公元前5年）[1]。该墓为夯筑形成的地上墓室，平

1 山东省文物考古研究所等：《山东定陶县灵圣湖汉墓》，《考古》2012年第7期。

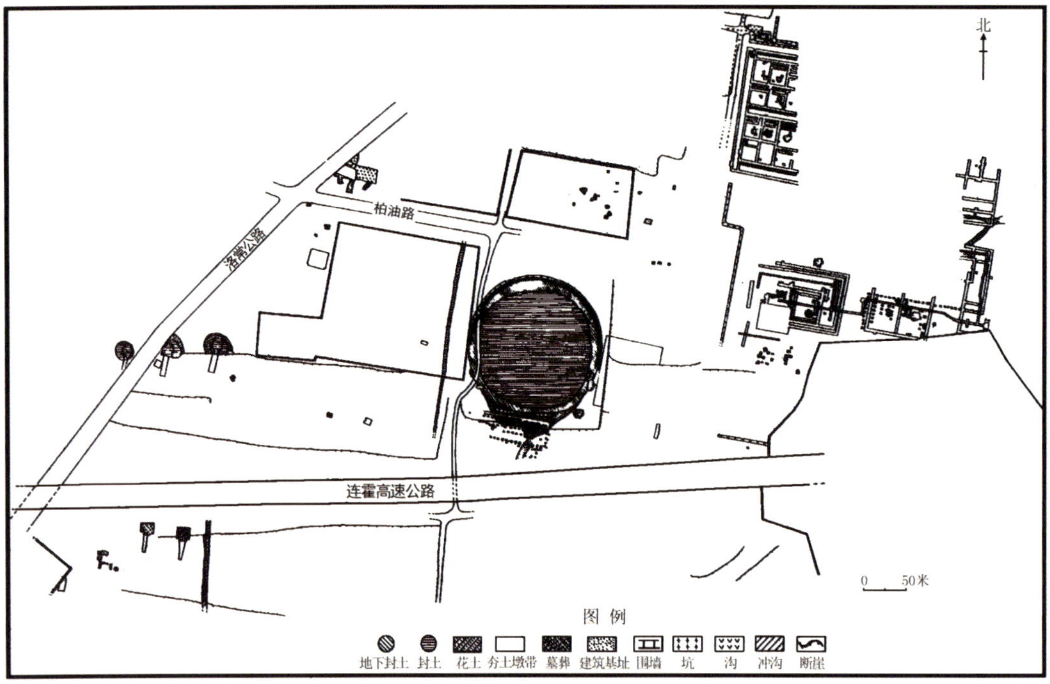

图3—28 河南洛阳“大汉冢”钻探平面图（引自《文物》2007年第10期）

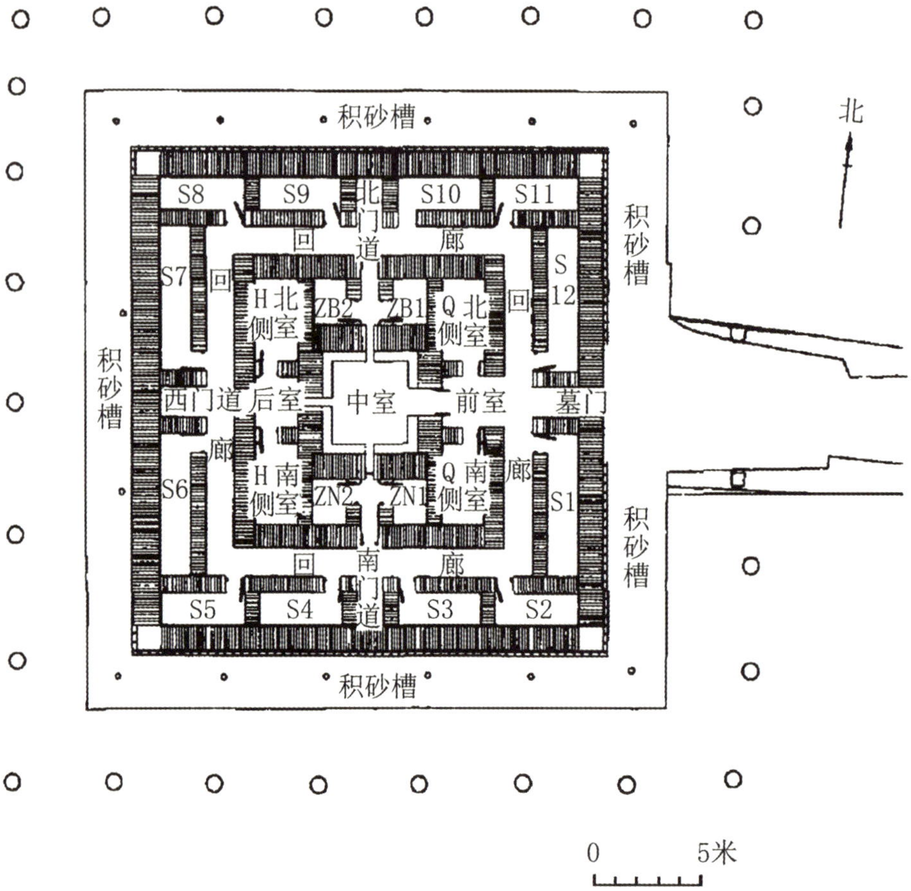

图3—29 山东定陶灵圣湖汉墓M2墓室平面图（引自《考古》2012年第7期）

面呈“甲”字形，墓圹与椁室之间为积沙槽，椁室为黄肠题凑式木构建筑，长22.64米、宽22.48米，由前、中、后3个墓室和6个侧室、4个门道（只有东门道外通墓道，其余皆止于椁墙，仅具象征意义）、回廊、12个外藏室、题凑墙等部分组成（图3—29）。椁室顶部铺封盖5层枋木，再铺一层麻绳连结的薄板，其上铺封砖2层，周边以单砖垒砌封护，在墓室的中央部位之上凸起一个边长13米的青砖方台。从结构及做法上看，定陶灵圣湖汉墓已经具有明显的向砖室结构墓室过渡的特征，西汉晚期，至少在列侯级墓葬中已见使用砖室结构之例，如山东阳谷县吴楼一号汉墓等[1]，推测墓主是元帝外戚王姓阳平侯家族成员之一。到东汉时期，各地诸侯王陵开始普遍使用砖室玄宫，典型例证如东汉早期的中山简王刘焉夫妻墓[2]、广陵思王刘荆夫妻墓[3]，中期的陈顷王刘崇墓[4]，晚期的中山穆王刘畅夫妻墓等[5]。史称汉明帝预做寿陵，“石椁广一丈二尺，长二丈五尺”[6]，可能是指以黄肠石代替柏木的黄肠题凑。黄肠石在洛阳东汉皇陵兆域范围内多有发现[7]，有些砖石结构的诸侯王墓中也有“黄肠石”发现；皇陵是否也是这种制式，尚待有更多的资料确证。

四、东汉实行帝后同穴合葬。东汉帝陵迄今尚未有正式考古发掘的实例，其地下埋葬情况不明；但已探明的东汉帝陵基本都是独立的一座大型封土，皇后显然不另起坟。从朱仓M722、M707和白草坡大墓的钻探情况来看，每座帝陵封土下只有一座墓室，因此，东汉帝后应该是同坟同穴合葬，与西汉的异坟异穴同陵园的合葬方式有很大区别。关于东汉帝后同穴合葬，在《后汉书》等文献中也有明文记载：“太皇太后、皇太后崩，司空以特牲告谥于祖庙如仪”；“合葬：羡道开通，皇帝谒便房，太常导至羡道，去杖，中常侍受，至柩前，谒，伏哭止如仪。辞，太常导出，中常侍授杖，升车归宫”[8]。汉末董卓专权，废少帝而立献帝，弑杀何太后（灵帝皇后、少帝生母），“及何后葬，开文陵，卓悉取藏中珍物”[9]。这段记载也可以佐证东汉帝后是同穴合葬。

五、“石殿”是东汉新出现的陵园设施。按照《古今注》等记载，除幼殇皇帝外，明帝显节陵以下诸陵行马内各有石殿。洛阳朱仓M722和M707两处陵园的发掘证实，这个记载是正确的。朱仓M722有2座大型夯土台基，应该分别为石殿和寝殿。如果《古今注》记载无误，则陵园中的“丁”字形廊道所连结东侧夯土台基为寝殿、南侧夯土台基为石殿。冲帝幼殇，故M707只有1座大型夯土台基，即寝殿。大汉冢陵园遗址中也发现有2座大型夯土台基，其中东部偏南的夯土台基周围还发现有大量的碎石片[10]。从其所处陵园方位，结合《后汉书·礼仪志》等记载推测，石殿应该是举行“上陵礼”的场所。目前未见有关东汉皇陵石殿的实物资料，但各地东汉墓上的“石祠”见诸披露者甚多，如

---

1 聊城市文物管理委员会：《山东阳谷县吴楼一号汉墓的发掘》，《考古》1999年第11期。

2 河北省文化局文物工作队：《河北定县北庄汉墓发掘报告》，《考古学报》1964年第2期。

3 南京博物院：《江苏邗江甘泉二号汉墓》，《文物》1981年第11期。

4 周口地区文物工作队等：《河南淮阳北关一号汉墓发掘简报》，《文物》1991年第4期。

5 定县博物馆：《河北定县43号汉墓发掘简报》，《文物》1973年第11期。

6 ［南朝宋］范晔：《后汉书》卷二《显宗孝明帝纪》，宋云彬等点校本，中华书局，1965年，第123页。

7 李南可：《从东汉“建宁”、“熹平”两块黄肠石看灵帝文陵》，《中原文物》1985年第3期；王竹林等：《东汉南兆域皇陵初步研究》，北京大学中国考古学研究中心等编《古代文明》第4卷，文物出版社，2005年，第183—206页。

8 ［晋］司马彪：《后汉书志》第六《礼仪下》，见宋云彬等点校本范晔《后汉书》，中华书局，1965年，第3151—3152页。

9 ［南朝宋］范晔：《后汉书》卷七二《董卓传》，宋云彬等点校本，中华书局，1965年，第2325页。

10 洛阳市文物考古研究院：《洛阳朱仓东汉陵园遗址》，中州古籍出版社，2014年，第103页。

图3—30 山东长清孝堂山石祠

著名的山东嘉祥武氏石祠[1]、长清孝堂山石祠等[2]（图3—30），或可以为参照。

六、东汉帝陵前可能已经出现了石像生等神道石刻。北魏郦道元《水经注》记载：谯郡（今安徽亳州）“城南有曹嵩（曹操之父）冢，冢北有碑，碑北有庙堂，余基尚存，柱础仍在。庙北有二石阙双峙，高一丈六尺，榱栌及柱皆雕镂云矩，上罦罳已碎。阙北有圭碑，题云：‘汉故中常侍长乐太仆特进费亭侯曹君之碑’，延熹三年（160年）立。碑阴又刊诏策二，碑文同。夹碑东西列对两石马，高八尺五寸，石作粗拙，不匹光武隧道所表象马也”[3]，据此推知汉原陵前原应有石象、石马等石刻。南朝人认为：“汉以后，天下送死奢靡，多作石室、石兽、碑铭等物。”[4]唐人封演《封氏闻见记》也说：“秦汉以来，帝王陵前有石麒麟、石辟邪、石象、石马之属；人臣墓前有石羊、石虎、石人、石柱之属；皆所以表饰坟垄，如生前之象仪卫耳。”[5]现存年代最早的古代陵墓石刻是位于陕西兴平西汉骠骑将军霍去病墓前石兽，霍去病墓是汉武帝茂陵陪葬墓之一，现存马、虎、象、羊以及马踏匈奴等14件，刀法古拙，形象生动（图3—31）。据调查，它们原置于墓冢之上[6]。

---

1 山东嘉祥武氏石祠及石刻，早年即为金石学家著录，宋赵明诚《金石录》卷一四“汉武氏石阙铭”条（上海涵芬楼影印海盐张氏涉园藏吕无党手抄本，收录于《四部丛刊续编·史部》第48册，上海书店据商务印书馆1934年版重印，1984年）下有“孙宗作师［狮］子，直四万”的记载。清乾隆年间，武氏石祠倾圮残石出土，被更多人著录和考释。现代研究成果主要有蒋英炬等《武氏祠画象石建筑配置考》，《考古学报》1981年第2期；［美］巫鸿著，柳扬等译《武梁祠——中国古代画像艺术的思想性》，三联书店，2006年；等等。

2 罗哲文：《孝堂山郭氏墓石祠》，《文物》1961年第4、5期；夏超雄：《孝堂山石祠画像、年代及主人试探》，《文物》1984年第8期。

3 ［北魏］郦道元：《水经注》卷二三“阴沟水”，陈桥驿《〈水经注〉校证》本，中华书局，2007年，第553页。

4 ［南朝梁］沈约：《宋书》卷一五《礼志二》，王仲荦点校本，中华书局，1974年，第407页。

5 ［唐］封演：《封氏闻见记》卷六“羊虎”条，影印文渊阁《四库全书》第862册，台湾商务印书馆，1985年，第445—446页。

6 傅天仇：《陕西兴平县霍去病墓前的西汉石雕艺术》，《文物》1964年第1期；马子云：《西汉霍去病墓石

霍墓石兽的功用是表彰墓主生前战绩，用于装饰封土所象征之“祁连山”，不能等同于后代的神道石像生。结合相关文献记载分析，基本可以确定东汉帝王、官员的陵墓前有象征仪仗的石像生。《风俗通义》记载，“汝南汝阳彭氏墓路头立一石人，在石兽后”[1]。《水经注》记载：睢阳（今河南商丘睢阳区）城北有东汉太尉乔玄墓，“冢东有庙……庙南列二柱，柱东有二石羊，羊北有二石虎；庙前东北有石驼，驼西北有二石马，皆高大，亦不甚雕毁”[2]。东汉墓葬前石兽的实例也发现过不少，其中有纪年可考的主要有山东嘉祥建和元年（147年）武氏墓前石狮，山东曲阜孔林建宁四年（171年）博陵太守孔彪墓前石兽一对[3]，四川芦山建安十年（205年）巴郡太守樊敏墓前石辟邪一对和王晖墓附近的石羊、石瑞兽各一件[4]，四川雅安建安十四年（209年）益州太守高颐墓前石辟邪一对等[5]。无确切纪年的东汉石人、石兽等发现得更多，1954年7月，洛阳市文物管理委员会在防洪工程现场清理出1对带翼石兽，其中的1件长1.70米、高1.10米，颈部有题记“缑氏蒿聚成奴作”7字[6]。汉洛阳城西一座东汉墓园的遗址中曾出土有疑似石柱的残件，推测墓主是皇室成员[7]。洛阳东南东汉陵区陪葬墓前曾发现石羊[8]。这些石刻大都经历过位移，更多的是保存在各地博物馆中，很难与史籍中的记载一一对应。《水经注》明确提到了汉光武帝陵前有石象、石马，说明直到北魏时它们仍然可见，但东汉皇陵神道建置目前尚缺乏考古调查和发掘资料，有研究者曾就此问题进行过讨论[9]。据《大明一统志》记载，洛阳有东汉石象，“象庄在（河南）府东，相传汉时西僧以象驮经来洛阳，后化为石，今有

图3—31　陕西兴平县西汉霍去病墓石刻“马踏匈奴”

刻记》，《文物》1964年第1期；高永丽：《茂陵石雕：大汉不朽的丰碑》，《文博》2001年第2期。

1 ［汉］应劭：《风俗通义》卷九“怪神·石贤士神”，影印常熟瞿氏铁琴铜剑楼藏元大德本，上海古籍出版社，1990年，第64页。

2 ［北魏］郦道元：《水经注》卷二四“睢水”条，陈桥驿《〈水经注〉校证》本，中华书局，2007年，第567—568页。

3 孔次青：《山东曲阜孔林发现汉代石兽》，《考古》1964年第4期。

4 陶鸣宽等：《芦山县的东汉石刻》，《文物参考资料》1957年第10期。

5 耿继斌：《高颐阙》，《文物》1981年第10期。

6 见《文物参考资料》1954年第10期封三，原名为“南北朝天禄辟邪”，但该件石兽具有典型的东汉风格。

7 中国社会科学院考古研究所洛阳汉魏城队：《汉魏洛阳城西东汉墓园遗址》，《考古学报》1993年第3期。

8 王竹林等：《东汉南兆域皇陵初步研究》，北京大学中国考古学研究中心等编《古代文明》第4卷，文物出版社，2005年，第183—206页。

9 陈长安：《简述帝王陵墓的殉葬、俑坑与石刻》，《中原文物》1985年第4期；刘凤君：《东汉南朝陵墓前石兽造型初探》，《考古与文物》1986年第3期；宫大中：《东汉帝陵及其神道石刻》，中国古都学会编《中国古都研究》第四辑，浙江人民出版社，1989年，第214—229页。

图3—32　河南邓州东汉宗资墓石辟邪，现藏南阳汉画馆

图3—33　洛阳博物馆藏东汉石辟邪

石象"[1]。该石象在今河南洛阳市孟津县平乐乡象庄村南，相传原为一对，其一已没入土中。现存石象在村外大道东侧水池中，下座已淹没，长3.40米、宽1.50米、高3.20米，象呈立姿，头朝东，由整块石灰岩雕凿而成。有人认为"石象所处位置正与邙山上的东汉陵南北相对，很可能是东汉帝陵前的神道石刻"[2]；此说尚待确切的资料佐证。据唐章怀太子李贤等人注《后汉书》所云，"今邓州南阳县北有宗资碑，旁有两石兽，镌其膊一曰天禄、一曰辟邪。据此，即天禄、辟邪并兽名也"[3]。这对石兽于1932年自原地移置于南阳玄妙观，现陈列于南阳汉画馆（图3—32）。根据唐人所见铭刻，这种翼兽双角者为天禄、独角者为辟邪。洛阳周围历年所出土之天禄、辟邪，现存于中国国家博物馆、洛阳博物馆、洛阳石刻博物馆等单位，有些可能就是原东汉皇陵前之物（图3—33）。

七、有些东汉陵墓的附近可能还特建佛教寺院。南朝梁《高僧传》称：东汉蔡愔"于西域得画释加倚像，是优田王栴檀像师第四作也。既至洛阳，明帝令画工图写，置清凉台中及显节陵上"[4]。成书于北魏的《洛阳伽蓝记》记载："明帝崩，起祇洹于陵上，自此以后，百姓冢上或作浮屠焉。"[5]这是关于中国皇家陵寝附建佛寺的最早记载，但迄今为止尚未得到佛教文献以外其他相关资料的佐证。

三、东汉皇陵的祭祀

除光武帝原陵的寝殿建在周垣内以外，东汉大部分皇陵的寝殿都建于相当于西汉诸陵内城的行马外，一般寝殿多设于陵东，安帝恭陵寝殿在石殿北。据《后汉书志·祭祀下》记载："建武以来，关西诸陵已转久远，但四时特牲祠；帝每幸长安谒诸陵乃太

1 ［明］李贤等奉敕纂：《大明一统志》卷二九《河南府》，影印文渊阁《四库全书》第472册，台湾商务印书馆，1984年，第736页。

2 徐金星等主编：《洛阳市文物志》，洛阳市文化局内部印行，1985年，第265页。

3 ［南朝宋］范晔：《后汉书》卷八《孝灵帝纪》，宋云彬等点校本，中华书局，1965年，第353页。

4 ［南朝梁］释慧皎：《高僧传》卷一《竺法兰传》，汤用彤校注本，中华书局，1997年。

5 ［北魏］杨衒之：《洛阳伽蓝记》卷四"城西·白马寺"，范祥雍《〈洛阳伽蓝记〉校注》本，上海古籍出版社，1978年，第196页。

牢祠。自雒阳诸陵至灵帝，皆以晦望二十四气伏腊及四时祠，庙日上饭，太官送用物，园令、食监典省，其亲陵所宫人随鼓漏理被枕，具盥水、陈严［妆］具。”[1]因此，东汉的寝殿祭祀制度比西汉似略有简化。

东汉陵寝祭祀制度的最突出的变化，是明帝时期开始施行具有政治典礼色彩的“上陵礼”。上陵礼始于孝明帝即位之初，“永平元年（公元58年）春正月，帝率公卿已下朝于原陵，如元会议”[2]。按《后汉书志·礼仪上》所载，参加上陵礼的，一般有“百官、四姓亲家妇女、公主、诸王大夫、外国朝者侍子、郡国计吏”；除元旦外，“八月饮酎，上陵，礼亦如之”[3]。明帝所推行的上陵礼，具有鲜明的政治典礼色彩，其仪制不是以往寝殿中事死如生之生活服侍，而是仿元旦朝会之仪，与西汉以来陵上原有的寝殿之祭明显有别。《汉官仪》把这两种祭祀区别得十分清楚：“古不墓祭，秦始皇起寝于其侧，汉因而不改。诸陵寝皆以晦、望、二十四气、三伏、社、腊及四时上饭。其亲寝所宫人，随鼓漏理被枕，具盥水，陈庄［妆］具。天子以正月上原陵，公卿百官及诸侯王、郡国计吏皆当轩下，占其郡国谷价，四方改易，欲先帝魂魄闻之也。”[4]

“上陵礼”的推行使陵寝的奉先功能在以往寝殿之“事死如生”外，还增加了政治典礼性的活动，开始具备了正规的祭祀功能。《晋书》认为：“古无墓祭之礼。汉承秦，皆有园寝。正月上丁，祠南郊礼毕，次北郊、明堂、高庙、世祖庙，谓之五供。”[5]清初顾炎武更直接地说：“汉人以宗庙之礼移于陵墓。”[6]除最初的原陵和个别幼殇皇帝的陵墓外，东汉皇陵皆兼有石殿和寝殿，寝殿供奉墓主起居；而石殿则应该是举行“上陵礼”的场所。这两种不同性质的祭祀，分别在两个不同的区域举行，也表明了它们在当时即不被视为是一事。东汉皇陵中的石殿、寝殿，应该是唐宋时期上宫、下宫之制的滥觞。

“上陵礼”的推行也使宗庙之制发生了变化，由天子各为一庙演变为七庙或九庙同堂异室合食于太祖，甚至以寝园藏神主，简化了宗庙制度。东汉之制：“雒阳高庙，四时加祭孝宣、孝元，凡五帝（原只供奉太祖高皇帝、太宗孝文皇帝、世宗孝武皇帝）。其西（西都长安）庙，成、哀、平三帝主，四时祭于故高庙。东庙京兆尹侍祠，冠衣车服如太常祠陵庙之礼。南顿君以上至节侯，皆就园庙。……所在郡县侍祠。”[7]宋儒朱熹对于此项变革颇有微辞：“后汉明帝又欲遵俭自抑，遗诏无起寝庙，但藏其主于光武庙中更衣别室。其后章帝又复如之，后世遂不敢加，而公私之庙皆为同堂异室之制。自是以来，更历魏晋，下及隋唐，其间非无奉先思孝之君、据经守礼之臣，而皆不能有所裁正。其弊至使太祖之位下同子孙，而更僻处于一隅，既无以见其为七庙之尊，群庙之神则又上厌祖考，而不得自为一庙之主。以人情而论之，则生居九重，穷极壮丽；而没祭一室，不过寻丈之间，甚或无地以容鼎俎而阴损其数。孝子顺孙之心于此宜亦有所不安矣。”[8]清初

---

1 ［晋］司马彪：《后汉书志》第九《祭祀下》，见宋云彬等点校本《后汉书》，中华书局，1965年，第3200页。

2 ［南朝宋］范晔：《后汉书》卷二《显宗孝明帝纪》，宋云彬等点校本，中华书局，1965年，第99页。

3 ［晋］司马彪：《后汉书志》第四《礼仪上》，见宋云彬等点校本范晔《后汉书》，中华书局，1965年，第3103页。

4 ［汉］应劭：《汉官仪》卷下，《丛书集成初编》本，中华书局，1985年，第43页。原书已佚，清孙星衍校集本，此段辑自《后汉书》之《明帝纪》南朝宋刘昭注。

5 ［唐］房玄龄等：《晋书》卷二〇《礼志中》，吴则虞等点校本，中华书局，1974年，第933页。

6 ［清］顾炎武：《日知录》卷一五“墓祭”条，影印清道光十四年嘉定黄氏西溪草庐重刊定本黄汝成《〈日知录〉集释》，上海古籍出版社，1985年，第1163页。

7 ［晋］司马彪：《后汉书志》第九《祭祀下》，见宋云彬等点校本范晔《后汉书》，中华书局，1965年，第3199页。

8 ［宋］朱熹：《晦庵先生朱文公文集》卷六九《杂著·禘祫议》，朱杰人等编《朱子全书》第23册，上海古

顾亭林也认为汉明帝“上陵礼”之举，“特士庶人之孝，而史传之以为盛节。故陵之崇庙之杀也，礼之渎敬之衰也”[1]。上陵礼的推行在一定程度上削弱了宗庙的地位，而皇陵的地位则相应有了提高，进而成为国家祀典而必不可缺。“梁武帝、后周明帝始皆谒陵，唐太宗、元[玄]宗亦并行之。开元二十年（732年）勅：寒食上墓，宜编入五礼，永为恒式”[2]。东汉以后，皇帝陵墓在各项国家级祭祀中的地位越来越重要，追本溯源，皆滥觞于东汉的“上陵礼”。

籍出版社，2002年，第3334页。

1 [清]顾炎武：《日知录》卷一五“墓祭”条，影印清道光十四年嘉定黄氏西溪草庐重刊定本黄汝成《〈日知录〉集释》，上海古籍出版社，1985年，第1158—1159页。

2 [清]顾炎武：《日知录》卷一五“墓祭”条，影印清道光十四年嘉定黄氏西溪草庐重刊定本黄汝成《〈日知录〉集释》，上海古籍出版社，1985年，第1160页。

第四章
三国至隋代陵墓制度

三国两晋南北朝到隋代，是中国古代陵墓制度由衰微到复兴的时代。从东汉晚期开始，中国陷入战乱和分崩离析状态，许多典章制度遭到破坏。曹丕篡汉，预作终制废弃陵寝制度，全面推行“阴葬”。以后曹魏及西晋诸帝相沿，迨东晋南渡，陵寝制度始稍有规复，但仍然墓而不坟。南北对峙稳定以后，南朝和北朝的陵园制度都在逐步恢复并发展，在仿汉制的基础上各具特色。隋文帝代周而立，进而统一南北，仿汉制营造寿陵，标志着陵墓制度的全面复兴。

第一节　魏蜀吴三国陵墓制度

魏、蜀、吴三国鼎立，其陵墓制度均以东汉之制为基础而演化，曹魏立国后彻底废除陵寝制度，蜀汉、东吴的帝王陵墓也较汉制大为简化[1]，三国陵寝制度同趋衰落。

一、魏国陵寝制度的废除

曹操是魏国的实际开创者，他曾预作后事安排，“豫自制送终衣服四箧，题识其上：春、秋、冬、夏，日有不讳，随时以敛，金珥珠玉铜铁之物，一不得送”[2]。建安二十二年（217年）六月，又下令为自己营造寿域：“古之葬者，必居瘠薄之地。其规西门豹祠西原上为寿陵，因高为基，不封不树。《周礼》：冢人掌公墓之地，凡诸侯居左右以前，卿大夫居后，汉制亦谓之陪陵。其公卿大臣列将有功者，宜陪寿陵，其广为兆域，使足相容。”[3]由此可知曹操当时是依汉制规划并营建寿陵的，他死时是以汉朝魏王礼祭葬；根据曹丕《武帝哀策》、曹植《武帝诔》的描述，曹操的墓室也应该有一定的规模。曹丕称帝，追谥曹操为魏武帝，号其墓曰高陵，遵其不藏金玉之遗嘱，“受禅，刻金玺，追加尊号，不敢开埏，乃为石室，藏玺埏首，以示陵中无金银诸物也。汉礼明器甚多，自是皆省矣”[4]。黄初三年（222年），下诏废止高陵上之墓祭：“先帝躬履节俭，遗诏省约。子以述父为孝，臣以系事为忠。古不墓祭，

---

1 徐苹芳：《中国秦汉魏晋南北朝时代的陵园和茔域》，《考古》1981年第6期；刘炜：《三国时期陵寝制度的衰落以及根源》，《四川文物》1986年第1期。

2 ［唐］房玄龄等：《晋书》卷二〇《礼志中》，吴则虞等点校本，中华书局，1974年，第632页。

3 ［晋］陈寿：《三国志》卷一《魏书·武帝纪》，陈乃乾点校本，中华书局，1982年，第51页。

4 ［唐］房玄龄等：《晋书》卷二〇《礼志中》，吴则虞等点校本，中华书局，1974年，第632页。

皆设于庙。高陵上殿皆毁坏，车马还厩，衣服藏府，以从先帝俭德之志。”[1]高陵地面建筑至此时皆被毁弃，遂渐至湮没不闻。

汉晋以来文献皆云曹魏高陵在今河北临漳一带，地近西门豹祠。但由于陵寝制度的彻底废除，地表建筑被彻底破坏，具体陵址遂成千古疑案。20世纪80年代，在安阳县安丰乡发现一件十六国后赵建武六年（340年）语涉西门豹祠的柱形石刻残件，讲到该祠的具体位置[2]；1998年4月，在安丰乡又发现了建武十一年（345年）太仆卿驸马都尉鲁潜的墓志，具体标识了本墓在曹操墓西北的位置关系[3]。这些发现事实上已经把曹魏高陵锁定在了一个比较小的地域范围内，为寻找和确认真正的曹操墓提供了重要线索。2005年以后，安丰乡西高穴村的一座东汉晚期的砖室大墓多次被盗，2008年，河南省文物考古研究所进行了抢救性的考古清理发掘。经过大约一年的工作，2009年12月底，河南省安阳县安丰乡西高穴村大墓（M2）被确认为是曹操墓即曹魏高陵[4]（图4—1）。

图4—1　河南安阳曹魏高陵墓门

西高穴大墓地面没有封土，合乎曹操预作终制规定之“不封不树”。墓室坐西朝东，方向110°，斜坡墓道长39.5米、上口宽9.8米、最深处距地表15米。砖砌双券洞形墓门，高3.03米；门已失，门槽宽0.24米；门外封门砖墙3层，厚1.45米。墓室主体为2主室4耳室的多室砖室墓，前室东西长3.85米、南北宽3.87米，四角攒尖顶，墓室地面距顶高6.4米；南侧室南北长3.6米、东西宽2.4米，弧形券顶，墓顶距墓底高3.46米；北侧室南北长1.83米、东西宽2.79米，四角攒尖顶，墓顶距墓底高4.7米。后室东西长3.82米、南北宽3.85米，四角攒尖顶，墓室地面距顶高6.5米；南北两侧室均为南北长3.6米、东西宽1.9—1.92米，弧形券顶，墓顶距墓底高3.08米[5]（图4—2）。该墓规模宏大，其墓室结构与洛阳地区勘探过的东汉大墓相似，也与东汉晚期各地的诸侯王墓的形制相近。墓室砌筑精工严正，所用墓砖形体大而坚实。墓道最深处距地表约15米，两壁分别有7级台阶，逐

1 ［唐］房玄龄等：《晋书》卷二〇《礼志中》，吴则虞等点校本，中华书局，1974年，第634页。

2 河北省临漳县文物保管所征集，现藏邺城博物馆。

3 邓叶君等：《安阳出土十六国后赵鲁潜墓志》，《中国文物报》1998年6月28日第1版；龙振山：《鲁潜墓志及其相关问题》，《华夏考古》2003年第2期。

4 李政等：《专家考证河南安阳安丰东汉大墓为曹操高陵》，《中国文物报》2009年12月30日第1版；河南省文物局：《曹操高陵考古发掘主要收获》，《中原文物》2010年第4期；刘庆柱：《曹操高陵的考古发现与研究》，《中原文物》2010年第4期。曹操墓发现以后，曾经引起广泛的社会关注，相关讨论甚多，兹不一一引述。河南省文物考古研究所相继编成《曹操墓真相》（科学出版社，2010年）、《曹操高陵考古发现与研究》（文物出版社，2010年），可参阅。

5 河南省文物考古研究所等：《河南安阳市西高穴曹操高陵》，《考古》2010年第8期。

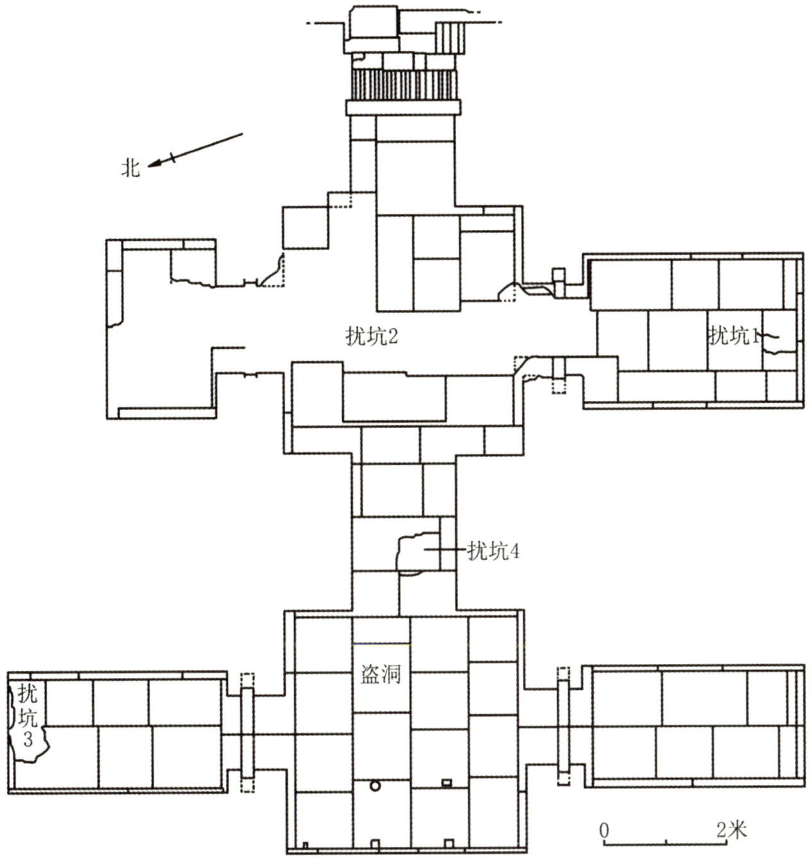

图4—2 河南安阳曹操高陵平面图（引自《考古》2010年第8期）

级内收；靠近墓门处的两侧各有护墙，墙内木柱龙骨的痕迹尚可辨识。墓室内地面全部铺以方形或长方形的青石板，错缝平铺；石板规格最大者1.75米×1.15米，最小者0.76米×0.73米，后室铺地石规格更为整齐。围绕墓壁四周地面均有宽0.12米的凹槽，应该是用于排水。根据门限等遗迹推测，4个耳室原均有石门。各墓室壁上皆有挂灰痕迹，显然经过涂饰，壁面上还遗留有上下多层铁钉，个别的有丝绳残痕，推测是挂壁帐一类东西所用。后室靠后部发现6处石葬具的痕迹，推测原有石棺床一具，其上放置木棺。

东汉之制，皇帝陵园中有寝殿、石殿等一应祭祀建筑。“魏武葬高陵，有司依汉立陵上祭殿。”[1]据《三国志·于禁传》记载：曹丕令于禁“诣邺、谒高陵”，预先使人“画关羽战克、庞悳愤怒、(于)禁降伏之状”以羞辱之[2]。从这段文字来看，高陵上还有“陵屋”建筑；但此“陵屋”与石殿或寝殿的关系及其制度、功用不详。西高穴2号墓的1号盗洞周围距地表约5米处出土了大量画像石残块（也有少量出土于墓室中），构图精细娴熟，雕刻精美，有不少图案上有题识，如“神兽”、“七女复仇”、“主薄车”、“咸阳令”、“纪梁”、“侍郎”、“宋王车”、“文王十子”、“饮酒人”、“咬人”等不同铭刻，还有五铢钱纹图案。从图案风格判断，应为东汉晚期石刻画像精品。该墓壁面经过粉饰，并不是画像石墓，显然这些石刻不同于一般汉墓中出土的画像石。现场观察，这些画像石打得很碎，有新茬，也有旧茬，伴出还有不少残碎的石刻瓦当，直径不足10厘米，刻工稍粗。据此推测：一种可能，它们是原来地面上“石殿”的遗存，被打碎后掩埋；另一种可

1 [唐]房玄龄等：《晋书》卷二〇《礼志中》，吴则虞等点校本，中华书局，1974年，第634页。
2 [晋]陈寿：《三国志》卷一七《魏书·于禁传》，陈乃乾点校本，中华书局，1982年，第524页。

能，则是特制的“石室”之遗物。曹丕受汉禅，追谥曹操为魏武帝，但遵其墓中不藏金玉之遗嘱，“刻金玺，追加尊号，不敢开埏，乃为石室，藏玺埏首，以示陵中无金银诸物也”[1]。这个“石室”，并不是东汉诸陵上的石殿，而是缘事设例，埋于墓道之前的特制品[2]。

曹魏高陵的墓葬结构、合葬现象及其改建所揭示的信息，对于东汉皇陵玄宫结构、汉晋间帝王陵寝制度变迁研究具有重要意义。

黄初三年（222年）十月，魏文帝曹丕“表首阳山东为寿陵”，因预作终制，完全废弃陵寝制度。这个预作遗诏讲了几层意思：首先，保存了预营寿陵的制度，并恢复上古不封树之制，实行薄葬。“《礼》：国君即位为椑，存不忘亡也。昔尧葬穀林，通树之，禹葬会稽，农不易亩，故葬于山林则合乎山林。封树之制，非上古也，吾无取焉。寿陵因山为体，无为封树，无立寝殿、造园邑、通神道。夫葬也者，藏也，欲人之不得见也。骨无痛痒之知，冢非栖神之宅，礼不墓祭，欲存亡之不黩也，为棺椁足以朽骨，衣衾足以朽肉而已。故吾营此邱墟不食之地，欲使易代之后不知其处。无施苇炭，无藏金银铜铁，一以瓦器，合古涂车、刍灵之义。棺但漆际会三过，饭含无以珠玉，无施珠襦玉匣诸愚俗所为也。”其次，举古例阐明厚葬非礼，薄葬乃得以保全尸骸，厚葬反为盗掘。“霸陵之完，功在（张）释之；原陵之掘，罪在明帝。”“自古及今，未有不亡之国，亦无不掘之墓也。丧乱以来，汉氏诸陵无不发掘，至乃烧取玉匣金缕，骸骨并尽，是焚如之刑也，岂不重痛哉！祸由乎厚葬封树。”再次，安排后妃葬事，部分废止了合葬。“其皇后及贵人以下，不随王之国者，有终没皆葬涧西，前又以表其处矣。盖舜葬仓梧，二妃不从，延陵葬子，远在嬴博，魂而有灵，无不之也，一涧之间，不足为远。”最后，严令继承者遵守此诏，违者将重罪之：“若违今诏，妄有所变改造施，吾为戮尸地下，戮而重戮，死而重死！臣子为蔑死君父，不忠不孝，使死者有知，将不福汝！其以此诏藏之宗庙，副在尚书、秘书、三府。”[3]与此同时，曹丕对于远在邺都的高陵也进行了改造，毁弃了陵园地面建筑。

曹魏传三世，共有五位皇帝，魏文帝葬首阳陵，明帝曹睿葬高平陵，再加上追封魏武帝的高陵，是为曹魏的三座皇陵。由于实行“阴葬”，地表未留下建筑遗迹，首阳山二陵陵址均已失考，其陵寝制度无从探究。明帝以后，嗣帝曹芳被司马氏废为齐王，入晋受封为邵陵县公，卒于晋武帝泰始十年（274年），葬所失考。废帝高贵乡公曹髦被司马氏亲信刺杀于南阙，葬以王礼，“葬高贵乡公于洛阳西北三十里瀍涧之滨，下车数乘，不设旌旐”[4]。末主曹奂禅位于晋，降封陈留王，卒于惠帝太安元年（302年），唐杜佑《通典》以至明清地方志多记其葬故邺城之西。有人认为其墓在今河北临漳赵彭村西南，墓域南北30米、东西22米，有4.7米高的封土，附近还有“甄皇后陵”等[5]。曹魏三废帝皆葬不如礼，其墓葬因而没有制度性的意义。

1951年，山东东阿发掘了曹操之子陈思王曹植（卒于太和六年，232年）墓[6]，该墓由甬道、前室、后室几部分组成，全长11.40米，出土墓砖上有“陈王陵”铭，可以佐证墓主身份，但未经科学发掘、记录。1956年在洛阳涧西发掘了一座前后两室且前室带耳室的

---

1 ［唐］房玄龄等：《晋书》卷二〇《礼志中》，吴则虞等点校本，中华书局，1974年，第632页。

2 刘毅：《从西高穴大墓的发现谈古代陵寝制度研究》，本书编辑组编《传统中国社会与明清时代——冯尔康先生八十华诞纪念论文集》，天津人民出版社，2013年，第439—449页。

3 ［晋］陈寿：《三国志》卷二《魏书·文帝纪》，陈乃乾点校本，中华书局，1982年，第81—82页。

4 ［晋］陈寿：《三国志》卷四《魏书·三少帝纪》裴松之注引《汉晋春秋》，陈乃乾点校本，中华书局，1982年，第146页。

5 河北省临漳县文物保管所：《邺城考古调查和钻探简报》，《中原文物》1983年第4期。

6 郡萍：《曹植墓》，《中国文物报》1992年12月20日；刘玉新：《山东省东阿县曹植墓的发掘》，《华夏考古》1999年第1期。另在河南通许县长智乡后七步村亦有一曹植墓，认定为衣冠冢。

曹魏墓[1]，因出土物有"正始八年"（247年）铭铁帐钩和玉杯、博山炉等，有人认为可能与曹魏陵墓有关。2009—2010年，因连霍高速公路改扩建工程，原洛阳市第二文物工作队对孟津朱仓东汉陵园西侧的魏长平侯曹休（曹操族子，卒于太和二年，228年）墓进行了抢救性考古发掘[2]。该墓墓道朝东，土坑砖券结构，无封土。斜坡墓道长35米，墓室由甬道和前室、耳室、北侧室、南双侧室、后室几部分组成，地表铺砖，墓壁涂有白灰，可能有彩绘装饰。该墓为多人合葬墓，因在后室中出土"曹休"铜印而使墓主身份得以判定。这几座皇族墓葬对于探索曹魏陵墓制度有一定的参照意义。

魏国实行薄葬、不封不树的最直接原因是鉴于"丧乱以来，汉氏诸陵无不发掘，至乃烧取玉匣金缕，骸骨并尽"[3]的惨状，加以耽心树敌过多，为确保身后之安宁而为之。曹操本人即曾指使官兵大肆盗墓，陈琳为袁绍所作讨曹檄文谓："梁孝王，先帝母弟，坟陵尊显，松柏桑梓，犹宜恭肃。操率将吏士，亲临发掘，破棺裸尸，掠取金宝，至令圣朝流涕，士民伤怀。又署发丘中郎将、摸金校尉，所过毁突，无骸不露。"[4]在这个大背景下，流风所及，不仅帝王，其他文武官员的丧葬也都趋于简化。不过，当时有些"薄葬"之说仅仅是为了防盗的欺人之语。南朝盛弘之《荆州记》记载："冠军县东，有魏征南将军司张詹墓，刻其碑背曰：'白楸之棺，易朽之裳，铜铁不入，瓦器不藏。嗟矣后人，幸勿我伤。'至元嘉六年（429年），民饥，始被发，金银朱漆之器，雕刻烂然。"[5]《水经注》中也有内容相近的记载，并谓其"墓不甚高，而内极宽大"[6]；所谓"薄葬"、"厚葬"，其实都是相对的。

曹丕既将"高陵上殿皆毁坏，车马还厩，衣服藏府"，则曹魏应该没有祭陵礼仪，但从文献记载来看，仍有偶尔的谒陵行为（仅仅是拜谒，不一定是正式的祭祀行为）。正始十年（249年）正月，魏帝曹芳率宗室曹爽等谒高平陵，司马懿乘机关闭城门，发动政变，将曹爽等夷灭三族，完全控制了曹魏政权。

二、蜀汉与东吴的帝王陵墓

蜀、吴二国虽未明文废弃陵寝制度，但陵寝建制亦趋于简陋，包括以复兴汉朝自任的蜀汉也没有完全依汉制建陵。

蜀汉传二世，共有两位皇帝，即汉昭烈帝刘备和后主刘禅。刘禅降魏，被司马氏迁居于洛阳，具体葬所不详。昭烈帝崩于白帝城，还葬成都，《三国志·蜀书》记其陵名曰惠陵，甘皇后、吴皇后合葬。一般认为汉昭烈帝惠陵在成都南郊，今昭烈庙武侯祠西旁之土冢即是，曾有人专门撰文论证其真[7]。惠陵封土为圆形，现存部分周长180米、高12米，下部环砌以条石。封土前有拜厅、神道石像生、宫门等，皆为明清以来建筑

1 李宗道等：《洛阳16工区曹魏墓清理》，《考古通讯》1958年第7期；洛阳市文物工作队：《洛阳曹魏正始八年墓发掘报告》，《考古》1989年第4期。

2 洛阳市第二文物工作队：《洛阳孟津大汉冢曹魏贵族墓》，《文物》2011年第9期；洛阳市文物考古研究院：《洛阳朱仓东汉陵园遗址》，中州古籍出版社，2014年，第115—118页。

3 ［晋］陈寿：《三国志》卷二《魏书·文帝纪》，陈乃乾点校本，中华书局，1982年，第82页。

4 ［南朝宋］范晔：《后汉书》卷七四上《袁绍传》，宋云彬等点校本，中华书局，1965年，第2396页。

5 ［唐］欧阳询等编《艺文类聚》卷四〇"礼部下·冢墓"引南朝盛弘之《荆州记》，汪绍楹点校本，上海古籍出版社，1982年，第731页。

6 ［北魏］郦道元：《水经注》卷二三"阴沟水"，陈桥驿《〈水经注〉校证》本，中华书局，2007年，第689页。

7 梅铮铮等：《对惠陵若干问题的再认识》，《四川文物》1998年第6期；清明子：《读惠陵史料札记》，《四川文物》2001年第5期。

图4—3　四川成都汉昭烈帝惠陵拜斤、墓碑

（图4—3）。墓冢以东为昭烈帝庙，相传始建于蜀汉。如此传说可靠，参照东汉制度，今昭烈庙的前身应该是汉惠陵的寝殿。

东吴传三世，共有四位皇帝，即吴大帝孙权、废帝会稽王孙亮、景帝孙休、末帝乌程侯孙皓。孙权即位，追谥父孙坚为武烈皇帝，尊其墓曰高陵。《三国志》记载："坚薨，葬曲阿。"裴松之注引《吴录》云：孙权称帝，"尊坚庙曰始祖，墓曰高陵"[1]。曲阿即今江苏丹阳，清乾隆修《丹阳县志》云：吴高陵在县西十里吴陵港。一说"苏州盘门外三里，武烈皇帝孙坚所葬，曰高陵。妻吴夫人、子长沙王策，皆附焉"[2]。在苏州盘门外传说"孙坚孙策墓"处，确实清理发现过2座六朝早期的墓葬[3]，但墓主身份仍有待进一步研究。史载吴大帝孙权葬蒋陵，在钟山之阳；宣明太子孙登之墓亦在附近。孙登为孙权长子，为正嫡二十一年，先卒于赤乌四年（241年）五月，"初葬句容，后三年移葬锺山西蒋陵，置园邑奉守"[4]。传说吴蒋陵在南京紫金山明孝陵前的梅花山，《七修类稿》记载："孝陵城西门内有吴孙权墓。"[5]据南京市文物考古研究所等单位遥感探测，梅花山上确实有大墓迹象，但其年代、结构等具体内涵不详。会稽王孙亮被废，葬所不详，一说西晋时被迎葬丹阳赖乡。景帝孙休葬定陵，其处所六朝史籍缺载，南宋以来有"吴景帝陵在当涂县东二十五里"[6]之说。末帝孙皓降晋，降封归命侯，死葬洛阳，具体情况不详。

1 ［晋］陈寿：《三国志》卷四六《吴书·孙破虏讨逆传》，陈乃乾点校本，中华书局，1982年，第1101页。
2 ［清］谈迁：《枣林杂俎》"中集·营建"，罗仲辉等点校本，中华书局，2006年，第409页。
3 苏州博物馆考古组：《"孙策孙坚墓"的清理和看法》，《文博通讯》1982年第6期。
4 ［唐］许嵩：《建康实录》卷二《吴中·太祖下》，张忱石点校本，中华书局，1986年，第48页。
5 ［明］郎瑛：《七修类稿》卷一四《国事类·南都二墓》，中华书局，1959年，第148页。
6 ［宋］王象之《舆地纪胜》卷一八《江南东路·太平州·古迹》，影印清道光二十九年据文选楼影宋抄本刊印岑氏惧盈斋本，第1册，中华书局，1992年，第838页。

1987年，安徽马鞍山市雨山区宋山村发掘了一座规模较大、结构复杂、装饰精美的东吴砖室墓，发掘者认为可能是东吴景帝的定陵[1]（图4—4）。该墓上原有覆斗形封土，长28米、宽14米、高3.5米。墓室砖砌，由前后甬道、石门、横前室、左右侧室、石门、甬道和后室组成，前有斜坡墓道和封门墙；全长17.68米，墓向135°。其中后室长6.27米，左右两壁略向外弧突，最宽处2.61米，高3.65米；室内大部分为砖砌棺床，长4.82米、高0.34米，墓室内被熏成漆黑色。棺床上发现一具残棺和人骨，为单人葬（图4—5）。

图4—4　安徽马鞍山宋山村东吴墓前室门

1991年发掘的湖北鄂州鄂钢饮料厂一号墓，结构与宋山大墓基本相同，只是规模略小，根据墓中出土弩机铭文，发掘者推测墓主可能是东吴宗室都乡侯孙邻[2]。江苏江宁上坊发掘的一座孙吴晚期宗室贵族墓，前后2个主室，还各有2个耳室，全长20.16米[3]，为目前已知规模最大的东吴墓葬。这两座墓葬和马鞍山“定陵”的发现，对于东吴帝陵的探寻及其制度研究提供了重要的资料。

和蜀汉一样，东吴皇族墓上也有封土，除考古发掘资料外，还见于文献记载：“吴孙峻杀朱主，埋于石子冈。归命（孙皓）即位，将欲改葬之，冢墓相亚，不可识别。”[4]“朱

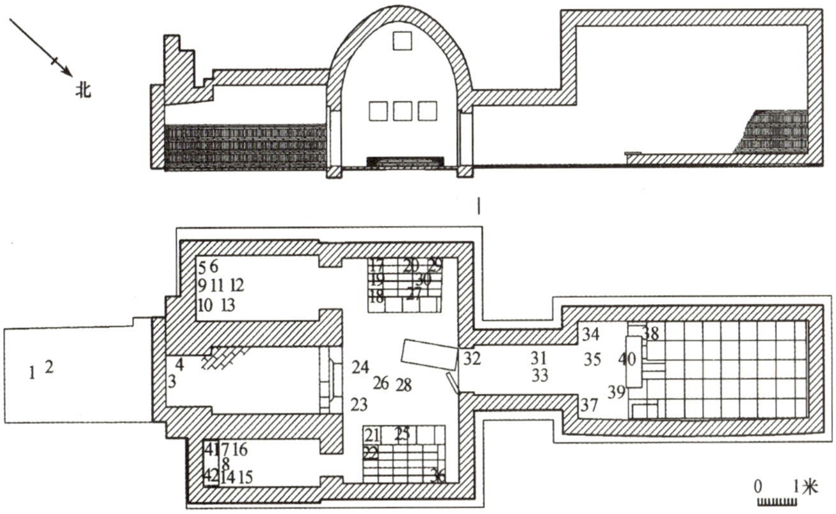

图4—5　安徽马鞍山宋山村东吴墓平面图（引自王俊主编《马鞍山六朝墓葬发掘与研究》，2008年）

1 安徽省文物考古研究所等：《安徽马鞍山宋山东吴墓发掘简报》，《江汉考古》2007年第4期；后收入王俊主编《马鞍山六朝墓葬发掘与研究》，科学出版社，2008年，文字及插图稍有改动。栗中斌：《马鞍山市宋山墓的年代和墓主身份考》，《东南文化》2007年第4期。

2 鄂州博物馆等：《湖北鄂州鄂钢饮料厂一号墓发掘报告》，《考古学报》1998年第1期。

3 南京市博物馆等：《南京江宁上坊孙吴墓发掘简报》，《文物》2008年第12期。

4［晋］干宝：《搜神记》卷二，钱振民点校本，岳麓书社，1989年，第17页。

主”为孙权之女，步夫人出，嫁朱据；因不支持废孙和（孙皓之父）改立孙亮为太子而被害。“冢墓相亚，不可识别”，说明她有墓冢，但却没有明确的碑刻等标记。又，孙皓左夫人张氏薨，“皓哀愍思念，葬于苑中，大作冢，使工匠刻柏作木人，内冢中以为兵卫，以金银珍玩之物送葬，不可称记”[1]。因为丧葬规模浩大，以至有人讹传死者实为孙皓本人。

东吴祭祀先陵史有明文：吴大帝太元元年（251年）“冬十一月，幸曲阿，祭高陵”[2]。吴高陵上多有松柏，可能还有石碑，太元元年“秋八月朔，大风，江海涌溢，平地深八尺，吴高陵松柏斯拔”[3]；“八月朔，大风，江海涌溢，平地水深八尺，拔高陵树二株，石碑蹉动”[4]。宝鼎元年（266年）十月，“永安山贼施但等聚众数千人，劫皓庶弟永安侯谦出乌程，取孙和陵上鼓吹、曲盖”[5]。乌程在今浙江湖州迤南，孙和曾被立为太子，后被废。孙皓即位，追谥为昭献皇帝，又改谥曰文皇帝；“改葬明陵，置园邑二百家”[6]。孙和之明陵上既有鼓吹、曲盖，进一步证明东吴应该有陵园设施和相应的奉祀活动；蒋陵、明陵等园邑之设，当是仿拟汉制，惟未见详细记载。

第二节　晋代皇陵制度

曹魏末年，司马懿和司马师、司马昭父子三人相继把持朝政，魏帝名存实亡。咸熙二年（265年），司马昭之子司马炎逼迫魏元帝曹奂禅让皇位，自立为帝，建立晋朝，定都洛阳，史称西晋；西晋皇陵在今河南偃师。西晋灭亡，远在建康（今江苏南京）的西晋丞相司马睿（晋宣帝司马懿之曾孙、琅琊王司马覲之子）称帝，是为晋元帝，徙都建康，史称东晋；东晋皇陵在今江苏南京。

一、西晋五陵

西晋传三世，共四帝。司马炎在位26年，谥曰武帝；子惠帝司马衷袭位。晋惠帝是历史上著名的白痴皇帝[7]，即位之次年即公元291年，就爆发了宗室内部争夺皇权的“八王之乱”，连续长达16年的混战把晋王朝推向了灭亡的边缘，48岁的晋惠帝也最终被人毒死。此后10年间，武帝少子怀帝司马炽、孙愍帝司马邺相继即位，二人皆死于非命，未能如制建陵。西晋灭亡，北方陷入了百余年少数民族入侵和军阀混战的社会大动荡之中。

晋武帝追尊祖父司马懿为宣帝、伯父司马师为景帝、父司马昭为文帝，其墓皆称陵。所以西晋总共有5座皇陵，即晋宣帝葬高原陵、晋景帝葬峻平陵、晋文帝葬崇阳陵、晋武帝葬峻阳陵、晋惠帝葬太阳陵。司马懿曾“预作终制：于首阳山为土藏，不坟不树。作《顾

1 ［晋］陈寿《三国志》卷五〇《吴书·妃嫔传》裴松之注引《江表传》，陈乃乾点校本，中华书局，1982年，第1202页。

2 ［唐］许嵩：《建康实录》卷二《吴中·太祖下》，张忱石点校本，中华书局，1986年，第60页。

3 ［晋］陈寿：《三国志》卷四七《吴书·吴主传》，陈乃乾点校本，中华书局，1982年，第1148页。

4 ［南朝梁］沈约：《宋书》卷三四《五行志五》，王仲荦点校本，中华书局，1974年，第981页。

5 ［晋］陈寿：《三国志》卷四八《吴书·三嗣主传》，陈乃乾点校本，中华书局，1982年，第1166页。

6 ［唐］许嵩：《建康实录》卷四《吴下·后主》，张忱石点校本，中华书局，1986年，第89页。

7 据［唐］房玄龄等《晋书》卷四《惠帝纪》记载，惠帝“尝在华林园，闻虾蟆声，谓左右曰：‘此鸣者为官乎，私乎？’或对曰：‘在官地为官，在私地为私。’及天下荒乱，百姓饿死，帝曰：‘何不食肉糜？’其蒙蔽皆此类也”。吴则虞等点校本，中华书局，1974年，第108页。

命》三篇，敛以时服，不设明器，后终者不得合葬”[1]。西晋五陵在汉魏洛阳城东，实行“不封不树”葬法，地表基本不留痕迹，并且严禁后嗣祭陵，所以晋以后其陵址逐渐模糊。关于五陵的具体位置，晋人记载云：“北邙东则干脯山，山西南晋文帝崇阳陵，陵西武帝峻阳陵。邙之东北宣帝高原陵、景帝峻平陵，邙之南则惠帝陵也。”[2]1917年和1930年，晋中书侍郎荀岳和晋武帝贵人左棻（左思之妹）的墓志相继出土，为寻找晋陵提供了重要的参照系[3]。1982—1983年，中国社会科学院考古研究所汉魏故城工作队查明了荀岳墓志的确切出土地点，确认了晋陵所在，进而发掘了晋文帝的崇阳陵、铲探了晋武帝的峻阳陵[4]。

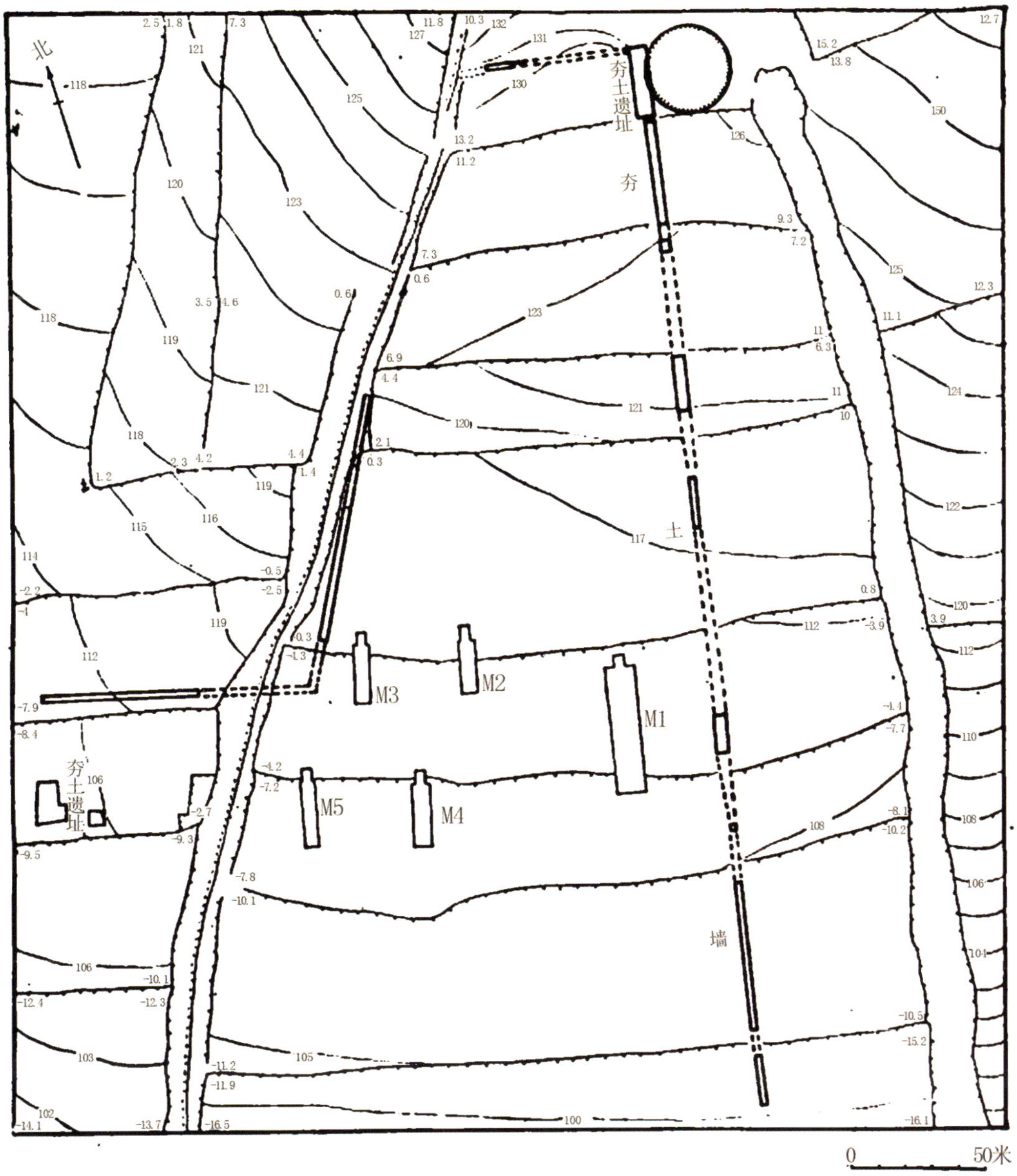

图4—6　河南偃师晋文帝崇阳陵（枕头山墓地）地形图（引自《考古》1984年第12期）

1 ［唐］房玄龄等：《晋书》卷一《宣帝纪》，吴则虞等点校本，中华书局，1974年，第20页。

2 ［晋］傅季友《为宋公至洛阳谒五陵表》唐李善注引晋郭缘生《述征记》，《（昭明）文选》卷三八，上海古籍出版社，1986年，第1726页。

3 蒋若是：《从“荀岳”、“左棻”两墓志中得到的晋陵线索和其它》，《文物》1961年第10期。

4 中国社会科学院考古研究所洛阳汉魏故城工作队：《西晋帝陵勘察记》，《考古》1984年第12期。

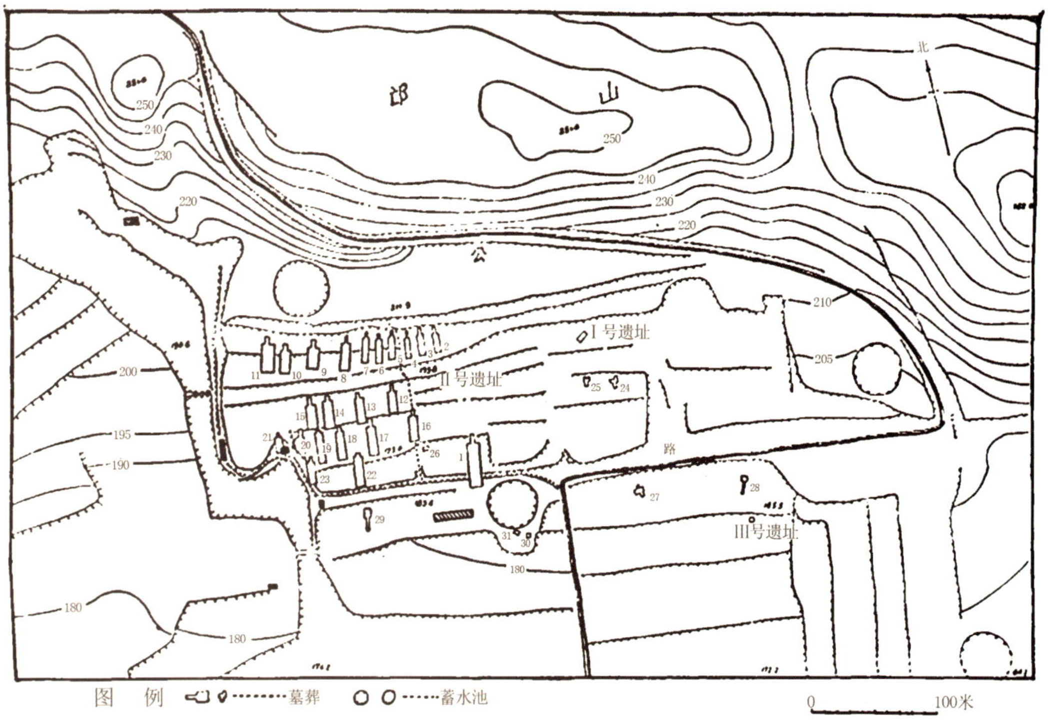

图4—7　河南偃师晋武帝峻阳陵（南蔡庄村墓地）地形图（引自《考古》1984年第12期）

晋崇阳陵在汉魏洛阳城东北邙山余脉干脯山（今名枕头山，在后杜楼村北1.5公里处）西南，陵墓建在自北向南延伸的缓坡上。陵域内共探出5座墓，其中1号墓规模最大，位于整个墓区的东部稍偏南，为晋文帝之陵（图4—6）。墓室平面呈“凸”字形，单室、单墓道，墓道长46米、宽11米，墓室长4.5米、宽3.7米、高2.5米。这种大墓道而小墓室的平面布局在历代皇陵中十分少见。其余4座墓分布于崇阳陵西，分作两排，墓主应该是妃嫔之属。其结构也是单室土洞墓，由墓道、甬道、墓室三部分组成，墓室系掏挖生土建成，墓壁未作进一步粉饰，地表铺青砖，青石墓门。其中4号墓、5号墓经过发掘，已多次被盗（区域中其他大小墓无盗洞者极少），室内葬一人，骨殖零乱，残存随葬品有涂朱陶盘碗、长方形石板、涂彩蚌片、残铜扣等，还有银白色串珠和桃形金叶等物出土。从墓室大小来看，应该是单人葬。在整个墓葬区周围的东、北、西三面铲探出不连续的陵园宫墙遗迹，陵园范围内还发现若干建筑遗迹。

晋峻阳陵在崇阳陵以西，今南蔡庄村北2.5公里处。其墓葬形式与崇阳陵相似，也是大墓道小墓室的单室土洞墓，主墓在东，墓道长36米、宽10.5米，墓室长5.5米、宽3米、高2米，墓主为晋武帝司马炎。主墓之西有22座陪葬墓，自下而上分为四排，一排2座，二排6座，三排4座，四排10座（图4—7），墓主分别是武帝的后妃、贵人等，左棻墓应在其中。墓葬区周围没有发现陵垣遗迹。

根据崇阳、峻阳二陵的勘探发掘结果可知，晋陵墓室为规模稍大的土洞墓，多为单人葬，帝后妃嫔合葬于同一园域之中。各墓均被盗，出土文物不多，但仍有一定的随葬品。墓向大体朝南，皇帝在东，后妃在西，表明此时已经是以东为上。崇阳陵遗迹显示，西晋陵园可能有一定的地面建筑，并非完全“不封不树”。

从《晋书》等有关文献记载来分析，西晋偶尔有谒陵活动。“宣帝遗诏：‘子弟群官皆不得谒陵。’于是景、文遵旨，至武帝，犹再谒崇阳陵，一谒峻平陵，然遂不敢谒高原陵，至惠帝复止也”[1]，这大概是惩魏帝曹芳谒陵而曹爽被诛乃至失天下，司马氏预为之戒。《晋书》又记载泰始二年（266年）八月诏：“此上旬，先帝弃天下日也，便以周年，吾茕茕，当复何时一得叙人子之情邪！思慕烦毒，欲诣陵瞻侍。以尽哀愤，主者具行备。”[2]此为武帝二次谒陵其中之一谒。永平元年（291年）正月，惠帝“诏子弟及群官并不得谒陵”[3]。另外，西晋可能有帝后合葬制度。“泰始四年（268年），文明王皇后（武帝母）崩。将合葬，开崇阳陵，使太尉司马望奉祭，进皇帝密玺绶于便房神座。”[4]王皇后合葬，既“开崇阳陵”，应该是夫妻同穴合葬；但从崇阳陵主墓室之窄小来看，似乎也有异穴合葬的可能性。泰始十年（274年），武帝杨皇后崩，“葬于峻阳陵”[5]；至于后来晋武帝是否与其同穴，则史无明文。同据《晋书》记载：追封景帝司马师元配夏侯氏，魏明帝青龙二年（234年）“以鸩崩，时年二十四，葬峻平陵”；武帝即位，追尊为景怀皇后。司马师再娶羊氏，晋武帝即位后“号弘训太后”；“咸宁四年（278年），太后崩，时年六十五，祔葬峻平陵”[6]。这两处“葬”与“祔葬”用词的不同，或许反映了同穴合葬与同陵园而异穴合葬的区别。

东晋南渡，洛阳五陵沦落北方，但仍有所修葺。晋穆帝永和八年（352年）“二月，峻平、崇阳二陵崩。戊辰，帝临三日，遣殿中都尉王惠如洛阳，以卫五陵”；次年“八月，遣兼太尉、河间王钦修复五陵”[7]。查《晋书·五行志》记此事为：“穆帝永和七年九月，峻平、崇阳二陵崩。十二年十一月，遣散骑常侍车灌修峻平陵，开埏道，崩压杀数十人。”[8]按，这两条记载年代有出入，“崩”字用意不详，可能是地震损坏，也可能是人为盗毁。

二、东晋皇陵制度

东晋传四世、共十一帝。据《晋书》记载，元帝葬建平陵、明帝葬武平陵、成帝葬兴平陵、康帝葬崇平陵、穆帝葬永平陵、哀帝葬安平陵、简文帝葬高平陵、孝武帝葬隆平陵、安帝葬休平陵、恭帝葬冲平陵，废帝海西公死于吴，葬所失考。“晋十一帝有十陵，元、明、成、哀四陵在鸡笼山之阳，阴葬不起坟；康、简文、孝武、安、恭五陵在钟山之阳，亦不起坟。惟孝宗（穆帝）一陵在幕府山，起坟也。”[9]根据《建康实录》等文献记载以及最近几十年考古调查、发掘的结果，可知东晋诸帝多葬于建康城北诸山岗之阳，即今南京鸡鸣山、富贵山一带，有些已在明代南京城墙边际[10]。东晋十陵的大致分布情况是：元帝、明帝、成帝、哀帝四陵在鸡笼山之阳到鼓楼岗南麓，称“西陵”；康帝、简文帝、孝武帝、安帝、恭帝五陵在富贵山、覆舟山至紫金山之阳，称“东陵”；另有晋穆帝别葬于建康东北的幕府山（今名北崮山）南坡。

东晋诸帝陵多建于小山岗的南坡，墓室结构为凿山成穴、砖砌单墓室、拱券顶。据

1 ［唐］房玄龄等：《晋书》卷二〇《礼志中》，吴则虞等点校本，中华书局，1974年，第634页。
2 ［唐］房玄龄等：《晋书》卷二〇《礼志中》，吴则虞等点校本，中华书局，1974年，第615页。
3 ［唐］房玄龄等：《晋书》卷四《惠帝纪》，吴则虞等点校本，中华书局，1974年，第90页。
4 ［唐］房玄龄等：《晋书》卷二〇《礼志中》，吴则虞等点校本，中华书局，1974年，第633页。
5 ［唐］房玄龄等：《晋书》卷三一《武元杨皇后传》，吴则虞等点校本，中华书局，1974年，第954页。
6 ［唐］房玄龄等：《晋书》卷三一《景怀夏侯皇后传、景献羊皇后传》，吴则虞等点校本，中华书局，1974年，第949—950页。
7 ［唐］房玄龄等：《晋书》卷八《穆帝纪》，吴则虞等点校本，中华书局，1974年，第198、199页。
8 ［唐］房玄龄等：《晋书》卷二九《五行志下·山崩地陷裂》，吴则虞等点校本，中华书局，1974年，第900页。
9 ［唐］许嵩：《建康实录》卷八《晋中·孝宗穆皇帝》，张忱石点校本，中华书局，1986年，第228页。
10 蒋赞初：《南京东晋帝陵考》，《东南文化》1992年第3、4期。

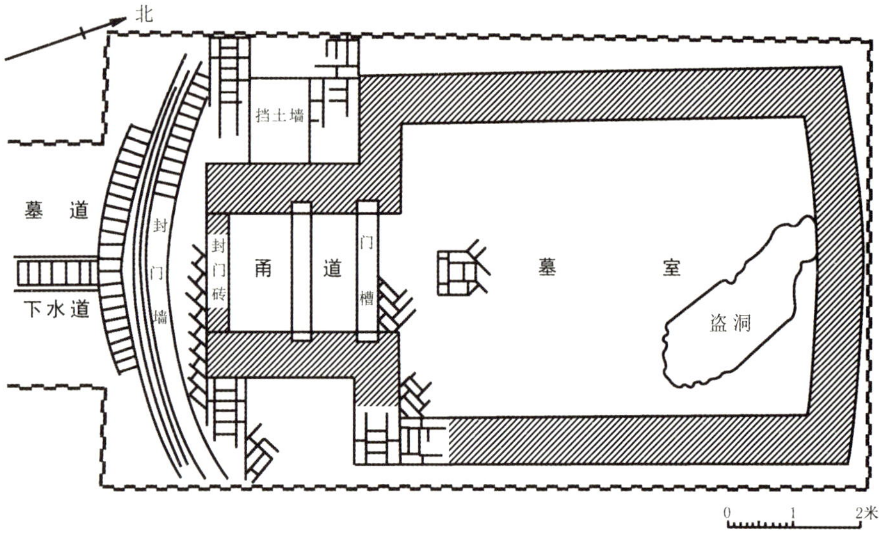

图4—8 江苏南京富贵山东晋帝陵玄宫平面图（引自《考古》1966年第4期）

《建康实录》记载，除穆帝永平陵“周四十步，高一丈六尺”外，其余诸陵均不起坟[1]。1960年，在南京富贵山南麓东端发现一石碣，其上刻“宋永初二年（421年）太岁辛酉十一月乙巳朔七日辛亥晋恭皇帝之玄宫”26字，石碣竖立在距明城墙15米、地表深约1米的山麓，下铺砖两层，砖上垫石灰。发掘者认为，石碣出土时未经扰乱，很可能就立于玄宫封门墙之前；从石碣出土的位置判断，西起太平门，东到香林寺2公里范围内的富贵山南麓是东晋的东五陵所在[2]。此石碣现藏南京市博物馆。

1964年，在晋恭帝玄宫石碣发现地点以西400米处发现一座东晋大墓[3]，发掘者认为墓主是晋恭帝，也有人认为是安帝或孝武帝[4]。墓葬凿山为穴，营造时先开凿一个长35 米、底宽 6.85米、口宽7.5米、深9米的大坑，然后用砖依次砌出墓室、甬道、墓道，再顺山势建排水暗沟。墓坑利用两山夹谷间的凹地凿出，墓室砌造完毕，再行填土，与周围山体表面平齐，回填土平均厚度7.1米。该墓由墓道、封门墙、甬道、墓室和排水沟几部分组成（图4—8）。墓道凿于岩石中，为长方形坑道，长13.5米，底宽4米，上宽4.3米，深4.3—5米，四壁垂直。墓道尽头为封门，由封门墙、封门砖、挡土墙三部分组成。甬道长2.7米、宽1.68米、复原高度约为3.35米，地表有两道沟槽，应为安装木门处，推断原有两道木门。墓室为单室结构，长7.06米、宽5.18米、残高2.4米、复原高度约为5.15米，地表铺7层砖，前部地面有一带铜网盖的阴井口，在第2层至第5层铺地砖之间留有一个宽高各0.11米的沟道，直通封门墙外的排水沟。排水沟亦建于地下，起于墓室前部正中的阴井口，至封门墙以外顺山势在岩石中凿出沟道，再以砖砌成5.5厘米×6厘米的通道，直通山下水塘，现存87.5米，估计原长度在100米左右。此墓早年被盗，破坏严重，可能是单人葬。

1 关于东晋皇陵是否有封土存在不同的看法。封土应该有严格的界定，它绝不等同于墓坑的回填土。东晋陵的墓圹开凿于山间凹地，建成后填土与两侧高地平齐，这是回填土，而不能算是封土。封土认定的核心标准是地表部分高大突出，标识意义明显，通常都是夯筑；并且封土要有明显的造型，无论方、圆，都要形状分明。

2 李蔚然：《南京富贵山发现晋恭帝玄宫石碣》，《考古》1961年第5期。

3 南京博物院：《南京富贵山东晋墓发掘报告》，《考古》1966年第4期。

4 李蔚然：《论南京地区六朝墓的葬地选择和排葬方法》，《考古》1983年第4期。

晋穆帝永平陵1980年发现于北崮山南麓，南距和平门约1.5公里[1]。其地原为高约20米、南北长50米、东西宽约200余米的土丘，削去土丘上部6米多后暴露出墓葬。该墓为平面呈“凸”字形的券顶砖室墓，方向225°（朝西南），由封门墙、甬道、墓室三部分组成。甬道平面长方形，券顶，内长2.9米、宽1.56米、高2.7米，甬道内铺地砖上有凹槽两道，两侧壁上发现有壁洞，凹槽分别伸进左右壁15厘米，凹槽内外发现一些锈蚀铁件，判断原有木门两道。甬道口有两堵封门墙，一在甬道内，一在甬道外，墓室平面近方形，券顶，室内长4.98米、宽4.24米、复原高4.03米。墓室后、前、甬道前各顺墓室东西向壁延出一道挡土墙。此墓多次被盗，葬制未经介绍，从墓中出土的一些珍贵随葬品如金银饰、瓷器、玻璃器以及塑龙虎形的步障座来看，应为东晋帝陵；另从南京博物馆藏吴五凤元年（254年）买地砖得知，东吴时今北崮山被称为“莫府山”，发掘者据此判定此墓为东晋穆帝之永平陵。

1972年在南京大学北园内发现一座东晋大墓[2]，由封门、甬道、墓室几部分组成，在墓室主室的东部还另有一侧室。主室北向略偏西，南北长4.4米，东西宽4米，甬道长3.04米、宽1.5米，侧室甬道长1.2米、宽1.1米，室长3.5米、宽1.46米；顶部已残毁，可能是穹窿顶。从墓葬形制和随葬品残余来分析，年代应为东晋早期。该墓为合葬墓，葬一男二女，主室中男东女西，侧室葬一女。此墓与东晋皇陵兆域相接，或亦为东晋某帝王陵墓。

东晋帝陵可能有一定的陵园建筑，还有人对于东晋帝陵前是否有石刻的问题进行过探讨[3]。从文献记载来看，东晋拜陵之风因循相长，“元帝崩后，诸公始有谒陵辞告之事。盖由眷同友执，率情而举，非洛京之旧也。成帝时，中宫亦年年拜陵，议者以为非礼，于是遂止，以为永制。至穆帝时，褚太后临朝，又拜陵，帝幼故也。至孝武崩，骠骑将军司马道子曰：‘今虽权制释服，至于朔望诸节，自应展情陵所，以一周为断。’于是至陵，变服单衣，烦黩无准，非礼意也。及安帝元兴元年（402年），尚书左仆射桓谦奏：‘百僚拜陵，起于中兴，非晋旧典，积习生常，遂为近法。寻武皇帝诏，乃不使人主诸王拜陵，岂唯百僚！谓宜遵奉。’于是施行。及义熙初，又复江左之旧”[4]。分析这段文字的前后因果，可以认为东晋的拜陵之礼，与其说是一种制度，毋宁说是一种风俗。和拜陵礼俗相关联，东晋帝陵前可能还会有寝庙等建筑，唐李商隐《晋元帝庙诗》中有云“弓剑神灵定何处，年年春绿上麒麟”，不过其所见者究竟是陵上寝殿还是宗庙，以及是否经后代改建重建等已不可知。

第三节　南朝皇陵制度

公元420年，汉楚元王刘交的裔孙刘裕废晋恭帝，建立宋朝，是为宋武帝。此后宋、齐、梁、陈四个王朝相继统治中国，史称“南朝”。南朝皇陵制度在东晋的基础上继续发展，地面建筑明显增多，墓室也更加注重装饰。

1 南京市博物馆：《南京北郊东晋墓发掘简报》，《考古》1983年第4期。

2 南京大学历史系考古组：《南京大学北园东晋墓》，《文物》1973年第4期。

3 李蔚然：《东晋帝陵有无石刻考》，《东南文化》1987年第3期。

4 ［唐］房玄龄等：《晋书》卷二〇《礼志中》，吴则虞等点校本，中华书局，1974年，第634页。

一、南朝皇陵的考古发现与研究

南朝宋传四世八帝，陵墓在今江苏南京东郊等地，共有皇陵6处。武帝葬蒋山初宁陵；少帝被废遇害，葬所失考；文帝葬长宁陵；孝武帝葬秣陵景宁陵；前废帝被杀，葬秣陵县南郊坛西，无陵号；明帝葬幕府山高宁陵；后废帝被杀，葬于秣陵郊坛西，无陵号；顺帝禅齐，死葬遂宁陵；另有宋武帝父母的合葬墓尊为兴宁陵。

南朝齐、梁皇室都是西汉开国丞相萧何的后代，两朝皇帝都归葬南兰陵郡（今江苏丹阳），其陵墓在今丹阳后港、云阳等地。公元479年，齐高帝萧道成代宋而立，传四世七帝。齐高帝葬武进泰安陵；武帝葬景安陵；文惠太子早卒被追尊为皇帝，葬崇安陵；郁林王、海陵王相继被废杀，葬以王礼；明帝葬兴安陵；东昏侯死于叛兵，降封，葬于丹阳；和帝被梁武帝废死，所葬曰恭安陵（明代《太平府志》云在安徽当涂）。另有追封的齐宣帝葬永安陵、景帝葬修安陵。齐共有皇陵7处。

梁武帝萧衍为齐高帝族子，公元502年称帝；传三世四帝。梁武帝葬修陵；简文帝葬庄陵；元帝与西魏作战，被俘死难，“梓宫播越非所”[1]；敬帝禅陈，葬地尚待探索。另有梁武帝之父文帝的陵墓号建陵。梁共有皇陵3处。

公元557年，陈霸先代梁而立，建立陈朝，是为陈武帝。陈传三世五帝，皇陵在今江苏南京市郊。据《陈书》记载，陈武帝葬万安陵；文帝葬永宁陵；废帝降称临海郡王，葬所不详；宣帝葬显宁陵；后主陈叔宝降隋，仁寿四年（604年）死，葬洛阳邙山。陈共有皇陵3处。

南朝四代共19座皇陵大多经过盗掘，陵园地面建筑早已不存。清末上海徐家汇天主堂司铎张璜对南京、句容、丹阳等地的梁代皇帝王侯陵墓进行了系统的调查，调查成果于民国元年（1912年）在上海最初以法文出版；1930年出版中文译本[2]。20世纪30年代，朱希祖和朱偰等以中央古物保管委员会名义的调查、中国营造学社成员刘敦桢的调查等工作都颇有成效[3]；当代

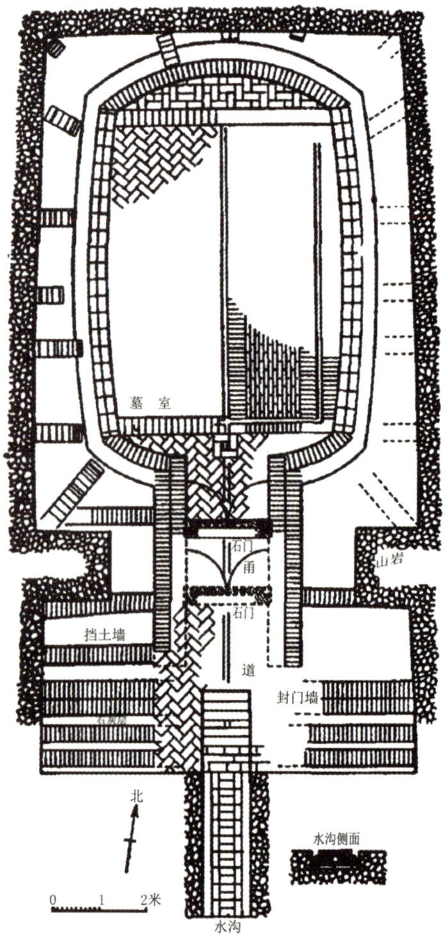

图4－9　南朝齐景帝修安陵玄宫平面图（引自《文物》1974年第2期）

1 ［唐］姚思廉：《梁书》卷六《敬帝纪》，卢振华点校本，中华书局，1973年，第144页。

2 张璜著，李卓译：《梁代陵墓考》，上海土山湾印书馆，1930年。《南京稀见文献丛刊》以原名横排重印该书，王志高点校，南京出版社，2010年。

3 中央古物保管委员会编辑委员会：《六朝陵墓调查报告》，中央图书馆印刷所，1935年（《南京稀见文献丛刊》以原名横排重印该书，王志高点校，南京出版社，2010年）；朱偰：《建康兰陵六朝陵墓图考》，商务印书馆，1936年；刘敦桢：《南京及附近古建遗址与六朝陵墓调查报告》、《对〈南京六朝陵墓第二次调查

研究者对于六朝陵墓的研究仍然主要集中在神道石刻方面，具体涉及内容十分广泛[1]。历年来的调查显示，南朝各陵墓神道石刻都遭到不同程度的破坏，还有一些仅剩少量石刻残余，所属陵墓本体早已失其基址所在。有研究者根据现存石刻风格判定墓葬年代及墓主，对于某些石刻归属的传统看法提出异议，进而分析不同王朝或时代的陵墓特点[2]。

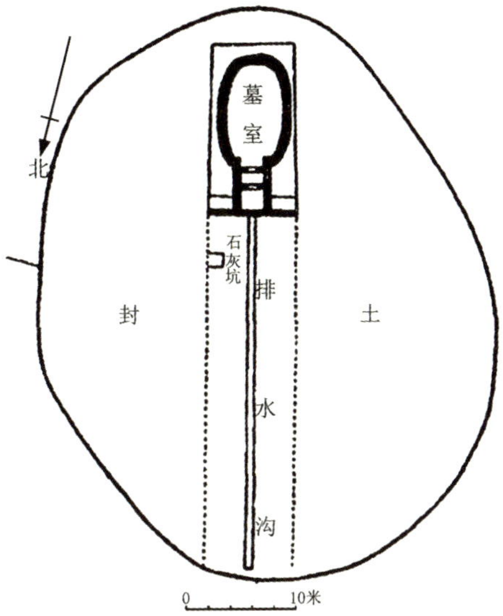

图4—10　南朝陈宣帝显宁陵封土、墓室、排水沟平面图（引自《考古》1963年第6期）

20世纪六七十年代，一些南朝帝陵先后经过考古发掘并确认墓主，包括丹阳胡桥仙塘湾齐景帝萧道生的修安陵[3]（图4—9），丹阳胡桥吴家村齐东昏侯萧宝卷之墓、丹阳建山金家村齐和帝萧宝融之恭安陵[4]，南京西善桥油坊村陈宣帝陈顼之显宁陵[5]；另外，还有墓主身份尚存在不同认识的南京西善桥宫山北麓南朝早期砖刻壁画墓等[6]。南朝帝陵墓室通常是砖砌拱券结构，单室，前有甬道；玄宫前一般有两道门槽，石门，门外为封门墙。和东晋十陵一样，为了解决南方多雨水、墓地潮湿的问题，南朝陵墓玄宫也都有完善的排水设施（图4—10）。

此外，江苏南京、丹阳等地还有数量更多的王侯墓，为南朝帝王陵墓制度研究提供了可信资料。

报告〉的补充》，《刘敦桢全集》第四卷，中国建筑工业出版社，2007年；刘敦桢：《南京附近六朝陵墓调查笔记》，《刘敦桢全集》第十卷，中国建筑工业出版社，2007年。

1 朱偰：《丹阳六朝陵墓的石刻》，《文物参考资料》1956年第3期；罗宗真：《六朝陵墓及其石刻》，《南京博物院集刊》第1辑，1979年；林树中：《南朝陵墓石刻研究》，《新美术》1981年第1期；刘凤君：《东汉南朝陵墓前石兽造型初探》，《考古与文物》1986年第3期；王恺：《南朝陵墓前石刻渊源初探》，《东南文化》1987年第3期；何汉南：《南朝陵墓石柱的来历》，《文博》1992年第1期；龚良：《陵墓有翼神兽石刻的发展及其艺术源流》，《华夏考古》1994年第1期；梁白泉主编：《南京的六朝石刻》，南京出版社，1998年；陈锽：《六朝石刻艺术四论》，《东南文化》2000年第5期；[日]曾布川宽著，傅江译：《六朝帝陵——以石兽和砖画为中心》，南京出版社，2004年；杨晓春：《南朝陵墓神道石刻渊源研究》，《考古》2006年第8期；南京博物院：《南朝陵墓石刻艺术》，文物出版社，2006年；霍巍：《六朝陵墓装饰中瑞兽的嬗变与“晋制”的形成》，《考古》2015年第2期。

2 罗宗真：《南朝宋文帝陵和陈文帝陵考》，《南京博物院集刊》第7辑，1984年；[日]町田章撰，劳继译：《南齐帝陵考》，《东南文化》第2辑，1986年；王志高：《南朝帝王陵寝初探》，《南方文物》1999年第4期；[日]曾布川宽著，傅江译：《六朝帝陵——以石兽和砖画为中心》，南京出版社，2004年；赵胤宰等：《南朝陵寝制度之渊源》，北京大学中国考古学研究中心等编《古代文明》第4卷，文物出版社，2006年。

3 南京博物院：《江苏丹阳胡桥南朝大墓及砖刻壁画》，《文物》1974年第2期。

4 南京博物院：《江苏丹阳胡桥县胡桥、建山两座南朝墓葬》，《文物》1980年第2期；邵玉健：《丹阳两座南朝失名陵墓墓主考》，《东南文化》1989年第2期。

5 罗宗真：《南京西善桥油坊村南朝大墓的发掘》，《考古》1963年第6期。

6 南京博物院等：《南京西善桥南朝墓及其砖刻壁画》，《文物》1960年第8、9期；[日]町田章撰，劳继译：《南齐帝陵考》，《东南文化》第2辑，1986年；韦正：《南京西善桥宫山“竹林七贤”壁画墓的时代》，《文物》2005年第4期。

二、南朝皇陵制度的特点

南朝皇陵处在魏晋以后中国古代陵寝制度的逐步恢复时期，时代特征鲜明。

第一，和两汉皇陵卜选于高爽之地、一律坐西朝东或坐北朝南不同，南朝诸皇陵为近山而葬，陵址的卜选注重风水环境。风水术，也称“堪舆术”，汉代初见端倪。据《后汉书·袁安传》记载：“安父没，母使安访求葬地，道逢三书生，问安何之，安为言其故，生乃指一处，云：‘葬此地，当世为上公。’须臾不见，安异之。于是遂葬其所占之地，故累世隆盛焉。”[1]一般认为这是比较可信的风水术用于墓地选择的最早记载。东晋以后堪舆之风大盛，《世说新语》记载说东晋明帝司马绍会相阴宅，还亲自去看过郭璞为别人相择的墓地。南朝皇帝对于墓地风水有一定程度的迷信，如宋武帝“皇考墓在丹徒之候山，秦史所谓曲阿、丹徒间有天子气者也。时有孔子恭者，善占墓，帝尝与经墓，问之曰：‘此墓何如？’子恭曰：‘非常地也。’帝由是益自负”[2]。又如梁“昭明太子葬其母丁贵嫔，遣人求墓地之吉者”，后来竟由此事导致与梁武帝之间的父子猜嫌[3]。从现存遗迹观察，南朝时期一般认为背靠山峦、面对平川的“山冲”之地是上吉佳穴，墓室建筑在山坡上，玄宫修筑工程完毕，墓坑还土，陵前石刻等安置在平地。由于随山势建陵，所以墓室的朝向并不完全一致，不都是正南或正东，有些随山势而定，墓道有的朝南，也有的朝东、朝西，陈宣帝之显宁陵的墓室则朝向正北（即坐南朝北，俗称“倒坐”），这在历代帝王陵墓中是比较罕见的。

第二，南朝皇陵的规模远不及汉陵，不仅墓室狭小，有些地面封土也不很明显，但已经和两晋的“不封不树”葬法有了明显的区别。从文献记载来看，南朝诸陵墓应该有明确的封域，有些还有四界标识。北宋“政和间有人于蒋庙侧得石柱，题云‘初宁陵西北隅’。以此考之，其坟去蒋庙不远”[4]。据《旧唐书》记载：“梁武帝父丹阳尹顺之，追尊为太祖文帝，先葬丹徒，亦尊为建陵。武帝即大位后，大同十五年，亦朝于建陵，有紫云荫覆陵上，食顷方灭。梁主著单衣介帻，设次而拜，望陵流哭，泪之所沾，草皆变色。陵傍有枯泉，至时而水流香洁。因谓侍臣曰：‘陵阴石虎，与陵俱创二百余年，恨小，可更造碑石柱麟，并二陵中道门为三阘。’”[5]按照此记载，梁建、修二陵皆有“中道门”，其地面建筑应该是比较完备的。南朝各陵有加筑封土和不加筑封土两种情况，据《建康实录》记载，宋武帝初宁陵、宋文帝长宁陵、陈武帝万安陵、陈文帝永宁陵皆有一丈四尺至二丈的封土；《北史》更说陈武帝“其为坟茔甚大”[6]。据考古发掘时实测，南京西善桥油坊村陈宣帝之显宁陵封土高10米[7]。也有人认为：山势高则不起坟，山势低则起坟，墓依山而葬，都在高地，可以认为起坟，若以山来看，棺椁均在墓坑内，又可看作不起坟，

1 ［南朝宋］范晔：《后汉书》卷四五《袁安传》，宋云彬等点校本，中华书局，1965年，第1522页。

2 ［唐］许嵩：《建康实录》卷一一，张忱石点校本，中华书局，1986年，第361页。

3 ［宋］司马光：《资治通鉴》卷一五五《梁纪十一》武帝中大通三年，“标点资治通鉴小组”校点本，中华书局，1956年，第4808页。

4 ［宋］马光祖修，周应合纂：《景定建康志》卷四三“风土志二·古陵·宋武帝陵·考证”，《宋元方志丛刊》第2册，影印《四库全书》本，中华书局，1990年，第2020页。

5 ［五代晋］刘昫等：《旧唐书》卷二五《礼仪志五》，朱东润等点校本，中华书局，1975年，第972页。按，梁武帝大同十二年（546年）四月改元中大同，故大同无十五年。查《梁书》卷三《武帝纪下》、《南史》卷七《梁纪中》，记载梁武帝回乡祭陵事都在大同十年（544年）三月，故此处“大同十五年”当系“大同十年”之误。

6 ［唐］李延寿：《北史》卷八四《孝行传·王颁》，陈仲安等点校本，中华书局，1974年，第2835页。

7 罗宗真：《南京西善桥油坊村南朝大墓的发掘》，《考古》1963年第6期。

所以这些记载实质是一样的[1]。事实上，封土是墓葬的重要设施，认定封土应该有严格的界定，没有明显的外形和标识意义者不能算是封土。

南朝皇陵还继承了东汉以来陵墓前安置石刻的做法，在神道两侧陈设墓碑和石像生，并且使之制度化。曹魏明帝大建宫室，参军杨伟谏曰："今作宫室，斩伐生民墓上松柏，毁坏碑、兽、石柱，辜及亡人，伤孝子心，不可以为后世之法则。"[2]据此可知，陵墓前置碑、兽、石柱等至汉末已经普遍化，西晋初曾明令禁用："晋武帝咸宁四年（278年），又诏曰：'此石兽碑表，既私褒美，兴长虚伪，伤财害人，莫大于此。一禁断之。其犯者虽会赦令，皆当毁坏。'至元帝太兴元年（318年），有司奏：'故骠骑府主簿故恩营葬旧君顾荣，求立碑。'诏特听立。自是后，禁又渐颓，大臣长吏，人皆私立。"[3]南朝时期，禁令松弛，梁天监六年（507年），"申明葬制，凡墓不得造石人兽、碑，唯听作石柱，记名位而已"[4]。南朝帝王陵墓前基本都有石刻，其遗存主要分布于今江苏南京市郊、丹阳城郊以及南京附近的江宁、句容等县原南朝帝王陵墓前，目前已确认30余处，除皇陵外，还有将近20处是属于王侯的，有些已经遭到不同程度的破坏，还有一些则被移至博物馆等单位保存。南朝帝王陵墓石刻的内容主要是瑞兽、神道柱和神道碑等。

石瑞兽作行走狮子形，背生两翼，形象生动，神采飘逸，雕刻非常精细，时代特征鲜明。皇帝和王侯陵墓前的石兽有明显的等级差别，朱偰在《建康兰陵六朝陵墓图考·六朝陵墓之特点》中说：诸皇陵"皆前列二麒麟（左者往往双角，右者往往独角）"，"诸王之墓，则不得用麒麟，往往前列辟邪"。该论断与现存南朝陵墓石刻状况基本吻合。帝陵所用瑞兽头顶上均有单角或双角，一般双角者在东侧（左侧），称曰"天禄"；单角者在西侧（右侧），名曰"麒麟"。王侯所用瑞兽头上无角，称为"辟邪"。南朝梁萧子显在《南齐书》中记述宋文帝长宁陵有"表阙骐驎"；并且说其"骐驎及阙，形势甚巧，宋孝武帝于襄阳致之，后诸帝王陵皆模范而莫及也"[5]。如此，南朝帝陵前的这类石兽应以"麒麟"为名较为妥当。除各陵神道的石兽外，丹阳陵口齐梁陵墓区的入口处也有一对瑞兽东西夹峙而立，是进入陵墓区的标志。《嘉定镇江志》记载：丹阳陵口"有港名萧港，直入陵口。陵前有石麒麟，高

图4—11　南朝丹阳陵口东侧石麒麟

1 罗宗真：《六朝陵墓埋葬制度综述》，《中国考古学会第一次年会论文集（1979）》，文物出版社，1980年。

2 ［晋］陈寿《三国志》卷九《魏书·诸夏侯曹传》裴松之注引《世语》，陈乃乾点校本，中华书局，1982年，第284页。

3 ［南朝梁］沈约：《宋书》卷一五《礼志二》，王仲荦点校本，中华书局，1974年，第407页。案，太兴元年，《宋书》作"太兴"，一般写作"大兴"。

4 ［唐］魏徵等：《隋书》卷八《礼仪志三》，汪绍楹等点校本，中华书局，1973年，第153页。

5 ［南朝梁］萧子显：《南齐书》卷二二《豫章文献王嶷传》，王仲荦点校本，中华书局，1972年，第414页。

图4—12　南朝梁萧景墓神道石柱柱头

图4—13　南朝梁萧憺墓碑

丈余"[1]。上海图书馆藏清乾隆重修《丹阳县志》也记载，"梁时公卿行陵，由方山下秦淮河达丹阳运河，经萧港口，直达庄陵、修陵、建陵"；"而于此河口特置石麒麟二，以为标识，故名陵口"。此一对石麒麟至今犹存，东侧者为双角，双足已缺，身长4米，残高3.6米（图4—11）；西侧者为独角，双足已缺，身长3.95米，残高2.9米。从造型特征来看，南朝陵墓石兽对于东汉有明显的继承关系。

神道石柱，也称"标"或"表"，分为上、中、下三部分。上部为柱头，一般都做成圆盘状莲花座式，顶端另有一个小辟邪。中部为柱身，圆柱形，刻瓜棱状直线条纹，柱额处嵌一长方形小石碑，其上阴刻"某官某人（墓主官爵姓名）之神道"字样。下部为基座，分上下两层，上层略呈圆形，刻瑞兽或螭龙等，下层为方形石座。神道石柱也是成对夹立于神道两侧，柱额碑文一般是一为正文，一为反文（文字如图章般反刻）。梁吴平忠侯萧景墓前的神道石柱是已知南朝陵墓神道石柱中保存最好、也是最精美的一件（图4—12），位于南京栖霞十月乡太平村。石柱通高6.5米，长方形柱额正面楷书反文"梁故侍中中抚将军开府仪同三司吴平忠侯萧公之神道"，额下浮雕袒胸力士和交结绳索纹。

石碑即墓主之墓碑，正面用南朝流行的楷体字刻碑文，碑侧浅浮雕瑞兽花草，大多分成八格。碑额圆首，上部题碑铭，下为穿，两侧浮雕交绕的盘龙。碑下以龟趺座承托。南朝陵墓石碑多数碑文已经漫漶不清，无法卒读。目前保存最好的南朝墓碑是位于南京甘家巷西的梁始兴忠武王萧憺墓碑（图4—13），通高5.16米，碑额题"梁故侍中司徒骠骑将军始兴忠武王之碑"，碑文楷书，2800余字，字迹尚大体完好。

南朝皇陵在原墓址保存石刻最多的是丹阳的梁文帝建陵。墓主萧顺之，为梁武帝萧衍之父，天监元年（502年）闰四月被追尊为太祖文皇帝，原墓按帝陵规制扩建。现存

1 ［宋］史弥坚修，卢宪纂：《嘉定镇江志》卷一一"陵墓·丹阳县"，《宋元方志丛刊》第3册，影印清道光二十二年丹徒包氏刻本，中华书局，1990年，第2399页。

图4—14　南朝梁文帝建陵石刻群

麒麟一对，神道石柱一对，石龟趺一对（图4—14），各有不同程度的修补。两个神道石柱的额上分别刻隶体“太祖皇帝之神道”，一正刻顺读，一逆刻反读。建陵神道碑见于多处著录：“文皇帝神道碑，在建陵。欧阳修《集古录》：‘宋（应为“梁”，《集古录》误）文帝神道碑云“太祖文皇帝之神道”，凡八大字，而别无文词，惟以此为表识尔。’”[1]

第三，按家族聚葬是南朝帝王陵墓制度中的一个重要特征，而以齐、梁两朝最为典型（图4—15）。南朝齐、梁皇室姓萧氏，为南兰陵（今江苏丹阳东）望族，两朝高级皇室贵族聚族而葬，南齐帝后宗室差不多都葬于丹阳，梁朝则帝后葬丹阳，王侯多葬于今南京郊区或江宁、句容等地。齐、梁皇陵在今江苏丹阳后港、云阳，“《舆地志》云：泰安陵、景安陵、兴安陵，在故兰陵东北金牛山。其中邱埭，西为齐梁二代陵隧口，有大石麒麟、辟邪夹道；有亭、有营户守典之。四时公卿行陵，乘舴艋自方山由此入兰陵，升安车，轺传驿置，以至陵所”[2]。据清乾隆元年《江南通志》记载：“陵口，在丹阳县东三十一里，齐、梁诸陵多在金牛山旁。”[3]光绪《丹阳县志》记载：“泰安陵、景安陵、兴安陵在故兰陵东北金牛山。其中邱埭，西为齐梁二代陵，陵口有大石麒麟、辟邪夹道，营户守之。四时公卿行陵，自方山下乘舴艋经此入兰陵，升安车以至陵所，旧迹犹在。”[4]

南齐皇陵在今丹阳市区东北的经山周围，有齐武帝的景安陵、齐文惠太子（追尊为齐文帝）的崇安陵、齐明帝的兴安陵、齐和帝的恭安陵等。《南齐书》记载：“初，豫章王嶷葬金牛山，文惠太子葬夹石。（竟陵王）子良临送，望祖硎山，悲感叹曰：‘北瞻吾叔，前望吾兄，死而有知，请葬兹地。’既薨，遂葬焉。”[5]从这段文字推测，齐皇室贵族不但

1 ［清］刘诰等修，徐锡麟等撰：《光绪重修丹阳县志》卷一二“古迹”，《中国地方志集成》本《江苏府县志辑》第31册，江苏古籍出版社，1991年，第129页。

2 ［宋］史弥坚修，卢宪纂：《嘉定镇江志》卷一一“陵墓·丹阳县”，《宋元方志丛刊》第3册，影印清道光二十二年丹徒包氏刻本，中华书局，1990年，第2398—2399页。

3 ［清］黄之隽等编纂：《江南通志》卷三二《舆地志·古迹三·镇江府》，影印文渊阁《四库全书》第508册，台湾商务印书馆，1984年，第89页。

4 ［清］刘诰等修，徐锡麟等撰：《光绪重修丹阳县志》卷十二“古迹”，《中国地方志集成》本《江苏府县志辑》第31册，江苏古籍出版社，1991年，第123页。

5 ［南朝梁］萧子显：《南齐书》卷四〇《武十七王传·竟陵文宣王》，王仲荦点校本，中华书局，1972年，第701页。

聚族而葬，而且各陵墓依辈分或身份还应该有一定的排列规则。

梁皇陵在今丹阳市区东云阳镇三城巷，追封梁文帝建陵、梁武帝修陵、梁简文帝庄陵三陵皆坐西朝东，自南而北依次排列，父祖辈分分明。昭明太子萧统以生母墓地不利长子，“乃为蜡鹅及诸物埋于墓侧长子位”[1]，这一事件也可以间接证明梁朝皇室墓葬排列遵守一定的次序规则。

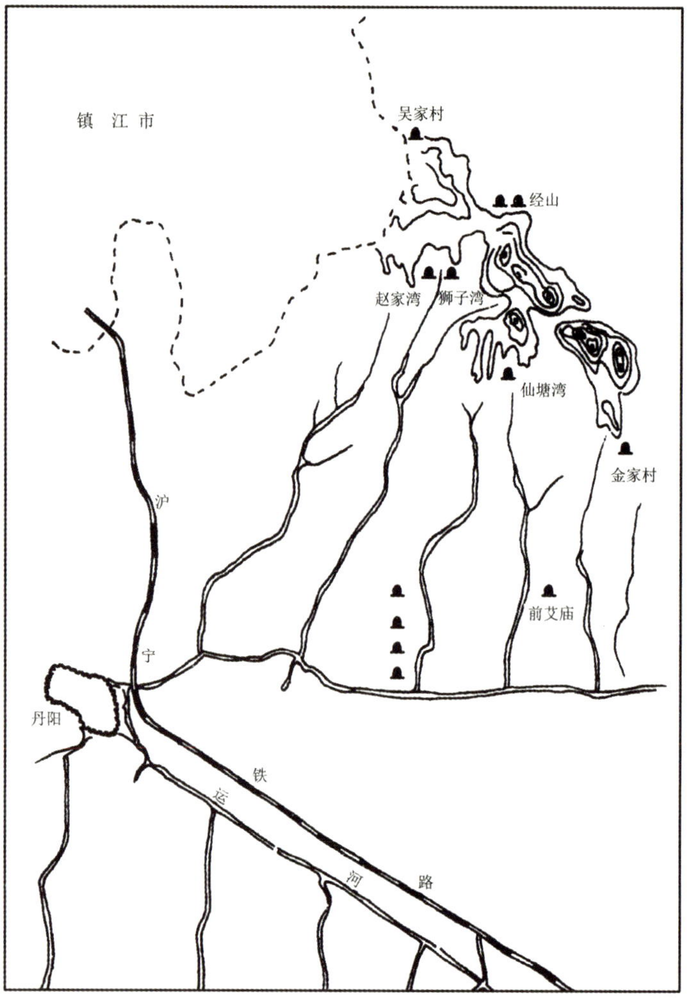

图4—15　丹阳附近南朝齐梁帝陵分布示意图（引自北京大学中国考古学研究中心等编《古代文明》第4卷，2005年）

第四，根据有关文献记载，并结合考古清理发掘帝陵的墓室规模来分析，南朝大多实行帝后同穴合葬。《宋书》记载：宋少帝景平元年（423年）二月，太皇太后崩，三月“祔葬于兴宁陵”[2]。但也有个别不合葬者，如齐高帝葬泰安陵，而武帝生母另起休安陵，武帝遗诏中有“意尝恨休安陵未称”[3]之说，可见不合葬乃是非常之制。遗憾的是，由于南朝陵墓大都经过多次盗掘，埋葬现象保存极差，有关这方面的实证资料有所欠缺。

第五，南朝因东晋之旧也有祭陵之举，并且更加礼仪制度化。据《宋书》记载，宋文帝至京登基前，“谒（武帝）初宁陵，还于中堂即皇帝位”[4]。又，“自元嘉以来，每岁正月，舆驾必谒初宁陵，复汉仪也。世祖、太宗亦每岁拜初宁、长宁陵”[5]。梁敬帝即位后，诏称痛惜“西都失守，朝廷沦覆，先帝（梁元帝）梓宫播越非所，王基倾弛，率土罔戴”，希望能“庶仰凭先灵，傍资将相，克清元恶，谢冤陵寝”[6]，把告祭先陵当作一项有重大政治意义的活动。随着陵墓前礼仪活动的增多，陵园建筑也进一步恢复发展，除神道石刻外，可能还有寝庙建筑。在陵园祭祀建筑之外，梁代三皇陵以北还有佛寺。大同十年

1 [宋]司马光：《资治通鉴》卷一五五《梁纪十一》武帝中大通三年，“标点资治通鉴小组”校点本，中华书局，1956年，第4808页。近年来的考古调查和资料显示，昭明太子安宁陵、丁贵嫔（追尊穆太后）墓应该在南京栖霞新合村狮子冲。可参阅王志高《梁昭明太子陵墓考》，《东南文化》2006年第4期。

2 [南朝梁]沈约：《宋书》卷四《少帝纪》，王仲荦点校本，中华书局，1974年，第64页。

3 [南朝梁]萧子显：《南齐书》卷三《武帝纪》，王仲荦点校本，中华书局，1972年，第62页。

4 [南朝梁]沈约：《宋书》卷五《文帝纪》，王仲荦点校本，中华书局，1974年，第72页。

5 [南朝梁]沈约：《宋书》卷一五《礼志二》，王仲荦点校本，中华书局，1974年，第407页。

6 [唐]姚思廉：《梁书》卷六《敬帝纪》，卢振华点校本，中华书局，1973年，第144页。

图4—16 南京西善桥出土南朝“竹林七贤”模印砖画，现藏南京博物院

（544年）三月，梁武帝回乡祭扫，祭建陵、修陵（已葬入德皇后郗氏）毕，“于皇基寺设法会”[1]，皇基寺在清代方志中名曰“皇业寺”，20世纪50年代中期犹在，“离庄陵、修陵不过半里”[2]。梁武帝举法会于陵旁寺院，固然与其崇佛有关，但在陵旁设置寺院，可能也是继承了东汉旧制。

第六，南朝诸陵玄宫建筑比东晋考究，随葬品可能也相对比较多。从已经发掘的南朝帝王陵墓来看，皇陵玄宫应该是砖砌单室结构，顶部为券顶或穹窿顶，墓室内壁以排列整齐的印花纹图案砖砌成，或以印花砖拼砌成整幅画面。图案内容有青龙、白虎、朱雀、玄武等“四神”，还有狮子、羽人、飞天、伎乐人、侍从、武士、“竹林七贤”（嵇康、向秀、山涛、阮咸、刘伶、阮籍、王戎）和先贤荣启期以及异兽、树木花卉等（图4—16）。图案部位阳纹凸起，飘逸潇洒。与墓室建筑渐趋奢华同步，厚葬之风也有所回潮。北宋沈括记载：“余又尝过金陵，人有发六朝陵寝，得古物甚多，余曾见一玉臂钗，两头施转关，可以屈伸，合之令圆，仅于无缝，为九龙绕之，功侔鬼神。”[3]这类东西的主人显然应该是帝王公侯。事实上，对于南朝陵墓的盗掘破坏自隋代已经开始，宋代盗墓人所得不过是九牛一毛。史载，王僧辨为陈霸先所杀，其子王颁逃入北朝；隋伐陈之役，从先锋韩擒虎渡江。“及陈灭，颁密召父在时士卒，得千余人，对之涕泣。其间壮士或问曰：郎君雠耻已雪，而悲哀不止者，将不为霸先早死，不得手刃之邪？请发其丘陇，斲榇焚骨，亦可申孝心矣。颁顿颡陈谢，额尽流血，答曰：其为坟茔甚大，恐一宵发掘不及其尸，更至明朝，事乃彰露。诸人请具锹锸。于是夜发其陵，剖棺，见陈武帝须皆不落，其本皆出自骨中。颁遂焚骨取灰，投水饮之。既而自缚归罪，晋王表其状，文帝曰：朕以义平陈，王颁所为，亦孝义之道，何忍罪之？舍而不问。”[4]据清代赵翼考证，伍子胥以吴兵破楚，求昭王不得，乃掘楚平王墓，出其尸，鞭之三百，是为掘墓泄愤之始。但《吕氏春秋》及《淮南子》等记载伍子胥破楚，只言鞭平王之墓三百，并未言掘墓鞭尸。赤眉军发掘汉陵，主要是图其珍宝。掘毁先朝陵墓、毁辱尸骸以报旧仇之例，应该是始自南朝[5]。

1 ［唐］李延寿：《南史》卷七《梁纪·武帝》，卢振华点校本，中华书局，1975年，第217页。

2 朱偰：《丹阳六朝陵墓的石刻》，《文物参考资料》1956年第3期。

3 ［宋］沈括：《梦溪笔谈》卷一九“器用”，刘尚荣点校本，辽宁教育出版社，1997年，第109页。

4 ［唐］李延寿：《北史》卷八四《孝行传·王颁》，陈仲安等点校本，中华书局，1974年，第2835页。

5 ［清］赵翼：《陔余丛考》卷三九“鞭尸”，中华书局，1963年，第858页。

第四节　北朝皇陵制度

西晋灭亡以后，北方的匈奴、鲜卑、羝、羯、羌等少数民族和汉族先后建立了十几个政权，中原地区分崩离析，战乱频仍，据《晋书》之《石勒载记》、《慕容德载记》，《宋书·索虏传》等文献记载，这些割据政权的统治者死后多用“潜埋”方式，以防仇敌掘毁，基本没有陵寝制度可言。如十六国后赵的开国皇帝石勒死，“夜瘗山谷，莫知其所，备文物虚葬，号高平陵。伪谥明皇帝，庙号高祖”[1]。公元383年的“淝水之战”奠定了南北方分疆而治的基础，同时也奠定了北方走向统一的基础。386年，鲜卑族首领拓跋珪重建代国，自称代王[2]，同年改称魏王，并于398年定都平城（今山西大同），史称北魏，拓跋珪为北魏道武帝。439年，道武帝之孙太武帝拓跋焘统一了北方，一般把此年作为和南朝并立的北朝的开端。和南方一样，北朝统治下的北方陵园制度也在逐步恢复发展，并进而对隋唐帝王陵寝制度产生了影响。北魏早期的陵墓，曾在今山西大同发掘过文明太皇太后冯氏的永固陵[3]。孝文帝迁都洛阳以后，诸帝葬于洛阳瀍水以西，仿汉制建陵，其中孝文帝的长陵经过多次勘察[4]，宣武帝的景陵经过发掘[5]。北魏分裂以后，东魏、北齐诸陵在邺城，即今河北磁县漳河北岸，西魏和北周的皇陵在陕西渭北咸阳原上。其中北齐文宣帝武宁陵[6]、北周武帝孝陵[7]经过发掘。

一、北魏早期皇陵制度

鲜卑拓跋部初“统幽都之北，广漠之野，畜牧迁徙，射猎为业，淳朴为俗，简易为化，不为文字，刻木纪契而已”，因为“国有大鲜卑山，因以为号”；大约在东汉初年，拓跋部由大兴安岭向西南迁徙至大泽（今呼伦池）；百余年后，再次向西南迁徙，“始居匈奴故地”[8]，到达阴山一带。按照《魏书》、《北史》等文献记载，北魏的先世诸君长和前几代皇帝死后均葬于“金陵”，如道武帝“葬盛乐金陵”、明元帝“葬云中金陵”、太武帝“葬景穆太子于金陵”，以后太武帝、文成帝、献文帝也都葬于金陵；但“金陵”究竟在何处、其形态如何却莫衷一是。考北魏时盛乐和云中实为一地，即今内蒙古和林格尔，则北魏道武帝、明元帝皆应葬于和林格尔一带，至于太武、文成、献文三帝皇陵在何处，尚无定论。有人认为今呼和浩特南之“昭君墓”实为北魏皇陵，或有一定的道理，但还缺乏确凿的证据。所谓“金陵”，很可能是对于北魏诸先君陵墓一种笼统的敬称，如同“皇陵”、“祖陵”一样；“金陵”并不是专指某一陵，葬于“金陵”的也不只一位北魏

1［唐］房玄龄等：《晋书》卷一〇五《石勒载记》，吴则虞点校本，中华书局，1974年，第2752页。

2 西晋曾封“索头鲜卑”首领拓跋猗卢为代王，公元338年，拓跋什翼犍（北魏道武帝祖父，追封昭成皇帝）建立代国，376年为前秦所灭。

3 大同市博物馆等：《大同方山北魏永固陵》，《文物》1978年第7期。

4 河南省文化局文物工作队：《洛阳北魏长陵遗址调查》，《考古》1966年第3期；洛阳市第二文物工作队：《北魏孝文帝长陵的调查和钻探》，《文物》2005年第7期。

5 中国社会科学院考古研究所洛阳汉魏城队等：《北魏宣武帝景陵发掘报告》，《考古》1994年第9期。

6 中国社会科学院考古研究所邺城考古工作队等：《河北磁县湾漳北朝墓》，《考古》1990年第7期；中国社会科学院考古研究所等：《磁县湾漳北朝壁画墓》，科学出版社，2003年。

7 陕西省考古研究所等：《北周武帝孝陵发掘简报》，《考古与文物》1997年第2期。

8［北齐］魏收：《魏书》卷一《序记》，唐长孺点校本，中华书局，1974年，第1—2页。

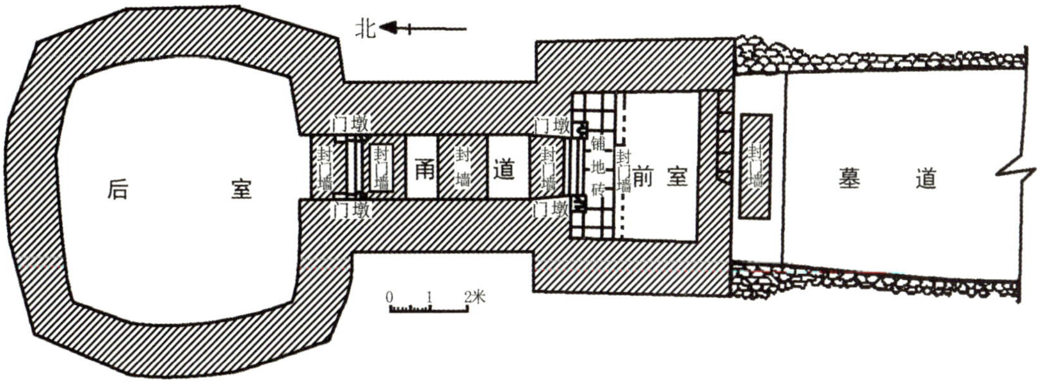

图4—17 山西大同北魏永固陵墓室平面图(引自《文物》1978年第7期)

皇帝。天兴元年(398年)道武帝迁都平城(今山西大同),撰诸常礼,这一带也可能会有北魏的金陵。"金陵"这一名称后来也加诸洛阳诸陵,洛阳北邙山出土的熙平元年(516年)元彦墓志中即称北邙为"金陵"[1]。因而有学者认为,"金陵"是北魏太和改制以前诸帝的陵墓制度,即"金陵制度"[2]。可以肯定,这种制度即使存在,也十分简陋。

1976年,大同市博物馆等单位在山西大同市北25公里处的西寺儿梁山(古名方山)南部发掘了一座北魏早期的陵墓——永固陵[3],墓主是孝文帝元宏之祖母、献文帝之母、文成帝之妻——文明太皇太后冯氏。永固陵是目前已知北魏早期(迁都洛阳以前)唯一的帝后陵墓实例。

永固陵在当地俗称"祁皇坟",封土下部平面为方形,上部呈圆形,发掘时南北长117米、东西宽124米、高22.87米。墓道朝南微偏东,向南一直延伸到封土堆外沿。墓道东西两侧用石块垒砌长5.9米的两堵石墙,有收分,坡度较大,高约5米、北端宽5.10米。墓室以细砖成砌,由"前室(前甬道)"[4]、甬道、后室几部分组成,不计墓道通长17.60米(图4—17)。在墓道终端、前室(前甬道)南端各有1道封门墙。甬道南端石门外的一堵,墙厚1.08米。门高4.15米,宽3.95米。墓门用条砖封闭,封门墙厚2.10米。墓室地表铺砌细泥方砖,前室(前甬道)呈梯形,券顶。甬道平面呈长方形,券顶,内原有4道封门墙。甬道不正对后室南壁的正中,而是略偏东。甬道的南北两端各有一道雕刻精美的石券门,石门无轴,嵌入门楣内,不能开合。石门及尖拱门楣、门柱、门坎、虎头门墩等制作精工。甬道南端石券门制作更为精细,该门高1.82米、宽1.59米、厚0.20米。后室略呈正方形,长6.4米、宽6.38米、高7.3米,四壁向外弧凸,并且从下到上向内收缩,四角攒尖顶,顶中间嵌一块白砂石,上雕莲花纹图案。该墓曾多次被盗,随葬品所剩无几,后室中发现有少量人骨和漆绘棺椁残片。

永固陵的墓址由冯太后和孝文帝亲自选定,"太后与高祖游于方山,顾瞻川阜,有终焉之志。因谓群臣曰:'舜葬苍梧,二妃不从。岂必远祔山陵,然后为贵哉!吾百年之后,神其安此。'高祖乃诏有司营建寿陵于方山,又起永固石室,将终为清庙焉。太和

1 宿白:《北魏洛阳城和北邙陵墓——鲜卑遗迹辑录之三》,《文物》1978年第7期。

2 宿白:《北魏洛阳城和北邙陵墓——鲜卑遗迹辑录之三》,《文物》1978年第7期。

3 大同市博物馆等:《大同方山北魏永固陵》,《文物》1978年第7期。

4 发掘简报称永固陵墓室由前室、甬道、后室几部分组成,所谓"前室"实际上只是甬道前的一个砖券空间,有封墙而无墓门,并不具备完整的墓室意义,其作用相当于明清皇陵地宫前的"闪挡券"或"罩门券"。永固陵和后面要论述到的景陵一样,实际只有一个墓室,甬道前的"前室"部分尚无准确表述方式,为避免混乱,本书仍用"前室"这一名称,但加"(前甬道)"以示区别。

五年（481年）起作，八年而成，刊石立碑，颂太后功德”。至于永固陵之制，孝文帝在太和十四年（490年）的诏书中说：“山陵之节，亦有成命，内则方丈，外裁揜坎，脱于孝子之心有所不尽者，室中可二丈，坟不得过三十余步。今以山陵万世所仰，复广为六十步。……其幽房大小，棺椁质约，不设明器。至于素帐、缦茵、瓷瓦之物，亦皆不置。”[1]这是关于北魏帝后陵墓的一条很重要的明文规定，它标志着北魏陵寝制度的正式确立。

据北魏郦道元《水经注》记载，当年的永固陵前还有“永固堂”、“思远灵图”（佛寺）、斋堂、石阙等建置，形成规模宏伟的建筑群。“羊水又东注于如浑水，乱流径方山南。岭上有文明太皇太后陵，陵之东北有高祖陵，二陵之南有永固堂，堂之四周隅雉列榭、阶、栏、槛及扉、户、梁、壁、椽、瓦，悉文石也。檐前四柱，采洛阳之八风谷黑石为之，雕镂隐起，以金银间云矩，有若锦焉。堂之内外，四侧结两石趺，张青石屏风，以文石为缘，并隐起忠孝之容，题刻贞顺之名。庙前镌石为碑、兽，碑石至佳，左右列柏，四周迷禽闇日。院外西侧有思远灵图，图之西有斋堂。南门表二石阙，阙下斩山累结御路，下望灵泉宫池，皎若园镜矣。”[2]可见这组建筑十分华丽壮观。从《水经注》的描述来看，“永固堂”很可能就是《魏书》中的“永固石室”，太后入葬后奉为“清庙”，明显具有汉制的影响。调查发现，在永固陵南600米处，有一处长方形建筑遗址，还有石龟趺碑座。陵南800米处，有围绕回廊的塔院遗址。宿白认为，自此塔院以北皆为陵园建筑，寺院亦系供奉之用。“墓地和佛寺结合起来，是冯氏墓园的布局特点”，“这种墓寺结合的做法，影响到北朝晚期统治集团的陵墓，甚至影响到北朝以后”[3]。

《水经注》中的“高祖陵”应为北魏孝文帝预营寿陵。据《魏书·文成文明皇后传》记载：“初，高祖孝于太后，乃于永固陵东北里余，豫营寿宫，有终焉瞻望之志。及迁洛阳，乃自表瀍西以为山园之所，而方山虚宫至今犹存，号曰‘万年堂’云。”[4]考古调查发现，在永固陵封土的北面不到1公里处确有一座规模小些的封土，形状与永固陵一样，也是底方上圆，底边长60米，高13米。这座土冢应该就是孝文帝的寿陵。太和十八年（494年）北魏朝廷迁都洛阳，孝文帝死后按规定没有归葬代北，因此这是一座空坟。

二、北魏晚期皇陵制度

北魏孝文帝在位期间推行了一系列汉化政策，除接受汉族的衣冠、语言、典章制度外，还把国姓由拓跋改为“元”。由于经济文化的快速发展，洛阳一带已经不再是“荒土”，“衣冠士族，并在中原。礼仪富盛，人物殷阜，目所不识，口不能传。所谓帝京翼翼，四方之则”[5]。迁都洛阳以后，孝文帝严禁皇族勋贵死后归葬代北，并且身为表率，“自表瀍西以为山园之所”，其地在汉魏洛阳城西北，死后即葬于此，号长陵。此后北魏诸帝相继葬在这片兆域之内，有宣武帝景陵、孝明帝定陵、孝庄帝静陵等。关于诸陵的方位，根据现代研究者对邙山一带出土墓志所载方位等资料的分析研究[6]，以长陵为中

1 ［北齐］魏收：《魏书》卷一三《皇后传·文成文明皇后冯氏》，唐长孺点校本，中华书局，1974年，第328—329、330页。

2 ［北魏］郦道元《水经注》卷一三“漯水”，陈桥驿《〈水经注〉校证》本，中华书局，2007年，第312页。

3 宿白：《盛乐、平城一带的拓跋鲜卑—北魏遗迹——鲜卑遗迹辑录之二》，《文物》1977年第11期。

4 ［北齐］魏收：《魏书》卷一三《皇后传·文成文明皇后冯氏》，唐长孺点校本，中华书局，1974年，第330页。

5 ［北魏］杨衒之：《洛阳伽蓝记》卷二“城东·景宁寺附洛阳小寺”，范祥雍《〈洛阳伽蓝记〉校注》本，上海古籍出版社，1978年，第119页。

6 宿白：《北魏洛阳城和北邙陵墓——鲜卑遗迹辑录之三》，《文物》1978年第7期；黄明兰：《北魏洛阳景陵位置的确定和静陵位置的推测》，《文物》1978年第7期。

心，其南为宣武帝的景陵（即旧传“汉冲帝怀陵”）、孝庄帝的静陵，均在瀍水以西；孝明帝的定陵可能在瀍东[1]。2012年，洛阳市文物考古研究院在市区衡山路发现一座北朝大墓，结构与宣武帝景陵相似，推测墓主为北魏节闵帝元恭[2]。节闵帝即前废帝，卒于太昌初（532年），葬以王礼。除帝陵外，洛阳瀍东还有一片范围很大的北魏墓区，是“九姓帝族”、“勋旧八姓”，以及其他“余部诸姓”和重要降臣的墓葬区，各有封域，依族氏而葬。这片陪葬墓区与汉陵功勋陪葬墓有明显的不同，从大范围来说，它们是陪葬皇陵，但在各自的兆域之内则属于宗族墓；这种制度应该是汉制与鲜卑旧俗融合的产物。

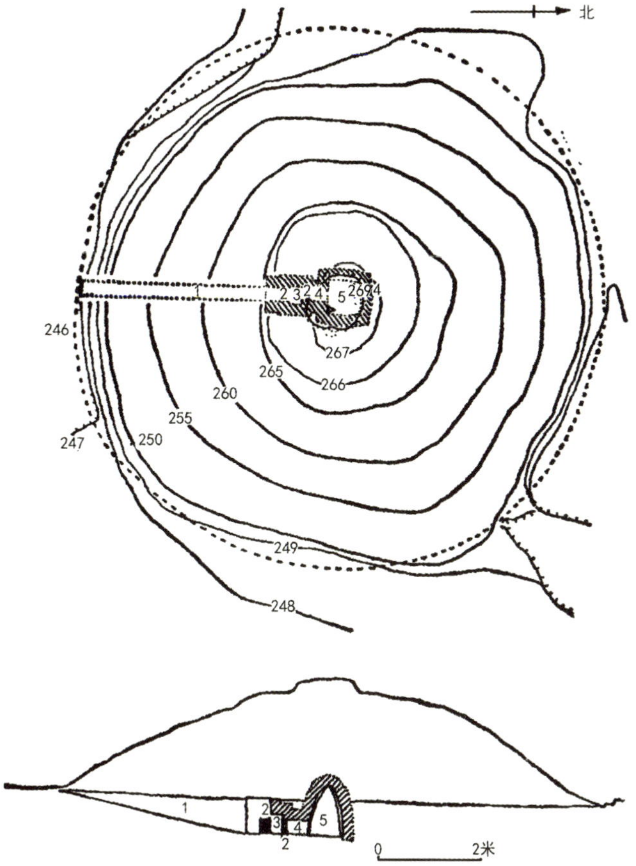

1. 墓道　2. 封门墙　3. 前甬道　4. 后甬道　5. 墓室

图4—18　北魏宣武帝景陵封土、墓室平剖面图（虚线圆圈以内为墓冢夯土实测范围）（引自《考古》1994年第9期）

孝文帝长陵在洛阳老城西北7.5公里处的官庄村东，长陵陵园调查始于1958年，确认是孝文帝和文昭皇后的异坟异穴合葬墓[3]，2004年通过对长陵遗址勘探、调查和解剖得知[4]：陵园东西长443米、南北宽390米，四面有夯土城垣，域垣正中各辟一门，其中南门遗迹保存相对比较好，为三门道牌坊式；陵园墙外挖出壕沟。孝文帝陵封土平面为圆形，现存最大直径103米、高约21米，文昭皇后封土在孝文帝封土西北106米处，现存最大直径42米、高约15米；两冢南侧均发现有斜坡墓道。孝文帝封土前有明显的神道迹象。在大冢和小冢东南部60—90米处，还分别有建筑基址，应该是寝殿或“永固石室”之类陵园祭祀建筑的遗存。

2004年对长陵的调查勘探中还发现了石人座[5]；在宣武帝景陵、孝庄帝静陵前也都发现有同样风格的仗剑石人像，应该是陵前石像生的孑遗。其中推测是孝庄帝静陵的上砦村南大冢前还出土过石狮1件[6]。这些证据表明北魏皇陵前原有神道石刻，但其详细制

1 陈长安：《洛阳邙山北魏定陵终宁陵考》，《中原文物》1987年特刊。
2 《衡山路北头藏着一座帝陵》，《洛阳晚报》2013年10月24日A06—07版。
3 河南省文化局文物工作队：《洛阳北魏长陵遗址调查》，《考古》1966年第3期。
4 严辉：《洛阳市邙山陵墓群》，《中国考古学年鉴（2003）》，文物出版社，2004年，第236—237页；朱亮等：《洛阳北魏孝文帝长陵调查钻探取得重要收获》，《中国文物报》2005年1月7日第1版；洛阳市第二文物工作队：《北魏孝文帝长陵的调查和钻探》，《文物》2005年第7期。
5 朱亮等：《洛阳北魏孝文帝长陵调查钻探取得重要收获》，《中国文物报》2005年1月7日第1版；洛阳市第二文物工作队：《北魏孝文帝长陵的调查和钻探》，《文物》2005年第7期；洛阳市第二文物工作队：《洛阳邙山陵墓群的文物普查》，《文物》2007年第10期。
6 黄明兰：《北魏洛阳景陵位置的确定和静陵位置的推测》，《文物》1978年第7期；宫大中：《试论洛阳关林陈列的几件北魏陵墓石刻艺术》，《文物》1982年第3期。

图4—19　北魏宣武帝景陵石人（头后补）

图4—20　北魏宣武帝景陵墓道及墓室

度的揭示，尚有待于更多的文献和田野考古调查发掘资料。

1991年，中国社会科学院考古研究所洛阳汉魏城队和洛阳古墓博物馆对北魏宣武帝景陵进行了抢救性发掘[1]，揭示了北魏晚期（迁都洛阳以后）皇陵玄宫制度的实例。宣武帝元恪，孝文帝次子，公元500—515年在位。景陵位于洛阳北郊邙山乡冢头村东的邙山顶上，在孝文帝长陵以南约5公里处。陵墓所在据地高敞，墓冢的东、西、北三面平坦开阔，南面则自北而南地势降低。

景陵封土平面略呈圆形，直径105—110米，高24米，黄土夯筑而成（图4—18）。经过铲探，在土冢周围没有发现陵园墙基等其他建筑遗迹，在土冢南侧10米左右发现1件石人像，头部已缺，身穿大袖袍服、仗剑，连底座残高2.89米，推测为陵前原设之石像生（图4—19）。玄宫为砖室结构，坐北朝南，形式与永固陵玄宫相似，由墓道、前室（前甬道）、甬道（后甬道）、后室（主室）几部分组成，通长54.8米，平面呈“甲”字形，方向177°（图4—20）。墓道南端起自封土南缘，呈斜坡状通向地下，北接前室（前甬道），水平长度40.6米，坡度11°，北端最深处上距原初地面6.35米。墓道分为前后两段，前段长36.10米，东西两壁及底面皆为生土，经过修整，并用草拌泥将表面抹平，底部生土面上还铺有很薄一层细黄土；后段长4.5米，东西壁及底面以青条砖铺砌，东西两壁均厚2米。墓道尽头是东西宽2.8米、南北厚2.44米的砖砌封门墙，发掘时残高2.85—2.90米，估计原高约4.95—5米。

前室（前甬道）平面呈长方形，南北2.35—2.40米、东西3.38—3.40米，拱券顶，高3.78米；地面底部先垫一层细砂，然后铺表面经过磨光的青石板，石板之间以白灰膏填缝。前室（前甬道）以北、甬道（后甬道）南端为第二道封门墙，宽1.94米、厚0.78米、残高1.2米。甬道（后甬道）南北长5.12米、东西宽1.94米、券顶高2.64—2.80米（南低北高），地面铺石板。主室略呈正方形，南北6.73米、东西6.92米，以青条砖砌筑，四壁向外

1 中国社会科学院考古研究所洛阳汉魏城队等：《北魏宣武帝景陵发掘报告》，《考古》1994年第9期。

弧凸。四角攒尖顶，高9.36米，墓顶处用两块条砖封死。主室南端与甬道相接处为青石质墓门一道，由石门、门楣、门额、立颊、门坎等构成，有榫铆，但不能开合；石门两扇，各高2.36米、宽1米。主室地面也是先铺一层细砂，再铺磨光青石板。室内西半部为石块拼砌的棺床，南北长3.86米、东西宽2.2米、高0.16米；东半部地面陈放随葬品。该墓曾经多次被盗，仅出土陶瓷、铁、石等随葬品40余件。

从文献记载来看，北魏皇帝对于祖先的陵墓十分重视，经常举行谒陵祭告典礼。《魏书》记载：太和十四年（490年）九月，文明太皇太后崩，孝文帝“自九月至岁终凡四谒陵”[1]；次年又四次谒陵。太和十七年（493年）迁都洛阳以前谒陵，十八年北还告谒金陵、永固陵；二十年因废太子复至代北告谒金陵、永固陵。宣武帝即位后，改元、亲政都谒祭长陵。北魏帝后谒陵非如东汉之固定在正月、八月举行，而是逢事祭告，其主要渊源应当是鲜卑旧俗。

三、北朝晚期皇陵制度

公元534年，魏孝武帝元修不甘受把持朝政的高欢控制，投奔关中宇文泰；高欢另立孝文帝曾孙元善见为帝，即孝静帝，迁都于邺，史称东魏。宇文泰于次年鸩杀孝武帝，另立孝文帝之孙元宝炬，是为魏文帝，都长安，史称西魏。东魏、西魏后来分别为高氏齐、宇文氏周所取代。北朝晚期皇陵制度是在北魏洛阳诸陵制度基础上的直接继承和继续发展。

东魏孝静帝于公元550年被迫禅位于北齐文宣帝高洋，次年被鸩死，“葬于漳西山岗，其后发之，陵崩，死者六十人”[2]，陵号失载。另据《历代陵寝备考》云：高氏将孝静帝“葬于邺西，后忽掘而投之漳水。（北齐天保）十年（559年）五月，灭其族，男子无少长皆斩，所杀三千人，并投漳水”[3]。今河北磁县申庄乡前港村有一座覆斗形封土，即孝静帝陵，位于漳河北岸、京广铁路之西、北齐诸陵西南，乡民俗呼为“天子冢”（图4—21），

图4—21　东魏孝静帝陵封土西北面

1 [北齐]魏收：《魏书》卷一五四《天象志四》，唐长孺点校本，中华书局，1974年，第2426页。

2 [北齐]魏收：《魏书》卷一二《孝静帝纪》，唐长孺点校本，中华书局，1974年，第313页。

3 [清]朱孔阳：《历代陵寝备考》卷二五“东魏”，影印清道光刊本，江苏广陵古籍刻印社，1990年，第178页。

周围有陵垣遗迹。据东魏皇族元祜（太武帝曾孙，卒于天平四年，即537年）墓志记载，在邺都之西、漳河之北有所谓“皇宗陵”，元祜即葬于其间[1]。“皇宗陵”应该是元魏皇族的聚葬地，是继承了北魏以来的族葬制度。

魏孝武帝逃奔关中，后遇鸩，“殡于草堂佛寺，十余年乃葬云陵”[2]；西魏废帝元钦、恭帝元廓均被宇文氏戕害，葬所失考；文帝元宝炬之墓曰永陵，在今陕西富平东南刘集，封土为之，皇后乙弗氏、郁久闾氏合葬。永陵系预营，郁久闾皇后以难产崩，初葬少陵原；乙弗皇后曾被迫出家、后被赐死，“凿麦积崖为龛而葬，神柩将入，有二丛云先入龛中，顷之一灭一出，后号‘寂陵’。及文帝山陵毕，手书云万岁后欲令后配享，公卿乃议追谥曰‘文皇后’，祔于太庙，废帝时合葬于永陵”[3]。永陵前原有石像生设置，其石人、石兽刀法粗朴古拙（图4—22），不若南朝之石兽神采飘逸。

图4—22　西魏文帝永陵石兽，现藏西安碑林

东魏政权实际上一直控制在高欢、高澄父子手中，公元550年，齐王高洋（高欢之子）废魏孝静帝自立，史称北齐。北齐自高欢起传四世，高洋以后共有七帝。齐自高欢以下皆葬于漳河之阳，诸陵名号，据《北齐书》记载：追封神武帝高欢葬义平陵；追封文襄帝高澄葬峻成陵；文宣帝高洋葬武宁陵；废帝高殷后被孝昭帝所杀，葬所失考；孝昭帝高演葬文靖陵（《北史》卷七作“文静陵”）；武成帝高湛葬永平陵。后主高纬、幼主高恒等皆归降于北周，被迫迁徙长安，后来与宗室数十人“无长幼咸赐死”，直到大象（579—580年）末才允许收葬，“葬长安北原洪渎川”[4]，无陵名，具体地望亦失考。

在河北磁县南部的漳河北岸，有120余座大小不等的土冢，分布于南北15公里、东西20公里的范围内，旧称“曹操七十二疑冢”，实际是东魏、北齐的皇陵和皇室贵族墓葬区。其中北齐皇陵区集中于东北部，由南而北按一定的规则排列，亲贵宗室从葬其间[5]。根据东魏茹茹公主墓志中“葬于滏水之阴，齐献武王茔内”的记载[6]，结合其墓所在地理位置分析，可以基本推定磁县大冢营村西的大冢（M1）是北齐神武帝的义平陵（图4—23）。文襄帝高澄，“葬于义平陵之北”[7]，则M1以北约500米处的已被取土破坏的大冢（M2）即是北齐峻成陵。关于北齐神武帝高欢之葬，还有另外一说。据《资治通鉴》记

1 中国社会科学院考古研究所河北工作队：《河北磁县北朝墓群发现东魏皇族元祜墓》，《考古》2007年第11期。

2 ［唐］李延寿：《北史》卷五《魏纪·孝武帝纪》，陈仲安等点校本，中华书局，1974年，第174页。

3 ［唐］李延寿：《北史》卷一三《后妃传·文帝文皇后乙弗氏》，陈仲安等点校本，中华书局，1974年，第507页。

4 ［唐］李百药：《北齐书》卷八《后主纪》，唐长孺等点校本，中华书局，1974年，第112页。

5 马忠理：《磁县北朝墓群——东魏北齐陵墓兆域考》，《文物》1994年第11期。

6 磁县文化馆：《河北磁县东魏茹茹公主墓发掘简报》，《文物》1984年第4期。

7 ［唐］李延寿：《北史》卷六《齐纪·文襄帝》，陈仲安等点校本，中华书局，1974年，第236页。

图4—23　北齐神武帝义平陵封土北面

载：梁太清元年（547年）八月，“甲申，虚葬齐献武王于漳水之西，潜凿成安鼓山石窟佛寺之旁为穴，纳其柩而塞之，杀其群匠。及齐之亡也，一匠之子知之，发石取金而逃”[1]。金末刘祈游林虑西山（在安阳以西）时曾听当地人张佩玉说，“高欢葬此山石岩中，铁索纫其棺，尝有人见之”；附近还有高欢避暑宫殿，“址尚存，且有碑”[2]。则高欢是否真的葬于漳水之阳，尚有待进一步研究。

1987年，中国社会科学院考古研究所等单位组成的邺城考古队发掘了磁县湾漳村的一座大墓[3]，位于前述义平陵西北约2公里，发掘者分析认为是北齐文宣帝高洋（550—559年在位）的武宁陵。该陵地表原有封土，发掘前已被夷平，钻探得知原始封土略呈圆形，直径100—110米。在墓南钻探出道路，长270米、宽15米，推测是“神道”。在神道西侧15米、墓室南略偏西约100米处有1个石人，高4.06米，面部已被破坏，上衣下裳，双手握剑，可能已有位移。据说此像东面原来另有1件石人，已埋入土中，但在周围钻探未发现。在神道东西两侧8米处，各发现一座夯土建筑基址，西侧基址南北70米、东西32米，东侧基址南北82米、东西30米；经反复勘探未发现陵园宫墙遗迹。

北齐武宁陵的玄宫结构与魏宣武帝景陵相近似，由墓道、甬道、墓室三部分组成，通长52米，坐北朝南（图4—24）。甬道砖砌，直壁券顶，分南北两段，南段长2.22米，宽3.53米，高4.34米；北段长4.48米，宽2.65米，高3.9米。墓室由五层砖砌成，平面近方形，四壁略向外弧突，南北7.56米、东西7.4米；四角攒尖顶，墓顶已遭破坏，发掘时室内残高11.8米、复原高度为12.6米。墓室地面铺石，西侧有须弥座石棺床，长5.82米、宽3—3.8米、高0.615米。墓道和墓室四壁及顶部皆有彩绘壁画（图4—25）。该墓早年被盗，发掘时清理出随葬品2200余件，其中陶俑1800余件。

1 [宋]司马光：《资治通鉴》卷一六〇《梁纪十六》武帝太清元年，“标点资治通鉴小组”校点本，中华书局，1956年，第4957页。

2 [金]刘祈：《归潜志》卷一三，崔文印点校本，中华书局，1983年，第164页。

3 中国社会科学院考古研究所邺城考古工作队等：《河北磁县湾漳北朝墓》，《考古》1990年第7期；中国社会科学院考古研究所等：《磁县湾漳北朝壁画墓》，科学出版社，2003年。

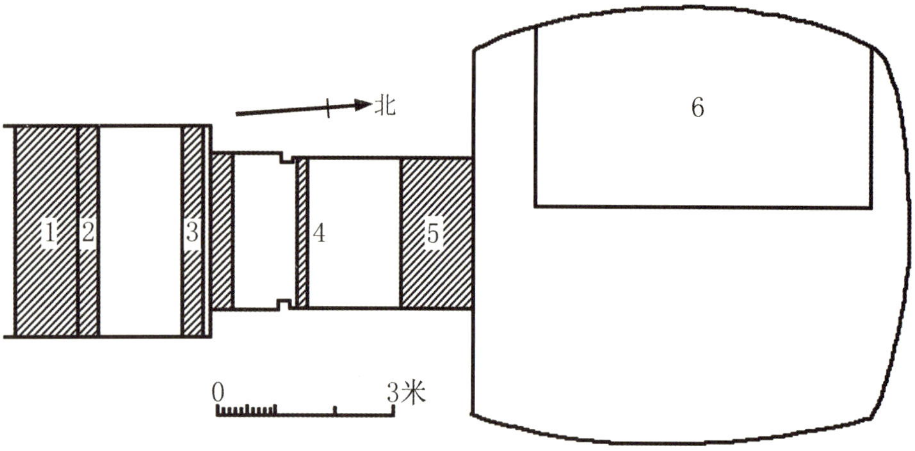

图4—24　北齐文宣帝武宁陵玄宫平面图（引自《考古》1990年第7期）

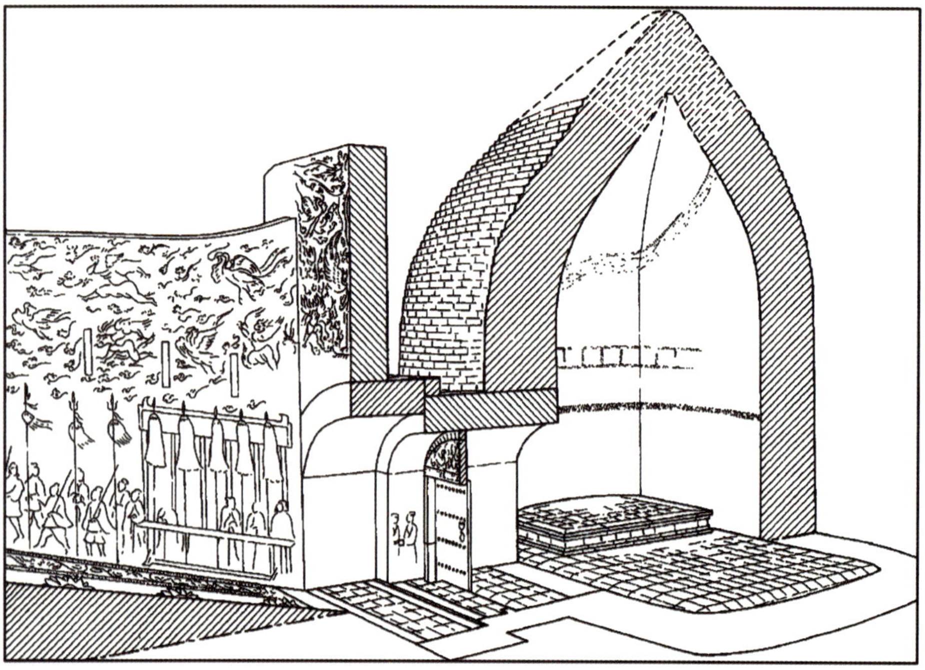

图4—25　北齐文宣帝武宁陵墓道、甬道、墓室透视示意图（引自中国社会科学院考古研究所等《磁县湾漳北朝壁画墓》，2003年）

从湾漳大墓地面遗迹来看，北齐帝王陵墓前应该有祭祀建筑和石人等神道石刻。有些墓前还有记述墓主生平的纪功碑，其中文襄帝第四子兰陵武王高肃（一名孝瓘）墓前之碑犹存[1]（图4—26），相传其土冢前原来还有石兽。

公元557年，西魏安定公宇文泰之子宇文觉废魏恭帝自立，是为周闵帝，史称北周。周自宇文泰起共四世，闵帝以后共五帝。周陵在长安附近，其陵名，据《周书》记载，追封文帝宇文泰葬成陵；闵帝被弑，初葬不如礼，武帝初上谥，墓曰静陵；明帝宇文毓葬昭陵；武帝宇文邕葬孝陵；宣帝宇文赟葬定陵，静帝宇文阐禅让皇位于隋，开皇元年（581

1 马忠理：《北齐兰陵王高肃墓及碑文述略》，《中原文物》1988年第2期。

年）九岁而崩，葬恭陵。

周武帝遗诏曰："丧事资用，须使俭而合礼，墓而不坟，自古通典。随吉即葬，葬讫公除。"[1]周武帝孝陵在陕西咸阳底张镇陈马村，经过抢救发掘，出土了墓志等重要资料[2]。钻探和试掘的结果，没有发现神道石刻、封土、寝殿等陵园遗迹；城垣有无未经钻探证实。周孝陵的玄宫结构比魏、齐复杂，由斜坡墓道、5个天井、5个过洞、4个壁龛、甬道、墓室几部分组成（图4—27），朝南偏东10°，全长68.4米。顶部已遭破坏，甬道东西两壁向上弯曲，应为拱券顶，高度不低于2.1米；主室墓壁上半部已经坍塌，墓顶结构不详。墓室内发现两具东西并排放置的木棺朽痕。孝陵玄宫做法对于隋唐陵墓的墓室结构有明显的影响，如"号墓为陵"的唐懿德太子墓，由墓道、6个过洞、7个天井、8个小龛、前甬道、前墓室、后甬道、后墓室等八个部分组成，全长100.8米[3]；其平面形式与北周孝陵如出一辙。

图4—26 河北磁县北齐兰陵王高肃墓碑（局部）

归纳起来，北朝诸帝陵兼有汉文化与各自民族习俗的双重影响，其陵墓制度的基本特征是：封土为陵、聚族依辈分而葬，一般是帝后合葬。除不封不树者外，陵前大多有用于祭祀的地面建筑及神道石刻，石刻多见人、虎，而不见麒麟、天禄等瑞兽（有的石虎简单刻出象征性的翼），葬地亦不似南朝讲求风水。

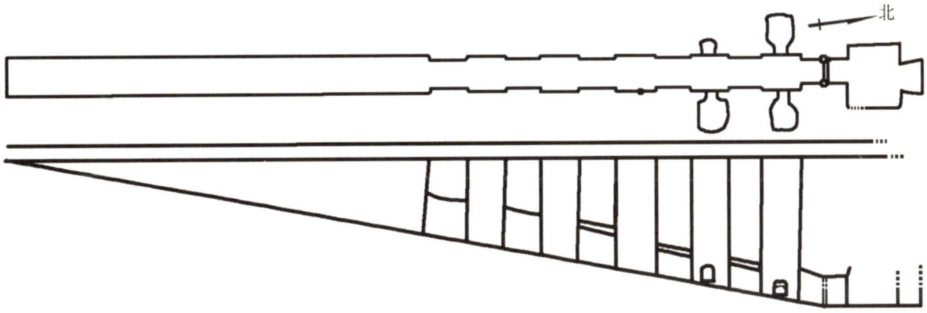

图4—27 北周武帝孝陵玄宫平剖面图（引自《考古与文物》1997年第2期）

1 ［唐］令狐德棻等：《周书》卷六《武帝纪》，唐长孺点校本，中华书局，1971年，第107页。
2 陕西省考古研究所等：《北周武帝孝陵发掘简报》，《考古与文物》1997年第2期；侯养民等：《北周武帝孝陵三题》，《文博》2000年第6期。
3 陕西省博物馆等唐墓发掘组：《唐懿德太子墓发掘简报》，《文物》1972年第7期。

第五节　隋代陵墓制度

开皇元年（581年），周静帝外祖父、大丞相杨坚自立为帝，建立隋朝，是为隋高祖。开皇九年隋灭陈，统一南北。仁寿四年（604年），隋高祖崩，谥曰文帝，葬泰陵。次子杨广袭位，是为炀帝。大业十四年（618年）三月，炀帝被宇文化及逼迫自杀，藁葬于扬州。此前数月唐兵已据有长安，并立炀帝长孙、故元德太子杨昭长子杨侑为帝，即隋恭帝，改大业十三年为义宁元年。炀帝崩，恭帝被迫禅位于唐，降封酅国公。唐高祖武德二年（619年）五月死，贞观十七年（643年）六月改葬[1]。炀帝崩后，太府卿元文都等人在洛阳拥立元德太子第三子越王杨侗为帝，后为王世充废为潞国公，继而被逼服鸩，“于是仰药，不能时绝，更以帛缢之。世充伪谥为恭皇帝”[2]，葬不如礼。

一、隋文帝泰陵

隋三代四帝而亡，依制修建的皇陵实际只有文帝的泰陵。隋文帝代北周而立，继而又以北朝为基础统一了全国，其陵墓仿汉代制度，又兼采南北朝陵寝制度所长，特别受北朝的影响较大，陵寝制度开始向完备、宏大发展。

泰陵在今陕西扶风五泉乡王上村（即古代的“三畤原”），20世纪80年代曾经做过调查[3]。陵墓封土高27.4米，呈覆斗型，夯土筑成，陵冢底部四周已被挖掉3—5米，残存东西长166米、南北宽160米。陵园墙垣已基本毁坏，惟北垣尚存，经初步勘探，陵垣东西长756米、南北宽652米。四面陵垣的中部均有大量砖瓦残片，推测为四面城门的遗存；四角亦有大量残瓦，当为角阙遗址。封土位于陵城的中央偏南，其南侧有清代陕西巡抚毕沅所立“隋文帝泰陵”石碑。

在泰陵东南原下0.5公里许的陵角、陵东两村中间另有一片建筑遗址，有墙垣遗存，平面为长方形，实测东西362米、南北414米，墙基宽10—15.5米不等；四角有角阙残存砖瓦，推测当年建有阙楼，以前曾发现有石碑及柱础。遗址中曾发现一石碑，高2.9米、上宽1.04米、下宽1.10米、上厚0.33米、下厚0.38米，螭首圭额，形似唐乾陵无字碑，阳面文字已漫漶无存，额刻宋人题字：“大宋□□□□（引者按，可能是‘新修隋文’四字）帝庙碑”。关于这处建筑遗址的性质，当地人称为“祭祀坛”、《扶风县志》称为“隋文帝祠”、宋代的碑额则称为“隋文帝庙”，其性质无疑应该是祭祀隋文帝的场所。笔者推测，它最初应该是隋泰陵的寝宫所在，也可能是仿汉制“陵旁立庙”的隋高祖庙遗址。

2010年，陕西省考古研究院对隋泰陵做了进一步的调查和勘探[4]。探明陵园环以平面呈长方形的城垣，南北628.9米、东西592.7米、墙基宽约4.4米。陵园四面各辟一门，南门门址保存较完整，门外分别有一对门阙，门阙平面呈梯形。陵垣外环绕有围沟。陵园

1［五代晋］刘昫等：《旧唐书》卷三《太宗纪下》贞观十七年六月壬午“改葬隋恭帝”，朱东润等点校本，中华书局，1975年，第55页。《新唐书》卷二《太宗纪》作“（贞观十七年六月）壬辰，葬隋恭帝”，中华书局，1975年，第42页。

2［唐］魏徵等：《隋书》卷五九《炀三子传》卷二《元德太子昭、越王侗》，汪绍楹等点校本，中华书局，1973年，第1442页。

3 罗西章：《隋文帝陵、祠勘察记》，《考古与文物》1985年第6期。

4 张建林：《隋文帝泰陵》，《中国考古学年鉴（2011）》，文物出版社，2012年，第481页。

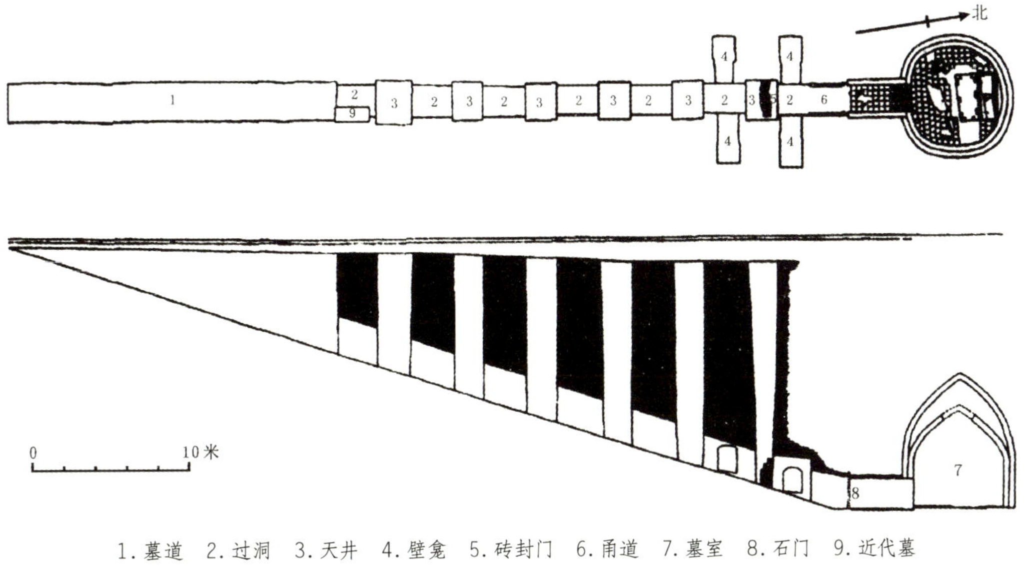

图4—28 陕西潼关税村隋代壁画墓平剖面图（引自《文物》2008年第5期）

中部偏东南筑有覆斗状封土，封土顶部南北33米、东西42米，底部南北153米、东西155米。基础部分呈倒“凸”字形，覆盖墓道。封土南侧发现2条墓道，相距23.8米，均为7天井、7过洞，西侧墓道（包括天井、过洞）南北长78.7米、宽3.4—5.6米，东侧墓道略短、窄。“隋文帝祠”遗址周围也有长方形垣墙，南北长384米、东西长354米，其中南墙宽10.1米、东墙宽16.4米，南北两面的垣墙分布有马面6处、南墙4处、北墙2处，南墙正中有城门遗址。

泰陵地下结构未经发掘，推测是东西并列的两座砖室或土洞墓，其结构应与北周孝陵相近。陕西潼关高桥乡税村发现了一座大型隋代壁画墓，壁画列戟十八杆，发掘者推测墓主是文帝的废太子杨勇[1]。该墓由墓道、7个过洞、6个天井、4个壁龛、甬道、墓室几部分组成，水平总长度63.8米、墓室底距地表16.6米，方向189°。墓室为单室砖券结构，平面大体圆形，南北5.72米、东西5.94米，墓门在南壁正中。墓顶为双层券砖穹窿顶，内层顶高5.6米、外层顶高8.4米（图4—28）。室内中部偏北有一具雕刻精美的石棺，头向朝西，内有木棺痕迹，单人葬。该墓或许在一定程度上反映了泰陵的墓室结构。

隋泰陵仿拟西汉皇陵之制，除方形封土、周以城垣，甚至还可能“陵旁立庙”外，还继北魏之后也恢复了预营寿宫制度。泰陵预建于仁寿二年（602年），是年八月，皇后独孤氏崩；闰十月甲申，“上令上仪同三司萧吉为皇后择葬地，得吉处”；“壬寅，葬文献皇后于太陵”[2]，即因皇后先故而预建寿陵。仁寿四年（604年）七月，隋文帝死，十月己卯，“合葬于太陵，同坟而异穴”[3]。其合葬制度与西汉帝后异坟异穴同陵园、东汉帝后同穴合葬有所不同。

受南北朝影响，隋代皇陵附近也建有寺院。据唐初法琳《辩证论》记载：炀帝“大

1 陕西省考古研究院：《陕西潼关税村隋代壁画墓发掘简报》，《文物》2008年第5期；陕西省考古研究院：《陕西潼关税村隋代壁画墓线刻石棺》，《考古与文物》2008年第3期；陕西省考古研究院：《潼关税村隋代壁画墓》，文物出版社，2013年。

2 ［宋］司马光：《资治通鉴》卷一七九《隋纪三》文帝仁寿二年，“标点资治通鉴小组”校点本，中华书局，1956年，第5593页。

3 ［唐］魏徵等：《隋书》卷二《高祖纪下》，汪绍楹等点校本，中华书局，1973年，第53页。

业元年（605年）为文皇帝造西禅定寺，并式规大壮，备准宏模”；“又于……京师造清禅寺、日严寺、香台寺，又舍九宫为九寺，于泰陵、庄陵二所并各造寺”[1]。今泰陵西南1.5公里处西赵村有1座古寺，寺内尚存明代石造像5尊，1972—1973年在院内取土时发现2眼古佛洞，出土有大量的隋唐至宋代黑白青瓷残片和碎砖瓦块，还有典型隋代风格的石刻观音像，有人推测或即原奉陵寺庙所在[2]。

二、关于隋炀帝陵

隋炀帝被逼自尽后，“萧后令宫人撤床箦为棺以埋之。化及发后，右御卫将军陈稜奉梓宫于成象殿，葬吴公台下。发敛之始，容貌若生，众咸异之。大唐平江南之后，改葬雷塘”[3]。唐武德五年（622年）八月辛亥，“葬隋炀帝于扬州”[4]。清朝嘉庆十二年（1807年）邑人浙江巡抚阮元住雷塘墓庐，闲访老农，指土人称“皇墓墩”者即是炀帝陵。阮元《修隋炀帝陵记》云：“陵地约剩四五亩，多丛葬者，陵土高七八尺，周回二三亩许。老农言：土下有隧道铁门，西北向；童时掘土尚及见之。”阮元召募乡民重修，“委土一石者与一钱，不数日积土八千石，植松百五十株，而陵乃岿然。复告之太守尹君墨卿，以隶书碑，刊而树之”[5]。这次所修隋炀帝陵在今扬州邗江区槐泗乡，已成古迹（图4—29）。因该墓附近曾有汉砖发现，早被疑为汉墓。由于隋炀帝曾多次改葬，文献记载语焉不详，其墓址遂至失考。

2013年3月开始，南京博物院等单位在扬州邗江区西湖镇司徒村曹庄组蜀岗西峰顶

图4—29　清代所修扬州邗江隋炀帝陵封土及墓碑

1 ［唐］释法琳：《辩证论》卷三“十代奉佛篇上”，《中华大藏经》第62册（NO.1186），中华书局，2004年，第501、502页。

2 罗西章：《隋文帝陵、祠勘察记》，《考古与文物》1985年第6期。

3 ［唐］魏徵等：《隋书》卷四《炀帝纪下》，汪绍楹等点校本，中华书局，1973年，第93—94页。

4 ［五代晋］刘昫等：《旧唐书》卷一《高祖本纪》，朱东润等点校本，中华书局，1975年，第13页。

5 ［清］阮元：《揅经室三集》卷二《修隋炀帝陵记》，《清代诗文集汇编》第477册，影印清道光阮氏文选楼刻本，上海古籍出版社，2011年，第371页。

图4—30　隋炀帝墓墓门、墓室（引自《考古》2014年第7期）

部的一处建筑工地上抢救发掘了2座唐初墓葬，4月中旬在其中1号墓中发现一合墓志，有“故隋炀帝墓志”、“贞观元年”等文字，因而认定为隋炀帝的最终迁葬墓。2号墓在其东旁，结构相似，出土凤冠等物，判定墓主为炀帝萧皇后[1]。这两座墓建于高岗之上，原有封土，其中M1位于土墩中部，由墓道、甬道、主室和东西耳室组成，损毁比较严重。斜坡墓道长19.5米，主室砖砌（所用砖与隋江都宫宫城墙砖相同），南北长3.92米、东西宽3.84米、残高2.76米；东西耳室甚小，其中西耳室南北长1.84米、东西宽1.8米、内高2.58米（图4—30）。M2位于土墩东南，由墓道、甬道、主室和东西耳室组成。斜坡墓道长5.25米，主室砖砌，南北长5.97米、东西宽5.9米，后部高出地面，为棺床部分；东西耳室似仅具象征意义，面宽0.72米、进深0.68米、高0.98米。这2座墓葬的形制与当地的唐初墓葬相似，墓主虽曾身为隋朝帝后，但并不足以代表隋代帝陵制度。

史传所载炀帝葬扬州，言之凿凿，并无迁葬关中的记录，但陕西也有一座“隋炀帝陵”。据清代《西安府志》记载：“隋炀帝陵，《通志》：在咸阳县东［西？］北三十五里”；“又，贾《志》云，帝陵在武功西原”[2]。《中国文物地图集·陕西分册》著录了3处隋代帝陵，除文帝泰陵外，还有“隋炀帝陵”，在武功县武功镇落杨村，封土圆形，底径约25米、残高5米[3]；“隋恭帝庄陵”，在乾县阳洪乡乳台村，封土覆斗形，东西82米、南北76米、残高15.8米[4]。隋恭帝从死到葬或改葬，前后经历了20余年，作为亡国之君，最终被祔葬于祖陵近旁应该是正常现象，但泰陵近旁却不可能再有两座隋陵。明代已经有人质疑二陵无解、有关记载自相矛盾，“隋文帝大陵，在武功县西南二十里三畤原，高五丈，周数百步。《隋书·本纪》：与独孤后同坟异穴。《通志》载文帝陵于武功，复载高祖陵于

1 《扬州基建工地发现古墓　出土隋故炀帝墓志》，《中国文物报》2013年4月17日第1版；《国家文物局组织专家论证并确认扬州隋炀帝墓》，《中国文物报》2013年11月20日第1版；南京博物院等：《江苏扬州市曹庄隋炀帝墓》，《考古》2014年第7期。

2 ［清］舒其绅等修，严长明等纂：《西安府志》卷六四《陵墓志》，《中国方志丛书》影印清乾隆四十四年刊本，台北成文出版社有限公司，1970年，第3243、3244页。

3 国家文物局主编：《中国文物地图集·陕西分册》，西安地图出版社，1998年，第481页。

4 国家文物局主编：《中国文物地图集·陕西分册》，西安地图出版社，1998年，第471页。

扶风，岂一帝两陵乎”[1]。这二座隋陵的具体内涵不详，但隋唐史料中未见有隋炀帝预营寿陵的记载，可以基本排除咸阳原上有炀帝陵的可能性。

两《唐书》均未载隋恭帝的陵名和葬地，但“庄陵”肯定不会是其陵名，庄陵是隋炀帝元德太子杨昭的墓名，见诸文献记载。内史侍郎虞世基作《故元德太子哀册文》称：“维大业二年七月癸丑朔二十三日，皇太子薨于行宫。粤三年五月庚辰朔六日，将迁座于庄陵，礼也。”[2]元德太子之墓当时加以陵名，其制应接近帝陵。据北宋《长安志》记载：“唐武德二年，析醴泉县复置好畤县于莫谷东南，隶雍州。今奉天县西北六里隋太子庄陵城是。”[3]唐至北宋的奉天县即今陕西乾县，因唐高宗乾陵所在而得名。所以，今陕西乾县阳洪乡乳台村所谓“隋恭帝陵”应该是恭帝之父元德太子杨昭的庄陵；而武功镇落杨村封土微小的“隋炀帝陵”，可能才是贞观十七年（643年）所建的隋恭帝陵。

从南北朝发展到隋代，帝王陵寝制度已经全面恢复，隋文帝泰陵模仿汉制，虽然规模不及之，但却为唐代陵寝制度的大发展奠定了基础。

1 ［明］祁光宗：《关中陵墓志》，《续修四库全书》（史部·地理类）第720册，影印上海图书馆藏清抄本，上海古籍出版社，2002年，第68页。

2 ［唐］魏徵等：《隋书》卷五九《炀三子传·元德太子昭》，汪绍楹等点校本，中华书局，1973年，第1436页。

3 ［宋］宋敏求：《长安志》卷一九“县九·好畤”，《宋元方志丛刊》第1册，影印清乾隆四十九年镇洋毕氏灵岩山馆《经训堂丛书》本，中华书局，1990年，第190—191页。

第五章
唐代陵墓制度

唐朝是中国古代的鼎盛时期，也是中国古代陵墓制度的进一步发展时期。唐代皇陵以北朝和隋代陵墓制度为基础，兼采南朝陵墓的某些特点，将汉代以来的陵寝制度发扬光大，并推向了一个新的高峰。

第一节　唐代皇陵及其考古发现与研究

唐朝的皇陵集中在当时的国都长安以北，除皇陵外，还有追尊先人和皇子的陵墓，大都经过考古调查，有些还做过局部发掘。

一、唐代皇陵概况

1. 关中十八陵

唐朝立国290年，传十五世，含武则天共二十一帝。其中唐高宗与武则天以夫妻合葬乾陵，因而共有20座皇陵。除被朱温杀害的末代二帝昭宗之和陵在河南偃师、哀帝之温陵在山东菏泽以外，其余诸陵皆在咸阳二道原及北山诸峰上、西汉诸陵以北，分别属于今乾县、醴泉、渭城、泾阳、三原、富平、蒲城7个县区，号称“关中十八陵”。自西而东依次为高宗的乾陵、僖宗的靖陵、肃宗的建陵、太宗的昭陵、宣宗的贞陵、德宗的崇陵、敬宗的庄陵、武宗的端陵、高祖的献陵，庄、端、献三陵一线以北，自西而东为懿宗的简陵、代宗的元陵、文宗的章陵、中宗的定陵、顺宗的丰陵、睿宗的桥陵、宪宗的景陵、穆宗的光陵、玄宗的泰陵（图5—1），东西横跨150余公里。

按照玄宫修筑方式的不同，唐代皇陵分为两种不同形制。

第一种是承袭两汉制度，地下建墓室，地面封土为陵。贞观九年（635年）五月，唐高祖崩，太宗“诏定山陵制度，令依汉长陵故事，务在崇厚”；秘书监虞世南上封事劝谏从简，太宗诏司空房玄龄等议，以“（汉）高祖长陵高九丈，光武原陵高六丈”，奏请依原陵之制，“于是山陵制度颇有减省”[1]。同年十月，葬唐高祖于陕西三原，号献陵。献陵平地封土筑成，覆斗状，陵冢南北长120米，东

1 ［宋］王溥：《唐会要》卷二〇“陵议”，据商务印书馆《国学基本丛书》本原版重印，中华书局，1955年，第393—395页。

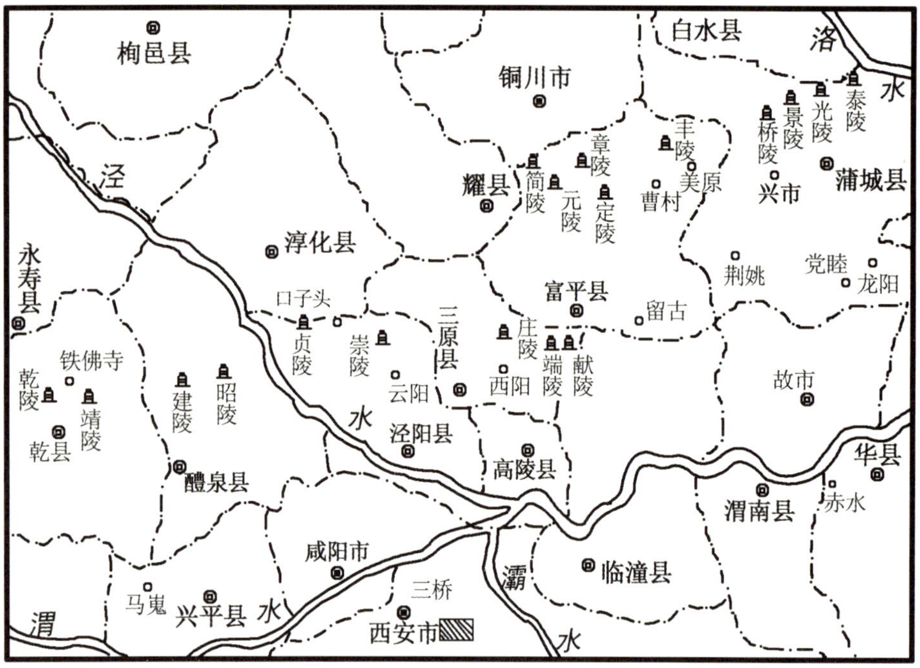

图5—1　唐关中十八陵分布图（引自《文物资料丛刊》第3辑，1980年）

西宽150米，高约20米[1]（图5—2）。陵园有夯土围墙，四面正中辟门。后来敬宗的庄陵、武宗的端陵、僖宗的靖陵也系封土筑成。

第二种形式是凿山修筑墓室，因山为陵。贞观十年（636年）六月，太宗长孙皇后薨，诏营山陵。太宗曰：“古者因山为陵，又有子孙经营，不烦费人功，此诚便事，九嵕山孤耸回绝，因而旁凿可置山陵处。”太宗死后合葬，是为唐昭陵。昭陵在今陕西礼泉县，因九嵕山主峰为之，海拔1188米，雄伟壮观（图5—3）。据《唐会要》记载：昭陵“在京兆府醴泉县，因九嵕层峰，凿山南面，深七十五丈为元［玄］宫，缘山傍岩，架梁为栈道，悬绝百仞，绕山二百三十步始达元［玄］宫门，顶上亦起游殿。文德皇后即元［玄］宫后，有五重石门，其门外于双栈道上起舍，宫人供养如平常。及太宗山陵毕，宫人欲依故事留栈道，惟旧山陵使阎立德奏曰：‘元［玄］宫栈道，本留拟有今日。今既始终永毕，与前事不同。谨按故事，惟有寝宫安供养奉之法，而无陵上侍奉之仪，望除栈道，固同山岳。’上呜咽不许。长孙无忌等援引《礼》经，重有表请，乃依奏”[2]。从昭陵开始，唐代皇帝因山为陵成为常制。

唐陵继承秦汉以来之制，也设有“安供养奉”墓主日常饮食起居的寝宫。太宗昭陵的寝宫原来建在陵山上，有记载说为野火烧毁，“其宫寻移在瑶台寺侧”，以后诸陵寝宫皆设于山下。唐诸陵寝宫既设于山下，因相对陵墓而称为“下宫”[3]，至于陵园及其中的祭祀设施，则被称为“上宫”。唐陵下宫都在陵山之西南方，这可能与遵从古代“西南尊

1 贺梓城：《“关中唐十八陵”调查记》，《文物资料丛刊》第3辑，文物出版社，1980年；刘庆柱等：《陕西唐陵调查报告》，《考古学集刊》第5辑，科学出版社，1987年；巩启明：《唐献陵踏查记》，《文博》1999年第1期。

2 ［宋］王溥：《唐会要》卷二〇“陵议”，据商务印书馆《国学基本丛书》本原版重印，中华书局，1955年，第395页。

3 《礼记·文王世子》：“诸子诸孙，守下宫下室。”郑注云：“下宫，亲庙也；下室，燕寝。”这可能是最早的“下宫”之名，与前文的“公宫”、“大庙”、“贵宫”等相对应。唐陵“下宫”是否源于此，尚待探讨。

图5—2　唐高祖献陵封土南面

图5—3　唐太宗昭陵九嵕山北坡

长之地”旧说有关，也可能与唐代某些特殊的习俗有关。各陵宫城内并非无隙地，设寝宫于山下，可能有礼制方面的考虑，也可能还有方便供水等原因。下宫距陵山的位置一般在五里左右，也有三、四、七、八、十里者，昭陵最远，达十八里。上宫与下宫的分立，缩小了陵园侍奉墓主灵魂日常起居的功能，从陵园布局来看，下宫即寝宫的地位明显开始下降，而上宫陵园的地位却显著地突出。

唐初的献陵和昭陵不仅代表了唐代两种不同形式的陵墓及玄宫营造制度，而且也昭示出唐代预营寿陵（或预选陵址）与死后建陵两种方式并存。据唐人记载，有些皇陵基址是墓主生前自己选定的，除太宗昭陵外，还有玄宗泰陵。“玄宗尝谒桥陵，至金粟山，睹岗峦有龙盘凤翔之势。谓左右曰：‘吾千秋后，宜葬此地。’宝应（762—763年）初，追述先旨而置山陵焉”[1]。金粟山在今陕西省蒲城县东北约15公里处保南乡唐陵村

1 ［唐］刘肃：《大唐新语》卷一〇《厘革第二十二》，许德楠等点校本，中华书局，1984年，第152页。

西，青石山脉，海拔819米，峰峦雄美，如卧龙蜿蜒，又似凤凰展翅，其下即唐玄宗泰陵。

唐代皇陵气度恢弘，以其多因山为陵，规模远迈前代。据宋敏求《长安志》记载：关中十八陵以昭陵和贞陵封域最大，周一百二十里；次为乾陵，周八十里；次为泰陵，周七十六里；次为定、桥、建、元、崇、丰、景、光、庄、章、端、简、靖十三陵，各周四十里，献陵最小，周二十里。诸陵兆域之内，除帝陵陵园、寝宫及其附属建筑外，还各有数目不等的陪葬墓，墓主为嫔妃、皇子、公主、勋戚、大臣以及近侍、宫女等。

唐代实行帝后同穴合葬，即帝后合葬于陵山中的同一墓穴之中。高祖窦皇后、太宗长孙皇后皆先于皇帝而薨，分别合葬于献陵、昭陵。唐高宗先葬乾陵，武则天20余年后薨，遗诏合葬乾陵。当时曾引起争议，给事中严善思说："尊者先葬，卑者不得入。今启乾陵，是以卑动尊，术家所忌。且玄关石门，冶金固隙，非攻凿不能开，神道幽静，多所惊黩。若别攻隧以入其中，即往昔葬时神位前定，更且有害。曩营乾陵，国有大难，易姓建国二十余年，今又营之，难且复生。合葬非古也，况事有不安［妥？］，岂足循据？汉世皇后别起陵墓，魏晋始合葬，汉积祀四百，魏晋祚率不长，亦其验也。今若更择吉地，附近乾陵，取从葬之义，使神有知，无所不通，若其无知，合亦何益？山川精气，上列为星。葬得其所，则神安而后嗣昌；失其宜，则神危而后嗣损。愿割私爱，使社稷长久。"[1]中宗不纳其议，以后诸帝后皆合葬如制。

唐代皇陵中随葬品十分丰富，太宗诏建陵墓时虽说要"务以俭约"、"容棺而已"，但昭陵中仍殉埋了大量珍宝。唐玄宗之兄宁王李宪以开元二十九年（741年）十一月薨，追谥让皇帝，依帝陵制度建墓，号惠陵，圹内多殉酒食。"宁王薨，册让皇帝，凡圹内置千味食。监护使裴耀卿奏曰：'尚食所料水陆等味一千余种，每色瓶盛，安于藏内，皆是非时瓜果及马牛驴犊獐鹿肉，并诸药酒三十余色，仪注礼仪并无所凭。'遂减省之"[2]。这种倾国而葬的做法在肃宗以后开始衰退，随葬品也有减少的趋势。唐德宗即位，诏令代宗元陵"制度务极优厚，当竭帑藏奉用度"。司封郎中知制诰兼史馆修撰令狐峘以"有德者薄葬，无德者厚葬，章章可见"为谏，请遵守代宗遗诏中"送终之制，一用俭约，不得以金银缘饰"之命。德宗诏答曰："朕倾议山陵，荒哀迷谬，以违先旨。卿引据典礼，非唯中朕之失，亦使朕不遗君亲以患。敢不闻义而从，奉以终始。"[3]中唐以后，皇陵的建筑规模也相应趋于简约。

唐代皇陵的管理机构，每陵各设陵署，天宝十三年（754年）改"署"为"台"，其长官为陵台令，秩从五品。

2. 追尊祖陵和"号墓为陵"

皇帝开国即位，追尊先人，为历代皆有之礼。唐高祖的高祖父李熙为北魏金门镇将、曾祖李天赐为魏幢主，二人于唐高宗仪凤（676—679年）中分别被追尊为献祖宣皇帝、懿祖光皇帝，并即原葬地加上陵号曰建初、启运。开元十五年（727年）唐玄宗敕令："宣皇帝、光皇帝陵，以县令检校，州长官岁一巡"；"岁春秋巡陵，公卿具仗出城，至陵十里复"[4]。此二陵在今河北隆尧县南，二陵共茔兆，合称"大唐帝陵"[5]，尚有石刻等遗迹。高祖祖父西魏太尉、柱国、北周追赠唐国公李虎，追尊为太祖景皇帝，原葬甘肃清

1 ［宋］欧阳修等：《新唐书》卷二〇四《方伎传·严善思》，中华书局，1975年，第5807—5808页。

2 ［宋］钱易：《南部新书》，《全宋笔记》第一编第四册，虞云国等整理，大象出版社，2003年，第123页。

3 ［宋］欧阳修等：《新唐书》卷一〇二《令狐德棻传附令狐峘传》，中华书局，1975年，第3986—3987页。

4 ［宋］欧阳修等：《新唐书》卷一四《礼乐志四》，中华书局，1975年，第364页。

5 李兰珂：《隆尧唐陵·〈光业寺碑〉与李唐祖籍》，《文物》1988年第4期。

图5—4　陕西三原唐太祖永康陵封土东南角

水，迁葬陕西三原，陵曰永康，在今三原陵前乡石马道村北[1]（图5—4）。高祖之父袭封唐国公、柱国大将军李昞被追尊为代祖元皇帝，陵曰兴宁。兴宁陵在今陕西咸阳，汉长陵东南角下，封土为圆形，石像生仍有遗存，但形体较小[2]。四祖之陵作为唐皇室始祖之墓，终唐崇祀；虽经扩建修缮，但其规模始终无法与十八陵相比。

武则天改唐为周，亦依制追尊乃父武士彟为太祖孝明高皇帝，母杨氏为皇后。杨氏先死于高宗咸亨元年（670年），初葬以王礼，武则天称帝后于永昌元年（689年）称其墓曰明义陵，次年即天授元年尊武士彟墓为昊陵、改明义陵为顺陵。唐睿宗复辟，废武氏崇恩庙，一度废昊陵、顺陵之号，旋即恢复；直到玄宗先天二年（713年）正月，才彻底并削则天父母帝后尊号，废黜昊、顺陵称，顺陵改称“王妃墓”。武周顺陵在咸阳原上，封土为陵，陵园基址和部分石刻尚保存完好[3]。

除追崇先辈陵庙外，唐代还有皇帝追尊兄长为帝、其墓称陵之例。睿宗复辟，初欲复以嫡长子李宪为太子，李宪则以三弟楚王隆基于国功高涕泣固让，最终李隆基得嗣立为皇帝。李宪受封宁王，开元二十九年（741年）十一月薨逝，玄宗痛悼，追尊谥曰让皇帝，葬以帝礼，丧祭至为丰厚，墓曰惠陵。惠陵在今陕西蒲城西北[4]，封土为之，该陵在睿宗桥陵之东南，也可以看作是陪葬桥陵，后来卜建的宪宗景陵于其正北。玄宗长子李琮，卒于天宝十一年（752年），追赠靖德太子，葬渭南细柳原，肃宗即位“诏追册为奉天皇帝，妃窦氏为恭应皇后，备礼改葬于华清宫北齐陵”[5]。肃宗之子建宁王李倓，“英毅

1 巩启明：《唐永康陵调查记》，《文博》1998年第5期。
2 贠安志：《兴宁陵石雕艺术》，《美术》1984年第4期；咸阳市博物馆：《唐兴宁陵调查记》，《文物》1985年第3期。
3 陕西省考古研究所：《唐顺陵勘察记》，《文物》1964年第1期；赵荣等：《唐顺陵遗址现状与形制探讨》，《考古与文物》2002年第4期。
4 王仲谋等：《唐让皇帝惠陵》，《考古与文物》1985年第2期；陕西省考古研究所：《唐李宪墓发掘报告》，科学出版社，2005年。
5 ［五代晋］刘昫等：《旧唐书》卷一〇七《玄宗诸子传·奉天皇帝琮》，朱东润等点校本，中华书局，1975年，第3258页。［宋］欧阳修等《新唐书》卷八二《十一宗诸子传·奉天皇帝琮》记其薨于天宝十年，

有才略”，平定安史之乱时数有战功，因李辅国等谗谮被赐死。代宗即位后的大历三年（768年），进谥曰承天皇帝，配冥婚，“葬顺陵，祔主奉天皇帝庙”[1]；其墓在唐京兆府咸阳县界。

景龙四年（710年）六月，唐中宗被韦皇后及安乐公主毒死，庶子温王重茂即位，改元唐隆。同月，以叙平韦氏乱之功，逊位于睿宗。开元二年（714年）七月，重茂卒于梁州，谥曰殇帝，葬京兆府武功县，无陵号。

中晚唐时，一些未与先帝合葬的皇帝本生母妃等人，也自立陵号，如“宣懿太后韦氏（武宗生母）福陵在京兆府万年县界，惠安太后王氏（僖宗生母）寿陵在京兆府万年县界，元昭皇后晁氏（懿宗生母）庆陵在京兆府万年县界，昭宗太后王氏（恭宪皇太后）安陵在京兆府万年县界”等[2]。

由于特殊的历史背景，唐朝在高宗、中宗两朝还有追封子孙为帝、为太子之例，被追封者的墓葬之制亦仿拟皇陵。唐高宗太子李弘，为武则天所生长子，高宗甚爱重之，令其辅弼政务。后与武则天争权，“弘奏请数拂旨，上元二年（675年）从幸合璧宫，遇鸩薨，年二十四”。高宗痛悼不已，下令追谥为孝敬皇帝，“葬缑氏，墓号恭陵，制度尽用天子礼，百官从权制三十六日释服，帝自制《睿德纪》，刻石陵侧。营陵功费巨亿，人厌苦之，投石伤所部司官，至相率亡去。妃薨，谥哀皇后”[3]。恭陵在今河南偃师缑氏乡滹沱村的景山上[4]，封土为陵（图5—5）。正方形陵城，边长约660米，四面正中辟宫门，东、西、北三门外各有石狮1对；南门外除门狮外，还有石像生，自南而北依次为华表1对、翼

图5—5　河南偃师唐恭陵南面

“墓号齐陵”。按：现藏于西安大唐西市博物馆的《大唐赠靖德太子哀册》中有“维天宝十一载岁次壬辰五月丁未朔二日戊申，庆王薨于大明宫十王院”等语，因此其卒年当以天宝十一年为是，《新唐书》误。

1 ［宋］欧阳修等：《新唐书》卷八二《十一宗诸子传·承天皇帝倓》，中华书局，1975年，第3619页。

2 ［宋］王溥：《唐会要》卷二一“诸陵杂录”，据商务印书馆《国学基本丛书》本原版重印，中华书局，1955年，第417—418页。

3 ［宋］欧阳修等：《新唐书》卷八一《三宗诸子传·孝敬皇帝弘》，中华书局，1975年，第3589—3590页。

4 若是：《唐恭陵调查纪要》，《文物》1985年第3期；中国社会科学院考古研究所河南第二工作队等：《唐恭陵实测纪要》，《考古》1986年第5期；陈长安：《唐恭陵及其石刻》，《考古与文物》1986年第3期；郭洪涛：《唐恭陵哀皇后墓葬部分出土文物》，《考古与文物》2002年第4期。

马 1对、石人3对，在东列第一、第二对石人之间立《睿德纪》碑1通。封土位于陵城中央略偏西，南北长130米、东西宽150米、残高22米。哀皇后墓在其东北，规模较小，封土残高13米。

陕西乾县的懿德太子墓、永泰公主墓，墓主分别为唐中宗的子女李重润和李仙蕙，因议论武则天私生活而被杖杀，中宗复辟，追加封谥，迁葬或改葬，皆“号墓为陵”[1]，二墓在乾陵诸陪葬墓中是规格最高的，但却逊于偃师恭陵。

二、唐陵的考古调查和研究

因为陵园设施豪华，特别是随葬品丰厚，使得唐陵自“安史之乱”以后即屡遭破坏甚至盗掘。仅见于《新唐书》记载的就有：肃宗宝应元年（762年）建寅月（正月），“丙戌，盗发敬陵（玄宗惠妃、追赠贞顺皇后武氏之墓）、惠陵（玄宗之兄李宪追尊让皇帝之墓）”；宪宗元和十年（815年）十一月，“戊寅，盗焚献陵寝宫”；次年正月，“甲申，盗断建陵门戟”；宣宗大中五年（851年）十二月，“盗斫景陵门戟”；昭宗天复二年（902年），“二月己亥，盗发简陵”[2]。另外，其他一些天灾人祸也对唐陵建筑造成了危害，同据《新唐书》所载：文宗大和八年（834年），“七月辛酉，震定陵寝宫”；开成四年（839年），“十二月乙卯，乾陵寝宫火”[3]。唐末至五代初，静胜军节度使温韬守关中七年，“唐诸陵在其境内者，悉发掘之，取其所藏金宝。而昭陵最固，韬从埏道下，见宫室制度闳丽不异人间，中为正寝，东西厢列石床，床上石函中为铁匣，悉藏前世图书，锺王笔迹，纸墨如新，韬遂取之，遂传人间。惟乾陵风雨不可发”[4]。乾陵之所以没被盗掘，据宋人所见唐人之说，是受益于防盗得法，“乾陵之役，每凿地得土一车，即载致十里外，换受沙砾以回，实之方中。故方中不复本土，皆积沙壅之。……沙砾散燥，不相粘著，非尽徙而他之，虽欲取径阙隧，无由而可”[5]。关中十八陵在温韬之手遭到了毁灭性的破坏，日就荒芜，后代虽有填堵盗洞和一些局部维护修缮，但大多仅限于当时官府举行礼仪性祭祀的场所，已远非唐代旧观。

唐陵遗迹自宋代起即备受关注，北宋初宋敏求的《长安志》著录了关中十八陵等唐代史迹，后来游师雄曾于绍圣元年（1094年）亲历唐陵调查，因作《唐昭陵石刻图》，成为早期唐陵研究的重要史料；元代李好文为《长安志》绘图三卷，内有昭陵、乾陵、建陵等图，即参照游氏图。清朝乾隆中叶，在陕西巡抚毕沅的主持下，关中唐陵等重要遗迹均被立碑标识（图5—6），并且“令各守土者即其丘陇茔兆，料量四至，先定封域，安立界石，并筑券墙。墙外各拓余地，守陵人照户给单，资其口食，春秋享祀”[6]。这应该是对于唐代皇陵最早的系统性调查。20世纪初，日本学者足立喜六以清代毕沅所立陵碑为导引，对关中唐陵进行了调查，拍有照片多幅并有部分草绘平面图[7]，留下了比较珍贵的早期影像资料。

1 ［宋］欧阳修等：《新唐书》卷八一《三宗诸子传·懿德太子重润》、卷八三《诸帝公主传·永泰公主》，中华书局，1975年，第3593、3654页。

2 ［宋］欧阳修等：《新唐书》卷六《肃宗纪》、卷七《宪宗纪》、卷八《宣宗纪》、卷一〇《昭宗纪》，中华书局，1975年，第165、215、249、299页。

3 ［宋］欧阳修等：《新唐书》卷八《文宗纪》，中华书局，1975年，第235、239页。

4 ［宋］欧阳修等：《新五代史》卷四〇《温韬传》，中华书局，1974年，第441页。

5 ［宋］程大昌：《考古编》卷九“周太祖葬剑甲衮冕”，刘尚荣校证本，中华书局，2008年，第147页。

6 ［清］毕沅：《关中胜迹图志》卷八《古迹·郊邑·西安府》，张沛校点本，三秦出版社，2004年，第267页。

7 ［日］足立喜六著，王双怀等译：《长安史迹研究》，三秦出版社，2003年，第259—308页。

唐陵的考古调查工作始于20世纪五六十年代陕西省文物管理委员会等单位先后对唐高宗乾陵[1]、唐肃宗建陵[2]、唐睿宗桥陵[3]，以及武则天之母杨氏顺陵[4]的勘探调查。20世纪七八十年代，考古工作者对唐代帝陵进行过全面的调查[5]，为唐代帝陵研究提供了系统翔实的资料。此后，对睿宗桥陵[6]、宣宗贞陵[7]、肃宗建陵[8]、玄宗泰陵[9]、德宗崇陵[10]、高祖献陵[11]、文宗章陵[12]等先后进行过专门勘探或调查。2002年，陕西省考古研究所对昭陵玄武门遗址进行了发掘，弄清了昭陵玄武门的建筑结构，还清理出"昭陵六骏"等石刻基座和祭祀建筑遗址[13]，这次发掘工作，基本上解决了把昭陵北门唐代与明清建筑遗址区分开的问题[14]。

图5－6　唐敬宗庄陵封土前的"毕沅碑"

2006年，陕西省考古研究院"唐代帝陵大遗址保护项目"考古调查勘探工作启动，到2013年，先后完成了乾陵、武周顺陵、建陵、贞陵、崇陵、桥陵、景陵、光陵、献陵等陵园遗址的考古调查、勘探和发掘工作，基本廓清了不同时期唐陵的陵园范围、建筑布局和建筑基址结构，并且发现了寝宫宫城、蕃酋殿、列戟廊等以前未知的陵寝建筑；还发现了泰陵和建陵的采石场、乾陵和定陵的砖瓦窑址等相关遗迹，有关资料已经相继公布[15]。

1 杨正兴：《乾陵勘察情况》，《文物》1959年第7期；陕西省文物管理委员会：《唐乾陵勘查记》，《文物》1960年第4期。

2 陕西省文物管理委员会：《唐建陵探测工作简报》，《文物》1965年第7期。

3 陕西省文物管理委员会：《唐桥陵调查简报》，《文物》1966年第1期。

4 陕西省考古研究所：《唐顺陵勘查记》，《文物》1964年第1期。

5 贺梓城：《"关中唐十八陵"调查记》，《文物资料丛刊》第3辑，文物出版社，1980年；刘庆柱等：《陕西唐陵调查报告》，《考古学集刊》第5辑，科学出版社，1987年。

6 王世和等：《唐桥陵勘察记》，《考古与文物》1980年第4期。

7 泾阳县文教局调查组：《唐贞陵调查记》，《文博》1986年第6期。

8 张崇德：《唐代建陵及其石刻》，《考古与文物》1988年第3期。

9 马文良：《唐玄宗泰陵的石雕》，《文博》1991年第4期。

10 刘随群：《唐崇陵调查简报》，《文博》1997年第4期。

11 巩启明：《唐献陵踏查记》，《文博》1999年第1期。

12 巩启明等：《唐章陵调查简报》，《文博》2003年第3期。

13 王小蒙：《昭陵六骏的新出土》，《文物天地》2003年第8期；昭陵考古队：《昭陵北门阙遗址》，《中国考古学年鉴（2003）》，文物出版社，2004年，第355页；陕西省考古研究所等：《2002年度唐昭陵北司马门遗址发掘简报》，《考古与文物》2006年第6期。

14 张建林等：《对唐昭陵北司马门遗址考古新发现的几点认识》，《考古与文物》2006年第6期。

15 张建林等：《乾陵陵园遗址》，《中国考古学年鉴（2007）》，文物出版社，2008年，第464页；张建林等：《顺陵陵园遗址》，《中国考古学年鉴（2007）》，文物出版社，2008年，第464—465页；陕西省考古研究院唐陵考古队：《唐睿宗桥陵考古调查勘探简报》，《考古与文物》2011年第1期；陕西省考古研究院等：《唐除唐末衰败时期的僖宗靖陵外，唐代帝陵墓室没有经过考古发掘；但包括“号墓为陵”在内的一批太子、公主等高等级陪葬墓的发现，为唐陵玄宫制度的探索提供了重要参照。这方面资料主要有：永泰公主（中宗女）墓[1]、懿德太子（中宗子）墓[2]、章怀太子（高宗子）墓[3]、长乐公主（太宗女）墓[4]、房陵大长公主（高祖女）墓[5]、惠昭太子（宪宗子）墓[6]、新城长公主（太宗女）墓[7]、惠庄太子（睿宗子）墓[8]、让皇帝（睿宗子）惠陵[9]、节愍太子（中宗子）墓[10]、嗣虢王李邕（高祖曾孙）墓及其墓前丧祭遗址[11]等。而最近几年的勘探资料，则进一步揭示出献陵等唐代封土皇陵的墓道规模和墓室结构[12]。

除上述诸帝陵和陪葬墓外，河北隆尧追尊唐献祖建初陵和唐懿祖启运陵[13]，陕西三原追尊唐太祖的永康陵[14]、渭城唐代祖的兴宁陵[15]，河南偃师追谥孝敬皇帝的恭陵[16]等也进行过考古调查勘探或抢救性局部发掘。

历年来公布的唐陵考古资料主要集中在陵园中各类地面建筑的遗迹方面，因而关于唐陵的研究也大多由此而展开，主要包括陵园结构及其形制变化[17]、神道石刻及其特

玄宗泰陵陵园遗址考古勘探发掘简报》，《考古与文物》2011年第3期；陕西省考古研究院：《唐高祖献陵陵园遗址考古勘探与发掘简报》，《考古与文物》2013年第5期；王炜林：《周秦汉唐考古的新进展——以陕西大遗址考古为例》，《考古与文物》2013年第5期；张建林：《唐代帝陵陵园形制的发展与演变》，《考古与文物》2013年第5期；陕西省考古研究院：《2013年陕西省考古研究院考古发掘调查新收获》，《考古与文物》2014年第2期。

1 陕西省文物管理委员会：《唐永泰公主墓发掘简报》，《文物》1964年第1期。

2 陕西省博物馆等：《唐懿德太子墓发掘简报》，《文物》1972年第7期。

3 陕西省博物馆等：《唐章怀太子墓发掘简报》，《文物》1972年第7期。

4 昭陵博物馆：《唐昭陵长乐公主墓》，《文博》1988年第3期。

5 安峥地：《唐房陵大长公主墓清理简报》，《文博》1990年第1期。

6 陕西省考古研究所等：《唐惠昭太子陵发掘报告》，三秦出版社，1992年。

7 陕西省考古研究所等：《唐昭陵新城长公主墓发掘简报》，《考古与文物》1997年第3期；陕西省考古研究所等：《唐新城长公主墓发掘报告》，科学出版社，2004年。

8 陕西省考古研究所等：《唐惠庄太子墓发掘简报》，《考古与文物》1999年第2期；陕西省考古研究所：《唐惠庄太子李㧑墓发掘报告》，科学出版社，2004年。

9 王仲谋等：《唐让皇帝惠陵》，《考古与文物》1985年第2期；陕西省考古研究所：《唐李宪墓发掘报告》，科学出版社，2004年。

10 陕西省考古研究所：《唐节愍太子墓发掘简报》，《考古与文物》2004年第4期；陕西省考古研究所：《唐节愍太子墓发掘报告》，科学出版社，2004年。

11 陕西省考古研究院：《唐嗣虢王李邕墓前遗址发掘简报》，《文物》2009年第7期；陕西省考古研究院：《唐嗣虢王李邕墓发掘报告》，科学出版社，2012年。

12 陕西省考古研究院：《唐高祖献陵陵园遗址考古勘探与发掘简报》，《考古与文物》2013年第5期。

13 李兰珂：《隆尧唐陵·〈光业寺碑〉与李唐祖籍》，《文物》1988年第4期。

14 巩启明：《唐永康陵调查记》，《文博》1998年第5期；陕西省考古研究院：《2013年陕西省考古研究院考古发掘调查新收获》，《考古与文物》2014年第2期。

15 咸阳市博物馆：《唐兴宁陵调查记》，《文物》1985年第3期。

16 若是：《唐恭陵调查纪要》，《文物》1985年第3期；中国社会科学院考古研究所河南第二工作队等：《唐恭陵实测纪要》，《考古》1986年第5期；陈长安：《唐恭陵及其石刻》，《考古与文物》1986年第3期；郭洪涛：《唐恭陵哀皇后墓部分出土文物》，《考古与文物》2002年第4期。

17 周明：《陕西关中唐十八陵陵寝建筑形制初探》，《文博》1994年第1期；沈睿文：《唐陵结构名称考》，《文博》2000年第1期；沈睿文：《唐陵陵园布局的分类及演变》，《唐研究》第六卷，北京大学出版社，2000年；赵荣等：《唐顺陵遗址现状与形制探讨》，《考古与文物》2002年第4期；姜捷：《关于定陵陵制的几个新因素》，《考古与文物》2003年第1期。

征和内涵分析等[1]；随着田野调查和勘探资料的不断细化和丰富，有研究者对唐代帝陵陵园形制的演变进行了分期[2]。唐陵陪葬墓的考古发掘相对比较多，因而这方面的研究也相应多见[3]。永泰、懿德、章怀三墓经过发掘后，有人据以对唐代皇室埋葬制度进行过分析探讨[4]；随着节愍、惠庄、惠昭等太子墓发掘资料的披露，有研究者对唐太子陵制度做了分析探索[5]。

第二节　唐代皇陵的陵园制度

唐代皇陵陵园建筑规模宏大，在整体上模拟都城营造，结构严整。高祖献陵大体上仿汉隋之制而建，太宗昭陵创建了唐陵因山为藏的新模式，高宗乾陵是唐代帝陵制度的完善定型时期；玄宗泰陵以后仍大体沿袭乾陵之制，但陵园规模、营造技艺、石像生等明显出现衰退的趋势。唐代陵园的标准平面布局应该是方城结构，但因山为陵的一个不利条件是陵墙必须随山势修筑，乾、定、桥诸陵一般南墙平直，东、西、北三面陵墙由于各山脉走向的不同，多顺势而筑，有时会有一角凸出或凹进，只能是大体呈方形。泰陵以后各陵大多仅南墙仍略保持直线，其余几面则因山就势，宫墙随山谷蜿蜒起伏，曲线、弧线并出，如肃宗建陵、德宗崇陵、宣宗贞陵等平面呈不规则的五边形或六边形[6]，四门也不再都是中轴对称，角阙亦然。

一、唐陵陵园布局的形成及其发展

1. 献陵

唐献陵位于三原县城东北约20公里的徐木塬上[7]，是唐代开国皇帝高祖李渊

1 陈国灿：《唐乾陵石人像及其衔名的研究》，《文物集刊》第2辑，文物出版社，1980年；阎文儒：《关中汉唐陵墓石刻题材及其风格》，《考古与文物》1986年第3期；王子云：《也谈唐陵石雕艺术兼述中国陵墓雕刻中的瑞兽（附：唐陵名称及陵前石刻类别简记）》，《美术》1989年第4期；葛承雍：《唐昭陵、乾陵蕃人石像与“突厥化”问题》，《欧亚学刊》第三辑，中华书局，2002年；梁子等：《乾陵六十一蕃王考述》，《文博》2003年第6期；秦建明：《乾陵神道鸵鸟为射侯说》，《文博》2006年第3期；韩伟：《〈乾陵神道鸵鸟为射侯说〉驳正》，《文博》2007年第2期；沈睿文：《唐陵神道石刻意蕴》，《考古与文物》2008年第4期；李星明：《佛法与皇权的象征——论唐代帝陵神道石柱》，《复旦学报（社科版）》2011年第1期。

2 张建林：《唐代帝陵陵园形制的发展与演变》，《考古与文物》2013年第5期。

3 张永祥：《乾陵陪葬墓的两个有关问题》，《文博》1989年第2期；姜宝莲：《试论唐代帝陵的陪葬墓》，《考古与文物》1994年第6期；沈睿文：《桥陵陪葬墓地研究》，《文博》2000年第5期；沈睿文：《唐昭陵陪葬墓地布局研究》，《唐研究》第五卷，北京大学出版社，1999年；张蕴等：《唐李邕墓前遗址性质讨论》，《文物》2009年第7期；张蕴：《关于献陵陪葬园区布局的思考》，《考古与文物》2012年第3期。

4 李求是：《谈章怀、懿德两墓的形制等问题》，《文物》1972年第7期；王仁波：《懿德太子墓所表现的唐代皇室埋葬制度》，《中国考古学会第一次年会论文集（1979）》，文物出版社，1980年；孙新科：《试论唐代皇室埋葬制度问题》，《中原文物》1995年第4期。

5 王小蒙：《从新发现的唐太子墓看太子陵制度问题》，《考古与文物》2005年第4期。

6 陕西省文物管理委员会：《唐建陵探测工作简报》，《文物》1965年第7期；刘随群：《唐崇陵调查简报》，《文博》1997年第4期；泾阳县文教局调查组：《唐贞陵调查记》，《文博》1986年第6期。

7 巩启明：《唐献陵踏查记》，《文博》1999年第1期；陕西省考古研究院：《唐高祖献陵陵园遗址考古勘探与发掘简报》，《考古与文物》2013年第5期。

（566—635年）的陵墓。陵园平面形状略呈方形，方向364°，南北451米、东西448米、墙垣底宽2—2.5米，四面墙垣中间各辟一门，门外原各有阙台和石虎一对。其中东门遗址保存较为完整，南北长26米、东西宽14米，阙台夯土筑成，平面为三出阙形式，石虎距阙台125米、两虎间距33米。南门外石虎以南404米处有石柱一对，两柱间距37米。现存东侧石虎、石柱各1件，另有石虎、石犀各1件保存于西安碑林博物馆（图5—7）；勘探发现石犀残躯1件、西侧石柱的残座和柱身残部。陵园四角各有曲尺形的夯土，应为角阙遗址。封土位于陵城中部略偏东，呈覆斗形，底边东西140米、南北110米，顶边东西约30米、南北约12米，现高约18米。

图5—7　唐高祖献陵石犀，现藏西安碑林博物馆

2012年，在献陵陵园以北约200米处发现一片大体呈正方形的建筑遗址，其西侧壕沟位于北司马道中线，遗址南垣墙与陵园北门石虎间距46米，命名为“献陵北遗址”（图5—8）。结构为四面夯土墙垣，南北223米、东西221米，南墙中部偏西辟门，墙垣外围有一圈壕沟。在城内正中偏西有一座大型建筑基址，平面略呈“回”字形，东西37米、南北23米。遗址中出土的砖、瓦、瓦当等特征与献陵南门出土者完全一致，说明营造年

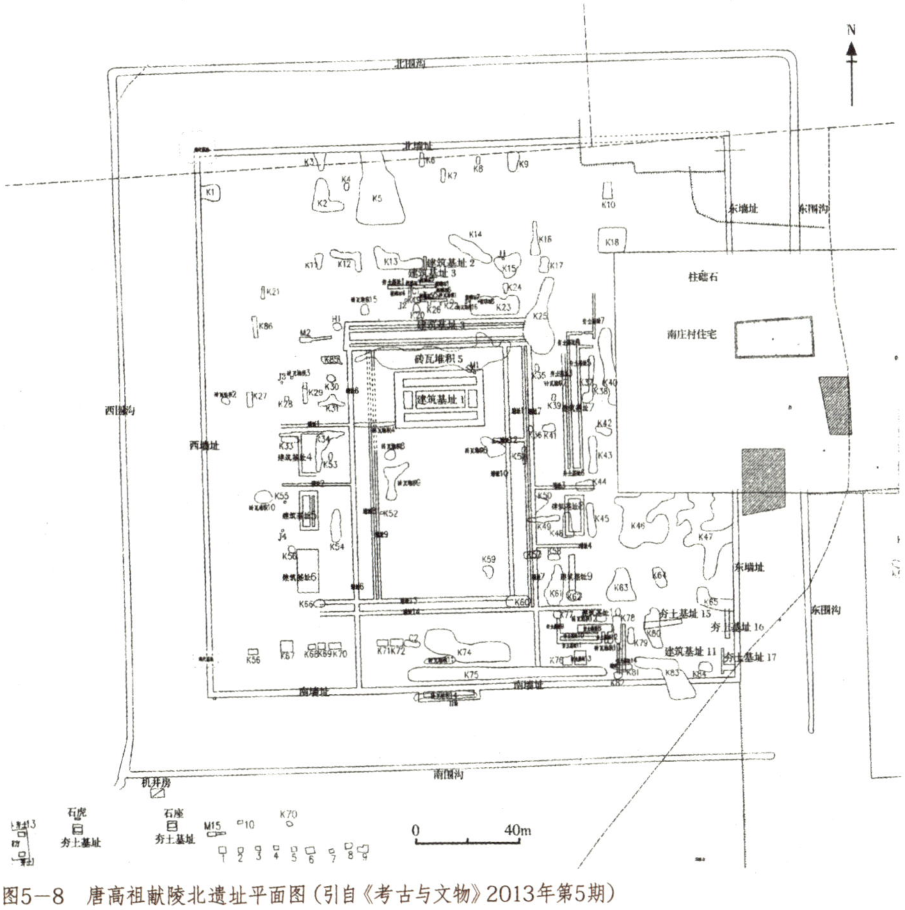

图5—8　唐高祖献陵北遗址平面图（引自《考古与文物》2013年第5期）

代相同，发掘者推测这里很可能是献陵最初的寝殿建筑群遗址[1]。

献陵下宫位于陵园西南，在乳阙以南1210米偏西370米处，现为三原县长城长食品工业有限公司厂址所在，在四周发现少量夯土基址和大量砖瓦堆积，遗址整体面貌不清楚。

陪葬墓群分布于献陵北部和东北部，范围东西约5000米、南北约2000米。共发现289座墓葬，其中93座墓葬依据其墓园结构和墓葬形制、规格，可以确定为献陵陪葬墓，28座尚存封土。陪葬墓墓园的外围基本都以围沟为界，绝大多数墓园内只有1座墓葬，个别墓园内有2或3座葬墓。

2. 昭陵

昭陵位于礼泉县北九嵕山，是唐朝第二代皇帝、高祖次子太宗李世民（599—649年）的陵墓。经过2002—2005年的调查和发掘，基本探明了陵园遗址的的范围布局[2]。陵园周围未发现墙垣遗迹，仅在九嵕山南侧偏东的山梁上建南司马门、北侧山坡建北司马门，山腰南侧和东侧发现有石窑、石室等遗迹。

昭陵北司马门建筑遗址分布于九嵕山北侧山坡的3个小台地上（图5—9），依次为三出阙台基1对、推测为列戟廊的廊址1对、北围墙外的小型建筑4座、殿堂式门址和北围墙、排水沟等。第二台地以上仅残存西侧建筑遗迹，从南向北依次为偏殿、方形小建筑、阶梯状长廊等。建筑群外环绕夯土墙。殿堂式门址东西25.8米、南北12.6米，门制为面阔五间、进深两间，中三间为门，东西两间分别有隔墙分为南北间，门址东西两端紧接夯土围墙。在三出阙的南侧各有一长方形建筑台基，介于阙和门之间，发掘者推测是门外放置列戟的列戟廊。原放置“六骏”和十四国蕃君长石雕像的长廊基址呈阶梯

图5—9　唐太宗昭陵玄武门遗址（自北向南摄）

1 张建林：《唐代帝陵陵园形制的发展与演变》，《考古与文物》2013年第5期。

2 陕西省考古研究所等：《2002年度唐昭陵北司马门遗址发掘简报》，《考古与文物》2006年第6期；张建林：《唐代帝陵陵园形制的发展与演变》，《考古与文物》2013年第5期。

状，由北向南渐次升高，南北29米、东西10.2米，其制为面阔七间，进深一间，残存有10个柱础石和4个置于原位的石人像座，北端一间保存有“六骏”之一的完整基座。

图5—10 唐太宗昭陵北司马门王宾像座

昭陵寝宫建于九嵕山西南的缓坡台地上，遗址位于今皇城村东侧，2004年进行过钻探、调查和局部试掘。寝宫环以长方形的夯土宫墙，南北304米、东西238.5米，墙厚约2.5米。寝宫城南北两面各辟城门，东西两面未发现门址。城门基址均为包砖的夯土台，与陵园北司马门已发掘的门址结构大体相同。其中南门址东西23.2米、南北13米，夯土台基原高约1.2米，周围有砖铺散水。宫城内北部有一道东西向的墙隔出南北宽47.5米的夹城，夹城墙上与北门相对处辟一门，比南门规模略小，形制相同。宫城内钻探出南北分布的3组夯土建筑基址和纵横分布的夯土墙，其间有大量砖瓦堆积。推测宫城中原有3组大型建筑和多座中小型建筑。

昭陵陵园石刻主要集中在北司马门，有“昭陵刻石文”碑、“昭陵六骏”浮雕、“十四国蕃君长”石像（图5—10）等。20世纪70年代在九嵕山南9公里的后寨村发现过唐代风格的石雕走狮，现在还难以确认是否属于昭陵陵园石刻的一部分。

九嵕山南侧和东侧的山坡以及山下东、南部的平原地带是主要陪葬墓区，西南和北面也有个别陪葬墓。关于昭陵陪葬墓的数目，无论是文献记载中还是先后数次考古调查均有出入，1972年昭陵博物馆调查，共发现陪葬墓167座；近年该馆调查则确认有193座（含陪葬宫人墓）[1]。

3. 乾陵

乾陵是最具有典型意义的一座唐代皇帝陵园，在关中十八陵中地面建筑遗存保存最多、基址也最为清晰可辨。乾陵是唐高宗李治及其皇后武曌（武则天）的合葬墓，武则天还是武周王朝的女皇帝，所以乾陵是历史上唯一的一座男女两皇帝的合葬墓，也是唯一的一座两朝帝王的合葬墓（图5—11）。唐高宗李治（628—683年），唐太宗第九子，在位34年，弘道元年（683年）十二月崩。武则天（624—705年），14岁入宫为太宗才人，太宗驾崩后依制削发，入感业寺为尼，后为高宗召回宫。初封昭仪，后谮废王皇后，参决大政，朝中有“二圣”之称。高宗死后为皇太后，临朝称制，先后废立中宗、睿宗；天授元年（690年）自称圣神皇帝，改国号为周。武则天在位16年，神龙元年（705年）正月病重，

1 胡元超：《昭陵文史宝典》，三秦出版社，2006年，第21页。

图5—11 唐高宗乾陵神道（自南向北摄）

张柬之等人乘机发动政变，拥立中宗复辟；同年十二月薨，遗诏合葬乾陵。

乾陵在今陕西乾县西北，因梁山主峰为之[1]。梁山三峰并峙，主峰在北居中，圆锥形孤耸，突兀于平地，蔚为壮观；南面二峰较低，东西夹列，形成天然门户。梁山主峰的东南面全为黄土覆盖，墓道即开凿于南侧山腰上。陵园建夯土城垣，环绕玄宫所在的梁山主峰，仿都城中的宫城建置，略呈方形，西南角受地形限制向内收缩，总面积约229.3平方公里（图5—12）。南北墙基各长1450米，东墙基长1582米，西墙基长1438米，墙基夯土宽2.1—2.5米，城基保存基本完好。四面城墙正中各辟司马门，习惯上以四神名之，东曰青龙，南曰朱雀，西曰白虎，北曰玄武。门道宽2.7米，根据钻探北门遗址资料分析，结构为殿堂式。四门外两侧各建造双阙，基座和墩台均系夯土筑，外用砖包砌，墩台上建阙楼，根据1995年发掘南门阙的结果分析，四门双阙均各为三出。陵园四角夯土犹存，并残存有唐代砖瓦石块，最高的西南角残高约10米，东北和西北角还留有石条砌筑的地基，推测原有角阙一类建筑；1961年发掘的东南角阙，平面呈曲尺形，两端呈三出结构。朱雀门内有一块长方形平地，推测为献殿遗址，其处有清朝乾隆年间陕西巡抚毕沅所立“唐高宗乾陵”石碑一通，此碑所在地面至梁山顶部高差为104米。

1994年时航拍及考古调查和钻探发现，乾陵还有一道外城垣[2]，外城垣走向与内城垣走向大体平行，墙间距约220米。这是在唐代帝陵中首次发现双重城垣，迄今也尚未见第二例披露。

乾陵陵园坐北朝南，内城四门外各有石刻、门阙等建筑物。青龙门和白虎门外分别有面朝外的守门石狮1对，蹲姿；其外各有门阙残留夯土台基1对。玄武门外有北向蹲姿守门石狮1对，门阙夯土台基1对。2007年钻探发掘发现，北门阙外原应有石刻5对，北部为仗马及牵马人各3对，门阙与仗马之间2对石刻的石座旁还配置有方形小石座，其中北

1 陕西省文物管理委员会：《唐乾陵勘查记》，《文物》1960年第4期；张建林等：《乾陵陵园遗址》，《中国考古学年鉴（2007）》，文物出版社，2008年，第464页。

2 秦建明等：《唐代帝陵中第一次发现双重城垣——航拍显示乾陵外城跨山越谷气势恢宏》，《中国文物报》2000年4月5日第1版；刘向阳：《唐代帝王陵墓》，三秦出版社，2003年，第85—87页；穆兴平：《唐乾陵陵园城垣考》，《文博》2013年第6期。

侧的1对为站立的石虎，另1对可能也是石兽[1]。朱雀门前两侧各有石人基座1对，南向蹲姿守门石狮1对；门狮与南门阙台之间为王宾像。

乾陵神道石刻集中排列在朱雀门外，这里是主神道所在。乾县老城北门西北约1.5公里的张家堡有东西夹列的2座阙台夯土，其上有楼阁遗址，是为乾陵第一道阙，也是神道的起点。由此向北约2800米为第二道阙台，分别建于梁山南侧两座小山（东、西乳峰）之上，两峰间距约380米，相对高度约40米；东阙夯土台高14.4米，台顶面还残存有部分铺地砖，西阙夯土台残高9.7米，双阙台基现已修复。据《长安图志》记载，东乳峰下原有狄仁杰等六十朝臣像祠堂。自第二道阙台起开始布列神道石刻，2根东西对称的望柱为神道石刻导引，柱身呈八棱形，柱头圆形，通高约7.80米。因为是在自然山包上建造阙台，所以东西二阙的纬度并不对称，东阙在东望柱东北，西阙在西望柱西南。望柱南距第一道阙台约2850米。

望柱以北28米处为带翼石马（麒麟）1对，西侧翼马高3.45米、长3.53米，石座三层，下层已多半埋入地下（图5—13）；东侧翼马腿残，石座高3.25米。翼马以北228米处为朱雀（鸵鸟）浮雕1对，石屏高2.08—2.26

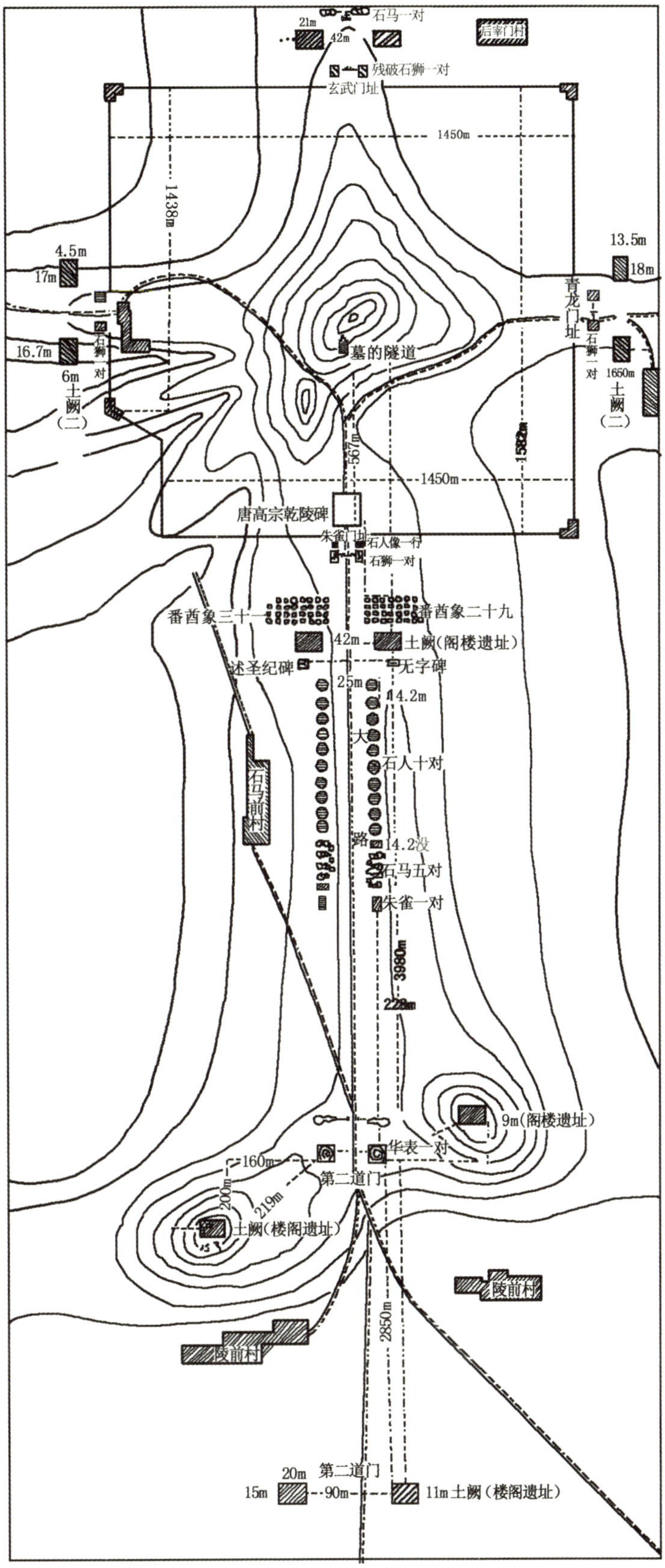

图5—12 唐高宗乾陵陵园遗迹平面图（引自《文物》1960年第4期）

1 张建林等：《乾陵陵园遗址》，《中国考古学年鉴（2007）》，文物出版社，2008年，第464页；张建林：《唐代帝陵陵园形制的发展与演变》，《考古与文物》2013年第5期。

图5－13　唐高宗乾陵翼马（西列）

图5－14　唐高宗乾陵神道石人（东列）

图5－15　唐高宗乾陵武则天无字碑

图5－16　唐高宗乾陵述圣纪碑碑亭遗迹

米。自朱雀起往北约200米的神道两侧基本等距排列石马及马官5对、仗剑石人10对（图5—14），其中完整的石马高1.95米、石人高3.75—4.16米。乾陵石像生形体高大，比例匀称，刀法浑厚而不失精细，是唐代石雕的代表作。石人以北地势明显渐高，直到南门阙前。东西两阙楼南侧各有1通石碑。神道西侧为“述圣纪碑”，记唐高宗一生功德，武则天撰文，唐中宗御书，原文约5600字，现存2000余字；碑身为七块方石叠砌，取象日、月、金、木、水、火、土，俗称“七节碑”，通高6.85米。神道东侧为“无字碑”，为一整石雕凿而成，通高8.03米（图5—15）。此碑系为武则天而立，至于无字的原因，曾有功过留予后人评说和显示功德盛大而难容纳于一碑等若干种推测，其上有金人题刻等后代刻文[1]。两碑外原各建有面阔、进深各三间的碑亭，现仅存少量柱础（图5—16）。其中无字碑碑亭宽15.8米，进深15.55米，四周还各有1.45米宽的砖砌散水。

南门阙经过清理发掘，阙台夯土为胎，石条砌基，外包砌青砖，台上阁楼为三出阙。发掘前东阙残高11米、西阙残高12米，现已修复阙台。南门阙与朱雀门之间有石人像61尊，东西相向夹神道而列，东侧32尊面西，西侧29尊面东。石像均缺头部，残高1.60米左右。大多身穿紧袖衣，腰束带，两手前拱，背上刻姓名，文字多已漫灭，可辨者有“木俱罕国王斯陁勒”、“于阗□尉迟瓍”、“吐火罗王子持羯达健”等（图5—17）。这些石像被称作“王宾像”，像主皆为唐朝藩部首领，立像原因，一说是炫耀开疆拓土的武功，另一说是为了纪念高宗丧葬大典。

乾陵下宫遗址位于神道第一道阙与第二道阙之间中轴线的西侧，所在地势平缓，由内外两重宫城构成。陪葬墓分布在陵山东南，2010年对已知的17座墓葬进行考古勘探，发现每座墓园均有围沟或围墙建筑遗迹。

4. 泰陵

泰陵在蒲城县北金粟山，是唐玄宗李隆基（685—762年）的陵墓；玄宗是唐朝第七任皇帝、高宗之孙、睿宗第三子。金粟山西南有敬母山、东有卧虎山，三座山峰皆在陵园内，环以城垣。受地形限制，泰陵宫城平面为不规则的五边形[2]（图5—18）。除南墙较直外，其他三面的墙垣都非直线延伸，北墙由西北角阙开始折向东北方向与北门相接后，再与距离较近的东北角阙相接；西墙建于山梁西侧坡地，略呈弧形；东墙沿着山脊走向蜿蜒起伏。陵园辟四门和四个角阙，南门位于山前缓坡地，其余三门选址均因地制宜，筑于山脊或山坡台地上，建筑空间相对狭小，四门外各有石狮1对；其中东西两门直线间距1168.8米，南北两门直线间距1133.8米。4个角阙分布更不对称，西南角阙至东南角阙直线距离为1176.9米、西北角阙至东北角阙直线距离为765.3米。

朱雀门外神道石刻自南而北依次为望柱1对、翼马（麒麟）1对、鸵鸟1对、仗马及牵马人5对、石人10对，石人东列持笏、西列仗剑，分出文官、武官两类。石刻的体量变小，如石人高2.50—2.75米，雕刻技法也开始粗疏，工艺不及乾、桥等陵。石像生石人与门阙之间的东西两侧发现蕃酋石像残躯11件。根据遗迹分析，玄武门门阙外原有仗马及牵马人各3对，现存仗马4件、牵马人3件。

泰陵下宫在陵园西南，遗址位于今椿林乡石道村南，其北墙的东端距第二道阙之西

1 贺梓城：《乾陵〈述圣记〉碑和它的现存文字》，《文物》1961年第3期；张沛：《乾陵“无字碑”别论》，《文博》2000年第6期；王翰章：《关于乾陵无字碑等问题的商榷》，《文博》2001年第2期。

2 马文良：《唐玄宗泰陵的石雕》，《文博》1991年第4期；陕西省考古研究院等：《唐玄宗泰陵陵园遗址考古勘探发掘简报》，《考古与文物》2011年第3期；张建林：《唐代帝陵陵园形制的发展与演变》，《考古与文物》2013年第5期。

图5－17　唐高宗乾陵王宾像（西列）

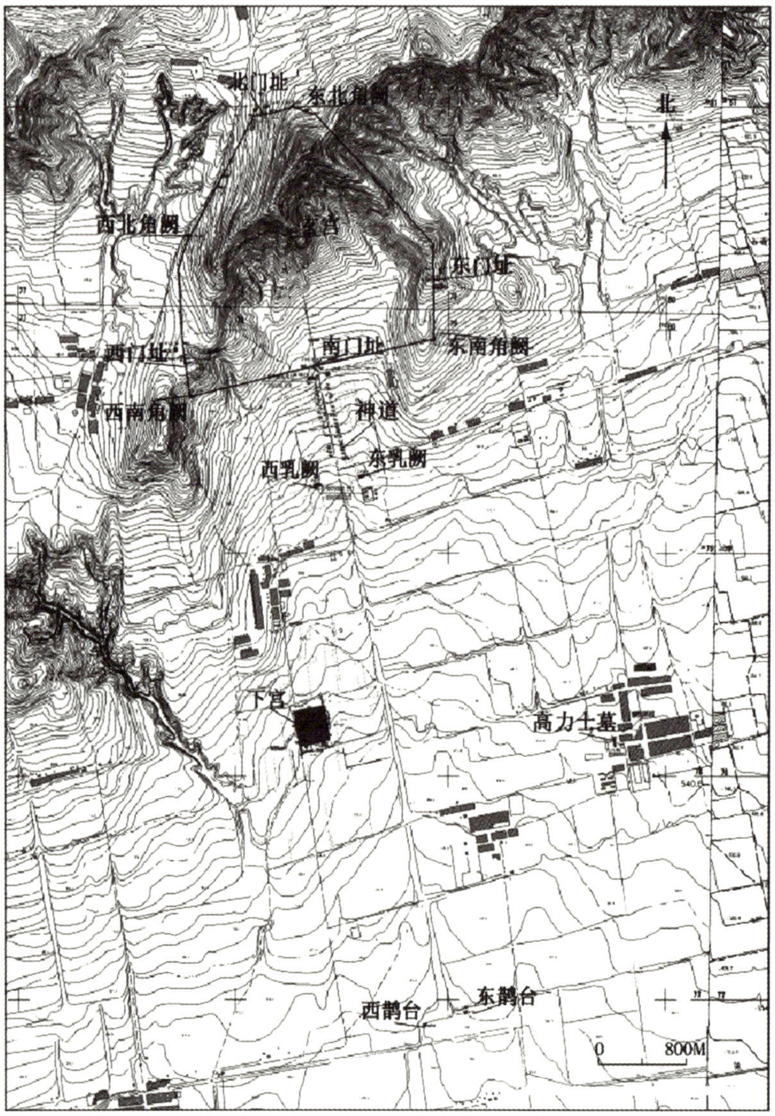

图5－18　唐玄宗泰陵平面图（引自《考古与文物》2011年第3期）

阙直线距离为990.4米。推测是寝殿的最大的一处夯土基址，位于寝宫城内北部中间。

5. 贞陵

贞陵南北跨泾阳、淳化两县[1]，依北仲山而建，是唐宣宗李忱（810—859年）的陵墓，唐宣宗为唐朝第十七任皇帝，本名怡，唐宪宗第十三子。陵园建城垣环绕，平面南北狭长、南窄北宽，呈不规则形状（图5—19）。陵园内地貌复杂，山势陡峭，除南门位于北仲山南麓，地势较平缓外，东、西、北三门均筑于山脊上，地域狭小。2007年调查勘探探明了城垣四处角阙及现存垣墙遗迹，西南角阙至东南角阙直线距离1760.5米；西北角阙至东北角阙直线距离为3448.88米。南墙地处山下较为平缓的地带，呈直线延伸；西墙从西南角阙向北沿山脊蜿蜒通向西门，然后向西北方向沿山脊与西北角阙相接；东墙从东南角阙向北坡度较缓，取直线通向东门，东门以北沿山脊蜿蜒至东北角阙；北墙西部明显向西南的山脊延伸，经陡坡和沟壑而与东北、西北角阙连接，起伏较大。

朱雀门外神道石刻，自南而北依次为望柱1对、翼马（麒麟）1对、鸵鸟1对、仗马及牵马人5对、石人10对。在南门阙以南的蕃酋殿遗址中出土蕃酋石像6件。玄武门外有石狮1对，地表现存仗马4件，新发现牵马人1件。石刻雕刻刀法较为粗糙。

贞陵下宫在陵园西南，遗址位于今泾阳白王镇庙背后村北，东南距第一道阙台西阙遗址299.24米。在南门内和宫城中部发现较大的夯土基址2处。未发现陪葬墓。

通过以上数例，可以大体看出唐代皇陵陵园结构的逐步形成和发展变化规律。

唐高祖未预建寿陵，崩后待葬，不得不“以数月之间而造数十年之事”[2]，因而仿照前代成宪确立陵寝制度是必然的选择。高祖遗诏讲丧服、陵墓之制云：“其服轻重，悉从汉制；以日易月，于事为宜。其陵园制度，务从简约；斟酌汉魏，以为规矩。”[3]无论这段话是否反映了唐高祖的本意，献陵大体上参酌两汉

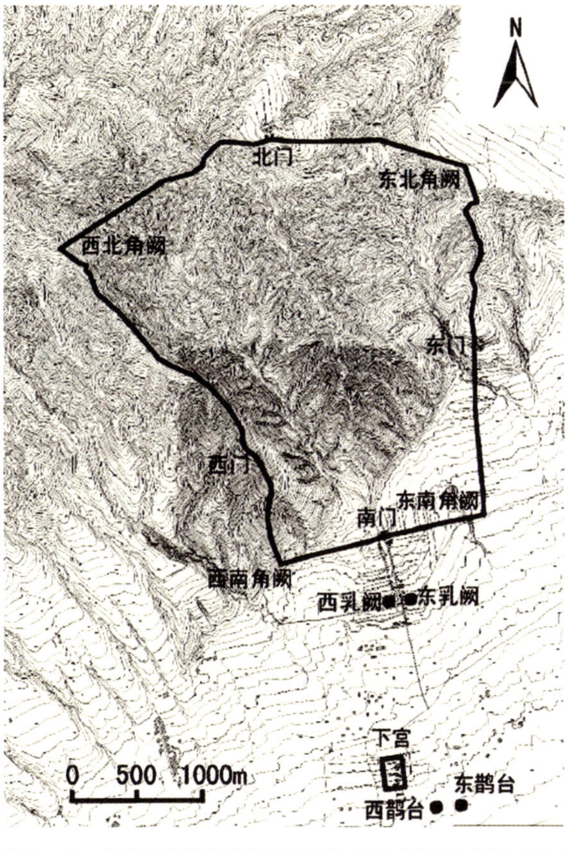

图5—19　唐宣宗贞陵陵园遗址平面图（引自《考古与文物》2013年第5期）

1 泾阳县文教局调查组：《唐贞陵调查记》，《文博》1986年第6期；张建林：《唐代帝陵陵园形制的发展与演变》，《考古与文物》2013年第5期。

2 ［五代晋］刘昫等：《旧唐书》卷七二《虞世南传》，朱东润等点校本，中华书局，1975年，第2569页。贞观九年，时为太上皇的唐高祖驾崩，太宗诏献陵依汉长陵制而建，虞世南上封事谏阻，太宗不报。世南又上疏曰：“汉家即位之初，便营陵墓，近者十余岁，远者五十年，方始成就。今以数月之间而造数十年之事，其于人力，亦已劳矣。又汉家大郡五十万户，即目人众未及往时，而功役与之一等，此臣所以致疑也。”

3《神尧遗诏》，［宋］宋敏求编《唐大诏令集》卷一一《帝王·遗诏下》，影印文渊阁《四库全书》第426册，台湾商务印书馆，1984年，第101页。

之制而确立规模应该是毫无疑义的。从年代和地理因素考虑，唐献陵营造设计参考的直接蓝本很可能是隋文帝泰陵[1]，但献陵陵园和封土等规模均比泰陵略小。太宗昭陵创立了唐陵因山为藏的新模式，唐太宗曾对侍臣说：“昔汉家皆先造山陵，既达始终，身复亲见，又省子孙经营，不烦费人功，我深以此为是。古者因山为坟，此诚便事，我看九嵕山孤耸回绕，因而旁凿可置山陵处，朕实有终焉之理。”[2]从陵园周围未发现墙垣遗迹以及该陵早期墓室的特点（详后）等现象来看，昭陵营造时，唐代皇陵的陵园制度仍处在探索形成的过程中；到高宗乾陵，昭陵所创建的新制度才得以完善定型，乾陵是唐代帝陵陵园制度发展演变的一个重要节点。无论是从陵园平面结构还是从营造技艺（特别是石像生）等来看，玄宗泰陵以后诸陵呈现出明显的衰退趋势，其中封土为陵的庄、端二陵规模更简陋，“比从来每事十分各减六七”[3]的靖陵尤其卑微不堪，但在建制上都大体沿袭乾陵之制。泰陵是唐代帝陵陵园制度发展演变的又一个重要节点。

除乾陵外，尚未见其他唐陵另有外城的信息披露；但唐代皇陵的陵园范围绝不仅限于陵垣及其以内（上宫）、神道、寝宫（下宫）几部分，其外围还有一些其他设施。“诸陵四至有封，禁民葬，唯故坟不毁”[4]。“封”应该是各陵墓兆域的外围界址和防护标志，既以之标定四至，则应该有明显的标识物，宋代陵园有“篱围”，可能与之性质相同。当然，也可能只是植树，或加一些“行马”类的临时性设施。唐宋帝陵陵园都有所谓“柏城”。唐代有“陵寝经界，在柏城之内，非远于陵也”[5]之说。唐代距皇陵上宫最近的后妃、皇子陪葬墓即安排在柏城之内。如睿宗桥陵陪葬墓区，“惠庄太子陵，在桥陵东南三里；惠宣太子陵，在桥陵东六里；惠文太子陵，在桥陵东三里；并在柏城内”[6]。又如武宗所宠才人王氏，在武宗驾崩后自经以殉，“宣宗即位，嘉其节，赠贤妃，葬端陵之柏城”[7]。此前不久的会昌五年（845年）二月，以将为穆宗恭僖皇后王氏（敬宗生母，义安殿皇太后）卜择陵地，翰林待诏杨士端奏请：“今年太岁在己丑，季土王年，不宜于光陵柏城内兴工动土，宜于光陵封外东西北三面，有地平稳处，别择置陵吉。”[8]武宗准其所奏，将义安太后“葬光陵东园”[9]。据此分析，“柏城”之外应该就是封域之外；结合陪葬墓排列情况分析乾陵布局，其第一道阙台很可能就是“柏城”或“封”的南界中点，或即《唐律疏义》中禁止擅入的“山陵兆域门”之一[10]。

1 此推测的基本依据是，唐初沿用隋礼之事例非止一端，其详细内容可对比参阅《隋书·礼仪志》及《旧唐书·礼仪志》、《新唐书·礼乐志》，所论超出本书主旨，在此不展开论述。

2 ［宋］王溥：《唐会要》卷二〇“陵议”，据商务印书馆《国学基本丛书》本原版重印，中华书局，1955年，第395页。

3 《僖宗遗诏》，［宋］宋敏求编《唐大诏令集》卷一二《帝王·遗诏下》，影印文渊阁《四库全书》第426册，台湾商务印书馆，1984年，第111页。

4 ［宋］欧阳修等：《新唐书》卷四八《百官志三·诸陵台》，中华书局，1975年，第1251页。

5 ［宋］王溥：《唐会要》卷二〇“陵议”，据商务印书馆《国学基本丛书》本原版重印，中华书局，1955年，第399页。

6 ［唐］李吉甫：《元和郡县图志》卷一《关内道一·奉先县》，贺次君点校本，中华书局，1983年，第9页。

7 ［宋］欧阳修等：《新唐书》卷七七《后妃传下·武宗贤妃王氏》，中华书局，1975年，第3510页。

8 ［宋］王溥：《唐会要》卷二一“皇后诸陵议”，据商务印书馆《国学基本丛书》本原版重印，中华书局，1955年，第411—412页。

9 ［宋］欧阳修等：《新唐书》卷七七《后妃传下·穆宗恭僖皇后王氏》，中华书局，1975年，第3506页。

10 ［唐］长孙无忌等：《唐律疏议》卷七《卫禁》“阑入庙社山陵兆域门”条：“诸阑入太庙门及山陵兆域门者，徒二年。”刘俊文《〈唐律疏议〉笺解》上册，中华书局，1996年，第540页。

二、唐陵神道石刻规制的演变

《封氏闻见记》记载："秦汉以来，帝王陵前有石麒麟、石辟邪、石象、石马之属"；"国朝因山为陵，太宗葬九嵕山，门前亦立石马，陵后司马门内又有蕃臣曾侍轩禁者一十四人石像，皆刻其官名"[1]。唐朝是中国古代帝王陵墓神道石刻，特别是石像生制度走向定型的时期；和陵园一样，唐陵神道石刻也有一个发展演化过程。

唐代皇陵主体建筑均坐北朝南，陵宫南侧为主神道所在，神道石刻一般集中在朱雀门外；其内容包括石像生、神道石碑、王宾像、门兽等。

1. 石像生

石像生是皇帝生前朝会仪仗的象征物，一般立于主神道的左右两侧。包括望柱（亦称"石柱"、"标"或"表"）、石兽、石人三种，唐陵神道上还有一种特殊的石人——王宾像（蕃酋像）。根据目前已知资料分析，望柱不晚于南朝已有，石兽应该是始于东汉，而石人的出现则不晚于北魏。

唐初皇陵石刻制度尚未确立，献陵、昭陵石刻的数量比较少。唐高祖献陵南门外守门石虎以南310米处原有石犀1对，其东侧者现存西安碑林博物馆，西侧者埋于地下，四肢残断，体长3.876米、体侧宽1.375米、残高1.548米；石犀以南约70米处有望柱1对，柱头为蹲兽。两柱的间距为37米，望柱之间未探出路面遗迹[2]。献陵现存石刻证明，从唐初开始皇陵的主神道即在朱雀门外。太宗昭陵14尊王宾像和著名的"昭陵六骏"（图5—20）等皆在陵园北门即玄武门外，玄武门内可能还有其他建筑。这固然是受到九嵕山南侧陡峻、地势逼仄等自然条件的限制，同时也是西汉以来相对重视北门（北司马门）传统的延续。南司马门的地位远远高于其他三门，玄武门次于南门，但略高于东、西二门，这是唐代皇陵陵园布局的一个突出特征。

图5—20　唐太宗昭陵六骏之青骓，现藏西安碑林博物馆

---

1 ［唐］封演：《封氏闻见记》卷六"羊虎"，影印文渊阁《四库全书》第862册，台湾商务印书馆，1985年，第445—446页。

2 巩启明：《唐献陵踏查记》，《文博》1999年第1期；陕西省考古研究院：《唐高祖献陵陵园遗址考古勘探与发掘简报》，《考古与文物》2013年第5期。

图5—21　唐武宗端陵望柱（东列）

图5—22　唐敬宗庄陵神道文官

乾陵朱雀门外设石望柱1对、石禽兽7对、石人10对，奠定了唐陵石像生的基本制度。此后，唐陵主要石仪仗设施均依制陈设于南司马门外的南门阙和第二道阙台之间；石像生的内容和排列次序也已经固定，自南而北依次为望柱（图5—21）、带翼神兽、朱雀或鸵鸟、仗马、官员。随着时代的推移，石像生的具体表现形式以及数量和体量有所不同。中宗定陵朱雀门外神道两侧现存望柱1对、翼马1对、鸵鸟1对、石马3对、石人5对，四门外各有守门狮子1对，玄武门外另有石马1对[1]。睿宗桥陵朱雀门外神道两侧有望柱1对、带翼独角兽1对、鸵鸟1对、石马5对、石人10对，四门外各有守门狮子1对，玄武门外另有石马3对；玄武门外西侧还曾发现牵马人残躯1件和身份不明的小型石人残躯1件[2]。玄宗泰陵，朱雀门外神道两侧有望柱1对、翼马1对、鸵鸟1对、石马5对、石人10对，四门外各有守门狮子1对，玄武门外另有石马1对。乾、定、桥三陵的石人均为袍服双手拄剑；从泰陵开始，石人改为文东武西，文官秉圭或笏，武官拄剑；泰陵石刻武官中还有胡人形象[3]。泰陵卜建于开元盛世至中唐转折期，规模宏大，但石刻已经开始出现了衰退的迹象。

中唐以后，诸帝陵石像生在内容上大都取法乾陵、泰陵之制，但雕饰技艺已大不如前，刀法粗疏，石刻的体量亦明显收小（图5—22）。德宗崇陵在泾阳、三原两县相交的嵯峨山，其石人高2.66—2.78米，大体与泰陵相仿。文宗章陵，位于富平县城西北约15里

1 姜捷：《关于定陵陵制的几个新因素》，《考古与文物》2003年第1期。

2 陕西省文物管理委员会：《唐桥陵调查简报》，《文物》1966年第1期；王世和等：《唐桥陵勘察记》，《考古与文物》1980年第4期；陕西省考古研究院唐陵考古队：《唐睿宗桥陵考古调查勘探简报》，《考古与文物》2011年第1期。

3 马文良：《风流天子今安在——漫话唐明皇及其泰陵》，《渭南师专学报》1989年第4期；马文良：《唐玄宗泰陵的石雕》，《文博》1991年第4期；陕西省考古研究院等：《唐玄宗泰陵陵园遗址考古勘探发掘简报》，《考古与文物》2011年第3期。

的天乳山[1]，陵前现存望柱一件，残高2.6米；拄剑石人一件，残高1.75米（头部残缺），已不及乾陵之半。

2. 神道石碑

神道石碑立于神道旁边或居中，内容一般是纪颂墓主生前功德。帝王陵墓前神道碑的实例，目前已知最早的为南朝，有不少实物保存至今，但南朝梁帝陵的石碑上并没有称颂功德的文字，仅用作标识。有记载说，唐太宗文德长孙皇后葬，太宗"为文刻之石，称皇后节俭，遗言薄葬"[2]，但此石未见，不详其制。就目前已知的考古调查资料来看，唐关中十八陵中神道碑仅见乾陵和定陵2例[3]，乾陵有2碑，即"述圣纪碑"和"无字碑"，夹峙于神道东西两侧已如前述；中宗定陵原有1通无字碑，高5米、宽2米、厚1.3米，座长3.3米、宽2.6米，碑头浮雕螭龙，碑侧线刻龙、凤、麒麟、狮等瑞兽，现已毁。此外，河南偃师缑氏唐高宗太子李弘（追谥孝敬皇帝）的恭陵前有《睿德纪》碑。李弘被武后鸩杀，其丧葬"制度尽用天子礼，百官从权制三十六日释服，帝自制《睿德纪》，刻石陵侧"[4]。《睿德纪》碑竖立于陵前神道东列南起第一、第二对石人之间，碑阳朝南（侧对神道），基本保存完好（图5—23）。唐高宗崩于弘道元年（683年）十二月，中宗崩于景龙四年（710年）六月，而孝敬皇帝则先薨于上元二年（675年）四月；因此，恭陵碑应该是唐代帝陵神道碑中年代最早的。

唐玄宗生母窦氏于长寿二年（693年）正月二日朝见武则天以后遇害，"梓宫秘密，

图5—23　河南偃师唐恭陵《睿德纪》碑

1 巩启明等：《唐章陵调查简报》，《文博》2003年第3期。

2 ［宋］范祖禹：《唐鉴》卷二《太宗上》，上海古籍出版社，1984年，第49页。

3 刘庆柱、李毓芳：《陕西唐陵调查报告》，《考古学集刊》第5辑，科学出版社，1987年；李毓芳：《唐陵石刻简论》，《文博》1994年第3期。唐昭陵玄武门外原有"昭陵刻石文碑"，但并不是这里要讨论的神道碑或"功德碑"。

4 ［宋］欧阳修等：《新唐书》卷八一《三宗诸子传·孝敬皇帝弘》，中华书局，1975年，第3589—3590页。

莫知所在。睿宗即位，谥曰昭成皇后，招魂葬于都城（洛阳）之南，陵曰靖陵”[1]。开元二年（714年），玄宗令母舅希瓘到陵前树碑，并要求“其文须取第一手”，“遂令魏知古宣旨，令中书侍郎苏颋为碑文。颋因极言：‘帝王及后，礼无神道碑。近则天皇后崇尚家代，犹不敢称碑，刻为《述圣纪》，且事不师古，动不合法。若靖陵独建，即陛下祖宗之陵皆须追建。’上从其言而止”[2]。从这段记载可以看出，唐代皇陵立碑并非常制。

3. 王宾像

王宾像，也叫藩王像或蕃酋像，独立于石像生之外，是唐代皇陵前特有的成组石雕像群。昭陵和乾陵的王宾像见于文献记载，昭陵原有14尊，乾陵有61尊，像主均为当时少数民族或域外部族首领，穿紧袖衣，腰束带，两手前拱。贞观二十三年（649年）五月，太宗崩，突厥都布可汗阿史那社尔“请以身殉，卫陵寝，高宗不许”，乃雕其石像置昭陵玄武门。永徽六年（655年），社尔卒，陪葬昭陵，“治冢象葱山”[3]。一说唐高宗“欲阐扬先帝徽烈，乃令匠人琢石，写诸蕃君长贞观中擒伏归化者形状，而刻其官名：突厥颉利可汗右卫大将军阿史那出苾、突厥颉利可汗右卫大将军阿史那什钵苾、突厥乙弥泥孰候利苾可汗右武卫大将军阿史那李思摩、突厥都布可汗右卫大将军阿史那社尔、薛延陀真珠毗伽可汗（图5—24）、吐番赞普、新罗乐浪郡王金贞德、吐谷浑河源郡王乌地也拔勒豆可汗慕容诺曷钵、龟兹王诃黎布失毕、于阗王伏阇信、焉耆王龙突骑支、高昌王左武卫将军曲智盛、林邑王范头黎、帝那伏帝国王阿罗那顺等十四人，列于陵司马北门内，九嵕山之阴，以旌武功。乃又刻石为常所乘破敌马六匹于阙下也”[4]。昭陵王宾像是唐朝国力强盛，四夷宾服、诚心拥戴“天可汗”的真实写照。乾陵以后，王宾像仍然可见，但数量已不多。

图5—24　唐昭陵北司马门遗址出土“薛延陀真珠毗伽可汗”王宾像题记（引自《考古与文物》2006年第6期）

王宾像不同于石像生，并不是帝王生前仪卫的象征，这些石像在当时也不是立于露天，而是覆以廊屋。2008年在桥陵发现了“蕃酋殿”建筑遗址，出土蕃酋像残躯3件，其建筑平面为曲尺形。类似建筑物在其他唐陵也有发现，如德宗崇陵朱雀门外发现东、西蕃酋殿遗址，清理出石

1［五代晋］刘昫等：《旧唐书》卷五一《后妃传上·睿宗昭成顺圣皇后》，朱东润等点校本，中华书局，1975年，第2176页。同书记载：昭成皇后于睿宗驾崩后，“祔葬桥陵，迁神主于太庙”。

2［宋］王溥：《唐会要》卷二一“诸陵杂录”，据商务印书馆《国学基本丛书》本原版重印，中华书局，1955年，第418—419页。此段对话另见［五代晋］刘昫等《旧唐书》卷八八《苏环传附子苏颋传》，文稍异：“帝王及后，无神道碑，且事不师古，动皆不法。若靖陵独建，陛下祖宗之陵皆须追造。”朱东润等点校本，中华书局，1975年，第2881页。

3［宋］欧阳修等：《新唐书》卷一一〇《阿史那社尔传》，中华书局，1975年，第4116页。

4［宋］王溥：《唐会要》卷二〇“陵议”，据商务印书馆《国学基本丛书》本原版重印，中华书局，1955年，第395—396页。

像残躯25件[1]；武宗端陵也发现有蕃酋殿遗址，清理出石像残躯25件[2]。

4. 门兽

陵园门兽用以守门，和皇宫门前石兽的功能相同，而和石像生的性质不同。唐陵门兽目前已知有虎、狮两种，以石虎守门仅见于高祖献陵（图5—25），陵园四门外约4.5米处各有1对[3]。比献陵稍晚，但同属于唐早期，也建在咸阳原上的永康陵和兴宁陵，门兽则均为石狮。20世纪70年代，在礼泉县后寨村（一说吴村）发现石雕走狮一对（图5—26），该处位于九嵕山以南约9公里，是否为昭陵的遗物尚待研究确认。至迟从乾陵开始，以石狮为门兽成为定制，陵园四门外各置石狮1对（图5—27），并为后代皇陵所尊奉。唐陵守门石兽不再见有用虎之例，可能与敬避唐太祖李虎之讳有关（唐代书面文件改“虎”为“武”）。而武则天之母顺陵的神道石刻中有虎，可能是因为武氏改唐为周不避旧讳。2006年的钻探调查中，在顺陵清理出石刻基座8件4对，新发现石虎2件、石羊头1个、石人头1个、石马1件、石马官2件，推测整个陵园的原制为石刻26对52件[4]。由此反观，前揭乾陵北司马门外新发现石虎，可能也是武则天时期的作品。这两例和其他唐陵陪葬墓前时有发现石虎一样，性质接近于神道石像生，而不是守门兽。

图5—25　唐高祖献陵南门石虎（东列）

图5—26　陕西礼泉县出土唐代走狮，现藏西安碑林博物馆

1 张建林：《唐代帝陵陵园形制的发展与演变》，《考古与文物》2013年第5期。

2 陕西省考古研究院：《2013年陕西省考古研究院考古发掘调查新收获》，《考古与文物》2014年第2期。

3 巩启明：《唐献陵踏查记》，《文博》1999年第1期；陕西省考古研究院：《唐高祖献陵陵园遗址考古勘探与发掘简报》，《考古与文物》2013年第5期。

4 陕西省考古研究所：《唐顺陵勘查记》，《文物》1964年第1期；张建林等：《顺陵陵园遗址》，《中国考古学年鉴（2007）》，文物出版社，2008年，第464—465页。

图5—27　唐高宗乾陵南司马门遗址

5. 其他石刻

1974年，在唐肃宗建陵陵园城门之外曾经出土过2件石质兽首人身十二时像，下连石座，通高42厘米[1]。其中马首人身像出土于南司马门守门狮以东约7米处，猴首人身像出土于西司马门守门狮西南约140米处。这2件石像不是神道石刻，它们是按十二时神所对应的方位有意埋放于陵园内城墙外的地下（马俑出土时伴有砖块等物），具有一定的风水镇压意义。这类东西在河南巩义北宋帝后陵宫墙垣外相应区域也有发现[2]，功用应该相同。唐陵中相同性质的镇压物还发现过镇墓石，中宗定陵青龙门曾发现东方和中央2块镇墓石[3]，睿宗桥陵朱雀门东侧石狮以南、白虎门外北侧石狮背后分别发现过南方和北方的镇墓石[4]。另外，睿宗昭成皇后窦氏的镇墓石也见诸披露[5]。

三、唐陵的寝宫

唐陵寝宫制度是在继承汉代皇陵中寝殿、便殿之制的基础上，逐渐形成并完善的。唐高祖献陵仓促设计建造，在很大程度上还是仿照前代成宪。2012年发现的“献陵北遗址”，从平面结构看应该是一组宫殿式建筑群，营造年代与陵墓相当，发掘者推测是献陵最初的寝殿遗址[6]，应该是有道理的。寝宫与陵宫相接，显然是直接继承汉制。唐德宗贞元十四年（798年）正月，“遣右谏议大夫平章事崔损充修八陵使，及所司计料，献、昭、乾、定、泰五陵，各造屋三百七十八间，桥陵一百四十间，元陵三十间，惟建陵不复创造，但修葺而已。所缘寝陵中帷幄床褥一事以上，并令制置，上（唐德宗）亲阅焉”[7]。

---

1 李浪涛：《唐肃宗建陵出土石生肖俑》，《文物》2003年第1期。按，唐代可能还没有“十二生肖”的概念，子鼠、丑牛等兽首人身俑对应的是十二时辰，它们在唐宋文献中一般写为“十二时”或“十二元辰”。

2 傅永魁：《河南巩县宋陵石刻》，《考古学集刊》第2辑，中国社会科学出版社，1982年。

3 姜捷：《关于定陵陵制的几个新因素》，《考古与文物》2003年第1期。

4 王世和等：《唐桥陵勘察记》，《考古与文物》1980年第4期。

5 惠毅：《西安新发现大唐睿宗黄天真文镇墓刻石》，《西北大学学报（哲社科版）》2008年第1期。

6 张建林：《唐代帝陵陵园形制的发展与演变》，《考古与文物》2013年第5期。

7 ［宋］王溥：《唐会要》卷二〇“陵议”，据商务印书馆《国学基本丛书》本原版重印，中华书局，1955年，第400页。

献陵第二道阙以南1210米偏西370米处寝宫遗址，可能就是这次依乾陵以后诸陵之制重建的。

太宗昭陵寝宫之制也有过几次变化。据《唐会要》记载："文德皇后即元［玄］宫后，有五重石门，其门外于双栈道上起舍，宫人供养如平常。及太宗山陵毕，宫人欲依故事留栈道，唯旧山陵使阎立德奏曰：'元［玄］宫栈道，本留拟有今日。今既始终永毕，与前事不同。谨按故事，惟有寝宫安供养奉之法，而无陵上侍奉之仪，望除栈道，固同山岳。'上呜咽不许。长孙无忌等援引《礼》经，重有表请，乃依奏。"[1]可见，长孙皇后入葬玄宫以后至太宗大葬之前，昭陵并未有正式的寝宫，只是在玄宫石门之外的栈道上起屋舍，留居宫人，用充寝宫。

据《唐会要》记载：太宗入葬以后，昭陵寝宫最初是建在九嵕山上。"昭陵旧寝宫在山上，置来［未］多年，曾经野火烧爇，摧毁略尽。其宫寻移在瑶台寺侧"。贞元十四年（798年）四月，因修葺各陵寝宫，唐德宗诏宰相百官议昭陵寝宫处所，吏部员外郎杨於陵议曰："因陵建寝，当时之事也；乘变改作，顺时之宜也。夫园茔本于安静，缮建彰于动作，燎火之恐，当不安矣；版筑之劳，斯为勤矣。将欲崇閟宇于荒废，兴大役于密迩，虑非圣灵之所凭依。区区财力之费，曾何足计。是则曩时之创立，以近为便；今日之改制，以便为宜。奚必于柏城封域之中，生近陵之嫌也。"太常博士韦彤议曰："文皇寝园，顷遇焚爇。遂奉仙驾久移旧宫，事则因灾，非无故也。岁月传叙，神御已安；就其修建，可谓至顺。且陵旁置寝，是秦汉之法，择其高爽，务取清严。去陵远近，本无着定。是以今之制置，里数不同，各于柏城，随其便地，又非皆在山下也。臣访闻昭陵旧寝，经火之后，人行遂少，林莽隐蔽，迳路欹危。伏以元［玄］宫尚幽，所奉宜静。今若必须仍旧，土木兴功，不惟负载至难，亦恐喧嚣太逼。……圣旨所示：谓于瑶台寺左侧，是必于昭陵柏城之内，不在瑶台寺明矣。既不越封兆，而力役易从；俯近井泉，则膳羞愈洁。"最终因为"议者多云：旧宫既被焚爇，请移就山下；或有议请修旧宫者。上意亦不欲迁移，由是复以山下为定"[2]。因受限于山势和水源问题，昭陵寝宫仍建于山下，所以在十八陵中距陵宫最远。但《新唐书》也有另外一说，谓唐德宗"重改先帝制，还宫山颠"[3]；结合其他资料分析，可能是有所误解。

考古勘探发现，昭陵寝宫建于九嵕山主峰西南的缓坡台地上，寝宫遗址呈长方形，宫墙南北304米、东西238.5米，墙厚约2.5米。宫城内距北墙47.5米处有一道城墙使北部形成一个夹城。大部分遗址分布在南侧的宫城内，北侧的夹城内只有一处面积很小的建筑遗迹。宫城内的建筑由南到北共有3组，中间一组东西宽59米、南北长38米，其前面的广场普遍存在较坚硬的踩踏面[4]。这个遗址可能是第三次修建的昭陵寝宫，从地理方位看，应该是自瑶台寺旁迁建于柏城之内，但并未"还宫（九嵕山）山颠"。

和陵园制度一样，唐陵寝宫制度也确立于乾陵。乾陵下宫遗址位于神道南起第一道阙与第二道阙之间中轴线的西侧[5]，所在地势平缓（图5—28）。内外两重宫城，面积比昭陵寝宫稍大。外城平面近方形，夯土筑成墙，东西380米、南北382米。南门位于南墙中部偏东，门宽12.5米。内城平面呈长方形，南北295米、东西284米。内城范围内共发现不同

1 ［宋］王溥：《唐会要》卷二〇"陵议"，据商务印书馆《国学基本丛书》本原版重印，中华书局，1955年，第395页。

2 ［宋］王溥：《唐会要》卷二〇"陵议"，据商务印书馆《国学基本丛书》本原版重印，中华书局，1955年，第398—400页。

3 ［宋］欧阳修等：《新唐书》卷二〇〇《韦彤传》，中华书局，1975年，第5709页。

4 张建林等：《昭陵寝宫遗址》，《中国考古学年鉴（2006）》，文物出版社，2007年，第405—406页。

5 张建林等：《乾陵陵园遗址》，《中国考古学年鉴（2007）》，文物出版社，2008年，第464页。

遗迹60处，两重城之间也有大量建筑遗迹，在北侧和西侧的内外城之间分布较为密集，东侧遗迹遗存较少。

睿宗桥陵下宫的结构和乾陵基本相同，内外两重宫城[1]，外城南北515米、东西401米，外城正门位于南墙中部偏东，门址东西约23米。内城整体位于外城内偏东北，南北290米、东西252.5米。内城范围内共发现建筑夯土基址28组，每组由2条或多条夯土基础构成，可分为南北两组建筑，每组又各有围墙环绕，中央偏北有大型建筑基址，发掘者推测是寝殿遗址，两侧有附属建筑（图5—29）。西侧内外城之间也有建筑遗迹发现，东侧内外城之间未发现建筑遗迹。

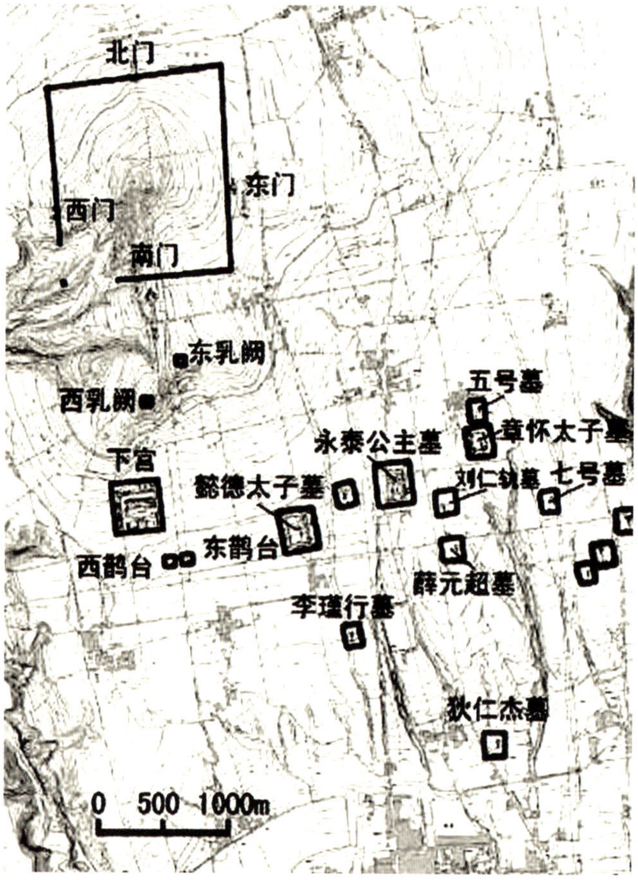

图5—28　唐高宗乾陵上下宫遗址位置图（引自《考古与文物》2013年第5期）

乾陵以后诸陵的寝宫一般都建于陵山下、第一道阙至第二道阙之间神道西侧的缓坡上，地势大多是北高南低；按照宋敏求《长安志》等文献记载，下宫距陵山一般在五里左右。泰陵下宫在陵园西南，北墙东端距第二道阙西阙直线距离为990.4米[2]。遗址今属椿林乡石道村南，地势北高南低，遗址上有宋太祖开宝六年（973年）立《大宋新修唐玄宗皇帝庙碑》一通。宫城平面呈长方形，方向北偏西7°，南北162.5米、东西143米，垣墙基址保存较好。宫城内共发现夯土墙基4条，其中2条东西向墙址位于宫城内中部，较短，宽度不一；2条南北向墙址位于宫城内西部，东西排列，长度较长，宽度均匀。东部破坏严重，未探出墙址。下宫遗址内共发现夯土基址16处，大部分分布于宫城内中部位置，大小不一，多为较规整的长方形，最大的一处夯土基址位于宫城北部中间，应该是下宫的核心建筑寝殿所在。

从泰陵开始，下宫建筑规模呈现出缩小的趋势。如德宗崇陵下宫宫城南北310.4米、东西195.8米。下宫城垣内共发现夯土基址9处，多为长方形，大多分布于城垣内的中部位置，其中两组较大的夯土基址位于城垣中部偏北（图5—30）。文宗章陵寝宫面积约为4万平方米，仅相当于昭陵寝宫的一半[3]。

宣宗贞陵下宫遗址东南距第一道阙台西阙遗址299.24米，宫城平面呈长方形，方向北偏西8°。南北248.39米、东西172.11米。其中发现较大的夯土基址2处，一处位于南门内，一处位于宫城中部，它们与南门均在宫城的中轴线上[4]。

1 陕西省考古研究院唐陵考古队：《唐睿宗桥陵考古调查勘探简报》，《考古与文物》2011年第1期。
2 陕西省考古研究院等：《唐玄宗泰陵陵园遗址考古勘探发掘简报》，《考古与文物》2011年第3期。
3 巩启明等：《唐章陵调查简报》，《文博》2003年第3期。
4 泾阳县文教局调查组：《唐贞陵调查记》，《文博》1986年第6期；张建林：《唐代帝陵陵园形制的发展与演变》，《考古与文物》2013年第5期。

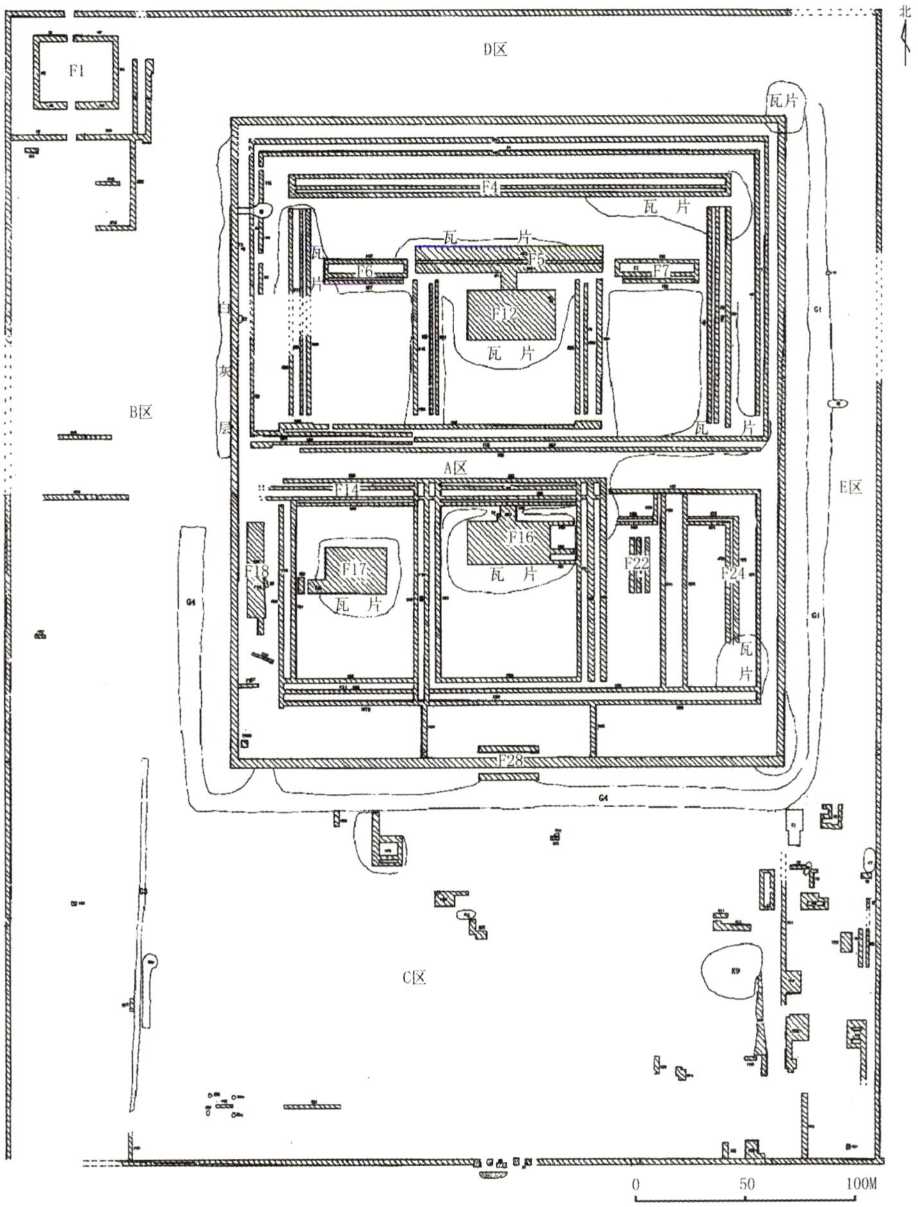

图5—29　唐睿宗桥陵下宫平面图（引自《考古与文物》2011年第1期）

从上揭考古资料和两《唐书》、《唐会要》等文献记载来分析，各陵寝宫虽然小于陵园（上宫），但规模也很可观。各有宫墙、宫门、寝殿等主体建筑，还有建筑规模略小类似汉陵便殿的建筑，另有奉陵宫人居所、官署、厨房、水井等附属设施。寝殿是下宫中的核心建筑，内设神座等一如生前所居正寝。永徽六年（655年）正月初一日，高宗亲谒昭陵，上宫礼毕，“又改服奉谒寝宫，其崇圣宫妃嫔、大长公主以下及越赵纪三国太妃等，先于神座左右侍列如平生。上入寝，哭踊绝于地。进至东阶，西面再拜，号恸久之。乃进太牢之馔，加珍羞具品。引太尉无忌、司空勣、越王贞、赵王福、曹王明及左屯卫大将军程知节，并入执爵进俎；上至神座前拜哭奠馔，阅先帝先后衣服。拜辞讫，行哭出寝北门”[1]。

1 ［宋］王溥：《唐会要》卷二〇“亲谒陵”，据商务印书馆《国学基本丛书》本原版重印，中华书局，1955年，第401页。

除了重大祭祀活动外，唐陵寝宫的日常功能仍然主要是用于供奉墓主饮食起居，膳馐如生人。元和十五年（820年）五月，将葬宪宗于景陵，“殿中省奏：尚食局供景陵千味食数，内鱼肉委食，味皆肥鲜，掩埋之后，熏蒸颇极。今请移鱼肉食于下宫，以时进享”[1]。高宗时，还曾送鹰犬于山陵以供先帝后神魂娱乐，这类东西也安置于寝宫，玄宗初诏令停止。“开元二年（714年）四月十五日敕：顷者别致鹰狗供奉山陵，至于料度极多费损，有乖仪式，无益崇严。其诸陵所有供奉鹰狗等，并宜即停”[2]。

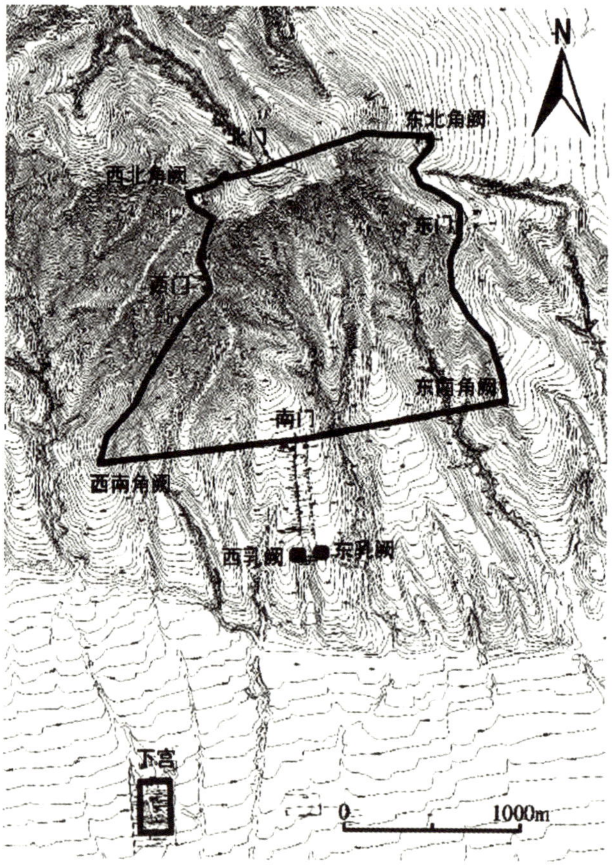

图5－30　唐德宗崇陵陵园遗址平面图（引自《考古与文物》2013年第5期）

此外，收藏先帝先后遗物也是唐陵寝宫的一项重要功能。唐代皇帝上陵祭寝宫，有进殿省视先帝先后服御玩好之礼。贞观十三年（639年）正月，唐太宗谒献陵上宫毕，“入寝宫，执馔以荐，阅高祖及太穆后服御，悲感左右”[3]。唐人记载：开元时，“高力士于太宗陵寝宫，见小梳箱一，柞木梳一、黑角篦一、草根刷子一。叹曰：‘先帝首建义旗，新正皇极，十有余载，方致升平。随身服用，惟留此物，欲传示孝孙，永存节俭。’具以奏闻。……（玄宗）至寝宫，问曰：‘所留示朕者何在？’力士趋入，捧跪上。上跪奉肃敬，如不可胜，曰：‘夜光之珍，垂棘之璧，将以喻此，曾何足言！’即命史官书之典册”[4]。这些应该是延续了汉陵上便殿的某些功能。

除寝宫外，昭陵玄宫门之“顶上亦起游殿”[5]。开元十七年（729年）十一月十六日，唐玄宗“朝于昭陵”，“掌事者仿像遥观太宗立神游殿前”[6]。神游殿也是继承汉制，供墓主灵魂游乐之用，乾陵以后未见明确记载。

1 ［宋］王溥：《唐会要》卷二一“缘陵礼物”，据商务印书馆《国学基本丛书》本原版重印，中华书局，1955年，第408页。

2 ［宋］王溥：《唐会要》卷二一“缘陵礼物”，据商务印书馆《国学基本丛书》本原版重印，中华书局，1955年，第406页。

3 ［宋］欧阳修等：《新唐书》卷一四《礼乐志四》，中华书局，1975年，第362页。

4 ［唐］郭湜：《高力士外传》，《开元天宝遗事十种》，上海古籍出版社，1985年。又见［明］袁宏道参评，屠隆点阅《虞初志》卷六，中国书店影印本，1986年，第1页。

5 ［宋］王溥：《唐会要》卷二〇“陵议”，据商务印书馆《国学基本丛书》本原版重印，中华书局，1955年，第395页。

6 ［宋］王溥：《唐会要》卷二〇“亲谒陵”，据商务印书馆《国学基本丛书》本原版重印，中华书局，1955年，第401页。

四、唐陵的祭祀

唐代皇帝亲祭先陵的事例不多，并且开元十七年（729年）以后也未再举行，但陵祭却形成了一套定制。“皇帝谒陵，行宫距陵十里，设座于斋室，设小次于陵所道西南、大次于寝西南。侍臣次于大次西南，陪位者次又于西南，皆东向。文官于北、武官于南，朝集使又于其南，皆相地之宜”。“皇后从谒，则设大次寝宫东，先朝妃嫔次于大次南，大长公主、诸亲命妇之次又于其南，皆东向”[1]。皇帝出发祭陵前两日，先遣太尉告于太庙。

唐代皇陵的祭祀活动分为两部分，一是陵前之祭，一是寝宫之祭。从《新唐书·礼乐志四》等记载来看，两种祭祀的仪式和内容都不相同。

陵前之祭：先设皇帝拜祭之位于陵东南隅，朝西向，如有冈阜间隔，则随地之宜。祭祀之日，天明前五刻，陈设黄麾大仗于陵寝，天明前三刻，行事官及宗室亲五等、诸亲三等以上并客使之当陪祭者就位。皇帝素服乘马，设华盖、伞、扇，侍臣骑从，到陵前小次。皇帝步出小次，到预设拜位，“再拜，又再拜；在位皆再拜，又再拜。少选，太常卿请辞，皇帝再拜，又再拜。奉礼曰：‘奉辞。’在位者再拜”。礼毕，皇帝还于小次。

寝宫之祭：皇帝陵前祭毕，自小次乘马到寝宫前之大次，仪仗护卫前导后扈随行。百官、宗室、诸亲、客使各依其序立于大次前。皇帝步行至寝宫南门，仗卫止于门外。皇帝入寝宫，由东序进至寝殿陛阶东南位，再拜；自东阶上殿，朝北向，再拜，又再拜。进殿省视先帝服御玩好，擦拭帐箦等家具，然后“进太牢之馔，加珍馐”。皇帝到殿外放置酒尊处，亲酌酒，进殿，三奠爵，向北而立。太祝二人在殿外持玉册，面朝东跪读。皇帝再拜，又再拜，出殿门，在前面北而立。太常卿请皇帝辞别先帝，皇帝再拜，出东门，还于大次，礼成。

如果有皇太子、诸王、公主陪葬于柏城之内者，皆列祭于寝殿之东庑；功臣陪葬者，祭于东序。各设位奠献馔食，以官员司其事。

皇帝亲祭陵，以贞观十三年（639年）正月初一日唐太宗祭献陵为例：“贞观十三年正月乙巳，太宗朝于献陵。先是日，宿卫设黄麾帐，周卫陵寝。至是质明，七庙子孙及诸侯、百僚、蕃夷君长，皆陪列于司马门内。皇帝至小次，降舆纳履，哭于阙门，西面再拜，恸绝不能兴。礼毕，改服入于寝宫，亲执馔，阅视高祖及先后服御之物，匍匐床前悲恸，左右侍御者莫不歔欷。”[2]开元十七年（729年）十一月，唐玄宗先后亲谒桥、定、献、昭、乾五陵，“自开元十七年后，无亲谒陵事”[3]。

唐制，每年二、八月公卿皆依例祭拜各陵。据《开元礼》称：“春秋二仲月，司徒、司空巡陵，春则扫除枯朽，秋则芟薙繁芜。”贞元四年（788年），国子祭酒包佶上言：“岁二月、八月公卿朝拜诸陵，陵台令所由导至陵下，礼略无以尽恭。”太常寺因据旧礼更定制度，“所司先撰吉日，公卿辂车、卤簿就太常寺发，抵陵南、道东设次，西向北上。公卿既至次，奉礼郎设位北、门外之左，陵官位其东南，执事官又于其南。谒者导公卿，典礼导众官就位，皆拜。公卿、众官以次奉行，拜而还”[4]。可见，唐代公卿行陵，应该是源自东汉二、八月“上陵礼”，是一种政治典礼性的祭陵活动。它在陵前而不是寝宫举行，虽未

1 ［宋］欧阳修等：《新唐书》卷一四《礼乐志四》，中华书局，1975年，第360—361页。

2 ［五代晋］刘昫等：《旧唐书》卷二五《礼仪志五》，朱东润等点校本，中华书局，1975年，第972—973页。［宋］王溥《唐会要》卷二〇“亲谒陵”条（据商务印书馆《国学基本丛书》本原版重印，中华书局，1955年，第400页）文字基本相同，惟“皇帝至小次”作“太宗至小次”。

3 ［宋］王溥：《唐会要》卷二〇“亲谒陵”，据商务印书馆《国学基本丛书》本原版重印，中华书局，1955年，第400页。

4 ［宋］欧阳修等：《新唐书》卷一四《礼乐志四》，中华书局，1975年，第364—365页。

注明拜位，但应该是在象征朝堂的献殿前或朱雀门前举行。唐陵上宫献殿未见文献记载，也没有考古发掘资料佐证，具体建制不详。昭陵九嵕山南有两个土阙基址和大量残砖断瓦，1964年曾出土一件屋脊之鸱尾，宽1米、厚0.65米、高1.5米[1]，现藏昭陵博物馆，推测是献殿遗物。另据调查，文宗章陵献殿遗址呈长方形，南北长50米，东西宽70米，总面积约3500平方米[2]。此外，两《唐书》中都有宪宗时大风损毁“崇陵上宫衙殿”的记载[3]，此“衙殿”所指应该是上宫中的主体祭祀建筑。

从《新唐书·礼乐志》等有关文献记载来分析，唐朝的祭陵活动虽然分为两部分，而且先祭陵前、再祭寝宫，但明显以寝宫之祭更重要。唐制：“惟有寝宫安供养奉之法，而无陵上侍奉之仪。”[4]唐代寝宫之祭仍是循着事死如生的原则，供奉饮食起居，“凡国陵之制，皇祖以上至太祖陵，皆朔、望上食，元日、冬至、寒食、伏、腊、社各一祭；皇考陵，朔、望及节祭，而日进食。又荐新于诸陵，其物五十有六品”[5]。这些祭祀活动大都在寝宫即下宫举行。唐初献、昭二陵在三年服丧期满后，都将每日进食简化为节序进食，高宗永徽二年（651年），有司奏请：“先帝时，献陵既三年，惟朔、望、冬至、夏伏、腊、清明、社上食，今昭陵丧期毕，请上食如献陵。”高宗诏从之。此后，陵祭之礼每有损益。武则天时，“乃以四季月、生日、忌日遣使诣陵起居”[6]。中宗景龙二年（708年），太常博士彭景直针对三陵日祭繁琐上言：“在礼，陵不日祭，宗庙有月祭，故王者设庙、祧、坛、墠，为亲疏多少之杀。……唐家择古作法，臣谓宜罢诸陵日祭，如礼便。”中宗不准：“有司言诸陵不当日进食，夫礼以人情为之沿革，何专古而泥所闻？乾陵宜朝晡进奠，昭、献二陵日一进，或所司乏于费，可减朕常膳为之。”[7]开元二十三年（735年）诏：“献、昭、乾、定、桥五陵，朔、望上食，岁冬至、寒食各日设一祭。若节与朔、望、忌日合，即准节祭料。桥陵日进半羊食。”天宝二年（743年）八月，“始以九月朔荐衣于诸陵。又常以寒食荐饧粥、鸡球、雷车，五月荐衣、扇”。元和二年（807年），宰相奏请：“诸陵以朔、望奠，亲陵以朝晡奠，其余享及忌日告陵皆停。”[8]元和十五年（820年）奏准：“皇祖以上至太祖陵寝，朔、望上食，其元日、寒食、冬至、腊、社日各设一祭，皇考陵朔望及节祭外，每日进食。”[9]至此，停祖父陵以上之日进食，成为定制。

唐代寝宫之祭既繁剧，因而各陵中都有为数不少的宫女，负责照料先帝先后的日常起居。那些被皇帝宠幸过而无生养的宫女，在皇帝死后虽不用殉葬，但有些人要移住陵园，依旧侍奉亡故帝后。元和十年（815年）四月，“献陵寝宫永巷火”[10]。“永巷”是汉唐

1 允时：《全国重点文物保护单位——昭陵》，《文物》1977年第10期。

2 巩启明等：《唐章陵调查简报》，《文博》2003年第3期。

3 ［五代晋］刘昫等《旧唐书》卷三七《五行志》：“（元和）八年三月丙子，大风拔崇陵上宫衙殿西鸱尾，并上宫西神门六戟竿折，行墙四十间檐坏。”朱东润等点校本，中华书局，1975年，第1362页；［宋］欧阳修等《新唐书》卷三五《五行志二·常风》：“（元和）五年三月丙子，大风毁崇陵上宫衙殿鸱尾及神门戟竿六，坏行垣四十间。”中华书局，1975年，第901页。

4 ［宋］王溥：《唐会要》卷二〇“陵议”，据商务印书馆《国学基本丛书》本原版重印，中华书局，1955年，第395页。

5 ［宋］欧阳修等：《新唐书》卷一四《礼乐志四》，中华书局，1975年，第362页。

6 ［宋］欧阳修等：《新唐书》卷一四《礼乐志四》，中华书局，1975年，第362页。

7 ［宋］欧阳修等：《新唐书》卷一九九《儒学传·彭景直》，中华书局，1975年，第5669—5670页。相同记载又见同书卷一四《礼乐志》，文辞稍异。

8 ［宋］欧阳修等：《新唐书》卷一四《礼乐志四》，中华书局，1975年，第364—365页。

9 ［宋］王溥：《唐会要》卷二一“缘陵礼物”，据商务印书馆《国学基本丛书》本原版重印，中华书局，1955年，第408页。

10 ［五代晋］刘昫等：《旧唐书》卷三七《五行志》，朱东润等点校本，中华书局，1975年，第1367页。

以来对于后宫的泛称，寝宫中的永巷应该就是守陵宫人居所。她们死后陪葬皇陵，“宫人陪葬，则陵户成坟”[1]，其墓葬形制因身份不同而有级差。在昭陵兆域内曾经发掘过一些陪葬宫人的墓葬，据出土圹志记载：一位不知姓氏的“西宫二品昭仪”，“禀淑齐姜，资和宋子”，“故得擢自良家，言参椒掖，秩阶十四，爵列四等”，得到过皇帝的宠爱，“春秋八十一，以永淳元年（682年）八月廿四日遘疾，卒于宫所，以其年十月十一日葬于昭陵”。另一位不知姓氏的“亡宫五品”，“夙禀闺庭，早参宸衾，既该四德，方预六宫”，“显庆二年（657年）闰正月卒于昭陵宫，其年二月十四日陪于昭陵”[2]。唐朝皇帝的妻妾，“皇后之下有贵妃、淑妃、德妃、贤妃各一人，为夫人，正一品，昭仪、昭容、昭媛、修仪、修容、修媛、充仪、充容、充媛各一人，为九嫔，正二品”；又其次为婕妤、美人、才人、宝林、御女、采女各若干，“以备《周礼》六宫之数”[3]。昭陵陪葬宫人应以皇帝的嫔嫱之属为主，地位较后妃次之。

如果皇帝不亲祭陵，则以太常卿代行，陵台令、奉礼郎等从祭。于陵南百步道东设次行礼。唐代皇陵原各设陵署为日常管理机构，天宝十三年（754年），“改献、昭、乾、定、桥五陵署为台，其署令改为台令，加旧一级”[4]。

除上宫、下宫之祭以外，太宗昭陵玄武门内还有祭祀坛。昭陵玄武门内曾经发掘出建筑基址，以五层台阶组成，南高北低，略呈梯形，南三层台阶东西宽53.5米，南北长86.5米[5]。推测这里可能是祭祀坛所在，惟其功用内涵尚有待考证。从推测为祭祀坛的遗址位置与原“昭陵六骏”基座关系，以及建筑规模和柱础、砖瓦的规格来看，不排除这组建筑是后代王朝为祭祀昭陵而建的可能性。

另据《旧唐书》等记载，唐代宗“大历八年（773年）四月戊申，乾陵上仙观天尊殿有双鹊衔泥及柴，补殿之隙坏，凡十五处”[6]。此上仙观似专为乾陵而设，但是否为陵园固定设施、是否每座唐帝陵都有，以及这种道观的功能是否与其他朝代皇陵区寺院相同等，因缺乏佐证资料，无法做出判断。

五、唐陵陪葬制度

随着陵寝制度的恢复光大，功臣陪葬制度在唐朝也逐步恢复起来。贞观十一年（637年）二月，唐太宗预为终制，首次讲到了功臣陪陵的构想：“又佐命功臣，或义深舟楫，或谋定帷幄，或身摧行阵，同济艰危，克成鸿业，追念在昔，何日忘之！使逝者无知，咸归寂寞；若营魂有识，还如畴曩，居止相望，不亦善乎？汉氏使将相陪陵，又给以东园秘器，笃终之义，恩意深厚，古人岂异我哉！自今已后，功臣密戚及德业佐时者，如有薨亡，宜赐茔地一所，及以秘器，使窀穸之时，丧事无阙。所司依此营备，称朕

1 ［宋］欧阳修等：《新唐书》卷四八《百官志三·诸陵台》，中华书局，1975年，第1251页。

2 孙东位：《昭陵发现陪葬宫人墓》，《文物》1987年第1期。

3 ［宋］王溥：《唐会要》卷三“内职”，据商务印书馆《国学基本丛书》本原版重印，中华书局，1955年，第32页。

4 ［五代晋］刘昫等：《旧唐书》卷二五《礼仪志五》，朱东润等点校本，中华书局，1975年，第973页。

5 昭陵考古队：《昭陵北门阙遗址》，《中国考古学年鉴（2003）》，文物出版社，2004年，第355页；陕西省考古研究所等：《2002年度唐昭陵北司马门遗址发掘简报》，《考古与文物》2006年6期；张建林等：《对唐昭陵北司马门遗址考古新发现的几点认识》，《考古与文物》2006年6期。

6 ［五代晋］刘昫等：《旧唐书》卷三七《五行志》，朱东润等点校本，中华书局，1975年，第1368页；同书卷一一《代宗纪》作“双鹊衔紫泥”，第302页。

意焉。”[1]同年十月的《赐功臣陪陵地诏》云：“自今以后，身薨之日，所司宜即以闻，并于献陵左侧赐以葬地，并给东园秘器，事从优厚，庶敦追远之典，以申罔极之怀。”[2]贞观十八年（644年）谓侍臣曰：“自今以后，功臣密戚及德业佐时者，如有薨亡，赐茔地一所，及赐以秘器，使窀穸之时丧事无阙。凡功臣密戚请陪陵葬者，听之。以文武分为左右而列。坟高四丈已下，三丈已上。若父祖陪陵，子孙从葬者亦如之。若宫人陪葬，则陵户为之成坟。”[3]贞观二十年（646年）八月《功臣陪陵诏》进一步明确：“于昭陵南左右相［厢］封境取地，仍即标志疆域，拟为葬所，以赐功臣，其父祖陪陵，子孙欲来从葬者，亦宜听许。”[4]由此正式确定了唐陵陪葬制度。

唐陵陪葬制度始于高祖献陵，据宋敏求《长安志》所载，陪葬献陵之墓共23座，计有诸王16人、公主1人，以及并州总管张统、营国公樊兴、平原郡公王长楷、谭国公邱和、巢国公钱九陇、刑部尚书刘德威等大臣6人。根据最新的调查结果，献陵陪葬墓区位于陵园东北，分布区域略呈三角形，东西约5公里、南北约2公里[5]。自太宗昭陵开始，陪葬墓改为分布在所奉皇陵以南或东南部。昭陵陪陵墓主的身份以文武大臣为主，数量之多，居唐陵之冠（图5—31）。关于昭陵陪葬墓的数量历来记载不一，两《唐书》之列传中明确记载陪葬昭陵者74人，《唐会要》记为155人，《长安志》记为165人，游师雄《昭陵

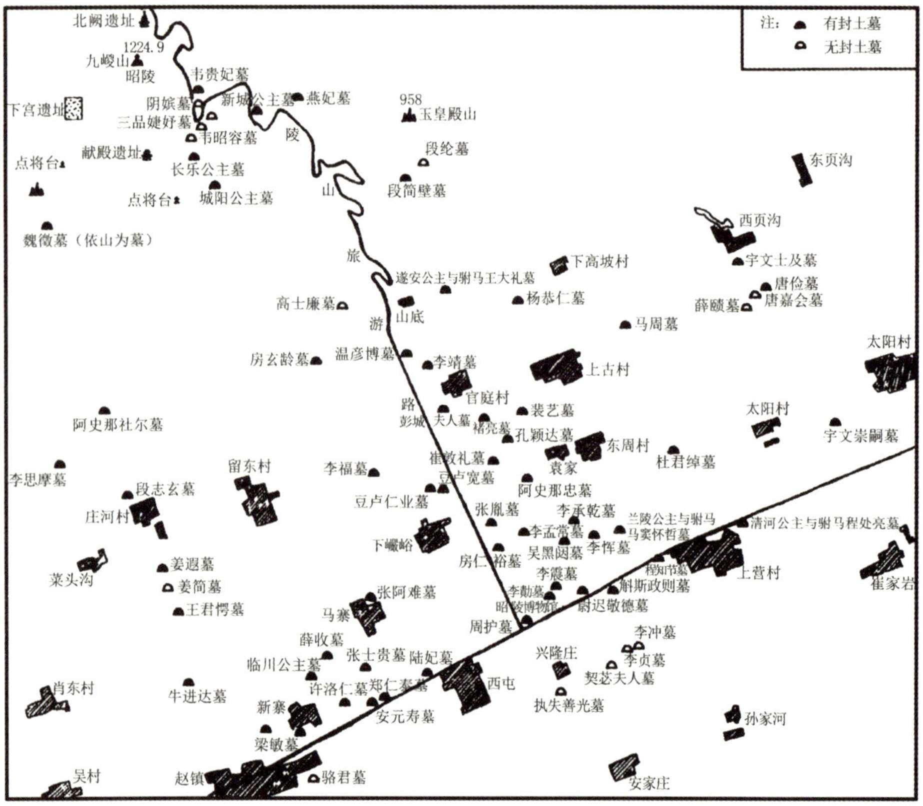

图5—31　唐昭陵陪葬墓分布图（引自刘向阳《唐代帝王陵墓》，2003年）

---

1 ［五代晋］刘昫等：《旧唐书》卷三《太宗纪下》，朱东润等点校本，中华书局，1975年，第47页。

2 唐太宗：《赐功臣陪陵地诏》，［宋］宋敏求编《唐大诏令集》卷六三《大臣·陪陵》，影印文渊阁《四库全书》第426册，台湾商务印书馆，1984年，第464页。

3 ［元］马端临：《文献通考》卷一二五《王礼考二十·山陵》，影印清乾隆刻本，浙江古籍出版社，1988年，第1124页。

4 唐太宗：《功臣陪陵诏》，［宋］宋敏求编《唐大诏令集》卷六三《大臣·陪陵》，影印文渊阁《四库全书》第426册，台湾商务印书馆，1984年，第464页。

5 陕西省考古研究院：《唐高祖献陵陵园遗址考古勘探与发掘简报》，《考古与文物》2013年第5期。

图5—32　陕西礼泉县唐李勣墓（昭陵陪葬墓之一）

图》列85人，徐乾学《读礼通考》列153人，《醴泉县志》记为203人。昭陵文物管理所20世纪70年代调查，共发现陪葬墓167座，其中可以确知墓主姓名、身份和入葬时间的57座[1]，后来通过遥感考古测定出188座陪葬墓[2]，估计当时陪陵者应该多于这个数字。陪葬昭陵的文武大臣多于皇族成员，并且除长乐、城阳、新城三位嫡出公主外，其余妃子及其他庶出皇子、公主等皇族陪葬者的墓葬形制都没有超过文武大臣的等级。新城公主为太宗幼女，高宗时“以皇后礼葬昭陵旁”[3]。其墓位于昭陵东南之山梁上，墓前有二乳峰，现存石人座二、石羊一、石望柱二。大臣陪葬墓中以因凤凰山为葬的魏徵墓、起冢象山的李靖墓和李勣墓规格最高。侍中魏徵墓在昭陵西南，是距玄宫最近的一座功臣陪葬墓，比三座公主墓的规格更高，墓南有双阙及仆碑。卫国公李靖墓封土象阴山、铁山、积石山，中为圆锥形、两旁平面作长方形，高12米、直径72米。李勣墓象阴山、铁山、乌德鞬山，由三个略呈圆锥形的封土堆组成（图5—32）。此外，还有阿史那社尔、李思摩（即阿史那思摩）两墓起冢象山。功臣墓规格高于一般皇亲，这种现象反映了唐初开国政治开明以及重视功臣的现实，强调对于国家的功劳和贡献，而不是只看门第出身，这也是士族制度走向破产的结果。唐代陪葬墓制度与西汉陪陵制度相似，而与北魏以宗族为单位近皇陵而葬有所不同，但同时明文规定子孙得随父祖陪陵，显然也在一定程度上受到了北魏陪陵制度的影响。

昭陵以后，唐代诸帝陵也各有多少不等的陪葬墓，但其数量远远少于昭陵。有关文献记载各陵陪葬墓数量为：高宗乾陵，《唐会要》记15座、《长安志》记6座、《文献通考》记17座、《乾州志稿》记41座；中宗定陵，《长安志》记6座；睿宗桥陵，《长安志》记6座、《蒲城县志》记13座；玄宗泰陵，《长安志》记1座；肃宗建陵，《长安志》记1座；宪宗景陵，《长安志》记3座、《唐会要》及《文献通考》均记4座；穆宗光陵，《长安志》记2座；敬宗庄陵，《长安志》记1座；文宗章陵，《长安志》记1座。这些记载与现代考古调查结果有所不同，有不少陪葬墓因年代久远而湮没无存，也有一些不见史籍记载者重见天

1 昭陵文物管理所：《昭陵陪葬墓调查记》，《文物》1977年第10期。

2 宋德闻等：《昭陵古墓葬遗址遥感解译和定位的研究》，《文物》1992年第7期。

3 ［宋］欧阳修等：《新唐书》卷八三《新城公主传》，中华书局，1975年，第3649页。

日，如德宗崇陵陪葬墓史无记载，但调查发现有43座。1980年以前有研究者对唐十八陵陪葬墓的数量进行过调查统计，其结果是：高祖献陵67座，太宗昭陵167座，高宗乾陵17座，中宗定陵15座，睿宗桥陵8座，玄宗泰陵1座，肃宗建陵3座，德宗崇陵43座，顺宗丰陵1座，宪宗景陵1座，穆宗光陵53座，武宗端陵1座，其余代宗元陵、敬宗庄陵、文宗章陵、宣宗贞陵、懿宗简陵、僖宗靖陵等6陵无陪葬墓[1]。这些陪葬墓有的经过发掘，如陪葬献陵的高祖女房陵大长公主墓[2]，陪葬昭陵的太宗废太子李承乾墓[3]、太宗女长乐公主墓[4]和新城公主墓[5]、程知节墓[6]以及昭陵陪葬宫人墓[7]，陪葬乾陵的高宗章怀太子李贤墓[8]、中宗子懿德太子[9]和中宗女永泰公主墓[10]等，陪葬定陵的中宗太子李重俊墓[11]，泰陵唯一的陪葬墓高力士墓[12]等。

从乾陵开始，唐陵陪葬制度更加完善，但皇亲国戚、侍臣等明显增加，而且皇室成员坟墓的等级明显高于陪陵之文武大臣，距所陪皇陵的距离也更近。以睿宗桥陵为例，先后卒于开元年间的睿宗三子皆追赠太子，并予以厚葬，“惠庄太子陵，在桥陵东南三里；惠宣太子陵，在桥陵东六里；惠文太子陵，在桥陵东三里；并在柏城内”[13]。其中惠庄太子陵经过发掘[14]。也有一些太子，以某些特殊原因并未陪葬皇陵，如玄宗长子李琮，追赠靖德太子，初葬渭南细柳原，肃宗即位后追册为奉天皇帝，“备礼改葬于华清宫北齐陵”[15]；宪宗惠昭太子李宁之墓也在临潼[16]，今属西泉乡椿树村。

第三节　唐代皇陵的玄宫制度

和陵园地面两种形式相对应，唐代皇陵的玄宫结构也存在两种不同的形式。封土

1 贺梓城：《“关中唐十八陵”调查记》，《文物资料丛刊》第3辑，文物出版社，1980年。

2 安峥地：《唐房陵大长公主墓清理简报》，《文博》1990年第1期。

3 昭陵博物馆：《唐李承乾墓发掘简报》，《文博》1989年第3期。

4 昭陵博物馆：《唐昭陵长乐公主墓》，《文博》1988年第3期。

5 陕西省考古研究所等：《唐昭陵新城长公主墓发掘简报》，《考古与文物》1997年第3期；陕西省考古研究所等：《唐新城长公主墓发掘报告》，科学出版社，2004年。

6 白建钢：《关中程咬金墓发掘出珍贵文物，长篇墓志披露重要史实，精美壁画再现初唐气象》，《光明日报》1988年7月10日第1版。

7 孙东位：《昭陵发现陪葬宫人墓》，《文物》1987年第1期。

8 陕西省博物馆等：《唐章怀太子墓发掘简报》，《文物》1972年第7期。

9 陕西省博物馆等：《唐懿德太子墓发掘简报》，《文物》1972年第7期。

10 陕西省文物管理委员会：《唐永泰公主墓发掘简报》，《文物》1964年第1期。

11 陕西省考古研究所等：《唐节愍太子墓发掘报告》，科学出版社，2004年。

12 陶仲云等：《陕西省蒲城县发现高力士残碑》，《考古与文物》1983年第2期；邢福来等：《唐史研究又一重要发现——陕西高力士墓发掘成果丰富》，《中国文物报》2000年4月16日第1版；陕西省考古研究所：《唐高力士墓发掘简报》，《考古与文物》2002年第6期。

13 ［唐］李吉甫：《元和郡县图志》卷一《关内道一·奉先县》，贺次君点校本，中华书局，1983年，第9页。

14 陕西省考古研究所等：《唐惠庄太子墓发掘简报》，《考古与文物》1999年第2期；陕西省考古研究所：《唐惠庄太子李捴墓发掘报告》，科学出版社，2004年。

15 ［五代晋］刘昫等：《旧唐书》卷一〇七《玄宗诸子传·奉天皇帝琮》，朱东润等点校本，中华书局，1975年，第3258页。

16 陕西省考古研究所等：《唐惠昭太子陵发掘报告》，三秦出版社，1992年。

为陵者地下应该是土洞墓室或砖石拱券结构墓室，因山为陵者则当是岩洞墓。有唐诸陵墓室部分惟僖宗的靖陵经过抢救性考古发掘，另有部分封土为陵者经过钻探；文献中可靠的研究资料甚少。一些高等级陪葬墓，特别是盛唐时期这类墓葬的考古发掘资料，对皇陵玄宫制度的探索有比较大的参考价值。

一、唐僖宗靖陵的玄宫结构

唐僖宗靖陵位于陕西乾县东北铁佛乡南陵村，封土为之。1994年末，靖陵被不法分子盗掘，陕西省考古研究所因而进行了抢救性考古发掘[1]。其陵园宫城南北长471.8米、东西宽450米，四面正中辟门，各守以门狮。南司马门外有望柱、翼马、石马、石人等石像生，现存14件。覆斗形封土位于城内中心偏北，夯土筑成，截面为正方形，底边长48.5米、顶边长8米、发掘时高8.6米。玄宫部分为单室土洞墓，由墓道、甬道、墓室三部分组成，通长44.18米，墓室底部距今地表19.2米。土阶式墓道长35.6米、宽2.4—2.9米，原有壁画。甬道长3.8米、宽2.4米，北部两侧各开两壁龛，甬道中段原有墓门，已朽；发掘时残存乱石堆砌的封门墙。土洞墓室，穹庐顶，底边南北长4.5米、东西宽5.8米，东西两壁各有3个壁龛，南壁东西两侧各有1个壁龛，8个壁龛内绘兽首人身十二时俑。棺床南北3.1米、东西4.4米，以旧石碑、石块、砖混砌成。棺床与墓室北壁之间放置石函两个，随葬品已经基本被盗空。

唐僖宗卒于文德元年（888年）三月初六日，同年十月二十七日葬。处在唐王朝风雨飘摇之际，作为关中十八陵殿军的靖陵，无论地面、地下都卑微不堪。如僖宗遗诏所云："今者流离若是，病毒堪悲，仗百姓即百姓一空，捐国用则国用无取，不可踵从前之计度，困此日之生灵，俾朕厚颜下见先帝。应缘山陵事物，宜令中外商量，比从来每事十分各减六七。"[2]发掘时发现，靖陵的棺床是以陵址附近的两块旧墓碑为主体拼凑而成；二碑原主分别为尚书左仆射豆卢钦望和左仆射杨再思，均为陪葬乾陵。靖陵虽然是皇帝陵，但无论陵园规模、封土规模等都不及盛唐前后的高级陪葬墓，其墓室部分亦过分简陋，显然不足以代表正常的唐代帝陵玄宫制度。

2011—2012年对唐高祖献陵进行调查钻探，覆斗形封土位于陵垣内中部略偏东，在封土南部钻探出两条东西并列的墓道，两墓道间距10.7米，西侧的略宽、东侧的略窄，长度均约61米。据此推测，献陵应该是同坟异穴的合葬墓，从墓道来看，可能是帝西后东（图5—33）。献、庄、端、靖四座封土墓，以及追尊的永康、兴宁二陵的地下结构可能都是土洞墓，但规模和具体构造应有所不同。

二、"号墓为陵"的乾陵陪葬墓之玄宫制度

在唐高宗乾陵的东南方，有三座高规格的陪葬墓，墓主分别为懿德太子、永泰公主、章怀太子。章怀太子李贤，为唐高宗与武则天所生之次子，初封潞王，改封雍王，继长兄李弘之后被立为皇太子，因得罪武则天宠信的官吏而被废，贬至巴州（今四川巴中），不久被迫自杀，时年34岁。中宗复辟，迁李贤棺柩陪葬乾陵；睿宗即位，追赠谥章

1 陕西省考古研究所：《陕西新出土唐墓壁画》，重庆出版社，1998年；陈安利：《唐十八陵》，中国青年出版社，2001年，第128页；刘向阳：《唐代帝王陵墓》，三秦出版社，2003年，第323—327页。

2 《僖宗遗诏》，［宋］宋敏求编《唐大诏令集》卷一二《帝王·遗诏下》，影印文渊阁《四库全书》第426册，台湾商务印书馆，1984年，第111页。

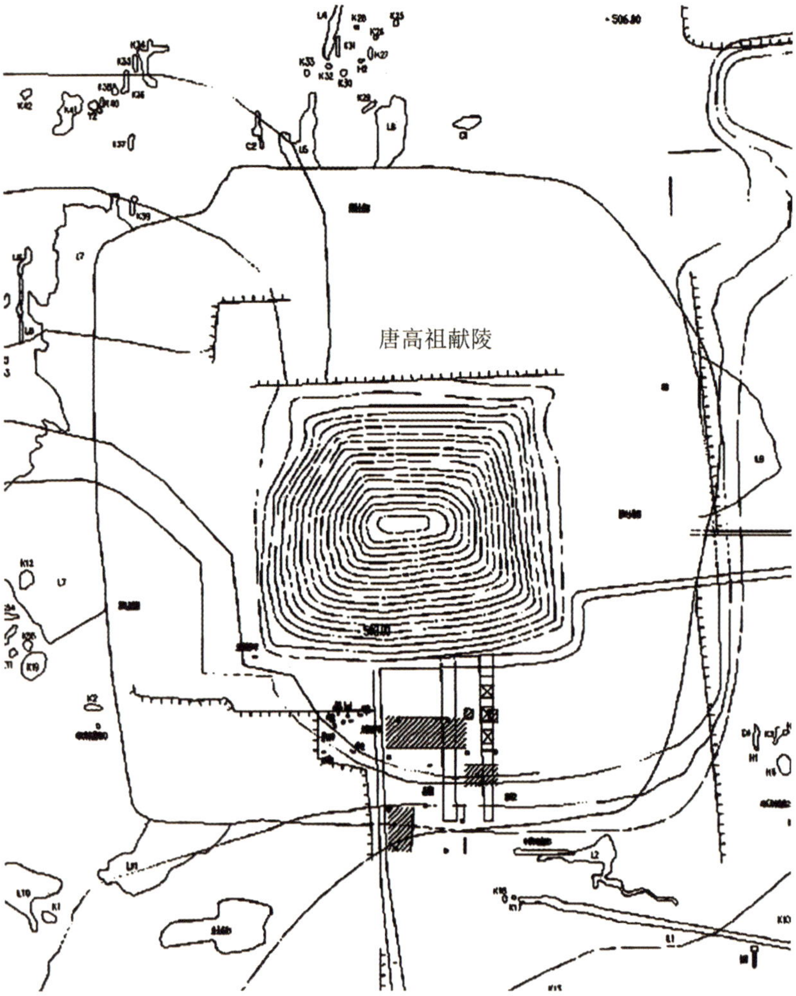

图5—33 唐高祖献陵封土及墓道示意图（引自《考古与文物》2013年第5期）

怀太子。懿德太子李重润，唐中宗长子，中宗在李贤之后被立为皇太子，重润也因而被立为皇太孙。武则天称帝，中宗被废，重润亦被废黜囚禁。永泰公主李仙蕙，中宗之女，封永泰郡主。大足元年（701年），重润兄妹等人私议武则天面首张易之兄弟随便出入宫门，为武则天侦知，遭杖杀，重润时年19岁。中宗复辟，追赠重润为懿德太子、仙蕙为永泰公主，以礼改葬二人，陪葬乾陵，大修陵墓，史称"号墓为陵"。

懿德、永泰、章怀三墓均经过考古发掘，以1971年7月发掘的懿德太子墓规格最高、规模最大[1]。懿德太子墓园平面呈长方形，垣墙南北256.5米、东西214米，四面正中各辟阙门，四隅有角阙，均仅存遗址。四阙门外各有守门石狮1对，南阙门外神道两侧有望柱1对、石人2对。封土截面近正方形，夯土筑成，明显分为上下两层，底边南北56.7米、东西55米，发掘时高度为17.92米。封土南面有献殿类建筑遗址。玄宫叠压在封土之下，正南北向，全长100.80米，由墓道（内含6个过洞、5个天井、8个壁龛）、前甬道（其上有2个暗天井）、前室、后甬道、后室共5部分组成（图5—34）。墓道即生土挖出，墓室由砖砌成，顶部拱券式，均有彩绘壁画。前室南北4.45米，东西4.54米，高6.3米；后室南北5米，东西5.3米，高7.1米，东西墓壁略呈弧形，顶为穹窿式，顶部正中有挂油灯用的铁钩一个。后室的西侧有一副石椁，长3.75米、宽3米、高1.87米，顶部仿宫殿之庑殿顶，并做出

1 陕西省博物馆等：《唐懿德太子墓发掘简报》，《文物》1972年第7期。

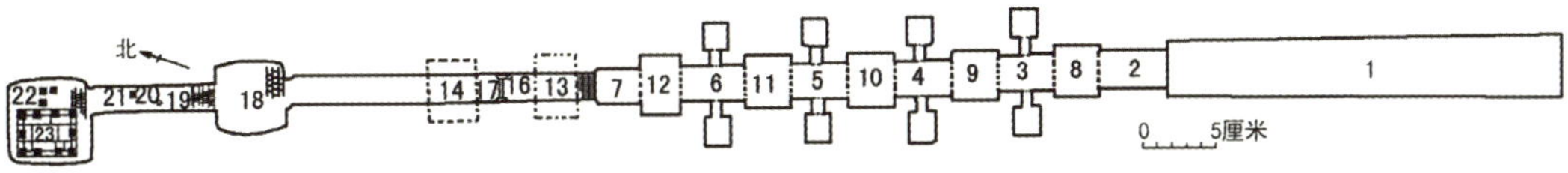

1.墓道　2—7.过洞　8—14.天井　15.小龛　16.前甬道　17.石门　18.前室　19.木门　20.后甬道　21/22.幔帐座　23.石椁　24.后室

图5—34　陕西乾县唐懿德太子墓墓室平面图（引自《文物》1972年第7期）

脊瓦、滴水和瓦当。石椁内残存两副人骨架，一男一女，经鉴定男性人骨年龄不超过20岁，为懿德太子李重润；女骨按《旧唐书》记载，是国子监丞裴粹之女，与懿德太子结为冥婚。

永泰公主与驸马武延基合葬，陵墓规模也比较大，建筑结构与懿德太子墓相仿[1]。全墓南北水平距离87.5米，深16.7米，由墓道（内含5个过洞、6个天井、8个壁龛）、前甬道、前室、后甬道、后室五部分组成（图5—35）。墓道、甬道、墓室均有精美的彩绘壁画。前室南北4.7米，东西4.9米，高5.35米；后室南北5.3米，东西5.45米，高5.5米；后室西侧有石椁一具。

封土为陵型的唐皇室墓葬，在高宗时期可能规模有所扩大。据记载：河南缑氏恭陵初修将成，“而以元［玄］宫狭小，不容送终之具，遽欲改拆之，留役滑、泽等州丁夫数千人，过期不遣。丁夫恚苦，夜中投砖瓦以击当作官，烧营而逃。遂遣司农卿韦机续成其功，机始于隧道左右开便房四所，以贮明器，于是撙节礼物，校量功程，不改元［玄］宫，及期而就”[2]。这是唐陵增设墓道壁龛（即“便房”）的明文记载。

初唐至盛唐间的陪葬墓的墓室规模大都比较宽敞，功臣墓亦然，如陪葬昭陵的尉

图5—35　陕西乾县唐永泰公主墓前室、后甬道

1 陕西省文物管理委员会：《唐永泰公主墓发掘简报》，《文物》1964年第1期。

2 ［宋］王溥：《唐会要》卷二一“诸陵杂录”，据商务印书馆《国学基本丛书》本原版重印，中华书局，1955年，第417页。

迟敬德墓，墓室规模亦大于僖宗陵。此墓朝南，由墓道、过洞、天井，前甬道、后甬道、前墓室、后墓室组成，全长56.3米[1]。其中前室平面略呈正方形，南北两壁正中各有券门，穹庐顶，室内南北2.6米、东西2.5米、顶高3.7米。后室结构与前室同，长宽各5.1米、高5.35米，内有石棺床，长宽各3.9米、高0.3米。棺床距东壁0.7米、西壁0.6米、南壁1米。

节愍太子李重俊，中宗神龙三年（707年）因谋诛武三思而被杀、睿宗景云元年（710年）改葬，其墓室规格稍低[2]。全墓水平长度为54.25米，由斜坡墓道、3个天井、3个过洞、前后甬道、前后墓室等组成，其中前室进深1.36米、宽1.73米、穹窿顶最高处3.8米，似仅具象征意义；后室东西3.85—3.87米、南北3.82—3.85米、中心最高处5.2米。卒于开元十二年（724年）的惠庄太子李撝墓亦略小[3]，墓道长17.5米，有过洞和天井各3个，但仅有1个墓室，东西4.4—4.8米、南北4.4—4.76米、高6米。此二太子墓仅有石棺床，而没有屋式石椁。卒于开元二十九年（741年）、被追谥为“让皇帝”的李宪之墓，地面设施仿拟帝陵制度，其地下部分全长59米，墓道部分有天井、过洞各3个，甬道上还有4个暗天井，封门砖后的甬道上有木门、石门各1道，但也仅有1个墓室，南北5.7米、东西5.65米，内有石椁一副[4]。这三座墓葬的规格均低于懿德太子等人，可能与墓主身份、经历背景有关。

盛唐前后的这些高级陪葬墓，陵园均模拟帝陵形式而逊之，其玄宫结构至少可以作为封土为陵式唐代帝陵玄宫制度研究的参照。此外，从高宗后期开始到武则天时期，东都洛阳具有实际都城的意义，这里的一些皇室成员墓葬，如唐睿宗妃嫔墓等[5]，也有比较重要的参考意义。

三、唐代的凿山为陵

唐陵凿山修筑墓室，始于太宗。贞观十年（636年）六月己卯，太宗长孙皇后病故；同年十一月庚寅，葬于九嵕山。贞观十一年（637年）二月丁巳，唐太宗预为终制：“有隋之季，海内横流，豺狼肆暴，吞噬黔首。朕投袂发愤，情深拯溺，扶翼义师，济斯涂炭。赖苍昊降鉴，股肱宣力，提剑指麾，天下大定。此朕之宿志，于斯已毕。犹恐身后之日，子子孙孙，习于流俗，犹循常礼，加四重之椁，伐百祀之木，劳扰百姓，崇厚园陵。今预为此制，务从俭约，于九嵕之山，足容棺而已。积以岁月，渐而备之；木马涂车，土桴苇籥，事合古典，不为时用。”[6]昭陵玄宫之制，据《唐会要》记载：“因九嵕层峰，凿山南面，深七十五丈为元[玄]宫，缘山傍岩，架梁为栈道，悬绝百仞，绕山二百三十步始达元[玄]宫门。”[7]五代梁静胜军节度使温韬盗掘昭陵时见其“宫室制度闳丽不异人间，中为正寝，东西厢列石床”[8]。根据这些文献，结合唐陵陪葬墓的情况，宿白认为墓室仿效宫室制度，唐陵玄宫可能会是前中后三室[9]。但迄今唐代因山之陵未有发掘实例，也未见

1 昭陵文物管理所：《唐尉迟敬德墓发掘简报》，《文物》1978年第5期。

2 陕西省考古研究所等：《唐节愍太子墓发掘报告》，科学出版社，2004年，第15—28页。

3 陕西省考古研究所：《唐惠庄太子李扮墓发掘报告》，科学出版社，2004年，第9—12页。

4 陕西省考古研究所：《唐李宪墓发掘报告》，科学出版社，2004年，第10—18页。

5 洛阳市文物工作队：《唐睿宗贵妃豆卢氏墓发掘简报》，《文物》1995年第8期；洛阳市第二文物工作队：《唐安国相王孺人壁画墓发掘报告》，河南美术出版社，2008年。

6 [五代晋]刘昫等：《旧唐书》卷三《太宗纪下》，朱东润等点校本，中华书局，1975年，第47页。

7 [宋]王溥：《唐会要》卷二〇“陵议”，据商务印书馆《国学基本丛书》本原版重印，中华书局，1955年，第395页。

8 [宋]欧阳修等：《新五代史》卷四〇《温韬传》，中华书局，1974年，第441页。

9 宿白：《西安地区的唐墓形制》，《文物》1995年第12期。

如西汉诸侯王崖洞墓类的唐代墓葬，因此，唐帝陵玄宫的真相尚无法确知。

2002年8月—2003年11月，陕西省考古研究所昭陵考古队在九嵕山南坡发现了9座石室。其结构是凿山为窟，有的是单独一窟，也有的是数窟相邻排列。其中ZLS1（1号石室）位置最高，单独开凿于九嵕山南侧偏东的山崖上，距山顶东垂直高差约30米。由墓道、甬道、墓室三部分组成（图5—36），通长12.7米。甬道原有白灰墙皮，墓室周壁及顶部覆盖一层石灰泥并有壁画，室内大部分是一个倒“凹”字型的石台，可能是充当棺床。发掘者推测ZLS1是徐贤妃墓或者长孙皇后的初厝之地[1]。昭陵山上这些石窟的特点，与唐太宗所说“今因九嵕山为陵，凿石之工才百余人，数十日而毕”[2]相吻合，也与长孙皇后数月即葬的事实相吻合。唐太宗最初主张薄葬应该并非虚话，他所设想的山葬，可能并不是如西汉楚、梁等诸侯王大墓一般结构复杂的大型岩洞墓，而应该是九嵕山上所见的石窟。贞观九年（635年），因讨论唐高祖陵制，虞世南上封事有“汉文霸陵，既因山势，虽不起坟，自然高显”[3]之说，唐太宗有意效法霸陵山葬。而事实上，汉霸陵只是“因其山，不起坟”[4]，未必就是凿山为穴。倒是前距唐朝开国不远且与唐朝皇室有一定血源关系的西魏确有凿山为窟而葬之例。西魏文帝元宝炬和亲蠕蠕，其乙弗皇后因而被迫出家；后又因蠕蠕举国来犯，乙弗皇后被赐死，“凿麦积崖为龛而葬，神柩将入，有二丛云先入龛中，顷之一灭一出，后号‘寂陵’。及文帝山陵毕，手书云万岁后欲令后配享，公卿乃议追谥曰‘文皇后’，祔于太庙，废帝时合葬于永陵”[5]。乙弗皇后“先世为吐谷浑渠帅，居青海，号青海王”。故而这种葬法可能有西域民族或佛教的影响。此外，据《资治通鉴》记载，与西魏同时代的东魏可能也有石窟葬之例：梁太清元年（东魏武定五年，547年）八月，“甲申，虚葬齐献武王于漳水之西，潜凿成安鼓山石窟佛寺之旁为穴，纳其柩而塞之，杀其群匠”[6]。金末刘祈游林虑西山（在今河南安阳以西）时曾听当地人张佩玉说：“高欢葬此山石岩中，铁索纫其棺，尝有人见之。”[7]汉文帝之葬到唐初早已成谜案，和献陵一样，太宗预建寿陵，所能参照的实例只有北朝和隋代诸陵，这是一个不应忽略的事实。

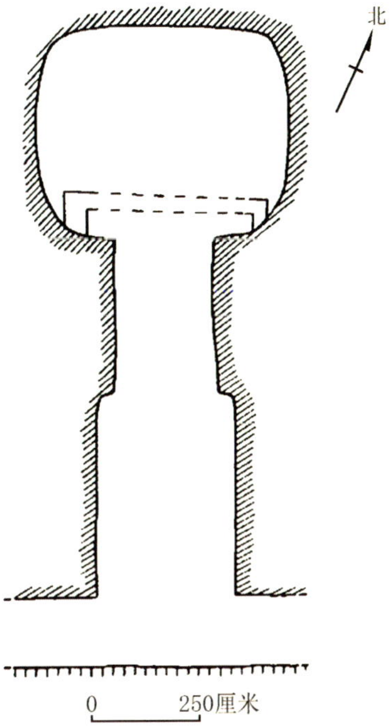

图5—36　陕西礼泉九嵕山ZLS1石室平面图（引自《文博》2012年第5期）

1 张建林：《昭陵石室初探》，樊英峰主编《乾陵文化研究》（二），三秦出版社，2006年，第38—41页；刘向阳：《昭陵石室与长孙皇后初殡地关联问题探讨》，《文博》2012年第5期。

2 ［宋］范祖禹：《唐鉴》卷二《太宗上》，上海古籍出版社，1984年，第49页。

3 ［五代晋］刘昫等：《旧唐书》卷七二《虞世南传》，朱东润等点校本，中华书局，1975年，第2569页。

4 ［汉］班固：《汉书》卷四《文帝纪赞》，西北大学历史系点校本，中华书局，1962年，第134页。

5 ［唐］李延寿：《北史》卷一三《后妃传·文帝文皇后乙弗氏》，陈仲安等点校本，中华书局，1974年，第507页。

6 ［宋］司马光：《资治通鉴》卷一六〇《梁纪十六》武帝太清元年条，“标点资治通鉴小组”校点本，中华书局，1956年，第4957页。

7 ［金］刘祈：《归潜志》卷一三，崔文印点校本，中华书局，1983年，第164页。

据《唐会要》记载："乾陵玄宫，其门以石闭塞，其石缝铸铁以固其中。"[1]考古勘探表明，乾陵所在的梁山主峰的东南侧全为黄土覆盖，墓道即开凿于南面山腰上，乾陵墓穴系穿山开凿而成，隧道及墓门均开凿于自然山体的石灰岩上，隧道呈斜坡形，正南北向，全长约65米，宽3.87米。与墓门相接的北端宽2.75米。墓道内用石条叠砌，并用铁系腰将石条固定，再以铁浆灌铸其间。石条最长者1.25米，铁系腰长18—27厘米，厚5—8厘米[2]。根据墓道封堵方式推测，乾陵玄宫结构应该相对复杂。结合前述乾陵陵园建筑完备壮丽远过昭陵来看，唐陵因山为藏的墓室制度可能也最终确立于乾陵。

1 ［宋］王溥：《唐会要》卷二〇"陵议"，据商务印书馆《国学基本丛书》本原版重印，中华书局，1955年，第396页。

2 陕西省文物管理委员会：《唐乾陵勘查记》，《文物》1960年第4期。

第六章
五代两宋陵墓制度

唐朝末年，国力衰弱，陷入割据分裂状态，陵寝营造趋于简陋。自五代十国开始，中国古代陵墓的发展进入了徘徊时期。北宋皇陵总体布局仿唐而规模远逊之，在封土为陵、帝后异穴合葬各起陵园等方面又仿拟西汉之制，没有太明显的制度创新。南宋皇陵仅是厝葬，规制更加简单。

第一节 五代十国帝王陵墓制度

公元907年朱温篡唐，此后各地原唐末藩镇纷纷自立，中原地区梁、唐、晋、汉、周五个朝代相继兴替，史称“五代”；南方则先后并立或交替存在过吴、南唐、吴越、楚、南汉、前蜀、后蜀、闽、南平九个小王国，北方尚有一个后汉的继承者北汉，是为“十国”。五代十国是中国古代陵寝制度的低落时期，诸王朝的陵墓多仿唐建制，具体而微，规模一般不大。由于敌国之间相互仇杀，这些短命朝代的皇陵还有不少被取而代之者报复性、羞辱性地破坏甚至掘毁，中原地区惟规制简朴的后周皇陵群基本完整。十国之南唐、吴越、前蜀、后蜀、南汉、闽等南方诸国的帝王陵墓，有些保存状况相对比较好，营造风格也各具特色。

一、五代皇陵

后梁太祖朱温（曾改名全忠、又改名晃）原为黄巢部将，降唐后逐渐控制了朝廷，公元907年篡唐自立，史称“后梁”。朱温在位六年，乾化二年（912年）被次子朱友珪杀死，葬宣陵。梁宣陵在后唐时即遭到大规模的破坏，同光元年（923年），以光复唐朝自命的后唐庄宗李存勖（本沙陀人，其父李克用被唐朝赐姓李）攻克汴梁后，“欲发梁祖之墓，斫棺燔柩。河南尹张全义上章申理，乞存圣恩，帝乃止，令划去阙室而已”[1]。后梁宣陵在今河南伊川县白沙乡朱岭东常岭村，封土犹在，陵垣、石像生等无存。朱友珪在位未期年，即被三弟朱瑱兵变所逼而自杀。朱瑱即朱友贞，即位为梁末帝，被后唐所灭，在皇甫麟帮助下自戕身亡。后唐庄宗入汴梁（开封），“诏王瓒收朱友贞尸，殡于佛寺，漆其首，

1［宋］薛居正：《旧五代史》卷三〇《唐书·庄宗纪四》，刘乃龢等点校本，中华书局，1976年，第414页。［宋］司马光《资治通鉴》卷二七二《后唐纪一》庄宗同光元年十月乙酉条下记为，梁西都留守河南尹张全义来朝，“帝欲发梁太祖墓，斫棺焚其尸，全义上言：‘朱温虽国之深仇，然其人已死，刑无可加，屠灭其家，足以为报，乞免焚斫，以存圣恩。’帝从之，但铲其阙室，削封树而已”，“标点资治通鉴小组”校点本，中华书局，1956年，第8902页。

函之，藏于太社”[1]。天福二年（937年）五月，后晋高祖“诏太社先藏唐朝罪人首级，许亲属及旧僚收葬。时右卫上将军娄继英请之，会继英得罪，乃诏左卫上将军安崇阮收葬焉”[2]。

五代前后54年，共有皇帝14位，其中死于非命者竟达8人。梁以后，唐庄宗李存勖为部下兵变所杀，伶人善友“敛廊下乐器簇于帝尸之上，发火焚之。及明宗入洛，止得其烬骨而已”[3]，收葬雍陵；唐闵帝李从厚为兄从珂所杀，草葬于徽陵，封土仅数尺；末帝李从珂败于后晋高祖石敬瑭，登玄武楼自焚而死。后汉隐帝刘承祐被近侍刺杀，后周太祖以礼葬之，称颖陵。这些人虽然名义上有陵墓，但大都规模很小，不尽合帝王陵寝制度。另外，后晋出帝石重贵被契丹人掳到辽国，保宁六年（974年）死于建州安晋城[4]；后周恭帝柴宗训禅位于宋，开宝六年（973年）死于房州后归葬祖茔，也都未能尽如皇帝礼制殡葬。

五代时期能够基本依照皇帝等制修建的陵墓并不多，除后梁太祖宣陵外，主要还有：后晋高祖石敬瑭的显陵，在今河南宜阳石陵乡，封土犹存；后汉高祖刘知远葬睿陵，在今河南禹州苌庄乡柏村，封土犹存，其陵园部分石刻已移至禹州文物管理所保存（图6—1）。另外，一些追封帝后的陵墓也仿帝陵之制增饰，如追尊后唐太祖李克用陵前即有石羊等遗存。后周太祖在即位诏书中明令保护后唐、后晋、后汉等朝帝王陵墓：“近代帝王陵寝，合禁樵采，唐庄宗、明宗，晋高祖，各置守陵十户，以近陵人户充。汉高祖皇帝陵署职员及守宫人，时日荐享、并守陵人户等，一切如故。”[5]广顺元年（951年）四月，又诏：“唐庄宗、明宗，晋高祖三处陵寝各有守陵宫人，并放逐便。如愿在陵所者，依旧供给。”[6]可见，五代皇陵虽然规模不大，但主要陵园也都还有上宫、下宫，下宫依然供养不辍。北宋人所见，“巩洛间道旁有后唐庄宗庙……神像两眼外皆髭也”[7]。唐庄宗的雍陵在邙山上，这个“后唐庄宗庙”应该就是雍陵的下宫。河南禹县旧有“高祖庙”，“在古东会里（文风里），始建无考。明永乐三年乡人樊大重修”。道光《禹州志》

图6—1　后汉高祖睿陵门狮，现藏禹州市文物管理所

1 ［宋］司马光：《资治通鉴》卷二七二《后唐纪一》庄宗同光元年十月辛巳条，“标点资治通鉴小组”校点本，中华书局，1956年，第8900页。
2 ［宋］薛居正：《旧五代史》卷一〇《梁书·末帝纪下》，刘乃龢等点校本，中华书局，1976年，第152页。
3 ［宋］薛居正：《旧五代史》卷三四《唐书·庄宗纪八》，刘乃龢等点校本，中华书局，1976年，第478页。
4 其圹志现藏辽宁省博物馆。
5 ［宋］薛居正：《旧五代史》卷一一〇《周书·太祖纪一》，刘乃龢等点校本，中华书局，1976年，第1460页。
6 ［宋］薛居正：《旧五代史》卷一一一《周书·太祖纪二》，刘乃龢等点校本，中华书局，1976年，第1472页。
7 ［宋］赵令畤：《侯鲭录》卷四，孔凡礼点校本，中华书局，2002年，第101页。

图6—2　后周太祖嵩陵封土南面

认定是后汉高祖庙[1]，可能与后汉睿陵下宫有关，或即其遗存。

地面遗迹保存最多的五代皇陵是后周皇陵群。后周立国十年，传三世三帝，其皇陵在今河南新郑。周太祖郭威在位四年，恭行节俭，显德元年（954年）正月临终前，"累谕晋王（世宗柴荣）曰：'我若不起此疾，汝即速治山陵，不得久留殿内。陵所务从俭素，应缘山陵役力人匠，并须和雇，不计近远，不得差配百姓。陵寝不须用石柱，费人功，只以砖代之；用瓦棺纸衣。临入陵之时，召近税户三十家为陵户，下事前揭开瓦棺，遍视过陵内，切不得伤他人性命。勿修下宫，不要守陵宫人。亦不得用石人石兽，只立一石记子，镌字云："大周天子临晏驾，与嗣帝曰，缘平生好俭素，只令着瓦棺纸衣葬。"若违此言，阴灵不相助。'又言：'朕攻收河府时，见李家十八帝陵园，广费钱物人力，并遭开发。汝不闻汉文帝俭素，葬在霸陵原，至今见在。如每年寒食无事时，即仰量事差人洒扫，如无人去，只遥祭。兼仰于河府、魏府各葬一副剑甲，澶州葬通天冠、绛纱袍，东京葬一副平天冠、衮龙服。千万千万，莫忘朕言。'"[2]三个月后的"夏四月乙巳，太祖灵驾发东京，乙卯，葬于嵩陵"；六月"丙寅，帝（世宗）亲拜嵩陵，祭奠而退，赐守陵将吏及近陵户帛有差"[3]。宋人程大昌"读《（周）世宗实录》，具载太祖遗语，盖尝曰：'按行爽垲深坎于下，各封土为陵，量立城阙'"。因此，后周太祖陵不止一处，真墓之外，还有剑甲疑冢，"意在设疑以罔盗耳"[4]。

后周太祖嵩陵在今河南省新郑市郭店南1公里的周庄村西，陵园规制比较简单，没有石像生、望柱等，封土周长103米、高19米，陵前原有石碑一通，现已无存（图6—2）。周世宗柴荣卒于显德六年（959年）六月，葬庆陵，贞惠刘皇后祔葬。庆陵在郭店北0.5公里处的陵上村西，封土周长105米、高20米，陵前有明清时期御祭碑44通，大多已没入土

1 王琴林等：《禹县志》卷一〇"祀典志"，《中国方志丛书》据民国二十年刊本影印，台北成文出版社有限公司，1976年，第932页。

2 ［宋］薛居正：《旧五代史》卷一一三《周书·太祖纪四》，刘乃龢等点校本，中华书局，1976年，第1503—1504页。

3 ［宋］薛居正：《旧五代史》卷一一四《周书·世宗纪一》，刘乃龢等点校本，中华书局，1976年，第1515、1517页。

4 ［宋］程大昌：《考古编》卷九"周太祖葬剑甲衮冕"，刘尚荣校证本，中华书局，2008年，第147页。

图6—3　后周世宗庆陵封土南面

中（图6—3）。庆陵封土周围原有明代修筑的陵园砖墙遗址，正方形，边长200米；陵前有高1米、面积约330平方米的祭坛。庆陵东南的陵上村中有世宗继配符皇后之懿陵，符氏先卒于显德二年（955年）七月，封土周长30米、高3米[1]。

周恭帝柴宗训卒于禅宋后的开宝六年（973年）三月，当年十月归葬于新郑，号“顺陵”。顺陵在庆陵以东陵上村东北约300米处，土冢周长40米、高4米。该陵1991年被盗，文物工作者进行了调查[2]，由土壁墓道、砖砌甬道和墓室三部分组成，墓室平面为圆形，直径6.2米、高约7米，穹窿顶，墓壁及甬道壁上有彩绘文武官员等图像的壁画，顶部绘星象图。甬道外也有壁画，但由于墓砖堵塞，具体内容不确知。

综上所述，五代时期真正按照帝王规制修建的陵墓寥寥，其共同特征是有陵园、封土为陵、有些有少量的石像生，除后周外，应该都有下宫。其墓室部分未经正式发掘，推测应该是砖券结构。

二、南唐皇陵

南唐（937—975年）传三世三帝，开国皇帝李昪，曾名徐知诰，是原吴国大丞相徐温的养子。吴睿帝杨溥天祚三年（后晋高祖石敬瑭天福二年，937年），徐知诰使吴睿帝禅位，自称皇帝，定都金陵（今江苏南京市）。以唐宗室身份（传为唐玄宗第六子永王李璘裔孙）恢复李姓，改名昪，复国号为唐，史称“南唐”。李昪在位七年而崩，庙号烈祖，“葬永陵”（一说名“钦陵”）[3]。子李璟立，是为元宗（中主）。李璟卒于宋太祖建隆二年

1 新郑县文化馆：《新郑县后周皇陵》，《河南文博通讯》1979年第4期；薛文灿：《新郑县文物志》，中州古籍出版社，1993年。

2 李书楷：《五代周恭帝顺陵出土壁画》，《中国文物报》1992年4月5日第1版；郑州市文物考古研究所：《二十世纪郑州考古》，香港国际出版社，2004年，第230页。

3 ［清］吴任臣：《十国春秋》卷一五《南唐·烈祖本纪》，徐敏霞等点校本，中华书局，1983年，第201页。另查［宋］马令《南唐书》、［宋］陆游《南唐书》，皆云烈祖“葬永陵”。烈祖陵中发现的元敬皇后

（961年），葬顺陵。子李煜（后主）袭位，开宝八年（975年）降宋，死后葬洛阳邙山。南唐统治区域包括今安徽、江苏南部、江西全境以及湖南、福建的部分地区，其疆域之大，在十国中首屈一指。吴唐交替兵不血刃，境内基本安定，经济、文化十分发达。史称南唐"雄据一方，行余一纪。其地东暨衢、婺，南及五岭，西至湖湘，北据长淮，凡三十余州，广袤数千里，尽为其所有，近代僭窃之地，最为强盛"[1]。南唐以大唐遗绪自居，雄踞南方，"蔚然大国"，其皇陵虽无法与唐陵并论，但规模也很可观。

南唐二帝陵位于今江苏省南京市西南江宁县东善桥镇西北的高山之南坡，烈祖永陵在东，其西北50米处为元宗之顺陵。二陵依山而建，主体建筑基本朝南，陵园已经毁坏，陵前有建筑遗迹。南唐二陵早年即被盗，1950—1951年南京博物院进行了考古发掘，其玄宫结构基本相似[2]。永陵地面封土，直径30米，高约5米。玄宫全长21.48米，最宽处10.45米，共有13个墓室（图6—4）。主体为前、中、后3个主室，前室、中室砖砌，顶部均为四角攒尖穹窿顶，东西两侧都是各有1个耳室。后室石砌，顶部为石条叠涩收分，上铺石板；东、西两侧各有3个耳室。墓门和壁面均仿木结构形式，做出枋柱、斗拱，并施以彩绘，各耳室后部皆砌出砖台。后室是棺室，前设石门一道，门前有砖砌封门墙，门前额枋上刻二龙戏珠，左右浮雕仗剑武士（图6—5）。室内顶部绘星象图，地表铺青石板，凿刻地理图。棺床位于后室北部正中，不同于唐代置于后室偏西。棺床由6块石板拼成，床面刻有地理图，正中凿出1个长方形的凹槽，可能相当于后代的"金井"，但不与地下相通；侧壁浮雕龙纹（图6—6）。

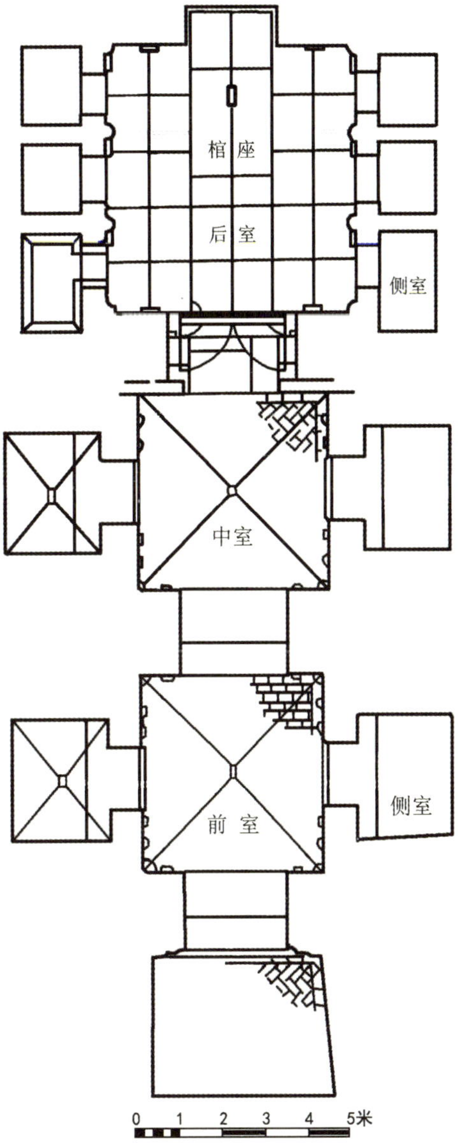

图6—4　南唐烈祖永陵平面图（引自南京博物院《南唐二陵发掘报告》，1957年）

顺陵建筑结构与永陵相仿而相对简陋，全长21.9米，最宽处10.12米。前、中、后3个主室全部以砖砌成，其中前室、中室东西两侧都是各有1个耳室，后室东西两侧各有2个耳室（图6—7）。后室为棺室，北部正中为石砌棺床，正中有"金井"。顺陵装饰也不如

宋氏哀册上有"……钦陵礼也"等字，发掘者据以认为该陵本名"钦陵"，后因与后周太祖为其父追上陵名相同，避改永陵。

1 ［宋］薛居正：《旧五代史》卷一三四《僭伪传一·李璟》，刘乃龢等点校本，中华书局，1976年，第1787页。

2 南京博物院：《南唐二陵发掘报告》，文物出版社，1957年。

图6—5　南唐烈祖永陵封门墙及石刻

图6—6　南唐烈祖永陵后室耳室及石棺床

图6—7　南唐元宗顺陵前、中、后室

永陵精致，尤其是后室更为明显，没有雕刻的封门、石门等石构件，也没有星象图和地理图。

据宋代马令《南唐书》和陆游《南唐书》记载：烈祖元敬宋皇后祔葬永陵，元宗光穆钟皇后祔葬顺陵。结合出土玉册等遗物分析，南唐二陵应均为帝后合葬墓。

2010年，在顺陵西北约100米处发现了1座砖室墓，推测墓主是南唐后主的周皇后（昭惠国后）[1]。该墓平面呈"中"字形，由甬道、主室、耳室组成，总长6.84米、最宽处5.51米，四面共有壁龛12个，无墓道。砖室的顶部覆盖一层防盗石板。甬道内和甬道顶上的盗坑中出土铭石2块，文字不存。周皇后卒于后主被迫自去帝号以后的宋太祖乾德二年（964年）十一月，"明年正月壬午，迁灵柩于园寝……陵曰懿陵，谥昭惠"[2]。发掘者认为该墓只是临时设施，其东部一天然土墩处可能是后主预留墓地。

2010年的调查中还发现近似方形的陵园及墙垣、四边陵园门、道路、享殿或寝殿建筑、排水沟等遗迹[3]。南唐永陵、顺陵以及此次发掘的3号墓都在这个陵园内，其中3号墓距离陵园西墙约8米。根据现存遗迹判断，南唐陵墓是祖孙三代自东而西略偏北依次排列。

此外，1999年发掘的吴宣懿皇后墓，据推测是南唐时期修建的杨吴某位皇后之墓[4]。该墓位于南唐二陵以北约7.5公里的铁心桥，因征集到"故吴宣懿皇后墓铭"而循线索发现。墓室砖券结构，平面呈"中"字形，由甬墓、主室、耳室几部分组成，内长5.32米、复原内宽2.46米；结构与南唐3号墓相似。

三、吴越王陵和王妃墓

唐末黄巢之役，浙江临安人钱镠组织土兵保乡，光启三年（887年），唐僖宗封钱镠为左卫大将军、杭州刺史，景福二年（893年），唐昭宗再拜其为镇海军节度使、润州刺史，天复二年（902年）封越王，天祐元年（905年）封吴王，钱氏家族逐渐据有浙江及苏南东部等地区。朱温篡唐称帝，加封钱镠为吴越国王兼淮南节度使，以后五代王朝封赠多因袭之。吴越国自钱镠始，共历三世五王，即武肃王镠、文穆王元瓘、忠献王弘佐、忠逊王弘倧和忠懿王弘俶（后避宋朝追尊宣祖讳，改用单名俶）。吴越国僻处东南一隅，以"保境安民"为一贯国策，武肃王遗嘱："善事中国，勿以易姓废事大之礼。"[5]吴越五王统治浙江地区80余年间，向五代朝廷称臣纳贡，境内安定，社会经济持续发展。宋太宗太平兴国三年（978年）五月，钱俶表奏宋帝："愿以所部十三州、一军、八十六县，户五十五万六百八十、兵一十一万五千三十六，献于下执事。"[6]吴越国亡。

除忠懿王归宋后葬洛阳邙山外，历代吴越王及其亲族墓葬基本都在今浙江杭州和临安一带，宋"熙宁时（1068—1077年），知杭州军州事赵抃言：'钱氏父祖、妃、夫人、子孙坟庙，在钱塘者二十有六，在临安者十有一，愿以龙山妙因院为观，使钱氏之孙为

1 王志高等：《南京祖堂山南唐3号墓考古发掘的主要收获及认识》，《东南文化》2012年第1期。

2 ［宋］马令：《南唐书》卷六《昭惠皇后传》，《南京稀见文献丛刊》本，南京出版社，2010年，第54页。

3 南京师范大学文物与博物馆学系等：《南京祖堂山南唐陵园考古勘探与试掘报告》，《文物》2015年第3期；王志高：《试论南京祖堂山南唐陵园布局及相关问题》，《文物》2015年第3期。

4 邵磊等：《南京铁心桥杨吴宣懿皇后墓的考古发掘与初步认识》，《东南文化》2012年第6期。

5 ［宋］司马光：《资治通鉴》卷二七七《后唐纪六》明宗长兴三年三月甲辰，"标点资治通鉴小组"校点本，中华书局，1956年，第9066页。

6 ［清］吴任臣：《十国春秋》卷八二《吴越·忠懿王世家》，徐敏霞等点校本，中华书局，1983年，第1176页。

图6—8　吴越武肃王钱镠墓

道士曰自然者居之，治其祠坟。’神宗命赐名曰‘表忠观’；理宗给田三百亩，付观旌功焉”[1]。自宋迄清，钱氏子孙和杭州地方官对于其中的主要墓葬均加意保护，奉祀不绝。武肃王墓，在临安县城内安国山下，“国（清）朝以来，坟庙无恙，子孙虽散处四方，未能年时祭扫，而春秋享祀不绝”；文穆王墓在钱塘县龙山（即今杭州凤凰山），“终宋之世，坟庙无恙，元时毁于兵火，则观废而墓存”[2]。二墓及其他一些王室成员墓前还有一些石碑、石像生遗存。由于历代不断的侵蚀和多次重修，吴越王墓现存各部分是否都是最初建制，尚须仔细辨正。如清代时吴越武肃王“墓南向，后坐安国山，即茅山也；前对功臣山，山上有一塔，为功臣塔，甚耸秀。墓营左右有龙虎沙两条回抱，前神道碑已倒，一字无存。华表一对、石马、石羊、石虎俱全，石翁仲两对，石将军一对，享堂五楹”[3]。其风水形势、石像生制度皆与明代追赠异姓王墓之制相吻合，不一定都是吴越旧制（图6—8）。

20世纪50年代以来，浙江临安和杭州的若干座吴越国王或王妃墓经过清理发掘，如武肃王之父钱宽墓（临M23，明堂山）[4]、母水邱氏墓（临M24，在钱宽墓东6米，同坟异穴）[5]（图6—9），文穆王钱元瓘墓（杭M27，凤凰山）[6]、文穆王元妃马氏墓（临M25）[7]、文穆王次妃吴汉月墓（杭M26，施家山）[8]、武肃王十九子普光大师钱元玩墓

1 ［清］吴任臣：《十国春秋》卷八二《吴越·忠懿王世家》，徐敏霞等点校本，中华书局，1983年，第1184页。

2 ［清］钱泳：《履园丛话》卷一九“陵墓”，张伟点校本，中华书局，1979年，第510、512页。

3 ［清］钱泳：《履园丛话》卷一九“陵墓”，张伟点校本，中华书局，1979年，第508页。

4 浙江省博物馆：《浙江临安晚唐钱宽墓出土天文图及“官”字款白瓷》，《文物》1979年第12期；浙江省文物考古研究所等：《晚唐钱宽夫妇墓》，文物出版社，2012年。

5 明堂山考古队：《临安县唐水邱氏墓发掘报告》，《浙江省文物考古所学刊（1981）》，文物出版社，1981年。

6 浙江省文物管理委员会：《杭州、临安五代墓中的天文图和秘色瓷》，《考古》1975年第3期。

7 杭州市文物考古所等：《浙江临安五代吴越国康陵发掘简报》，《文物》2000年第2期；杭州市文物考古研究所等：《五代吴越国康陵》，文物出版社，2014年。

8 浙江省文物管理委员会等：《杭州郊区施家山古墓发掘报告》，《杭州师范学院学报》1960年第1期。

图6—9　浙江临安钱宽、水邱氏墓原址

（临M20，功臣山）[1]，还有一些不明具体身份的吴越王族或亲族墓，如临安板桥墓（临M21）[2]、临安太庙山墓（临M22）[3]、江苏苏州七子山五代墓[4]。这些墓葬基本都是土坑砖石结构，墓室1—3个不等，其间有等级身份之差异，可能也有时代早晚的变化。其中文穆王元妃马氏墓即吴越康陵的资料最为详赅，也比较具有典型意义。

康陵位于临安市西南11公里的玲珑镇祥里村，建于松树山东北坡上，墓坑残长26.1米、宽约11.7米、深约7.8米，墓道残长11.5米、宽3.4米，自外向墓门倾斜。墓室平面呈长方形，分为前、中、后三室（图6—10），前室砖砌，中室与后室各有双重墓壁，外壁砖砌拱券结构，内壁为石板。3个墓室各有红色砂岩石门、雕刻及彩绘壁画，有些还有贴金。后室为棺室，长4.4米、宽2.05米、高2.55米，四壁按方位浮雕青龙、白虎、朱

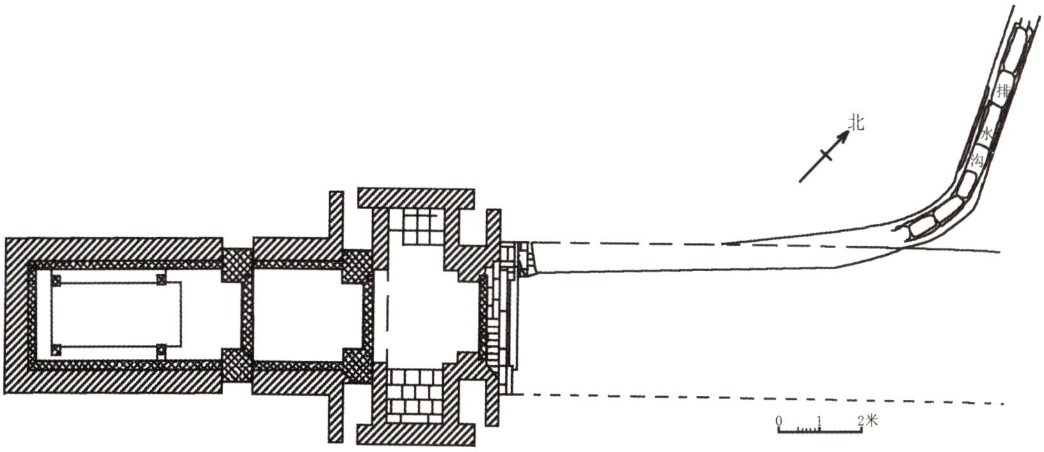

图6—10　吴越文穆王元妃马氏康陵玄宫平面图（引自《文物》2000年第2期）

1 浙江省文物管理委员会：《杭州、临安五代墓中的天文图和秘色瓷》，《考古》1975年第3期。
2 浙江省文物管理委员会：《浙江临安板桥的五代墓》，《文物》1975年第8期。
3 浙江省文物管理委员会：《杭州、临安五代墓中的天文图和秘色瓷》，《考古》1975年第3期。
4 苏州市文管会等：《苏州七子山五代墓发掘简报》，《文物》1981年第2期。

图6—11　吴越文穆王次妃吴汉月墓东壁浮雕青龙

雀、玄武四神和十二时像，顶部有星象图，室内中央有整块红砂岩制成的棺床，长3.09米、宽1.44米、高0.21米。这种墓室四壁按对应方位镶石雕刻四神、十二时，顶部雕刻星象图的做法亦见于杭州凤凰山吴越文穆王墓、施家山文穆王次妃吴汉月墓等，是当时一个突出特色（图6—11）。

四、前蜀皇陵

前蜀的建立者王建，自忠武军起家，为唐僖宗奔蜀时的“随驾五都头”之一，天复三年（903年），受封蜀王，朱温篡唐，王建在成都称帝，次年改元武成，史称“前蜀”。前蜀传二世、共二帝，咸康元年（925年），后主王衍降于后唐。前蜀高祖王建葬永陵，在成都西门外三洞桥，旧传为西汉司马相如抚琴台，1942年进行考古发掘后始确认为永陵[1]。发掘前封土已残损，复原为圆形，直径80余米、高约15米。1971年，在封土以南约300米处清理出一尊高3.18米、最大身围3.2米的石人[2]，推测原为陵前之石像生。1990年，在永陵附近发现同期结构相似的墓葬，推测墓主是王建后妃，有人认为是其皇后周氏[3]。

永陵玄宫建于平地，以卵石为基，没有下行的斜坡或阶梯墓道。墓室以红砂岩起券，共14道，全长30.8米，室内长23.4米，分为前、中、后三室，间以木门（图6—12）。其中最大的中室为棺室，长12米、宽6.1米、券顶高6.4米，中置棺床，长7.54米、宽3.35米、高0.84米，上有棺椁痕迹及残余随葬品，但未见人骨架。棺床为束腰须弥座式，南东西三面雕伎乐人24个，东西两侧各有圆雕铠甲武士6人，仅有上半身，作抬扶棺座状。后室后壁前有一石台，高0.79米、宽4.4米，上置一尊等身石人座像，推测即墓主。台上另陈谥

1 冯汉骥：《前蜀王建墓发掘报告》，文物出版社，2002年；李志嘉：《王建墓》，《文物》1980年第6期。

2 陈古全：《成都永陵出土石人》，《文物》1981年第6期。

3 成都市博物馆考古队：《成都市1990年田野考古工作纪要》，《成都文物》1991年第1期；张亚平：《“前蜀后妃墓”应为前蜀周皇后墓》，《四川文物》2003年第1期。

宝、玉册。此墓早年被盗，出土物不多，也有人以墓中不见骸骨，认为是“疑冢”。

图6－12　前蜀高祖永陵中室

五、后蜀皇陵

后唐灭蜀后，由西川节度使孟知祥留治成都。后唐末的公元934年，孟知祥称帝，改元明德，史称“后蜀”。后蜀传二世，共二帝，宋乾德三年（965年），后主孟昶降宋。后蜀高祖孟知祥墓在成都市北郊青龙乡石岭村磨盘山，旧传为砖瓦窑。1971年发掘，因出土有墓主玉册和后唐福庆长公主（李克用长女，知祥妻）的墓志，确认为后蜀高祖之和陵[1]。墓葬地表有封土，周围还有陵园遗迹。

和陵玄宫建于地下，分为墓道、甬道、墓室3部分。墓道为阶梯式，22级；其后为二进甬道，券拱结构，下有闸门，双扇青石门及覆马槽式排水沟各一道。其后为三个横向并列的圆形墓室，以青石砌成，穹窿顶，地面铺以石板，距地表深约5米。三室之间有门互通，中室为棺室，高8.1米、直径6.7米，内有须弥座式石棺床，长5.1米、宽2.75米、高2.1米，其上有莲花瓣等浮雕，前后各有裸身卷发力士5人（图6—13）。两侧室各高6米、直径3.4米。中室棺床前左置孟知祥玉

图6—13　后蜀高祖和陵后室棺床

1 成都市文物管理处：《后蜀孟知祥墓与福庆长公主墓志铭》，《文物》1982年第3期；李显文：《孟知祥墓门的建筑特点》，《成都文物》1983年第1期。

册，右置福庆长公主墓志及石质油缸一口；两侧室用于放置随葬品。

六、南汉皇陵

后梁贞明三年（917年），嗣南海王刘岩在番禺称帝，自改名曰刘龑，是为南汉高祖。南汉传三世，四帝，另有追尊高祖之兄刘隐为烈宗。二代殇帝刘玢被其弟南汉中宗刘晟所杀，后主刘鋹于大宝十四年（971年）降宋。南汉皇陵在今广州、番禺等地，见于广东地方史志等史料记载。《广东新语》称："刘龑墓，在番禺东二十里……一碑当穴门中立，辞称高祖天皇大帝哀册文"；"刘鋹墓，在韶州治北六里白虎山……降王而得返葬故国如鋹者在昔无几，宋太祖之仁也"[1]。

1953年在广州石马村发掘过1座南汉大墓[2]，后来根据墓砖纪年等资料考证为南汉中宗的昭陵[3]。玄宫分为前后两室，前室两侧壁各以砖砌出8个长方形的器物箱，内置青釉瓷罐和灰陶罐，有的陶罐内尚存有鸡骨、鱼骨、蚌壳等。器物箱与西汉以前木椁墓之边箱相似，汉代以后少见此制。该墓墓室结构奇异，昭示出南汉皇陵的独特之制。

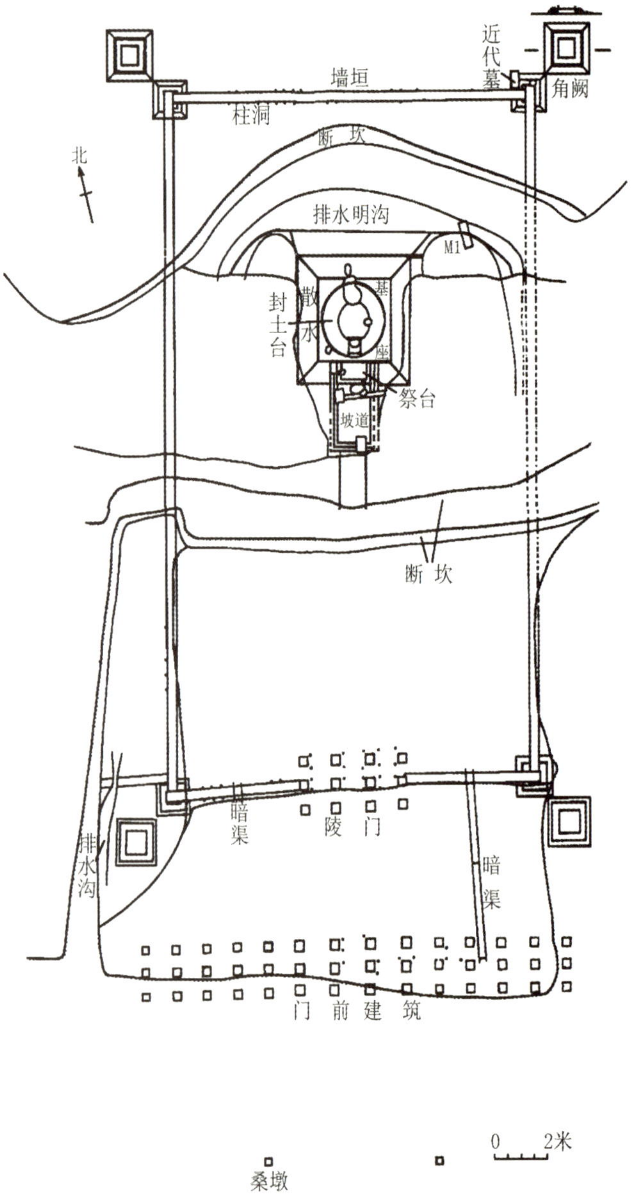

图6—14　南汉高祖康陵陵园平面图（引自《文物》2006年第7期）

2003年，广州市文物考古研究所发掘了位于广州番禺新造镇小谷围岛上的"刘皇冢"，按照民间传说，当时推测为南汉高祖的康陵[4]；稍后至次年，在该墓东南约800米处发掘出另一座大墓，因其"哀册文"确定为真正的康陵[5]。"刘皇冢"后来被考证是追尊为

1 ［清］屈大均：《广东新语》卷一九《坟语》"刘龑墓"、"刘鋹墓"，中华书局，1985年，第495、496页。

2 商承祚：《广州石马村南汉墓葬清理简报》，《考古》1964年第6期。

3 麦英豪：《关于广州石马村南汉墓的年代与墓主问题》，《考古》1975年第1期。

4 冯永驱等：《广州发掘南汉高祖刘龑康陵》，《中国文物报》2003年11月21日第1版。

5 冯永驱等：《南汉开国皇帝之康陵》，《文物天地》2005年第4期；广州市文物考古研究所：《广州南汉德陵、康陵发掘简报》，《文物》2006年第7期；张强禄：《南汉康陵的陵寝制度》，《四川文物》2009年第2期。

图6—15 南汉高祖康陵后室（自北向南摄）

图6—16 南汉烈宗德陵墓道和封门墙

南汉烈宗的德陵[1]。烈宗刘隐是南汉的最早开创者，卒于后梁开平五年（911年）；南汉高祖刘龑，崩于大有十五年（942年）。除玄宫外，康陵还发现了比较清晰的陵园遗迹。南汉二陵以其鲜明的特色而具有较高的研究价值。

康陵陵域范围南北长约160米、东西宽约80米。陵园依山而建，坐北朝南，地势由南向北增高，陵园宫墙平面呈长方形，夯土筑成，南北长96.8米、东西宽57.3米，四角各有方形大小角阙2座，南宫墙正中辟陵门1座。门南侧17米处发现有与南宫墙平行的廊式建筑，再往南还有一对柱础残迹（图6—14）。封土位于陵园中部偏北，呈扁圆柱形，夯土芯、外包砖；顶部已被破坏，情况不明。底部包砖部分外径10.2米；其下为方形基座，也是夯土筑成后外包砖，边长11.4米。封土台的南壁原有一龛，已被盗洞破坏。封土基座南面还有一个长方形的砖包夯土台，推测是祭台，其上还有顶盖结构。

康陵早年曾经被盗，明崇祯九年（1636年）打开时发现，玄宫内部"堂宇豁然，珠帘半垂，左右金案玉几备列。有金人十二，举之重各十五六斤，中二金像冕而坐，若王与后，各重五六十斤。旁有学士十八，以白银为之，地皆金蚕珠贝所筑"[2]。考古发掘以前该墓室已遭严重破坏，多处残损。玄宫坐北朝南，叠压在封土之下，由墓道、两重封门、甬道（门洞）、前室、中室、后室几部分组成，墓道长17.5米；墓室内长9.84米、宽3.16米、券顶高3.16米，中室、后室的两壁间分别有14个塔形小龛，上下两行，每行7个，略呈"品"字形排列（图6—15）。前室靠近甬道处有"高祖天皇大帝哀册文"卧碑一道，和《广东新语》的记载相吻合。

德陵的陵园建筑已经被彻底毁坏，由于地貌变化，原来是否有封土也已无法确认。玄宫部分依土山而建，坐南朝北，与康陵结构相似，但规模略小。为土圹竖穴式拱券结构砖室，由墓道、封门墙、前室、过道、后室几部分组成（图6—16），墓室内通长10.43

1 广州市文物考古研究所：《广州南汉德陵、康陵发掘简报》，《文物》2006年第7期；全洪：《南汉德陵考证》，《文物》2006年第9期。

2 ［清］屈大均：《广东新语》卷一九《坟语》"刘龑墓"，中华书局，1985年，第495页。

米、高3.04—3.45米，后室最宽处3.77米，两壁间也有塔形小龛。

七、闽王陵

唐末王潮、王审知兄弟据有福建，受唐封为节度使，天祐元年（904年），唐哀帝封王审知为琅琊王，后梁封之为闽王。王审知薨，长子延翰嗣立，为其弟延钧所杀。长兴四年（933年），王延钧称帝，自改名鏻，国号闽，改元龙启，追封父王审知为太祖。延钧被子继鹏（自改名昶）亲信所杀，继鹏被叔延义（改名曦）所代，延曦弟延政自立于闽北，延曦被部将所杀。天德三年即南唐保大三年（945年），王延政降于南唐，闽亡。闽自太祖起，传三世，共六帝。

闽太祖王审知墓原在福州城北凤池山，与其妻任氏墓毗连。长兴三年（932年）闽太宗王延钧为利国运，将其“改葬莲花山”，墓前“有后唐所赐神道碑，张文蔚撰文”，后加上陵号曰“宣陵”。据记载，“明宣德五年（1430年），种屯军三十人盗发闽王冢，冢门坚甚，而窍上隅入之，圹广如屋。前祀王绘像，几列五供，悉用金玉珍宝器。后寝红棺二，王、夫人也”。又，“坟前石人、石兽，制极工巧”[1]。闽宣陵在今福建福州市北郊新店乡斗项村，1981年福州文物管理委员会进行过清理[2]，墓室坐北朝南，凿山为圹，以花岗岩条石砌成，单室，前有双重石门。墓室全长7.76米、宽2.6米、高2.96米，棺床在墓室正中。墓前神道两侧列石像生，为文官、武将各2对，石虎、石羊、石狮各1对。闽宣陵现已局部修复（图6—17），其石像生数量与记载颇有出入，新旧程度亦不一，几乎不见有唐宋之际风格者。

1965年，在福州莲花峰下王审知宣陵东约0.5公里处发掘过闽太宗王延钧之妻墓[3]，墓主名刘华，是追封南汉烈宗刘隐之次女，卒于长兴元年（930年）。该墓朝南而略偏

图6—17　闽太祖宣陵及夫人任氏墓

1 ［清］吴任臣：《十国春秋》卷九〇《闽·司空世家》，徐敏霞等点校本，中华书局，1983年，第1314、1315页。

2 福建省博物馆等：《唐末五代闽王王审知夫妇墓清理简报》，《文物》1991年第5期。

3 福建省博物馆：《五代闽国刘华墓发掘报告》，《文物》1975年第1期。

西，封土为长方形，长10米，前宽4米、往后逐渐缩小，高3.5米，墓道长3.9米，墓室分为前后两室，通长8.4米，两室前各有封门一道，后室后壁有壁龛1个。

第二节　两宋皇陵及其考古发现与研究

两宋立国320年，北宋都东京汴梁（今河南开封），皇陵在永安（今河南巩义）；南宋最终确定行都于临安（今浙江杭州），皇陵攒宫在今浙江绍兴县，这两处是最集中的宋代皇陵和宗室墓葬区。

一、宋陵概况

宋太祖开国后依唐制追尊四代先人为皇帝并荐上陵号，高祖赵眺，庙号僖祖，墓曰钦陵；曾祖赵珽，庙号顺祖，墓曰康陵；祖父赵敬，庙号翼祖，墓曰定陵；父赵弘殷，庙号宣祖，墓曰安陵。宋初皇室认为，钦、康、定三陵皆在幽州（今北京），当时在辽国境内，故虽荐上陵号而无法进行修缮增饰。宋真宗即位后，有人奏明钦陵确实是在幽州，但康、定二陵应该在保州保塞县（今河北保定）的柳林庄。皇帝“周访群言，皆云有据”、“无疑”，乃于咸平三年（1000年）六月，自柳林庄迁康、定二陵棺柩暂奉于洛阳白马寺，定制营建山陵。继而，真宗又以所迁与《太宗实录》等文献记载不符，诏停工役，罢迁奉棺柩之寺庙祭享，以一品礼葬之于河南县[1]。乾兴元年（1022年）二月真宗崩，拟上陵名曰永定，遂于当年七月改上翼祖陵名曰靖陵。宣祖赵弘殷为后周检校司徒、封天水县男，卒于显德三年（956年），原葬开封东南，乾德三年（965年）在巩县营建新陵迁葬，是为北宋皇陵区肇建之始。

北宋皇陵位于嵩山以北、洛河东南，在今河南巩义市区南部。兆域内共有4组墓葬，计有8座帝陵、21座皇后陵，还有总数不少于数百座的皇子、宗室陪葬墓（图6—18）。东南部西村区有3陵，为宣祖安陵、太祖永昌陵（图6—19）、太宗永熙陵；中部蔡庄区有1陵，为真宗永定陵；东北部孝义区有2陵，为仁宗永昭陵、英宗永厚陵；西南部八陵区有2陵，为神宗永裕陵、哲宗永泰陵。北宋九帝，七帝葬巩义，末二帝徽宗、钦宗在靖康之变时为金人所掳，绍兴五年（1135年），徽宗崩于北国，南宋遥上陵名曰永固，十二年金人归以梓宫，攒葬于绍兴，次年改上陵名曰永祐。钦宗崩于绍兴三十一年（1161年），梓宫未还宋，南宋遥上陵名曰永献；大定十一年（宋孝宗乾道七年，1171年），金世宗命以一品礼葬钦宗于巩洛之原，近原宋陵兆域。巩义回郭镇的清易镇以南旧时有徽宗衣冠冢和金人归葬的钦宗墓，合称“二圣冢”[2]，已不存。

---

1 ［清］徐松：《宋会要辑稿》卷一《帝系一》，据北平图书馆影印本复制重印本，第1册，中华书局，1957年，第1页；卷八一八九《礼三七》，第2册，第1320—1321页；卷七三四六《礼三九》，第2册，第1369—1370页。又同书卷八一八九《礼三七》（第2册，第1336、1338页）记，元丰三年（1080年），“九月三日，诏定州东安村宣祖皇帝祖坟四至各益地五顷，守园人十户”；大观元年（1107年），“十二月十六日上批：访闻保州坟陵岁时荐献器皿之奉，临祭视成，率皆草具，甚不足以称孝享之意，可令有司依诸陵例置造颁下，仍委知通专掌，不许他用，及不得张皇”。如此，定州尚有赵宋皇室的祖茔，咸平迁陵以后，保州旧陵仍有祭享。可见，至迟到真宗初年，钦、康、靖三陵可能已经难辨真穴所在。1997年以后，河北清苑县东安村发现了和巩义宋陵风格相似的石像生群，有人认为属于保州宋祖陵。参见金家广《河北清苑发现宋皇祖陵石像生》，《文物》2005年第4期。

2 傅永魁等：《北宋徽、钦二帝陵墓考》，《中原文物》1992年第4期。

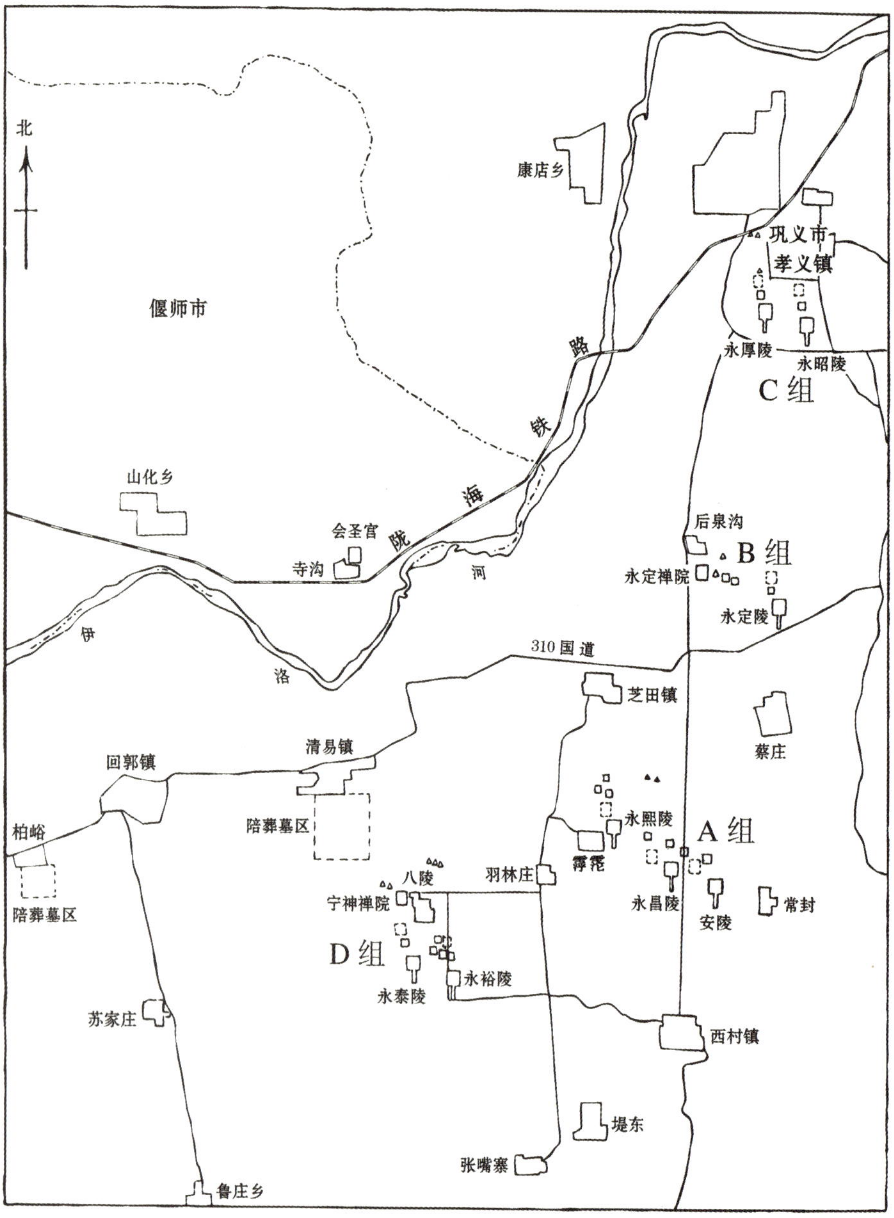

图6—18　河南巩义北宋皇陵区陵墓分布图（据1977年河南省文物考古研究所《北宋皇陵》改绘）

图6—19　宋太祖永昌陵神道石刻及封土

图6—20　浙江绍兴南宋皇陵南陵区西部及保护碑

南宋绍兴攒宫制度的形成经历了几十年的历史过程。高宗南渡，颠沛流离于江浙间，直到绍兴八年（1138年）“始定都于杭”[1]。在此之前的绍兴元年（1131年）四月，哲宗元配隆祐皇后孟氏崩于越州（当年十月升为绍兴府，今浙江绍兴）。六月，高宗尊太后遗诰“梓取周身，勿拘旧制，以为他日迁奉之便”[2]，在越州会稽上亭乡择地权殡暂厝。孟太后临时安厝处名“攒宫”，地在今浙江绍兴市区东南皋埠镇攒宫茶场，这是南宋皇陵兆域之始。以后徽宗梓宫南还，攒厝于昭慈皇后攒宫西北，用地二百五十亩，至于墓地名称，议者或谓宜称陵，或谓当待归葬巩洛后再称陵，宜暂称“攒宫”，而“礼部员外郎程敦厚希（秦）桧意，独上奏言：‘仍攒宫之旧称，则莫能示通和之大信，而用因山之正典，则若亡存本之后图。臣以为宜勿徇虚名，当示大信’”[3]。此后南宋诸帝后崩皆即宝山一带浅葬，陵号后缀加“攒宫”字样，先后有高宗永思陵、孝宗永阜陵、光宗永崇陵、宁宗永茂陵、理宗永穆陵、度宗永绍陵，分为南北2组（图6—20）。

南宋共九帝，末三帝未得葬于绍兴。德祐二年（1276年），元兵攻克临安，掳出降的恭帝赵显等人北去。恭帝先被元世祖封为瀛国公，后又被迫令出家甘州白塔寺，元英宗时（1321—1323年）遇害，葬地不详。临安失守，群臣奉恭帝庶兄赵昰即位，是为端宗，退守福建，再退广东。景炎三年（1278年），端宗病故，葬于广东新会，称永福陵。迄于清初，“新会寿星塘山中，有陵迹五处”，附近还有“杨太后陵”[4]。在今新会古井镇崖山史迹陈列馆背后，有一墓被指认为南宋永福陵。末帝赵昺继立，祥兴二年（1279年）为元兵穷追至崖山，由丞相陆秀夫背负投海自尽，后尸体漂起，被当地僧民安葬。今深圳蛇口区赤湾村有传为帝昺墓的“大宋祥庆少帝之陵”（图6—21），真伪待考。

1 ［元］脱脱等：《宋史》卷二九《高宗纪》，中华书局，1977年，第538页。
2 ［元］脱脱等：《宋史》卷一二三《礼志·园陵》，中华书局，1977年，第2875页。
3 ［元］脱脱等：《宋史》卷一二二《礼志·山陵》，中华书局，1977年，第2859页。
4 ［清］屈大均：《广东新语》卷一九《坟语》“永福陵”、“杨太后陵”，中华书局，1985年，第497页。

图6—21　广东深圳赤湾村宋少帝陵（传）

二、宋陵的考古发现与研究

20世纪初日本人关野贞曾到巩县考查宋陵，撰有《支那の建築と芸術》，收入他与常盘大定合著的《支那文化史迹》一书中。关野调查留下一些影像资料，但工作比较粗疏，且陵位认定有舛错，如误以永厚陵为永熙陵等。1960年前后，南京工学院郭湖生等研究者对巩义宋陵进行了初步的全面考古调查[1]；1980年以后，中国社会科学院考古研究所洛阳汉魏故城考古队等单位对宋陵采石场做过调查[2]，河南省文物考古研究所对巩义宋陵及其附属设施进行过全面、细致的测绘和调查[3]。河南省文物考古研究所等单位还在宋陵区域内进行过局部考古发掘，包括1984—1985年对宋太宗元德李皇后陵的发掘[4]、1986年对仁宗永昭陵陵园的钻探试掘[5]、1995年对永昭陵陵园及真宗陵附属永定禅院的抢救性的清理发掘[6]；20世纪60年代以来，还有一些宗王陪葬墓经过清理发掘，如魏王赵頵墓[7]、燕王赵颢墓等[8]，为北宋皇陵玄宫制度的探索提供了参照。南宋皇陵的考古调查工作起步甚晚，资料公布得也比较零散[9]，其中碑刻等基本都是后代的遗物[10]；浙

1 郭湖生等：《河南巩县宋陵调查》，《考古》1964年第11期。

2 中国社会科学院考古研究所洛阳汉魏故城考古队等：《河南巩县宋陵采石场调查记》，《考古》1984年第11期。

3 河南省文物考古研究所：《北宋皇陵》，中州古籍出版社，1997年。

4 河南省文物研究所等：《宋太宗元德李后陵发掘报告》，《华夏考古》1988年第3期。

5 傅永魁等：《河南巩县宋永昭陵区的考察》，《考古学集刊》第8辑，科学出版社，1994年。

6 孙新民等：《巩义宋陵考古获重要发现》，《中国文物报》1996年4月14日第1版。

7 游清汉：《河南巩县孝义镇发现宋益王墓》，《考古》1961年第9期；周到：《宋魏王赵頵夫妻合葬墓》，《考古》1964年第7期。

8 傅永魁等：《巩县石窟寺·包拯墓·北宋皇陵》，河南人民出版社，1989年，第39页。

9 陆菊仙：《宋六陵的历史与现状》，《东方博物》第七辑，浙江大学出版社，2002年。

10　葛国庆等：《绍兴发现宋六陵宁宗墓碑》，《文物天地》1997年第6期；葛国庆：《宋六陵三陵碑为何碑碑不同》，《绍兴日报》1998年8月5日第3版；葛国庆：《绍兴再次发现宋六陵帝王陵碑》，《中国文物报》1998年9月9日第3版；周燕儿：《绍兴发现明敕葬宋理宗顶骨碑》，《越文化研究通信》2006年10月15日（总第

江遥感考古工作站、浙江省文物考古研究所曾经做过一些调查、勘探工作[1]，但资料尚未正式刊布。

对于北宋皇陵的研究，在上述考古调查和发掘简报中已有不少涉及，专门的论文主要集中在陵园石刻方面，包括内容、工艺、艺术以及分期等[2]；另外，还有堪舆术影响[3]、宋陵制度特征及其影响[4]，以及建筑物分析及复原研究等[5]。20世纪30年代，陈仲篪依据南宋文献资料对绍兴永思陵的平面及其石藏结构等问题进行研究[6]，是关于宋代皇陵研究的最早成果。此后数十年间，除某些专著或论文中必须有所涉及外，关于南宋皇陵的专门性研究基本没有。由于南宋皇陵被破坏得几乎遗迹荡然，所以近些年的研究差不多都是从基本遗迹确认、陵位考订等方面开始的[7]；在陈仲篪研究的基础上，有学者对南宋皇陵中主要建筑进行了复原研究[8]；也有人借鉴他人研究成果，利用文献资料对南宋陵园形制做了分析[9]。

第三节　北宋皇陵的陵园结构

北宋皇陵的陵园结构，在《宋会要辑稿》、《宋史·礼志》等相关文献中有比较集中的记载，历年来的考古调查和局部钻探发掘工作更是提供了丰富的实证资料。按照古代文献记载，宋陵分为“上宫”和“下宫”，其中“下宫”是寝宫，一般没有疑义，但对于“上宫”的内涵却有不同认识。概括起来，上宫所指主要有南神门外石像生等仪仗、南神门

96期）；葛国庆：《南宋六陵遗物综述》，《考古与文物》2008年第4期。

1 张学勤等：《遥感考古追寻宋六陵》，《浙江日报》2005年6月29日；浙江遥感考古工作站等：《绍兴宋六陵地下遥感考古研究报告》，2007年5月。

2 杨伯达：《古代艺术的瑰宝——巩县宋陵雕刻》，《河南文博通讯》1980年第3期；曾竹韶：《宋陵石刻艺术》，《美术研究》1980年第4期；林树中等：《宋陵石雕》，人民美术出版社，1984年；张广立：《宋陵石雕纹饰与〈营造法式〉的“石作制度”》，《中国考古学研究——夏鼐先生考古五十年纪念论文集》，科学出版社，1986年；傅永魁：《巩县宋陵客使初探》，《中原文物》1988年第3期；卫琪：《略谈宋陵神道石刻艺术》，《中原文物》2005年第5期；孟凡人：《北宋帝陵石像生研究》，《考古学报》2010年第3期。

3 冯继仁：《论阴阳堪舆对北宋皇陵的全面影响》，《文物》1994年第8期。

4 刘毅：《宋代皇陵制度研究》，《故宫博物院院刊》1999年第1期；陈朝云：《北宋陵寝制度研究》，《郑州大学学报（哲社科版）》2003年第4期；秦大树：《试论北宋皇陵的等级制度》，《考古与文物》2008年第4期；刘毅：《嵩山之阴的皇朝记忆》，郑州中华之源与嵩山文明研究会主编《中华之源与嵩山文明研究》第一辑，科学出版社，2013年，第257—279页。

5 冯继仁：《巩县宋陵献殿的复原构想》，《文物》1992年第6期；冯继仁：《北宋皇陵建筑构成分析》，北京大学考古系编《考古学研究》（二），北京大学出版社，1994年。

6 陈仲篪：《宋永思陵平面及石藏子之初步研究》，《中国营造学社汇刊》第6卷第3期，1936年，第121—147页。

7 何忠礼等：《南宋六陵考略》，《杭州大学学报》1985年第2期；刘毅：《南宋绍兴攒宫位次研究》，《考古与文物》2008年第4期；郑嘉励：《南宋六陵诸攒宫方位的复原意见》，《考古与文物》2008年第4期；刘毅：《南宋皇陵区的形成和变迁》，绍兴县文化发展中心等编《中国柯桥·宋六陵暨绍兴南宋历史文化学术研讨会论文集》，西泠印社出版社，2012年，第3—32页；刘毅：《关于宋宁宗永茂陵位置问题的再思考》，《江汉考古》2014年第2期。

8 郭黛姮主编：《中国古代建筑史》（第二版）第三卷《宋辽金西夏建筑》第五章第二节，中国建筑工业出版社，2009年。

9 孟凡人：《南宋帝陵攒宫的形制布局》，《故宫博物院院刊》2009年第6期。

内献殿、神墙以内的宫城部分、石像生等和宫城部分、皇堂玄宫等多种不同的解释[1]。考宋代文献表述中，帝陵之上宫与下宫、皇后陵多是并列关系，而皇后陵自有神道石刻和阙，所以帝陵上宫的内涵应以神墙以内的神宫城为主，也应该包括附属的神道石刻和鹊台、乳台等建筑[2]。

一、北宋皇陵的上宫

《宋史·礼志·山陵》记宣祖安陵陵园制度："陵台三层正方，下层每面长九十尺，南神门至乳台，乳台至鹊台，皆九十五步，乳台高二十五尺，鹊台增四尺。神墙高九尺五寸，环四百六十步，各置神门、角阙。"[3]据20世纪60年代实测，安陵鹊台至乳台间距为141米，乳台至南神门间距为151米；神墙东西宽230米、南北长227米，陵台（封土）底边长22.5米、上边长8.5米、高6.4米[4]。如果以陵台下层比较，这两种数据有一定的差距。安陵墓主是追尊皇帝，墓葬规模相对比较小，但以后北宋诸陵的基本建制都与之相同。

北宋中期偏早的真宗永定陵在巩义诸陵中最为典型，据河南省文物考古研究所的调查勘测结果[5]，永定陵位于巩义陵区中部，遥对少室山主峰，陵园地貌变化不大，地面遗存保存也相对比较完整（图6—22）。兆域范围南北长约1100米、东西宽约720米，方向190°。陵园最南端为一对鹊台，即陵园第一道阙，东西相距约42米。夯土台身略呈方台状，现存东台底部边长

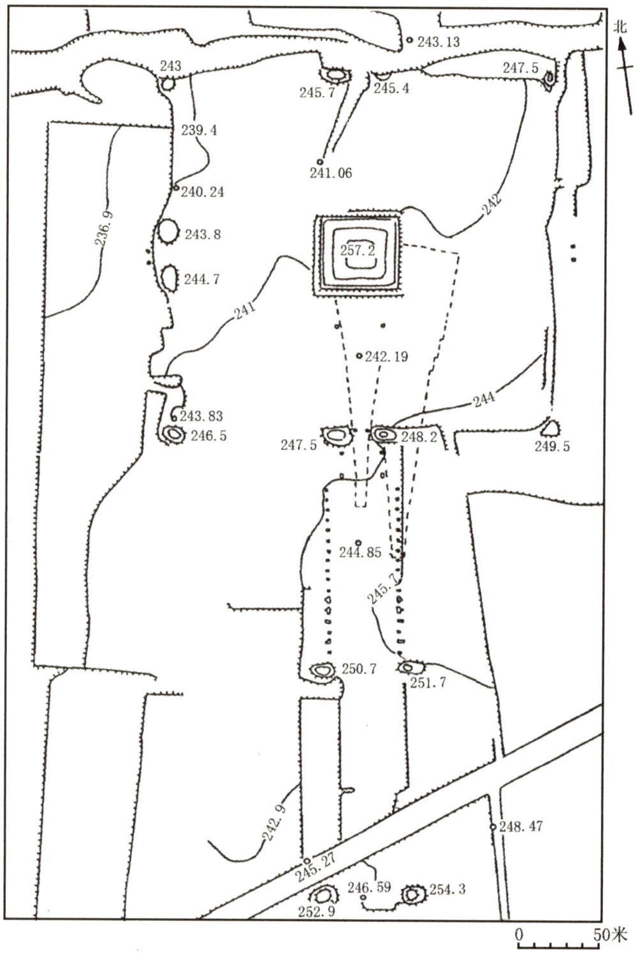

图6—22 宋真宗永定陵上宫平面实测图（引自河南省文物考古研究所《北宋皇陵》，1997年）

1 冯继仁：《北宋皇陵建筑构成分析》，北京大学考古系编《考古学研究》（二），北京大学出版社，1994年；河南省文物考古研究所：《北宋皇陵》，中州古籍出版社，1997年，第451—453页。

2 "鹊台"、"乳台"是《宋会要辑稿》、《宋朝事实》等宋代文献对于北宋皇陵神道南端两道阙楼的称谓，其命名依据不详。阙作为陵墓建筑群入口的标志，不晚于战国晚期已经出现，汉、唐、宋皇陵神道前之阙均为左右对称的双阙，以夯土筑成胎芯、其外包砌砖石，顶上建三出楼阁。北宋皇陵南神门外设两道阙，南端者称"鹊台"、其北者称"乳台"。

3 ［元］脱脱等：《宋史》卷一二二《礼志·山陵》，中华书局，1977年，第2848页。

4 郭湖生等：《河南巩县宋陵调查》，《考古》1964年第11期。

5 河南省文物考古研究所：《北宋皇陵》，中州古籍出版社，1997年，第105—133页。

图6—23　宋真宗永定陵神道东列石刻

11.5—12.5米、高7米，西台底部边长17.5米、高7.6米。鹊台北约140米处为乳台1对，即陵园第二道阙。现存夯土台身平面为长方形，东台东西17米、南北8.5米、高6.3米，西台东西22.5米、南北10—12米、高5.4米。鹊台、乳台夯土之外原有包砖，上建阙楼。乳台下往北5.5米处为望柱1对，开始石像生等神道石刻，自南而北依次为象与象奴1对、瑞禽浮雕1对、角端1对、马与马官2对、石虎2对、石羊2对、蕃部客使3对、武将2对、文臣2对，总计石人兽16对（组），夹神道东西并列（图6—23）。其中西列望柱高5.58米，西列象身长3.50米、高2.58米，西列北侧文官高4.04米、身宽1.04米。同列石像生的南北间距为4.1—5.6米，东西两列石像生的横间距（神道宽）为42.7米。石像下连以长方形石板底座，其下另有石板2层（《宋会要辑稿》分别称之为“底座”、“土衬”），四边均有线刻卷枝牡丹纹。自乳台至南神墙间距约为140米，石像生北端接近陵宫城南神门。

定陵宫城平面呈正方形，长宽各约为230米，四面正中各辟神门，每门名前冠以方位，如东面名为东神门等。各神门上建楼阁、两旁建阙，门阙合一，不同于唐代另立双阙于宫门前之制；城四隅各建角阙。现存四门阙及4个角阙夯土基址。南神门东西阙基址之间的间距为11米，门外两旁各有石雕甲胄武士1对，双手执钺，有人称为“镇陵将军”，其中西列者身高4.34米（图6—24），二像东西间距24.1米。武士像以南为守门石狮1对，作行走状，东西间距23.5米。在武士像和门狮之间，还应有1对石雕上马石，已不存（图6—25）。神宫东、西、北三面神门外也各有1对守门石狮，皆为蹲坐姿；没有其他石刻。

神城内部正中央为封土，现存为方形覆斗状，顶部南侧有1个宽约8米的塌陷坑。底边为正方形，边长约52—53米、顶部边长18—19米、高约15.3米。南神门内侧和封土前各置东西相向的石雕宫人（宦官）1对，高3.14—3.22米，南神门内者间距7.8米、封土前者间距28.2米。北宋皇陵的封土，在《宋会要辑稿》等宋代形成的文献中记为“陵台”或“神台”，其制：帝陵三层、后陵二层。如英宗永厚陵，“陵前阔角谓之鹊台，门侧台曰乳台，陵台三层，高五十三尺，上宫方百五十步”[1]。陵台夯土筑成，外表涂朱红灰为饰，因风雨

1［宋］李攸：《宋朝事实》卷一三《仪注三》“英宗葬永厚陵”，影印文渊阁《四库全书》第608册，台湾商

不断侵蚀，还时有更新。有奏告文称："风雨侵寻，涂丹脱落，时加新饰，以谨故封"；"陵台巩固，殿瓦峻严，雨泽侵淫，丹粉坠落，恭择良日以命众工，彩饰再完，威神不竦"[1]。河南省文物考古研究所试掘发现，永定陵封土确实为3层，其中中、下两层夯土的表面包砌青砖，砖外涂红灰，上层为覆斗状，直接涂红灰于夯土。陵台上部表面的红灰皮达11层之多，是多次涂饰而形成的。

图6—24　宋真宗永定陵南神门西侧甲胄武士

据《宋会要辑稿》等文献记载，宋陵神城中建有献殿，按宫城内布局推测，应该在2对石宫人之间。有人曾依据文献中记载的皇后陵献殿数据对宋陵献殿做过复原研究，认为殿制为进深面阔各五间，含回廊一周，屋宇部分实际为三开间，重檐歇山顶，上覆灰瓦，以琉璃瓦剪边[2]。但河南省文物考古研究所对永定陵、永昭陵、永泰陵及仁宗慈圣光献曹皇后陵、神宗钦圣宪肃向皇后陵等陵墓相应位置进行考古调查和钻探，均未发现建筑遗迹。

除宣祖安陵石像生数量少、形体也比较小以外，太祖永昌陵至哲宗永泰陵石像生等石刻的内容和数量完全相同，但石质、体量大小、刀法精粗、装饰风格等不尽相同，其中以太宗永熙陵神道石刻最为精美（图6—26）。

图6—25　宋真宗永定陵南神门外

除安陵为帝后合葬，北宋诸陵皆为帝后分葬，后陵在帝陵的西北方，陵城面积一般为帝陵的四分之一左右，陵台、石像生的体量也相应比较小，有些皇后陵还因地势逼仄而省去鹊台，以乳台即第二道阙为墓园门户。《宋史》记太祖孝明、孝惠二后（均祔葬于安陵）陵陵园制度云："陵台再成，四面各长七十五尺。神墙高七尺五寸，四面各长六十五步。南神门至乳台四十五步，高二丈三尺。"[3]《宋会要辑稿》对于神宗钦圣宪肃向皇后（祔葬于永裕陵）陵的陵园规制记载

务印书馆，1984年，第158页。

1 [宋]苏辙：《泥饰诸陵神台奏告表》、《泥饰永裕陵神台等奏告表》，苏辙《栾城集》卷三四，影印文渊阁《四库全书》第1112册，台湾商务印书馆，1984年，第378页。

2 冯继仁：《巩县宋陵献殿的复原构想》，《文物》1992年第6期。

3 [元]脱脱等：《宋史》卷一二三《礼志·园陵》，中华书局，1977年，第2868页。

甚详（图6—27），其要点为：神台高四十一尺，下脚一十九步，计九十五尺。神墙高一丈三尺。山门角阙大办、次办、小办各高为二丈七尺、二丈三尺、一丈九尺。鹊台大、次、小办高各为二丈七尺、二丈三尺、一丈九尺。乳台高二丈七尺。神门四座，每座三间四椽四铺作事。献殿共深五十五尺，殿身三间各六椽五铺下昂作事。亭二座，每座五间，各四椽四铺柱头作事，深二丈二尺。铺屋四座，每座两间。石像生制度：宫人两个高八尺，背阔二尺三寸；狮子八个，高六尺一寸，已上至六尺六寸，已下胸阔二尺七寸；文武官四个，身高九尺，背阔二尺七寸；羊四个，坐高六尺一寸，胸阔二尺三寸；虎四个，坐高五尺六寸，胸阔二尺二寸；马二匹，高五尺三寸，头尾长九尺，马官四个，身高八尺，背阔二尺二寸；望柱一对，高一丈三尺二寸，径围七尺八寸[1]。根据这些信息，可以详细复原该陵园的布局和建筑结构。

真宗永定陵神城西北有3座祔葬皇后陵，墓主分别为章献刘皇后、章懿李皇后和章惠杨皇后。章献刘皇后陵紧接在帝陵上宫西北（图6—28），其余2座后陵稍远，位于下宫以北，三陵规制相仿。章献刘皇后陵乳台在帝陵神宫西北角阙以北约100米处，陵园规制与帝陵相仿，但规模仅及帝陵的四分之一。乳台至南神门约65米，乳台之北东西夹神道两侧为望柱1对、马与马官1对、虎

图6—26　宋太宗永熙陵神道东列石刻

图6—27　宋神宗永裕陵钦圣宪肃向皇后陵

图6—28　宋真宗永定陵之章献刘皇后陵

1 ［清］徐松：《宋会要辑稿》卷七三六八《礼三三》，据北平图书馆影印本复制重印本，第2册，中华书局，1957年，第1250页。

2对、羊2对、武将1对、文臣1对。其中望柱高4.40米，文官高2.44米、身宽0.74米。同列石像生的间距为2.4—3米，东西两列石像生的横间距（神道宽）为38米。神宫城边长约110米，四面各辟1门，四神门外各有守门石狮1对。宫城内正中为陵台封土，现存陵台呈覆斗形，底部边长24米，顶部东西4米、南北2米，高8.9米。南神门内及陵台前原各有石宫人1对。

二、北宋皇陵的下宫

宋陵踵袭前代制度，在陵园宫城之外另建有寝宫，供奉墓主饮食起居如生人，沿用唐代之名，称为“下宫”。宋陵下宫依制皆建于帝陵上宫西北，但与祔葬皇后陵的位置关系却不一致。安陵、永昌陵、永熙陵下宫建于帝陵上宫和皇后陵之间，多座后陵祔葬亦然；从永定陵开始，下宫皆建于帝陵上宫和祔葬皇后陵二座宫城之北，永昭、永厚、永泰三陵都是标准形式（图6—29），永定、永裕二陵皆有多位皇后祔葬，下宫位于元后之陵的北面，其余继后、追封皇后或皇太后等人的陵宫在下宫西北或西南（图6—30）。

永定陵下宫在章献刘皇后陵正北、章懿李皇后和章惠杨皇后二陵的正东偏北，现存守门狮一对，距章献上宫北神门狮52米。永定陵下宫建于土岗上，根据地面遗迹的勘探结果推测，下宫建筑群平面为长方形，南北长约170米、东西宽约140米[1]。仁宗永昭陵下宫曾在1986年进行过勘探，揭示出北宋皇陵下宫的基本布局面貌[2]。永昭陵下宫位于

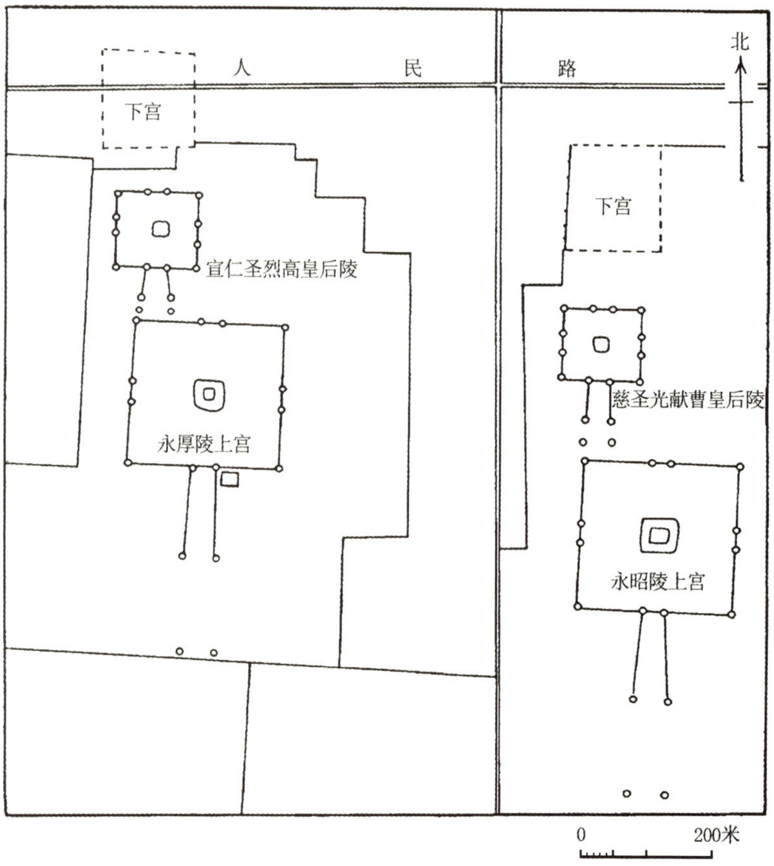

图6—29　北宋皇陵孝义陵区帝后各陵上下宫平面图（引自河南省文物考古研究所《北宋皇陵》，1997年）

1 河南省文物考古研究所：《北宋皇陵》，中州古籍出版社，1997年，第133页。
2 傅永魁等：《河南巩县宋永昭陵区的考察》，《考古学集刊》第8辑，科学出版社，1994年。

图6—30　宋神宗永裕陵下宫遗址

帝陵上宫北偏西、皇后陵宫城正北，遗址范围南北163米、东西130米，地表现存南部守门狮1对、上马石2件，北中部柱础石2方。在遗址的北中部发现2座南北相连、略呈“工”字形的夯土建筑台基，二者之间似连以宽13.5米的过廊，2座台基上均有青石柱础发现。其中南台基东西25米、南北11米，夯土深1.3米左右，距下宫南门石狮100米。北台基距南台基14米，东西20米、南北10米，夯土深1.7米。这里应该是下宫核心建筑寝殿和影殿所在。在这组夯土的东西两侧，发现有南北向的夯土，推测是环绕寝殿的廊庑遗址。在两侧廊庑遗址与东、西宫墙之间的空地上，还发现有不规则的夯土、砖瓦和砖铺地面等遗迹，推测是供宫人居住或其他用途的侧院。

宋陵下宫各建筑名称及相应陈设和功能，据当时人目睹英宗永厚陵之制：“有正殿，置龙輴，后置御座。影殿置御容。东幄卧神帛，后置御衣数事。斋殿旁皆守陵宫人所居。其东有浣濯院，有南厨。厨南陵使廨舍，殿西副使廨舍。”[1]另据《宋会要辑稿》记载：“至道三年（997年，是年三月太宗崩）八月二十三日，诏于永熙陵下宫置殿，奉安太宗圣容；置卫兵五百人守奉，朝暮上食，四时祭享。”[2]又，乾兴元年（1022年）二月十九日，真宗崩；三月十八日，“内园副使岑守素言：‘准诏写大行皇帝圣容，其一常服，用神御帐，其一服通天冠、绛纱袍，用行殿。其帐、殿前各设香炉合烛台，委少府监修制。还京日，真容止安匣内。’从之”[3]。结合这些记载可以推知，永昭陵下宫遗址中的“工”字形宫殿建筑，其南者当为正殿（正寝、寝殿），设龙輴、神座；其北者当为影殿，供奉仁宗帝后画像。其余可按方位分别对应，还有供奉帝后神帛、衣冠的处所，有供奉墓主饮食起居的留居宫人宫室，另有浣洗房、厨房等附属设施以及陵使驻地用房等。

除下宫外，巩义陵区西北的会圣宫中也供奉宋朝皇帝画像。

宋陵上宫、下宫之祭的内容和方式迥然有别，从真宗时开始更加程序化，这在《宋会要辑稿·礼》和《宋史·礼志》等文献中都有明确的记载。如《宋史》记载，景德四年

1 [宋]李攸：《宋朝事实》卷一三《仪注三》“英宗葬永厚陵”，影印文渊阁《四库全书》第608册，台湾商务印书馆，1984年，第158页。

2 [清]徐松：《宋会要辑稿》卷八一八九《礼三七》，据北平图书馆影印本复制重印本，第2册，中华书局，1957年，第1333页。

3 [清]徐松：《宋会要辑稿》卷七三四七《礼二九》，据北平图书馆影印本复制重印本，第2册，中华书局，1957年，第1075页。

(1007年)正月，真宗到永安朝拜三陵，“既至，斋于永安镇行宫，太官进蔬膳。是夜，漏未尽三鼓，帝乘马，却舆、辇、伞、扇，至安陵，素服步入司马门行奠献礼，诸陵亦然。又诣下宫。凡上宫用牲牢、祝册，有司奉事；下宫备膳羞，内臣执事，百官陪位”[1]。由此可见，上宫(献殿)之祭由文武官员助祭，以太牢三牲为供，读祝文，为国家之公祭；下宫(寝宫)之祭由太监行事，供奉饮食，如宫内之私享。

第四节　北宋皇陵的玄宫制度

宋陵玄宫称为“皇堂”[2]。《宋史·礼志》记载宣祖安陵玄宫制度云：“皇堂下深五十七尺，高三十九尺，陵台三层正方，下层每面长九十尺。”太宗永熙陵：“皇堂深百尺，方广八十尺，陵台方二百五十尺。”真宗永定陵：“皇堂之制，深八十一尺，方百四十尺。”[3]同书记太祖孝明、孝惠皇后陵玄宫制度云：“皇堂之制，下深四十五尺，上高三十尺，陵台再成，四面各长七十五尺。”又记神宗钦圣宪肃向皇后陵玄宫制度：“皇堂之制，下深六十九尺，面方二丈五尺，石地穴深一丈，明高二丈一尺。”[4]关于向皇后陵的玄宫结构，《宋会要辑稿》中有更为详细的记载：“皇堂开掘下深六十九尺，填筑六尺，面方二丈五尺，石地宫深一丈，明高二丈一尺，鹿巷长七十二尺。”[5]晚于向皇后陵一年，即崇宁元年(1102年)五月修建的钦成朱皇后陵之皇堂，“依经法开掘五十三尺，打筑八尺外，明用四十五尺”，“用石地宫”[6]。根据这些资料分析，北宋诸陵的玄宫在陵台亦即封土之下，帝后玄宫制度依墓主身份差异和时代先后不同而不尽相同。

一、元德李后陵的玄宫结构

巩义陵区中只有一座皇后陵经过正式考古发掘，即1984—1985年河南省文物研究所、巩县文物保管所清理发掘的宋太宗元德李后之陵[7]。元德李后，太宗即位册封为夫人，生皇子二人，即楚王元佐和真宗皇帝，卒于太平兴国二年(977年)。真宗即位，追封贤妃，旋尊为元德皇太后，咸平三年(1000年)四月祔葬永熙陵。该陵位于永熙陵下宫以北偏东，鹊台南距帝陵北神墙约210米，北为乳台，神道长约70米，宽38米，夹神道有望柱1对、马及控马2对、虎2对、羊2对、武将1对、文臣1对。宫城为正方形，神墙长约110米，四面中部辟门，门外各设一对石狮。陵台位于神城正中，略呈覆斗形，底边南北20米、东西19米，顶边南北3米、东西2.6米，残高8.5米。

玄宫砖砌，单室，由墓道、甬道和墓室三部分组成(图6—31)。斜坡墓道南北长34

1 [元]脱脱等：《宋史》卷一二三《礼志·上陵之礼》，中华书局，1977年，第2883页。

2 宋皇室以所奉始祖名中有“玄”字，为避讳将玄宫改名为“皇堂”。[清]徐松《宋会要辑稿》卷七三四七《礼二九》(据北平图书馆影印本复制重印本，第2册，中华书局，1957年，第1076页)记，乾兴元年(1022年)真宗崩，七月七日，“礼仪院言：‘玄宫上字理合回避，请只以皇堂为名。’从之”。

3 [元]脱脱等：《宋史》卷一二二《礼志·山陵》，中华书局，1977年，第2848、2850、2852页。

4 [元]脱脱等：《宋史》卷一二三《礼志·园陵》，中华书局，1977年，第2868、2873页。

5 [清]徐松：《宋会要辑稿》卷七三六八《礼三三》，据北平图书馆影印本复制重印本，第2册，中华书局，1957年，第1250页。

6 [清]徐松：《宋会要辑稿》卷七三六九《礼三三》，据北平图书馆影印本复制重印本，第2册，中华书局，1957年，第1260页。

7 河南省文物研究所等：《宋太宗元德李后陵发掘报告》，《华夏考古》1988年第3期。

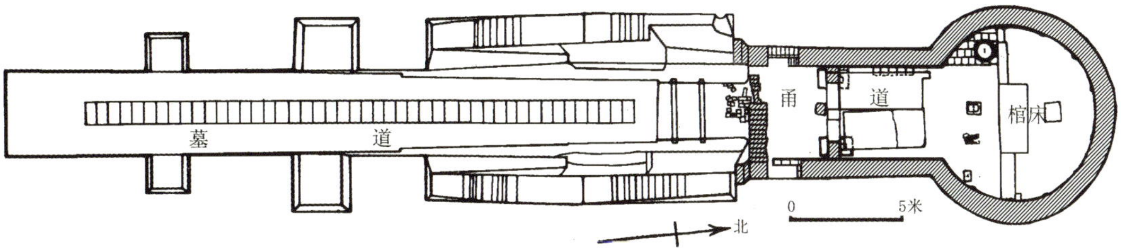

图6—31　宋太宗元德李后陵玄宫平面图（引自《华夏考古》1988年第3期）

米，南端宽3.8米，北端底宽2.5米，墓道内填土经过夯筑。甬道长9米，宽4.3米，高6米，砖券拱形顶，在其南端残存封门砖1—2层；墓门南距甬道口3.5米，青石质，高3.96米，宽1.65米，厚0.29—0.34米，门上线刻戎装武士像。墓室平面略呈圆形，直径7.95米，穹窿顶，距墓底高差12.26米，墓壁砌以平砖，厚0.95米。周壁砌抹角倚柱10根，柱高2.65米，宽0.19米，隐出壁面0.05—0.07米，柱间连以栏额，柱头有仿木单昂四铺作斗拱，上施彩绘。斗拱以上砖砌椽及望板两重，望板上雕出屋檐瓦及重唇板瓦，圆形瓦当上雕饰菊纹。屋檐以上砌砖逐层内收至顶部，中心处留有一边长0.1米、深约0.3米的近方形孔。墓壁由砖砌立柱分为11个壁面，一般宽1.51—1.71米，北壁最宽为2.02米，每面用砖雕饰出桌、椅、灯檠、衣架和门窗等装饰。墓室中北部为石棺床，南北长4.7米、东西宽7.9米、高出地坪0.62米，棺床前西南隅有一石蜡烛座，似未经扰动，在棺床南约1米处，发现有人肋骨及肢骨数段。墓室顶部绘星图，屋檐以上2.4米的高度内有彩色壁画，20世纪60年代初调查时发现，“最下接近屋檐处用红、黑、青灰色绘宫室楼阁，线条粗率，但可辨版门（门钉可数）、直棂窗、挟屋、四注屋顶及鸱尾等形，惜剥落过半，漫漶不清。宫殿楼阁之间，绘有粉白朵云，云气以上则为青灰色之苍穹，混然一片直至于顶”[1]。到20年后正式发掘时已经不能看清壁画图案内容。

二、北宋皇陵玄宫制度的推测

关于宋陵玄宫的构造，从《宋会要辑稿》、《宋史》等记载神宗钦圣宪肃向皇后陵、钦成朱皇后陵为“石地穴”、“石地宫”来看，应为石材砌筑无疑。但经过考古发掘的太宗元德李皇后玄宫却为青砖砌成，仅墓门、棺床为石质。又据说“有人曾由旧盗洞进入过永熙陵地宫，地宫规模甚为宏大，深达30多米。该陵地宫由十四层青砖砌成，仿地面建筑结构，极为坚固。顶部绘有天象图，图下绘宫殿楼阁”[2]，则永熙陵地宫亦为砖砌。考古工作者曾从旧盗洞进入英宗慈圣高皇后陵玄宫内观察，“发现墓室全系长方石垒砌”[3]。根据这些资料判断，北宋皇陵玄宫建筑材质依时代早晚应该有所不同，早期用砖砌加施彩绘，后来改为石砌，这个变化可能是始自真宗陵。乾兴元年（1022年），修建真宗永定陵，奉命于缑氏县南之粟子岭采石料，计开“皇堂石二万七千三百七十七□，门石一十四，侍从人物、象、马之状六十二□”[4]，皇堂、墓门、石像生三项用途清楚明白，其中皇堂石多达27000余块，显然不是局部装饰工程，只能是用于玄宫营造。建

1 郭湖生等：《河南巩县宋陵调查》，《考古》1964年第11期。
2 傅永魁：《宋陵》，文物出版社，1982年，第4页。
3 傅永魁：《巩县宋陵》，《河南文博通讯》1980年第3期。
4 ［宋］乐辅国：《永定陵修奉采石记》，［清］王昶编《金石萃编》卷一三一，国家图书馆善本金石组编《宋代石刻文献全编》据清嘉庆十年经训堂刻本影印，第3册，北京图书馆出版社，2003年，第174页。

图6—32 河南巩义宋真宗次子悼献太子墓墓室（自北向南摄）

中靖国元年（1101年），钦圣宪肃皇太后、钦慈皇太后二陵工役并作，开采石材，“石之拔类者，其修至二十有二尺，其广逾寻；其以枚计者，二万七千一百有畸”[1]。《宋会要辑稿》记载钦圣宪肃向皇后陵、钦成朱皇后陵均为“石地宫”，可与《二陵采石记》碑文相呼应。

从文献记载来看，北宋帝后陵玄宫平面应该为方形，但经过发掘的元德李皇后玄宫却是圆形；2009年因南水北调工程清理发掘的宋真宗次子赵祐（九岁而薨，追封周王、谥悼献，后追册为皇太子；陪葬太宗永熙陵）的墓室也是圆形[2]（图6—32）。对于这种差异，目前尚难做出圆满的解释。并且文献关于宋初皇后陵形制的记载也语焉不详，或许随时代早晚有所差别，即早期玄宫平面为圆形，后期改为方形。不过也不能完全排除宋陵玄宫平面皆为圆形的可能，即今人对于古代文献中“方”字含义的理解有偏差。事实上，“方”既可以是正方形的边长，也可以是圆形的直径。1961年发掘的宋英宗第四子魏王赵頵墓[3]，为北宋晚期皇室高级贵族墓室平面为圆形的推断提供了一个实证。该墓属于英宗永厚陵的陪葬墓，在宣仁高皇后陵西北约850米处。墓坐北朝南，地下部分由墓道、甬道、墓室组成。墓道长13.5米，墓门额框等为砖筑仿木结构，青石门对开。门内两侧各有一个砖券耳室，面阔0.76米、高1.5米、进深0.6米。墓室平面为圆形，直径6.54米，穹窿顶，高6.48米。墓门以内地坪全部铺以石板。赵頵卒于元祐三年（1088年）七月，九年正月随宣仁高皇后灵驾陪葬皇陵。頵妻越国夫人，卒于崇宁二年（1103年）五月，夫妻合葬。1985年，在赵頵墓东南约50米处清理了另一座陪葬墓，墓主燕王赵颢，为英宗次子，卒于绍圣三年（1096年）九月，次年二月葬。该墓由墓道、甬道、墓室几部分组成，坐北朝南，深约9米，墓室平面也是圆形，直径8米，高约6米，穹窿顶，但内部结构比赵頵墓复杂[4]。该墓出土的条石上有些有“寿堂”题记，或为生前预造之寿穴。从历年考古发现来看，平面为圆形或六边、八边形的砖石结构墓室形式，在五代、宋、金时期比较流行，河南及周边地区的例证不胜枚举。如果北宋皇陵玄宫平面皆为圆形或接近圆形的多边形，也与时代特征、地域风格相吻合。

北宋皇陵规模远小于汉唐，但其随葬品的精致程度却不一定亚于前代。北宋帝后

1 ［宋］曾孝序：《二陵采石记》，［清］王昶编《金石萃编》卷一四二，国家图书馆善本金石组编《宋代石刻文献全编》据清嘉庆十年经训堂刻本影印，第3册，北京图书馆出版社，2003年，第377页。
2 《宋周王墓》，国家文物局编《2009中国重要考古发现》，文物出版社，2010年，第166—169页。
3 周到：《宋魏王赵頵夫妻合葬墓》，《考古》1964年第7期。
4 傅永魁等：《巩县石窟寺·包拯墓·北宋皇陵》，河南人民出版社，1989年，第39页。

棺椁考究，应该有花纹装饰[1]；其玄宫殉埋的物品也比较多。宋陵中的随葬品可以分为两大类，一类是各种葬器、明器，另一类是珍宝玩好。宣祖改葬时“进玄宫有铁帐覆梓宫，藉以棕榈褥，铁盆、铁山用然漆灯。……十二神、当圹、当野、祖明、祖思、地轴及留陵刻漏等，并制如仪”[2]。乾兴元年（1022年）二月十九日真宗崩，二十三日仁宗命“陈先帝服玩及珠襦、玉匣、含、襚应入梓宫之物于延庆殿，召辅臣通观。明日大敛成服”。又于“九月十一日，召辅臣赴会庆殿，观入皇堂物，皆生平服御玩好之具。帝与辅臣议及天书，皆先帝尊道膺受灵贶，殊尤之瑞属于元圣，不可留于人间，宜于永定陵奉安”[3]。在遭多次盗掘后的元德李皇后陵中仍出土了大量的残破随葬品，有玉谥册、哀册，还有瓷器82件、铜器28件、铁器18件、木饰件17件等[4]，从中亦可以想见当年随葬品之丰厚。奉诏随山陵使韩琦护送英宗梓宫下葬永厚陵的李攸在其所著《宋朝事实》中详细记录了英宗永厚陵随葬品的安设情况：“梓宫升石椁西首，御夷床下不及地尺而止，巳时一刻，乃下置珠网花结于上，布方木及盖条石，及设御座于盖下，前置时果及五十味食，别置五星十二辰及祖思、祖明尊位。于四壁又设衣冠剑佩、笔砚、弧矢甲胄，凡平生玩好之物。又设缯帛、缗钱，然后设册宝，乃然漆灯，闭柏门。置逍遥于麓巷，阖石门，缺其阈之中央，留人于内，揞掂毕，匍匐而出，锁其门，投钥于内。司徒复土九锸，立石柱于中央，萦以铁索，乃以都护排防累石以塞门，实隧以土。”[5]这段第一手的现场文字记录不仅大体说明了各种随葬品的位置，而且对于皇帝奉安葬礼叙述颇详，具有很高的史料价值。

三、石藏制度

陈仲篪认为：“北宋皇堂之结构，先于英宗永厚陵者仅一重石壁，架木枋，覆铁帐，帐上再铺方木，盖卷石，故石有随时坠陷之可能。自英宗永厚陵始撤去铁帐，于壁内就平地发券为石椁，故仍于壁上架方木，覆盖石。”[6]后来涉及宋陵乃至宋代建筑的论著，大都注明或不注明地引用了这一观点，按照这种意见，北宋皇陵结构于英宗永厚陵发生变化，即平地发券为石椁，用以取代铁帐，甚至有人认为永厚陵是宋陵玄宫用券的开端。这种看法实际上是把玄宫与石椁混为一谈。诸侯王陵墓用砖石拱券结构，从考古发掘实例来看，至迟东汉已然。以宋陵而论，太宗元德李皇后陵玄宫为穹窿顶，与起券性质相同。由此可见，宋陵玄宫用券决非始于英宗。按陈文提拱的线索，笔者仔细阅读了程颐的《代富弼上神宗皇帝疏》，这篇文章的主旨在于奏请将太皇太后（仁宗曹皇后）与仁宗合葬，借机缓解当初营造不善而造成的对仁宗梓宫的威胁。文云：“往者营奉昭陵，时英宗皇帝方不豫，未能听事，朝廷罔然不知其制，失于迫卒，不复深虑博访，凡百规画，一出匠者之拙谋、中人之私意，以巨木架石为之屋，计不百年必当损坠；圹中又为铁罩，重且万斤，以木为骨，大止数寸，不过二三十年决须摧毁，梓宫之厚度不盈尺，异

1 [清]徐松《宋会要辑稿》卷八一九二《礼三七》（据北平图书馆影印本复制重印本，第2册，中华书局，1957年，第1347页）记载，景德四年（1007年）四月，真宗章穆郭皇后崩，“帝令祔元德皇太后陵安葬，但可安厝，不必更要宽广。其棺椁等物，无得镌刻花样，务令坚固”。由此推知，正常情况下，北宋帝后之棺椁应有镌刻花纹装饰。

2 [元]脱脱等：《宋史》卷一二二《礼志·山陵》，中华书局，1977年，2848页。

3 [元]脱脱等：《宋史》卷一二二《礼志·山陵》，中华书局，1977年，2852页。

4 河南省文物研究所等：《宋太宗元德李后陵发掘报告》，《华夏考古》1988年第3期。

5 [宋]李攸：《宋朝事实》卷一三《仪注三》“英宗葬永厚陵”，影印文渊阁《四库全书》第608册，台湾商务印书馆，1984年，第158页。

6 陈仲篪：《宋永思陵平面及石藏子之初步研究》，《中国营造学社汇刊》第6卷第3期，1936年。

日以亿万钧之石自高而坠，其将耐何？思之及此，骨寒胆丧。”因此他建议尊古制及本朝宣祖、昭宪太后之例，“奉太皇太后合祔昭陵，因得撤去铁罩，用厚陵石藏之制，仍更别加裁处，使异日虽木坏石坠不能为害，救仁皇必至之祸，成陛下莫大之孝”[1]。从这段文字来看，宋仁宗永昭陵玄宫之结构似乎是用木梁柱架石条砌筑，梓宫之上另有以木为骨的铁罩，一旦木朽石塌，将使“仁宗遗骨圣体碎于巨石之下”，所以他请求值太皇太后之丧，将仁宗夫妻合葬，因重开墓室而撤去铁罩，仿英宗永厚陵用石藏。

永昭陵以“匠者之拙谋、中人之私意”，玄宫制度不尽同于先前诸陵，所以才颇遭物议。其结构到底如何，只有俟异日实证资料发现才能定谳，但富弼的这篇奏疏至少证明了一个问题，即石藏并非玄宫。石藏和木骨铁罩一样，都属于起护棺作用的罩棺，亦即后世之所谓“椁”。帝陵中用石椁，按文献记载东汉已有之，汉明帝“初作寿陵，制令流水而已，石椁广一丈二尺，长二丈五尺”[2]。但此“石椁”究竟是后世之石质罩棺抑或是上古意义的椁室，尚难定论。就目前已知的考古资料，罩棺式的石椁在北朝帝陵中尚未见使用，已清理发掘的河南洛阳北魏宣武帝景陵[3]、河北磁县北齐文宣帝武宁陵[4]、陕西咸阳北周武帝孝陵[5]中均只有石砌棺床，而未见有石椁遗存。唐代虽尚未见帝陵使用石椁实例，但初唐至盛唐之际的淮安王李寿墓（陕西三原，陪葬唐高祖献陵）[6]、“号墓为陵”的懿德太子墓（陕西乾县，陪葬唐高宗乾陵）[7]、“号墓为陵”的永泰公主墓（陪葬乾陵）[8]、章怀太子墓（陪葬乾陵）[9]、让皇帝惠陵（陕西蒲城，陪葬唐睿宗桥陵）[10]等高级皇室贵族墓葬中都发现了屋式石椁，这些是早于北宋的皇室墓葬使用石椁的实例。

李攸在其《宋朝事实》中对于永厚陵玄宫内结构记载很详细：“石椁高一丈，其凿长一丈二尺，深阔七尺，盖条石各长一丈，阔二尺，十四板。皇堂方三丈，深二丈三尺，麓巷长八十三尺，深阔一丈八尺，自平地至深六十三尺，随道长四百七十尺。”[11]这段文字再次证明：石椁即石藏，与皇堂（玄宫）是两个不同的概念。陈仲篪文中所引宋人程大昌《演繁露》云：“英庙皇堂，垒石为壁，积材木于上，以卷石覆之，神宗以材木有时而朽，则卷石必坠，于梓宫不便，更令就地为石椁……仍于其上布方木及盖条石。”这段话也明白昭示出石椁与皇堂是两重建置。1985年清理的北宋燕王赵颢墓可能是揭开永昭陵玄宫之谜和揭示宋陵石藏制度的重要线索。该墓墓室砖砌，平面为圆形，直径8米，高约6米许，穹窿顶，墓室内中部，以石砌出一个“下层墓室”，平面呈方形；在它的东西两侧，各立一根边长0.47米、高2.6米的石柱，柱上横架一边长0.9米的方形过梁，其上盖条石，石长2米、宽0.8米、厚0.4米，南北各1排，每排7块。这个所谓“下层墓室”，应该就是石椁或石藏。

1 ［宋］程颐：《代富弼上神宗皇帝书稿》，《二程文集》卷六之《伊川文集一·奏疏》，影印文渊阁《四库全书》第1345册，台湾商务印书馆，1985年，第644页。

2 ［南朝宋］范晔：《后汉书》卷二《显宗孝明帝纪》，中华书局，1965年，第123页。

3 中国社会科学院考古研究所洛阳汉魏城队等：《北魏宣武帝景陵发掘报告》，《考古》1994年第9期。

4 中国社会科学院考古研究所等邺城考古工作队：《河北磁县湾漳北朝墓》，《考古》1990年第7期；中国社会科学院考古研究所等：《磁县湾漳北朝壁画墓》，科学出版社，2003年。

5 陕西省考古研究所等：《北周武帝孝陵发掘简报》，《考古与文物》1997年第2期。

6 陕西省博物馆等：《唐李寿墓发掘简报》，《文物》1974年第9期。

7 陕西省博物馆等唐墓发掘组：《唐懿德太子墓发掘简报》，《文物》1972年第7期。

8 陕西省文物管理委员会：《唐永泰公主墓发掘简报》，《文物》1964年第1期。

9 陕西省博物馆等唐墓发掘组：《唐章怀太子墓发掘简报》，《文物》1972年第7期。

10 陕西省考古研究所：《唐李宪墓发掘报告》，科学出版社，2004年，第10—18页。

11 ［宋］李攸：《宋朝事实》卷一三《仪注三》“英宗葬永厚陵”，影印文渊阁《四库全书》第608册，台湾商务印书馆，1984年，第158页。

图6—33　宋仁宗永昭陵封土西南侧

1986年钻探出永昭陵的墓道位于陵台南部正中，长127米，其南端在南神门外40米处，宽6米；北端接近陵台处宽约42米，因土中有石块、砖渣未能探到底，推算其深度约为28米[1]（图6—33）。据此分析，其墓道之后连接墓室，应该没有悬疑。结合赵颢墓的实例来看，永昭陵"以巨木架石为之屋"，虽是"拙谋"，但却可能是宋陵使用石椁的最初形式。神宗下令把永厚陵原设计之"垒石为壁，积材木于上，以卷石覆之"改为石藏，最终结束了宋陵玄宫中梓宫之外覆以木骨铁罩的历史。

第五节　南宋皇陵制度

南宋皇陵建于绍兴，最初只是权宜之计，皇室仍以归葬巩洛为念，孟太后暂厝宝山有"将以愤激三军之心，不绝中原之望也"的用意[2]。当徽宗凶问初至时，高宗君臣还有过异日在永安建陵一仿安陵、永昌陵简朴之制的议论，绍兴陵区用地也是逐渐征买于民间的[3]。诸陵虽荐上陵号，但又都缀以"攒宫"字样，实为暂厝之地。陵园规制比较简陋，比巩洛诸陵减乳台、石像生、陵台、宫城和神门等，但仍分设上宫和下宫。

一、南宋皇陵的陵园结构

南宋绍兴元年（1131年）四月，隆祐皇太后孟氏崩于高宗暂驻的越州（当年十月升为绍兴府）。六月，高宗尊太后遗诰"梓取周身，勿拘旧制，以为他日迁奉之便"[4]，在越州

1 傅永魁等：《河南巩县宋永昭陵区的考察》，《考古学集刊》第8辑，科学出版社，1994年。

2 ［宋］赵汝愚：《论山陵乞下礼官详议疏》，［明］黄淮等编《历代名臣奏议》卷一二五《礼乐·丧礼·山陵及祭礼》，据明永乐本影印，上海古籍出版社，1989年，第1647页。

3 ［清］徐松：《宋会要辑稿》卷八一八九《礼三七》，据北平图书馆影印本复制重印本，第2册，中华书局，1957年，第1330—1333页。

4 ［元］脱脱等：《宋史》卷一二三《礼志·园陵》，中华书局，1977年，第2875页。孟氏为宋哲宗元配皇后，因符水祷祠事被诬而废居瑶华宫，号"华阳教主"、"玉清妙静仙师"。元符三年（1100年）哲宗死后

会稽上亭乡择地权殡暂厝，“以攒宫故，比陵寝稍异也。自四月至六月，甫三十五日而攒宫告成”[1]；“（六月）壬午，昭慈献烈皇后掩攒宫”[2]，其地在今浙江省绍兴市区东南皋埠镇牌口。孟太后攒厝于绍兴是戎马倥偬之际的一种变通和创制，“方是时，上距钦圣宪肃皇后（神宗皇后向氏，建中靖国元年正月崩）山陵已三十余年，中更变故，图籍无存者，而朝士多新进，亦鲜能知，于是以新江东转运副使曾纡尝为钦圣山陵使司官属，命为两浙转运副使，专修奉攒宫”[3]。依修奉官曾纡之议，“帝后陵寝，今存伊洛，不日复中原，即归祔矣，宜以欑宫为名”，朝议“佥以为当，遂用之”[4]。所以孟太后葬地不按北宋之制称“园陵”或“山陵”，其正式名称为“昭慈圣献皇后攒宫”。这就是南宋皇陵“攒宫”（古文献中亦作“欑宫”）之名的由来。

昭慈孟皇后攒葬绍兴是名副其实的“暂厝”，当时中原尚不绝于人望，朝廷仍以归葬巩洛为念，还没有把这里作为正式皇家墓葬区的意图。按照《宋会要辑稿》等文献记载，“随宜修奉”的孟太后攒宫的规模甚小，只占地大约2亩，绍兴元年（1131年）六月，“壬午，权攒昭慈献烈皇后于会稽县之上皇村，神围方百步，下宫深一丈五寸，明器止用铅锡。置都监、巡检各一员，卫卒百人；生日、忌辰、旦、望、节序，排办如天章阁之仪；改宝山证慈禅院为泰宁寺，专奉香火，赐田十顷。上事昭慈皇后备极孝爱，故园陵仪范，率用母后临朝之比焉”[5]。大约三十年后，昭慈皇后攒宫才成为实际上的“南宋第一陵”，进而成为整个陵区的一个重要基准点。

淳熙十四年（1187年）十月，时为太上皇的宋高宗崩于行在临安的德寿宫；次年，右丞相周必大以权太傅持节护送梓宫葬于绍兴永思陵。周于事毕著《思陵录》一卷，记录永思陵制度，文末附收修奉陵园官员移交工程的照会，记载陵寝建筑规制等甚详。《思陵录》记永思陵制度云：“上宫者，为献殿三间，六椽，中间阔十（引者按，应为‘一’字之误）丈六尺，两间各一丈二尺，其深三丈。后为龟头三间，中间亦阔一丈六尺，两间各五尺，其深二丈四尺，皇堂在焉。”又云：“下宫之制，殿门三间，四椽，每间阔一丈四尺，深二丈。前后殿各三间，六椽，其深三丈，每间阔一丈四尺，东西两廊一十八间，四椽，其深一丈六尺，每间阔一丈一尺，殿门东西皆有挟屋一间，六椽，各阔一丈六尺，其深三丈，又有棂星门、神游亭、换衣厅。”[6]再结合《思陵录》附录的记载，可以把永思陵的主要建筑结构勾画如下：上宫南北各有棂星门一座，外环以红灰墙，内为三开间殿门一座，献殿三间，龟头三间（龟头即覆于石藏之上的三间殿宇，在《宋会要辑稿》等文献中有“攒殿”之名，应即指此）（图6—34）。龟头比献殿开间窄，两座建筑可能并联在一起，因攒殿部分凸出形似乌龟头，故名。下宫的主要建筑有棂星门，殿门，前、后殿各三间，还有廊屋、神厨、神游亭、换衣厅等。上宫、下宫各有外篱门，上宫之前还有鹊台。

迎还宫中，以哲宗最初纪元之号而称曰“元祐皇后”。崇宁年间（1102—1106年）再被废居瑶华宫。靖康（1126—1127年）初，以瑶华宫火而徙居延宁宫，延宁宫又火，乃出居相国寺前之私第，因而“靖康之变”时未被金人掳去。徽钦二帝被俘，张邦昌奉孟皇后垂帘听政。高宗即位尊为元祐太后，后以“元”字犯孟皇后祖父名讳，遂因所居之宫而称“隆祐太后”，卒谥昭慈献烈，后改昭慈圣献。

1 ［宋］施宿等纂：《嘉泰会稽志》卷六“陵寝”，《宋元方志丛刊》影印《四库全书》本，中华书局，1990年，第6799页。

2 ［宋］熊克：《中兴小纪》卷一〇，顾吉辰等点校本，福建人民出版社，1985年，第130页。

3 ［宋］施宿等纂：《嘉泰会稽志》卷六“陵寝”，《宋元方志丛刊》影印《四库全书》本，中华书局，1990年，第6799—6800页。

4 ［宋］王明清：《挥麈录》卷一“绍兴帝后陵寝以欑宫为名”，中华书局，1961年，第10页。

5 ［宋］李心传：《建炎以来系年要录》卷四五，中华书局，1988年，第814页。

6 ［宋］周必大：《思陵录》，《文忠集》卷一七三，影印文渊阁《四库全书》第1148册，台湾商务印书馆，1985年，第928页。

从建筑布局来看，南宋诸陵攒宫的上宫、下宫功用与巩义北宋诸陵完全相同。至于两宫的相应方位，据《宋会要辑稿》记载，庆元六年（1199年）八月宋光宗崩，十一月六日“攒宫修奉司言：今来修奉攒宫所有下宫俟标定上宫地段毕，依永阜陵礼例于上宫之后随地修盖”[1]。可见下宫是在上宫之后，即位于上宫之北。出于对赵宋皇室极端崇信“五音姓利”考虑，结合北宋诸陵考古调查实例，以及《宋会要辑稿》中关于高宗、孝宗攒宫修造的若干条记载来看，可以肯定，南宋诸陵下宫仍然是在上宫之北偏西，而不会是在一条南北纵轴线上[2]。

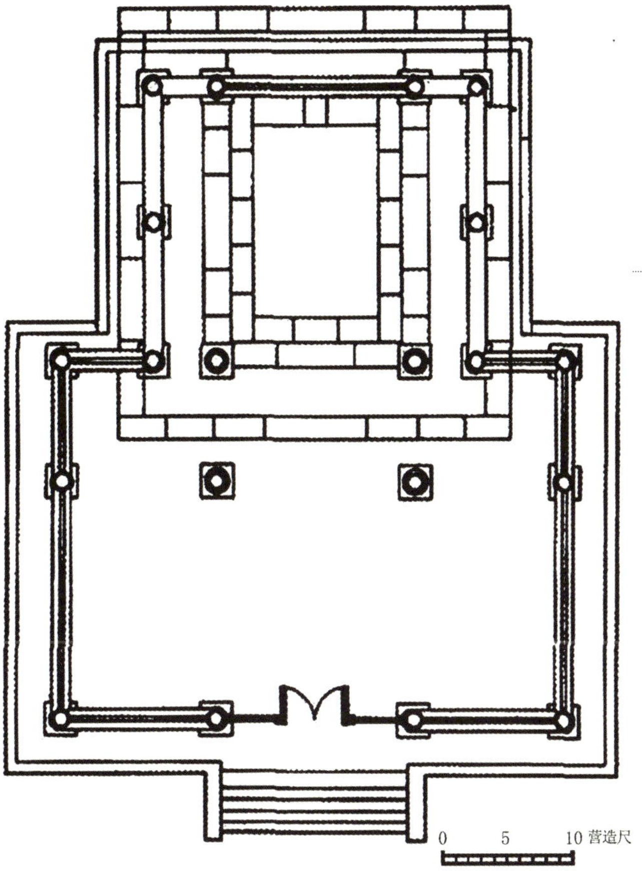

图6—34 宋高宗永思陵上宫献殿、龟头平面示意图（引自郭黛姮主编《中国古代建筑史》第三卷，2009年）

二、南宋皇陵的石藏

因为只是攒厝而并非正式埋葬，所以南宋诸陵并没有修建玄宫，各攒宫沿用英宗永厚陵以来的石藏之制，将棺椁置诸石藏暂厝于比较浅的墓穴中。淳熙十四年（1187年），高宗永思陵攒宫修奉使司上言：“攒宫石藏利害至重，二浙土薄地卑，易为见水，若不措置，深恐未便，谨别彩画石藏图子一本，兼照得厢壁离石藏外五尺别置石壁一重，中间用胶土打筑，与石藏一平，虽工力倍增，恐可御湿。”[3]这段话说明了永思陵攒宫墓穴的基本结构，即土坑竖穴而下置石板拼搭的石藏，石藏外五尺复加筑石壁一道，两层石壁的中间以胶土填筑夯实，用以防潮（图6—35）。南宋官私记载中的“开掘皇堂”工程实际是指包括石藏外石壁在内的一个大墓穴，但这种墓穴结构显然不同于玄宫。以各建筑尺寸推算，攒殿（龟头）所覆正在石藏之上，但并没有将胶土带区及其以外的石壁等全部覆盖。如《思陵录》云，永思陵龟头中间阔一丈六尺，两次间各阔五尺，进深二丈四尺，而“初开穴南北长三丈七尺六寸，东西阔三丈二尺”。高宗、孝宗石藏里明长一丈六尺二寸，阔一丈六寸，深九尺，因为面积窄狭，且无墓道，所以下葬时须“先下椁底板，俟进梓宫于椁底板上，定正讫，然后安下椁身，次将天盘囊网于椁上安设”[4]，再以石条封砌。高宗梓宫安放后，“覆以天盘囊网，巧用青石为压栏，次铺承重柏

1 ［清］徐松：《宋会要辑稿》卷八一八九《礼三七》“光宗永崇陵”，据北平图书馆影印本复制重印本，第2册，中华书局，1957年，第1332页。

2 刘毅：《宋代皇陵制度研究》，《故宫博物院院刊》1999年第1期；刘毅：《宋代陵寝制度述论》，《东洋学研究》第5辑，韩国东洋学研究会，1999年。

3 ［清］徐松：《宋会要辑稿》卷八一八九《礼三七》“高宗永思陵”，据北平图书馆影印本复制重印本，第2册，中华书局，1957年，第1331页。

4 ［清］徐松：《宋会要辑稿》卷八一八九《礼三七》“高宗永思陵”，据北平图书馆影印本复制重印本，第

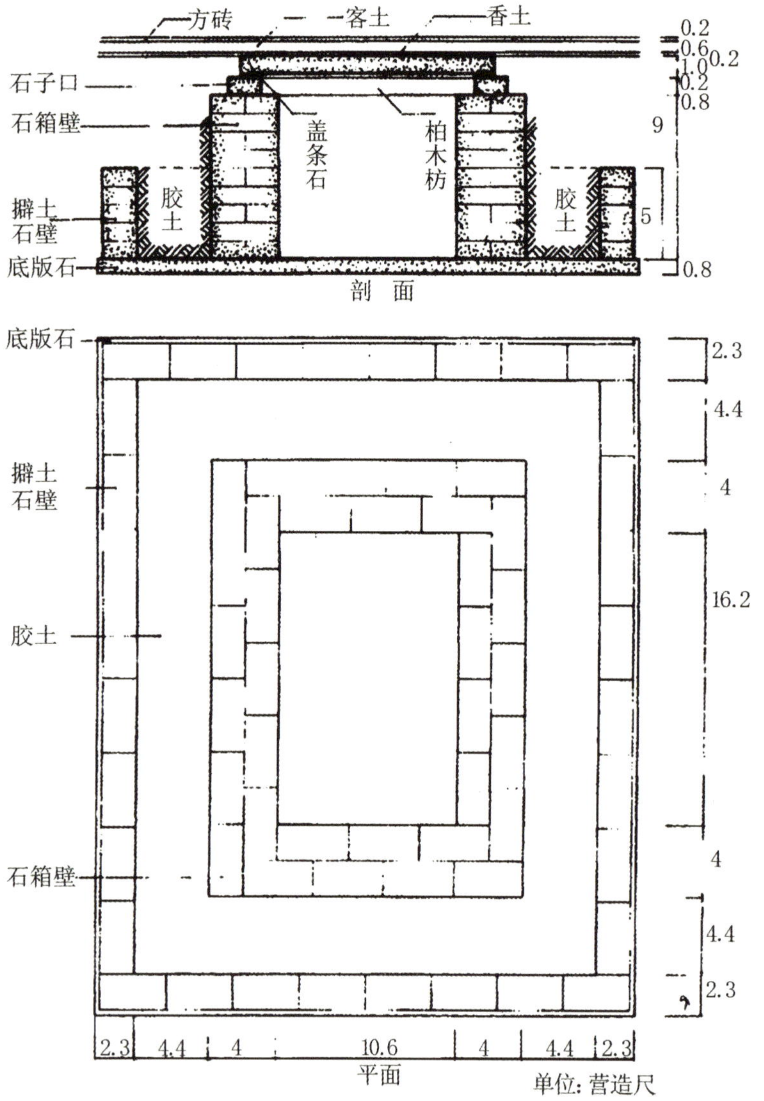

图6—35　宋高宗永思陵石藏平剖面图（引自郭黛姮主编《中国古代建筑史》第三卷，2009年；据《中国营造学社汇刊》第6卷第3期陈仲篪文改绘）

讫，上用香土二寸，客土六寸，然后以方砖砌地，其实土不及尺耳”[1]。以后诸帝攒葬之法皆同。

南宋皇后攒宫的石藏与皇帝石藏结构相似，只是早期尺寸略小一些。《宋会要辑稿》记载高宗生母显仁皇后（徽宗韦妃）石藏里明长一丈四尺八寸八分，阔一丈三寸，深九尺。宁宗庆元三年（1197年），高宗宪圣慈烈吴皇后崩，攒宫修奉使司奏上显仁皇后石藏制度，并云：“若依此铺砌，恐至期安下神杀，外椁空分窄狭，事属利害。照得高宗皇帝石藏里明长一丈六尺二寸，阔一丈六寸，深九尺，欲乞依上件丈尺修奉施行。”[2]皇帝准

2册，中华书局，1957年，第1331页。

1 ［宋］周必大：《思陵录》，《文忠集》卷一七三，影印文渊阁《四库全书》第1148册，台湾商务印书馆，1985年，第928页。

2 ［清］徐松：《宋会要辑稿》卷七三八〇《礼三四》、卷八一九二《礼三七》，据北平图书馆影印本复制重印本，第2册，中华书局，1957年，第1294、1356页。

所请，此后诸皇后攒宫的石藏皆同皇帝之制。

三、南宋皇陵的位次

元兵占领临安后，南宋绍兴诸攒宫遭到了毁灭性的破坏。元世祖至元十五年（宋少帝祥兴元年，1278年），西番僧总江南浮屠事杨琏真珈与演福寺僧允泽等人勾结，公然开掘绍兴诸攒宫。据宋遗民周密《癸辛杂识》记载，南宋帝后攒宫分两次被盗毁，第一次“先发宁宗、理宗、度宗、杨后四陵，劫取宝玉极多。独理宗之陵所藏尤厚……或谓含珠有夜明者，遂倒悬其尸树间，沥取水银，如此三日夜，竟失其首”。第二次“复发掘徽、钦、高、孝、光五帝陵，孟、韦、吴、谢四后陵。钦、徽二陵皆空无一物，徽陵有朽木一段，钦陵有木灯檠一枚而已。高宗之陵，骨发尽化，略无寸骸，止有锡器数件，端砚一只，为泽所得。孝宗陵亦蜕化无余，止有项［顶］骨小片，内有玉炉瓶一副及古铜鬲一只，亦为泽取”[1]。又据元末陶宗仪《南村辍耕录》转引诸家记载云，在尽窃诸陵所藏珍宝后，盗贼们又将诸帝后骸骨散弃荒野，未朽者焚之，理宗头颅被割下带到大都（今北京），以其骨制成饮器。盗掘攒宫七日后，番僧将诸陵骨杂以牛、马骨运至杭州南宋故宫处瘞埋，并建“镇南塔”于其上，用以厌胜。关于这次盗陵的不同记载互有出入，到元明之际已难辨正是非[2]。

明洪武元年（1368年），明太祖派工部主事谷秉彝到北平（元大都，今北京）索取理宗头骨，次年敕令归葬原穴。诸陵封土树碑，修葺享殿围墙。刘辰《国初事迹》记其事云：“元至元间，杨琏真珈发宋朝诸陵，以理宗首骨截为饮器。太祖既得燕都，命守臣吴勉寻访到京，太祖命埋之于城角寺。及览浙江所进地图有宋诸陵，命瘞于旧穴。”[3]洪武九年（1376年）设守陵户二户，陵区五百步内禁樵采，每三年地方官以香帛祀陵；南宋陵区有了一些局部的恢复。但六七十年后的正统年间（1436—1449年），就已经是“孝宗、理宗及福王陵墓，俱为豪民侵夺”[4]了。1936年5月，陈万里考察南宋皇陵时见到：“孝宗陵四周有矮墙，还有几楹享堂，壁间嵌上十余块的御祭文碑记，此外一无可观。出孝宗陵不多路，就到了高宗陵，更荒凉了，没有围墙，也没有殿堂，就是在一个阴森松林里面，一堆土，一块碑而已。”[5]1950年以后，南宋陵区的土地使用权几经易手，地表遗迹荡然无存，诸陵位次的确定成为迫在眉睫的基础性工作。

关于南宋诸陵的位次，有人认为：“南宋六陵呈‘十’字形排列，永思陵、永阜陵、永茂陵三陵东西并列，南为永崇陵，北有永绍陵和永穆陵。”[6]《中国历代帝陵》一书绘图显示，南宋皇陵分为两组，南侧一组，永思陵之东为永阜陵，永阜陵之东北为永茂陵，东南为永崇陵；北侧一组，永祐陵西南为永穆陵，永穆陵西南为永绍陵[7]。这两种说法

1 ［宋］周密：《癸辛杂识》别集上“杨髡发陵”，中华书局，1988年，第263—264页。

2 ［元］陶宗仪：《南村辍耕录》卷四“发宋陵寝”，中华书局，1959年，第43—49页。按，《癸辛杂识》、《南村辍耕录》等书中关于徽、钦、高、孝四陵的引证记叙，须作辨正如下：一、徽宗遗骨实未得归葬，故其陵为空陵；二、宋、金文献中均有钦宗遗骨归葬巩洛的记载，故此“钦陵”应为附会，可能是徽宗陵附近的显肃郑皇后或高宗懿节邢皇后陵；三、高宗、孝宗之崩下距攒宫之掘分别为九十二年和八十五年，以常理揆之，八九十年之间人骨必无“尽化”之理，二帝遗骨或为宋遗民所收。

3 ［明］刘辰：《国初事迹》，邓士龙辑《国朝典故》卷四，北京大学出版社，1993年，第80—81页。

4 ［清］张廷玉等：《明史》卷一五八《轩輗传》，郑天挺等标点本，中华书局，1974年，第4324页。

5 陈万里：《瓷器与浙江》，中华书局，1946年，第125页。

6 孙中家等：《中国帝王陵寝》，黑龙江人民出版社，1987年，第235页。

7 黄濂：《中国历代帝陵》，大连出版社，1997年，第191页。

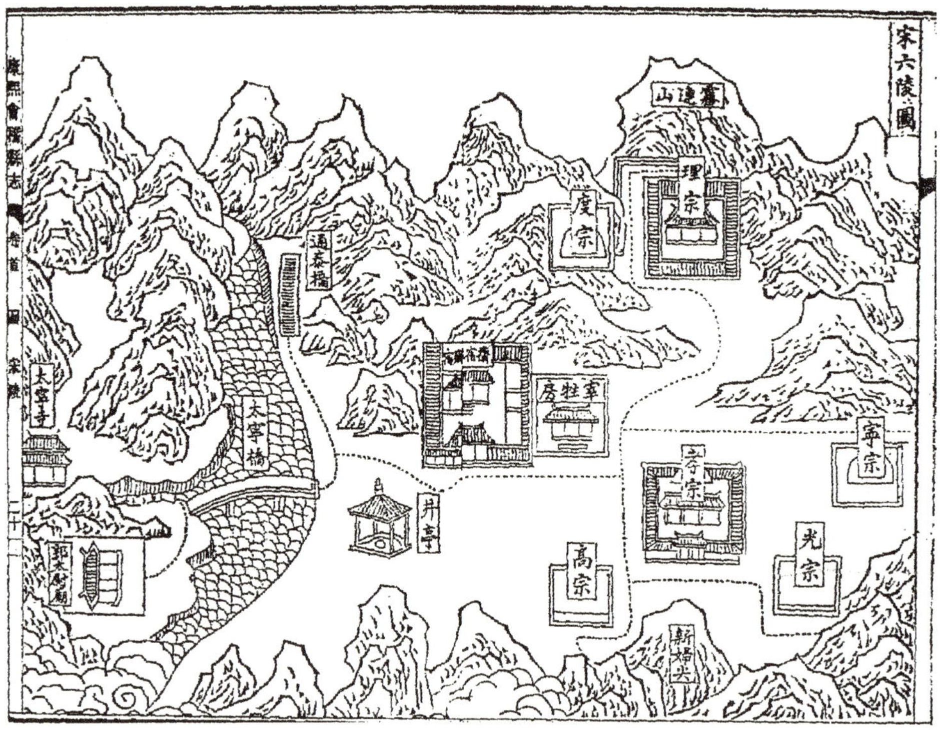

图6—36　清董钦德等纂《（康熙）会稽县志》中的南宋六陵分布图

的实质相同，唯后者增加了徽宗的永祐陵。它们都没有说明位次的排列依据，但可以明显看出是出自清代康熙时董钦德等人编纂《会稽县志》中所附的《宋六陵图》[1]（图6—36）。《康熙志图》是目前所能见到的关于南宋诸陵位次的最早的图像资料，但由于南宋诸攒宫在元朝初年曾遭到毁灭性的破坏，该图无法向上递推至南宋；如果熟谙宋代礼制也不难发现，这个排列位次有些与宋代皇室埋葬习俗明显有悖，也与《宋会要辑稿》等宋代文献记载不相吻合。

《宋会要辑稿》是目前已知关于南宋皇陵相对位置记载最详细、最系统的史料，该书《礼三七》记载徽宗至宁宗葬地云：徽宗永祐陵在昭慈孟皇后陵西北五十步；高宗永思陵“在徽宗皇帝攒殿篱围之外正西北，显仁皇后攒殿近上，正西向南”；孝宗永阜陵“神穴在永祐陵下宫之西南，永思陵下宫之东南”；光宗永崇陵“神穴系在永阜陵西，永思陵下空闲地段”；宁宗永茂陵在“昭慈陵侧仅一里许”[2]。以《宋会要辑稿》有关内容和其他文献记载互相参照，再结合宋代陵寝制度的基本特点，可以大体推定孟太后至光宗各攒宫的相对位次，自东而西依次为：昭慈孟太后攒宫，徽宗永祐陵上宫、显肃郑皇后攒宫、显仁韦皇后攒宫、永祐陵下宫，孝宗永阜陵上宫，高宗永思陵上宫、宪圣吴皇后攒宫、永思陵下宫，永阜陵下宫，光宗永崇陵上宫和下宫；总体分布趋势是自东南而西北顺次分布[3]。南宋魏了翁奉诏祭谒绍兴攒宫，其纪事诗中有“先从攒殿拜昭慈”、“次从祐阜至思崇”等句，自注云：“先昭慈，次永祐上下宫，次永阜上宫，次永思上下宫，次

1 ［清］董钦德等纂：《（康熙）会稽县志》卷首《宋六陵图》，《中国方志丛书》（华中地方·553）影印民国二十五年绍兴县修志委员会校刊铅印本，台北成文出版社有限公司，1983年，第60—61页。

2 ［清］徐松：《宋会要辑稿》卷八一八九《礼三七》，据北平图书馆影印本复制重印本，第2册，中华书局，1957年，第1329—1333页。

3 刘毅：《南宋绍兴攒宫位次研究》，《考古与文物》2008年第4期。

永阜下宫，终永崇。谒之日以道便，祭之日仍以尊卑得次。”[1]所记诸攒宫的位次十分清楚明白，更可以作为这一推论的重要佐证。

图6—37　浙江绍兴南宋皇陵南陵区西北部石条出土地（自南向北摄）

从昭慈孟太后到光宗，诸帝后攒宫共处一个区域，是为南宋皇陵的早期兆域，即南陵区或新妇尖陵区，这片区域就是《康熙志图》中的南部诸陵区域，图中标示为高、孝、光、宁四帝陵所在，也就是今“中日合资攒宫茶场”场部及其以南至新妇尖、以东至山、以北至绍兴—富盛公路、以西至河溪一带区域。2006年，曾经在该茶场部西北方地下发现过若干大石条，应即某帝后攒宫（上宫攒殿）的原址所在（图6—37）。

图6—38　浙江绍兴南宋皇陵北陵区现存墓冢东北角

新妇尖陵区在高宗攒葬时已经面临着土薄地卑的问题：“绍兴初，六飞驻越，昭慈圣献皇后上宾，因卜地，权殡[攒]于会稽上皇村，盖便于修奉也。及卜祐陵，遂就其侧，并举显肃、宪节二后祔焉。显仁、高宗继从其兆，则迫隘已甚矣。……自昭慈之西，连用五穴，山势渐远其地愈卑矣。”[2]宁宗永茂陵初卜，“太史局周奕等于永崇陵之下（西北方向）相视，迫溪无地可择”，因而不得不考虑另辟新的墓葬区，于是“判太史局周奕等相视得泰宁山，形势起伏，龙虎掩抱，依经书于此创建大行皇帝神穴，亦合随即补治。乞差官覆按施行”[3]。在今绍兴—富盛公路以北、新妇尖陵区的北偏东方向有一座当地传为“宋徽宗皇后陵”的坟冢（图6—38），这里很可能与永茂陵有关，墓主为宋宁宗或宁宗继配恭圣仁烈杨皇后[4]。此墓以西又有理宗、度宗二帝陵，此二陵当南宋末，在《宋会要辑稿》中缺载，但明

1 ［宋］魏了翁：《八月七日被命上会稽沿途所历拙于省记为韵语以记之舟中马上随得随书不复叙次二十首》，《鹤山集》卷一〇，影印文渊阁《四库全书》第1172册，台湾商务印书馆，1985年，第154页。考《宋史》卷四三七《儒林传·魏了翁》（中华书局，1977年，第12966—12967页），魏了翁奉诏祭陵事应在其嘉定十五年（1222年）入朝至嘉定末，魏时任太常少卿兼侍立修注官等职。

2 ［宋］佚名：《续编两朝纲目备要》卷三“光宗皇帝”，汝企和点校本，中华书局，1995年，第46—47页。

3 ［清］徐松：《宋会要辑稿》卷八一八九《礼三七》，据北平图书馆影印本复制重印本，第2册，中华书局，1957年，第1332页。

4 刘毅：《关于宋宁宗永茂陵位置问题的再思考》，《江汉考古》2014年第2期。

图6—39　明敕葬宋理宗顶骨碑，现藏绍兴县文物保管所

图6—40　浙江绍兴明敕葬宋理宗顶骨碑（宋理宗永穆陵）原址

初重葬理宗顶骨碑等有关碑刻可资佐证（图6—39、图6—40）。另外，宁宗、理宗等陵墓的排列方式也与宋朝皇室尊崇“五音姓利”的埋葬习惯相吻合。

综上所述，南宋攒宫分为南北两个区域，南陵区即新妇尖陵区，葬徽宗、高宗、孝宗、光宗四帝和孟、郑、韦、邢、吴、谢六后。北陵区即雾连山陵区，葬宁宗、理宗、度宗三帝和宁宗杨后（图6—41）。

南宋绍兴攒宫兆域范围狭小，不像北宋巩义陵区那样附有大量的陪葬墓。一些皇后、皇子等，因皇帝吉穴未卜，即先厝葬于杭州等地，多因寺庙为攒园，依惯例不再迁祔绍兴陵区。其中孝宗元配成穆郭皇后（薨于即位前）和继配成恭夏皇后、光宗慈懿李皇后、宁宗元配恭淑韩皇后等四位皇后的攒宫“并在钱湖门外三里，南山之修吉寺各殿”[1]。杭州的这些攒宫或攒园，有不少在明清时期修纂的各级地方志中仍可见到明确的记载。如，“宋郭皇后、夏皇后、李皇后、韩皇后攒宫，《成化杭州府志》：并在钱湖门外三里，南山之修吉寺。每岁春秋太常卿朝献，官吏职掌、兵士守卫皆如会稽攒陵之仪。宋庄文太子攒园，《成化杭州府志》：在钱湖门外。又，庄文园右法因院为景献太子攒园。宋贵妃刘氏攒所，《武林旧事》：在凤凰山奉华寺。《西湖游览志》：贵妃临安人，父懋，献钱二万缗助军费，高宗嘉之，令建寺以为功德。宋贵妃黄氏攒所，《成化杭州府志》：在西莲瑞相院。宋贵妃贾氏攒所，《武林旧事》：在崇恩演福教寺”；又如，“宋仪王仲湜墓，《成化杭州府志》：在西湖显明寺”，“宋济王竑（宁宗长子）墓，《成化杭州府志》：在驼巘岭下”[2]。

南宋最早的一座皇家攒园建于建康（今江苏南京）。建炎三年（1129年）七月十二日，高宗皇太子赵旉因病中再被惊悸而薨，“攒于（建康）府城内西冶城后铁塔正觉寺法堂西偏小室中。绍兴元年（1131年）二月二十九日，三省同奉圣旨给度牒一十道，付建康府，专一应副修葺，日轮军员兵级防护，本地分官旬具平安状申府，春秋差官祭享”[3]。

1 ［宋］潜说友纂修：《咸淳临安志》卷一四“行在所录·攒宫”，《宋元方志丛刊》影印《四库全书》本，中华书局，1990年，第3497页。

2 ［清］嵇曾筠等监修，沈翼机等编纂：《（乾隆）浙江通志》卷二三五“陵墓一”，影印文渊阁《四库全书》第525册，台湾商务印书馆，1984年，第357、359、361页。

3 ［宋］马光祖修，周应合纂：《景定建康志》卷四六“祠祀志三·寺院·正觉禅寺”，《宋元方志丛刊》

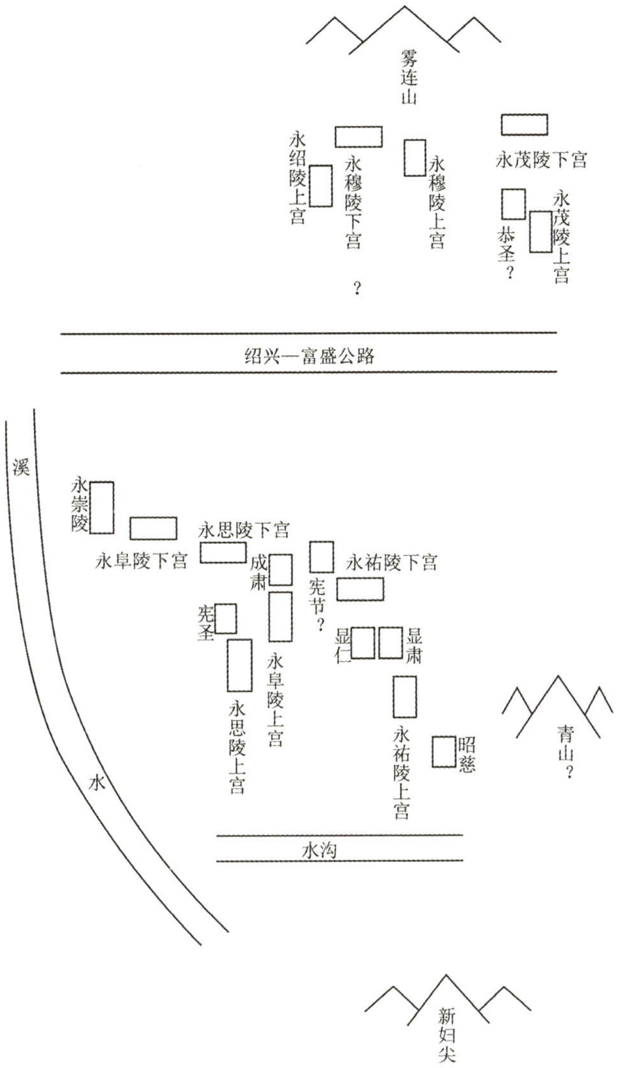

图6—41　浙江绍兴南宋攒宫位次示意图（引自《考古与文物》2008年第4期）

因为皇帝当时的行在是建康，故而元懿太子即权攒于建康。

第六节　宋代皇陵制度的特点及其影响

综前所述，宋代皇陵制度具有如下几方面的突出特征：

第一，与汉、唐等前代主要王朝相比，宋代皇陵制度鲜见创新；并且，就单体皇陵陵园的平面布局而言，对于明清皇陵的结构也没有太明显的直接影响。北宋皇陵陵宫平面大体呈正方形、神门对称四开的布局继承了汉代以来的传统；封土为陵、帝后同兆域但异坟异陵园合葬的做法源自西汉；上、下宫分立，以南神门外为主神道，设阙二道等则仿自唐。可以说，从陵园基本布局和建置来看，北宋皇陵是对汉、唐皇陵相关制度的直

影印《四库全书》本，中华书局，1990年，第2074页；又见于卷四三“风土志二·诸墓·元懿太子攒宫”，第2034页。

接继承。就上、下宫各自的祭祀功能及相应的政治礼仪地位等方面来看，宋陵与唐陵差不多也完全一致，甚至上、下宫的名称都是沿用自唐代。北宋诸陵下宫皆在上宫西北，与唐代在上宫西南不同，是信奉“五音姓利”说使然。至于南宋皇陵，因为是预备奉迁的攒宫，只是在北宋陵制的基础上进一步简化建制，同样没有创新。杨宽根据周必大《思陵录》的记载，认为“南宋把唐以来分离的上下宫串联造在同一轴线，成为当时陵园的一个特点”[1]。但在《思陵录》及其附录永思陵工程交割照会中并没有能找到直接记述上、下宫之间相对位置关系的文字；相反，结合《宋会要辑稿》、《云麓漫钞》等宋人记载以及宋皇室极端崇信“五音姓利”说的事实，反倒是可以确认南宋下宫仍然是在上宫和攒殿的西北。有研究者推衍陈仲篪旧说，认为南宋攒宫“把北宋时分离的上下宫串联在同一轴线。后来明、清陵墓的祾恩殿（相当下宫）和明楼宝顶（相当上宫）纳诸同一组群内，即由此演变而成”[2]。实际上，明代皇陵的宝顶即宋代的封土陵台、祾恩殿即前代的献殿；并且，明陵中根本没有下宫的设置，所以实难与南宋攒宫比附[3]。

第二，堪舆术对宋代皇陵选址、建筑设计、平面布局的影响极大。关于堪舆术对宋陵的影响，许多调查、研究者都已经注意到了[4]，而且还有过专文论证[5]。“五音姓利”对于宋陵选址、定穴以及构筑的影响，是堪舆术对宋陵影响最为显著的方面。“五音姓利”说的基本理论是把诸姓按“五音”分为五类，再与“五行”相对应，从而得出某姓所利的阴阳宅方位、地势走向。赵姓属角音，角音所利为壬、丙两向，即南略偏东和北而略偏西，所利的地势走向首为东高西低、次为南高北低。宋陵的选址定穴充分考虑到了“国音”问题。乾德元年（963年）十二月二十三日，宋太祖“诏改卜安陵，命枢密承旨内客省使王仁赡为按行使，仁赡与司天监赵修已言：得河南府巩县西南四十里訾乡邓村地吉。从之”[6]。宋太祖有过迁都洛阳的筹划，所以把陵区选在了都城的正东偏南，后来迁都虽未成事实，但洛阳却一直是北宋的“西京”。南宋孟太后卜攒宫在绍兴东南，是因为当时宋高宗驻跸越州，后来定临安为行都，绍兴攒宫仍在都城的东南方，和北宋一样，都是于“国音”有利的方位。宋代陵域之内的各个具体陵墓的地势更是严格按照“国音之利”选定，南宋赵彦卫论两宋皇陵堪舆有云：“永安诸陵，皆东南地穹，西北地垂，东南有山，西北无山，角音所利如此。七陵皆在嵩少之北，洛水之南，虽有岗阜，不甚高，互为胜势。自永安县西坡上观，安、昌、熙三陵在平川，柏林如织，万安山来朝，遥揖嵩少。三陵柏林相接，地平如掌，计一百一十三顷，方二十里云。今绍兴攒宫朝向，正与永安诸陵相似，盖取其协于音利，有上皇山新妇尖，隆祐攒宫正在其下。”[7]北宋皇陵不仅地理位置合乎音利，而且以史称周公测影、天地之中的上古圣山——嵩山为地标而卜建，这在历代帝王陵墓中是独一无二的[8]。如《宣祖昭武皇帝改卜安陵哀册文》所称颂者：“洛

---

1 杨宽：《中国古代陵寝制度史研究》，上海古籍出版社，1985年，第62页。

2 刘敦桢主编：《中国古代建筑史》，中国建筑工业出版社，1980年，第222页。

3 关于南宋皇陵（攒宫）与明清皇陵之间关系的详细讨论，可参阅拙著《明代帝王陵墓制度研究》第四章第一节，人民出版社，2006年。

4 郭湖生等：《河南巩县宋陵调查》，《考古》1964年第11期；傅永魁：《巩县宋陵》，《河南文博通讯》1980年第3期；傅永魁等：《河南巩县宋永昭陵区的考察》，《考古学集刊》第8辑，科学出版社，1994年；河南省文物考古研究所：《北宋皇陵》，中州古籍出版社，1997年。

5 冯继仁：《论阴阳堪舆对北宋皇陵的全面影响》，《文物》1994年第8期。

6 ［清］徐松：《宋会要辑稿》卷七三四六《礼三九》，据北平图书馆影印本复制重印本，第2册，中华书局，1957年，第1368页。

7 ［宋］赵彦卫：《云麓漫钞》卷九，中华书局，1996年，第150页。

8 刘毅：《嵩山之阴的皇朝记忆》，郑州中华之源与嵩山文明研究会主编《中华之源与嵩山文明研究》第一辑，科学出版社，2013年，第257—279页。

图6—42 宋宣祖安陵石像生、封土

图6—43 宋仁宗永昭陵神道石刻西列（自北向南摄）

州南原兮山有嵩，山川王气兮洛阳东。宫阙崔嵬兮形胜通，土圭测景兮天之中。惟帝运之兴隆兮，盛大德而照融。”[1]（图6—42）嵩山神圣，有时因营造修缮还要告祭嵩高之神，如景德三年（1006年）“四月十二日，以修塞安陵下撅涧毕工，命知制诰周起祭告三陵、直昭文馆陈充祭告嵩岳”[2]。

如果按照“音利”的标准来衡量，北宋陵区东南有山来，西北有水来，东南高，西北低，确为上吉之穴。就每个陵而言，在构建时也都不是正南北（子午）朝向，而是丙壬朝

1 ［宋］赵匡胤：《宣祖昭武皇帝改卜安陵哀册文》，曾枣庄等编辑《全宋文》卷三，上海辞书出版社，2006年，第62页。

2 ［清］徐松：《宋会要辑稿》卷八一八九《礼三七》，据北平图书馆影印本复制重印本，第2册，中华书局，1957年，第1333页。

向，“诸陵南北轴线，率正北偏西约六度”；各陵地势也是南高北低，即由鹊台至陵台地平面是下坡，“尤其是永定、永昭陵，陵台顶面竟不高于鹊台处地面”[1]，这在中国历代建筑中是十分罕见的（图6—43）。注重国姓音利，往往是选定陵穴的第一重要标准，如果局部地势不利，还要通过填筑等方式来弥补。元丰四年（1081年），有人上奏：“闻祖宗朝尝于永熙陵东西三男位筑堤以镇土，已获感应。今可于永厚陵及濮安懿王园东寅卯辰三位天柱寿山行镇土之术，仍乞于镇上堤逐方位以珍宝玉石为兽埋之。”[2]《宋会要辑稿》中还有很多这类记载，兹不逐一引证。在永裕、永泰二陵皇后陵的陵园四周地下1米处曾发现过石质的十二神[3]，这些东西就是当年的风水厌胜物。南宋攒宫卜址仍然首重音利，选陵官甚至为此互相攻讦。当为孝宗卜选陵地时，时任经筵讲官的朱熹曾应诏上言指出：“自永安迁奉以来已遵用此法，而九世之间，国统再绝（仁宗、哲宗无嗣）；靖康之变，宗社为墟。高宗中兴，匹马南渡，寿皇（孝宗）复自旁支入继大统；至于思陵亦用其法，而寿皇倦勤之后旋即升遐，太上（光宗）违豫日久，以至逊位。赤山亦用其法，而庄文、魏邸相继薨谢。若曰吉凶由人，不在于地，不有所废，其何以兴？则国音之说自为无用之谈，从之未必为福，不从未必为祸矣！何为信之若是其笃，而守之若是其严哉！若曰其法果验，不可改易，则洛越诸陵无不座南而向北，固已合于国音矣，又何吉之少而凶之多耶！”[4]但是他的这番直言并未在朝廷上下引起重视，宋朝对于皇陵风水的迷信贯穿始终。据南宋人追忆：“永昌陵卜吉，命司天监苗昌裔往相地西洛。既覆土，昌裔引董役内侍王继恩登山巅，周览形势。谓继恩云：‘太祖之后，当再有天下。’继恩默识之。”[5]这个传说在宗室中私下流传，此后太宗驾崩前、神宗熙宁中、钦宗靖康末皆有人以此说而希冀大位。而此后的永定陵，有人认为丁谓卜地不当，与靖康之祸有直接关联：“信州白云山人徐仁旺尝表奏与丁晋公（谓）议迁定陵事，仁旺欲用牛头山前地，晋公定用山后地。争之不可，仁旺乞禁系大理，以俟三岁之验，卒不能回。仁旺表有言山后之害云：‘坤水长流，灾在丙午年内，丁风直射，祸当丁未年终，莫不州州火起、郡郡盗兴。’闻之者初未以为然。至后金人犯阙，果在丙午；而丁未以后，诸郡焚如之祸，相仍不绝，幅圆之内，半为盗区。其言无不验者。”[6]

第三，北宋诸陵虽然上宫、下宫及阙台石像生等俱全，但规模却比较小。当地旧有“帝陵百亩，后陵四十亩”之说，这个范围包括了神宫城及其以外的石像生等附属建筑；同样是来自所在地民间的说法，西汉帝后陵每陵封土的占地面积即达40亩，至于因山为陵，封域几十里乃至百余里的唐陵更令宋陵逊色。以北宋实际第一陵太祖永昌陵为例，其神宫城为正方形，边长240米，封土底边东西48米、南北45米，顶边东西18米、南北14米，现高14.4米[7]。而唐代第一陵——在唐诸陵中规模偏小的陕西三原唐高祖献陵陵园南北451米、东西448米，覆斗形封土底边东西140米、南北110米，顶边东西约30米、南北约12米，现高约18米[8]；其神城面积约为永昌陵的3.5倍，封土面积约为永昌陵的7.13

1 郭湖生等：《河南巩县宋陵调查》，《考古》1964年第11期。

2 ［清］徐松：《宋会要辑稿》卷八一八九《礼三七》，据北平图书馆影印本复制重印本，第2册，中华书局，1957年，第1325页。

3 傅永魁：《河南巩县宋陵石刻》，《考古学集刊》第2辑，中国社会科学出版社，1982年。

4 ［宋］朱熹：《晦庵先生朱文公文集》卷一五《山陵议状》，朱杰人等编《朱子全书》第20册，上海古籍出版社，2002年，第730—731页。

5 ［宋］王明清：《挥麈后录余话》卷一，中华书局上海编辑所点校《挥麈录》，中华书局，1961年，第266页。

6 ［宋］何薳：《春渚纪闻》卷一“定陵兆应”，张明华点校本，中华书局，1983年，第2页。

7 河南省文物考古研究所：《北宋皇陵》，中州古籍出版社，1997年，第33—35页。

8 陕西省考古研究院：《唐高祖献陵陵园遗址考古勘探与发掘简报》，《考古与文物》2013年第5期。

倍。而近在偃师的唐高宗太子李弘（追封为孝敬皇帝）之恭陵规模更大，正方形陵城边长约为660米，封土南北130米、东西150米、现高22米[1]，北宋皇陵制度的卑微由此可见一斑。南宋攒宫最初只是权宜之计，规制大为省约，兆域狭小，简陋更甚。导致宋陵规模小的原因，主要是三个：其一，以唐关中十八陵及历代陵墓在丧乱期间被盗为戒，实行薄葬，两宋之初尤其如此；其二，继五代之后，皇陵卑微已为常制，形成习惯；其三，宋代制度既不预建寿陵，而皇帝死后又要在七个月之内神主升祔太庙，安葬山陵必须在此前完成，所谓“七月而葬，礼有常经”[2]。短短七个月的时间，要完成卜穴、采办工料、建陵、下葬、神主祔庙诸程序，陵寝规模肯定不会过大，无法与即位而治山陵者相比肩。至于仅用作“攒宫”的南宋诸陵，只是稍存陵墓之制，以待异日奉迁，规模相应更小。

第四，由于每座帝后陵墓的规模都小，使得宋代皇陵不像汉唐皇陵那样可望不可即地分散排布，而是相对集中于同一个自然地理区域，陵区制的特征十分明显。陵区制是指那些单座皇陵规模比较小，若干座甚至整个王朝之历代皇陵同处在一个相对独立的自然地理区域范围内，一般为方圆数里至数十里；并且各陵之间应该有明确的或比较明显的尊卑主从关系。以此为标准，中国古代陵区制的渊源最早可以上溯到东汉时期，而南朝齐、梁两代皇陵具有明显的陵区制特征。南齐皇陵在今丹阳市区东北的经山周围，有齐武帝景安陵、齐文惠太子（追尊为文帝）崇安陵、齐明帝兴安陵、齐和帝恭安陵等。据《南齐书》记载：“初，豫章王嶷葬金牛山，文惠太子葬夹石。（竟陵王）子良临送，望祖硎山，悲感叹曰：‘北瞻吾叔，前望吾兄，死而有知，请葬兹地。’既薨，遂葬焉。”[3]从这段文字推测，南齐皇室贵族不但聚族而葬，而且各陵墓依辈分或身份还应该有一定的排列规则。追封梁文帝之建陵、梁武帝之修陵、梁简文帝之庄陵在今丹阳市区东云阳镇三城巷，三陵皆坐西朝东，自南而北依次排列，父祖辈分分明。稍晚并立于北方的北齐皇陵也有类似特点。巩义宋陵是典型的陵区制，也标志着陵区制的最终确立。永安八陵相对集中，在整体上属于嵩山山系西北、洛河东南的同一个自然地理区域。各陵虽然各自独立，但在整体布局等方面却可以明显看出彼此之间的先后主从关系，按照“五音姓利”的规则，墓主以辈分和身份而定尊卑，自东南向西北递降，从总体上设定了子孙序列。陵区中首为西村三陵，自东南而西北依次为追封宣祖安陵、太祖永昌陵、太宗永熙陵；次为西村区北部的芝田真宗永定陵；再向东北为孝义仁宗永昭陵、英宗永厚陵。尊卑、世次，一目了然。西南部神宗永裕陵、哲宗永泰陵虽有另辟墓葬区的倾向，但从总体上看是附于诸陵之次位。陵区制葬法既成制度，后世嗣皇帝若另择墓地便被疑为“非法”，这种行为往往被谏阻。宋仁宗驾崩后，英宗和皇太后都因考虑风水因素，曾拟在永安陵区之外别择佳穴卜建山陵。司马光即上疏反对：“夫阴阳之书，使人拘而多畏，至于丧葬，为害犹甚”；“国家自宣祖以来葬于永安百有余年，官司储偫，素皆有备，今改卜他所，不惟县邑官司更须创置，亦恐大行皇帝神灵眷恋祖宗，未敢即安于新陵也”[4]。可见，到北宋中期陵区制的观念已经颇有影响。高宗南渡，偏安江左，皇陵局促于绍兴宝山，最终形成了南北两片墓葬区域，也是典型的陵区制。此外，宋陵的陵区制对于同期稍晚的西夏、金代皇陵以及后来明清皇陵陵区的形成也有一定的影响。

---

1 中国社会科学院考古研究所河南第二工作队等：《唐恭陵实测纪要》，《考古》1986年第5期。

2 ［清］徐松：《宋会要辑稿》卷七三六四《礼三〇》，据北平图书馆影印本复制重印本，第2册，中华书局，1957年，第1149页。

3 ［梁］萧子显：《南齐书》卷四〇《武十七王传·竟陵文宣王》，王仲荦点校本，中华书局，1972年，第701页。

4 ［宋］司马光：《山陵择地札子》，［明］黄淮等编《历代名臣奏议》卷一二五《礼乐·丧礼·山陵及祭礼》，上海古籍出版社影印本，1989年，第1643页。

第五，宋代皇陵也有若干祔葬、陪葬墓，但陪葬制度却与汉唐有明显的不同。北宋诸陵虽在同一兆域之内，但各有封域，自成体系，每陵各有数目不等的祔葬墓和陪葬墓，它们一般都位于帝陵西北方，以距离帝陵的远近区别卑尊。诸陵中除宣祖、昭宪太后合葬安陵外，其余皆为帝后异坟异穴，后陵在帝陵北神墙外偏西，下宫之南；多位皇后祔葬者，有些后陵在下宫以北。由于宋代不预建寿陵，先于皇帝而死的皇后因丈夫墓穴未卜，只能祔于先代皇陵，若死于山陵既卜之后则在丈夫陵园西北建陵。宋宁宗开禧三年（1207年），孝宗成肃夏皇后崩，在讨论祔葬孝宗攒宫时，吏部尚书夏峻把这两种情况讲得很明白："伏睹列圣在御，间有诸后上仙，缘无山陵可祔，是致别葬。若上仙在山陵已卜之后，无有不从葬者。其他诸后，葬在山陵之前，神灵既安，并不迁祔。"[1]以宋初三陵为例，安陵内合葬有太祖、太宗的父母，陵园西北祔葬的皇后有太祖贺皇后、王皇后，太宗符皇后、尹皇后；太祖永昌陵西北祔葬太祖宋皇后，真宗潘皇后；太宗永熙陵祔葬太宗元德李皇后、明德李皇后，真宗郭皇后（图6—44）。这种在帝后夫妻异陵域而葬的做法是历代皇陵中少见的。皇后祔葬一般不另立陵名，祔于本夫陵园的，即以帝陵名加后陵名之，如"永昌陵后陵"；祔葬先辈陵园者则单称为"某后园陵"。惟祔葬于永昌陵

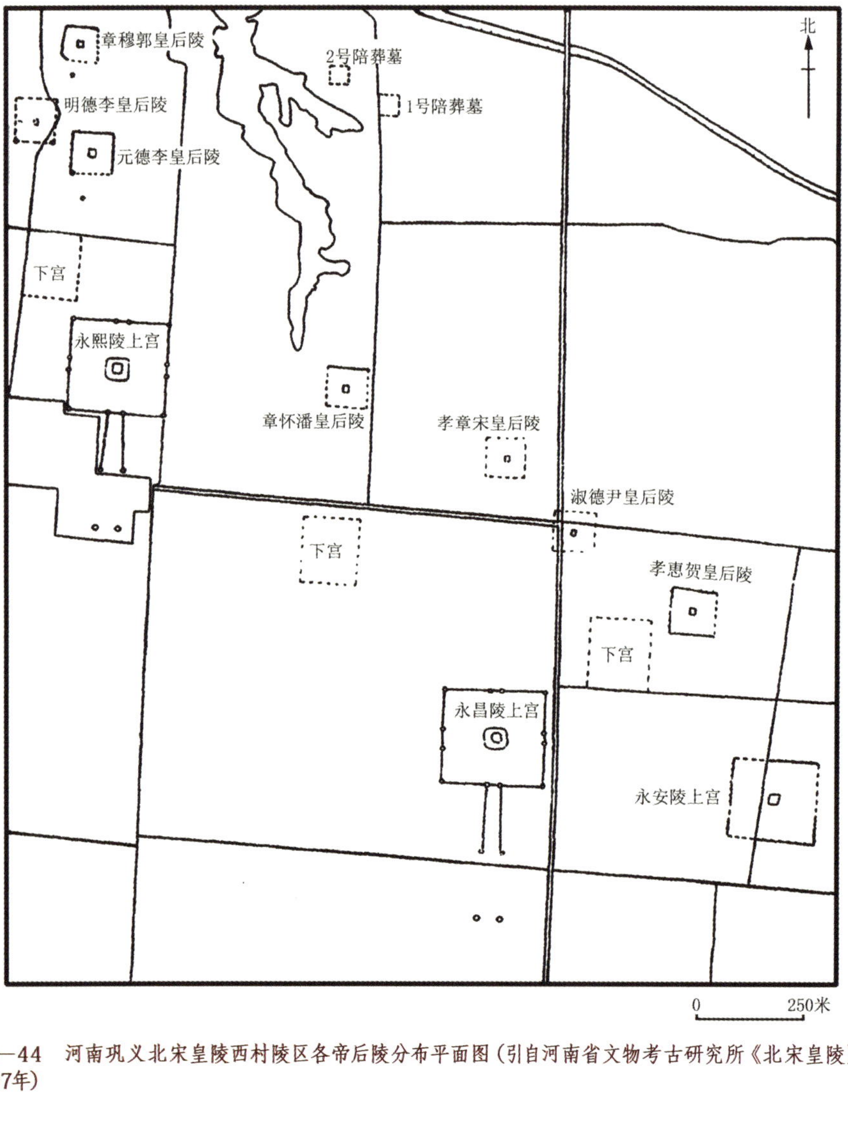

图6—44　河南巩义北宋皇陵西村陵区各帝后陵分布平面图（引自河南省文物考古研究所《北宋皇陵》，1997年）

1 ［元］脱脱等：《宋史》卷一二三《礼志·园陵》，中华书局，1977年，第2875页。

的太宗皇太子（即真宗）亡妻莒国夫人潘氏，于真宗即位后被追册为庄怀皇后（仁宗时改谥章怀），另定陵名曰“保泰”[1]，这在宋代皇后陵中是一个特例。宋代皇后陵一般称为“园陵”，曾经垂帘听政的皇太后陵和皇帝一样称“山陵”。清朝后来也有帝后妃嫔集中而葬的做法，应该是远法西汉而近效北宋。

除皇后祔葬外，北宋各陵还有总数以百千计的妃嫔、皇子、未嫁公主、亲王、宗亲等从葬；也有少量的功臣陪葬，如高怀德、赵普、曹彬、寇准、包拯等。因为陪葬宗亲日多，一些疏远位卑者开始于皇陵之外别立封兆。景德三年（1006年）“十月，司天监言：三陵皇亲祔葬稍多，今安王坟后有地，乞因明德皇后园陵，悉迁厝于彼。帝以其祔葬不可改，命随明德园陵卑丧别置兆域”[2]。调查发现，永定陵北芝田镇东南有大片陪葬墓，回郭镇东南即永裕、永泰二陵之北也有一大片陪葬墓，这些应该就是为那些“卑丧”而“别置兆域”的宗室墓区。在永安之外，还有一些宗室葬于汝州，“国朝宗子，自祔葬山陵之外，又有南坟、西坟。……国朝宗子分三祖：艺祖、太宗葬西京，故宗子连‘惟’字、‘允’字以上者，并祔西洛。魏悼王葬汝州，故宗子连‘承’字以下者，并祔温阳。所谓‘西坟’，永安是也。所谓‘南坟’，汝州是也”[3]。南宋诸攒宫之下有部分皇后祔葬，兆域之外也有一些宗室成员、大臣等人的从葬、陪葬墓，但因受整体上腹地狭隘的限制，许多南宋宗室陪葬墓不得不卜建于绍兴周边地区，明朝“正统间（1436—1449年），会稽人赵伯恭自称宋裔，奏孝宗、理宗殡宫在会稽，安定郡王坟在诸暨，福王夫妇坟在山阴，被豪民侵为田宅及樵牧其中”[4]。南宋宗室陪葬墓的数量应该也很可观，据《通鉴纲目》记载，杨琏真珈发绍兴诸陵及大臣冢墓多达101所[5]，这可能只是与攒宫地界相近的部分。

第六，北宋皇陵石像生制度继承自唐代但有所变化，是古代帝王陵墓石像生制度发展的一个重要阶段。除宣祖的安陵外，永安诸陵石像生内容统一，比诸唐代，宋陵石像生石兽的种类更为丰富、开创了多种石兽立于墓前之制（图6—45），石人皆以装束分出文武，并且文在武上（更靠近陵宫），蕃部客使也加入神道石人队列之中（图6—46）。其后的明凤阳皇陵石像生的内容及装饰等清晰可见巩义宋陵石刻因素，明显脱胎自巩义宋陵[6]，经过明凤阳皇陵、泗州祖陵的过渡性继承和发展，到明太祖孝陵石像生中，石兽、石人的基本形式已经固定。从内容、装饰和排列方式上，可以明显看出宋、明、清三代帝陵石像生制度一脉传承的演化轨迹。

第七，宋陵的名称分为单字和双字两种。宋初追上四祖之陵名皆用单字，即钦陵、顺陵、定陵、安陵；自太祖陵起改用双字，但其上一字共用“永”字，称“永某陵”。自宋代起即有称宣祖陵为“永安陵”者，皆系因永昌以后诸陵用两字，以及永安军、永安县之名误会，在比较正式的官方文档中两种不同称谓区分得很清楚，如太宗雍熙二年（985年），宗正少卿赵安易言，“昨朝拜安陵、永昌陵，有司止设酒、脯、香，以未明行事，不设烛燎。又先赴永昌陵，后赴安陵，及帝后二位不遍拜，颇愆于礼”[7]；又如仁宗景祐四年（1037年），“减柏子户，安陵、永昌、永熙各留四十户，永定五十户”[8]。北宋皇陵兆域

1 ［元］脱脱等：《宋史》卷一二三《礼志·园陵》，中华书局，1977年，第2869页。

2 ［清］徐松：《宋会要辑稿》卷八一八九《礼三七》，据北平图书馆影印本复制重印本，第2册，中华书局，1957年，第1333页。

3 ［宋］李心传：《旧闻证误》卷三，崔文印点校本，中华书局，1981年，第47页。

4 ［明］沈德符：《万历野获编》卷二四“南宋陵寝”，谢兴尧标点本，中华书局，1959年，第615页。

5 ［清］朱孔阳《历代陵寝备考》卷四一引《通鉴纲目》，江苏广陵古籍刻印社影印本，1990年，第282页。

6 刘毅：《明凤阳皇陵神道石刻研究》，《文物》2014年第5期。

7 ［元］脱脱等：《宋史》卷一二三《礼志·上陵之礼》，中华书局，1977年，第2881页。

8 ［元］脱脱等：《宋史》卷一二三《礼志·上陵之礼》，中华书局，1977年，第2884页。

图6—45 宋太宗永熙陵神道西列石兽

图6—46 宋真宗永定陵神道西列蕃部客使

旧属巩县，沿用安陵原在开封即以开封县令兼陵台令之例，以巩县令丞兼掌陵寝公事，太宗雍熙二年（985年），正式以巩县县令兼陵台令。真宗景德元年（1004年）六月以前曾“置永安军士专奉陵寝”；景德四年又分取巩、偃师、缑氏、登封四县之地，建为永安县，“充奉陵邑”[1]。此后便有“永安诸陵”之称，此“永安”乃县名而非陵名。《宋会要辑稿》记真宗陵名“永定”之后特注云：“初，丁谓奉诏撰陵名曰‘镇陵’，及谓贬，冯拯以（安、昌、熙）三陵名上皆有‘永’字，谓不遵先制，故改焉。按，宣祖陵止名安陵，永安乃县名也。”[2]汉唐以及许多王朝皆以单字名陵，双字名陵见于魏晋及南北朝的宋、南齐、陈、北齐诸陵，其间也有一朝陵墓共用一字的现象，如东晋诸陵皆名“某平陵”、南

1 [清]徐松：《宋会要辑稿》卷八一八九《礼三七》，据北平图书馆影印本复制重印本，第2册，中华书局，1957年，第1333、1335页。
2 [清]徐松：《宋会要辑稿》卷七三四七《礼二九》，据北平图书馆影印本复制重印本，第2册，中华书局，1957年，第1076页。

朝宋诸陵皆名“某宁陵”、南齐诸陵皆名“某安陵”等，宋陵命名当是因袭了这一传统。在宋人文集、笔记中也常见省略“永”字，而仅以后一字称某皇陵之例，除前引程颐《代富弼上神宗皇帝疏》中“往者营奉昭陵”等语外，又如《齐东野语》云：“阜陵天纵睿圣，英武果断，古今之所鲜俪。”[1]阜陵即永阜陵之省称，指代宋孝宗；书名则有前引《思陵录》等。但这种简称一般不用于正式的祭文、诏诰。

第八，继南朝梁特建皇基寺于陵旁之后，宋代也设立专门的寺庙以供奉皇陵。为了追荐祖先，巩义陵区专门建有香火寺院，这些寺院皆在各帝陵的封域之外，一般都在本陵西北方。永安禅院，为安、昌、熙三陵所建；永定禅院奉供定陵，昭、厚二陵西北有昭孝寺；宁神寺则为裕、泰二陵所建。1995年，河南省文物考古研究所曾对真宗陵之永定禅院进行过抢救性清理发掘[2]。英宗落葬永厚陵，朝廷“赐英宗皇帝石记文于昭孝禅院”，申明寺院职掌和待遇：“永厚陵南至永定陵七里一百三十一步，东至永昭陵九十步。其令永定昭孝禅院为二陵追福，仍赐良田十顷，房钱日一千，岁度童行二名，僧一人，紫衣于院。”[3]宋徽宗崇道排佛，宣和元年（1119年），“佛寺改为宫，僧寺为观，诸陵佛寺改为陵名明真宫”[4]。之后，南宋诸攒宫依然由禅院奉祭。绍兴元年（1131年），昭慈皇后攒于会稽宝山，即以原证慈禅院地近攒宫而令“每遇生辰节序等，就差本院僧二十一人作道场”，七月，礼部奏请：“越州宝山证慈禅院已充昭慈献烈皇太后攒宫修奉香火，未经赐额度僧。诏以泰宁寺为额，每岁度僧一名。”[5]和北宋不同，泰宁寺兼奉各攒宫，“永祐、永思、永阜、永崇四陵修奉皆在其地，故泰宁益加崇葺云”[6]。嘉定十七年（1224年），因宁宗永茂陵占其地，“乃移寺于颜家山，增创神位殿，法堂、方丈、廊庑，为屋二百五十余间，深邃显敞，比旧不侔矣”[7]。赵宋皇室整体上崇奉道教，但却兴建佛寺以供奉山陵，并且前揭南宋一些后妃皇子的攒宫即设于佛寺，这个现象可能与当时的社会风俗有关。宋朝陵寺有赐田、房资，每年还有一至数名的剃度名额，其职责就是于帝后忌、诞等日及节日作道场追荐功德祈福，与普通寺院有所不同。

除寺庙外，巩义陵区以北的洛水北岸还有一座会圣宫，“崇奉祖宗冠冕”，“诸陵旦望节日荐献当如景灵宫。其会圣宫制度朴素，宜加修饰，应陈设器血[皿]之类，并三年一易，令提点京西路刑狱及提举常平司岁给十万缗充”[8]。会圣宫是供奉北宋诸陵的一座道教宫观，和景灵宫一样，属于皇家性质。

1 [宋]周密：《齐东野语》卷一“孝宗圣政”，中华书局，1983年，第1页。

2 孙新民等：《巩义宋陵考古获重要发现》，《中国文物报》1996年4月14日第1版。

3 [清]徐松：《宋会要辑稿》卷八一八九《礼三七》，据北平图书馆影印本复制重印本，第2册，中华书局，1957年，第1325页。

4 [宋]赵彦卫：《云麓漫钞》卷一四，中华书局，1996年，第253页。

5 [清]徐松：《宋会要辑稿》卷八一八九《礼三七》，据北平图书馆影印本复制重印本，第2册，中华书局，1957年，第1339页。

6 [宋]施宿等纂：《嘉泰会稽志》卷七“宫观寺院·泰宁寺”，《宋元方志丛刊》影印《四库全书》本，中华书局，1990年，第6828页。

7 [宋]张淏纂修：《宝庆会稽续志》卷三“泰宁寺”，《宋元方志丛刊》影印《四库全书》本，中华书局，1990年，第7127页。

8 [清]徐松：《宋会要辑稿》卷八一八九《礼三七》，据北平图书馆影印本复制重印本，第2册，中华书局，1957年，第1338页。

第七章
辽夏金元陵墓制度

和五代、北宋同时，在当时中国的北方还有一个辽王朝并立，后又有西夏立国于西北；金灭辽后据有其地，既而又攻灭北宋与南宋并立。在这样一个南北分治、战和不断的时代，北方三个少数民族王朝的皇陵建制一方面参照、模仿唐宋皇陵的某些制度，另一方面也沿袭了不少本民族的旧制或旧俗，时代、地域、民族特色都很鲜明。和两宋皇陵制度鲜见创新、处在徘徊发展阶段不同，辽、夏、金三朝的皇陵制度中都有一些不同于两宋的新因素出现，并且对于明清帝王陵墓制度也产生了一定的影响。

第一节　辽代皇陵制度

辽是契丹族建立的王朝，有时国号亦称“契丹”。公元916年建国，自太祖耶律亿（阿保机）开国，传九世、共九帝。1125年为金联合北宋所灭，太祖八代孙耶律大石西奔，延续辽朝，史称“西辽”，1211年亡于蒙古。

一、辽代皇陵及其考古发现与研究

天显元年（926年）七月，辽太祖崩，谥曰“升天皇帝”；次年八月葬于祖陵。其制：“凿山为殿，曰明殿。殿南岭有膳堂，以备时祭。门曰黑龙，东偏有圣踪殿，立碑述太祖游猎之事。殿东有楼，立碑以纪太祖创业之功。”[1]太祖以后诸帝所葬，据《辽史》诸帝之《本纪》记载：太宗（耶律德光，太祖次子）“葬于凤山，陵曰怀陵”；世宗（耶律阮，太祖长子人皇王追封义宗耶律倍之长子）“葬于显州西山，陵曰显陵”；穆宗（耶律璟，太宗长子）“祔葬怀陵”；景宗（耶律贤，世宗次子）葬于乾陵；圣宗（耶律隆绪，景宗长子）葬于庆陵；兴宗（耶律宗真，圣宗长子）葬于庆陵；天祚帝“葬仁圣大孝文皇帝（道宗耶律洪基，兴宗长子）、宣懿皇后于庆陵”；天祚帝（耶律延禧，道宗之孙、昭怀太子追封顺宗耶律濬之子）亡国后死于金，皇统五年（1145年）“葬于广宁府闾阳县乾陵旁”。

辽代皇陵集中分布于今内蒙古巴林左、右旗和辽宁北镇两个区域。巴林左旗和巴林右旗界内有3处6座辽代帝陵：太祖之祖陵在辽祖州，今属内蒙古巴林左旗林东镇；太宗怀陵在辽怀州，今属巴林右

1 ［元］脱脱等：《辽史》卷三七《地理志一·祖州天成军》，冯家升等点校本，中华书局，1974年，第442—443页。

旗岗根乡床金沟村，穆宗祔葬；圣宗、兴宗、道宗的庆陵在辽庆州，今属巴林右旗索布力嘎王坟沟；各有陵邑。辽宁北镇界内葬辽代4帝：追封义宗之显陵、世宗显陵、景宗乾陵、祔葬乾陵的天祚帝墓，另有奉陵邑显州、乾州，都在今北镇市医巫闾山一带。

关于辽代皇陵，除宋人叶隆礼的《契丹国志》和元代晚期最终编成的《辽史》以外，其他文献几乎没有记载，甚至常见于地方史志中的历代皇陵方位著录亦罕见有辽代者。18世纪中叶，张穆完成《蒙古游牧记》，对于巴林部界内的辽朝皇陵有著录[1]，为以后的调查指明了正确的方向。只是由于该书重点并不在于古迹调查与记录，因而涉及辽陵的内容不仅少，而且多是据史传考订，缺少对实地遗迹的描述。

对于内蒙古巴林左、右旗地区的6座辽代帝陵的实地调查研究工作始于20世纪初。法国籍传教士闵宣化（本名Jos.Mullie,音译作“牟里”）于1920年5—6月间对辽祖陵、怀陵、庆陵进行过调查，写成《东蒙古辽代旧城探考记》寄交汉学家柏希和于1922年刊载于《通报》，1927年由冯承钧译成中文[2]。这虽然只是一个记述性的调查资料介绍，并且还有明显的漏误，但它比较详细地著录了当时所见陵园地貌和地面的遗物、遗迹等现象，对于辽代皇陵的调查和研究具有开创之功。

庆陵是早期发现资料比较多的辽代陵墓（图7—1）。闵宣化记载，庆陵（也可能是陪葬墓）在他调查之前约30年已被盗掘；1913年，林西县长曾以查勘林东垦地的名义秘密盗发庆陵；1922年，比利时籍传教士梅岭蕊（R.P.L.Kervyn,音译作“凯文”或“柯尔文”）参与开掘庆云山三陵中的中陵，盗出兴宗和仁懿皇后的汉文及契丹文哀册[3]；1930年，热河省官方主导开掘东陵和西陵，又先后发掘出辽圣宗、圣宗仁德皇后、圣宗钦爱

图7—1　辽庆陵之东陵（右）、中陵（左）

1 ［清］张穆：《蒙古游牧记》卷三“内蒙古昭乌达盟游牧所在·巴林”，张正明等点校本，山西人民出版社，1991年，第68—69页。

2 Jos Mullie, Les anciennes Villes de L'empire grands Leao au royaum Mongol Le Barin,T'oung Pao,Vol.XXI,1922；其中译文［法］闵宣化撰，冯承钧译：《东蒙古辽代旧城探考记》，冯承钧译《西域南海史地考证译丛》第三卷，商务印书馆，1999年，第647—755页。

3 R.P.L.Kervyn, Le tombeau de lempereur Tao-tsong des Leao, et les premieres inseriptions connes en ecriture Kitan, T'oung Pao, Vol.XXII, 1923.

皇后（《辽史》作“钦哀皇后”）、辽道宗、道宗宣懿皇后的汉文哀册，还有道宗和宣懿皇后的契丹文哀册[1]。这些哀册是研究辽庆州三陵的最直接的资料，它们和普通墓志一样做成一合，册石为正方形石板，盖为盝顶式（图7—2）。1930年，日本考古学家鸟居龙藏到庆陵调查，搜集了大量资料，并将部分出土文物和壁画盗运日本。此后东北、内蒙古沦陷时期，日本研究者多次调查或盗掘庆陵。其中田村实造等人以“东亚考古学会内蒙古调查团”的名义，先后两次系统调查庆陵，进行了测绘、摄影、壁画临摹等工作，所得资料先后出版为《慶陵——関于東蒙古遼代帝王陵及其壁画的考古學的調查報告Ⅰ、Ⅱ》、《庆陵の壁画：絵画、彫飾、陶磁》两部报告，后来又有《慶陵調查紀行》等[2]。这是迄今为止最详细的关于辽庆陵考古资料的汇集。

图7—2　辽庆陵出土圣宗哀册，现藏辽宁省博物馆

庆州三陵资料公布得多，存在的疑问同样也不少。由于早年的盗掘，各哀册出土地点存在不同的说法，除西陵为道宗陵外，其余二陵各自对应的墓主至今聚讼不已[3]。关于三陵排列，一种观点认为自东而西依次是圣宗耶律隆绪（983—1031年在位）之“永庆陵”（庆陵、东陵）、兴宗耶律宗真（1031—1054年在位）之“永兴陵”（中陵）、道宗耶律洪基（1055—1100年在位）之“永福陵”（西陵），即祖孙三代东西鱼贯式排葬。此说的核心依据是柯尔文声称出自中陵的契丹文哀册，经罗福成释读认为是兴宗所有[4]，关野贞、竹岛卓一、田村实造等人从此说[5]。另一种观点认为是圣宗居中、兴宗在东、道宗在西，即左昭右穆葬。闵宣化持此说，鸟居龙藏从此说，其核心依据是认为圣宗哀册出自中陵[6]。1997年，东陵西南约300米处2座南北相距约120米的陪葬墓被盗，巴林右旗博

1 刘振鹭《辽永庆陵被掘纪略》，金毓黻主编《辽陵石刻集录》卷六，奉天省公署印刷局，1934年；田村實造：《慶陵の壁画：絵画、彫飾、陶磁》，同朋舍，1977年，第35—36頁。

2 田村實造等：《慶陵——関于東蒙古遼代帝王陵及其壁画的考古學的調查報告Ⅰ、Ⅱ》，京都大學座右室刊行会，1952年、1953年；田村實造：《慶陵の壁画：絵画、彫飾、陶磁》，同朋舍，1977年；田村實造：《慶陵調查紀行》，平凡社，1994年。

3 关于辽庆陵位次的不同观点，可参阅田村實造等《慶陵——関于東蒙古遼代帝王陵及其壁画的考古學的調查報告Ⅱ》，京都大學座右室刊行会，1953年，第271—272页；田村實造《慶陵の壁画：絵画、雕饰、陶磁》，同朋舍，1977年，第46—53页。新近研究可参阅田广林《赤峰地区辽陵述论》，《昭乌达蒙族师专学报（汉文哲社科版）》1989年第2期；京都大學大學院文學研究科編：《遼文化·慶陵一带調查報告書》，ヨシダ印刷（株）京滋営業所，2005年；彭善国《辽庆陵相关问题刍议》，《考古与文物》2008年第4期；等等。关于庆州三陵哀册出土及其流转情况可参阅［日］古松崇志撰，姚义田译《东蒙古辽代契丹遗址调查的历史——1945年“满洲国”解体前》，《辽宁省博物馆馆刊（2009）》，辽海出版社，2009年。

4 奉天图书馆编：《辽陵石刻集录》卷四，奉天省公署印刷局，1934年。

5 ［日］田村实造：《辽代帝后的哀册和庆陵》，《满洲学报》1942年第2期。

6 ［日］鸟居龙藏：《辽代的壁画》，《国华》第21编248号，1931年。

图7—3　辽太祖祖陵陵园建筑遗址及柱础

物馆随即进行了清理[1]。根据出土墓志得知：北墓墓主为兴宗次子耶律弘本（本名和鲁斡），南墓墓主为兴宗幼子耶律弘世（一名阿琏）。两墓共出土6方哀册或墓志，为研究庆州三陵墓主身份及陪葬墓制度提供了重要资料。其中耶律弘本的《羲和仁寿皇太叔祖哀册文》有“安兆于兴云山，以附先陵”，以及“兴云山阳三陵下”等语；耶律弘世的《大辽赠秦魏国王墓志铭》则云“附葬于兴陵”。这些内容佐证了东陵为兴宗陵说，近年来被包括日本学者在内的相关研究所普遍接受[2]。但不能忽略的是，同在耶律弘世墓志中还有“护神柩归于庆陵”等语，而其妻萧氏之《墓志铭》中也有“大安三年秋七月王薨，归附于庆陵之善地”之语[3]；此“庆陵”或许是三陵的总称，但也无法完全排除是专指圣宗陵的可能性。

辽祖陵的正式考古勘察工作始于20世纪60年代初贾洲杰等人的调查[4]。祖陵坐落于一个封闭形山谷中，南面自然山口为陵区门户，周围较平的山顶上和山谷豁口等处建石墙封堵，陵园周长约10公里。陵园内遗迹明显，有雕花覆盆式石柱础、石人像等遗存（图7—3）。陵园东南约1.5公里、赛勒木格山前为祖陵的奉陵邑——祖州城，分为内外两重城，城内有大型建筑遗址，内城西北高坡上还有一座由七块巨石搭成的石房子，朝向东南，正中开门，门上连窗户（图7—4）。关于石房子的用途，有人认为可能是辽太祖下葬前的停灵之地，也有人认为应该是祭祀场所，还有可能是辽朝的宗庙[5]。

1 青格勒：《辽皇室墓出土契丹文》，《中国文物报》2000年4月26日第1版；巴林右旗博物馆：《辽庆陵又有重要发现》，《内蒙古文物考古》2000年第2期。

2 ［日］古松崇志撰，姚义田译：《东蒙古辽代契丹遗址调查的历史——1945年“满洲国”解体前》，《辽宁省博物馆馆刊（2009）》，辽海出版社，2009年。相关日文研究成果集中见于京都大學大學院文学研究科编《遼文化·慶陵一帯调查報告書》，ヨシダ印刷（株）京滋営業所，2005年。

3 巴林右旗博物馆：《辽庆陵又有重要发现》，《内蒙古文物考古》2000年第2期。

4 汪宇平：《内蒙古文化局调查辽代祖州城辽太祖墓》，《文物参考资料》1955年第5期；洲杰：《内蒙古昭蒙辽太祖陵调查散记》，《考古》1966年第5期；魏昌友：《辽代祖州与祖陵》，《东北地方史研究》1989年第4期；陈国明：《耶律阿保机陵寝今何在》，《赤峰学院学报（汉文哲社科版）》2005年第5期。

5 相关研究参见王襄平《祖州石房子考证》，《昭乌达蒙族师专学报（汉文哲社科版）》1990年第2期；张

图7—4　辽祖州石房子

2003年开始，中国社会科学院考古研究所等单位对辽祖陵进行了全面的考古调查[1]。根据遗迹观察，祖陵前半部为土石混合的二次堆积，后半部是自然山体，初步确定神道为东南朝向。在封土前的山坡上深约1.2米处，清理出半埋的石人像的底座，紧贴人像西侧的原地面上还有一个石雕卧犬，附近还有残断的半截石人像（图7—5），被认为是祖陵石像生的孑遗。在墓穴南侧的山岭上，发现了3处东西向建筑基址，其中西侧基址上发现大量砖瓦残片以及汉文楷书经幢残片、经幢构件等；推测可能是《辽史》记载之"南岭"。南岭阳坡有一条折线式登山路，山下路口处有一处小型建筑基址。环绕祖陵四周的山峰上，有近30处封堵豁口或筑于平缓山脊的石墙，将整个陵园区

图7—5　辽太祖祖陵出土石人石犬，现藏辽上京博物馆

松柏等《祖州石室探索》，内蒙古文物考古研究所编《内蒙古东部区考古学文化研究文集》，海洋出版社，1991年；葛华延《辽祖州石室考》，《北方文物》1996年第1期；陈永志《黄金面具、铜丝网络与祖州石室》，《中国历史文物》2002年第3期；等等。

1 董新林等：《辽代祖陵考古调查推进辽代陵寝制度研究》，《中国文物报》2003年12月12日第1版；董新林等：《辽代祖陵陵寝建筑初现端倪》，《中国文物报》2004年11月26日第1版；董新林：《辽代祖陵考古发掘取得重要收获》，《中国文物报》2007年11月28日第1版。

域封闭；东南山口即“黑龙门”利用为陵园大门（图7—6）。在祖陵墓穴以南山岭的西侧山脊上也发现有4段石墙，总长近200米，与陵园西侧山脊石墙呈“T”字形交汇，这段石墙将陵园以内部分分成南北两区；调查者认为祖陵陵园分为内外两区。

图7—6　辽太祖祖陵黑龙门遗址（自东南向西北摄）

2007年以后，中国社会科学院考古研究所、内蒙古文物考古研究所联合对2003年勘探发现的祖陵1号陪葬墓（PM1）、龟趺山太祖纪功碑、黑龙门等处建筑遗址等进行了清理发掘。其中PM1位于“南岭”以南的祖陵外陵区，墓室基本保存完好，为前中后3个主室、中室出2个耳室的五室结构，全长近50米，年代为辽初。龟趺山碑亭遗址在陵园黑龙门以东的龟趺山上（图7—7），清理出龟趺座1个和残碎碑石若干块，龟趺座残长2.8米、高1.06米，原碑两面分别以契丹大字、汉文楷书刊刻碑文。黑龙门遗址发现陵垣墙、门阙、门道等遗迹[1]。

图7—7　辽太祖祖陵纪功碑遗址（自西北向东南摄）

怀陵的正式考古调查工作始于1976年，调查确认怀陵在怀州城东北、今巴林右旗岗根乡床金沟上营子村。此后的调查进一步揭示：怀陵位于床金沟北山上，北、东、南三面环山，范围东西5公里、南北2.5公里。陵园大门位于床金沟口，其两侧山势低矮处用石墙封堵。陵园中部有一道南北向石墙，将陵园分为内（东）外（西）两区，内区有2座陵墓，其中一座尚存圆形封土，另一座已塌陷；还有夯土建筑基址，地表有汉白玉覆莲纹柱础、方形花岗岩柱础以及砖、瓦、瓦当等[2]（图7—8）。1991年，内蒙古文物考古研究所等单位在床金沟抢救性清理发掘了一座辽墓，墓葬结构为前后2个主室，前室两侧各有1耳室，前室前有1天井，全长35.72米[3]。推测年代为辽代中期偏早。从墓葬所在位置、结构、葬俗和残存随葬品来看，墓主身份可能是妃嫔，属于怀陵的陪葬墓。

1 中国社会科学院考古研究所内蒙古第二工作队：《内蒙古巴林左旗辽代祖陵考古发掘的新收获》，《考古》2008年第2期；中国社会科学院考古研究所内蒙古第二工作队等：《内蒙古巴林左旗辽代祖陵陵园遗址》，《考古》2009年第7期；中国社会科学院考古研究所内蒙古第二工作队等：《内蒙古巴林左旗辽代祖陵园黑龙门址和四号建筑基址》，《考古》2011年第1期。

2 张松柏：《辽怀州怀陵调查记》，《内蒙古文物考古》总第3期，1984年。

3 内蒙古文物考古研究所：《巴林右旗床金沟5号辽墓发掘简报》，《文物》2002年第3期。

1997年开始，中国历史博物馆遥感与航空摄影考古中心和内蒙古文物考古研究所合作，对辽祖陵、祖州城、庆陵、庆州城等遗址进行航拍[1]，使得一些地面调查时无法看清楚的遗迹现象昭然于世，对于辽代帝陵制度的理解和研究颇有助益。

图7—8　辽太宗怀陵遗址

据《契丹国志》、《辽史》等文献记载，辽显陵和乾陵在今辽宁北镇医巫闾山。

图7—9　辽显陵（传耶律倍墓）砌石遗迹

医巫闾山主峰望海峰下琉璃寺遗址中早年曾经发现带“让国皇帝”等字的残碑，金毓黻据以推断为义宗显陵所在[2]。其地今属富屯乡新立村西山，2008年笔者调查所见，地表有残破的青灰砖瓦以及破碎的黄绿色琉璃砖瓦残件、辽白瓷碎片等，部分石墙尚清晰可见，当地传说以前还有方形坟冢。其周围山势与巴林左旗祖陵非常相似，山口朝向东南，可以基本确定为一处辽皇陵所在（图7—9）。在琉璃寺山下东北、今新立村南有一处高地遗址，地表可见辽白瓷碎片，还有灰瓦、绿釉和少量黄釉琉璃瓦件残片，有夯土台基遗迹和塌陷坑。其东侧山腰上有一石洞，设石门、内有石床。此地附近山上还有其他辽代遗址，推测新立村南遗址也与辽代皇陵有关。结合《辽史》义宗葬显陵、世宗葬显州西山的记载，新立村山下山上这两处遗址很可能分别与义宗、世宗陵墓有对应关系。

新立村以东龙岗村一带的医巫闾山东坡，1987年和1991年先后发现过辽景宗之孙、秦晋国王耶律隆庆之子耶律宗允、耶律宗政、耶律宗教等人的墓葬[3]，相关墓志为寻找北镇辽陵特别是乾陵提供了重要线索，为乾州城的确认提供了佐证。尚依稀可辨的辽显州、乾州城垣遗迹，也提供了相应陵墓寻找的参照系。北镇辽陵的考古调查相对薄弱，

1 中国历史博物馆遥感与航空摄影考古中心等：《内蒙古东南部航空摄影考古报告》，科学出版社，2002年。

2 金毓黻：《东丹王陵考察记》，《满洲学报》1934年第3期。

3 张克举：《北镇县龙岗辽墓》，《中国考古学年鉴（1988）》，文物出版社，1989年，第142—143页；鲁宝林等：《北镇辽耶律宗教墓》，《辽海文物学刊》1993年第2期。

这些陵墓具体地望的确认尚有待于进一步工作的展开。

二、辽代皇陵制度的特点

辽陵的调查和初步研究起步并不晚，但由于考古和文献资料都有欠缺，辽代皇陵研究的深度显然不如汉唐等其他朝代。辽陵与唐、宋、金、明诸朝的陵寝制度都有一定的关联，它们是中国古代帝王陵寝制度中不可或缺的一环，其制度不乏别具特色、承先启后之例[1]。

1. 分布规律

历代皇陵选址都有一个最主要的原则，就是近国都而葬，秦汉唐宋明清，概莫能外。作为“逐水草而居”旧俗的遗存，辽朝虽然实行多都制，最完备时五都并立，但还是以临潢府的地位最为重要，而这一带尤其是祖陵所在，原本就是太祖家族的发祥地。神册三年（918年），太祖于此构筑“皇都”，太宗时扩建城垣并大建宫室，天显十三年（938年）定名为“上京”，即首都[2]。上京城位于今内蒙古巴林左旗林东镇南缘，太祖之祖陵位于其西南约20公里、太宗怀陵位于其西偏北近40公里，都符合近都城而葬的特点；庆陵位于上京西北不足100公里处，虽然远一些，但以唐关中十八陵为参照，也同样属于近都城而葬。

怀陵位于祖陵西北30余公里处、庆陵位于怀陵西北近50公里处，由祖而子孙以至玄来，自尊长而卑幼，从东南到西北大体呈一线顺次排列（图7—10）。这个布局现象很容易令人联想起比辽同时而稍后的北宋皇陵的排列顺序。辽陵与北宋陵、西夏陵宗奉的风

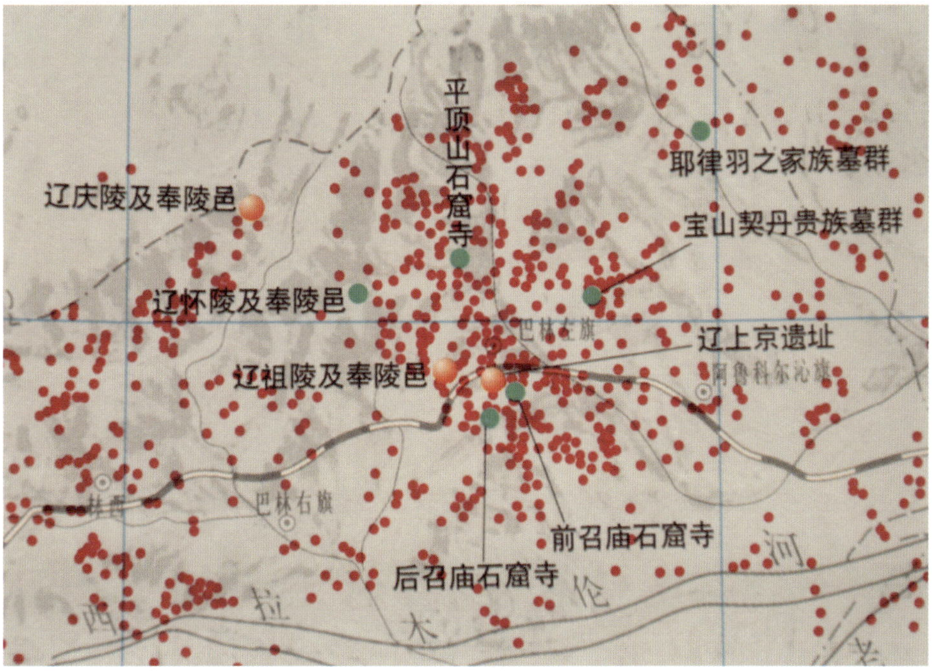

图7—10　辽祖陵、怀陵、庆陵位置图（引自国家文物局主编《中国文物地图集·内蒙古自治区分册》，2003年）

---

1 刘毅：《关于辽代皇陵的几点认识》，《中国国家博物馆馆刊》2013年第3期。

2 以“上京”称首都，至少唐末已有例。［宋］王明清《挥麈录后录》卷二（上海古籍出版社，1961年，第101页）引《续皇王宝运录》有“大寇之帅黄巢凌劫州县，盗据上京，近已六年”等语。

水法术可能并不一定相同，但排列方式的明显相似，暗示出它们或有时代共性。

就辽陵而言，从太宗到圣宗之间，这个序列却是不连续的。穆宗为太宗之子，且死于非命，故祔葬于怀陵；而为穆宗所间隔的世宗、景宗父子皆葬于医巫闾山，这个现象当然可以解释为辽朝当时近都而葬之制尚未明确，但更重要的是因为辽皇室统系的变化。世宗之父耶律倍，以太祖嫡长子而立为太子，太祖灭渤海，以其地建东丹国，封耶律倍"为人皇王主之，仍赐天子冠服，建元甘露，称制，置左右大次四相及百官，一用汉法"[1]，俨然一国皇帝。太祖死时，迫于淳钦皇后的压力，人皇王逊让母弟耶律德光即帝位，是为辽太宗。人皇王后来浮海至后唐，死于后晋灭唐之役，后改葬于东丹国都旁的医巫闾山。《辽史》于其葬地之选作如下解释："显陵者，东丹人皇王墓也。人皇王性好读书，不喜射猎，购书数万卷，置医巫闾山绝顶，筑堂曰望海。山南去海一百三十里。大同元年（947年），世宗亲护人皇王灵驾归自汴京，以人皇王爱医巫闾山水奇秀，因葬焉。山形掩抱六重，于其中作影殿，制度宏丽。……应历元年，穆宗葬世宗于显陵西山，仍禁樵采。"[2]世宗以人皇王长子继太宗而立，追尊父为让国皇帝，庙号义宗。天禄五年（951年）九月，世宗南征后周，途中"察割反，帝遇弑"[3]，亦因东丹故国而葬。迨世宗之子景宗继穆宗而立、圣宗又继景宗而立，国统已确定于义宗一系，但景宗仍随父祖而葬，既是推崇家族恩泽所在，可能也有承袭义宗和世宗、不附太宗统系之后的用意。

辽朝到圣宗时期礼乐彰明、典章大备，所谓"祝史正辞，备礼而交禋天地；奉先思孝，谒陵而追册祖宗"[4]。包括陵寝制度在内的各项礼制日渐与唐宋趋同。庆陵陵址系圣宗生前亲自选定，"庆云山，本黑岭也。圣宗驻跸，爱羡曰：'吾万岁后，当葬此。'兴宗遵遗命，建永庆陵"[5]。圣宗没有随父祖葬于医巫闾山，而是卜近上京而葬，列于太祖、太宗之后，顺次排列，应该有明正朝廷统系，宣示人皇王家族正统的意义。

2. 陵墓选址与陵园环境

从各陵墓的遗址来看，辽陵的墓穴（玄宫）一般都建在山坡上，多为朝南而偏东，选群山环拱之地，背靠高山，借前方山口为陵园门户，其前有山如屏风遮挡。目前已经勘定的祖陵、怀陵、庆陵，以及传说中的义宗显陵（也可能是世宗显陵）等都是这种形式。祖陵坐落于一个封闭形山谷中，南面自然山口为陵园门户（图7—11），中国历史博物馆与内蒙古文物考古研究所合作的航拍资料[6]，将辽祖陵、祖州城、庆陵、庆州城等遗址中一些地面调查时难以看清的遗迹现象昭然于世，陵园地貌环境更加清晰。显陵所在的医巫闾山主峰望海峰下琉璃寺遗址，周围山势与巴林左旗祖陵非常相似，山口朝向东南。辽怀陵在怀州城东北床金沟，北、东、南三面环山，范围东西5公里、南北2.5公里。陵园大门位于床金沟口，其间山势低矮处也用石墙封堵[7]。自陵园大门到太宗陵墓所在，有三道明显的山口，重叠环护（图7—12）。

辽代皇陵这种卜葬方式明显不同于汉代的据土原高处封土为陵、唐代的因山为藏，

1 ［元］脱脱等：《辽史》卷七二《宗室传·义宗倍》，冯家升等点校本，中华书局，1974年，第1210页。

2 ［元］脱脱等：《辽史》卷三八《地理志二·显州奉先军》，冯家升等点校本，中华书局，1974年，第463页。

3 ［元］脱脱等：《辽史》卷五《世宗纪》，冯家升等点校本，中华书局，1974年，第66页。察割为太祖之弟明王安端之子，时封泰宁王。

4 《文武大孝宣皇帝哀册文》（辽圣宗哀册），辽宁省博物馆编《辽宁省博物馆藏碑志精粹》，文物出版社，2000年，第176页。

5 ［元］脱脱等：《辽史》卷三七《地理志一·庆州玄宁军》，冯家升等点校本，中华书局，1974年，第444页。

6 中国历史博物馆遥感与航空摄影考古中心等：《内蒙古东南部航空摄影考古报告》，科学出版社，2002年。

7 张松柏：《辽怀州怀陵调查记》，《内蒙古文物考古》总第3期，1984年。

图7—11　辽太祖祖陵封土处东南望黑龙门

图7—12　辽太宗怀陵遗址处外望山口

也与同期的北宋皇陵面朝高山而定穴于平川不同。

3. 陵园结构与碑刻

考古调查和发掘资料证实，汉、唐、宋等王朝皇陵核心部分的宫城（上宫）都是模仿京城中的宫城之制，城门四开，平面为纵横垂直的十字轴线，墓冢位于两条轴线的交结点上。辽祖陵、怀陵等虽然也分为内外陵园，但其形式却是前后串联，而不是汉唐宋式的外城套内城。从基本结构、主体建筑布局等方面分析，辽代皇陵的陵园应该是单

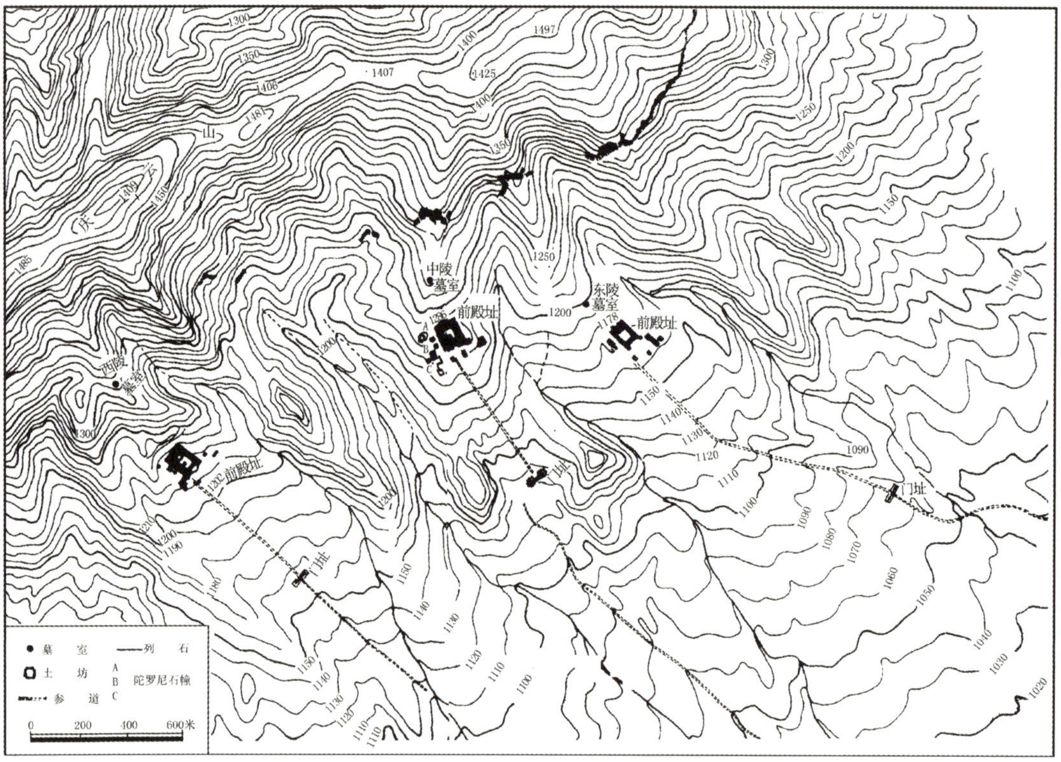

图7—13　辽庆州三陵平面示意图（引自郭黛姮主编《中国古代建筑史》第三卷，2009年）

图7—14　辽太祖祖陵龟趺山出土契丹大字残碑，现藏辽上京博物馆

轴线的。闵宣化等早年调查资料显示[1]：庆州三陵前原各有陵门及砖铺神道，和祖陵一样也只有单一的纵轴线，并且这条轴线不是直线（图7—13），其制与北宋各陵不同。

辽祖陵前曾经有不止一处的碑刻存在。“（祖陵）门曰黑龙，东偏有圣踪殿，立碑述太祖游猎之事。殿东有楼，立碑以记太祖创业之功。”[2]中国社会科学院考古研究所等单位在祖陵黑龙门以东的龟趺山上发掘过辽太祖纪功碑的碑亭遗址，清理出龟趺座和残碑石。其中龟趺座残长2.8米、高1.06米，原碑已不存，残石显示其碑文一面刊刻契丹大字，另一面为汉文楷书[3]（图7—14），这可能是中国古代皇

1 ［法］闵宣化撰，冯承钧译：《东蒙古辽代旧城探考记》，冯承钧译《西域南海史地考证译丛》第三卷，商务印书馆，1999年，第647—755页。

2 ［元］脱脱等：《辽史》卷三七《地理志一·祖州天成军》，冯家升等点校本，中华书局，1974年，第442—443页。

3 中国社会科学院考古研究所内蒙古第二工作队：《内蒙古巴林左旗辽代祖陵考古发掘的新收获》，《考古》2008年第2期；中国社会科学院考古研究所内蒙古第二工作队等：《内蒙古巴林左旗辽代祖陵陵园遗址》，《考古》2009年第7期；中国社会科学院考古研究所内蒙古第二工作队等：《内蒙古巴林左旗辽代祖陵龟趺山建筑基址》，《考古》2011年第8期。

陵中年代最早的双语文字碑。祖陵之外，医巫闾山主峰望海峰下琉璃寺遗址中早年曾发现带“让国皇帝”等字的残碑，金毓黻正是据以推断此处为义宗显陵所在；辽圣宗等人的庆陵前曾发现有刻字石柱残件，文字漫漶，略近梵文，推测为《陀罗尼经》[1]，但是否有祖陵一类的纪功碑尚不得而知。

4. 多室的玄宫之制

早期调查资料显示，辽庆州三陵玄宫结构相似，均为7室，前、中、后3个南北纵向相联的主室，前、中两室东西两侧各有1个耳室，其中东陵玄宫的规模最大，南北通长约21米、最宽处约15.5米（图7—15）[2]。

1991年，内蒙古文物考古研究所等单位在床金沟抢救性清理发掘了一座辽墓，墓葬结构为前后2个主室，前室两侧各有1耳室，前室前有1天井，全长35.72米[3]。推测年代为辽代中期偏早，墓主身份可能是妃嫔，属于怀陵的陪葬墓。2007年，中国社会科学院考古研究所、内蒙古文物考古研究所联合对祖陵外陵园的1号陪葬墓（PM1）进行了清理发掘。PM1墓室基本保存完好，为前中后3个主室、中室出2个耳室的5室结构（图7—16），全长近50米，年代为辽初[4]。

辽庆陵及祖陵、怀陵中的陪葬墓皆为多室结构，结合辽宁北镇医巫闾山东坡1987年和1991年先后清理发掘的耶律宗允、耶律宗政、耶律宗教（三人均为辽景宗之孙）等人的墓葬资料[5]（图7—17），以及1991年在内蒙古赤峰阿鲁科尔沁旗朝克图山发掘的辽东丹国左相耶律羽之（与辽太祖同曾祖父）墓等资料[6]，可以认

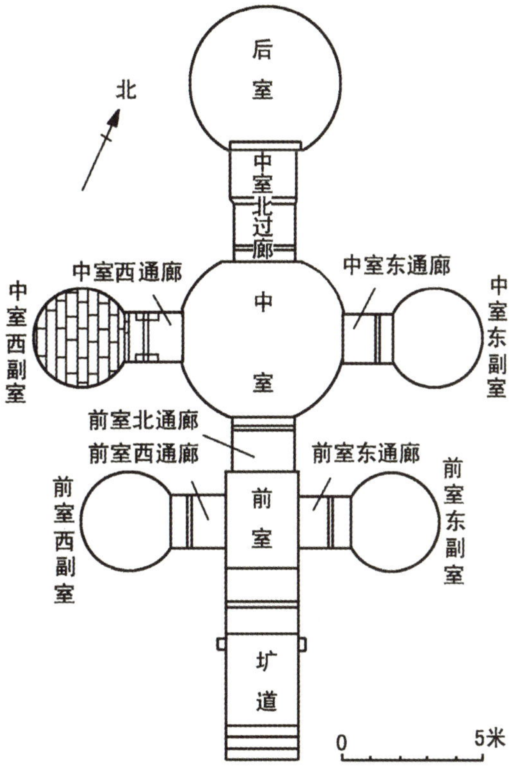

图7—15　辽庆陵东陵玄宫平面图（引自田村實造《慶陵の壁画：絵画、彫飾、陶磁》，1977年）

1 ［法］闵宣化撰，冯承钧译：《东蒙古辽代旧城探考记》，冯承钧译《西域南海史地考证译丛》第三卷，商务印书馆，1999年，第708页。

2 田村實造等：《慶陵——関于東蒙古遼代帝王陵及其壁画的考古學的調查報告Ⅰ》，京都大學座右室刊行会，1952年；田村實造：《慶陵の壁画：絵画、彫飾、陶磁》，同朋舍，1977年。

3 内蒙古文物考古研究所：《巴林右旗床金沟5号辽墓发掘简报》，《文物》2002年第3期。

4 中国社会科学院考古研究所内蒙古第二工作队：《内蒙古巴林左旗辽代祖陵考古发掘的新收获》，《考古》2008年第2期；中国社会科学院考古研究所内蒙古第二工作队等：《内蒙古巴林左旗辽代祖陵陵园遗址》，《考古》2009年第7期。

5 张克举：《北镇县龙岗辽墓》，《中国考古学年鉴（1988）》，文物出版社，1989年，第142—143页；鲁宝林等：《北镇辽耶律宗教墓》，《辽海文物学刊》1993年第2期。

6 内蒙古文物考古研究所等：《辽耶律羽之墓发掘简报》，《文物》1996年第1期。

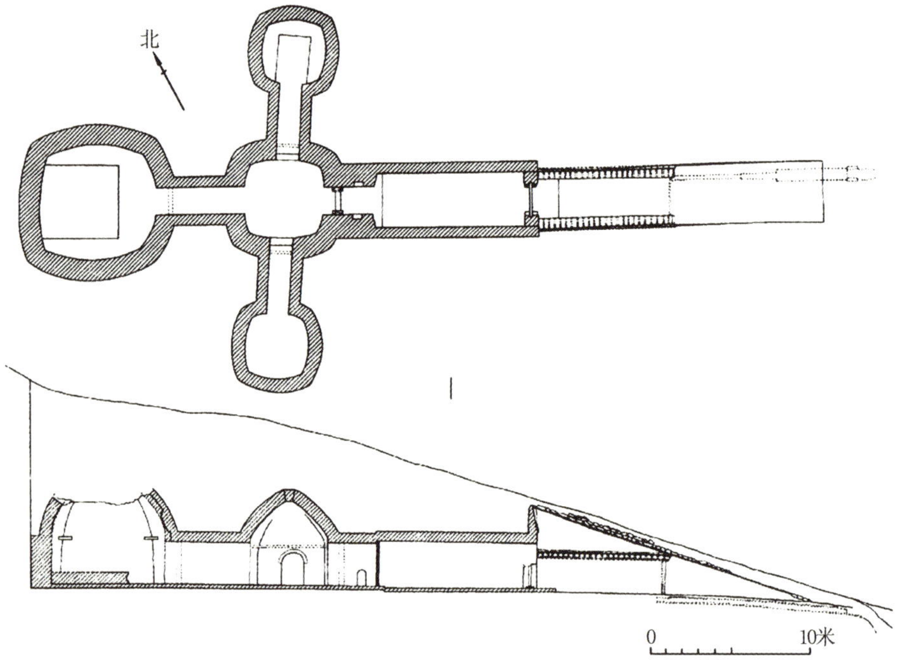

图7—16　辽祖陵1号陪葬墓平剖面图（引自《考古》2009年第7期）

图7—17　辽宁北镇辽耶律宗政墓墓门

定辽代皇陵的玄宫为主室加耳室的多室结构。

5. 皇陵的命名与尊奉山名

辽朝列帝陵墓之名载在《辽史》，如祖陵、怀陵等，帝后一般合葬，而太宗皇后萧氏先卒于天显十年（935年）正月，“谥彰德，葬奉陵”[1]。又据《辽史·太宗本纪》，天显

1［元］脱脱等：《辽史》卷七一《后妃传·太宗靖安皇后》，冯家升等点校本，中华书局，1974年，第

十二年七月"癸丑，幸怀州，谒奉陵"，可知奉陵在怀州。彰德皇后为穆宗生母，于重熙二十一年（1052年）改谥靖安；她是否与太宗合葬怀陵（具体有2种形式，即以奉陵葬太宗而改荐名曰怀陵，或迁靖安皇后合祔怀陵），史无明文，但此后穆宗等列帝所祭只有怀陵，不再见有奉陵之名。

辽陵有一个陵名共用的问题。人皇王遇害于后唐，"有一僧为收瘗之，（石）敬瑭入洛，丧服临哭，以王礼权厝。后太宗改葬于医巫闾山，谥曰文武元皇王。世宗即位，谥让国皇帝，陵曰显陵"[1]。天禄五年（951年）九月，世宗在南征后周途中为察割所害，穆宗应历元年（951年），"葬于显州西山，陵曰显陵"[2]。按《辽史》这两条记载，义宗和世宗父子的陵墓皆名曰显陵，其义似不可解。或许"显陵"和后来的庆陵一样，是一个俗用总名称，具体陵名《辽史》有漏载；但不排除另一种可能，即与世宗死于非命并且继立者为太宗系之叔伯兄弟有关。

继世宗而立的是太宗长子穆宗耶律璟，应历十九年（969年）二月，穆宗到怀州狩猎，"近侍小哥、盥人花哥、庖人辛古等六人反，帝遇弑，年三十九。庙号穆宗，后附葬怀陵"[3]。"穆宗被害，葬怀陵侧，建凤凰殿以奉焉。"[4]穆宗是辽朝又一个死于非命的皇帝，无论是"葬怀陵侧"，抑或"附葬怀陵"，都是一种从属关系，不另立陵名顺理成章。上揭世宗之例，也许有相同的忌讳。

据《辽史》有关《本纪》记载，圣宗、兴宗、道宗三帝的陵墓皆名曰"庆陵"：兴宗景福元年（1031年）十一月"甲午，葬文武大孝宣皇帝于庆陵。……丙申，谒庆陵，以遗物赐群臣，名其山曰庆云，殿曰望仙"[5]。道宗清宁元年（1055年）"十一月甲子，葬兴宗皇帝于庆陵……名其山曰永兴"[6]。天祚帝乾统元年（1101年）六月，"辛亥，葬仁圣大孝文皇帝、宣懿皇后于庆陵"[7]。《辽史》中关于圣宗、兴宗两朝皇后合葬所记之陵名，亦皆曰"庆陵"，此不赘引。从庆陵地区出土的哀册、墓志来看，庆州三陵应该各有名称。《圣宗哀册》"迁座于永庆陵"，《圣宗仁德皇后哀册》"迁祔于永庆陵"，《圣宗钦爱皇后哀册》"迁祔于永庆陵"，则是圣宗之陵本名曰"永庆陵"。《道宗哀册》"迁座于永福陵"，《道宗宣懿皇后哀册》"迁座于永福陵"，则是道宗之陵本名曰"永福陵"[8]。《大辽赠秦魏国王（耶律弘世）墓志铭》"附葬于兴陵"；《羲和仁寿皇太叔祖（耶律弘本）哀册文》"安兆于兴云山，以附先陵"，同册中还有"兴云山阳三陵下"等语；则兴宗之陵名当为"兴陵"或"永兴陵"[9]。《辽史》中亦见有"永庆陵"之名："兴宗遵遗命，建永庆陵。有望仙殿、御容殿。"[10]但未见永兴、永福二陵名。

圣宗、兴宗、道宗三帝既各有陵名，则"庆陵"可能是其统称或后出的俗称。耶律弘世墓志中"护神柩归于庆陵"，其妻萧氏《大辽故皇弟秦越国妃肖萧氏墓志铭》中"大安三年秋七月王薨，归附于庆陵之善地"等语，也许是专指圣宗陵，也许是泛称。除陵名

1200页。

1 ［元］脱脱等：《辽史》卷七二《宗室传·义宗倍》，冯家升等点校本，中华书局，1974年，第1211页。

2 ［元］脱脱等：《辽史》卷五《世宗纪》，冯家升等点校本，中华书局，1974年，第66页。

3 ［元］脱脱等：《辽史》卷七《穆宗纪下》，冯家升等点校本，中华书局，1974年，第87页。

4 ［元］脱脱等：《辽史》卷三七《地理志一·怀州奉陵军》，冯家升等点校本，中华书局，1974年，第443页。

5 ［元］脱脱等：《辽史》卷一八《兴宗纪一》，冯家升等点校本，中华书局，1974年，第213页。

6 ［元］脱脱等：《辽史》卷二一《道宗纪一》，冯家升等点校本，中华书局，1974年，第252页。

7 ［元］脱脱等：《辽史》卷二七《天祚帝纪一》，冯家升等点校本，中华书局，1974年，第318页。

8 辽宁省博物馆：《辽宁省博物馆藏碑志精粹》，文物出版社，2000年，第176、186、192、202、206页。

9 巴林右旗博物馆：《辽庆陵又有重要发现》，《内蒙古文物考古》2000年第2期。

10 ［元］脱脱等：《辽史》卷三七《地理志一·庆州玄宁军》，冯家升等点校本，中华书局，1974年，第444页。

图7—18　辽庆州三陵背靠的庆云、永兴等山

外，三帝所依葬之山亦各锡以佳名。如圣宗永庆陵，“名其山曰庆云”；兴宗永兴陵，“名其山曰永兴”（图7—18）。《辽史·礼志》记道宗葬礼时有云：“至葬所，灵柩降车，就辇，皇帝免丧服，步引至长福冈。”[1]此“长福冈”或许是道宗陵的山名。

6. 奉陵邑及其功能

辽代皇陵各设陵邑，行政级别为州，名称即用所奉皇陵之名。其中“祖州”、“庆州”之名可能早于陵名，而怀、显、乾三州则系因奉陵而改名或得名。祖州“本辽右八部世没里地，太祖秋猎多于此，始置西楼。后因建城，号祖州。以高祖昭烈皇帝、曾祖庄敬皇帝、祖考简献皇帝、皇考宣简皇帝所生之地，故名”[2]。天显二年（927年），“八月丁酉，葬太祖皇帝于祖陵，置祖州天城军节度使以奉陵寝”[3]。“庆州，玄宁军，上，节度。本太保山黑河之地，岩谷险峻。穆宗建城，号黑河州，每岁来幸，射虎障鹰，军国之事多委大臣，后遇弑于此。以地苦寒，统和八年，州废。圣宗秋畋，爱其奇秀，建号庆州。”[4]另一说谓庆州建于圣宗殁后的景福元年（1031年）七月，“建庆州于庆陵之南，徙民实之，充奉陵邑”[5]。

辽之奉陵邑基本都是因前代旧城改建而成，除祖州和庆州外，还有“怀州，奉陵军，上，节度。本唐归诚州，太宗行帐放牧于此。……太宗崩，葬西山，曰怀陵。大同元年，世宗置州以奉焉”[6]。又有“显州，奉先军，上，节度。本渤海显德府地，世宗置，以奉显陵”[7]。乾州情况特殊，是因奉乾陵而设，“乾州，广德军，上，节度。本汉无虑县地，

1 ［元］脱脱等：《辽史》卷五〇《礼志二·丧葬仪》，冯家升等点校本，中华书局，1974年，第840页。
2 ［元］脱脱等：《辽史》卷三七《地理志一·祖州天成军》，冯家升等点校本，中华书局，1974年，第442页。
3 ［元］脱脱等：《辽史》卷二《太祖纪下》，冯家升等点校本，中华书局，1974年，第24页。
4 ［元］脱脱等：《辽史》卷三七《地理志一·庆州玄宁军》，冯家升等点校本，中华书局，1974年，第444页。
5 ［元］脱脱等：《辽史》卷一八《兴宗纪一》，冯家升等点校本，中华书局，1974年，第212页。
6 ［元］脱脱等：《辽史》卷三七《地理志一·怀州奉陵军》，冯家升等点校本，中华书局，1974年，第443页。
7 ［元］脱脱等：《辽史》卷三八《地理志二·显州奉先军》，冯家升等点校本，中华书局，1974年，第463页。

图7—19 辽祖州城遗址（自西北向东南摄）

圣宗统和三年置，以奉景宗乾陵，有凝神殿”[1]。

辽代奉陵邑的规模通常都不大，如祖州分为内城和外城，外城平面呈五边形（图7—19），周长1750米，内城在外城的西北部，长280米、宽150米[2]。怀州城平面近方形，东西496米、南北524米[3]。显州城在明初改造利用为广宁卫城，大体呈不规则的四边形（图7—20），周长6000余米；乾州城平面呈方形，边长500米[4]。规模最大的庆州城平面呈“回”字形，内外两重城垣，外城东西1580米、南北1420米；内城东西1140米、南北960米[5]。辽代陵邑中有不少奉祀建筑，如祖州：“西北隅有内城。殿曰两明，奉安祖考御容；曰二仪，以白金铸太祖像；曰黑龙，曰清秘，各有太祖微时兵仗器物及服御皮毳之类，存之以示后嗣，使勿忘本。”[6]祖州城中建筑以奉祀、守护功能为主，而两明、二仪、黑龙、清秘四殿可能还兼具有唐宋皇陵下宫的一部分功能。北宋欧阳修最早提出类似的观点：认为祖陵中的“明殿，若中国陵寝下宫之制。其国君死，葬，则于其墓侧起屋，谓之‘明殿’，置官署职司，岁时奉表起居如事生。置明殿学士一人掌答书诏，每国有大庆吊，学士以先君之命为书以赐国君，其书常曰报儿皇帝云”[7]。另据《契丹国志》、《辽史》等记载，一些辽代皇陵附近还有具有部分唐宋皇陵下宫功能的“影堂”、“影殿”或“凝神

1 ［元］脱脱等：《辽史》卷三八《地理志二·乾州广德军》，冯家升等点校本，中华书局，1974年，第465页。
2 国家文物局主编：《中国文物地图集·内蒙古自治区分册（下册）》“祖州故城”，西安地图出版社，2003年，第127页。
3 张松柏：《辽怀州怀陵调查记》，《内蒙古文物考古》总第3期，1984年；国家文物局主编：《中国文物地图集·内蒙古自治区分册（下）》“怀州故城”，西安地图出版社，2003年，第137页。
4 国家文物局主编：《中国文物地图集·辽宁分册（下）》“广宁城”、“乾州城址”，西安地图出版社，2009年，第203、200页。
5 李逸友：《辽庆州故城》，内蒙古文物工作队编《内蒙古文物资料选辑》，内蒙古人民出版社，1964年，第140—141页；国家文物局主编：《中国文物地图集·内蒙古自治区分册（下）》“庆州故城”，西安地图出版社，2003年，第136页。
6 ［元］脱脱等：《辽史》卷三七《地理志一·祖州天成军》，冯家升等点校本，中华书局，1974年，第442页。
7 ［宋］欧阳修：《新五代史》卷七二《四夷附录第一》，中华书局，1974年，第898页。

图7—20　利用辽显州城改建的明广宁卫城西北角

殿”等[1]，也应该建在奉陵邑中。不过，同样是具有一部分下宫功能的永庆陵“望仙殿、御容殿”等，根据《辽史》分析，应该是建在陵园中[2]，其功能或与祖陵的“明殿”相似。

在有限的空间中，辽代陵邑有时还用以安置失势的皇太后等人。如太祖淳钦皇后在指使少子李胡与世宗争夺皇位失败后，被“迁于祖州”[3]，最后终老于此。又如统和二十四年（1006年）五月，圣宗“幽皇［王］太妃胡辇于怀州”[4]。再如兴宗生母钦哀（哀册作“钦爱”）皇后，以谋废兴宗而改立少子重元，也曾被“收太后符玺，迁于庆州七括宫”[5]。除庆州外，辽诸奉陵邑的规模都不及汉、宋，特别是和汉代陵邑有很大的差别。所以，辽代奉陵州的主要功能应该是用于奉祭守护皇陵，而不同于西汉的居邑，“陵户”们通常并不住在城中。祖州、怀州调查的遗迹现象也佐证支持了这种判断[6]。北镇的显、乾二州，陵户有些是居住于所属的县中，如显州属下有“奉先县，本汉无虑县，即医巫闾，幽州镇山，世宗析辽东长乐县民以为陵户，隶长宁宫”；又有“山东县，本汉望平县，穆宗割渤海永丰县民为陵户，隶积庆宫”；而乾州属下则有“奉陵县，本汉无虑县地，括诸落帐户，助营山陵”[7]。辽兴宗景福元年（1031年）七月，“建庆州于庆陵南，徙民实之，充奉

1 ［宋］叶隆礼：《契丹国志》卷八《兴宗文成皇帝》“重熙三年”条，兴宗诏将齐天太后（圣宗正后）“于祖州陵园内选吉地改葬，其影堂、廊库等并同宣献太后（景宗皇后）园陵”，贾敬颜等点校本，上海古籍出版社，1985年，第78页。又，前引《辽史》卷三八《地理志二·显州奉先军、乾州广德军》载辽义宗显陵有“影殿”、景宗乾陵有“凝神殿”，中华书局，1974年，第463、465页。

2 ［元］脱脱等：《辽史》卷三七《地理志一·庆州玄宁军》，冯家升等点校本，中华书局，1974年，第444页。

3 ［元］脱脱等：《辽史》卷五《世宗纪》，冯家升等点校本，中华书局，1974年，第64页。

4 ［元］脱脱等：《辽史》卷一四《圣宗纪五》，冯家升等点校本，中华书局，1974年，第162页。

5 ［元］脱脱等：《辽史》卷七一《后妃传·圣宗钦哀皇后》，冯家升等点校本，中华书局，1974年，第1203页。

6 张松柏：《辽怀州怀陵调查记》，《内蒙古文物考古》总第3期，1984年；国家文物局主编：《中国文物地图集·内蒙古自治区分册（下）》“祖州故城”、“怀州故城”，西安地图出版社，2003年，第127、137页。

7 ［元］脱脱等：《辽史》卷三八《地理志二·显州奉先军、乾州广德军》，冯家升等点校本，第2册，中华书局，1974年，第464、465页。

图7—21　辽庆州内城西北角豁口遗址

陵邑”；“置蕃、汉守陵三千户，并隶大内都总管司”[1]。尽管庆州外城稍大，但除去奉祀建筑、帝后行宫、佛教寺院等（图7—21），所剩亦无多，诸陵户也不一定都居住在城内。

第二节　西夏陵制度

西夏是羌族的一支——党项人建立的少数民族地方政权。西夏王族旧称姓拓跋，先后曾受赐李姓、赵姓，元昊时一度尽废汉姓，改姓嵬。公元11世纪初，宋夏州党项首领李继迁、李德明父子割据一方，与朝廷时战时和。宋仁宗宝元元年（1038年），德明长子赵元昊（小字嵬理，后更名曩霄）公开称帝，定都兴庆府（今宁夏银川），国号大夏，改元天授礼法延祚，是为西夏景宗；追尊李继迁为太祖、李德明为太宗。西夏王先后接受宋、辽、金三朝“夏国王”的册封，而“帝其国中自若也”[2]，境内自行正朔，史称“西夏”。自元昊起，再传九世，共十帝。末帝晛二年（宋理宗宝庆三年、金哀宗正大四年，1227年），亡于蒙古。

一、西夏王陵概况及其考古发现和研究

西夏诸王死后皆归葬于贺兰山下，除追尊的太祖之裕陵、太宗之嘉陵以外，见诸《宋史·夏国传》等记载的还有景宗的泰陵、毅宗的安陵、惠宗的献陵、崇宗的显陵、仁宗的寿陵、桓宗的庄陵、襄宗的康陵，神宗、献宗及末帝未见陵名记载。成吉思汗认为西

1 ［元］脱脱等：《辽史》卷一八《兴宗纪一》、卷三七《地理志一·庆州玄宁军》，冯家升等点校本，中华书局，1974年，第212、444页。
2 ［元］脱脱等：《宋史》卷四八五《夏国传上》，中华书局，1977年，第13999页。

夏人不履行诺言，凭据兴庆府（《元史》称为“夏王城”）抵抗，因而立下遗嘱：“待唐兀主及期出都城来谒时，执杀之，并屠其城民。后诸将果如命而行”[1]；“俘虏了唐兀惕（西夏）百姓，杀死了亦鲁忽·不儿罕·失都儿忽（夏末帝睍）。把唐兀惕百姓从父母直到子孙的子孙消灭干净”[2]。在这场灭绝性的战争中，西夏陵墓也遭到了彻底的盗掘破坏，陵区墓葬几无幸免，大型盗坑至今仍历历在目。曾经宏伟壮观的西夏王陵从此满目疮痍、沦为荒漠，仅见于明清地方志的简单著录，如《嘉靖宁夏新志》：“贺兰之东，数冢巍然，即伪夏所谓嘉、裕诸陵是也。其制度仿巩县宋陵而作。人有掘之者，无一物。”[3]又如清代《宁夏府志》：“宋西夏李氏墓，在宁朔县贺兰山之东。数冢累累然，皆继迁等墓。即伪夏所谓嘉、裕诸陵是也。”[4]西夏陵虽为后代所知，但由于西夏文献散佚殆尽，其陵寝制度不见记载。

西夏王陵在今宁夏回族自治区银川市西约35公里的贺兰山中段东麓的洪水冲积扇上，墓葬区北起泉齐沟，南到银川—巴彦浩特公路，东到西干渠，西抵贺兰山下，南北长10余公里，总面积将近50平方公里（图7—22）。在这个区域内共勘探出西夏王陵9座，大小陪葬墓250余座，按洪水冲积而成的自然山沟的区隔，自南而北分为4组墓葬区，一区有王陵2座、陪葬墓65座，二区有王陵2座、陪葬墓62座，三区有王陵2座、陪葬墓108座，四区有王陵3座、陪葬墓18座；整个陵区北端另有一处大型祭祀建筑遗址，东北部有砖瓦窑遗址。西夏含追尊的太祖、太宗共12帝，但后三帝应该没有能够葬入贺兰山陵墓区。神宗遵顼于光定十三年（宋宁宗嘉定十六年、金宣宗元光二年，1223年）传位其子献宗德旺，改元乾定。乾定四年（宋理宗宝庆二年，1226年）春（《金史·西夏传》记为二月），神宗殂；同年七月，献宗殂；神、献二帝相继死于蒙古兵围攻西夏都城之际，不可能再按礼制葬入贺兰山陵区。次年夏秋之交，末帝睍出降，西夏亡。西夏陵区中共发现9座帝陵，应该对应的是太祖的裕陵至襄宗的康陵。

西夏陵的考古调查和发掘工作始于20世纪70年代初，首先对帝陵和陪葬墓自北而南进行了顺序编号；从1972年开始，对八号陵（后改编号为6号陵）的墓室和碑亭、南宫门等部分地面建筑遗迹进行了清理发掘[5]，随即对一些陪葬墓进行了清理发掘[6]，整个陵区遗迹也进行了比较系统的调查[7]。此后至80年代，先后对7号陵（原编号为二号陵）碑亭[8]、5号陵碑亭、3号陵东碑亭[9]、整个陵区北端的建筑遗址[10]等进行过发掘。80年代末至90年代初，宁夏文物考古研究所对西夏王陵遗迹进行了全面的调查，诸陵的位次和各

---

1 ［瑞典］多桑著，冯承钧译：《多桑蒙古史》上册，中华书局，1962年，第149页。

2 ［元］佚名：《蒙古秘史》卷一二·第268节，余大钧译注本，河北人民出版社，2001年，第465页。

3 ［明］胡汝砺纂修，管律重修：《嘉靖宁夏新志》卷二《宁夏总镇·陵墓·李王墓》，陈明猷点校本，宁夏人民出版社，1982年，第179页。

4 ［清］张金城修，杨浣雨辑：《宁夏府志》卷四《古迹陵墓附》，《中国方志丛书》（塞北地方·3）影印清嘉庆三年刊本，台北成文出版社有限公司，1968年，第85页。

5 宁夏回族自治区博物馆：《西夏八号陵发掘简报》，《文物》1978年第8期；宁夏文物考古研究所等：《西夏六号陵》，科学出版社，2013年。

6 宁夏回族自治区博物馆：《西夏陵区一〇八号墓发掘简报》，《文物》1978年第8期；宁夏回族自治区博物馆：《西夏陵区一〇一号墓发掘简报》，《考古与文物》1983年第5期；许成、杜玉冰编著：《西夏陵》第二章，东方出版社，1995年。

7 韩兆民等：《宁夏银川西夏陵区调查简报》，《考古学集刊》第5辑，中国社会科学出版社，1987年。

8 李范文：《西夏陵墓出土残碑粹编》，文物出版社，1984年，第3—5页。

9 宁夏文物考古研究所：《银川西夏陵区三号陵园东碑亭遗址发掘简报》，《考古与文物》1993年第2期。

10 宁夏文物考古研究所：《西夏陵园北端建筑遗址发掘简报》，《文物》1988年第9期。

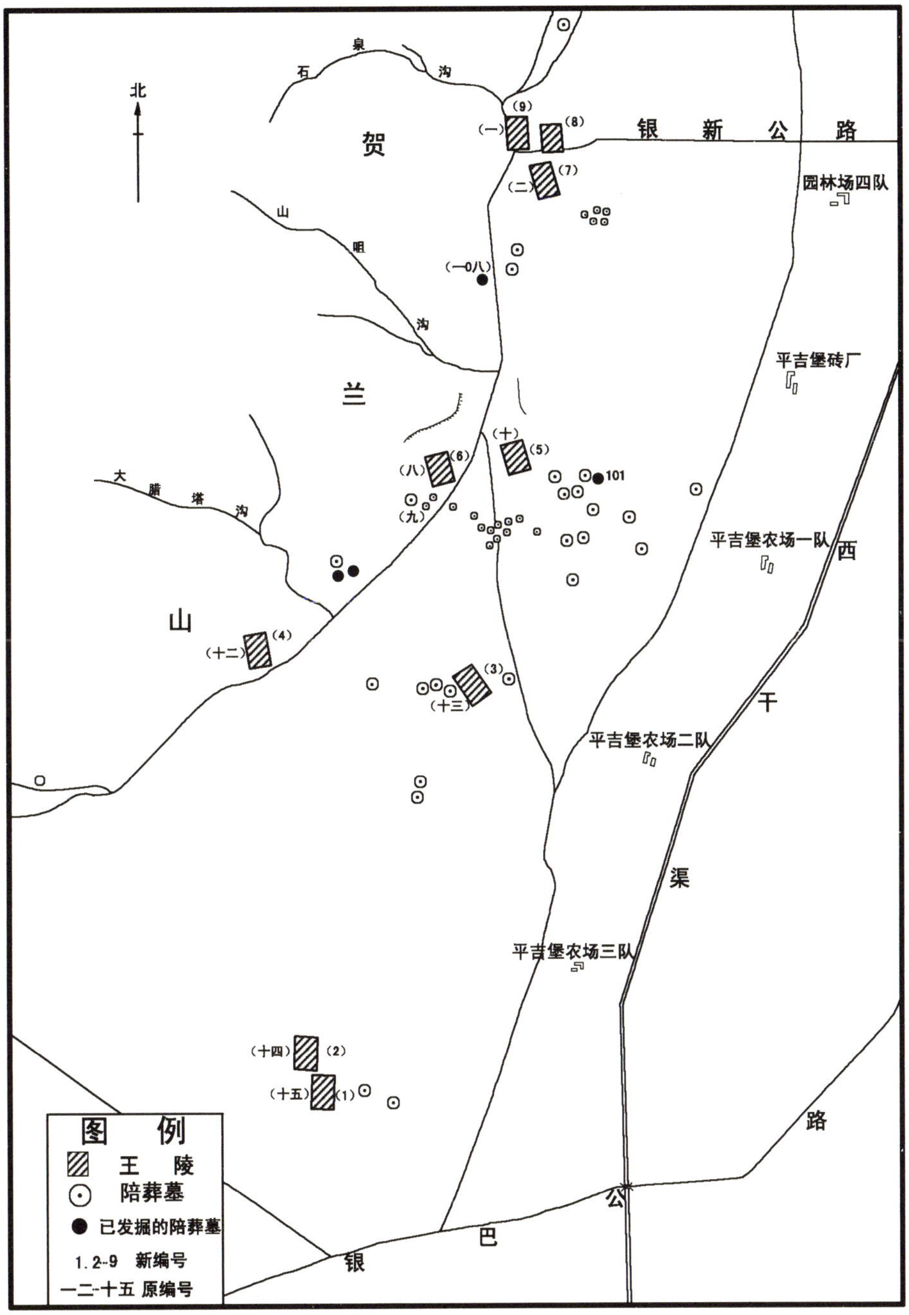

图7—22　宁夏银川西夏诸陵分布图（引自《考古学集刊》第5辑，1987年）

陵园的基本结构得以廓清，并确立了从南向北、由东而西的新编号[1]。2000—2001年，对位于二区的3号陵（一般推测为泰陵）的陵园遗址进行了系统的调查发掘[2]；2007—2008

1 许成、杜玉冰编著：《西夏陵》，东方出版社，1995年。

2 余军：《关于西夏陵区3号陵园西碑亭遗址的几个问题》，《宁夏社会科学》2000年第5期；西夏陵考古队：《西夏陵3号陵园建筑遗址初露端倪》，《中国文物报》2001年2月14日第1版；西夏陵考古队：《西夏陵形制特点》，《中国文物报》2001年4月4日第7版；余军：《西夏陵3号陵园考古再现昔日皇家陵园平面布局》，《中国文物报》2002年3月1日第1版；宁夏回族自治区文物考古研究所等：《宁夏银川市西夏3号陵园遗址发掘简报》，《考古》2002年第8期；宁夏文物考古研究所等：《西夏三号陵——地面遗迹发掘报告》，科学出版社，2007年。

年，对曾经发掘过墓室的三区的6号陵的陵园遗址进行了全面系统的调查发掘[1]，为西夏陵园研究提供了丰富的资料。

由于文献资料的严重缺失，西夏陵的研究完全在考古调查和发掘的基础上展开。自20世纪七八十年代以来，已公布的研究成果主要集中在9陵的排列顺序及其对应的墓主分析方面，有人认为：西夏陵受唐宋堪舆术的影响，按角音所利，实行昭穆鱼贯式排葬，诸陵应该是从东南向西北发展，即陵区南端早、北端晚[2]。也有一种看法认为，9座帝陵可分为两组，一组包括一、二、三、五、七、九号6座帝陵，形式是“平原起冢”，为第一行，时代上南早于北；另一组包括四、六、八号3陵，形式是“依山起冢”，为第二行；第1组（行）在年代上早于第2组（行）[3]。西夏3号陵陵园全面发掘后，未能找到佐证墓主身份的直接证据，不能证实3号陵是景宗元昊泰陵的传统判断。发掘者认为，“（原先）对9座帝陵的排列和陵主的认定，根据似嫌不足”，惟7号陵因有出土碑文可证明是仁宗寿陵除外；根据陵园建筑形式和出土建筑材料特征，以及西碑亭曾经出土过北宋晚期的“崇宁重室”等资料，仅可认定“三号陵要早于七号陵”[4]。至于曾经清理过墓室的6号陵（原八号陵）的墓主，有人认为是夏神宗遵顼[5]，也有人认为是夏崇宗乾顺（显陵）[6]；根据2007年发掘6号陵出土的残碑及早先出土的碑文等资料，发掘者认为墓主是追尊的西夏太宗李德明，即6号陵为嘉陵[7]；在此基础上，又认为西夏并不是按照“五音姓利”法则选择葬地，而是以阴阳五行来择地，提出了与以往差别较大的对西夏9陵墓分布的判断意见[8]。

此外，对于西夏陵的研究还主要涉及陵园的建制特征[9]、与北宋皇陵的对比分析以及制度渊源等[10]。

二、西夏王陵的陵园与玄宫

经过多年的全面调查和局部发掘工作，目前学界在西夏王陵的陵园和玄宫制度等

1 宁夏文物考古研究所等：《西夏六号陵》，科学出版社，2013年。

2 牛达生：《西夏陵园》，《考古与文物》1982年第6期；韩兆民等：《关于西夏八号陵墓主人问题的商榷》，《考古学集刊》第5辑，中国社会科学出版社，1987年；杜玉冰：《关于西夏陵的几个问题》，许成、杜玉冰编著《西夏陵》附录一，东方出版社，1995年，第148—150页。

3 吴峰云：《西夏陵园建筑的特点》，史金波等编《西夏文物》，文物出版社，1988年，第1—8页。

4 宁夏文物考古研究所等：《西夏三号陵——地面遗迹发掘报告》，科学出版社，2007年，第328页。

5 宁夏回族自治区博物馆：《西夏陵区一〇八号墓发掘简报》，《文物》1978年第8期；吴峰云：《西夏陵园建筑的特点》，史金波等编《西夏文物》，文物出版社，1988年，第1—8页。

6 牛达生：《西夏陵园》，《考古与文物》1982年第6期；韩兆民等：《关于西夏八号陵墓主人问题的商榷》，《考古学集刊》第5辑，中国社会科学出版社，1987年；杜玉冰：《关于西夏陵的几个问题》，许成、杜玉冰编著《西夏陵》附录一，东方出版社，1995年，第149页。

7 宁夏文物考古研究所等：《西夏六号陵》，科学出版社，2013年，第416—418页。

8 孙昌盛：《西夏六号陵陵主考》，《西夏研究》2012年第3期；孙昌盛：《西夏陵陵主考》，宁夏文物考古研究所等《西夏六号陵》附录，科学出版社，2013年，第419—431页。

9 牛达生：《西夏陵园》，《考古与文物》1982年第6期；李志清：《西夏墓封土形制、施色及置位探讨》，《考古学集刊》第5辑，中国社会科学出版社，1987年；杜玉冰：《关于西夏陵的几个问题》，许成、杜玉冰编著《西夏陵》，东方出版社，1995年，第148—150页；孟凡人：《西夏陵陵园形制布局研究》，《故宫学刊》总第八辑，故宫出版社，2012年。

10 韩小忙：《西夏陵在中国古代陵寝制度发展史上的地位》，《宁夏社会科学》1993年第6期；潘静等：《西夏王陵与北宋皇陵空间结构的比较》，《文博》2006年第1期。

方面已经积累了相对丰富的研究资料[1]。

1. 西夏诸陵的平面布局

西夏各陵自有封域，占地面积通常为8万—15万平方米，平面布局不完全一致。20世纪60年代中期，某单位曾在陵区内进行大规模建设，部分墓葬封土和地面建筑被破坏。8号、9号陵仅存陵台，亦被建筑物包围，其中8号陵的陵台还被改建为水塔。其余7陵，根据历年的调查结果，其平面布局可以分为3种形式：

第一种，封闭式外城的内外两重城垣式，典型的是1号陵和2号陵（图7—23）。外城为封闭式，仅南部正中辟门，除紧贴外城垣的四个角台外，其他陵园建筑皆在外城之内。内城在外城内的北部正中，四面墙垣正中各辟一门，四角有角阙，城内正中有一土台，即“中心台”。内城的南侧正中还向外凸出一个月城，南面正中辟门，与内城南门相对，整个内城的平面呈倒置的“凸”字形。月城门外神道的东西两侧有碑亭、鹊台等建筑。7号陵北部已被破坏，从残存部分来看，也是封闭式外城的内外两重城垣式。

第二种，开放式外城的内外两重城垣式，典型的是6号陵。内城形式与前种相同，但外城为开放式，仅有东、北、西三面城垣，南侧不建墙垣，敞口开放；东、西两侧城垣南端到内城月城一线而止。5号陵陵园平面与6号陵相同，只是东、北、西三面外城垣与内城三门相对处向外凸出一块，做成小月城状，但也不设城门（图7—24）。5号陵与6号陵应该

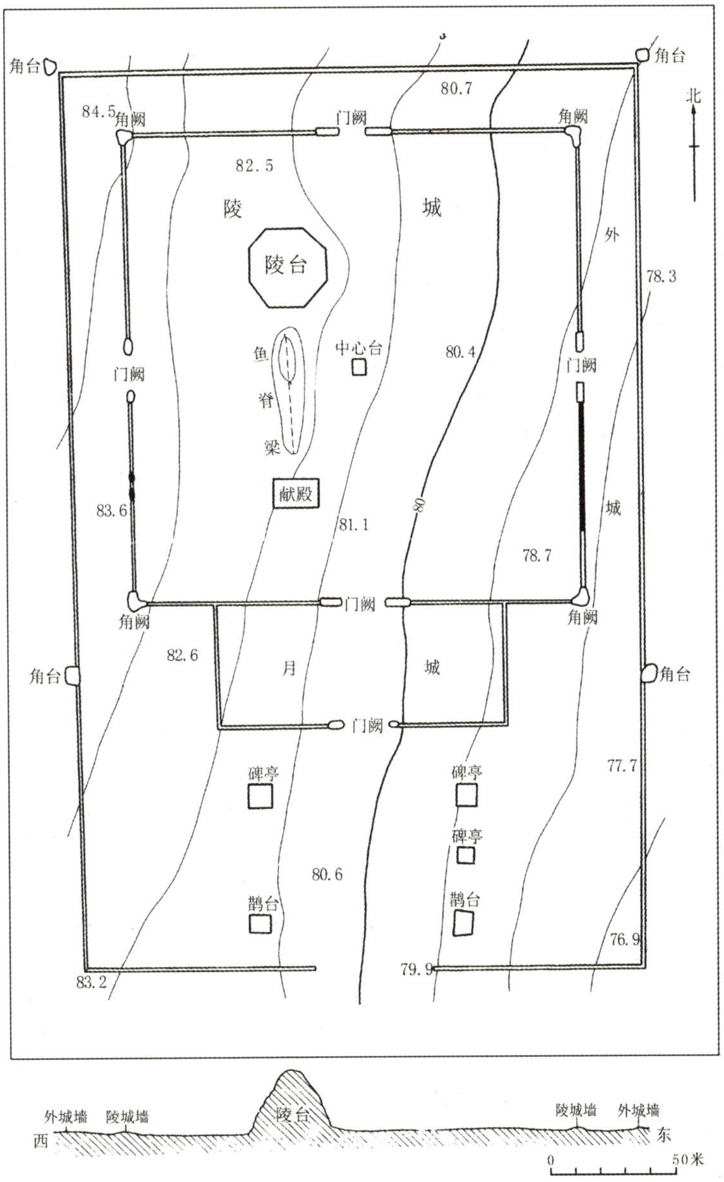

图7—23　西夏2号陵平剖面图（引自许成、杜玉冰编著《西夏陵》，1995年）

1 本目引用资料及数据，出自宁夏回族自治区博物馆《西夏八号陵发掘简报》，《文物》1978年第8期；韩兆民等《宁夏银川西夏陵区调查简报》，《考古学集刊》第5辑，中国社会科学出版社，1987年；许成、杜玉冰编著《西夏陵》，东方出版社，1995年；宁夏文物考古研究所等《西夏三号陵——地面遗迹发掘报告》，科学出版社，2007年；宁夏文物考古研究所等《西夏六号陵》，科学出版社，2013年。以下不一一注明。

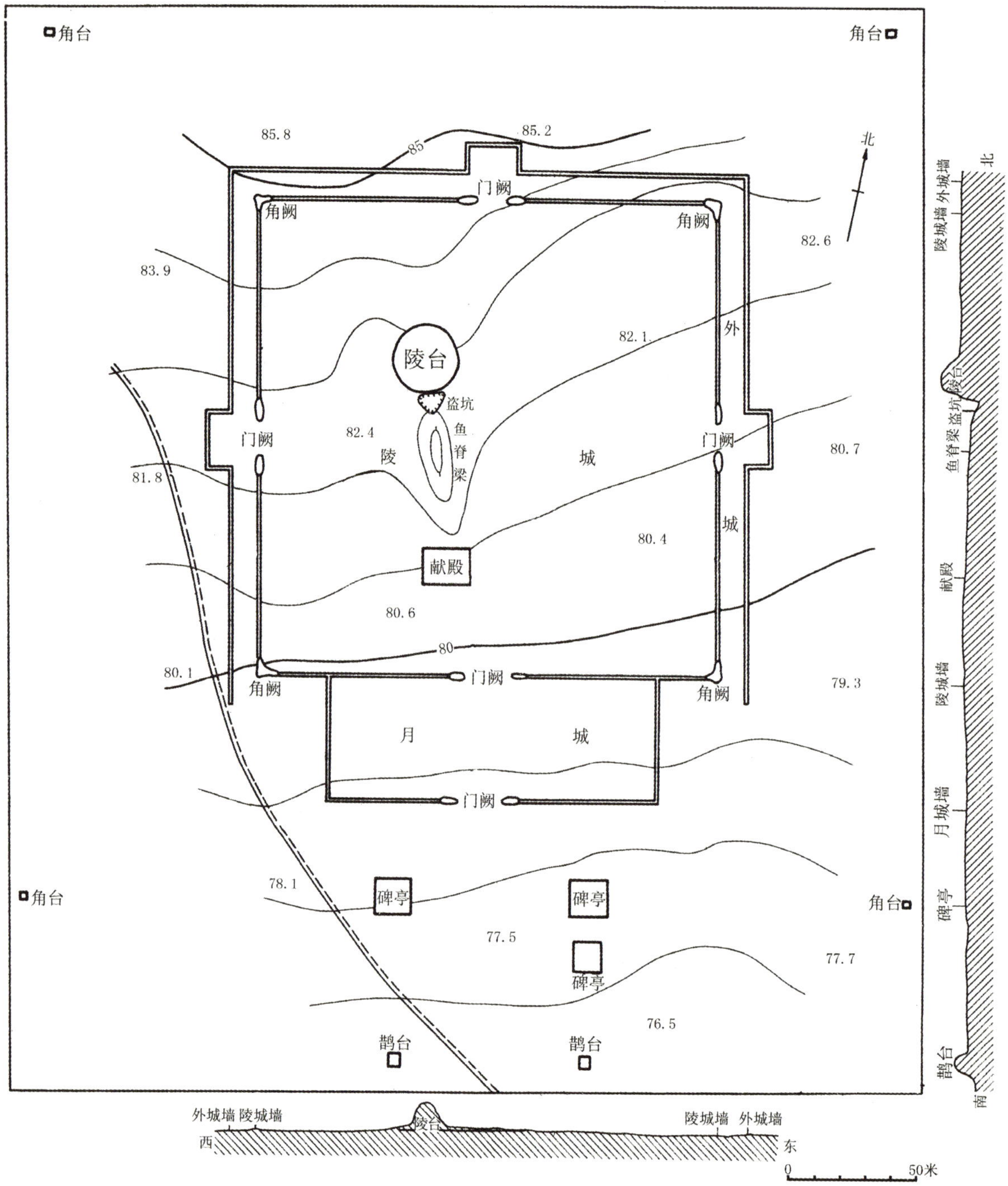

图7—24　西夏5号陵平剖面图（引自许成、杜玉冰编著《西夏陵》，1995年）

是同一种形式，只是局部略有变化。

第三种，一重城垣式，包括3号陵和4号陵。这种形式的陵园仅有内城而不建外城，以四个角台作为陵园的外围标志，其横向连线北窄南宽，呈喇叭口状（图7—25）。内城形式与前两种相同。

2. 西夏 3 号陵的陵园结构

3号陵位于整个西夏陵区的中部偏南，是地面遗迹保存最多的一座帝陵（图7—26），一般认为墓主是西夏政权最早称帝者赵元昊（1031—1048年在位）。陵园面朝东南，方向150°，外围有四座角台，东北角台至西北角台间距272米、东南角台至西南角台

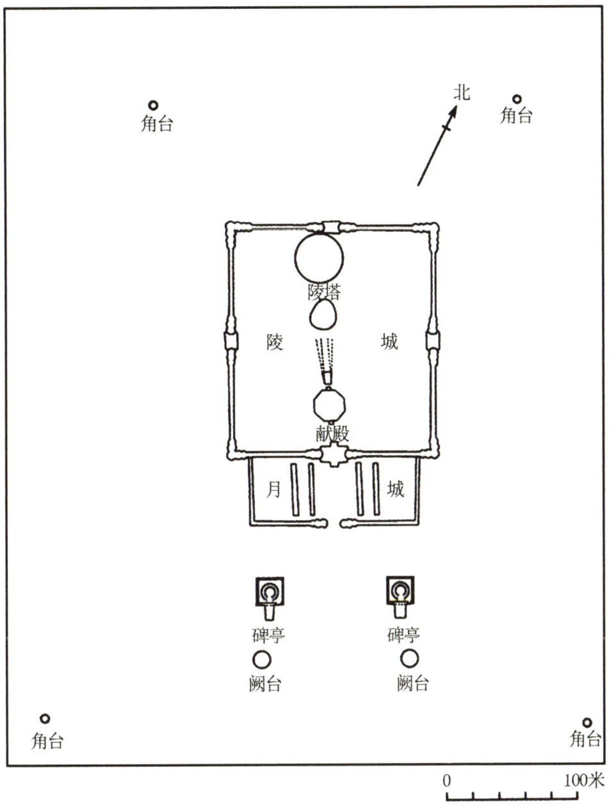

图7—25　西夏3号陵平面图（引自宁夏文物考古研究所等《西夏三号陵——地面遗迹发掘报告》，2007年）

图7—26　西夏3号陵南神门外

间距407.4米、东北角台至东南角台间距463米、西北角台至西南角台间距457.6米；界定出兆域的大致范围为南宽北窄的梯形。阙台在陵园的最南面，夹神道中轴线对称排列，现仅存圆形夯土，底部直径约12米、残高约8米。两座阙台以北35米处神道东西各有碑亭一座，仅存正方覆斗形夯土台基。其中东碑亭底边长21.5米、顶边长15.5米、高2.35米，其上有直径为13.4米的圆形建筑遗址（图7—27），有力士形碑座、西夏文残碑、建筑构

图7—27　西夏3号陵东阙台、东碑亭遗址

图7—28　西夏3号陵献殿遗址

件等遗物。碑亭以北40米处即为陵园之月城。

陵宫城是陵墓的核心部分，平面为长方形，夯土墙断续存留于地表，东墙长180米、西墙长180.5米、南墙长163.7米、北墙长164米。四面墙垣正中各辟一门，门旁各建3个相连的圆形阙，平面呈葫芦形；根据柱础等遗迹观察，宫城南门为5门道，其余三门为3门道。宫城四角建有角阙，平面为葫芦形垂直相交，北部二阙为七出阙、南部二阙为五出阙。月城在陵（宫）城南墙外部正中，南北长52米、东西宽120米，其北墙即陵园之南墙，南面正中建双阙。月城内东西两侧各有两列长条形台基座，其上和周围发现大量石人残块，发掘者推测此处原陈设有排列整齐的石像生。

陵城南门内略偏西为献殿遗址，现存八边形夯土台基（图7—28），对角间距23.5米、高1.1—1.2米，南北两侧各有坡状墁道。献殿建筑平面为圆形，直径17.8米。献殿基址北偏西残存一条南北约45米长的土垄状封土，俗称“鱼脊梁”，从南向北由低变高、由窄变宽。“鱼脊梁”下为墓道，方向145°，南北长约46米、南端宽5.6米、北端宽13.7米。墓道北为一个深3.3米的元灭西夏时的盗掘坑，南北26米、东西21米，其下为玄宫。盗坑以北的陵城内北端为陵塔，距北门0.6米，偏离陵城中轴线西侧10米。“陵塔”或称“陵台”，现状为尖圆顶夯土台，七层，其上有柱孔和瓦砾堆积。塔基圆形，直径37.5米、周长118米，现存高度为21.5米。在陵塔以南6.2米处还发现一圆形夯土基址，直径4.8—5米、残高0.1米，周边有沟状基槽。该夯土应该位于墓室之上，其名称、功能不详。

3. 西夏 6 号陵的陵园和玄宫结构

6号陵（原编号为八号陵）位于整个西夏陵的中部偏西，按自然地理环境属于第3组陵墓区，陵园西北紧贴贺兰山山脚，墓向朝南略偏东，方向170°。

陵园外围为4座角台，对称分布，东北角台至西北角台间距302.65米、东南角台至西南角台间距282.95米、东北角台至东南角台间距336.87米、西北角台至西南角台间距316.98米。外城墙为外片石、内夯黄土结构，包绕东、北、两三面，东墙长249.8米、北墙长161米、西墙长251米。内城平面呈长方形，南北184米、东西132.8米，四面墙止中各辟宫门，门两侧各有三出阙。城墙四角各建角阙，曲尺形，北部二阙为七出阙、南部二阙为五出阙。南门内正对略偏西为献殿遗址，残存大半夯土台基，平面呈长方形，东西23.4米、南北15米，最高残高1.3米；其上有柱洞和少量铺砖。根据柱洞分析，献殿为五间三进之制，东西长20.4米、南北宽11.4米。内城北端偏西处为陵台，底边平面呈八边形，可以看出7层檐面轮廓，残高20余米。在陵台的基部外表、神宫城内外壁墙面等处都发现有赭红色的墙皮。

内城南墙外凸出一个月城，东西长101米、南北宽53米，封闭式，南部正中为一对门阙。月城内东西两侧各有南北向的“石像生”台基2道。月城南门外为东西碑亭，复南为阙台一对。

6号陵玄宫结构为多室土洞墓，由墓道、甬道、主室、东西两侧室组成（图7—29）。斜坡墓道起于献殿北侧，由地表通向墓室，北宽南窄、上宽下窄，水平长度49米、最深处24.6米。墓道尽头、甬道前端原有红砂岩石板封门，已断裂。甬道南端连接墓道，西北向连接墓室。其顶部和两壁上部已被盗坑破坏，南北长6.2米、东西宽2.3米、残高5.7米。墙体以砖坯砌筑，表面敷草拌泥和白灰，靠近墓道处有残存武士壁画；地表铺素面方砖。

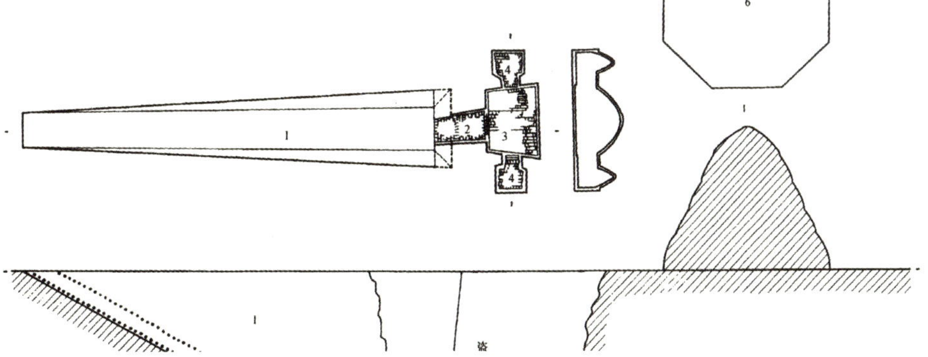

图7—29　西夏6号陵墓室平剖面图（引自宁夏文物考古研究所等《西夏六号陵》，2013年）

图7—30 西夏6号陵出土雕龙纹石柱

玄宫主室平面略呈梯形，南端宽6.8米、北端宽7.8米、南北长5.6米。顶部和四壁已被盗坑破坏，地表铺素面方砖，地面距地表24.86米（低于甬道0.24米），原先可能有涂饰绿漆的木门。主室东西两侧各有一长宽均为1.8米的小甬道分别通向东、西两侧室，侧室各长3米、宽2米，方砖铺地。东侧室地面比主室高0.16米，穹窿顶；西侧室地面比主室高0.08米；两侧室残留壁面都有护墙木板的残迹。墓室的淤土中出土有人骨和陶瓷、铠甲残片等零星随葬品，还有原在地面的建筑石雕残件等（图7—30）。

三、西夏王陵制度的特点

从已知考古资料来看，西夏王陵制度明显受到唐、宋皇陵制度的影响，但也有十分突出的地方特色和民族特色。

其一，在西夏9陵中，1号、2号、5号、6号、7号五座帝陵皆有形式不一的外城，3号、4号陵没有明确的外城遗迹，8号、9号陵因破坏严重情况不详。由此可以大体认为双重夯土城垣是西夏陵平面布局的一个特色，与唐宋明显不同。而三种不同形式的陵园平面结构，可能对应着早晚不同的时代。

其二，和唐宋皇陵宫城一样，西夏陵也是城门四开，但城内的中心位置并不是玄宫所在之山或封土，除1号陵、2号陵各有一个“中心台”外，其余诸陵在此处并无建筑。西夏陵园中的标志性建筑物——“陵塔”或“陵台”（图7—31）是一个实心的塔状建筑物，其平面位置在陵城内正北偏西处，也不叠压在墓室之上。

其三，和唐宋诸陵不同，西夏陵园中有明显的献殿遗迹。经过正式发掘3号陵和6号陵发现，其献殿建筑形式分别为八角形和长方形，1号陵、2号陵等陵的献殿位置也可以看出是长方形基座。这种差别的成因尚有待进一步探索，可能与不同时期分别崇奉“汉制”或“番制”的政策变化有关。

其四，西夏陵园内城中的主体建筑，即献殿、墓道、玄宫、“陵塔”等呈一条纵向轴线排列，但这条线并不在陵园的中轴线上，而是自南门起偏向西北。如3号陵的宫城方向为150°，而主体建筑轴线为145°。

其五，西夏各陵的玄宫通常在“陵塔”前面10余米的地下，墓道上有带状封土；由于盗掘坑的破坏，墓室上是否有封土以及封土形状如何已不得而知。这种墓室及封土不居中而让位于其他核心建筑的陵园布局形式，可能有回鹘墓葬的影响。

图7—31　西夏3号陵陵塔及盗坑遗迹

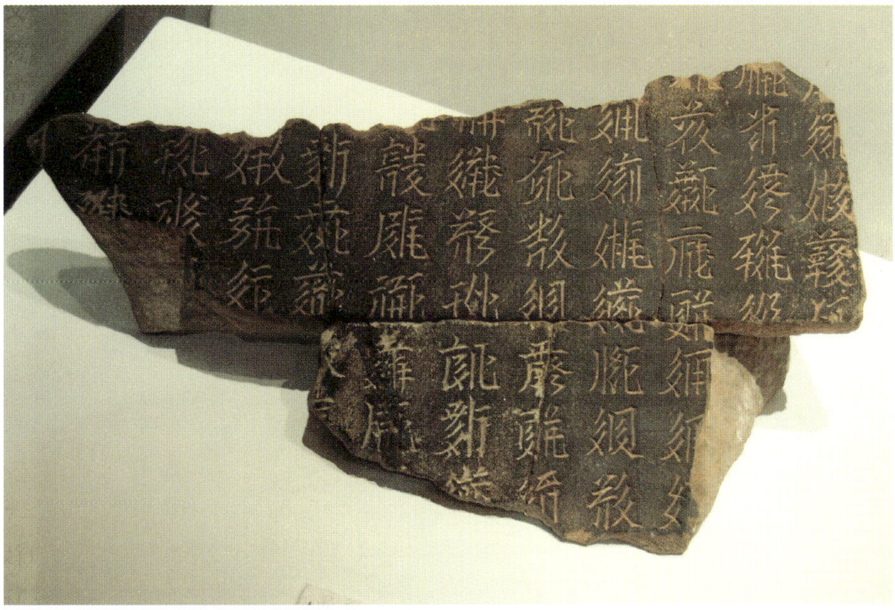

图7—32　西夏仁宗寿陵遗址出土西夏文残碑，现藏宁夏博物馆

其六，西夏陵也以南门外为主神道，但却只有一道阙台，在相当于唐宋诸陵的第二道阙台处为东西对称的碑亭各1座，内立西夏文碑（图7—32）。在宫城（内城）的南门外，另加一道月城，无城门之设，但在相当于南门的位置设阙一道。

其七，西夏3号陵和6号陵月城内的东西两侧，各发现两条长条形台基座，其上和周围发现有石人等残块（图7—33）。在3号陵月城南门外的门阙南侧，还出土了1件石人的上半身[1]；除石人外，6号陵月城内还出土有石兽的残块[2]。这些石人的残件固然可能是石像生的残余，但从其所处位置及安设形式来看，也有可能是唐陵中的“王宾像”一类，长

1 宁夏文物考古研究所等：《西夏三号陵——地面遗迹发掘报告》，科学出版社，2007年，第79—82页。

2 宁夏文物考古研究所等：《西夏六号陵》，科学出版社，2013年，第186—188页。

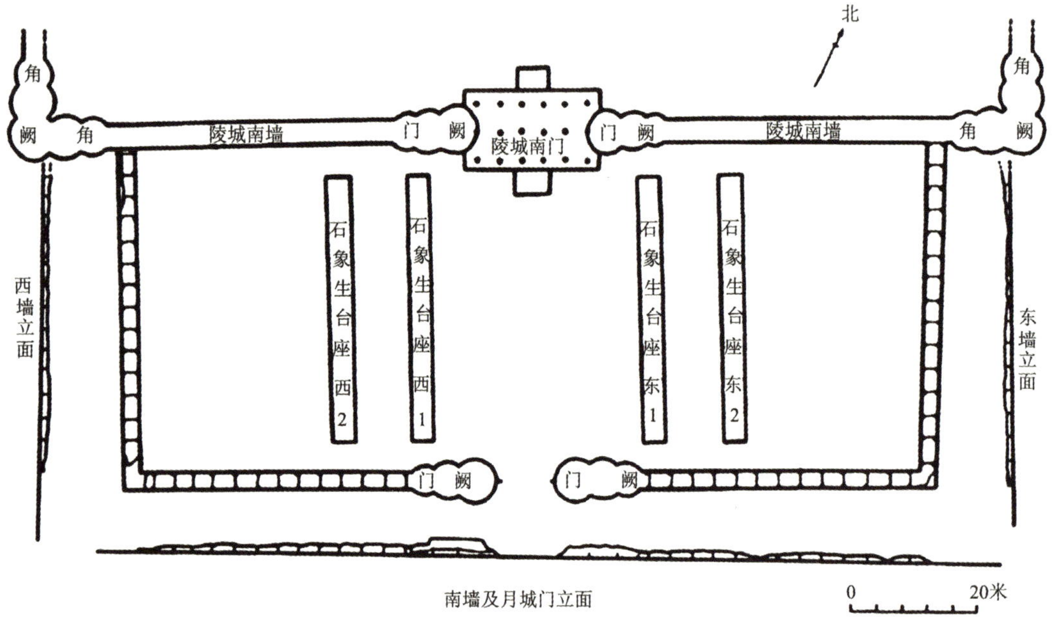

图7—33　西夏3号陵月城、“石像生台”平面图（引自宁夏文物考古研究所等《西夏三号陵——地面遗迹发掘报告》，2007年）

条形台基是仿唐陵的“蕃酋殿”形式。

其八，在整个西夏陵区北端曾经发掘出一处建筑遗址[1]，平面为长方形，朝南略偏西，方向164°，南北350米、东西160米；规划整齐，是一组带庭院的宫殿建筑群。整个建筑群有封闭式的围墙，自南而北分为前、中、后三个主院，内有2处大型宫殿遗址，两侧还有几组东西小跨院（图7—34）。从平面布局来看，这组建筑和唐宋皇陵中的下宫极为相似，可能是西夏某陵或某几座陵甚至全部九陵的寝宫；也有可能是陵区的寺庙建筑。此外，还有一处建筑遗址，位于陵区东侧中部，已被破坏，内涵不详。

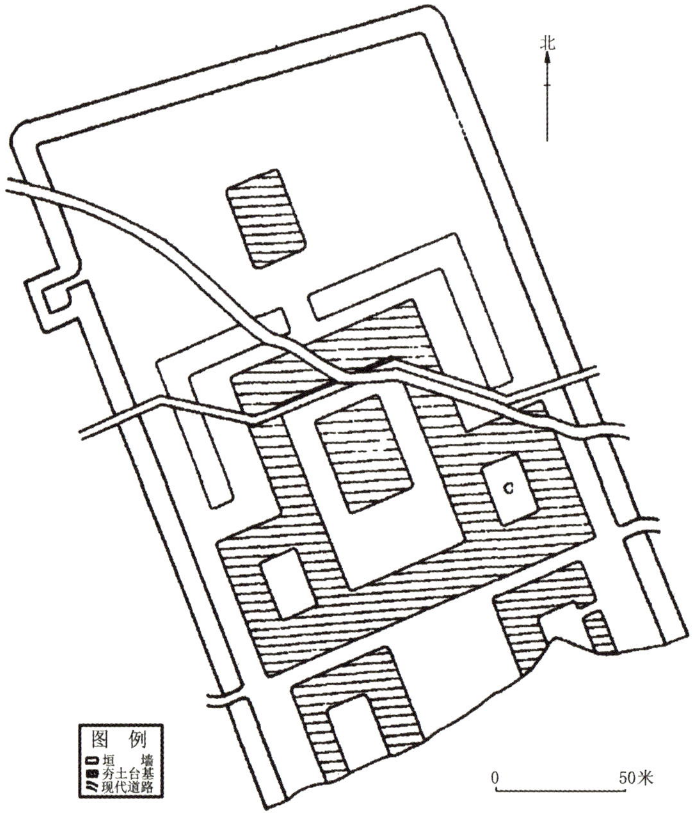

图7—34　西夏陵区北端建筑遗址（引自《文物》1988年第9期）

最后，还有一个西夏陵与北宋皇陵的关系问题。明清时期地方志普遍认为西夏陵

1 宁夏文物考古研究所：《西夏陵园北端建筑遗址发掘简报》，《文物》1988年第9期。

“其制度仿巩县宋陵而作”[1]；但并没有说明确切的理由，也没有其他文献资料可资佐证。据《宋史·夏国传》记载：宋真宗景德四年（1007年），宋封西平王李德明“献马五百匹，助修章穆皇后园陵”；宋神宗熙宁八年（1075年），“夏人进奉山陵后期，诏令先至（英宗）永厚陵设祭，后至阙奉慰”；宋哲宗绍圣元年（1094年）二月，“夏进马，助太皇太后山陵”[2]。这类记载至少可以佐证西夏国君臣对于宋陵应该有一定程度的了解。西夏陵是否仿宋陵制度，决不仅仅止于“五音姓利”等排列方式，而是一个比较复杂的问题，需要逐一探讨；但其平面结构和北宋皇陵平面结构最为接近，主体建筑都取西北—东南走向，则是不争的事实。

第三节　金代皇陵制度

金朝为女真族所建立的政权，公元1115年建国，1125年灭辽，1127年灭北宋，与南宋隔淮水、大散关并立；1234年亡于蒙古和南宋联军。金自太祖起，传七世，共九帝。

一、金代皇陵概况

金代皇陵制度之确立经历了一个相对比较漫长的发展历程。女真人最初的丧葬制度颇为简单，“死者埋之而无棺椁，贵者生焚所宠奴婢、所乘鞍马以殉之”[3]。金太祖死后，初葬于上京会宁府宫城西南，陵址在今黑龙江阿城金上京会宁府遗址西面，封土为覆斗形，高约10米，周长100余米（图7—35），其上原建宁神殿，亦称太祖庙，今陵址上尚存残柱础、绿琉璃瓦及灰砖瓦等[4]。金熙宗（太祖之孙）即位之天会十三年（1135年）二月，“辛酉，改葬太祖于和陵”；次年正月丁丑，太祖皇后纥石烈氏崩，二月“癸卯，上尊谥曰钦宪皇后，葬睿陵”[5]。皇统四年（1144年）改和陵之太祖陵名为睿陵。关于和陵地望，民国十五年（1926年）所修《双城县志》认为在双城（今黑龙江双城堡）东南165华里的北筒子沟；日本人鸟居龙藏在《金上京城及其文化》中认为在今阿城县亚沟乡东五公里的石人山，其地有金代摩崖石刻图像，鸟居认为是金太祖帝后像[6]。据阿城县文物管理所工作人员实地考察，确认胡凯山和陵应当在今阿城县山河乡阿什河西源头老母猪顶子山南麓偏西的缓坡上，依山而建，尚残存龟趺二、文武官石雕像、石羊、石臼等[7]。

《金史》记载，熙宗完颜亶即位，天会十三年（1135年）三月“乙酉，葬太宗于和

---

1 ［明］胡汝砺等修：《嘉靖宁夏新志》卷七《陵墓》，《中国方志丛书》（塞北地方·8）影印明抄本，台北成文出版社有限公司，1968年，第342页。按，胡汝砺主修者当为《弘治宁夏新志》，而《嘉靖宁夏新志》于嘉靖十九年（1540年）由宁夏巡抚杨守礼主持，管律重修而成。此引影印之抄本中有明代晚期事迹，决非弘治或嘉靖原本，当系明末以后的增补抄本，或以后修之志张冠李戴；惟其中弘农之“弘”字不讳，推测抄成当在清乾隆以前。

2 ［元］脱脱等：《宋史》卷四八五《夏国传上》，中华书局，1977年，第13990页；又卷四八六《夏国传下》，第14009、14017页。

3 ［宋］佚名：《金志》“初兴风土”，崔文印《〈大金国志〉校证》“附录三”，中华书局，1986年，第613页。

4 许子荣：《金太祖完颜阿骨打陵址》，《黑龙江文物丛刊》1983年第4期；王忠山：《金太祖完颜阿骨打陵址》，《黑龙江史志》2008年第15期。

5 ［元］脱脱等：《金史》卷四《熙宗纪》，张政烺等点校本，中华书局，1975年，第70、71页。

6 ［日］鸟居龙藏：《金上京城及其文化》，《燕京学报》第三十五期，1948年。

7 张连峰：《金胡凯山和陵考略》，《黑龙江文物丛刊》1984年第3期。

图7—35　金太祖睿陵旧址

陵”，皇统四年（1144年）改和陵之太宗陵名为恭陵；追尊父丰王（太祖之子）为徽宗景宣皇帝，母蒲察氏为惠昭皇后，九月乙酉“改葬徽宗及惠昭后于兴陵”[1]。熙宗后来被同是太祖之孙的海陵王弑杀，降封东昏王，初藁葬于皇后裴满氏墓中，后来迁葬于中都（今北京）大房山诸王兆域中。世宗即位，追复帝位，加上庙号、谥号，并号其墓曰思陵，再改葬于峨眉谷，增饰规模。

海陵王完颜亮杀熙宗自立，进行了一系列汉化改革，金朝的陵墓制度也正式形成。“国初，祖宗止葬于护国林之东，逮海陵徙燕，始令司天台卜地于燕山之四围。岁余，方得良乡西五十里大洪谷曰龙城寺，峰峦秀出，林木隐映，真筑陵之处，遂迁祖宗于此。惟熙宗葬于山阴，盖以刑余，遂不入陵”[2]。天德三年（1151年）四月，海陵王诏迁都燕京，称中都。贞元三年（1155年）春，在中都西南大房山营建山陵，预备奉迁祖宗陵墓。据《金史·废帝海陵庶人纪》记载：贞元三年（1155年）三月乙卯，命以大房山云峰寺为山陵，建行宫于山麓；五月乙卯，命判大宗正事等官员到上京，奉迁太祖、太宗梓宫；六月乙未，再命右丞相仆散师恭、大宗正丞胡拨鲁到上京奉迁山陵；九月丁卯，海陵王迎梓宫于沙流河，途中亲射麞以荐献梓宫；十月戊寅，致奠梓宫于东郊，己卯，梓宫到达中都，以皇宫正殿——大安殿为“丕承殿”安置；十一月乙巳朔，梓宫自丕承殿出发，戊申，太祖、太宗等梓宫安葬于新陵，陵名依旧，大房山开始成为金朝的皇陵区。从《金史》等有关记载来看，海陵王对于祖陵奉迁十分关注，五月丙寅、八月壬午、九月己未等多次到大房山督视陵工。次年即正隆元年（1156年）七月己酉，他又命太保昂等到上京奉迁始祖以下梓宫；八月丁丑，到大房山行视山陵。十月乙酉，葬始祖以下十帝于大房山；闰月己亥朔，山陵礼成，群臣称贺。

海陵王迁祖宗棺柩改葬于大房山，金代皇陵制度始正式确立，但完颜亮本人却未

1 ［元］脱脱等：《金史》卷四《熙宗纪》，张政烺等点校本，中华书局，1975年，第70页。

2 ［宋］宇文懋昭：《大金国志》卷三三“陵庙制度”，崔文印《〈大金国志〉校证》本，中华书局，1986年，第474页。

能葬入大房山。他在征南宋之役中被部下所杀，金世宗即位，随即废之为海陵郡王，令葬于鹿门谷诸王兆域，后又追废为庶人，迁葬陵区西南四十里。此后，金世宗完颜雍、章宗完颜璟，以及追封的睿宗（世宗之父）、显宗（世宗之子、章宗之父）皆葬于大房山兆域中。世宗之子卫王完颜允济继立，被杀，后复王爵，谥曰绍，未依帝礼葬；宣宗完颜珣迁都南京开封府（今河南开封），葬于汴京，名德陵。蒙古联宋夹攻，金哀宗完颜守绪逃奔蔡州（今河南汝南），国亡时自缢身亡，近侍火葬之，葬汝水上；一说遗骨被献给宋朝，无陵墓。末帝完颜承麟，城破前即位，死于乱兵之中。

据《金史》记载，大房山所葬为金皇室始祖以下，并太祖以后诸帝后及追封皇帝，共17陵。顾亭林在《京东考古录》中对于金陵有专条考辨称："金代之陵，自上京而迁者十二帝，其陵曰光、曰熙、曰建、曰辉、曰安、曰定、曰永、曰泰、曰献、曰乔、曰睿、曰恭；其崩于中都而葬者二帝，其陵曰兴、曰道；被弑者一帝，其陵曰思；追谥者二帝，其陵曰景、曰裕；被弑而降为庶人者一帝，葬在兆域之外。而宣宗则自即位之二年迁于南京，三年五月，中都为蒙古所陷，葬在大梁，非房山矣。"[1]考诸《金史·世纪》，太祖以前十帝，始祖函晋葬光陵、德帝乌鲁葬熙陵、安帝跋海葬建陵、献祖绥可葬辉陵、昭祖石鲁葬安陵、景祖乌古乃葬定陵、世祖劾里钵葬永陵、肃宗颇刺淑葬泰陵、穆宗盈歌葬献陵、康宗乌雅束葬乔陵，其陵号皆于熙宗皇统四年（1144年）加上。海陵王以后，世宗父睿宗葬曰景陵，世宗葬曰兴陵；章宗父显宗（世宗太子）葬曰裕陵，章宗葬曰道陵。根据有关记载和现代考古调查等资料分析，金朝始祖以下的十祖陵与太祖睿陵等诸皇陵是分在两处的。在主陵区西南即龙门口村西南山谷中有一片区域名曰"十王坟"，推测当是十帝陵所在[2]。另外，在皇陵兆域附近还有熙宗的思陵。

二、房山金陵及其考古发现和研究

海陵王所迁中都之金陵在今北京市西南房山区西北10公里的云峰山下，有太祖睿陵、太宗恭陵、世宗兴陵、章宗道陵所在的主陵区（图7—36），还有从上京迁来的追尊十帝之陵以及诸王陵区，结构完整、规模宏大。金陵初毁于贞祐三年（1215年）蒙古占领中都之役；四百年后，它又经历了一次更彻底也是十分滑稽的破坏。明朝末年，建州女真人建立的后金—清政权日渐强大，明王朝在战场上屡次失利，认为是京郊大房山金陵的风水太盛，祐助后金。天启元年（1621年），明熹宗下令祭祀历代帝王陵墓时，免去金陵的祭享；次年，又命令尽毁大房山诸金陵，并斩其"龙脉"以泄其"王气"。天启三年（1623年），在金陵遗址上建了一座关帝庙，用以"厌胜"。或值此之故，清朝对于金代皇陵恩礼有加，清太宗入关征明时曾亲祭之，世祖奠都北京后命地方官春秋致祭，世祖、圣祖均有御祭碑文。清初曾经多次局部修复金陵，对太祖睿陵、世宗兴陵尤其加意保护，重新修筑了封土宝顶。乾隆十六年（1751年），清高宗"命葺金太祖、世宗二陵享殿及缭垣。工竣，亲诣展谒，并御制谒金太祖、世宗二陵诗"[3]，命完颜氏子孙陪祭。这次修复工作实际上是按清代规制在明代掘毁、清初简单修复基础上的一次重建。乾隆十七年（1752年）二月，直隶总督方观承奏："遵旨相度金陵，在房山县北崇山之内。金太祖陵前地基稍宽，应增修享殿一，缭以围墙，立正门；其原有之祭台、甬路、阶砌等项，并加修治。金世宗陵前地隘，应增修享殿一，并祭台围墙甬路等项，不能立正门。今就碑亭接

1 ［清］顾炎武：《京东考古录》"考金陵"，北京出版社，1962年，第39页。

2 北京市文物研究所：《北京金代皇陵》，文物出版社，2006年，第157—158页。

3 ［清］于敏中等：《钦定日下旧闻考》卷一三二《京畿·房山县三》，北京古籍出版社，1981年，第2118页。

图7－36　北京大房山金帝陵区远眺（帐篷处为金太祖睿陵）

建栅栏，立两角门，足符体制。并将自房山北门至金陵山路二十里，一并修治。"[1]乾隆时期奠定的金陵这种建筑格局大体维持到20世纪70年代初以前，1975年因平整土地造梯田才被大规模破坏。

房山金陵见于地方志及其他北京史地著作如《钦定日下旧闻考》等著录，1918年日本人关野贞曾到房山金陵调查，相关资料刊布于其所著《支那の建築と芸術》之中[2]。从20世纪80年代初开始，北京市文物考古研究所对金陵遗址进行了多年的考古调查工作[3]，在神道北端发现有比较明显的太祖睿陵和世宗兴陵的建筑遗迹，两陵东西相隔大约三四十米。尚存清代修筑的封土宝顶，睿陵宝顶外形已经被破坏，直径15米、高约5米；兴陵封土比较小，外形大体保存完好，直径6.5米、残高1.6米。二陵前方各有碑亭遗迹，内原立清朝皇帝御祭文碑，已毁。睿陵封土南面尚有大殿遗迹，可见殿基面宽16米、进深12米，基座高出地面0.5米。上有纵横排列的石柱础4行，共16个。在封土宝顶和大殿遗址的周围有残存的陵墙，太祖睿陵南端还有一座牌坊式棂星门的遗迹。从建筑风格判断，这些基本都是清代重修的遗存。

2001—2002年，北京市文物考古研究所对金陵的神道和墓葬部分进行了清理发掘，获得许多重要资料[4]。金陵主陵区所在属房山区周口店镇龙门口村北的九龙山，墓葬区南北长350米、东西宽200米，占地面积6.5万平方米。墓葬区以南为神道部分，发现有

1 《清高宗实录》卷四〇九"乾隆十七年二月"条，影印皇史宬等处旧藏清抄本《清实录》第14册，中华书局，1986年，第366页。

2 関野貞：《支那の建築と芸術》，岩波書店，1938年。

3 宋大川等：《金陵遗址第一阶段调查报告》，《北京文博》2001年第3期；宋大川等：《金陵遗址主陵区第二阶段调查报告》，《北京文博》2002年第3期。

4 北京市文物研究所金陵考古工作队：《北京房山区金陵遗址的调查与发掘》，《考古》2004年第2期；北京市文物研究所：《北京金代皇陵》，文物出版社，2006年。

图7—37　金太祖睿陵龙纹石外棺棺头

排水沟、石桥、石踏道、碑亭等建筑遗迹，发掘区域内未见有石像生迹象。

陵区前部神道中段残存的石踏道东西两侧各有1座遗迹清晰的台址，砖石结构，中央为土衬石，四面辟门，遗址上分别出土有龟趺座的残件，推测为碑亭。在西台址的西北、东台址的东北，还对称分布有另一对台址，遗迹破坏严重，仅存土衬石[1]，推测也是碑亭遗存。由于没有残碑石刻文字出土，因此这些碑的内容、功能和意义不能确定；有研究者认为可能是记载迁陵事件的纪事碑[2]。从前述胡凯山和陵旧址已有碑刻来看，这几座碑更可能是金太祖等皇帝的纪功碑。

在九龙山主峰下清代所修金太祖之大宝顶前约15米处，20世纪80年代末调查时发现一岩坑遗迹，当地村民曾经用作蓄水池，当时定名为“祭祀坑”。经抢救性考古发掘证实，该石坑实为一竖穴石圹墓（2002FJLM6），平面呈长方形，南北向略偏西，方向356°。墓坑口大底小，坑口东西长13米、南北宽9—9.5米，坑底东西长12.1—12.4米、南北宽8.3—9.4米，深3.6—5.2米。坑内有石椁（外棺）4具，其中东西向的两具石外棺，棺盖、棺身均为整块石雕凿而成，其上浮雕图案，一主题为龙（图7—37）、一主题为凤。龙纹石外棺已残毁，仅保留棺盖和东壁挡板（棺头），上刻有团龙卷云纹。凤纹石棺保存较好，位于龙纹棺的北侧，为整块汉白玉雕凿而成。盖顶及棺身刻有双凤纹，内填金粉，棺身四壁裹松香。石棺内放置一木棺，棺外壁髹红漆，四角及正中部位有银片鎏金錾刻凤纹装饰，南北两侧的银饰件上对称铆有两个铁环。木棺内残留有头骨及下肢骨，还发现有1件金丝凤冠和3件雕凤纹的白玉饰件。另外两具石棺呈南北向放置，位于凤纹椁的西部、石墓坑的西北角。该墓坑位于整个金陵遗址中轴线上，发掘者考证是金太祖睿陵

1 北京市文物研究所：《北京金代皇陵》，文物出版社，2006年，第41—48页。本目所用房山金陵数据皆出自《北京金代皇陵》，以下不另注。

2 王世仁：《北京房山金陵碑亭原状推测》，北京市文物研究所《北京金代皇陵》附录二，文物出版社，2006年。

的墓穴。

在太祖睿陵墓坑以西偏南，有“睿宗文武简肃皇帝之陵”石碑，保存基本完好（图7—38），其后有被破坏的墓坑一座；此碑西南大约60米处为世宗之兴陵，有清代所修小宝顶，宝顶前为已遭破坏的兴陵玄宫，清理发现有石台阶墓道、仿木结构青白石墓门以及墓室护墙等遗迹。在睿陵玄宫以东毗邻，还有金太宗恭陵玄宫的遗迹。

图7—38　金睿宗陵石碑

在兴陵以南的第四级台地上，发现5座陪葬墓。其中两座墓室未被扰动，其结构，四壁以石条垒砌，外壁涂抹白灰，内底部安设石棺床，木棺已朽，肢骨散乱。出土有铜柄铁剑、石枕、磁州窑龙凤罐以及泰和铜钱等遗物。在陵区勘探调查中，采集到大量雕刻精美的汉白玉石构件，如双龙栏板、花草纹台阶、斗拱、座龙等；还有龙首鸱吻、迦陵频伽等琉璃瓦构件，据此推测，当年金陵的建筑装饰也十分精美。

三、金代皇陵制度的特点

和其他王朝陵墓不同，房山金陵除人为、自然破坏以外，还有过明清时期的改建和重建，后又经过大规模平整土地的破坏，地层比较复杂，以致许多遗迹性质的判定难度加大，相应的制度分析研究受到很大限制。其陵墓制度特征明显之处，简要归纳如下：

第一，房山金陵主陵区范围狭小，各陵之间相距密迩。在太祖睿陵的东西两侧各1.5米处，分别另有1座石坑墓，据发掘者推测，东侧者（2002FJLM7）是金太宗的和陵，西侧者（2002FJLM8）是太祖庶长子、海陵王之父、追尊德宗完颜宗干的顺陵[1]。太祖睿陵西南约70米处为世宗兴陵（2002FJLM9）。据《金史》及明清以来地方志等记载分析，追尊显宗的裕陵、章宗的道陵也应该在这个区域中。和两宋皇陵一样，大房山金陵也是典型的陵区制。当海陵王迁陵时，对房山一带应该有过比较完整的规划，除太祖、太宗、德宗所在的帝陵区外，还有太祖以前的追尊十帝陵区、诸王兆域等，均按一定次序排列，颇与巩义宋陵相仿；主陵区中太祖以下各陵密集布列，又和南宋攒宫相似。

第二，根据已知考古发掘资料，房山帝陵区中央的3座墓葬都是大石坑墓，其中睿

1 北京市文物研究所：《北京金代皇陵》，文物出版社，2006年，第155—156页。

陵中龙纹主棺的棺头朝东（与神道方向垂直）、凤纹棺在其北（图7—39）。木棺、石椁（外棺）、石坑墓穴，这应该是海陵王初迁金陵时期的埋葬形式。在金世宗的兴陵墓室前发现有石壁、石阶梯式的墓道（图7—40），还有青白石装饰的墓门、雕龙门柱等[1]；由此推知，至迟到修建兴陵时，金代帝陵的玄宫已经是砖石结构的墓室。由于破坏严重，金代各陵墓室之上最初是否有封土，以及封土的形状如何等已难于考证。

图7—39　金太祖睿陵墓坑内石棺排列

图7—40　金世宗兴陵墓道石壁

第三，从睿陵地宫所揭示的埋葬现象来看，太祖是与皇后及重要妃嫔合葬；其余诸陵情况应该与之大致相同；即金陵实行帝后合葬。但如果皇后先死，也有可能暂厝另处。世宗明德皇后乌林荅氏，卒于世宗即位之前，先葬宛平县土鲁原，大定十九年（1179年），"改卜于大房山。……十一月……戊午，奉安于磐宁宫。庚申，葬于坤厚陵。诸妃祔焉。二十九年，祔葬兴陵"[2]。世宗元妃李氏，卒于大定二十一年（1181年）二月，先葬海王庄，"二十八年九月，与贤妃石抹氏、德妃徒单氏、柔妃大氏俱陪葬于坤厚陵"[3]。则此"坤厚陵"当为世宗皇后的暂厝之地，兼做妃嫔墓园。1972年底，在金陵主陵区西南的猫耳山断头峪发现过1座石椁墓[4]，5具石棺呈"十"字形排列，其中中间一具东西向放置，内有一具残柏木红漆棺，棺外壁以银钉嵌錾云龙纹。墓中出土玉饰件及"政和通宝"玉钱1枚。发掘者后来认为此墓即是坤厚陵[5]。如果以睿陵玄宫发掘所见外棺雕饰现象为标尺，则断头峪龙纹棺的主人应该是男性。该墓为多棺一次葬，排列整齐，似应为迁葬墓，而"政和通宝"玉钱或可暗示墓主的卒年应该在灭北宋

1 北京市文物研究所：《北京金代皇陵》，文物出版社，2006年，第88—95页。
2 ［元］脱脱等：《金史》卷六四《后妃传下·世宗昭德皇后》，张政烺等点校本，中华书局，1975年，第1522页。
3 ［元］脱脱等：《金史》卷六四《后妃传下·世宗元妃李氏》，张政烺等点校本，中华书局，1975年，第1523页。
4 张先得：《北京房山县发现石椁墓》，《文物》1977年第6期。
5 北京市文物研究所：《北京金代皇陵》，文物出版社，2006年，第158—160页。

之后不久。因此，笔者认为，该墓可能是大定二十二年（1182年）自九龙山下太祖陵旁迁出的原顺陵，墓主是海陵王之父、追尊德宗完颜宗干[1]。

第四，金人重视皇陵祭祀，陵祭之制甚至早于宗庙。“天辅七年（1123年）九月，太祖葬上京宫城之西南，建宁神殿于陵上，以时荐享”[2]。迁都燕京以后，海陵、世宗、章宗亲祭大房山诸陵在《金史》各《本纪》中都有记录。此外，金世宗大定八年（1168年）十月，“乙未，命涿州刺史兼提点山陵，每以朔望致祭，朔则用素，望则用肉”[3]。金章宗泰和三年（1203年）十二月，“辛亥，诏诸亲王、公主，每岁寒食、十月朔听朝谒兴、裕二陵，忌辰亦如之”[4]。这些频繁的祭祀活动，需要大房山诸陵前建有享殿一类的祭祀建筑相匹配，根据《北京金代皇陵》所揭示的地层关系，睿陵、兴陵之间有金代的大型建筑遗址（2001FJLF1、2001FJLF2），但关于其功用、制度等，史料缺载。另据《大金集礼》、《金史》等，金帝陵陵园附近有磐宁宫，用于葬前奉棺及某些陵前望祭活动；其详细制度失考，或与唐宋下宫之制有相似之处。

第五，金朝亦有奉陵邑之制，但设立较晚。大房山地属涿州，大定八年（1168年），即以涿州刺史兼提点山陵。“大定二十九年（1189年）置万宁县以奉山陵”，章宗明昌二年（1191年）改奉先县[5]。金朝太常寺下设有“诸陵署”，“提点山陵，正五品，涿州刺史兼。令，从六品；丞一员，从七品；掌守山陵。直长，正八品”。还有“园陵署”，“令，宛平县丞兼。贞祐二年（1214年）以园陵迁大兴县境，遂以大兴县令、丞兼”[6]。这种陵邑制度比宋、辽简单，可能只是一种管理机制。

第六，女真人有崇拜山神的旧俗，因而对其发祥地长白山和皇陵所在的大房山皆设神而祭。据《金史》记载：“大定二十一年（1181年），敕封山陵地大房山神为保陵公，冕八旒，服七章，圭、册、香、币，使副使持节行礼，并如册长白山之仪。……是后，遣使山陵行礼毕，山陵官以一献礼致奠。”[7]据《大金集礼》记载，金代保陵公之封前后迁延达数年之久。其事始于“大定二十年（1180年）十月三日敕旨：山陵下盖山神庙，今后但节下去后，便交享祭”。此后，据礼部所奏：“大定二十一年敕旨：‘坟山起盖山神堂，合封王、合封神，礼部定了奏知。’本部检讨得别无端的典故，拟以王爵封之。寻送礼部学士院检定，学士院官所见，若便定撰，缘照五镇四渎并系公爵，今来山陵土地之神，恐难比拟长白山神，在镇渎之上。八月十七日敕旨：‘封公，以崇安为名，如山陵致祭，亦祭。’续奉敕旨：‘山神本为保护山陵，崇安止是高大安宁，无保护山陵之意。’后改封保陵公。”真正册封，则是到了大定二十二年，是年“四月二十八日，行封典礼，鷩冕八旒，服七

1 关于德宗陵的迁葬及其在太祖陵旁的原位、睿宗景陵所在等问题，容当另文详细讨论。关于金陵帝陵的次序，还有一个熙宗思陵问题无法绕开。熙宗自上京迁葬房山，先葬诸王兆域，大定二十八年（1188年），以思陵狭小，复迁葬峨眉谷。今金陵主陵区以西山谷间有一处“皋塔”，传为太祖之子梁王完颜宗弼（金兀术）之墓。经北京市文物考古研究所勘探调查，该处确有大墓迹象。按，宗弼当葬于诸王兆域，“皋塔”处既近太祖之陵，又有小山脚与诸帝陵障开，与熙宗身份、经历相符，故可推定为大定二十八年重建的思陵所在。此墓亦在明天启二年残毁之列，所谓“皋塔”者，应与“笑死牛皋（宋岳飞部将）、气死兀术”的民间传说有关；“皋塔”和关帝庙一样，亦有镇压寓意。

2 ［元］脱脱等：《金史》卷三〇《礼志三·宗庙》，张政烺等点校本，中华书局，1975年，第727页。

3 ［元］脱脱等：《金史》卷六《世宗纪上》，张政烺等点校本，中华书局，1975年，第143页。

4 ［元］脱脱等：《金史》卷一一《章宗纪三》，张政烺等点校本，中华书局，1975年，第262页。

5 ［元］脱脱等：《金史》卷二四《地理志上·中都路》，张政烺等点校本，中华书局，1975年，第575页。

6 ［元］脱脱等：《金史》卷五五《百官志一·太常寺》，张政烺等点校本，中华书局，1975年，第1249页。

7 ［元］脱脱等：《金史》卷三五《礼志八·诸神杂祠·大房山》，张政烺等点校本，中华书局，1975年，第820—821页。

章”[1]。这应该是中国古代陵山之祭的正式开始。

第四节 北方三朝皇陵制度中的新因素

辽、西夏、金三朝皇陵制度中包含着许多不同于唐宋等中原王朝的因素。它们是中国古代帝王陵寝制度发展过程中不可或缺的一环，其制度中有许多承先启后之例，在陵墓选址、陵园布局和建置、多室（特别是耳室）的玄宫结构、陵山崇祀、皇帝亲祭先陵等方面，对明清皇陵制度有明显的影响。就中国古代帝王陵墓制度的发展演变序列而言，绝不是简单的汉—唐—宋—明等中原“正统”王朝简单的直线式传递，契丹、羌、女真等北方少数民族对于中国式的帝王陵墓制度的最后定型也起了很大的作用。

一、陵墓选址与陵园环境

中国历代皇陵选址基本都恪守近国都而葬的原则，辽、西夏和金三朝的皇陵也都属于近都城而葬；但其墓穴的选址规则却与汉代的据土原高处封土为陵、唐代的因山为陵、宋代的面朝高山而建皇陵于平川等形式有显著的区别。

辽陵的墓穴（玄宫）一般都建在山坡上，背靠高山，多为朝南而偏东，以前方山口为陵园门户，其前有山如屏风遮挡。前述辽祖陵、怀陵、庆陵，以及传说中的义宗显陵等都是这种形式。金代大房山皇陵区陵墓选址的环境与辽陵非常相似（图7—41）。陵区群山环绕，南面有山口通向外界，金太祖睿陵在九龙山主峰之下，两侧有太宗、世宗等人的陵墓。西夏陵卜建于贺兰山东麓，各陵选址不像辽、金皇陵那样封闭，但也是把陵墓建于山脚或山前坡地，面貌更接近于辽、金，而不同于唐、宋。

图7—41　金太祖睿陵遗址处南望山口

1 ［金］不著撰人（一说作者为张暐）：《大金集礼》卷三七《杂祠庙·保陵公》，影印文渊阁《四库全书》第648册，台湾商务印书馆，1984年，第281页。

明清两代帝王陵墓选址，主要依据假托为东晋郭璞所撰《葬书》为代表的堪舆学说理论，在形势上与辽金非常相似（详后）。房山金陵祖陵居中（正位）、子孙嗣位者分布左右的布局对于明清皇陵也有明显的影响，北京昌平明十三陵、河北遵化清东陵、河北易县清西陵等都能看出这种影子。

二、陵园平面布局

汉、唐、宋皇陵无论是一重宫城还是内外两重城（唐、宋皇陵的外城大多是象征性的柏林或篱围），其宫城（上宫）都是模仿京城中宫城之制，城门四开，平面为纵横垂直的十字轴线，陵墓封土位于两条轴线的交结点上。辽祖陵、怀陵等虽然也分为内外陵园，但其形式却是前后串联，而不是汉唐式的外城套内城。金陵有无宫城，目前尚不得其详，但从基本结构、主体建筑布局等方面分析，辽、金两代皇陵的陵园应该都是只有一条纵轴线。西夏陵和北宋皇陵平面结构最为接近，虽然也是外城套内城、内城城门四开，但其主体建筑却是位于明显是斜向西北的单一轴线上。自明孝陵正式开始，明清皇陵无论是陵区整体，还是陵宫个体，都是单轴线，这显然不是来自唐宋的传统。特别是陵墓的最核心建筑——封土及其下的墓室，建于单轴线的最后端，而不再是陵园的中心位置，与辽金如出一辙。

同样是始于明孝陵，神道之制不再是自起点直望神宫门，而是曲直相间、蜿蜒而行。神道取弯，也是辽金的传统。自黑龙门起，辽祖陵神道大体为东南朝向，但并非直线，而是弯曲直到玄宫前[1]。闵宣化等早年的调查资料显示[2]，庆州三陵前原各有陵门及砖铺神道，和祖陵一样也只有单一的纵轴线，并且这条轴线也不是直线；房山金陵的情况与之相似。此外，辽庆陵的神道铺墁之制也为后代所继承，北京房山金陵、江苏南京明孝陵都有砖石铺砌神道的遗存或遗迹，而昌平明十三陵、清东西二陵各陵宫前的砖石铺墁神道有不少还保存完好。

三、陵园碑刻与黄釉琉璃砖瓦

北方三朝陵园碑制对于后代的影响更加突出。碑普遍应用于帝王陵墓的发展历程十分漫长，自汉至辽七八百年，中间南朝和唐代的某些帝陵前虽然有碑刻，但尚未形成制度[3]。河南巩义的北宋皇陵经过比较系统的调查和局部发掘[4]，在陵墓神道和陵宫范围内没有发现石碑的遗迹。南宋皇陵规制简陋，又遭到过毁灭性的盗掘，现存遗迹甚少[5]，从《宋会要辑稿》和南宋周必大《思陵录》及其附录等重要记载来看，各陵攒宫中

---

1 中国社会科学院考古研究所内蒙古第二工作队：《内蒙古巴林左旗辽代祖陵考古发掘的新收获》，《考古》2008年第2期；中国社会科学院考古研究所内蒙古第二工作队等：《内蒙古巴林左旗辽代祖陵陵园遗址》，《考古》2009年第7期。

2 ［法］闵宣化撰，冯承钧译：《东蒙古辽代旧城探考记》，冯承钧译《西域南海史地考证译丛》第三卷，商务印书馆，1999年，第647—755页。

3 刘毅：《中国古代帝王陵墓碑制探析》，《南开学报》2012年第5期。

4 郭湖生等：《河南巩县宋陵调查》，《考古》1964年第11期；河南省文物研究所等：《宋太宗元德李后陵发掘报告》，《华夏考古》1988年第3期；傅永魁等：《河南巩县宋永昭陵区的考察》，《考古学集刊》第8辑，科学出版社，1994年；河南省文物研究所：《北宋皇陵》，中州古籍出版社，1997年。

5 刘毅：《宋代皇陵制度研究》，《故宫博物院院刊》1999年第1期；刘毅：《南宋绍兴攒宫位次研究》，《考古与文物》2008年第4期；孟凡人：《南宋帝陵攒宫的形制布局》，《故宫博物院院刊》2009年第6期。

也没有南宋时期的碑记；由此可以基本确认宋陵无竖碑之制。但碑刻在辽陵中却非止一例。祖陵“门曰黑龙，东偏有圣踪殿，立碑述太祖游猎之事。殿东有楼，立碑以记太祖创业之功”[1]。中国社会科学院考古研究所等单位在祖陵黑龙门以东的龟趺山上发掘过辽太祖纪功碑的碑亭遗址，清理出龟趺座和残碑石[2]。此外，金毓黻早年曾在医巫闾山主峰望海峰下琉璃寺遗址中发现带“让国皇帝”等字的残碑[3]；辽圣宗等人的庆陵前曾发现疑为刻有《陀罗尼经》的石柱残件[4]，是否有祖陵一类的纪功碑尚不得而知。

图7—42 西夏陵出土石雕力士形碑座，现藏宁夏博物馆

西夏王陵前普遍有碑亭遗址和力士形碑座遗存（图7—42）[5]。1975年清理7号陵的东西碑亭遗址，出土残碑上的文字直接证明了这里是西夏仁宗的寿陵[6]。其余3号陵（旧编号为十三号陵）、6号陵（旧编号为八号陵）的碑亭遗址经过正式考古发掘，3号陵东碑亭遗址上清理出直径13.4米的圆形建筑遗址，伴出力士形碑座、西夏文残碑、建筑构件等遗物[7]。6号陵碑亭遗址中清理发掘出西夏文残碑300余块、汉文残碑320余块；在该陵址右前方的一座陪葬墓前也有碑亭遗址和残碑发现[8]。

金朝可能在陵墓制度建立伊始就有陵前树碑的做法。据黑龙江阿城文物管理所调查，金太祖迁葬于胡凯山的和陵遗址上尚存龟趺座等[9]，可以推定此陵前原有石碑，但具体内容不详。海陵王迁陵大房山以后，陵上树碑成为常制。房山金陵遗址中至少存在两种不同性质的石碑。陵区前部神道中段残存的石踏道东西两侧各有2座遗迹清晰的台址，砖石结构，中间有土衬石[10]，推测是碑亭遗存。由于没有残碑石刻文字出土，这些碑

1 ［元］脱脱等：《辽史》卷三七《地理志一·祖州天成军》，冯家升等点校本，中华书局，1974年，第442页。
2 中国社会科学院考古研究所内蒙古第二工作队：《内蒙古巴林左旗辽代祖陵考古发掘的新收获》，《考古》2008年第2期；中国社会科学院考古研究所内蒙古第二工作队等：《内蒙古巴林左旗辽代祖陵龟趺山建筑基址》，《考古》2011年第8期。
3 金毓黻：《东丹王陵考察记》，《满洲学报》1934年第3期。
4 ［法］闵宣化撰，冯承钧译：《东蒙古辽代旧城探考记》，冯承钧译《西域南海史地考证译丛》第三卷，商务印书馆，1999年，第708页。
5 韩兆民等：《宁夏银川西夏陵区调查简报》，《考古学集刊》第5辑，中国社会科学出版社，1987年；许成、杜玉冰编著：《西夏陵》，东方出版社，1995年。
6 宁夏回族自治区博物馆：《宁夏回族自治区文物考古工作的主要收获》，《文物》1978年第8期；李范文：《西夏陵墓出土残碑粹编》，文物出版社，1984年，第39—63页。
7 宁夏文物考古研究所等：《西夏三号陵——地面遗迹发掘报告》，科学出版社，2007年，第79—82页。
8 宁夏回族自治区博物馆：《西夏八号陵发掘简报》，《文物》1978年第8期；宁夏文物考古研究所等：《西夏六号陵》，科学出版社，2013年。
9 张连峰：《金胡凯山和陵考略》，《黑龙江文物丛刊》1984年第3期。
10 北京市文物研究所：《北京金代皇陵》，文物出版社，2006年，第41—48页。

图7—43 北京房山金陵出土陵碑残石

图7—44 辽庆陵之东陵出土建筑构件，现藏辽庆州白塔文物保护管理所

的内容、功能和意义尚不能确定。除神道外，金太祖睿陵玄宫以西偏南，有“睿宗文武简肃皇帝之陵”石碑，保存基本完好[1]。金陵其他墓穴中或墓穴遗址附近也发现过带有“皇帝之陵”等字样的残碑石（图7—43），分属于不同个体。由此推测每座帝陵前原都有类似的石碑，该碑位于各陵墓室前，只简单标识出墓主，相当于普通墓葬的墓碑，它们是北京明成祖长陵明楼内庙谥号碑的直接源头[2]，长陵以后明清各陵皆设此碑，形成定制。

明清皇陵继承了北方王朝陵墓普遍树碑的做法。明代皇陵中有神功圣德碑（纪功碑）和明楼碑两种碑制；清代皇陵碑分为神功圣德碑、神道碑（刊刻庙号及初上尊谥号全称）和明楼碑三种。自清圣祖景陵开始，神功圣德碑改名为“圣德神功碑”；巧合的是，“圣德神功碑”之名已见于辽代，穆宗应历三年（953年），“五月壬寅，汉遣使言石晋树先帝（太宗）《圣德神功碑》为周人所毁，请再刻。许之”[3]。但这并不是陵墓纪功碑。

辽庆陵遗址中有白石建筑构件和黄绿釉琉璃砖瓦件发现，辽宁北镇一些疑似辽陵的遗址中也见有零星的残碎黄釉琉璃构件[4]。虽然还无法彻底排除辽陵遗址中黄釉瓦砖系后代窜入的可能性，但同据闵宣化氏所见，辽上京城遗址中亦有黄釉砖瓦件，现在庆州白塔文物保护管理所中仍有在庆陵区域采集的相对完好的黄瓦标本（图7—44）。如这些材料可信，则黄釉琉璃砖瓦之用于包括皇陵在内的皇家建筑应该是始于辽代（其中北镇辽陵的营造特色可能有比较多的渤海影响）。这比元大都使用黄绿釉琉璃瓦件要早200年甚至更多。

1 北京市文物研究所：《北京金代皇陵》，文物出版社，2006年，第88—94页。

2 刘毅：《明代帝王陵墓制度研究》，人民出版社，2006年，第342页。

3 ［元］脱脱等：《辽史》卷六《穆宗纪上》，冯家升等点校本，中华书局，1974年，第71页。

4 刘毅：《关于辽代皇陵的几点认识》，《中国国家博物馆馆刊》2013年第3期。

四、多室的玄宫之制

唐末至北宋，皇陵玄宫可能都是单室结构，已经发掘之例如唐僖宗（卒于文德元年，888年）靖陵为单室土洞墓[1]、宋太宗元德李皇后（卒于太平兴国二年，977年）陵为单室砖室墓[2]。早期发掘的辽庆州三陵玄宫结构相似，均为7室，前、中、后三个南北纵向相联的主室，前、中两室东西两侧各有1个耳室[3]。此外，辽祖陵、怀陵中的陪葬墓皆为多室结构[4]。西夏6号陵（旧编号为八号陵）为左中右3个墓室[5]。明代皇陵玄宫应该也是3个主室的多室结构，其形式更接近辽陵。经过正式考古发掘的明神宗定陵，墓室由前殿、中殿、后殿、左配殿、右配殿五座殿宇组成[6]，平面结构逊于辽庆州三陵，和祖陵PM1相同。

五、陵山之祭的开端

据《辽史》记载，圣宗、兴宗、道宗三帝既葬之后，各陵所依之山亦皆赐以佳名。契丹人原有山神崇拜的习俗，辽皇室经常在木叶山举行隆重的“祭山仪”，兴宗时期吸收中原传统礼仪，对于“祭山仪”的冠服、祭礼等制多所变更，“神主树木，悬牲告办，班位奠祝，致嘏饮福，往往暗合于礼”[7]。除亲祭外，每年的十月十五日，辽君臣还焚纸质衣甲望祭木叶山：“岁十月，五京进纸造小衣甲、枪刀、器械万副。十五日，天子与群臣望祭木叶山，用国字书状，并焚之。国语谓之‘戴辣’。”[8]一说太祖所葬即为木叶山，“葬太祖于木叶山，置州坟侧，名曰祖州”[9]；这里还有世祖殿[10]。木叶山应该距上京亦即辽皇室的发祥地不远，现代研究者亦有持祖陵所在即为木叶山之论者[11]，更有人进一步研究，具体指认木叶山就是祖陵黑龙门外正对的漫岐嘎山[12]。该山上曾发现有大型祭祀建筑遗迹（图7—45），似可佐证此说。怀陵山口外也有一座形如屏风的小山，其上也有建筑遗迹。

1 陈安利：《唐十八陵》，中国青年出版社，2001年，第128页；刘向阳：《唐代帝王陵墓》，三秦出版社，2003年，第323—327页。

2 河南省文物研究所等：《宋太宗元德李后陵发掘报告》，《华夏考古》1988年第3期。

3 田村實造等：《慶陵——関于東蒙古遼代帝王陵及其壁画的考古學的調查報告Ⅰ》，京都大學座右室刊行会，1952年；田村實造：《慶陵の壁画：絵画、彫飾、陶磁》，同朋舍，1977年。

4 中国社会科学院考古研究所内蒙古第二工作队：《内蒙古巴林左旗辽代祖陵考古发掘的新收获》，《考古》2008年第2期；中国社会科学院考古研究所内蒙古第二工作队等：《内蒙古巴林左旗辽代祖陵陵园遗址》，《考古》2009年第7期；内蒙古文物考古研究所：《巴林右旗床金沟5号辽墓发掘简报》，《文物》2002年第3期。

5 宁夏回族自治区博物馆：《西夏八号陵发掘简报》，《文物》1978年第8期；宁夏文物考古研究所等：《西夏六号陵》，科学出版社，2013年。

6 中国社会科学院考古研究所等：《定陵》，文物出版社，1990年，第21页。

7 ［元］脱脱等：《辽史》卷四九《礼志一·祭山仪》，冯家升等点校本，中华书局，1974年，第835页。

8 ［元］脱脱等：《辽史》卷五三《礼志六·岁时杂仪》，冯家升等点校本，中华书局，1974年，第879页。

9 ［宋］叶隆礼：《契丹国志》卷一《太祖大圣皇帝》，贾敬颜等点校本，上海古籍出版社，1985年，第8页。

10 ［宋］叶隆礼：《契丹国志》卷一一《天祚皇帝中》“天庆九年”条（贾敬颜等点校本，上海古籍出版社，1985年，第117页）下有“木叶山之世祖殿、诸陵并皇妃子弟影堂，焚烧略尽，发掘金银珠玉”等语。考辽诸帝庙号有世宗而无世祖，又《辽史·太祖纪》记载，太祖之高祖父尊为肃祖，或音误。

11 赵评春：《辽代木叶山》，《北方文物》1987年第1期。

12 陈永志：《关于辽代木叶山的再考察》，《中国古都研究》第18辑（《中国古都学会2001年年会暨赤峰辽王朝故都历史文化研讨会论文集》），国际华文出版社，2001年。

图7—45 自辽祖州城望漫岐嘎山（木叶山）

图7—46 自辽庆陵（东陵）殿址处东南望黑山

辽人十分虔敬的另一座山——黑山，也与巴林诸陵关系密切。“黑山在境北，俗谓国人魂魄，其神司之，犹中国之岱宗云。……俗甚严畏，非祭不敢近山。”按契丹旧俗，每年冬至“屠白羊、白马、白雁，各取血和酒，天子望拜黑山”，“五京进纸造人马万余事，祭山而焚之”[1]。黑山今名“罕山”或“汗山”，在巴林右旗大板镇正北，祖陵在其东南，怀陵在其南偏东，庆陵在其西偏北（图7—46）。1983年，在罕山南坡曾发现辽代祭祀遗址，有建筑遗迹和刻有“崇善祈福”文字的残碑等[2]。

1 ［元］脱脱等：《辽史》卷五三《礼志六·岁时杂仪》，冯家升等点校本，中华书局，1974年，第879页。

2 内蒙古自治区文物工作队等：《内蒙古巴林右旗罕山辽代祭祀遗址发掘记》，《考古》1988年第11期；韩辽代皇陵所凭依之山已经从众山中脱颖而出，这种尊崇陵山的做法被金代继承，金世宗敕封皇陵所在的大房山之神为“保陵公”[1]，这是封拜皇陵凭依之山并于祭祀皇陵时兼祭陵山之始。辽金这种对于皇陵所凭依山脉的敬礼行为直接影响到明代，永乐时开始的对于天寿山的特别祭享，应该是受金朝封大房山为“保陵公”的启示；只不过金代“保陵公”之祭尚属于“诸神杂祠”，所赐冠服属于诸侯级别，而天寿山神却从一开始就有直追岳镇海渎的崇高地位，最终由明世宗确定为国家祭祀大典[2]。

六、皇帝亲祭先陵的制度化

自东汉“上陵礼”推行以来，皇陵上的礼仪性祭祀活动日渐被重视，进而成为国家祀典之不可缺，皇帝亲祭先陵者也越来越多。“梁武帝、后（北）周明帝始皆谒陵，唐太宗、元［玄］宗亦并行之。开元二十年（732年）勅：寒食上墓，宜编入五礼，永为恒式”[3]。此外，鲜卑族建立的北魏也有皇帝亲谒先陵之例。太和十四年（490年）九月，文明太皇太后崩，孝文帝“自九月至岁终，凡四谒陵”[4]；次年又四次谒陵。太和十七年（493年）迁都洛阳前又谒陵，十八年北还谒金陵、永固陵，二十年废太子复北还谒陵。宣武帝即位后，改元、亲政都谒祭孝文帝长陵。从汉至宋，祭祀皇陵渐成常制，但皇帝亲祭并不是每年必举的常制。景德四年（1007年）正月，宋真宗朝拜父祖三陵，“是夜，漏未尽三鼓，帝乘马，却舆、辇、伞、扇，至安陵，素服步入司马门行奠献礼，诸陵亦然。又诣下宫”[5]。和唐代一样，宋代皇帝祭陵依然没有常态化、制度化。

辽代帝陵附近普遍有皇帝庙一类建筑，祖州城西“有祖山，山有太祖天皇帝庙，御靴尚存”[6]；天显五年（930年），“四月乙未，诏人皇王先赴祖陵谒太祖庙。丙辰，会祖陵”[7]，亦可证当年祖陵附近有太祖庙。世宗怀节皇后萧氏、皇后甄氏在察割作乱时遇害，“景宗立，葬二后于医巫闾山，建庙陵寝侧”[8]。辽末被金兵破坏的“祖州则太祖之天膳堂，怀州则太宗德光之崇元殿，庆州则望仙、望圣、神仪三殿；并先破乾显等州如凝神殿、安元圣母殿，木叶山之世祖殿，诸陵并皇妃子弟影堂”等[9]，应该与太祖庙、世宗皇后庙的功用相同。辽陵此制和西汉列帝“各自居陵旁立庙”[10]有相似之处。辽代规定于每年孟冬举行祭陵仪式，届时“有司设酒馔于山陵，皇帝、皇后驾至，敌烈麻都奏‘仪办’。阁门使赞皇帝、皇后诣位四拜讫，巫赞祝燔胙及时服，酹酒荐牲。大臣、命妇

仁信：《黑山辽碑发现记略》，内蒙古文物考古研究所编《内蒙古文物考古文集》第1辑，中国大百科全书出版社，1994年，第470—474页。

1 ［元］脱脱等：《金史》卷三五《礼志八·诸神杂祠·大房山》，张政烺等点校本，中华书局，1975年，第820—821页。

2 刘毅：《明朝“陵山之祭”述论》，《故宫博物院院刊》1997年第2期。

3 ［清］顾炎武：《日知录》卷一五“墓祭”，影印清道光十四年嘉定黄氏西溪草庐重刊定本黄汝成《〈日知录〉集释》，上海古籍出版社，1985年，第1160页。

4 ［北齐］魏收：《魏书》卷一五四《天象志四》，唐长孺点校本，中华书局，1974年，第2426页。

5 ［元］脱脱等：《宋史》卷一二三《礼志·上陵之礼》，中华书局，1977年，第2883页。

6 ［元］脱脱等：《辽史》卷三七《地理志一·祖州天成军》，冯家升等点校本，中华书局，1974年，第442页。

7 ［元］脱脱等：《辽史》卷三《太宗纪上》，冯家升等点校本，中华书局，1974年，第31页。

8 ［元］脱脱等：《辽史》卷七一《后妃传·世宗怀节皇后、妃甄氏》，冯家升等点校本，中华书局，1974年，第1201页。

9 ［宋］叶隆礼：《契丹国志》卷一一《天祚皇帝中》，贾敬颜等点校本，上海古籍出版社，1985年，第117页。

10 ［汉］班固：《汉书》卷七三《韦贤传附子玄成传》，西北大学历史系点校本，中华书局，1962年，第3115页。

以次燔胙，四拜。皇帝、皇后率群臣、命妇，循诸陵各三匝。还宫。翼日，群臣入谢”[1]。这种固定时日的皇帝亲祭，无论是否能够真正执行，都已经进入到制度化层面。

此后，金、明等朝也不乏皇帝亲祭皇朝祖先陵墓之例，清朝时皇帝亲祭先陵乃成为世代相守、基本每年必举的典制。纵观历史，在皇帝亲祭祖先陵墓从个案到形成制度的过程中，北方少数民族发挥了比较突出的作用。

第五节　元代的皇陵

元朝是蒙古族建立的王朝，皇室姓孛儿只斤（或对音译写成“博尔济锦”、“博尔济吉特”等）。1206年（宋宁宗开禧二年、金章宗泰和六年、西夏襄宗应天元年），铁木真在斡难河源称汗，号“成吉思汗”。成吉思汗及其后继者们先后攻灭西夏、金，并一路西征，建立了横跨亚欧的大蒙古帝国。至元八年（1271年），元世祖忽必烈改国号为元，继而灭南宋，统一全国。至正二十八年（1368年，明太祖洪武元年）八月，元顺帝妥懽贴睦尔退出大都（今北京），北遁大漠。元朝自成吉思汗（追尊为元太祖）开国至顺帝，传八世，前后共十五帝。

一、“起辇谷”与元朝皇帝葬制

自成吉思汗起，元朝诸帝崩，《元史》等文献皆曰“葬起辇谷”，但起辇谷究竟在哪里，却没有明确的记载。南宋末彭大雅之《黑鞑事略》称蒙古贵族“其墓无冢，以马践蹂，使如平地。若忒没真之墓，则插矢以为垣（原注：阔三十里），逻骑以为卫”；徐霆疏证《黑鞑事略》时，认为起辇谷应该在克鲁伦河河畔：“霆见忒没真墓在泸渚河之侧，山水环绕。”[2]元以后对于起辇谷的地望的考证众说纷纭。明人龚之钥《后出塞录》称起辇谷在北京房山县；清人张鹏翮《奉使俄罗斯行程录》谓元朝诸帝后驾崩后皆潜厝于归化城（今内蒙古呼和浩特老城）北九里之祁连山（不是河西走廊之祁连山）；张穆《蒙古游牧记》则说起辇谷在河套外伊克昭盟腾格泊西北，也就是塞因诺颜左翼右旗与鄂尔多斯右翼中旗的交界处。民国初屠寄称：“所谓起辇谷者，在客鲁伦河曲之濒，西南距撒阿里客额儿合里勒秃纳兀儿、东北距阔迭兀阿剌勒均不远”[3]；张相文有《成吉思汗陵寝辨证书》（收入所撰《南园丛稿》卷三），专论成陵及有关问题，主内蒙古伊金霍洛旗说；现代研究者中也有人认同这种观点。曾经在元朝时游历过中国的意大利人马可·波罗说：“一切大汗及彼等第一君主之一切后裔，皆应葬于一名阿勒台（Altai）之山中。无论君主死于何地，皆须运葬于其中，虽地远在百日程外，亦须运其遗骸葬于此山。”[4]从这类记载来看，元朝后嗣诸帝应该皆随先祖而葬。

成吉思汗及其他元朝皇帝的真正墓址所在，引起了中外研究者的关注，特别是1990年以来，俄罗斯、捷克、匈牙利、波兰、美国、日本、意大利、德国、法国、加拿大、土耳其、韩国等国家的研究机构或个人投入了大量人力、物力，试图寻找成吉思汗陵。日蒙

1 ［元］脱脱等：《辽史》卷四九《礼志一·孟冬朔拜陵仪》，冯家升等点校本，中华书局，1974年，第837页。

2 ［宋］彭大雅：《黑鞑事略》，王国维《〈黑鞑事略〉笺证》本，《王国维遗书》第8册，上海书店出版社，1983年，第254页。

3 屠寄：《蒙兀儿史记》卷三下《成吉思汗本纪二下》，影印民国刊本，中国书店，1984年，第42页。

4 冯承钧译：《马可·波罗行纪》，中华书局，2004年，第237页。

联合考古队曾在克鲁伦河流域的阿布拉格遗址发现了元代宫殿遗址，在距离乌兰巴托约150英里的阿夫拉加市达尔根哈安村附近，发现一座建在四角形基座上的13—15世纪的灵庙遗址，有许多战马的骨灰和遗骨，推测是为祭祀成吉思汗而举行“烧饭”仪式的遗留，这一带还出土了刻龙纹的香炉碎片。但真正关于元朝皇帝陵墓的直接线索，却几乎是一无所获[1]。近年来，中国学者对于元朝帝后墓址问题的探索也重新开始。在对蒙古有关史迹进行调查的基础上，有人提出：“(《马可·波罗行纪》中的)阿勒台山即《析津志辑佚·河闸桥梁》中的‘金山’，《蒙古秘史》称之为‘古连勒古山’，《元史》称之为‘起辇谷’。既然如此，蒙元帝陵就在桑沽河中游西岸哈剌只鲁格山和颗颗脑儿附近。”[2]综合各国研究者关于成吉思汗墓地确切位置的考证，比较有影响的说法集中于四个地点：一是位于蒙古肯特山以南、克鲁伦河以北的地方；二是蒙古杭爱山一带；三是宁夏的六盘山一带；四是内蒙古鄂尔多斯鄂托克旗界内的千里山一带。

结合各种资料分析，成吉思汗等人所葬之“起辇谷”，应该在斡难河等三河源头处的布尔罕山一带，即今蒙古肯特山地区。瑞典学者多桑结合多种中国域外文字资料写成的《蒙古史》对于成吉思汗归葬之事记载比较详细，所指葬地亦在三河之源：“诸将奉柩归蒙古，不欲汗之死讯为人所知。护柩之士卒在此长途中遇人尽杀之。至怯绿连河源成吉思汗之大斡耳朵始发丧，陆续陈柩于其诸大妇之斡耳朵中。诸宗王公主统将等得拖雷赴告，皆自此广大帝国之各地奔丧而来，远道者三月始至。举行丧礼后，葬之于斡难、怯绿连、秃剌三水发源之不儿罕合勒敦诸山之一山中。先时成吉思汗至此处，息一孤树下，默思移时，起而言曰：‘将来欲葬于此。’故其诸子尊遗命葬于其地。葬后周围树木丛生，成为密林，不复能辨墓在何树之下。其后裔数人，后亦葬于同一林中。命兀良哈部千人守之，免其军役。置诸汗遗像于其地，香烟不息。他人不得入其中，虽成吉思汗四大斡耳朵之人亦然。成吉思汗死后百年，尚保存如是也。”[3]三河源头是博尔济锦家族和大蒙古帝国的发祥圣地，成吉思汗归葬于此与历代帝王近国都而葬是异曲同工。

导致对于元朝帝陵所在众说不一的原因，主要在于元朝皇帝的特殊埋葬方式。据《元史》记载：“凡宫车晏驾，棺用香楠木，中分为二，刳肖人形，其广狭长短，仅足容身而已。殓用貂皮袄、皮帽，其靴袜、系腰、盒钵，俱用白粉皮为之。殉以金壶瓶二，盏一，碗、碟、匙、箸各一。殓讫，用黄金为箍四条以束之。舆车用白毡青缘纳失失为帘，覆棺亦以纳失失为之。前行，用蒙古巫媪一人，衣新衣，骑马，牵马一匹，以黄金饰鞍辔，笼以纳失失，谓之‘金灵马’。日三次，用羊奠祭。至所葬陵地，其开穴所起之土成块，依次排列之。棺既下，复依次掩覆之。其有剩土，则远置他所。送葬官三员，居五里外。日一次烧饭致祭，三年然后返。”[4]元末明初叶子奇在所著《草木子》中亦云：“元朝官里用梡木二片，凿空其中，类人形大小合为棺，置遗体其中，加髹漆毕，则以黄金为圈，三圈定，送至其直北园寝之地深埋之。则用万马蹴平，俟草青方解严，则已漫同平坡，无复考志遗迹。”[5]这些记载简单明了地描述了元朝帝后之葬：没有过多的随葬品，仅以一楠木棺容身，埋葬之地不建奢华的椁室或砖石构筑的玄宫，地表没有封土，亦不留任何标记，甚至墓穴中的土也要尽量按原先的层位归放。墓地及其周围更没有陵园、享殿一类建筑。

---

1 白石典之：《チンギスニカンの考古學》，同成社，2001年，第108—136頁。

2 林梅村：《成吉思汗史迹调查》，《考古》2008年第9期。

3 ［瑞典］多桑著，冯承钧译：《多桑蒙古史》上册，中华书局，1962年，第150页。

4 ［明］宋濂等：《元史》卷七七《祭祀志六》，中华书局，1976年，第1925—1926页。［明］陶宗仪《南村辍耕录》卷三〇“金灵马”条略同。

5 ［明］叶子奇：《草木子》卷三下“杂制篇”，中华书局，1959年，第60页。

元朝实行“潜埋”的目的，主要是为了防范易代之后的破坏盗掘，以确保灵魂不被打扰。既不欲人知其葬处，陵墓前的祭祀活动也相应简单得多。元朝皇帝“葬后，每日用羊两次烧饭以为祭，至四十九日而后已”[1]；“元朝人死，致祭曰烧饭，其大祭则烧马”[2]。至于葬后日久的祭祀，有记载说：“元诸帝陵，皆在起辇谷。其国制不起坟垄，葬毕以万骑蹂之使平，杀骆驼子于其上，以千骑守之。来岁春草既生，则移帐撤去，弥望平衍，人莫知也。欲祭时，则以所杀之骆驼之母为导，视其踯躅悲鸣之处，则知葬所矣。故易世之久，子孙亦不能识也。”[3]这种不留任何痕迹的葬地很快就会被人们遗忘，所以元代皇陵也就成为后人的难解之谜。以其实行“秘葬”，可以认为元朝皇帝有葬制而无陵寝之制。

二、伊金霍洛旗的“成吉思汗陵”

在今内蒙古伊金霍洛旗阿腾席连镇东南有一座“成吉思汗陵”，陵园总面积5.5万余平方米，陵园的核心建筑是三座镶嵌彩色琉璃瓦的蒙古包式大殿，坐西朝东，分为正殿、后殿、南北配殿等几部分，各以廊庑相连，其中正殿高24.8米，南北两殿高18米（图7—47）。正殿中央供奉高达5米的成吉思汗汉白玉坐像，后殿（寝殿）正中蒙古包式的黄色绸帐内供奉成吉思汗和夫人勃尔帖·兀真的灵柩[4]；其两侧蒙古包式黄色绸帐里，分别供奉成吉思汗二夫人呼兰、三夫人伊连（准噶尔伊金）的灵柩。北殿两个蒙古包中供奉

图7—47　内蒙古伊金霍洛旗“成吉思汗陵”

1 ［明］宋濂等：《元史》卷七七《祭祀志六》，中华书局，1976年，第1925页。

2 ［明］叶子奇：《草木子》卷三下“杂制篇”，中华书局，1959年，第63页。

3 ［清］张穆《蒙古游牧记》卷六《内蒙古伊克昭盟游牧所在·鄂尔多斯》注引《草木子》，张正明等点校本，山西人民出版社，1991年，第129页。又，屠寄之《蒙兀儿史记》卷三下《成吉思汗本纪二下》注引文亦基本相同，影印民国刊本，中国书店，1984年，第42页。按，今传中华书局点校本之《草木子》中未见此段文字，不详张穆、屠寄引文所自出，或为《草木子》佚文。

4 传说古代蒙古人认为，人死后的灵魂将随他生前的最后一口气离开肉体而依附到附近的骆驼毛上。因此，有人认为成吉思汗陵供奉的灵柩中所保存的应该是成吉思汗逝世时的灵魂吸附物——白公驼的顶鬃。

成吉思汗战马的灵柜。南殿三个蒙古包中供奉成吉思汗祭天的马奶桶和林丹汗供奉的马鞍等。连接三殿的廊庑墙壁上有反映成吉思汗生平的壁画。

“成吉思汗陵”主体建筑东北，一个独立的院落中供奉成吉思汗第四子拖雷夫妇以及成吉思汗胞弟别力古台、哈撒尔的灵柜。拖雷是元宪宗蒙哥和元世祖忽必烈之父，成吉思汗死后曾受命监国，后被追尊为睿宗景襄皇帝。在成陵主体建筑东南，2005年新建成一座苏鲁锭祭台，供奉象征成吉思汗战神的苏鲁锭矛。

关于伊金霍洛旗“成吉思汗陵”的来历，据《蒙古源流记》考证，“因不能请出金身，遂造长陵，共仰庇护，于彼处立白屋八间，在阿勒坦山阴、哈岱山阳之大谔特克地方建立陵寝，号为索多博克达大明青吉斯汗。自后元裔之袭汗号者，率即位于八白室前”[1]。明朝天顺年间（1457—1464年），守陵之鄂尔多斯部进入鄂尔多斯草原，“八白室”因而随迁到内蒙古。清初设伊克昭盟于鄂尔多斯草原，指定由盟长额辚玲臣主持“八白室”祭祀，“八白室”遂迁至今址。“八白室”最初只是由八间白色帐篷组成，随负责贡奉的盟旗迁徙。1939年，为免遭日寇破坏，国民政府下令将“八白室”先后迁至甘肃榆中兴隆山、青海湟中塔尔寺等处供奉。1954年4月1日，“八白室”被奉迎回伊金霍洛，开始建成固定式陵园。

1 ［清］张穆：《蒙古游牧记》卷六《内蒙古伊克昭盟游牧所在·鄂尔多斯》注引，张正明等点校本，山西人民出版社，1991年，第129页。

第八章 明代陵墓制度

明代皇陵的陵园结构、祭祀制度等与唐宋迥然有别，中国古代陵墓制度进入了一个全新的发展时期。

第一节　明代皇陵概况及其基本特征

明朝自太祖朱元璋开国至思宗朱由检殉国，传十二世，共十六帝，其中15位皇帝和5位追封皇帝分别葬于6处，按世代先后依次为：江苏盱眙祖陵、安徽凤阳皇陵、南京钟山孝陵、北京昌平十三陵、北京海淀景帝陵、湖北钟祥显陵。

一、明代皇陵概况

明太祖即位后如制追尊四代祖先，高祖朱百六为玄皇帝，庙号德祖；曾祖朱四九为恒皇帝，庙号懿祖；祖父朱初一为裕皇帝，庙号熙祖；父亲朱世珍（朱五四）为淳皇帝，庙号仁祖。神主供奉太庙，按照帝王规制重建或补建陵墓。明太祖先世贫寒，并且为谋生而多次迁徙，因而祖先墓葬所在亦大有疑义。据其自撰《朱氏世德碑》称：家族出自江苏句容，"地名朱家巷，在通德乡"，可追溯到五世祖朱仲八，"世次自仲八公之上，不可复考"[1]。永乐十六年（1418年）最后定稿的《明太祖实录》润饰为："其先帝颛顼之后，周武王封其苗裔于邾。春秋时，子孙去邑为朱氏，世居沛国相县（今安徽濉溪）。其后有徙居句容者，世为大族，人号其里为朱家巷。"[2]元世祖至元二十六年（1289年），明太祖的祖父朱初一为逃避赋役举家渡淮徙居泗州（今江苏盱眙），死后遂葬于此。明太祖虽知"历世墓在朱家巷，惟高［先］祖葬泗州"[3]，但句容、泗州的具体墓址并没有找到。当时"有言（皇帝祖墓）在朱家巷

1 ［明］朱元璋：《御制朱氏世德碑》，［明］郎瑛《七修类稿》卷七《国事类·朱氏世德碑》，中华书局，1959年，第119—120页。

2 《明太祖实录》卷一，校印国立北平图书馆红格钞本缩微卷《明实录》第1册，台北中央研究院历史语言研究所，1962年，第1页。

3 ［明］朱元璋：《御制朱氏世德碑》，［明］郎瑛《七修类稿》卷七《国事类·朱氏世德碑》，中华书局，1959年，第120页。按，此句在《帝乡纪略》及《剪胜旧闻》等明人著述中皆作"惟先祖葬泗州"，《七修类稿》误录。

图8—1 江苏盱眙明祖陵神道石刻

者，命筑土为万岁山，有司修砌路，太祖躬临拜祭，土遂崩，至分为深涧。太祖怒，重罚言者”[1]。在祖先墓葬无从查访的情况下，“每遣官，止于泗州城西潮河坝望祭”[2]。洪武四年（1371年），“建祖陵庙”[3]，奉德、懿、熙三世神主，一并岁时望祭。

洪武十七年（1384年）十月，龙骧卫总旗朱贵退役，因其先人与太祖祖父相携北迁泗州，所以他回乡“即画图贴说，认识宗派，指出居处葬处，备陈灵异始末”[4]，由此确认了泗州城北杨家墩为朱初一墓址所在。洪武十九年（1386年），“命皇太子往泗州修缮祖陵，葬三祖帝后冠服”[5]。明祖陵紧靠洪泽湖，地势低洼，从正统年间（1436—1449年）开始就受到洪水的威胁，明代晚期洪灾日甚，“万历八年（1580年），淮又大溢……祖陵下马桥水深八尺，旧陵嘴（相传是熙祖的真正葬地）水深丈余，淹枯松柏六百余株”，“内水久浸”[6]，虽然采取了筑堤、开河引水等多种措施，但却无法根治。清康熙十九年（1680年），黄、淮二河并涨，明祖陵全部没入水中。1963年春，洪泽湖畔有部分石像生露出水面，经调查确认为明祖陵遗存[7]；1977年开始对神道石刻进行全面复位整修[8]；现存遗迹主要有神道石刻（图8—1）、享殿之部分柱础以及大部分仍浸泡在水中的砖砌玄宫等。

1 ［明］曾惟诚：《帝乡纪略》卷一《帝迹志·祖陵兴建》，《中国方志丛书》（华中地方·700）据明万历二十七年刊本影印，台北成文出版社有限公司，1985年，第59页。
2 ［明］郎瑛：《七修类稿》卷一二《国事类·葬祭衣冠》，中华书局，1959年，第183页。
3 ［清］张廷玉等：《明史》卷五八《礼志十二·山陵》，郑天挺等标点本，中华书局，1974年，第1446页。
4 ［明］蒋德璟：《凤泗皇陵论》、《查勘皇陵纪》，均见［明］孙承泽《春明梦余录》卷七〇“陵园”，北京古籍出版社，1992年，第1363页。
5 ［清］张廷玉等：《明史》卷五八《礼志十二·山陵》，郑天挺等标点本，中华书局，1974年，第1446页。
6 ［明］曾惟诚：《帝乡纪略》卷一《帝迹志·陵墓》，《中国方志丛书》（华中地方·700）据明万历二十七年刊本影印，台北成文出版社有限公司，1985年，第76页。
7 张正祥：《明祖陵》，《考古》1963年第8期。
8 刘聿才等：《祖陵石刻修复》，《文博通讯》1982年第5期。

图8—2　安徽凤阳明皇陵封土

明太祖之父朱五四为生计所迫举家迁至濠州（今安徽凤阳），至正四年（1344年）春，淮北大旱，继以瘟疫，朱五四和妻子陈氏相继罹疫亡故。贫为佃农的朱家得田主宗兄惠地一块，方得安葬。明太祖追述当时的情形是“殡无棺椁，被体恶裳，浮掩三尺，奠何肴浆”[1]。1366年（元至正二十六年，宋小明王龙凤十二年），明太祖发迹后回乡祭扫先茔，始厚增封土。洪武二年（1367年）大规模修缮陵园，荐上陵号曰“英陵”，命左丞相李善长诣陵前立碑；又“更英陵曰皇陵，立皇陵卫以守之”[2]。明太祖也曾经考虑过“启坟改葬”，但终以“虑泄山川灵气”，乃“姑积土厚封，势若冈阜，树以名木，列以石人石兽，以备山陵之制”[3]。洪武八年（1375年），筑皇陵城，十一年又令江阴侯吴良督工添建、改建皇陵，废学士危素所撰碑，御制《大明皇陵之碑》，述家世及创业艰辛，立于陵前以昭示子孙。崇祯八年（1635年）正月，张献忠所部农民军攻陷凤阳，“焚皇陵，烧享殿，燔松三十万株”[4]，皇陵被破坏。现存遗迹主要有神道石刻、皇陵碑、无字碑、陵冢等（图8—2）。

明太祖的孝陵在京师应天府（今江苏南京）城东钟山独龙阜下，为预建之寿陵，洪武十五年（1382年）九月先葬入孝慈马皇后，次年建成享殿。孝陵依山而建，分为神道和陵宫两部分，主体建筑坐北朝南，规模宏大。孝陵自明亡以后逐渐颓圮，其中献殿原为陛阶三重、九五开间（图8—3），毁于太平天国之役，晚清重建小殿三间以备祭祀。

明太祖死后，皇太孙（懿文皇太子朱标之子）朱允炆即位，改元建文[5]。靖难之役，

---

1 ［明］朱元璋：《御制大明皇陵之碑》，［明］郎瑛《七修类稿》卷七《国事类·皇陵碑》，中华书局，1959年，第117页。

2 《明太祖实录》卷四二“洪武二年五月甲午”，校印国立北平图书馆红格钞本缩微卷《明实录》第2册，台北中央研究院历史语言研究所，1962年，第827页。

3 ［明］危素：《大明皇陵之碑》，［明］郎瑛《七修类稿》卷七《国事类·皇陵碑》，中华书局，1959年，第115—116页。

4 ［清］计六奇：《明季北略》卷一一“贼陷凤阳”，魏得良等点校本，中华书局，1984年，第173页。

5 朱允炆在明朝无尊谥庙号，明成祖在《御制大明孝陵神功圣德碑》中称之为“建文君允炆”，也有人因其纪元年号称之为“建文帝”。明朝中期以后曾经数次有人为之请谥及相应祀典，均不了了之。南明弘光朝始

图8—3 明太祖孝陵享殿基座

燕王攻克南京，《明太宗实录》等官书说建文帝于城破时自焚而死，按天子礼祔葬于孝陵之东的懿文皇太子（卒于洪武二十五年，1392年）园寝。但事实是建文帝既无陵址，也没有陵园祭享。万历十三年（1585年），礼科给事中万象春上疏："洪惟太祖开基，建文君嗣统，既缘靖难兵至，避位自焚，迄今无祭享无闻，陵园不治。行道之人，欷歔叹息。"因请追补建文帝祀典，明神宗不允[1]。另外一说谓建文帝于金川门失守时祝发为僧，间道出逃，往来于云南、贵州、四川、广西等地，最后被明英宗迎居北京，"正统初，建文君出滇南至广西，一日呼寺僧谓曰：'我建文皇帝也。'闻于朝，乘传之京师，有司皆以王礼见。比至，入居大内，以寿终。葬西山，不树不封。闻嘉靖十五年（1536年）九月，圣驾尝幸此"[2]。明代传说西山有"天下大师之墓"，即建文帝墓所在。"一丘一碑，碑曰：'天下大师之墓。'仁和郎瑛曰：'建文君墓也。'《通纪》称建文自滇还京，迎入南内，号曰'老佛'，卒葬西山"[3]。明末清初，数度有人到西山寻访"天下大师之墓"，均无结果。崇祯进士孙承泽"于丁酉（清顺治十四年，1657年）十月十五日，自退谷早饭后，策一驴同僧秋月遍于西山后寻访（天下大师之墓），无有也。至功德寺午饭，问之寺僧，俱云未有。并言王先生亦曾屡访不获。王先生者，宗伯王公崇简也。余有《退谷小志》，宗伯载其事于首云：'崇祯戊寅（十一年，1638年）九月间，策杖寻大师墓于金山口，远近十数里未得其处'"[4]。清人徐乾学也说："北京金山口景皇帝陵北相传有天下大师之墓，

为其追上尊谥曰"嗣天章道诚懿渊恭觐文扬武克纯笃孝让皇帝"，庙号"惠宗"。乾隆元年（1736年），清朝改谥为"恭闵惠皇帝"，并以此号入官修《明史》，所以此后也称之为"明惠帝"。

1 ［清］龙文彬：《明会要》卷一七《礼·山陵》，中华书局，1956年，第275页。

2 ［明］蒋一葵：《长安客话》卷四《郊垧杂记·建文帝坟》，北京古籍出版社，1980年，第86页。

3 ［明］刘侗等：《帝京景物略》卷五"黑龙潭"，北京古籍出版社，1982年，第222页。按，郎瑛《七修类稿》卷一二《国事类·建文君》下有"葬西山，树碑曰'天下大法师之墓'（出《革除编年》）"，上海古籍出版社，2001年，第126页。

4 ［清］孙承泽：《天府广记》卷四〇"陵园"，北京古籍出版社，1984年，第607页。

图8—4　修复中的明穆宗昭陵明楼

好事者实之以为建文帝坟，然访之土人皆莫辨其处也。”[1]建文帝的下落和葬所，几百年来仍是不解之迷。

燕王朱棣夺取了皇位，是为明太宗（世宗嘉靖十七年改上庙号曰成祖）。明成祖即位后升旧封地北平府为北京，并于永乐十八年（1420年）底迁都北京。永乐五年（1407年），仁孝徐皇后病故，成祖下令在北京附近选择吉壤，最后选定昌平界内的黄土山，改名“天寿山”。永乐七年（1409年）五月，开始在天寿山下修建皇陵，永乐十一年（1413年）葬入徐皇后；永乐二十二年（1424年），明成祖合葬，称长陵。长陵神道工程持续了很长时间，大碑楼、石像生等都是宣德（1426—1435年）末年始建的，陵区最南端的青白石五阙石碑楼建于嘉靖十九年（1540年）。长陵陵园结构仿孝陵为之，但又有明显的差异。成祖以后，十二位嗣皇帝先后葬于长陵左右，即仁宗的献陵，宣宗的景陵，英宗的裕陵，宪宗的茂陵，孝宗的泰陵，武宗的康陵，世宗的永陵，穆宗的昭陵，神宗的定陵，光宗的庆陵，熹宗的德陵，思宗的思陵；皇后及嗣皇帝本生母合葬。其中景陵、永陵、德陵3陵在长陵以东，其余9陵皆在长陵以西。这片陵区自清朝以来被统称为“明十三陵”。除皇陵外，天寿山兆域内还有埋葬妃嫔的东井和西井，另有若干妃嫔和个别皇子墓，陵区总面积约40平方公里。

昌平明皇陵在明末清初曾有破坏，清朝入关后，屡次下诏保护明陵，乾隆朝还进行过一次比较全面的修缮。民国以后，除长陵及主神道部分的石牌楼、大红门、长陵神功圣德碑及碑楼、石像生、龙凤门等建筑基本保存完好以外，其余诸陵大多只剩残垣断壁。1987—1990年，对明穆宗昭陵的陵园建筑进行了全面修复（图8—4）；此后又相继清理了各陵的祾恩门和祾恩殿基座，修复了明楼。

正统十四年（1449年），明英宗因“土木之变”被俘，皇弟郕王朱祁钰即位，是为明景帝[2]。景帝曾在祖父献陵西旁预建寿陵（即后来明光宗庆陵址），并葬入皇后杭氏。天

1 ［清］徐乾学：《读礼通考》卷九三“建文帝”引《两京求旧录》，影印文渊阁《四库全书》第114册，台湾商务印书馆，1983年，第244页。

2 明景帝初谥曰郕戾王；成化十一年十二月十三日，明宪宗下诏恢复其皇帝之号，礼部议上其尊谥曰“恭

顺元年（1457年），英宗复辟，景帝死后以王礼葬于西山，寿陵被平毁。成化十一年（1475年）十二月，明宪宗以“朕叔郕王践祚，勘难保邦，奠安宗社，亦既有年”[1]，下诏恢复其皇帝名号、加上尊谥，即西山陵寝补饰修缮。“景皇陵在金山口，距西山不十里。陵前坎陷，树多白杨及椿，皆合三四人抱，高可二十丈”[2]。明景帝陵现存碑亭、享殿门等。

正德十六年（1521年）三月，明武宗无子而崩，时为兴王世子的朱厚熜即位，是为明世宗。经过近二十年的“议礼”之争，明世宗渐次为本生父母争得了全部帝后之礼遇和祭享。其父兴献王朱祐杬被追尊为“献皇帝”，庙号“睿宗”，其陵墓被尊奉为“显陵”。明世宗曾在昌平陵区为生母蒋太后建造陵墓（后来成为明穆宗陵），并拟奉迁兴献王灵柩合葬。但几经周折，最终决定在钟祥改建旧陵[3]。嘉靖二十年（1541年），锺祥显陵主体建筑基本完成改建，迁兴献王棺柩及北京运到的蒋太后棺柩葬入。

显陵在明末被农民军破坏，顺义王、射塌天、混十万、老回回、满天星等16股20余万人“盘踞于陵之左右前后者二十余日”，“去陵仅十里”[4]。崇祯十六年（1643年）三月，兵部札总兵左良玉，要求“该镇速厉兵马，刻期歼剿，蚤奏肤功，如即恢复名城、奠安陵寝，净扫狂氛，以尽根株，朝廷断不靳通侯之赏也”[5]。显陵在今湖北钟祥东北之松林山（嘉靖十年封为纯德山），现存碑楼、神道石刻、祾恩门和祾恩殿基座及前后宝顶等，新旧红门、明楼等重新修复（图8—5）。

图8—5　湖北钟祥明显陵龙凤门

仁康定景皇帝”，但并无宗庙祭享，因而无庙号。明朝官私记载通常称之为“景皇帝”或因其年号称“景泰皇帝”。南明弘光朝为景帝按列帝规制补上尊谥曰“符天建道恭仁康定隆文布武显德颂孝景皇帝”，并加上庙号曰“代宗”。清官修《明史》仍以成化所上尊谥入其《本纪》。

1 ［明］孔贞运：《皇明诏制》卷五，影印南京市图书馆藏明崇祯七年刊本，《续修四库全书》第458册，上海古籍出版社，1995年，第180页。

2 ［明］蒋一葵：《长安客话》卷四《郊垧杂记·景皇陵》，北京古籍出版社，1980年，第86页。

3 刘毅：《明世宗陵墓礼制思想分析》，《南开学报》2014年第3期。

4 《兵部为贼突德安四关掳掠滇楚兵追截获胜事题稿》（崇祯朝），中国第一历史档案馆等《中国明朝档案总汇》第46册，广西师范大学出版社影印本，2001年，第198、199页。

5 《兵部为饬平贼总兵左良玉等速厉兵马刻期早剿恢复名城奠安陵寝的札文》（崇祯十六年三月二十八日），中国第一历史档案馆等《中国明朝档案总汇》第101册，广西师范大学出版社影印本，2001年，第325页。

二、明代皇陵的考古发现与研究

明代皇陵制度见于明清以来的多种文献记载，官书如明历朝《实录》和《大明会典》等，内容丰富，具有很高的史料价值。私家记载也很多，其中有关实地考察的著述，对于现代调查研究具有重要的参考意义。崇祯时期，礼部侍郎蒋德璟奉旨查勘祖陵和皇陵，因作《凤泗皇陵论》和《查勘皇陵纪》记述二陵状况[1]。清初顾炎武于顺治十六年（1659年）至康熙十六年（1677年）间6次拜谒昌平诸陵，将亲历所见写入所著《昌平山水记》[2]，其史料价值超过《大明会典》。清初南丰人梁份撰《帝陵图说》三卷，亦为明陵实地调查的记录，卷一记南京孝陵，卷二记昌平诸陵，卷三记金山诸陵墓，卷四为“十三陵记”上下篇。约成书于康熙四十二年（1703年）或稍后[3]，内容更详于《昌平山水记》。明陵在清朝得到比较有效的保护，亦见于有关地方志及《钦定日下旧闻考》等史志著录。

明代皇陵的近代科学调查和研究工作始于民国初年，出现了调查报告和比较有价值的维修工程之勘察和工作记录以及相应论著等，如刘仁甫《前明十三陵始末记》[4]、刘敦桢《明长陵》[5]、王焕镳《明孝陵志》[6]、黄鹏霄等《明陵、长城调查报告》[7]、朱偰《谒昌平明十三陵记》[8]、汤用彬等《旧都文物略》[9]、北平特别市政府工务局《明长陵修缮工程纪要》[10]等。中外人士拍摄的一些早期图像资料，也具有重要的参考价值。

明代皇陵的考古发掘工作始于20世纪50年代。1951年，中国科学院考古研究所在北京西郊金山南麓的董四墓村先后发掘了明熹宗三妃合葬墓[11]、明神宗七嫔合葬墓[12]；1956—1958年，长陵发掘委员会工作队对明神宗定陵进行了考古发掘，首次揭示出明代帝陵玄宫的实例[13]；1963年，北京西郊镶红旗营发掘过明宪宗妃墓7座[14]。1980年以来，北

1 ［明］蒋德璟《凤泗皇陵论》、《查勘皇陵纪》，均见［清］孙承泽著《春明梦余录》卷七〇“陵园”，北京古籍出版社，1992年，第1363页。

2 ［清］顾炎武：《昌平山水记》，北京出版社，1962年。

3 按，《帝陵图说》卷三有云：“金山之陵，自鼎革后且有守陵内臣一，守冢陵卒二……五十年来，寝殿门墙依然如昔，松柏之夹道者垂荫参天；迩来，陵卒虽守，守之以剪伐倾颓也，守之以平地无坟也。”可推知此书约成于明亡后50年左右。又，该书所附《十三陵记·下》有云：“岁癸未，源友梁份暨新安黄曰瑚徒步往谒（昌平诸陵），份为《图说》，曰瑚步跬。”推此“癸未”为康熙四十二年，即1703年。《帝陵图说》有汪鱼亭藏抄本，缺第一卷，且有说无图，十三陵管理委员会据以内部影印传世；又有北京图书馆藏图说俱全本。

4 刘仁甫：《前明十三陵始末记》，铅印本，1915年。

5 刘敦桢：《明长陵》，《中国营造学社汇刊》第四卷第二期，1933年；后收入《刘敦桢文集》第一卷，中国建筑工业出版社，1982年。

6 王焕镳：《明孝陵志》，南京中山书局，1934年；后收入中山陵园管理局等编《〈明孝陵志〉新编》，黑龙江人民出版社，2002年；又，《南京稀见文献丛刊》收入，周钰雯等点校本，南京出版社，2006年。

7 黄鹏霄等：《明陵、长城调查报告》，《古物保管委员会工作汇报》，1935年刊印，第131—141页。

8 朱偰：《谒昌平明十三陵记》，《东方杂志》第32卷第19期，1935年。

9 汤用彬等：《旧都文物略》，北平市政府编印，1935年；中国建筑工业出版社重印，2005年。

10 北平特别市政府工务局：《明长陵修缮工程纪要》，怀英制版局铅印，1936年。

11 考古研究所通讯组：《北京西郊董四墓村明墓发掘记——第一号墓》，《文物参考资料》1952年第2期。

12 中国科学院考古研究所京郊发掘团通讯组：《北京董四墓村明墓发掘续记——第二号墓》，《文物参考资料》1952年第2期。

13 长陵发掘委员会工作队：《定陵试掘简报》，《考古通讯》1958年第7期；《定陵试掘简报（续）》，《考古》1959年第7期；中国社会科学院考古研究所等：《定陵》，文物出版社，1990年。

14 陈光：《北京市考古五十年》，《新中国考古五十年》，文物出版社，1999年，第22页。

京十三陵边墙山口[1]、大碑楼—石像生所在的主神道[2]，南京孝陵陵宫门和东配殿及神厨[3]、懿文太子东陵陵园[4]，盱眙祖陵陵园[5]等明代皇陵的地面建筑遗址先后进行过清理发掘；还运用精密磁测技术（GPM）对明孝陵玄宫进行了勘测[6]，积累了比较丰富的研究资料。

明代皇陵及相关制度的研究论文，主要涉及陵园结构的特点及变化[7]、玄宫制度[8]、碑刻墓志册宝[9]、神道石刻[10]、妃嫔陪葬和殉葬制度[11]、陵祭及相关祭祀制度[12]、陵址卜选规则[13]等方面；此外，还有一些专题论文集[14]。1950年以来有关明代皇陵的图书最多见的是介绍性著作，大多是1980年以后为适应旅游需要而出版的，兹不一一列举。研究性的著作比较少，主要有胡汉生的《明十三陵》（中国青年出版社，1998年），对于昌平明十三陵作了全面的介绍，其中有不少实地调查测绘资料，颇有价值；胡汉生著《明朝帝王陵》（北京燕山出版社，2001年）一书则对明朝的6处皇陵作了集中的介绍。拙著《明代帝王陵墓制度研究》（人民出版社，2006年）对于明代皇帝和亲王的陵墓制度进行了比较全面的分析探讨。

三、明代皇陵制度的基本特征

明太祖虽然多次诏令朝廷祭祀、舆服、职官等“悉从唐制”，但由于唐末以后长期

---

1 王岩：《明十三陵边墙山口查勘记》，《考古》1983年第9期。

2 赵福生：《明十三陵主神道发掘简记》，《北京考古信息》1990年第2期，北京市文物研究所内部编印发行，1990年6月。

3 南京市文物研究所等：《明孝陵陵宫门址的发掘收获》、《明孝陵陵宫内东侧建筑基址勘掘记》，中山陵园管理局等编《〈明孝陵志〉新编》，黑龙江人民出版社，2002年，第176—182、183—197页。

4 贺云翱等：《明东陵考古纪实》，中山陵园管理局等编《〈明孝陵志〉新编》，黑龙江人民出版社，2002年，第230—249页。

5 南京博物院等：《江苏盱眙县明祖陵考古调查简报》，《考古》2000年第4期。

6 江苏省地震工程研究院等：《明孝陵地下宫殿勘测记》，中山陵园管理局等编《〈明孝陵志〉新编》，黑龙江人民出版社，2002年，第198—204页。

7 邓士祥：《中南第一陵——明显陵》，《文物天地》1998年第2期；祝建华等：《奇特的明代帝陵——显陵的建筑艺术》，《江汉考古》1999年第2期；刘毅：《明代皇陵陵园结构研究》，《北方文物》2002年第4期；王丽梅：《朱厚熜帝系独立意识在陵寝建造中的反映》，《故宫博物院院刊》2007年第1期。

8 胡汉生：《明定陵玄宫制度考》，《故宫博物院院刊》1989年第4期。

9 刘精义等：《明代妃嫔陵园及圹志》，《故宫博物院院刊》1980年第2期；刘毅：《中国古代帝王陵墓碑制探析》，《南开学报》2012年第5期；刘毅：《帝王陵墓之册、宝、志探析》，《东南文化》2012年第5期。

10 阮荣春：《论明代祖陵、孝陵神道石刻之时代》，《考古与文物》1986年第2期；李世源：《明祖陵建造时间考》，《东南文化》1988年第1期；孙祥宽：《凤阳明皇陵及其石刻研究》，《东南文化》1991年第2期；刘毅：《明凤阳皇陵神道石刻研究》，《文物》2014年第5期。

11 王岩等：《明十三陵的陪葬墓——兼论东西二井陪葬墓的墓主人》，《考古》1986年第6期；黄展岳：《明清皇室的宫妃殉葬制》，《故宫博物院院刊》1988年第1期。

12 刘毅：《明朝“陵山之祭”述论》，《故宫博物院院刊》1997年第2期；刘毅：《明朝皇陵祭祀制度研究》，《郑天挺先生百年诞辰纪念文集》，中华书局，2000年；刘毅：《明朝的嫡庶之分与陵庙之制》，《纪念郑天挺先生诞辰一百一十周年中国古代社会高层论坛文集》，中华书局，2011年。

13 刘毅：《明代帝王陵墓选址规则研究》，《中国社会历史评论》第三卷，中华书局，2001年。

14 如昌平区十三陵特区办事处编《首届明代帝王陵寝研讨会、首届居庸关长城文化研讨会论文集》（科学出版社，2000年）、南京大学文化与自然遗产研究所等编《世界遗产论坛·明清皇家陵寝专辑》（科学出版社，2004年）等。

的南北分治和元代社会生活习俗的变化，唐宋文化传统的影响力在明初明显降低；同属于国家礼制层面的皇陵制度，则表现为北方因素明显增加。与前代相比，明代皇陵制度创新多而继承少，具有以下几个方面的突出特征：

第一，明代帝王陵墓的选址规则与汉、唐、宋等王朝不同，不是在高旷的平地或因山为藏，而是卜穴于山前的慢坡处，更接近于辽、金皇陵的特点。对于墓穴和周围环境的选择，主要依据传为东晋郭璞所著《葬书》中的有关理论。

第二，明代皇陵陵宫采用了全新的平面布局，其结构是仿自皇宫或宗庙的“前朝后寝”之制，分为三进或两进院落，陵宫门、祾恩门（享殿前门）、祾恩殿、内红门（或三座琉璃花门）、石几筵、明楼、宝顶都依次建在一条纵向的中轴线上。祾恩殿和明楼宝顶部分分别取象“朝”和“寝”。

第三，明神宗定陵玄宫为三主两配共五殿的多室结构，全部以石材砌成，规模宏大，建筑法式严谨，在历代皇陵中洵属上乘之作。明陵玄宫制度对于前代可能有所继承，但独创性不容忽视；从早到晚，明代皇陵玄宫制度可能有所变化。

第四，与唐宋及其以前相比，明代皇陵的祭祀制度发生了根本性的变革，取消了寝祭，陵墓上的祭祀场所惟有祾恩殿（享殿）一处。陵祭的地位越来越重要，在现实中有时甚至超逾了宗庙。反映出明代皇家的祭祀观念虽未能摆脱三《礼》之规范，但和民间一样，已经更趋于现实。

第五，明代继承了两宋以来的陵区制，比之北宋，各陵之间的距离更近，但兆域范围大于南宋和金代；昌平陵区献陵以下诸陵的独立性较小，相对于长陵来说，都近似于从属之祔葬，首陵（祖陵）与子孙陵墓之间的等级差别十分明显。

明孝陵—长陵确立了中国传统社会晚期帝王陵墓制度的基本模式，明代帝王陵墓以其鲜明的创新特色，标志着中国古代陵寝制度走到了一个新的、也是中国传统社会中最后的一个发展阶段。

第二节　明代皇陵的陵园制度

明朝先后有6处共18座皇陵，因建成时代不同，陵园结构亦有所变化，凤阳皇陵在很大程度上套用了北宋制度，太祖孝陵创立了新的陵园平面布局，长陵因之而小有改作，献陵以后进入定型期，诸陵之间只有细微的变革和差异。

一、凤阳皇陵和盱眙祖陵

凤阳皇陵和盱眙祖陵结构相似，皇陵建成年代早，规模也更大一些。

1. 凤阳皇陵

凤阳皇陵是明太祖父母之墓，在明中都城西南5公里的太平乡，陵冢东北距今凤阳市区约8公里。根据明代所修《大明会典》、《中都志》、《帝乡纪略》、《凤阳新书》等文献中的有关记载，可知凤阳皇陵坐南朝北，自外而内由土城、砖城和内皇城共三重城垣构成（图8—6）。

皇陵土城，平面呈正方形，筑于洪武十一年（1378年），城周二十八里。城墙四面正中各辟城门，东、西、南三面各一门，北面正中为正红门三间，面向东北，是为陵园

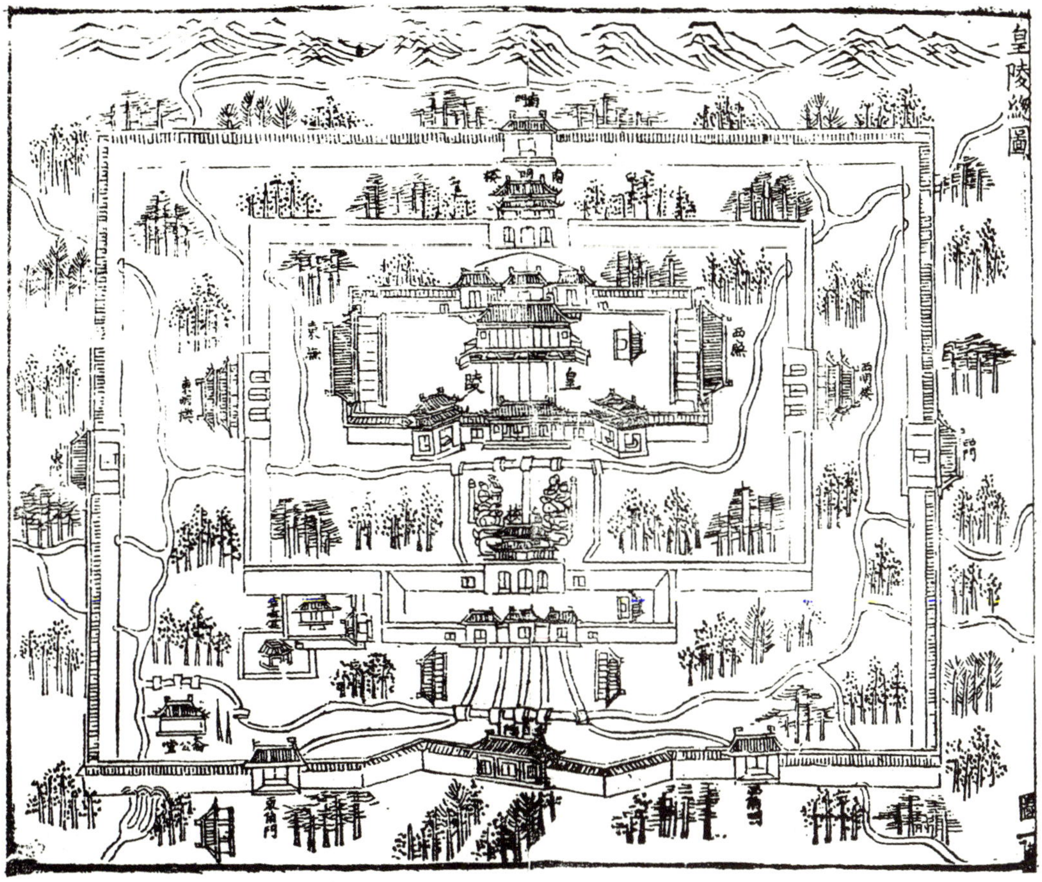

图8—6 明曾惟诚《帝乡纪略》中的凤阳皇陵平面示意图

正门。正红门左右为东、西角门。正红门外北向有道路达于中都城下。砖城又名“皇陵城”，筑于洪武八年（1375年）十月，结构为夯土胎芯，两侧包砖，城周六里一百二十八步（明一步准五尺），高二丈。四面正中辟门，上建城楼，名曰“明楼”[1]，各冠以方位，如北门名“北明楼”等。北明楼外另有罩门一道，为红宫门及东、西角门二座，三门并列，亦名“棂星门”。实测凤阳皇陵遗址土城平面为正方形，周长14.4公里；砖城南北长1100米、东西宽750米[2]。砖城内部中央为内皇城，可能在洪武二年（1369年）已经筑成，城墙砖砌，外涂朱红。内皇城是皇陵的核心，《中都志》记其制度：“周七十五丈，正殿九间，金门五间，东西庑各十一间，左、右角门二座，后红门三座，左、右角门二座。燎炉一座，碑亭二座。御桥正三座，左、右石桥二座，金水河一道。”[3]其中正殿是举行祭祀典礼之

1 从《中都志》、《帝乡纪略》所附之《皇陵总图》来看，凤阳皇陵之“明楼”就是城门和城楼。“明楼”之名不见经传，疑为土语。清人纪昀说：“北方以覆瓦者为暗楼，上层作雉堞形、以备御寇者为明楼。”见《阅微草堂笔记》卷二〇《滦阳续录二》第32则，华龄出版社，2002年，第273页。如此，明楼有防御功能，皇陵明楼或因此而名。孝陵明楼之制犹有城门及城楼遗意；此后，明朝诸陵宝城前之城楼皆名曰明楼。［清］梁份《帝陵图说》卷二云：“明楼踞宝城城闉上，如迎敌丽谯之楼也。”清代汪鱼亭传抄本，北京十三陵特区影印本，第十八页。

2 徐苹芳：《明皇陵和祖陵》，《中国大百科全书·考古学》，中国大百科全书出版社，1986年，第334页；周致元：《明代凤阳的皇陵》，《东南文化》1997年第1期。

3 ［明］柳瑛：《中都志》卷四“陵寝”，《中国方志丛书》（华中地方·618）据明隆庆三年重刻本影印，台北成文出版社有限公司，1985年，第417—418页。

图8—7　安徽凤阳明皇陵神道石刻

处，是陵园中的主体建筑，名曰“皇堂”[1]。

从《帝乡纪略》卷首所附万历四十一年（1613年）凤阳知县万嗣达增补的《皇陵总图》来看，皇陵的封土是在内皇城的后红门之南、砖城南明楼之北，亦即内皇城之外、砖城之内。现存封土平面为长方形，东西长约50米、南北宽约30米，四角已呈混圆状，残高约5米，上植柏。

从内皇城金门向北至砖城北明楼的神道两侧夹列碑亭、石像生和望柱。神道石刻自北而南依次为：麒麟2对、狮8对、望柱2对、马和左右控马官及侍者2对、虎4对、羊4对、文官2对、武将2对、内侍2对，总计28对[2]。凤阳皇陵石像生之多，为历代皇帝陵所仅见（图8—7）。金门外东西两侧各建碑亭1座，内树巨碑，西为明太祖御制《大明皇陵之碑》（图8—8），立于洪武十二年（1379

图8—8　明太祖御制《大明皇陵之碑》

1《明太祖实录》卷一二五“洪武十二年闰五月丁巳”，校印国立北平图书馆红格钞本缩微卷《明实录》第3册，台北中央研究院历史语言研究所，1962年，第1997页。

2 凤阳皇陵的石像生数历来有不同的记载，明人袁文新修《凤阳新书》记为“华表并石人、石兽共三十六对”；哲闻《明中都皇陵石像生之绝》（《文物天地》1985年第2期）认为皇陵有石人兽等共计32对；徐苹芳在《明皇陵和祖陵》辞目（《中国大百科全书·考古学卷》，中国大百科全书出版社，1986年，第334页）中认为明皇陵有华表和石像生共28对。笔者对凤阳皇陵数次实地调查，考定明皇陵神道有石人兽共26对、望柱2对，总计石刻28对。按，唐宋诸皇陵神道石像生中的马和控马官一组（有一人一马、两人一马两种）例以1件计数，有关唐宋诸皇陵的考古调查报告皆用此种统计规则。从唐、宋及凤阳皇陵石像生排列间距的差别上也可以明显看出马夫附属于马。明皇陵石像生32对或36对之说，是误将控马官与马分别计算所致。

年)；东为无字碑，立于嘉靖十七年(1538年)，原拟“树皇陵右亭，以配太祖宸翰”[1]，但以世宗未遑撰文，遂成无字碑[2]。二座碑亭为近年修复；石碑承以赑屃，碑阳均朝向神道。

从平面布局来看，凤阳皇陵规制直接脱胎自唐、宋皇陵，特别是受河南巩义宋陵的影响十分明显[3]，这些异同，可以从如下几方面进行对比：

第一，从陵园平面布局来看，凤阳皇陵与唐陵、北宋陵在方形城垣、方形封土、陵宫南门外列神道石刻、神道取直等方面完全一致，是直接继承自唐宋制度；但在建筑物的具体排列上却有着明显的不同。首先，唐宋皇陵的封土或玄宫所在之山峰一般都位于陵城内部正中，即陵宫城横、纵两条轴线的交接点上，献殿(享殿)在陵冢以南；凤阳皇陵陵冢则位于内皇城之外、整个陵园的后部(南侧)，虽然还是在纵轴线上，但却偏离了横轴线，最内一重城——内皇城的核心建筑是“皇堂”即献殿。其次，从三重城垣的功用来看，凤阳皇陵最外围的土城实际相当于唐宋皇陵的封域或柏城，也就是陵园的最外界限。中间的砖城亦即“皇陵城”包纳了封土和献殿，平面呈方形，四面正中辟门，应该相当于唐宋诸陵的陵宫城或“神城”。但皇陵的砖城中又包含了神道石刻，显然也是一种变异。砖城的大小比唐高宗乾陵宫城小，而大于北宋诸陵[4]。最里面的内皇城，城周只有七十五丈五尺，约合今240米，其中的建筑也只有享殿和东西两庑，其实际功用仅相当于一个庭院。享殿取代封土居于陵园的中心，并且自成封闭院落，凤阳皇陵的这种格局显然不同于巩义宋陵，它显示出献殿的地位有了明显提高，因而在建筑等级和处理

图8—9　安徽凤阳明皇陵石像生之马及控马官

1 《明世宗实录》卷二一一“嘉靖十七年四月乙巳”，校印国立北平图书馆红格钞本缩微卷《明实录》第43册，台北中央研究院历史语言研究所，1962年，第4347页。

2 关于凤阳皇陵神道东侧石碑，《明世宗实录》卷二一一记载：“凤阳守臣修建皇陵、祖陵，请御制碑文各一通，一树皇陵右亭，以配太祖宸翰，一镌勒祖陵。”校印国立北平图书馆红格钞本缩微卷《明实录》第43册，第4347页。据此知该碑竖于嘉靖十七年(1538年)。也有人认为此碑为明初翰林院学士危素所撰《皇陵碑》废弃后磨去文字而成，但没有提出相应证据。见俞凤斌《凤阳明皇陵“无字碑”考》，《文物研究》总第13辑，黄山书社，2001年。

3 刘毅：《嵩山之阴的皇朝记忆》，郑州中华之源与嵩山文明研究会主编《中华之源与嵩山文明研究》第一辑，科学出版社，2013年，第257—279页。

4 唐乾陵陵城南北墙基各长1450米，东墙基长1582米，西墙基长1438米，总面积约229.3平方公里。见张建林等《乾陵陵园遗址》，《中国考古学年鉴(2007)》，文物出版社，2008年，第464页。巩义北宋诸陵神城呈正方形，边长一般在240米左右。见河南省文物考古研究所《北宋皇陵》，中州古籍出版社，1997年。

图8—10 安徽凤阳明皇陵石像生之内侍（左）和甲胄武士（右）

方式上也有了相应的变化，这种布局方式开启了后来南京孝陵新制度的先声。

第二，凤阳皇陵封土与西汉及宋制相同，呈覆斗状，但封土下却没有墓室，所葬可能也不仅限于仁祖帝后，这在历代皇陵中属于特例。朱五四夫妻相继亡故于至正四年（1344年）四月初六日及二十二日，朱五四先葬，由于无葬具并且天已渐热、不便启封，朱母陈氏很可能并未合葬，而是另葬于近旁。明太祖回忆："昔遭兵乱，母后之坟为兵所发，朕收遗骸，失一指骨，于坟近地遍求不得，忽得一指骨，然未敢必其是，闻世有以指血验之者，遂啮指滴血其上，果透其中，及以他骨验之，则血不入，乃知亲之气血相感如是，与他人自不同也。"[1]这里只谈"母后之坟"而言不及父，显而易见二人并不同穴。为不泄"山川灵气"，明太祖并未因富贵而迁葬或改葬先人，只是就地增饰了地面建筑。据《大明会典》记载："南昌王（太祖长兄）、妃王氏，盱眙王（太祖次兄）、妃唐氏，临淮王（太祖三兄）、妃刘氏，山阳王（南昌王之子），招信王（盱眙王之子），以上坟附葬凤阳皇陵。"[2]但这些坟墓在皇陵中的什么位置，却没有明确记载。笔者怀疑，凡死于此次瘟疫前后的上述诸人，可能皆葬在朱五四夫妻原墓近处，后来"积土厚封"时，将这些坟墓全部覆盖。

第三，凤阳明皇陵主神道南北向、直而无弯，在石像生的内容方面尚可见唐宋旧制。从石刻内容上看，凤阳皇陵石像生保留了宋诸陵的虎和羊，马仍配以控马官，但控马官中却新添了长须文官的形象（图8—9）；取消了翼马、象及驯象奴、朱雀（或鸵鸟）浮雕、角端、蕃部客使等，将宋陵南神门外的镇陵将军和神城内的内侍石像改置于神道（图8—10）；新增加了麒麟、狮子（唐宋诸陵只有门狮），石刻的内容和装饰均明显脱

1 ［明］朱元璋：《明太祖宝训》卷一《孝思》洪武二年四月乙亥，张德信等编《洪武御制全书》，黄山书社，1995年，第425页。

2 ［明］李东阳等奉敕修，申时行等奉敕重修：《大明会典》卷九〇《礼部·国初追封诸王坟》，影印明万历十五年（1587年）刊本，江苏广陵古籍刻印社，1989年，第1431页。

胎自巩义宋陵[1]。在石刻排列次序上，凤阳皇陵一改唐宋诸陵以望柱为导引的常规，将望柱增为二对并且夹列于石兽之间，这种排列方式后来为祖陵和孝陵所沿用。

第四，中国古代帝王陵墓的朝向大多都有一定的规律，有坐西朝东（如秦、西汉、南朝梁等）和坐北朝南（如东汉、唐、宋、辽、金等）两种形式，皆按当时的理念习俗取尊位；依山坡建陵者方向不能取正，但坐南朝北的只有南京西善桥陈宣帝的显宁陵一例[2]。凤阳皇陵建于平地，但却与传统建筑迥异，取坐南朝北之倒向。王剑英认为，凤阳皇陵在其始建时也是朝南的，后来因为兴建中都城而改变了皇陵的方向，“皇陵的改建和转向始于罢建中都后的洪武八年（1375年）十月，完成于洪武十二年（1378年）”；转向的原因，是“皇陵离（中都）城较近，又在城南，将其由朝南改为朝北，不仅从形势上将其有机地纳入了整个中都城的大格局，使中心不移，而且出城谒陵可径直抵达，避免了沿皇陵外垣向南绕到陵南，再折北才能进入陵园的麻烦”[3]。这一推测有其合理性，但有两点疑问无法解释。首先，既然皇陵与中都城总体规划关系如此密切，何以不在兴建中都城之初的洪武二年（1369年）就改变皇陵朝向（此时皇陵也正在大兴土木），反倒是在“罢建中都”之后才改变朝向呢？其次，与都城城门相同朝向的礼制建筑并不会因为“绕路”而轻易改变方向，明朝南北两京南郊圜丘坛朝南，而北郊方泽坛朝北就是极好的例证；祖先陵寝显然不会因为避免“绕路”而变成倒向。凤阳皇陵朝向之所以改变，主要是为了凭依“龙脉”所自来之山。皇陵之北约10公里处有凤凰山，在中都城修建以前可以指为皇陵的龙脉所自来；当中都城建于凤凰山南、阻断了皇陵龙脉后，作为补救，皇陵只好转向，凭依南侧大约10公里以外的善山、青山、离山诸小山，后来善山最终被确认是皇陵所凭依之山，并于嘉靖十年（1531年）被封为“翔圣山”，从祀方泽坛。光绪《凤阳府志》记载：“善山在府治南四十里，一名‘翔圣山’，入南山之要径。”[4]因此，追求龙脉风水应该是凤阳皇陵改变朝向的根本原因。

第五，从祭祀场所和祭祀礼仪来看，凤阳皇陵具有明显的过渡性。唐宋皇陵的奉祀场所分为上宫和下宫两部分，上宫是上陵时举行礼仪性祭典的处所，用牲醴、祝版致祭；下宫距陵宫稍远，供奉墓主画像、衣冠，饮食起居如生时，二宫的祭祀有明显的区别。如《宋史·礼志》所云：“凡上宫用牲牢、祝册，有司奉事；下宫备膳馐，内臣执事，百官陪位。”[5]凤阳皇陵的享殿重建于洪武十一年（1378年）四月，次年闰五月“皇陵祭殿成，命称曰‘皇堂’。”[6]“皇堂”是凤阳皇陵祭殿的正式名称，它在凤阳皇陵陵园中占据着核心的位置，相当于《宋会要辑稿》中的献殿，也就是后来有明诸陵中的享殿或祾恩殿，是举行陵园大祭的处所。此外，凤阳皇陵中仍然有“寝殿”设置，据《中都志》记载，在皇陵砖城内，有“寝殿五间，膳厨五间，左、右庑各十间；红门三间，中门五间，西厢房一间”[7]。这明显是一处自成系统的小宫院，其功能是否等同于唐宋的下宫，却未见明文

1 刘毅：《明凤阳皇陵神道石刻研究》，《文物》2014年第5期。

2 罗宗真：《南京西善桥油坊村南朝大墓的发掘》，《考古》1963年第6期。

3 王剑英：《明中都》，《故宫博物院院刊》1991年第2期。

4 ［清］魏家骅等：《凤阳府志》卷九《山考》，《中国方志丛书》（华中地方·698）据清光绪三十四年刊本影印，台北成文出版社有限公司，1985年，第1439页。按，“善山”是否为山之原名已不可考，善或许是“翔圣”的谐音，因疑为清代的讹传之名。又，凤阳皇陵凭依陵山之名在明代文献中有“翊圣”、“翔圣”之异，当以“翔圣”为是。

5 ［元］脱脱等：《宋史》卷一二三《礼志·上陵之礼》，中华书局，1977年，第2883页。

6 《明太祖实录》卷一二五“洪武十二年闰五月丁巳”，校印国立北平图书馆红格钞本缩微卷《明实录》第3册，台北中央研究院历史语言研究所，1962年，第1997页。

7 ［明］柳瑛：《中都志》卷四“陵寝”，《中国方志丛书》（华中地方·618）据明隆庆三年重刻本影印，台北成文出版社有限公司，1985年，第419页。

记载。

2. 盱眙祖陵

盱眙祖陵是明太祖高、曾、祖三代帝后的衣冠冢，在今盱眙县管镇乡明陵村。

从明历朝《实录》和曾惟诚《帝乡纪略》等有关记载来看，泗州祖陵系仿凤阳皇陵规制而建，陵园坐北朝南，由外罗城、砖城和皇城三重城垣构成。其中外罗城土筑，周九里三十步，城外有下马牌坊一座；东、西面各有防水堤一道。1998年，南京博物院考古研究所对明祖陵进行了钻探，大致掌握了各类建筑遗存的基础现状，但没有找到外罗城的遗迹，推测是已为洪水彻底冲毁[8]。在潘季驯《河防一览图》和曾惟诚《帝乡纪略》等明晚期文献中所附载的《祖陵图》上，也未见画出外罗城（图8—11），或许当时只是画界立标，并未全部夯筑。

砖城，周四里十步，四面各辟城门一座，为红门三洞；在南墙正门两侧另有东西角门各一座。1998年钻探发现，砖城平面为长方形，东西580米、南北340米，尚存局部墙基等遗迹，为夯土胎芯内外包砖。砖城纵轴线上有南门、神道石刻、皇城、北门等核心建筑（图8—12）。按照《帝乡纪略》所附《祖陵图》来看，祖陵玄宫上的封土（亦称“万岁山”）也在砖城之内，具体位置在皇城和砖城北门之间。1998年南京博物院考古研究所“在玄宫的南部，南距享殿台基西北角71米处，探出东西长13米、南北宽8.5米的一段白灰渣、碎砖遗迹”，推测“应是中砖城北墙遗迹”。这一推论与明代《祖陵图》不符，也与凤阳皇陵布局有异；将祖陵玄宫（尽管只葬衣冠）置于砖城之外，其地位还不如神道石刻，显然不合情理。《帝乡纪略》记载祖陵“皇城，正殿五间，东、西两庑六间，金门三间，左、右角门二座，后红门一座，燎炉一座。砖城一座，内四门四座，各三间，红门，东、

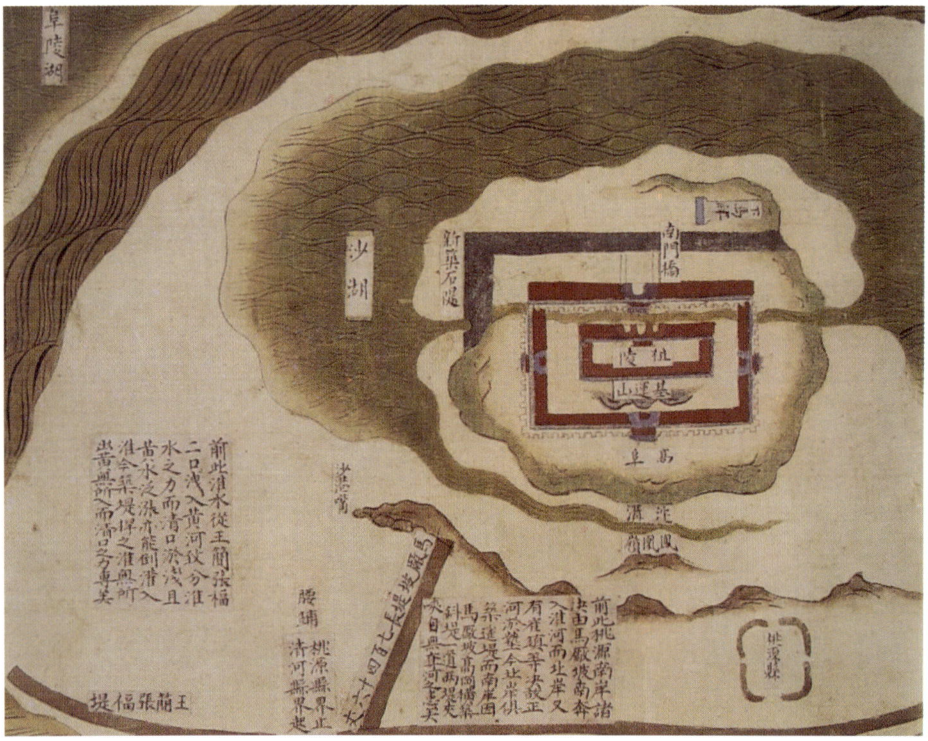

图8—11　明万历《河防一览图》中的盱眙祖陵

8 南京博物院等：《江苏盱眙县明祖陵考古调查简报》，《考古》2000年第4期。

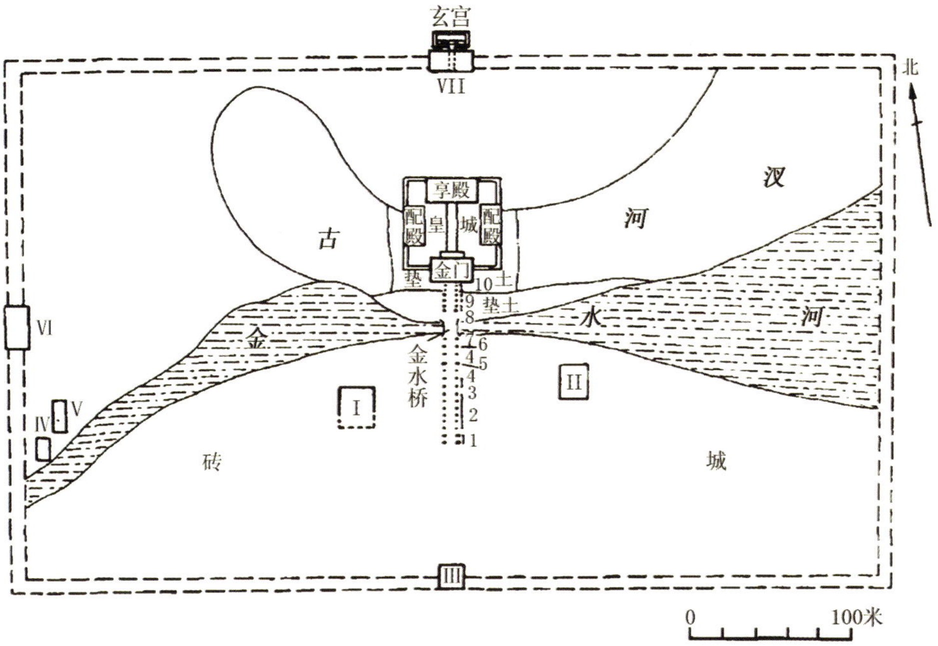

Ⅰ/Ⅱ/Ⅲ.建筑台基　Ⅳ/Ⅴ/Ⅵ/Ⅶ.建筑遗迹　1.麒麟　2.狮子　3.望柱　4.马官　5.侍马官　6.石马　7.侍者　8.文臣　9.武将　10.太监

图8—12　江苏盱眙明祖陵遗迹平面图(引自《考古》2000年第4期)

西角门二座”[1]。因此，玄宫前的这段建筑基址很可能不是砖城的北墙，而是皇城的“后红门”；其功用与凤阳皇陵内皇城的“后红门”以及后来孝陵和长陵享殿后面的“内红门”相同，是将享殿与墓区分隔开来。如果这一判断不误，则泗州祖陵砖城的南北长度也将会超过现在测量的340米。

皇城砖砌，为一封闭院落，中为正殿五间，两庑分别为东西配殿各三间，正南为金门三间，两侧为左、右角门。1998年钻探发现，皇城墙基尚存，宽2—2.5米，南北长60米、东西宽64米，周长272米。实测金门夯土台基东西25.6米、南北17米，台基向北延伸出一个长14米、宽4米的月台，因此整个金门台基呈“凸”字型。正殿东西32.6米、南北17米，尚存柱础26个，从《简报》所附图来看，柱础略东北方向位移，可以推算出原建筑形式为面阔五间，进深三间，与文献记载相吻合。金门与正殿之间联以长30米、宽6.5米的丹陛。东配殿台基南北长27米、东西宽14米；西配殿台基南北长25米、东西宽14.5米。钻探结果表明：祖陵皇城为四合院式，正殿及两配殿之后墙与城墙重叠，惟金门向南凸出。

皇城金门外排列神道石刻，钻探发现，这段神道原本就是自然隆起的高岗，并且“石像生复原扶正的位置大体是正确的”。神道石刻自南而北依次为麒麟2对、狮子6对、望柱2对、马及马夫2对（前一对为一人执鞭、一人牵马，其中牵马者与马连体；后一对二人分别拱手侍立于两侧，马腹下有祥云），过小沟一道（钻探确定为金水河旧址），复有文臣2对、武将2对、宦官2对（图8—13），包含望柱总计18对[2]。

1 ［明］曾惟诚：《帝乡纪略》卷一《帝迹志·祖陵兴建》，《中国方志丛书》（华中地方·700）据明万历二十七年刊本影印，台北成文出版社有限公司，1985年，第62页。

2 泗州祖陵神道石刻数目的统计方法与前述凤阳皇陵同。关于明祖陵神道石刻数目，还有19对、20对、21对等不同说法；造成这些差异的原因，除不同的计算方法以外，还有对于石刻出土时位次理解等的不同。诸家说法可以参见张正祥《明祖陵》，《考古》1963年第8期；刘聿才等《祖陵石刻修复》，《文博通讯》1982年第5期；刘聿才等《明祖陵述略》，《考古与文物》1984年第2期；蔡述传《明代第一陵——明祖陵》，《文

图8—13　江苏盱眙明祖陵神道石刻之文官、武将、内侍

泗州祖陵系仿凤阳皇陵制度而建，二陵在平面布局上几乎完全相同，只是祖陵的规模和等制都略低一些。祖陵工程前后持续的时间相对较长，最初建成玄宫部分是在洪武十九年（1386年）八月，由皇太子朱标主持，葬三祖帝后衣冠；稍后，建成正殿。永乐元年（1403年），"工部以泗州祖陵黑瓦为言，帝命易以黄，如皇陵制"[1]。永乐十一年（1413年），建成神库、神厨、棂星门等，祖陵至此始规模大备。嘉靖十二年（1533年），祖陵奉祀朱光道奏请祖陵改易黄瓦、增设石像生，至十五年（1536年）完工。嘉靖年间的这次工程是一次较大规模的改建和添建，永乐元年祖陵易黑瓦为黄瓦，可能仅限于正殿、宫门等主要建筑，嘉靖年间应该是彻底的更换。至于"增设石像生"，从祖陵现存神道石刻来看，时代风格并不一致，可能分别是洪武（或永乐）和嘉靖两个年代的作品。由于多次添建、改建，可能会有不同时期建筑基址并存，因而对明祖陵遗迹关系的判定须更加审慎。

二、南京孝陵

孝陵在江苏南京东郊钟山（即紫金山）独龙阜下的玩珠峰，是明太祖朱元璋和孝慈马皇后的合葬墓。

洪武九年（1376年）和洪武十四年（1381年），曾分别将陵址所在地原有的宝公塔和

物天地》1985年第2期；徐苹芳《明皇陵和祖陵》，《中国大百科全书·考古学》，中国大百科全书出版社，1986年，第334页；李世源《明祖陵建造时间考》，《东南文化》1988年第1期；蒋中健《明祖陵浅探》，《东南文化》1988年第1期；秦士芝《明祖陵的营建及其神道石刻》，《东南文化》1999年第2期；周致元《明祖陵的地位和影响》，《东南文化》1999年第4期；李世源《明祖陵》，江苏人民出版社，1988年；蒋中健《明代第一陵》，江苏古籍出版社，1990年；等等。

1 [清]龙文彬：《明会要》卷一七《礼·山陵》，中华书局，1956年，第270页。

太平兴国寺迁移，洪武十四年九月十八日，“改建蒋山太平兴国禅寺为灵谷寺。初，太平兴国禅寺在宝珠峰之阳，梁僧宝公塔在焉。至是，住持僧仲羲奏请迁之，遂诏改建于京城东独龙冈之左。既成，赐额曰‘灵谷’，榜其外门曰‘第一禅林’，又赐田一百五十余顷”[1]。一般即以洪武十四年作为孝陵的始建时间。洪武十五年（1382年）八月，马皇后病故，九月葬入玄宫，“庚午，孝慈皇后梓宫发引……是日安厝皇堂。……是晚，仍遣醴馔告谢于钟山之神，以复土故也，命所葬山陵曰孝陵”[2]。次年，孝陵享殿建成，孝陵陵宫区主体建筑基本完成。永乐十一年（1413年）立“大明孝陵神功圣德碑”，孝陵全部工程完工。

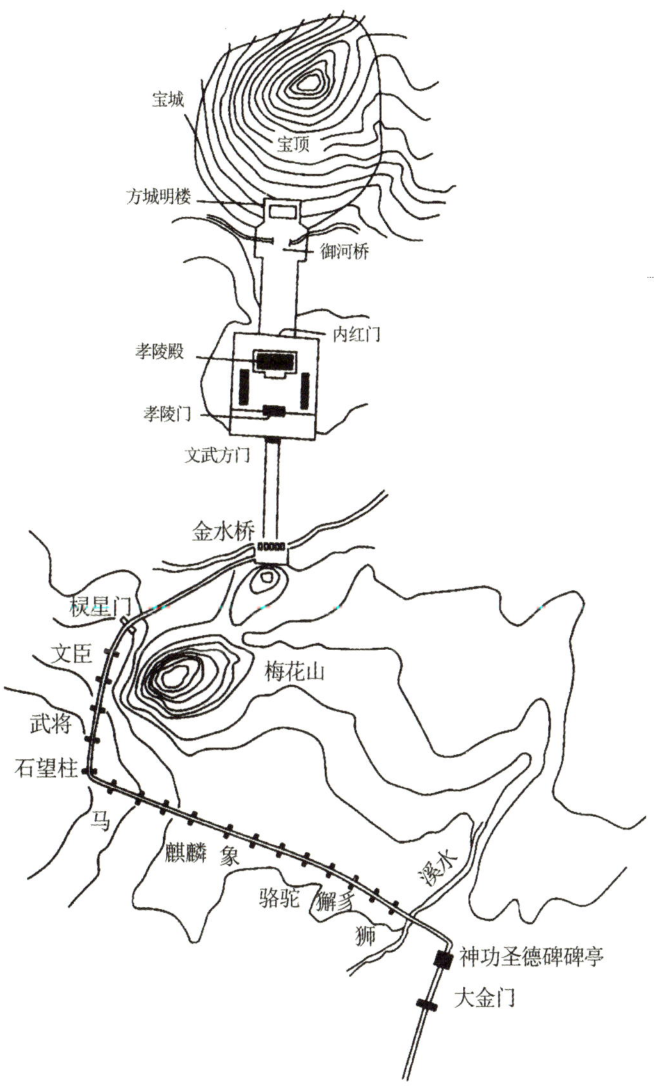

图8—14　明太祖孝陵平面示意图（引自国家文物局主编《中国文物地图集·江苏分册》，2008年）

孝陵依山而建，分为神道和陵宫两部分，主要建筑坐北朝南（图8—14）。

神道部分起自下马坊止于棂星门。下马坊为两柱冲天式的石牌坊，坊额上横刻“诸司官员下马”字样，坊东分别为立于嘉靖十年（1531年）的“神烈山碑”和立于崇祯十四年（1641年）的“禁约碑”。下马坊西北约1.5公里处有“大金门”一座，为陵园区大门，砖石结构，券门三洞，顶部已不存，面阔26.66米、残高4.91米[3]；1964年清理时曾发现黄釉琉璃瓦等建筑构件，推断原为重檐歇山顶。

大金门以北为碑楼，平面正方形，边长26.68米，顶部已毁，仅存四面围墙，券门四开。内立“大明孝陵神功圣德碑”，碑身高6.7米，赑屃高2.08米；碑文由明成祖御撰，称述太祖一生功业（图8—15）。碑亭折向西北过御河桥为神道石刻，列石兽12对，自前而后依次为蹲坐狮、立狮、蹲坐獬豸、立獬豸、卧骆驼、立骆驼、卧象、立象、蹲坐麒麟、立麒麟、卧马、立马各1对。石兽之后神道折而向北，复有望柱1对、武将2对、文臣2对。再向北为棂星门，为三间两垣式牌楼门，已修复。棂星门后，神道转向东北，至五孔御

1 《明太祖实录》卷一三九“洪武十四年九月己亥”，校印国立北平图书馆红格钞本缩微卷《明实录》第4册，台北中央研究院历史语言研究所，1962年，第2189页。

2 《明太祖实录》卷一四八“洪武十五年九月庚午”，校印国立北平图书馆红格钞本缩微卷《明实录》第4册，台北中央研究院历史语言研究所，1962年，第2342页。

3 本书明孝陵建筑测量数据，除另注外，均引自南京博物院编《明孝陵》，文物出版社，1981年，第1—5页。

河桥。孝陵神道顺山势弯曲，傍梅花山而过，传说东吴大帝孙权葬此山。“孝陵城西门内有吴孙权墓，筑城者奏欲去之，诏曰：‘孙权亦好汉子，留为门主。’遂止。”[1]今梅花山上有汪精卫墓址，山下有江苏省文物保护单位“孙权墓”标志碑，但其具体墓址不详。梅花山是孝陵陵宫前的第一道案山。

图8—15　明太祖孝陵神功圣德碑及碑楼

陵宫部分是孝陵的核心，在五孔御河桥正北。陵宫平面前方后圆，南部正中为陵宫门，原为拱券式大门，黄瓦单檐，有人称为“文武方门”[2]，久毁。1998年，南京市文物研究所和孝陵博物馆对该门基址进行了清理发掘，发现陵宫门为正门三道，圆券顶，其中西侧券门面宽3.07米、进深3.80米；东西二掖门，平顶过梁式，其中东掖门面宽3.33米、进深2.22米；纠正了五门皆为券洞式的误解[3]，已按原状修复。陵宫门内为享殿前门（戟门，相当于长陵的祾恩门），一层须弥座式台基，东西40.10米、南北14.60米，久毁。清代即其址改建为面积较小的三开间碑屋，内立清圣祖、高宗南巡途中谒陵时所题碑记。享殿前门北为享殿基址，有白石殿陛三重，通高3.03米，享殿仿宫中正衙奉天殿，面阔九间、进深五间，现仅存大柱础56个。清初屈大均谒孝陵时见到“正殿有金榜曰孝陵殿”，“牧马蕃儿方斫殿柱，柱上金龙鳞爪半欲摧残”[4]；又魏世效于康熙十九年（1680年）谒孝陵时听游人说，“岁已亥（顺治十六年，1659年），郑

1 ［明］郎瑛：《七修类稿》卷一四《国事类·南都二墓》，中华书局，1959年，第148页。

2 “文武方门”之名见于王焕镳《明孝陵志》“规制第二”：“有文武方门五（即陵寝之第一门），三大而二小。”周钰雯等点校本，南京出版社，2006年，第12页。南京博物院编《明孝陵》等书沿用此说。有研究者推测“文武方门”系“文武坊门”之误，但未能提出论据。［清］徐乾学《读礼通考》卷九三（影印文渊阁《四库全书》第114册，第240—241页）引《江宁府志》云：孝陵主体建筑有“宝城、明楼、御桥、孝陵殿、廊台墀道、戟门、文武方门、大殿门、左右方门、御河桥、棂星门、华表，多同大内制”。以孝陵实际建筑物堪合，文中戟门应为享殿前门（制同太庙戟门），大殿门即陵宫门，而文武方门、左右方门应该分别是指戟门、大殿门这两座主门旁侧的掖门。孝陵陵宫门正门为拱券式三洞，其形制与享殿后内红门同，昌平长陵、永陵、定陵之陵宫门皆为此制。正门三洞，中为墓主神道，左御道，右王道。“方门”所指为两旁掖门，以其平顶过梁式，形状方正，不同于中门半圆券顶，故名。这两座门建在旁侧，亦名“角门”。祭陵时文武官员分别进出掖门，故曰“文武方门”。

3 南京文研所：《明孝陵陵宫门基址清理发掘获重要成果》，《中国文物报》1999年5月2日第1版；南京市文物研究所等：《明孝陵陵宫门址的发掘收获》，载中山陵园管理局等编《〈明孝陵志〉新编》，黑龙江人民出版社，2002年，第176—182页。

4 ［清］屈大均：《道援堂集·孝陵恭谒记》，转引自王焕镳《明孝陵志·艺文第七》，周钰雯等点校本，南京出版社，2006年，第126页。

图8—16　明太祖孝陵殿座及清末所修享殿

图8—17　明太祖孝陵东配殿遗址

氏兵至，不识楠木，而以为异香也”[1]。据此可知当年孝陵享殿为楠木大柱，并且有金龙为饰。清咸丰三年（1853年），孝陵享殿毁于太平天国之役。同治四年、十二年（1865年、1873年）即原址改小重建，现存三间小殿是光绪二十八年（1902年）两江总督刘坤一督修的（图8—16）。享殿前原有东西配殿，1999年3月—2000年2月，南京市文物研究所清理发掘了东配殿遗址，殿基长66.84米、进深7.3米，坐东朝西，面阔十五间、进深三间（图8—17）；还发掘出焚帛炉、神厨、宰牲亭、东井亭等遗迹[2]。2002年，又相继发掘出西配殿、具服殿、西井亭等遗迹，其中西配殿殿基用纯净的粘黄土和鹅卵石分层夯实，高度超过2米。具服殿位于西配殿之南，门朝东，南北长约30米，东西宽10余米，五

1 ［清］魏世效：《魏昭士文集·孝陵恭谒记》，引自王焕镳《明孝陵志·艺文第七》，周钰雯等点校本，南京出版社，2006年，第128页。

2 陈文林：《朱元璋墓大探秘》，《南京日报》1999年3月3日第5版；贺云翱等：《南京明孝陵及东陵考古获多项发现》，《中国文物报》2000年2月27日第1版；南京市文物研究所等：《明孝陵陵宫内东侧建筑基址勘掘记》，载中山陵园管理局等编《〈明孝陵志〉新编》，黑龙江人民出版社，2002年，第183—197页。

图8—18　明太祖孝陵明楼

开间[1]。

享殿北为“内红门”，砖石拱券结构，制同前宫门。内红门北约200米为宝城前之明楼，明楼前有山涧一道，跨涧建有大石桥一座。明楼后是即原独龙阜山体修补而成的圆形大封土堆，名“圜丘”，略呈圆形，直径325—400米，周围环砌以城垣，名“宝城”，石条为基，上砌城砖。明楼在宝城南端正中，为平面呈长方形的城堡式建筑，下为方城，以石块砌成，承以石须弥座，通高16.25米。方城正中辟券门一洞，高3.86米，内为斜坡隧道，有54级石阶自下而上，券门内为一小院落（相当于后来明清皇陵中的“月牙城”或“哑巴院”），迎面有十三层石条砌成的挡土墙一道，墙后为坟丘封土；院内左右两侧分别有东西转向的礓礤上达明楼。明楼砖砌，外抹红灰、内抹黄灰，平面呈长方形，东西39.25米，南北18.4米，南面辟券门三洞，东、西、北三面各辟券门一洞（图8—18）。

1998年12月，南京市文物研究所和江苏省地震工程研究院采用无破坏性精密磁测技术（GPM）对孝陵封土堆进行了探测，在明楼东侧发现墓道迹象，西北转至宝城中心，长度超过120米；明楼北100米处至宝顶南沿的一片区域内疑为玄宫所在，其范围为南北90米、东西50米[2]。孝陵玄宫开凿于钟山玩珠峰下的独龙阜山体之中，其墓冢封土的很大一部分就是利用了原山本体，再加筑卵石填补成半球形。明代一些亲王陵墓也是凿山开穴，鲁荒王（薨于洪武二十二年）陵“凿石开圹，然后以砖砌室”[3]；梁庄王（薨于正统六年）陵“墓室是从墓道北端的垂直壁面向北凿岩掘进，形成隧洞，再在隧洞内用砖砌成的”[4]；益端王（薨于嘉靖十八年）陵“建于石山之中，造墓时先将石山凿开，用红条石作墙基”，以青砖砌成墓室，“墓顶上再填封土”[5]。孝陵玄宫的工程做法或许与它们有相似之处。

孝陵陵宫部分自成三进封闭式院落，自陵宫门至享殿前门（碑殿）为第一进；自享

1 孝博源根：《明孝陵考古又添新成果　寝宫全貌重见天日》，《扬子晚报》2002年3月8日。

2 陈文林：《朱元璋墓大探秘》，《南京日报》1999年3月3日第5版；江苏省地震工程研究院等：《明孝陵地下宫殿勘测记》，载中山陵园管理局等编《〈明孝陵志〉新编》，黑龙江人民出版社，2002年，第198—204页。

3 山东省博物馆：《发掘明朱檀墓纪实》，《文物》1972年第5期。

4 湖北省考古研究所等：《梁庄王墓》上册，文物出版社，2007年，第11页。

5 江西省博物馆：《江西南城明益王朱祐槟墓发掘报告》，《文物》1973年第3期。

殿前门至内红门为第二进；自内红门至宝城为第三进。从陵宫门至明楼纵深375米，自下马坊至明楼纵深2.62公里。

孝陵陵宫和神道共环以外郭城，以大金门为正南门，门旁原有向两侧延伸的红墙，东到灵谷寺，西到南京城东墙，复折向北，包围整个陵区。孝陵外城还有西门等其他城门，据康熙《江宁府志》记载，孝陵“沿山周围缭垣四十五里，王门、西红门、后红门、东西黑门、神宫监、孝陵卫环之”[1]。

孝陵主体建筑建成于洪武中叶，其时正是明朝各项典章制度的逐步确立和完善时期，它奠定了明朝陵寝制度的基础，也开辟了中国古代陵寝制度发展史上的一个新时代。与前代皇陵以及凤阳皇陵相比，明孝陵有几项重大变革：

第一，在陵园布局方面，汉、唐、宋等朝皇陵陵园的平面布局皆模仿都城，方形城垣，四面辟门，封土在陵城中央，象征帝王中宅天下；孝陵则改为前方后圆，以一条纵轴线贯穿，陵园建筑由南而北逐级递进，封土建于陵园的最后端。在陵宫中，献殿和封土坟丘各为一个院落中的主体，献殿完全模拟皇宫正殿格局，地位比封土更加突出。这种平面结构应该是模拟宗庙或宫室而来。东汉蔡邕说：“古学以为：人君之居，前有朝，后有寝。终则制庙以象朝，后制寝以象寝；庙以藏主，列昭穆，寝有衣冠几杖象生之具，总谓之宫。”[2]明朝的宗庙和宫室亦为前朝（庙或大殿）、后寝（寝殿或寝宫）之制，在孝陵陵宫中，孝陵殿即相当于前朝大殿或宗庙大殿，而明楼宝顶及地下玄宫部分则相当于大内正寝或宗庙中的寝殿。按照中国古代“天圆地方”的象征观念，孝陵陵宫的平面布局可以理解为是追求后世嗣君在地（享殿）祭天（圜丘宝顶）的意境。

第二，由秦汉至唐宋，皇陵封土有不少为方形或长方形覆斗状，明孝陵则是圆形。关于孝陵封土由方形改为圆形的原因，刘敦桢认为是受了长江流域“无方坟之习”的影响[3]；杨宽基本持相同观点，他认为圆形宝顶“可能和六朝以后南方帝王坟墓采用圆形有关。六朝坟墓除了那些深藏在山腰里不起坟丘的以外，起坟丘的陵墓都作圆形，不见有方形的”[4]。长江流域流行圆形封土可能是一种传统，但同样位于北方的东汉、北朝皇陵也有圆形封土；因此，地域因素可能并不是明孝陵封土取圆形的主要原因。以实地考察所见，明孝陵是一种特殊的“因山为藏”，玄宫开凿于山体之中，独龙阜本身就相当于封土的一部分，为了外形美观，“独龙阜体表至少60%的地方是经过人工修补、堆填的”[5]，圆形更接近于山体的原形，便于人工修饰，这是孝陵封土用圆形的最直接原因。另外，孝陵玄宫建于山前小丘上，与汉唐陵墓的周围环境不同，坟冢在钟山映衬下并不起眼，而且也容易为山水所冲刷。为了解决这一问题，在原独龙阜周围加砌了城垣，这项工程不仅有利于保护封土不流失，也有利于安全防护。更主要的，高耸的明楼和日常封闭的券洞门更使皇陵封土笼罩上一层神秘莫测的面纱，比前代皇陵平地裸露的大封土堆更显威严，较一般的“因山为藏”也更具感染力。

第三，孝陵没有下宫（寝宫），祭祀建筑惟有献殿一处，陵宫中虽有神厨、神库、省牲亭等附属建筑，但其功能却是备献殿大祭之用，不再用于供奉墓主日常饮食、盥洗等。《大明会典》记载孝陵之祭是“每岁圣旦、正旦、孟冬、忌辰，果酒行香；清明、中元、冬

1 [清]徐乾学：《读礼通考》卷九三“太祖孝陵”引，影印文渊阁《四库全书》第114册，台湾商务印书馆，1983年，第241页。

2 [汉]蔡邕：《独断》卷下，《诸子百家丛书》据《四库全书》本影印，上海古籍出版社，1990年，第14页。

3 刘敦桢：《明长陵》，《中国营造学社汇刊》第四卷第二期，1933年；知识产权出版社重印，2006年。

4 杨宽：《中国古代陵寝制度史研究》，上海古籍出版社，1985年，第62页。

5 江苏省地震工程研究院等：《明孝陵地下宫殿勘测记》，载中山陵园管理局等编《〈明孝陵志〉新编》，黑龙江人民出版社，2002年，第204页。

图8—19　明太祖孝陵神道望柱

至，太牢致祭。特遣勋旧大臣一员行礼，南京各衙门文武官俱陪祭”[1]。清初顾炎武更明确地说：“明代之制，无车马，无宫人，不起居，不进奉。”[2]从此，皇帝陵墓中取消了事死如生的祭祀活动。汉唐以来皇陵下宫的一部分职能改由明初皇宫内新出现的奉先殿承担[3]。陵园祭祀更加庄严神圣，祭祀礼仪日渐趋同于宗庙，陵上之庙（享殿）在国家祀典中的地位也直追宗庙。

第四，孝陵神道和石像生制度也与唐宋诸陵以及凤阳皇陵有明显的不同。唐宋诸陵和凤阳皇陵、泗州祖陵神道取直，孝陵神道则随山势弯转。在石像生内容方面，孝陵和凤阳皇陵一样不再设置翼马、朱雀（或鸵鸟）浮雕、角端、蕃部客使；恢复了象、保留了马，但取消了驯象奴和控马官，并且取消了皇陵仍保留的羊、虎（这两种石兽明清时期多见于人臣墓前）；新增加了骆驼、獬豸；保留了凤阳皇陵望柱夹列于石人和石兽之间的排列方式（图8—19）。从孝陵开始，诸种石兽、石人的内容和形式已经基本固定；确立了石兽每种两对，均为一对蹲坐或跪卧、另一对伫立的形式，为以后明清诸陵所继承。

三、北京长陵

长陵在北京昌平城北天寿山主峰下，是明成祖朱棣和仁孝徐皇后的合葬墓。

永乐五年（1407年）七月，徐皇后在南京病故，成祖命于北京择地建陵，最后选定昌平黄土山为吉地，永乐七年（1409年）五月破土动工：“营山陵于昌平县。时仁孝皇后来葬，上命礼部尚书赵羾以明地理者廖均卿等择地，得吉于昌平县东黄土山。车驾临视，遂封其山为天寿山。”[4]永乐十一年（1413年）二月，“葬仁孝皇后于长陵”[5]。三年后建成享殿[6]，长陵陵宫工程基本告竣。永乐二十二年（1424年）七月，明成祖病故于北征回

1 ［明］申时行等：《大明会典》卷九〇《礼部·陵坟等祀》，影印明万历十五年（1587年）刊本，江苏广陵古籍刻印社，1989年，第1421页。

2 ［清］顾炎武：《日知录》卷一五“墓祭”，影印清道光十四年嘉定黄氏西谿草庐重刊定黄汝成《〈日知录〉集释》，上海古籍出版社，1985年，第1160页。

3 刘毅：《明代帝王陵墓制度研究》，人民出版社，2006年，第477—490页。

4 《明太宗实录》卷九二“永乐七年五月己卯”，校印国立北平图书馆红格钞本缩微卷《明实录》第7册，台北中央研究院历史语言研究所，1962年，第1202页。

5 《明太宗实录》卷一三七“永乐十一年二月丙寅”，校印国立北平图书馆红格钞本缩微卷《明实录》第8册，台北中央研究院历史语言研究所，1962年，第1668页。

6 关于明长陵享殿建成的时间，《明实录》中并存二说，其一是《明太宗实录》卷一七四“永乐十四年三月”（校印国立北平图书馆红格钞本缩微卷《明实录》第8册，台北中央研究院历史语言研究所，1962年，第1915页）：“癸巳朔，长陵殿成，奉安仁孝皇后神位。”其二是《明宣宗实录》卷二六“宣德二年三月”（校

图8—20　明十三陵大牌楼

师途中的榆木川（今内蒙古乌珠穆沁附近），同年十二月葬长陵。此时长陵神道的石作工程还尚未开始，直到英宗初立的宣德十年（1435年）四月，才因“修葺长陵、献陵，始置石人石马于御道东西”[1]；同年十月，“建长陵神功圣德碑”[2]。一百年后的嘉靖十五年（1536年），“重修长陵等七陵，始用石砌神道，其石像生等项各护以石台”[3]；整个陵区南端大红门外的青白石五阙石牌楼，更晚建于嘉靖十九年（1540年），上距长陵之始建已经130余年。

长陵陵园基本布局与南京孝陵相仿，也分为神道和陵宫两部分。

神道部分原起于大红门（或名大宫门），后又向南延伸至1.2公里外的石牌楼。青白石质牌楼仿木结构，以榫铆相连，五阙十一楼，面阔33.6米、正脊高10.5米[4]，枋、柱等处均有精美雕饰（图8—20）。大红门为陵区大门，南向，砖石拱券结构，面阔37.6米、进深11.34米，单檐庑殿顶覆黄琉璃瓦，下辟券门三洞。大红门两侧原有东、西角门，门旁原有砖墙延伸环包整个陵区；俱已不存。门前东西各有下马碑一座，门内偏东原有时陟

印本《明实录》第10册，第671页）：“己亥朔，长陵殿成。以明日清明，奉安皇祖考太宗文皇帝、皇祖妣仁孝文皇后神御。”查《明仁宗实录》卷五上“永乐二十二年十二月壬子”（校印本《明实录》第9册，第170页），礼部奏上太宗皇帝大葬仪中亦涉及长陵献殿，“至陵，执事官先陈龙輴于献殿门外，俟大升舆以至，礼官诣大升舆前跪，奏请灵驾降舆，升龙輴，诣献殿，执事官捧梓宫升龙輴由正中门入，皇太子、亲王俱由左门入，诣献殿奉安讫，谥册宝等舆仍陈于前，行安神礼”。此条记载可证长陵享殿应该在永乐年间已经建成，至于宣德二年之“长陵殿成”，可能是指修缮或重建完成。

1 《明英宗实录》卷四“宣德十年四月辛酉”，校印国立北平图书馆红格钞本缩微卷《明实录》第13册，台北中央研究院历史语言研究所，1962年，第87—88页。

2 《明英宗实录》卷一〇“宣德十年十月己酉”，校印国立北平图书馆红格钞本缩微卷《明实录》第13册，台北中央研究院历史语言研究所，1962年，第192页。

3 ［明］申时行等：《大明会典》卷二〇三《工部·山陵》，影印明万历十五年（1587年）刊本，江苏广陵古籍刻印社，1989年，第2730页。

4 中国社会科学院考古研究所等：《定陵》，文物出版社，1990年，第4页。此外，本书采用长陵地面建筑的有关数据，分别引自魏玉清《明长陵》（中国旅游出版社，1986年）、胡汉生《明十三陵》（中国青年出版社，1998年）等，不一一另注。

图8—21　明成祖长陵神功圣德碑楼

图8—22　明成祖长陵神道（十三主神道）石刻

殿，为皇帝谒陵小憩的更衣之所。

大红门内0.5公里神道正中为长陵神功圣德碑楼，平面为正方形，重檐歇山顶，四面各辟券门一，建于边长为26.51米的台基上，俗称“大碑楼”（图8—21）。内立明仁宗御制“大明长陵神功圣德之碑”，述成祖功德，承托以赑屃，通高8.1米；碑阴、碑侧刊刻清高宗、仁宗所作祭谒明陵诗文。碑亭外四隅各有华表一根，其制同皇城天安门内外华表[1]。大碑楼迤北，在长约1公里的神道两旁夹列望柱1对和石像生18对（图8—22）。石像生分石兽石人两种：石兽12对，自南而北依次为蹲狮、立狮、蹲獬豸、立獬豸、卧骆驼、

1 长陵大碑楼四隅华表在《大明会典》中名为“擎天柱”。见［明］申时行等《大明会典》卷二〇三《工部·山陵》，影印明万历十五年（1587年）刊本，江苏广陵古籍刻印社，1989年，第2729页。

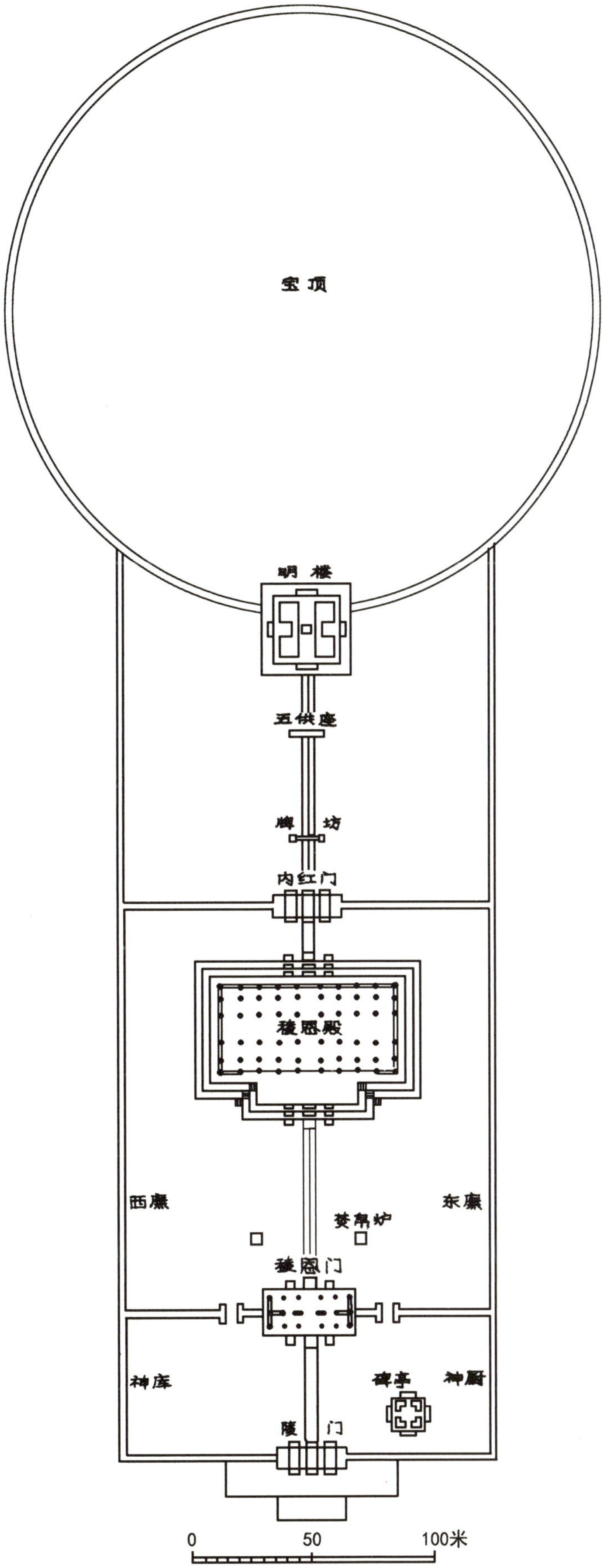

图8—23 明成祖长陵平面图（引自《刘敦桢文集》第二卷，中国建筑工业出版社，1984年）

立骆驼、卧象、立象、蹲麒麟、立麒麟、卧马、立马各1对；石人6对，依次为武臣、文臣、勋臣各2对[1]。石像生尽处为棂星门一座，俗名“龙凤门”，为三座并连的石牌楼门，中间联以砖砌壝墙，通宽34.65米、高8.15米。由此往北，经七孔桥一座、五孔桥两座抵达长陵宫门。

自大红门至长陵陵宫门，神道总长约6公里，基本走向为由南向北而略偏东，不同地段有局部弯曲，大碑楼和神道石刻集中于靠近大宫门的前段。嘉靖十五年（1536年）四月，明世宗面谕武定侯郭勋、大学士李时等：“长陵神道宜用石甃，其石像生等项各护以石台。”[2]按照这一记载，长陵神道本无石甃，嘉靖十五年以后改为条石铺砌。1989年12月，北京市文物研究所对长陵石像生段神道进行考古试掘，发现在现地表以下为卵石铺路，路面宽3.84米，两侧为明代大砖竖砌的砖牙子，并未发现御道条石[3]。清末民国的一些老照片也显示，至少石像生路段没有砌石。从现存遗迹观察，仅在靠近长陵陵宫的神道北段，尚有部分条石所铺神路的原物遗存，和南京孝陵情况相似。

长陵宫由三进院落组成，南墙长145.4米、东墙长343米、西墙长327米，北接宝城（图8—23）。院墙砖砌，墙体内外上部抹红灰，下部磨砖对缝，方向坐北朝南而微偏西。陵宫南垣正中为陵宫门，由此进入第一进院落。门为砖石拱券结构，制同神道大红门，辟正门三洞，单檐歇山顶，面阔25.5米。门前有月台，前出礓礤；两侧原有东、西角门，已封堵。陵宫门外东侧有宰牲亭、西侧有具服殿，门内御道东西原有神厨、神库各五间，俱已不存。宫门内东南隅有小碑楼一座，平面正方形，边长10.48米，重檐歇山顶。内立石碑，碑额龙首，碑座为龙首龟身赑形异兽。此碑本无字，清代于碑阳刊刻顺治十六年（1659年）清世祖保护明陵的谕旨，碑阴、碑侧刊刻清高宗、仁宗祭谒明陵的诗文。

陵宫门内正北为祾恩门，单檐歇山顶，进深两间，面阔五间，通宽31.5米，建于一重汉白玉台基之上，中三间为门道，前后陛阶各三出，门及基座通高14.57米。祾恩门两侧红墙各辟随墙小琉璃门一座，与正门相配，通向陵宫第二进院落。祾恩门内为祾恩殿（献殿），建于通高3.13米的三层汉白玉台基上，面阔九间、进深五间，通长65.7米，进深28.5米，重檐庑殿顶，规制与皇宫奉天殿相仿（图8—24）。殿前有月台，平面呈“凸”字型，正面三出陛阶，东西两侧各设副阶。殿内大柱均系整根楠木修治而成，其中32根金柱高12.58米，直径均在1米以上，中间明柱直径超过1.1米。明代原制是：“中四柱饰以金莲，余皆髹漆。”[4]民国二十四年前后所见，殿“中有楠木龛一，上刻双龙环绕之形，内供神位”[5]；“殿内楠木明柱四十余根，高三丈，大二人合抱。中间楠木大龛一，供皇帝牌”[6]。祾恩殿前两庑原有东西配殿各十五间，倒毁于清初以后；祾恩门内两侧各有一座

1 本书关于长陵神道石像生的定名，多依清初顾炎武《昌平山水记》、梁份《帝陵图说》以及《光绪昌平州志》等，取其简便易懂。《昌平山水记》卷上（北京出版社，1962年，第5页）记长陵石像生云：“石人十二，四勋臣、四文臣、四武臣；石兽二十四，四马、四麒麟、四象、四橐驼、四獬豸、四狮子；各二立二蹲，近者立，远者蹲。”《光绪昌平州志》卷一〇“冢墓记第十二”（《中国方志丛书》据民国二十八年铅印本重印，台北成文出版社有限公司，1968年，第487页）中文字略同。但这些石人兽在《大明会典》中却有不同记载，其卷二〇三《工部·山陵》（影印明万历十五年刊本，江苏广陵古籍刻印社，1989年，第2729页）称獬豸为“兽”、武臣为“带刀执瓜盔甲将军”、文臣为“朝衣冠文像”、勋臣为“朝衣冠武像”。

2 《明世宗实录》卷一八六“嘉靖十五年四月癸巳”，校印国立北平图书馆红格钞本缩微卷《明实录》第42册，台北中央研究院历史语言研究所，1962年，第3929页。

3 赵福生：《明十三陵主神道发掘简记》，《北京考古信息》1990年第2期，北京市文物研究所内部编印发行，1990年6月。

4 [清]顾炎武：《昌平山水记》卷上，北京出版社，1962年，第5页。

5 朱偰：《谒昌平明十三陵记》，《东方杂志》第32卷第19号，1935年。

6 汤用彬等：《旧都文物略》“陵墓略”，中国建筑工业出版社，2005年，第121页。

图8—24　明成祖长陵祾恩殿

琉璃砖砌的焚帛炉。

祾恩殿后为内红门，制同陵宫门，由此进入陵宫第三进院落。内红门内为二柱牌楼门，亦名"塞门"[1]，再北是明楼和宝顶封土。明楼前列石几筵[2]，为须弥座式长条台案，长7.05米、面宽2.2米、高1.03米，上陈列鼎式香炉一、烛台二、花瓶二。长陵封土呈不规则的圆柱形，《大明会典》记其直径为"一百一丈八尺"。封土周围环砌砖垣，称为"宝山城"，简称"宝城"[3]。宝城上设雉堞，墙内设马道一周，实测长陵宝城高7.3米、周长约1000米。宝城南端正中为平面呈正方形的方城明楼，陵宫东西墙的北端在明楼两侧与宝城城垣相接。方城城台高10.95米，顶边面阔进深均为34.86米，底为石须弥座，座上砌以城砖，正中辟券门一洞，券洞内为南北向长28米斜坡而上的礓礤隧道，隧道尽头折向东西分别有一券洞式扒道，各长15米，出口至方城外，再转折而南可上达明楼。顾亭林记载，宝城"城下有甬道，内为黄琉璃屏一座，旁有级分东西上"[4]，据此知甬道尽头原有琉璃屏壁，现已不存。明楼是整个陵园的制高点，"陵寝之制，宝城最高，明楼当城台

1 ［清］梁份：《帝陵图说》卷二，北京十三陵特区影印清汪鱼亭传抄本，第十八页。

2 关于"石几筵"的名称，在《大明会典》及清代修成的《明史》中称为"石几筵"，《明实录》中亦多见此名；但《明宪宗实录》卷六"天顺八年六月壬寅"条（校印国立北平图书馆红格钞本缩微卷《明实录》第22册，第157页）下，记英宗裕陵之制则称为"祭台石"；其他记载中亦有名"石祭台"者。清初顾炎武《昌平山水记》记为"石台"，梁份《帝陵图说》名曰"石供案"，后人俗称为"石五供"。本书从《大明会典》说，用"石几筵"之名。

3 "宝山城"是明代皇陵封土外包砌砖城之正式名称，简称为"宝城"。"宝山城"、"宝城"之名多见于《明实录》，如《明英宗实录》卷三四四"天顺六年九月丙午"（校印国立北平图书馆红格钞本缩微卷《明实录》第21册，第6961页）："以大行皇太后将合葬景陵，命抚宁伯朱永、都督佥事赵辅、兵部右侍郎白圭帅官军除道及建明楼、筑宝山城"；《明宪宗实录》卷六"天顺八年六月壬寅"（校印本《明实录》第22册，第157页）：英宗裕陵有"金井宝山城池一座"；《明神宗实录》卷二〇三"万历十六年九月壬戌"（校印本《明实录》第55册，第3797页）："上率后妃恭谒长陵、永陵、昭陵毕，亲阅寿宫。从官于殿前朝见，命辅臣及在工大臣随行，历阅宝城、玄堂"。

4 ［清］顾炎武：《昌平山水记》卷上，北京出版社，1962年，第5页。

上，又高，远望无不见”[1]。长陵明楼平面呈正方形，建于边长21米、高0.94米的台基之上，楼高20米，重檐歇山顶，四面辟券洞（东西两面券洞在清代被封堵）。明楼内部正中竖立陵碑[2]，碑方首，上刻双龙，承以须弥座式碑座，通高5.8米（图8—25）。碑额篆书“大明”，碑身隶书“成祖文皇帝之陵”；碑涂朱砂，刻字描金。长陵原碑在万历三十二年（1604年）五月二十三日毁于雷击，次年（1605年）三月重建。明楼南侧重檐之间悬挂榜额书“长陵”，蓝底金字。

图8—25　明成祖长陵明楼碑

长陵陵园建筑模仿孝陵规制，但也存在着明显的不同，主要表现在以下几方面：

第一，长陵大宫门制同孝陵大金门，但于门两侧各增立下马碑，其南1公里处复有五阙青白石牌坊，比之孝陵大金门仅有二柱下马坊更显规制崇宏。

第二，长陵大碑楼制度模仿孝陵，其神功圣德碑小于孝陵碑，但长陵碑楼四角外各增立高10.81米的“擎天柱”1根，彰

图8—26　明成祖长陵神道石像生之蹲麒麟（左）、武将（中）和勋官（右）

1 ［清］梁份：《帝陵图说》卷二，北京十三陵特区影印清汪鱼亭传抄本，第十九页。

2 明陵明楼内所立石碑在明代文献中似无固定名称。《明宪宗实录》卷六“天顺八年六月壬寅”（校印国立北平图书馆红格钞本缩微卷《明实录》第22册，第157页）：英宗裕陵有“云龙五彩贴金朱红油石碑一”；《明世宗实录》卷二一七“嘉靖十七年十月乙巳”（校印本《明实录》第43册，第4439页）：“上阅长陵碑，欲更成祖谥号，命锓木加碑上”；《明神宗实录》卷四〇七“万历三十三年三月辛丑”（校印本《明实录》第60册，第7601页）：“竖安长陵明楼石碑”。顾炎武《昌平山水记》称“大碑”、梁份《帝陵图说》记为“穹碑”。按，此碑竖立于坟冢之前，文字内容及功用等同于一般墓碑，故当名之曰“陵碑”。

显周围环境庄严神圣，为孝陵所不及。

第三，神道石刻方面，长陵恢复了唐宋诸陵以望柱列于石像生之前为导引的做法，与明初祖、皇、孝三陵望柱夹于石人石兽之间有异。长陵石像生中石兽的内容和排列方式源自孝陵，石人中增列了两对勋爵形象。长陵石像生刀法细腻，写实逼真，与孝陵略显粗犷的风格明显不同（图8—26）。

第四，长陵陵宫内红门以内的第三进院落不如孝陵的相同部分深邃，甚至略嫌逼仄，但却比孝陵严整，并且在明楼前增设二柱牌楼门和石几筵台，前者起了屏风遮挡视线的作用，后者则除了本身的象征性供祭功用外，还能衬托出明楼的高大。长陵陵宫的第三进院落布局紧凑，起伏跌宕，装饰艺术技高一筹（图8—27）。

图8—27　明成祖长陵自内红门望二柱门、明楼

第五，长陵方城明楼规模小于孝陵，平面由长方形变为正方形，且为砖石混筑，不如孝陵方城明楼全部石砌气势宏伟，但在明楼内增设了陵碑，标识陵墓所属。从现存遗迹观察，长陵不同于孝陵之凿山开穴，宝城周围增设马道，由挡护封土的墙垣变成了真正的城墙，便于守望巡察，比孝陵宝城的防卫性功能更强。

第六，孝陵、长陵外围均有环绕整个陵域的红墙，界定了皇陵的核心保护区域，孝陵名“外郭城”，长陵名“边墙”，后来清代遵化东陵名曰“风水墙”。昌平陵区“现存边墙总长约12公里，十口相连环山约34公里”[1]。孝陵陵区内有皇陵1座（孝陵东旁有懿文太子之东陵，成祖即位后不再作为皇陵祭祀），长陵陵区先后建皇陵13座，仁宗献陵以下各陵设神道直接或间接通往长陵主神道，除永陵、定陵以外，其余诸陵的规模都比较小。

四、昌平陵区诸陵

昌平陵区其余十二陵的规模均小于长陵，各陵皆无单独通向大红门的神道，均不设大碑楼、石像生、龙凤门等，与长陵的主从关系十分明显，属于从葬或同兆域异陵园的祔葬（图8—28）。《明实录》中对于诸陵制度的记载，以英宗裕陵最为详细，天顺八年（1464年）六月壬寅，“裕陵成。其制：金井宝山城池一座，照壁一座。明楼、花门楼各一座，俱三间。香殿一座，五间。云龙五彩贴金朱红油石碑一，祭台石一，烧纸炉二。神厨正房五，左、右厢房六。宰牲亭一，墙门一。奉祀房三，门房三。神路五百三十八丈七尺。神公（宫）监，前堂五间，穿堂三间，后堂五间，左、右厢房四座二十间，周围歇房并厨房

1 王岩：《明十三陵边墙山口的建制》，《考古》1983年第9期。

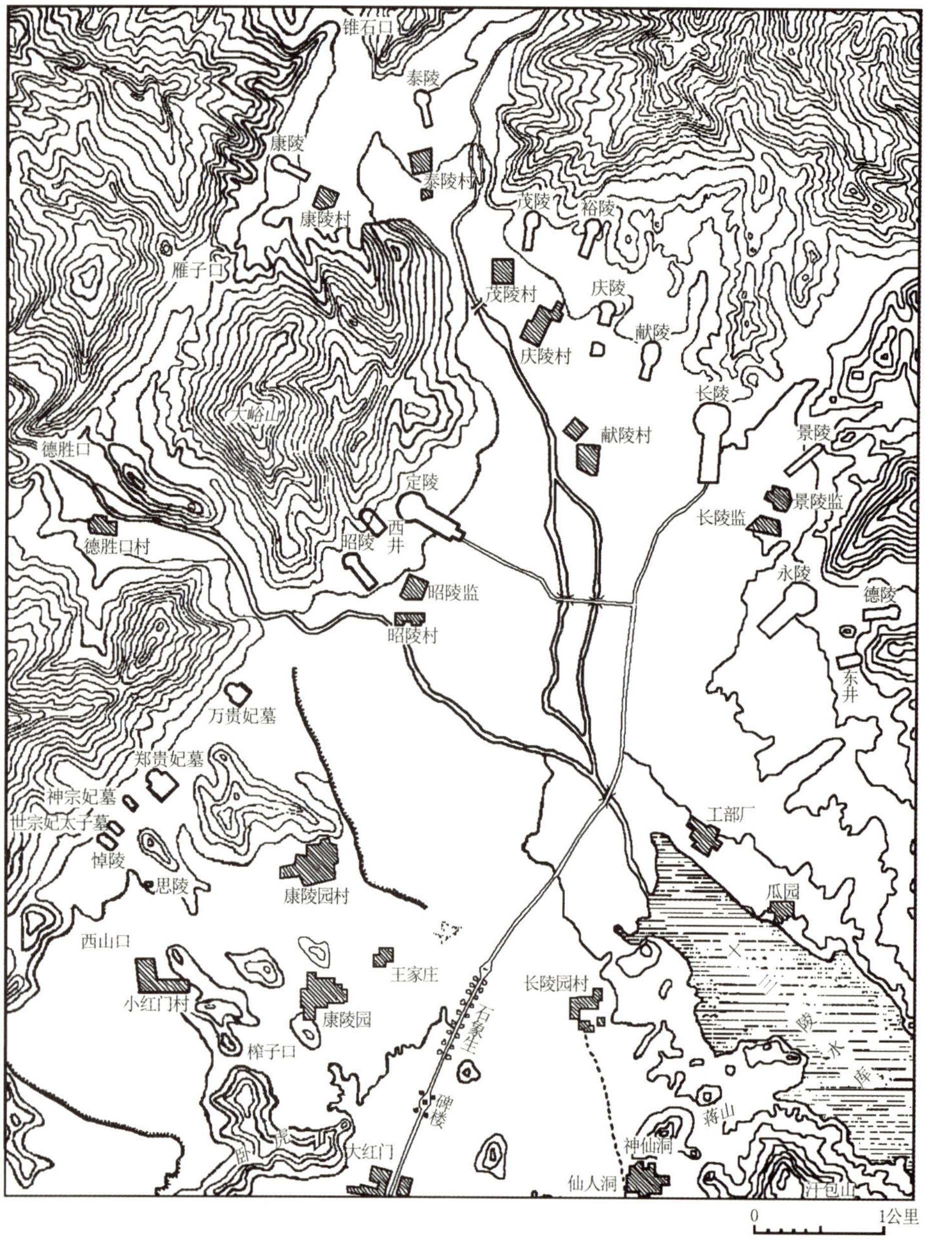

图8—28　明十三陵及陪葬墓分布图（引自中国社会科学院考古研究所等《定陵》，1990年）

八十六，门楼一，门房一，大小墙门二十五，小房小八，井一。神马房、马房二十，歇房九，马椿三十二，大小墙门六。白石桥三，砖石桥二，周围包砌河岸沟渠三百八十八丈二尺。栽培松树二千六百八十四株”[1]。可见，十二陵真正属于自身的建制，实际上只有陵宫及其附属建筑和陵宫前的一小段神道。

昌平各陵陵宫由碑亭、祾恩门、祾恩殿、东西配殿、琉璃花门、二柱牌楼门、石几筵台、明楼、宝城等建筑物组成，另有附属的神厨、神库、宰牲亭、神宫监、神马房以及陵宫前神道等。各陵宫前神道长短不等，据《昌平山水记》等记载：献陵、景陵、永陵、昭陵四陵的神道分别从长陵总神道分支，其余诸陵则分别从各自就近的宗陵神道分支，

1《明宪宗实录》卷六“天顺八年六月壬寅”，校印国立北平图书馆红格钞本缩微卷《明实录》第22册，台北中央研究院历史语言研究所，1962年，第157—158页。

如裕陵神道自献陵神道分支、茂陵神道自裕陵神道分支、定陵神道自昭陵神道分支、德陵神道自永陵神道分支等。《大明会典》记载各陵制度："宝城：宝城惟长陵最大，径一百一丈八尺；次则永陵，径八十一丈；各陵深广丈尺不等。""明楼：有陵寝门，惟永陵，中为［无］券门，左右墙门各一。""祾恩殿：殿惟长陵重檐九间，左右配殿各十五间；永陵重檐七间，配殿各九间；各陵俱殿五间，配殿各五间。""神库：或二座，或一座，惟献陵无神库。"[1]这是长陵至昭陵九陵的情况，下面根据有关文献记载和实地调查的资料，将思陵以外十一陵陵宫之建制与长陵进行对比分析[2]。

1. 陵宫平面布局之差异

长陵陵宫为三进院落，其余十一陵陵宫平面布局可分为三种形式（图8—29）：

a. 景、裕、茂、泰、康、昭、德七陵式，这是天寿山陵区最多见的陵宫形式，直接从长陵形式简化而来。陵宫二进院落，比长陵减陵宫门，直接以祾恩门为宫门，祾恩殿后

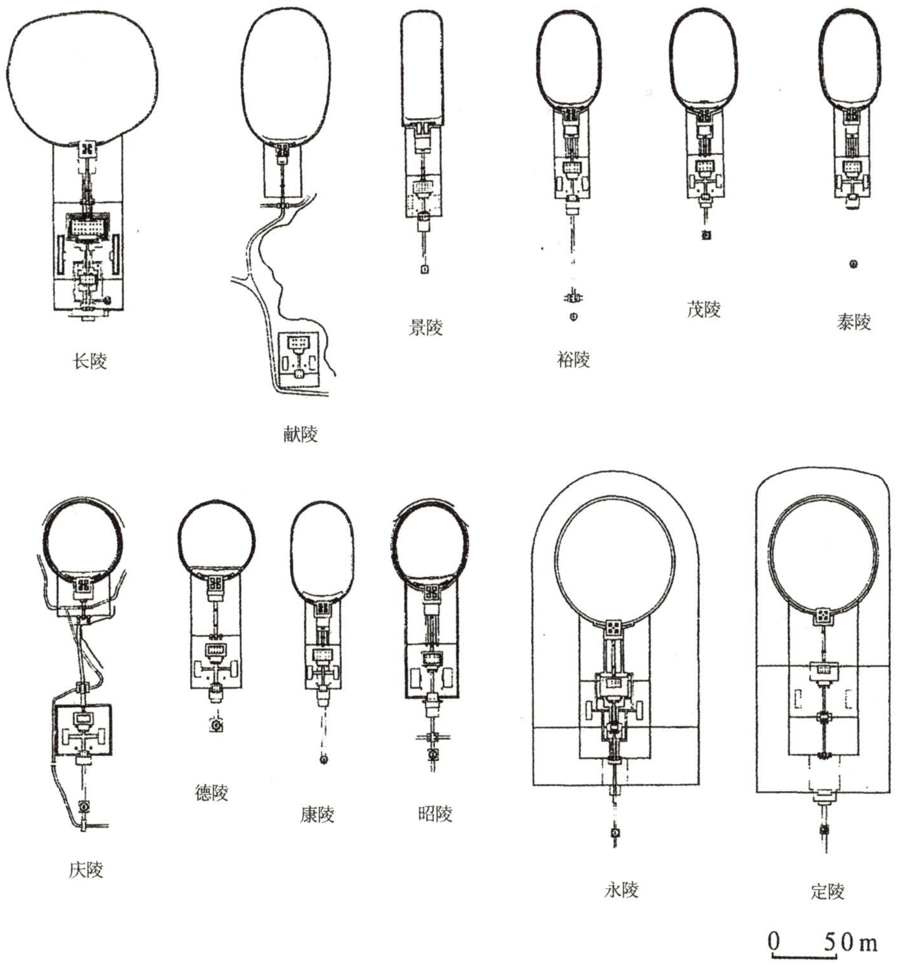

图8—29 明十三陵各陵宫平面图（引自郭黛姮主编《中国古代建筑史》第四卷，2009年）

1 ［明］申时行等：《大明会典》卷二〇三《工部·山陵》，影印明万历十五年（1587年）刊本，江苏广陵古籍刻印社，1989年，第2729页。

2 思陵为明思宗之陵，在天寿山陵区西南隅锦屏山下，原为思宗田贵妃墓园。崇祯十七年（1644年）三月，思宗帝后殉国，藁葬其间。思陵陵宫建于明亡以后，规制简陋，又经多次改建。其地面建筑亦仅存宝顶、香鼎烛台等石供器和石碑，不尽合明制，故此处不作为研究对象。

设三座琉璃花门代替内红门。此式陵宫中轴线上的主要建筑依次为碑亭、祾恩门、祾恩殿、三座琉璃花门、二柱牌楼门、石几筵台、明楼、宝城。

b. 仁宗献陵和光宗庆陵式，是前种形式的变体。二陵分别在天寿山西峰下的黄山寺一岭和二岭，因有小山余脉自天寿主山蜿蜒而来（献陵者名“玉案山”，庆陵者无名或仅名曰“土冈”），宝城前地势逼仄，为不伤及龙脉，将祾恩殿建于小山之前，陵宫因小山间隔而分为前后两组院落。前宫中轴线上的建筑依次为碑亭、祾恩门、祾恩殿，祾恩殿后增设宫墙一道、辟琉璃花门一座；后宫中轴线上的建筑依次为三座琉璃花门、二柱牌楼门、石几筵台、明楼、宝城，余制同诸陵。

c. 世宗永陵和神宗定陵式，规格明显高于前两种形式，结构变化较大。陵宫亦为三进院落，但比长陵有二项主要变革：一是不设内红门或琉璃花门，改为在祾恩殿左右两侧设卡子墙一道，墙上辟左、右随墙门各一座；二是在陵宫三进院落之外再增设一道外罗城，将陵宫和宝城的全部封闭起来。此式陵宫中轴线上的主要建筑依次为碑亭、陵宫外罗城门、陵宫门、祾恩门、祾恩殿、二柱牌楼门、石几筵台、明楼、宝城。从定陵发掘实例来看，永、定二陵增设外罗城应该与玄宫隧道入口不在明楼后中轴线上，而是直接通向宝城之外有关，可以看作是一种加强陵墓保护的措施。

献陵以下十一陵陵宫门或祾恩门前均有碑亭，多已倾圮。遗址平面为正方形，四面辟门，陛阶各一出，碑亭内有赑屃驮石碑。其中定陵碑亭基座边长11.35米、碑高6.12米、赑屃高1.45米[1]。本来献、景、裕、茂、泰、康六陵之陵宫前无碑，嘉靖十六年（1537年）七月，明世宗谕令为六陵各立神功圣德碑，嘉靖二十一年（1542年）五月十六日礼部尚书严嵩等奏：“诸陵工［宫］所建造列圣碑亭俱完，长陵碑二通，献陵、景陵、裕陵、茂陵、泰陵、康陵碑各一道，皇贵妃石碣一道，东、西二井石碣二座。查得成祖文皇帝圣德仁［神］功碑文乃仁宗昭皇帝御撰，今长陵等陵碑文伏请皇上亲御宸翰制文镌石，以记述列圣功德，垂示于万万世，其皇贵妃及东西二井碣文，合行翰林院撰拟。”[2]世宗览奏“报闻”，却始终未亲撰碑文，此后诸帝因循，六陵碑遂成“无字碑”。后来永、昭、定、庆、德五陵皆依制立碑，也都是白版。

各陵的神厨、神库、宰牲亭位置不一，长陵神厨和神库在陵宫门内、祾恩门外；永、定二陵神厨和神库在陵宫门外、外罗城内，宰牲亭在外罗城外；其余诸陵这三种建筑皆在祾恩门外，献陵无神库；长陵宫门外另有具服殿。“十二陵各有宰牲亭，在祾恩门之左，西向，厅五间，厢各三间，亭一座，有血池，外有周垣黄瓦。惟长陵止一亭，无厅厢。而长陵门右别有具服殿五间，东向，有周垣，垣南有白石槽五，方而长，名曰‘雀池’，贮水以饮雀”[3]。各陵宫前或左或右还有祠祭署和朝房，近处各有神宫监。

十二陵陵宫的朝向不一，长、献、裕、茂、泰、庆六陵大多随山势取南向而略偏西或偏东，景陵、永陵朝西南，康陵、定陵朝东略偏南，昭陵朝东南，德陵朝西略偏南，清初建成的思陵朝正南。

2. 祾恩殿、祾恩门制度之差异

前引《大明会典》记录了长陵至昭陵祾恩殿之制，所记九陵惟长陵祾恩殿独存，确为九间重檐之制。裕、茂、泰、康四陵的祾恩殿尚有部分残垣及比较齐全的柱础，可见是面阔五间、进深三间之制，殿前有月台，平面呈倒“凸”字型（图8—30）。月台正面三

1 中国社会科学院考古研究所等：《定陵》，文物出版社，1990年，第9页。

2 《明世宗实录》卷二六一“嘉靖二十一年五月丙申”，校印国立北平图书馆红格钞本缩微卷《明实录》第44册，台北中央研究院历史语言研究所，1962年，第5199页。

3 ［清］顾炎武：《昌平山水记》卷上，北京出版社，1962年，第10页。

图8—30 明英宗裕陵祾恩殿遗迹

出陛阶，两侧各有副阶，殿后墙无门、无陛阶，殿前两庑各有配殿五间。其余七陵柱础多有移位，结合《昌平山水记》、《帝陵图说》等记载分析，永、定二陵的祾恩殿为面阔七间，殿前有月台，平面呈倒“凸”字型。月台正面三出陛阶，两侧各有副阶，殿后墙辟门，一出陛阶；永陵两庑配殿各九间，定陵两庑配殿各七间。献、景、昭、庆、德五陵祾恩殿规制与裕陵等四陵相同。其中献陵门殿之制还见于《明宣宗实录》：“命行在工部建仁宗昭皇帝陵寝殿五间，左右庑各五间，门楼三间，神厨五间并祭器。”[1]清初尚可见各陵殿内部装修：“承尘皆五色花板，多残缺，而茂陵、泰陵完焉”；庆陵、德陵“殿柱饰以金莲”[2]。永陵“祾恩殿，黄屋重檐，朱扉西南面向坤；额曰祾恩殿，七楹。殿中栋梁柱础地屏，丹漆金碧，雕镂一如长陵”[3]。

关于诸陵祾恩殿的屋顶结构，《昌平山水记》记载献陵为“殿五间，单檐”；景陵为“殿五间，重檐”；裕陵未记殿制，但云“并如景陵”，茂陵以下诸陵多同前制[4]，《帝陵图说》所载景陵以下皆为“黄瓦重檐”，而献陵祾恩殿“制亦如长陵，惟不重檐不同也。殿五楹，卑隘。栋宇楣梁，质素无采篆，俭朴之至，天寿诸陵无一同焉”[5]。民国二十四年，朱偰调查十三陵所记：献陵，“殿五间，单檐”；景陵，“殿五间，重檐”[6]。由此推测，除献陵为单檐以外，景陵以下十陵祾恩殿屋顶原制可能皆为重檐结构。

各陵献殿基座，从现存遗迹看，除长陵三层外，余皆为一层，但《昌平山水记》云永陵“殿七间，两庑各九间，其平刻左龙右凤，石栏二层”[7]，所记或误。

1 《明宣宗实录》卷七“洪熙元年八月乙亥”，校印国立北平图书馆红格钞本缩微卷《明实录》第10册，台北中央研究院历史语言研究所，1962年，第196页。
2 ［清］顾炎武：《昌平山水记》卷上，北京出版社，1962年，第7—8页。
3 ［清］梁份：《帝陵图说》卷二，北京十三陵特区影印清汪鱼亭传抄本，第五十页。
4 ［清］顾炎武：《昌平山水记》卷上，北京出版社，1962年，第6—8页。
5 ［清］梁份：《帝陵图说》卷二，北京十三陵特区影印清汪鱼亭传抄本，第二十四页。
6 朱偰：《谒昌平明十三陵记》，《东方杂志》第32卷第19号，1935年。按，献、景两陵殿制是否为朱偰所亲见，尚不能肯定，因作者文中先有云“诸陵除长陵外，类皆残破，瓦砾纵横，荒凉满目”。
7 ［清］顾炎武：《昌平山水记》卷上，北京出版社，1962年，第7页。

图8—31　明成祖长陵祾恩门

图8—32　明宪宗茂陵祾恩门遗迹

各陵祾恩门制度，《帝陵图说》谓：长陵“门三道，黄瓦重檐”，献陵“黄瓦单檐，朱扉南向，门三道”，景陵“黄瓦重檐朱扉，门三道”，裕陵“黄瓦重檐，朱扉向南，门三道”，茂陵“黄瓦重檐，朱扉向南，门三道”，泰陵“黄瓦重檐，朱扉向南，门三道”，康陵“黄瓦重檐，朱扉向东，门三道”，永陵“黄瓦朱扉重檐，向西南，门三道”，昭陵“黄瓦朱扉重檐，向东南，门三道”，定陵“门基三道，旁二掖门”，庆陵“黄瓦朱扉重檐，向南，门三道”，德陵“黄瓦重檐，朱扉向西，门三道”[1]；按此记载，除献陵外，天寿山诸陵之祾恩门皆为重檐、五开间三门道。长陵现存祾恩门实物为单檐歇山顶，进深两间，面阔五间，中三间为门道（图8—31）；献陵以下诸陵之祾恩门均已倾圮，可见皆为一层基座，有些柱础保存尚好，还可以明显看出五间面阔、中三间为门道之制；凡以祾恩门为陵宫门者，门前多有大月台；屋顶之制不详（图8—32）。但如果长陵祾恩门系明代原制，从礼制等级角度来考虑，献、景以下诸陵之祾恩门皆不当有重檐之制。1935年朱偰所记之长

1 ［清］梁份：《帝陵图说》卷二，北京十三陵特区影印清汪鱼亭传抄本，第十七、二十四、二十八、三十二、三十六、四十一、四十五、四十九、五十四、六十一、六十六、六十九页。

陵陵宫门“黄屋重檐”、祾恩门“黄屋重檐”[1]，与今日所见二门均为单檐歇山顶之制不同，究竟是作者亲见，还是沿袭《昌平山水记》等旧说，不得而知。

3. 封土、宝城明楼之差异

昌平十二陵封土分为两种形状，长、永、昭、定、庆、德六陵为圆形或接近圆形；献、景、裕、茂、泰、康六陵为椭圆形，另据《昌平山水记》说，景陵“甬道平宝城，长而狭”[2]。各陵明楼城台券洞、礓礤之制不一，除长陵、思陵外，其余十一陵可以分为三种形式。

a式：献、景、裕、茂、泰、康六陵式。明楼下城台正中辟券洞门道，通入宝城内陵冢封土前，如献陵之制：“甬道平宝城，小冢半填。”[3]券门内、明楼城台左右两侧各有转折礓礤可以上达明楼。茂陵方城券洞迎门处的宝顶前坡上，现存基本完好的黄琉璃照壁一座和挡土矮墙一道（图8—33）。从文献记载来看，琉璃照壁应该诸陵皆有，如裕陵之制：“金井宝山城池一座，照壁一座，明楼、花门楼各一座，俱三间。”[4]献、景、裕、茂、泰、康六陵甬道直通宝城内，照理应该都有挡土墙护封土。但现在只有茂陵之琉璃照壁和挡土墙尚存，其余五陵大多只剩遗址或残迹。景陵以后，诸陵券门门道依旧如献陵无坡度；但从景陵开始，五陵明楼城台之前皆增设高4米左右的月台，券门门道的高度因而相应升高，宝城内的封土也应该比献陵相应增高，不会再“小冢半填”。

b式：永、定二陵式。明楼城台无券门，在城台外左右两侧建转折蹬道上至宝顶，其制如永陵：“明楼无甬道，东西为白石门，曲折而上，楼之三面皆为城堞。”[5]宝城环形封闭，城墙以内全部填土。此式宝城应该是从长陵宝城形式发展而来，最大变化就是把用于上达明楼的礓礤由城台内部移至城外；而“城无瓮门，使人不知中羡门所在”、“使人不能知埏道”[6]，有利于防护玄宫安全。

c式：昭、庆、德三陵式。依然如a式在明楼城台正中辟券洞，城台内左右两侧有礓礤以通明楼，但将琉璃照壁两侧的挡土墙加高延长，使之与宝城马道内壁相连，琉璃照壁成为嵌入墙体的装饰；在明楼城台和宝顶之间形成了一个小院落，因其平面形似月牙，故名“月牙城”（又名“哑巴院”）。这种宝城形式是南京孝陵和a式宝城的发展，但比a式更有利于厚填宝顶封土（图8—34）。

图8—33　明宪宗茂陵明楼内琉璃照壁及宝顶

1 朱偰：《谒昌平明十三陵记》，《东方杂志》第32卷第19号，1935年。

2 ［清］顾炎武：《昌平山水记》卷上，北京出版社，1962年，第6页。

3 ［清］顾炎武：《昌平山水记》卷上，北京出版社，1962年，第6页。

4 《明宪宗实录》卷六“天顺八年六月壬寅”，校印国立北平图书馆红格钞本缩微卷《明实录》第22册，台北中央研究院历史语言研究所，1962年，第157页。

5 ［清］顾炎武：《昌平山水记》卷上，北京出版社，1962年，第7页。

6 ［清］梁份：《帝陵图说》卷二，北京十三陵特区影印清汪鱼亭传抄本，第五十、六十一页。

上述a、c两式诸陵明楼的右侧多有窄而陡的礓礤一道，从做法来看，应该不是明朝原制。

图8—34 明穆宗昭陵月牙城

五、景帝陵和钟祥显陵

景帝陵和显陵是明代两座特殊的皇陵，最初皆以亲王等级建墓，后升格为帝陵。景帝生前曾做皇帝，却葬以王礼，陵墓等制最终介于帝与王之间；兴献王则是终身食王禄、死后扩建陵园，其制较昌平献陵以下诸陵有过之而无不及。

1. 景帝陵

明景帝陵在北京海淀金山口，玉泉山正北，是明景帝和汪皇后等后妃的合葬墓。金山原是明朝妃嫔和夭折皇子女的墓葬区，宣宗废后胡氏亦葬其中。景帝初谥曰郕戾王，葬以王礼。成化十一年（1475年）十二月十三日，宪宗诏“其郕王可仍旧皇帝之号，所有尊谥礼部会议以闻，务合人心，毋乖典礼。仍令所司修饰陵寝”[1]。但景帝并没能全部享有皇帝应得的祭葬赠谥之典，既未迁葬天寿山，西山陵园也仅仅略加增饰，始终没有完全按照明朝帝陵规制完善陵园建置，甚至连陵号都未曾荐上。万历十三年（1585年），礼科给事中万象春上疏：景帝“庙号未加，陵制有俭，于国终属缺典。似宜遵照典制，备加尊谥，仍恭上庙号，昭示无疆。其陵制隘陋，尤须亟为恢改，以慰人心企望之殷，以重一代经常之则”[2]；神宗亦未允所请。所以后人有“景皇帝陵在帝与王之间也”[3]的评论。

景帝陵无神道石刻，陵宫规制卑隘，“门三道三重，殿五间，周垣门内有碑亭一座，碑曰大明恭仁康定景皇帝之陵”[4]。根据实地调查并结合梁份《帝陵图说》等记载，可知景帝陵陵宫南向，三进院落，分别以陵宫门、享殿前门、土墙为界。

陵宫门清初已毁，原制不得而知，“门及屋墙皆毁尽，所存惟石基、石阶耳。颓断红墙缭碑亭、享殿、神厨、神库、宰牲亭、祠祭署、内官房，通为一周遭而属之”[5]。陵宫门内为碑亭，平面正方形，进深面阔各三间，重檐歇山顶，门四开，四周环以矮墙（图8—35）。亭内石碑螭首须弥座，碑额篆书“大明”，碑身楷书“恭仁康定景皇帝之陵”；碑阴刊刻清高宗《题明景帝陵》诗及前“序”后“按”。此碑原依王陵之制立于陵宫门外偏东，“代宗陵庙初用碧瓦，世宗谒陵始命用黄瓦。又以陵碑偏置门左非宜，命建亭于陵门之

1 ［明］孔贞运：《皇明诏制》卷五，《续修四库全书》第458册，影印南京市图书馆藏明崇祯七年刊本，上海古籍出版社，1995年，第180页。

2 ［清］龙文彬：《明会要》卷一七《礼·山陵》，中华书局，1956年，第275页。

3 ［清］梁份：《帝陵图说》卷二，北京十三陵特区影印清汪鱼亭传抄本，第八十三页。

4 ［清］顾炎武：《昌平山水记》卷上，北京出版社，1962年，第10页。

5 ［清］梁份：《帝陵图说》卷二，北京十三陵特区影印清汪鱼亭传抄本，第八十二页。

外、大门之内”[1]。《明世宗实录》记其事在嘉靖十五年（1536年）三月；当年十一月，“建恭仁康定景皇帝陵寝碑亭”[2]。现此碑及碑亭尚存，但碑阴阳面倒置。

图8—35 明景帝陵碑亭

碑亭北为享殿前门（相当于祾恩门），由此进入第二进院落。享殿前门之制，“屋三楹，黄瓦单檐，无门，无棹楔、阀阅、罘罳，不彩绘，朴素卑小”；今存者为硬山顶，灰瓦，当为清以后重修（图8—36）。门内为享殿，“殿基瓦砾堆中露石础，较门之础倍大，而殿无可考矣”；殿后有土墙一道，中为门，“门北八十跬景皇帝陵冢”；土墙后第三进院落为墓冢区，规制更为简陋，“陵冢无宝城、无明楼、无穹碑，不封不树。土冢隆隆起可二三尺，周三十跬，径十跬”[3]。

图8—36 明景帝陵享殿前门

从平面布局来看，景帝陵只是略如帝陵规制而已，碑亭位置尤属乖谬。昌平诸陵分别立碑于陵宫前（无字碑）和明楼上（陵碑），景帝陵之碑却置于陵宫门和享殿前门之间。以刊刻文字论，景帝陵碑相当于天寿山诸陵明楼内的陵碑，大约是因为景帝陵既无明楼，又封土卑微，才有此变通之例。

2. 钟祥显陵

显陵在湖北省钟祥市东北15公里的松林山（嘉靖十年封为纯德山），是明世宗父母兴献王朱祐杬（追尊为睿宗献皇帝）和章圣蒋太后的合葬墓。

朱祐杬卒于兴王之位，最初是按亲王之礼修建陵寝，明世宗即位后荐上陵号曰“显陵”。嘉靖三年（1524年）八月，显陵司香太监杨保奏：“（显）陵殿门墙规模狭小，乞照天寿山诸陵制更造。”由此揭开了显陵大规模添建、改建的序幕。工部尚书赵璜提出

1 ［清］王弘：《山志》二集卷一“大明世系”，何本方点校本，中华书局，1999年，第167页。
2 《明世宗实录》卷一九三“嘉靖十五年十一月甲子”，校印国立北平图书馆红格钞本缩微卷《明实录》第43册，台北中央研究院历史语言研究所，1962年，第4080页。
3 ［清］梁份：《帝陵图说》卷二，北京十三陵特区影印清汪鱼亭传抄本，第八十三页。

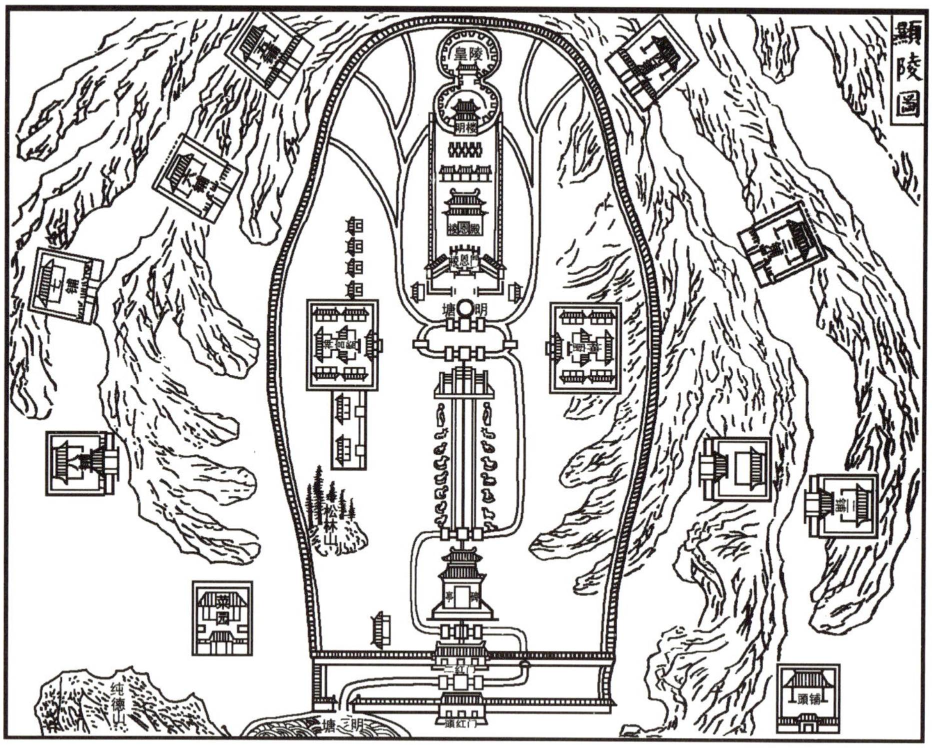

图8—37　《万历承天府志》中的明显陵平面示意图

折中建议："陵至当与山水相称，恐难概同。今殿墙已易黄瓦，但宜添设明楼、石碑，及改司香衙门为神宫监，设置护卫曰显陵卫。其余未备房屋，应创新者，另为添造；应仍旧者，止加修饰，不必大为改作。"[1]次年三月，"工部奏请盖造恭穆献皇帝陵寝明楼，树碑镌题如制，及名司香衙门为神宫监，林卫为显陵卫"[2]。嘉靖六年（1527年），明世宗"特敕修理（显陵），各项规制俱照天寿山，添设石像生、碑亭，八年工完"[3]。此后，显陵工程断断续续，到嘉靖二十年（1541年）主体建筑基本完工。嘉靖十七年（1538年）十二月世宗生母蒋太后崩，究竟是北迁睿宗合葬于大峪山新显陵还是南祔太后于承天旧陵，亦或父母分葬，世宗颇费踌躇，甚至亲回钟祥相度，"谒显陵，立表于陵寝之北，周览久之，命改营焉。壬午，诏增显陵围垣，遂定新玄宫之式"[4]。前后"三数月之间，陵寝大事，或南或北，或行或止，更改数番，一惟圣意自裁"，最终以"大峪山峪地空凄，岂如纯德山完美"[5]，将蒋太后南祔显陵。

显陵仿昌平长陵，由神道和陵宫两部分组成，周围环以平面呈葫芦或宝瓶状的外罗城（图8—37）。外罗城砖砌，抹红灰、覆黄瓦，高6.5米、厚1.9米，周长4730米[6]。

1《明世宗实录》卷四二"嘉靖三年八月丙午"，校印国立北平图书馆红格钞本缩微卷《明实录》第39册，台北中央研究院历史语言研究所，1962年，第1095—1096页。

2《明世宗实录》卷四九"嘉靖四年三月甲戌"，校印国立北平图书馆红格钞本缩微卷《明实录》第39册，台北中央研究院历史语言研究所，1962年，第1239页。

3［明］申时行等：《大明会典》卷二〇三《工部·山陵》，影印明万历十五年（1587年）刊本，江苏广陵古籍刻印社，1989年，第2730页。

4［明］黄凤翔：《嘉靖大政类编》"章圣南祔"，《续修四库全书》第433册，影印南京图书馆藏明万历刻本，上海古籍出版社，1995年，第697页。

5［明］沈德符：《万历野获编》补遗卷一《列朝·大峪山用舍》，谢兴尧点校本，中华书局，1959年，第797页。

6 显陵的测量数据，主要引自李登勤《钟祥明显陵调查记》，《江汉考古》1984年第4期；李登勤《特殊的

图8—38　湖北钟祥明显陵外明塘、新红门

显陵神道部分起于新红门，止于内明塘。新红门砖石拱券结构，门三洞，单檐歇山顶，两侧有东西角门，形制和功用都相当于昌平陵区的大红门（图8—38）。门外东西两侧各有下马碑一座，上镌严嵩手书“官员人等至此下马”。门前西南方为一大水塘，名曰“外明塘”。新红门内西北为第一道并列三座单孔石桥，桥北为旧红门，制同新红门，通宽18.8米，两侧原有东西角门。旧红门内为第二道并列三座单孔石桥，桥北为碑亭一座，面阔18.5米、进深18.57米，亭内原立明世宗御制“显陵睿功圣德碑”，明末被李自成军砸毁为数段。碑亭北过第三道并列三座单孔石桥后开始神道石刻，自南而北依次为望柱1对、蹲狮1对、蹲獬豸1对、卧骆驼1对、卧象1对、蹲麒麟1对、立麒麟1对、卧马1对、立马1对，叉手盔甲将军1对、执金瓜盔甲将军1对、梁冠执笏文臣1对、朝衣冠执笏大臣1对；计石兽8对、石人4对[1]。石刻北为牌楼门，仿长陵龙凤门，六柱三门、中间联以壝墙。门北过第四、第五两道并列三座单孔石桥至内明塘，塘周长46.3米，砖石砌岸。内明塘左为“瑞文碑”、右为“纯德山祭告文碑”，两碑均高3.5米。

内明塘北面为陵宫，前后两进院落，布局与昌平景陵、裕陵等陵相同。

祾恩门建于一层台基上，三间两进式，陛阶三出，面阔15.9米、进深11.2米，两侧有八字琉璃花墙，由此进入第一进院落。祾恩门正北为祾恩殿，建于一层台基上，面阔五间、进深三间，前出廊，东西通宽31.1米、南北进深17米，前出月台，陛阶三出。大殿前两庑有东西配殿，各面阔五间、进深一间，前出廊，基址南北22.2米、东西9米。显陵祾恩门、殿等建筑俱毁，但基座和柱础等尚大体完好（图8—39）。祾恩门外有神厨、神库和宰牲亭遗址。

祾恩殿后为三座琉璃花门，由此进入第二进院落。门内正中为二柱牌楼门，门后为香鼎、花瓶、烛台五件石供器，各承以圆形石几。再后为石几筵台，长2.8米、面宽1.3米、高1.1米。石几筵台东西两侧分别为世宗御制文碑和武宗御赐谥册志文碑。石几筵台北

明帝陵——显陵》，湖北人民出版社，1988年；李登勤《特殊的明显陵》，《紫禁城》1988年第6期；祝建华等《奇特的明代帝陵——显陵的建筑艺术》，《江汉考古》1999年第2期；等等。

1 因未发现原始资料，显陵神道石像生名称系据笔者实地调查并参照《大明会典》记长陵制度而定。

图8—39　自明楼上南望明显陵建筑遗迹

图8—40　湖北钟祥明显陵龙凤门后神道石桥

为明楼宝城，基座正方形，边长9.2米、高6.8米，按昌平诸陵之制重建。明楼内竖碑，额篆“大明”，碑身楷书“恭睿献皇帝之陵”。宝城分为前后两座，平面呈葫芦形，前宝城高5米，呈不规则圆形，南北125米、东西112.1米，宝顶下为兴献王原墓穴。后宝城高5.5米，圆形，直径103米，宝顶下为嘉靖十八年（1539年）世宗亲拟规制的新建玄宫，为世宗父母的合葬处。前后宝城前原各有琉璃照壁一道，现仅余残迹。前后宝城之间连以甬道，名曰“瑶台”，长40.5米、宽11.5米，南北两端各有礓礤下至前后宝城内。

显陵比献陵以下诸陵增加了神道石刻、自新红门起全部神道均甃以条石，其规格当在昌平诸陵之上；适应湖北多水泊特点，引水盘桓于陵园内，设内外明塘各一、神道石桥五道，特色鲜明，独具匠心（图8—40）。但显陵毕竟是在原来亲王陵的基础上进行添建改建而成，因初选地势逼仄，各主要建筑的布局均比较紧凑，有些建置的规模也相对小一些。特别是石像生，不仅体量较小，在数量上也由长陵的18对减为12对，石兽、石人各减三分之一。显陵的主要建筑物，除新红门偏东外，全部落于一条轴线上，自南而北依次为外明塘、旧红门、睿功圣德碑楼、神道石刻、龙凤牌楼门、内明塘、祾恩门、祾恩殿、三座琉璃花门、二柱牌楼门、石供器、石几筵台、前后宝城；内明塘以南神道有几处略弯曲。

上述6处18座皇陵，完整地展示出明代帝陵制度的全部发展历程。凤阳皇陵建于明初典章制度草创时期，在很大程度上参照唐宋之制，但从享殿与陵冢的布列位置等方面已经兆示出新陵制的端倪；泗州祖陵一仿凤阳皇陵，因为是衣冠冢并且亲缘稍疏，所以规制比较简单。明太祖孝陵创建了全新的陵园布局方式，长陵则将这种制度加以修正光大并使之基本定型。明朝皇陵制度的发展演进历程可以概括为：发端并初步形成于洪武时期（1368—1398年），标志分别是凤阳皇陵和南京孝陵陵宫部分；确立于永乐时期（1403—1424年），标志是南京孝陵神道工程的完成和北京长陵陵宫部分的完工；永乐以后，昌平十一陵的陵宫部分都是长陵的简化或变体，陵园发展进入守成期，平面布局上鲜见创新。景帝陵和显陵是因两位特殊人物而出现的两座特殊形式的皇陵。

第三节　明代皇陵的玄宫制度

玄宫是历代陵寝制度中的重要组成部分，也是埋葬制度的核心。明代皇陵玄宫研究最可靠、最完备的个案资料是1956—1958年发掘的明神宗定陵玄宫。

一、明神宗定陵的玄宫结构

定陵在北京昌平陵区西部大峪山下，是明神宗朱翊钧和孝端王皇后、孝靖王皇后（光宗生母）的合葬墓。

万历十一年（1583年）正月，神宗谕内阁：“朕于闰二月躬诣天寿山行春祭礼，并择寿宫。”[1]经过反复查勘、筛选、斟酌，最终于万历十二年（1584年）九月卜定大峪山为寿宫吉地；十月，神宗“钦定寿宫式样、丈尺”[2]，同月开始开山伐木、备砖石料于陵区，次年八月初一日正式“营寿宫于大峪山”[3]。万历十七年（1589年）七月，“寿宫就绪”[4]；次年六月全部完工，升赏有关人员。

定陵陵宫坐西朝东而微偏南，环以外罗城。两重宫门内为祾恩门，原为面阔五间，清代乾隆重建时改为三间，基址面阔29.68米、进深14.7米、单层基座，高2.04米[5]。祾恩

1《明神宗实录》卷一三二“万历十一年正月丁丑”，校印国立北平图书馆红格钞本缩微卷《明实录》第54册，台北中央研究院历史语言研究所，1962年，第2462页。

2《明神宗实录》卷一五四“万历十二年十月己酉”，校印国立北平图书馆红格钞本缩微卷《明实录》第54册，台北中央研究院历史语言研究所，1962年，第2847页。

3《明神宗实录》卷一六四“万历十三年八月己亥”，校印国立北平图书馆红格钞本缩微卷《明实录》第54册，台北中央研究院历史语言研究所，1962年，第2983页。

4《明神宗实录》卷二一三“万历十七年七月辛亥”，校印国立北平图书馆红格钞本缩微卷《明实录》第56册，台北中央研究院历史语言研究所，1962年，第3991页。

5 本节所述定陵地面建筑及玄宫建筑的测绘数据，除特别说明以外，皆引自中国社会科学院考古研究所等《定陵》第三章“陵墓建筑”，文物出版社，1990年。以下不另注明。

图8—41　明神宗定陵明楼

殿原为面阔七间，乾隆重建改为五间，基址面阔58.6米、进深35.9米、单层基座，高2.23米。明楼城台为青白石须弥座，上砌城砖，平面正方形，底边边长30.45米，城台含雉堞通高9.84米；无券洞，两侧设转角蹬道。明楼平面正方形，重檐歇山顶，底边边长17.75米、高20.5米；重檐间悬石榜额，题“定陵”二字（图8—41）。明楼内竖碑，方首雕双龙，额篆“大明”，碑身涂朱，刊楷书“神宗显皇帝之陵”，五层坛台式碑座，通高6.2米。宝城砌以城砖，磨砖对缝，平面圆形，内径216米、高7.32米，城内满填黄土。

定陵玄宫位于宝城正中偏后（西）侧，与陵宫朝向一致，玄宫地面距宝顶封土最高处落差约32米。玄宫正前方有主墓道（封土中出土石碑标名为“隧道”）、两侧后方即配殿之后各有一条副墓道通向宝城外。

主隧道起自宝城东南侧、在陵宫内垣墙与宝城交接点略偏西处。此段宝城城墙里面有暗券门一座，墙内即是砖隧道。隧道的底部以黄土夯实，不铺砖石，两侧以城砖砌墙，间距为8—8.6米，高4.5米，上距封土1.5米；砖墙外侧有鹅卵石砌筑的护墙。砖隧道南北走向，与陵园中轴线垂直，前后两端略有弯曲，前端折而向东，连接宝城城墙，后端折而向西，通向石隧道。石隧道东西走向，与陵园中轴线重叠，前端略向东南弯曲，与砖隧道的后端相向，但两条隧道并不互相连接（这种做法可能也是防盗掘措施之一）。石隧道以石条砌成，长40米，墙内间距8米，由浅入深呈斜坡状直达玄宫前，底部以黄土夯实，隧道石墙的顶部及西边末端加砌城砖。石隧道之后是玄宫的封门墙（“金刚墙”），封堵地宫入口。墙高8.8米，厚1.6米，底部为四层石条，上部砌城砖，顶部出檐，覆黄瓦。

金刚墙内是玄宫的前甬道（隧道券），以砖起券，纵拱，长宽各7.9米，青石铺地，地表至券顶高7.3米，甬道东壁与金刚墙相接，辟券门一洞，以砖封堵；甬道西壁上开玄宫前殿石门。

玄宫由前殿、中殿、后殿、左配殿（北侧）、右配殿（南侧）五个墓室组成（图8—42），皆用条石砌成，拱券式无梁柱，每殿各有石门。前、中、后三主殿前面各有矮小的门洞券，进深恰可容门；中殿至配殿连以甬道。三主殿之门洞券外侧以石材砌成门楼式，脊、枋、檐、瓦、吻兽、额坊等一应俱全。三主殿石门规格一致，均为高3.3米、宽1.7

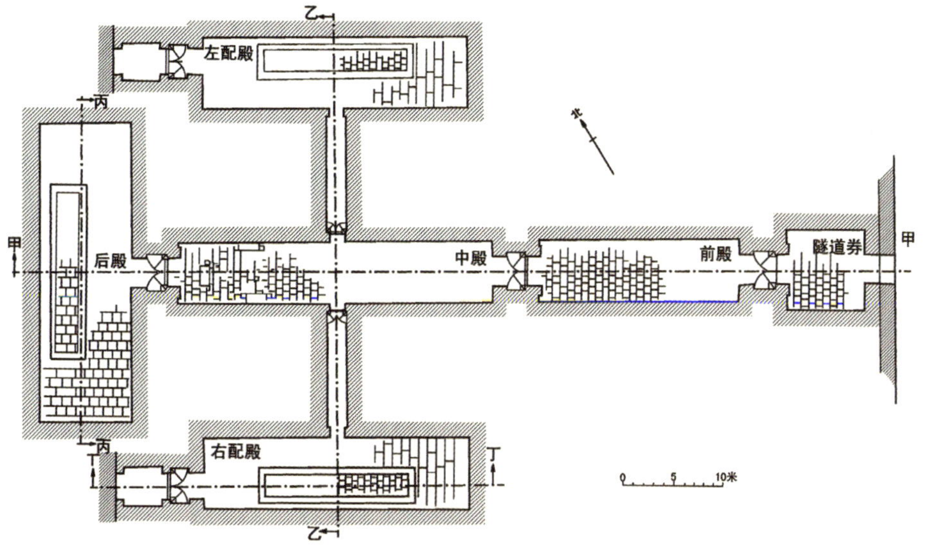

图8—42　明神宗定陵玄宫平面图（引自中国社会科学院考古研究所等《定陵》，1990年）

图8—43　明神宗定陵玄宫中殿

米、厚0.2—0.4米（门轴边厚，另端薄），每扇石门上分别凸雕九横九纵81颗门钉和1只铺首。

前殿东西进深20米，南北宽6米，地表至券顶高7.2米。

中殿东西进深32米，宽、高均与前殿同（图8—43）。殿后部有汉白玉石神座和供器陈设三份。神座为宝座形式，以石板拼合，有云龙、西番莲等雕饰；神座两旁为方形须弥座式小石几各一。神座前各陈设黄琉璃釉五供一套，为香炉一、烛台二、花瓶二，复前为“大明嘉靖年制”款青花大龙缸一只，缸内贮油、有灯捻。黄琉璃五供及龙缸下各有圆形须弥座式石几承托。神座的安设位次：明神宗居中面东，孝端皇后居左（北侧）面南略靠近神宗位，孝靖皇后（光宗生母）居右（南侧）面北而略远于神宗位。神宗神座背后正对后殿石门。

图8—44 明神宗定陵玄宫后殿

后殿在五殿中规格最高，南北面阔30.1米，东西进深9.1米，地表至券顶高9.5米，地面铺花斑石。殿内正中偏后为汉白玉石砌棺床，须弥座式，南北长17.5米、东西宽3.7米、高0.4米，床面铺花斑石（图8—44）。《明神宗实录》记载："以寿宫安砌宝座，赐辅臣花币。"[1]可知明皇陵棺床亦名曰"宝座"。棺床正中有一0.4米×0.2米的"金井"，内填黄土。棺床上放置帝后棺椁，神宗皇帝居中，北孝端皇后，南孝靖皇后，均头西脚东（棺头朝里）。三棺旁空隙地放置随葬品。

中殿南北壁正中各有一条券洞甬道，分别通向左、右配殿。北壁券洞内为左配殿甬道，方向与中殿垂直，南北长13.38米，东西宽1.88米，地表至券顶高3.46米。靠近中殿的一端安设石门两扇，但券外不起门楼。门高2.2米，宽0.9米，厚0.12—0.18米，每扇门有铺首一，无门钉。甬道另一端通左配殿，不设石门。左配殿与中殿平行，东西面阔26米，南北进深7.1米，地表至券顶高7.4米。殿中部靠北为汉白玉石棺床，长16米，宽3.5米，高0.35米，床面铺方砖。棺床中央为0.39米×0.19米的金井。左配殿西壁的北侧有一券门，双扇石门向内开，门外有甬道、券门，再外为封门墙，墙外是一条副隧道，通向玄宫外。

右配殿及其甬道在中殿的南侧，结构、尺寸同左配殿，殿内布局则与之对称。

定陵玄宫自甬道至后殿通长87.34米，左、右配殿间两端最宽处47.28米，总面积（墙内落空面积）1195平方米。

定陵玄宫石墙以外部分未经发掘，其上下左右结构不详，明代妃嫔墓、藩王墓的发掘，以及有关明清皇陵玄宫填筑制度等文献记载可资参照。

1951年8—11月，中国科学院考古研究所在北京西郊金山南麓董四墓村先后发掘了明熹宗三妃合葬墓和明神宗七嫔合葬墓，其中一号墓墓主为熹宗三妃[2]，墓室平面呈

---

1 《明神宗实录》卷一七六"万历十四年七月戊戌"，校印国立北平图书馆红格钞本缩微卷《明实录》第55册，台北中央研究院历史语言研究所，1962年，第3236页。

2 考古研究所通讯组：《北京西郊董四墓村明墓发掘记——第一号墓》，《文物参考资料》1952年第2期。

"工"字形，拱券结构。屋顶上覆盖绿琉璃瓦，屋脊、螭吻、脊兽等俱全。后室为主室，屋顶为庑殿顶，正脊长13.8米、檐长16米、由正脊至檐口宽9.8米。券顶最高处上距地面不过0.4米，已被毁去的正脊上的琉璃瓦应当高出发掘时的地面。顶坡不用筒瓦或弧形板瓦，全部铺方砖，垂脊上有琉璃瓦脊饰。墓壁厚达2米，券顶薄处也有1米厚，接近正脊处更厚。二号墓在一号墓东北约300米处，墓主为神宗七嫔[1]，墓室内部隔为前后两室，屋脊是用磨成半圆形的大砖接连而成，距南檐18.8米、距北檐5.4米，屋顶面上铺方砖一层，砖面以上用三合土做成阶级式的台阶，南北各三级。

1996年，十三陵东井墓室顶部被挖开，其暴露部分显示："顶部呈庑殿形制，纵式走向，上部覆以斜面形蓑衣砖。其正脊部位以断面为三角形的砖眉子作脊。包括砖眉子在内三层砖下露有伏砖和券砖各两层。券面砖之前有类似定陵玄宫金刚墙形制的砖墙，其上则为墓室砖顶的前半坡所覆盖。"[2]

玄宫拱券之上做成屋顶状，在明代宗藩陵墓中也有不少例证。1956年湖北蕲春清理的荆端王次妃刘氏（薨于嘉靖三十九年）墓，四壁和底部以三合土筑成，无墓门和墓道，东西长5.1米、南北宽2.8米、通高2.35米。"墓顶两檐用青砖斜铺，中间用瓦堆成屋脊。"[3]此墓规制很低，但墓顶却仍以瓦饰成屋脊状。1958年江西南城发掘的益庄王朱厚烨（薨于嘉靖三十五年）墓，其前后两室"仰顶为卷棚式"[4]；1972年江西南城发掘益端王朱祐槟（薨于嘉靖十八年）墓，前后两室亦为"仰顶为卷棚式"[5]。1997年湖北江陵太晖观内清理湘献王朱柏（建文元年自焚）衣冠冢，墓室上亦有灰瓦屋顶式建筑，前檐屋脊高于地面，上有封土[6]。

根据上述诸例推断，明皇陵玄宫拱券顶上也应该有屋顶式建筑。另据万历四十三年（1615年）编成的《工部厂库须知》说："各陵地宫，上伏檐、下伏檐共九座，每一座吻五对、兽头八个，共吻四十五对、兽头七十二个，每座六工，计五十四工；单檐三座，吻三对、兽头二十四个，每座三工，计九工。"[7]这应该是明朝皇陵玄宫拱券结构之上加覆瓦件的最直接的文献记载。从已知诸实例来看，明陵玄宫拱券顶之上的覆盖结构有明确的等级差别，嫔用青砖，妃用绿琉璃瓦。以此类推，皇陵所覆应该是黄琉璃瓦。具体的建筑形式，有现存的南京紫金山灵谷寺无量殿（俗称"无梁殿"，建于永乐至嘉靖之间）和北京南池子皇史宬大殿（建于嘉靖十三年）等实例可资参照。

必须要说明的是，在可以清晰揭露拱券以上填筑结构的明代亲王玄宫中也有不覆屋顶式瓦件的例证，如湖北武昌楚昭王（薨于永乐二十二年）陵[8]、湖北钟祥梁庄王（薨于正统六年）陵等[9]。另外，1992年四川成都蜀昭王（薨于正德三年）陵揭顶发掘，2002年蜀僖王（薨于宣德九年）陵玄宫揭顶加防水涂料、安设排水管，也都未见有券顶覆瓦的

---

1 中国科学院考古研究所京郊发掘团专家组：《北京董四墓村明墓发掘续记——第二号墓》，《文物参考资料》1952年第2期。

2 胡汉生：《明十三陵》，中国青年出版社，1998年，第303页。

3 小屯：《刘娘井明墓的清理》，《文物参考资料》1958年第5期。

4 陈文华：《江西南城明朱厚烨墓发掘简报》，江西省博物馆编《江西省考古资料汇编·封建社会部分（下）》，内部刊印，1977年。

5 江西省博物馆：《江西南城明益王朱祐槟墓发掘报告》，《文物》1973年第3期。

6 荆州博物馆：《湖北荆州明湘献王墓发掘简报》，《文物》2009年第4期。

7 ［明］何士晋：《工部厂库须知》卷五"琉璃黑窑厂"，国立中央图书馆编《玄览堂丛书续集》第十四函第一〇九册，国立中央图书馆影印本，1947年，第十七至十八页。

8 湖北省文物考古研究所等：《武昌龙泉山明代楚昭王墓发掘简报》，《文物》2003年第2期。

9 湖北省文物考古研究所等：《湖北钟祥明代梁庄王墓发掘简报》，《文物》2003年第5期；湖北省考古研究所等：《梁庄王墓》，文物出版社，2007年。

做法。至于明代皇陵玄宫外顶装饰的做法是否会因时代早晚而有所差异，目前还缺乏足够的讨论资料。

二、明代皇陵玄宫的使用和后妃葬制

万历时海宁籍给事中陈与郊奉职巡视大峪山寿陵工地，见其玄宫之制："寿宫五室，中三间待御，四隅维以铁索，各大铜缸注油。左右室通门，待中宫及嗣帝所生母升祔。"[1]大约是根据这类记载，有人认为定陵玄宫后殿三棺并列而葬是事出非常，三棺仓猝皆由一条墓道进入玄宫，因配殿的甬道狭窄难于通过皇后棺椁，所以才有了发掘时所见的三棺并列形式。类似看法在20世纪八九十年代出版的介绍明十三陵及定陵的读物中时常可以见到。但从历史事实来看，神宗帝后之葬虽然受到了突发性偶然因素的影响，但基本还是按部就班进行的。只要理清明神宗和两位皇后的丧葬时序和相关工程次第，这个问题就比较容易澄清。

孝靖王皇后，万历十年（1582年）八月生神宗长子朱常洛（光宗），初封恭妃，以皇长孙诞生而封皇贵妃，万历三十九年（1611年）九月十三日病故。次年七月，以皇贵妃之礼下葬东井。万历四十八年（1620年）秋，光宗、熹宗先后即位，王恭妃得以加上尊谥曰"孝靖温懿敬让贞慈参天胤圣皇后"，并于当年十月初三日随神宗帝后大葬而迁葬定陵玄宫。

孝端王皇后，为神宗元配皇后，卒于万历四十八年（1620年）四月初六日。当月十八日，首辅方从哲奏："大行皇后崩逝，山陵事极重大，礼部以孝烈皇后近例为请。臣查世庙《实录》：嘉靖七年，孝洁皇后崩，于时山陵未建，故另择陵地于天寿山袄儿峪；嘉靖二十六年，孝烈皇后崩逝，预造陵工已完，遂安葬玄宫，定名'永陵'，不复另择。此虽皇祖亲出宸断，实与洪武十五年孝慈皇后先葬孝陵、永乐十一年仁孝皇后先葬长陵之例先后吻合。"[2]五月，钦天监奏准："大行皇后山陵……六月初九日开隧道。"[3]至此，王皇后的丧礼基本还是如仪进行的，但多有拖沓。皇后崩逝"百日"将近，礼部右侍郎孙如游奏请："大行皇后梓宫发引，例不出百日，臣等遵例请旨行钦天监择日，未蒙简发，玄宫隧道不可久洩，况时当溽暑，大雨时行，尤为担虑，乞立赐简发施行。"神宗览奏，以钱粮未备而委过于户部[4]。数日后，方从哲、周嘉谟等人又有类似奏请。七月十三日，册谥大行皇后为"孝端皇后"，拟于当月二十二日题神主。但神宗却先于七月二十一日驾崩。八月初七日，新即位的明光宗钦定神宗陵曰定陵，传谕内阁议拟帝后发引礼仪。方从哲回奏："先帝梓宫在殡，皇后无先发之理，而玄宫隧道开挖将完，又难久待，应命该监择吉同时发引，仍先期奉迁圣母温肃端静纯懿皇贵妃一同祔葬新陵。"[5]九月一日，光宗驾崩，熹宗继立。九月二十八日神宗帝后梓宫发引，十月三日，"葬神宗显皇帝、孝端显皇后

1 ［清］查慎行：《人海记》卷上"明朝诸陵"，石继昌点校本，北京古籍出版社，1989年，第20页。

2 《明神宗实录》卷五九三"万历四十八年四月乙丑"，校印国立北平图书馆红格钞本缩微卷《明实录》第65册，台北中央研究院历史语言研究所，1962年，第11377—11378页。

3 《明神宗实录》卷五九四"万历四十八年五月丁酉"，校印国立北平图书馆红格钞本缩微卷《明实录》第65册，台北中央研究院历史语言研究所，1962年，第11397页。

4 《明神宗实录》卷五九五"万历四十八年六月壬戌"，校印国立北平图书馆红格钞本缩微卷《明实录》第65册，台北中央研究院历史语言研究所，1962年，第11419页。

5 《明光宗实录》卷四"泰昌元年八月壬子"，校印国立北平图书馆红格钞本缩微卷《明实录》第65册，台北中央研究院历史语言研究所，1962年，第101页。

于定陵，孝靖皇太后祔”[1]。

根据上述记载，定陵隧道开挖始于万历四十八年六月九日，当时是为王皇后下葬而兴工，如果皇后依礼应当葬配殿，那么这时挖掘的应该是玄宫西北面的左配殿隧道，而不会是东面的主隧道。这项工程大约到八月中旬完成，工程过半而神宗崩，随即安排葬事，此后的《明神宗实录》中并未见另开隧道的记载，神宗帝后显然是从同一条、也就是六月开挖的那条隧道入葬的，而这条隧道只能是玄宫东面的主隧道。可见，孝端皇后葬于定陵玄宫后室显然不是非常之举。

定陵仿世宗永陵结构，永陵皇后葬法见于明代文献，可为参照。嘉靖二十六年（1457年）十一月，世宗第三位皇后方氏薨，谥为“孝烈皇后”，传旨“皇后比救朕危（指“壬寅宫变”），奉天济难，其以元后礼葬”[2]，丧祭从优，跻元配孝洁陈皇后之上。经大臣劝谏，世宗始改变初衷，次年五月诏：“孝烈皇后梓宫入山陵，居中之右，虚其左（以备孝洁皇后迁葬）。”[3]此处的“中之右”，无疑是指玄宫正寝之右位，这是否定皇后葬配殿说的直接证据。万历年间一次关于皇妃能否合葬皇陵玄宫的议论，也可以证明皇陵玄宫配殿原本不是为葬皇后而设。万历二十五年（1597年）三月，敬妃李氏病故，“神庙极为悲悼，丧礼从厚，所生两皇子派与中宫王老娘娘为慈母，共育咸福宫”[4]。随即追封为皇贵妃，令“葬于寿宫右穴”；从定陵实际结构来看，此“右穴”应该是指定陵的右（南）配殿。大学士张位、沈一贯对神宗的设想提出了异议：“窃惟寿宫，乃国家万年储祥吉壤，灵气萃钟，似不宜轻有动泄。在祖宗时亦未尝有妃嫔预入之例。是以礼臣守礼，只拟于天寿山悼灵[陵]左右相择言[吉]地。……今奉圣谕，命臣等议拟，臣等再三商量，玄堂之傍制设左、右侧穴，推原初意，或者以待各妃，但从来未经附[祔]葬，臣下不敢轻议。”[5]这段回奏明确指出明朝帝陵玄宫的左、右穴（配殿）“或者以待各妃”，并不是用于安葬皇后的。李妃最终葬于定陵西南的银线山下，另起园寝。

接下来的问题，嗣皇帝生母既属“祔葬”，是否应该葬于玄宫配殿呢？答案也同样是否定的。因为从神宗驾崩到落葬，前后有70余天的时间，如果光宗生母应当祔葬于玄宫配殿，这段时间用于开挖副隧道也足够了。在正常情况下，皇家丧葬大典是不会因为头绪多而任意删改礼仪的。所以，孝靖皇后与神宗及孝端皇后合葬于玄宫主室，应该是合乎明代礼制的正常行为，而决不会是因图“省事”而出现的权宜之变。在仅比定陵晚落葬11个月的庆陵玄宫中，明光宗也是和元配郭皇后、熹宗生母王氏合葬于同一棺床之上，六年后再葬入思宗生母。据《酌中志》记载：“先是，天启七[元]年修建（庆陵）玄宫时，计妥安梓宫宝座，合容光庙老爷、孝元郭老娘娘、孝和王老娘娘三位梓宫也。彼时内宫监管理王敬、翟应奎创议，于合造尺寸之外，仍暗将宝座增阔若干尺。至（天启）七年十二月内圣母孝纯刘老娘娘迁入，共妥安梓宫四位，尺寸恰好。时护送圣灵内外诸臣刘镇、郭志义、李志锜等亲入恭阅，无不赞叹。不然，时日所限，天寒晷短，既不敢停候增修，又不敢崇卑殊厝，将奈之何。”[6]据此，庆陵玄宫是明光宗和孝元郭皇后、孝和王

---

1 《明熹宗实录》卷二“泰昌元年十月丙午”，校印国立北平图书馆红格钞本缩微卷《明实录》第66册，台北中央研究院历史语言研究所，1962年，第74页。

2 [清]张廷玉等：《明史》卷一一四《后妃传·世宗孝烈皇后方氏》，郑天挺等标点本，中华书局，1974年，第3532页。

3 《明世宗实录》卷三三六“嘉靖二十七年五月丙子”，校印国立北平图书馆红格钞本缩微卷《明实录》第45册，台北中央研究院历史语言研究所，1962年，第6144页。

4 [明]刘若愚：《酌中志》卷二二“见闻琐事杂记”，冯宝琳点校本，北京古籍出版社，1994年，第191页。

5 《万历起居注》“万历二十五年三月二十九日己未”，《中国公共图书馆古籍文献珍本汇刊》（史部）影印天津市图书馆藏明抄本，第9册，全国图书馆文献缩微复制中心，北京，2001年，第83—85页。

6 [明]刘若愚：《酌中志》卷四“恭纪今上瑞徵”，冯宝琳点校本，北京古籍出版社，1994年，第25页。按，

皇后（熹宗生母）、孝纯刘皇后（思宗生母）并排合葬同一棺床之上。

可见，明朝无论是皇后合葬还是嗣皇帝生母祔葬，都是与皇帝合葬在玄宫主室，而不会葬入配殿。这个制度是在成化、弘治年间（1465—1505年）缘事而逐步形成的。

明初一帝一后，帝后合葬原无疑义，这就是所谓"本朝先帝大行山陵，止一后祔葬"之制[1]。这种制度的前提是嗣皇帝为皇后嫡出（至少名义上），一旦皇太子或嗣皇帝生母为妃嫔，就不可避免地要涉及嫡庶之分和相应的祭葬礼仪待遇问题。明朝对于嫡庶之分强调得至为严格，《皇明祖训》规定："凡朝廷无皇子，必兄终弟及，须立嫡母所生者；庶母所生虽长不得立。若奸臣弃嫡立庶，庶者必当守分勿动，遣信报嫡之当立者，务以嫡临君位，朝廷即斩奸臣。"[2]明太祖的子孙们将这一制度绝对化，因而在宣宗、景帝朝接连出现皇后因无子而被废之例。

英宗复辟后，同样面临着皇后无出，庶子名分难定的难题。太监蒋冕曾于孙太后前游说："皇后无子，亦当换。"被英宗斥止；及复立皇长子为太子时，蒋冕又以"其母如何"为言，被英宗视为"谗乱小人"[3]。英宗和元配皇后钱氏同患难，钱皇后的两个弟弟在"土木之变"时战殁沙场，英宗幽居南内时生活匮乏，"钱后日以针绣出贸，或母家微有所进，以供玉食"[4]。为确保钱皇后日后在宗庙、陵寝中应该享有的地位不被动摇，天顺八年（1464年）正月，英宗临终前特别以遗诏的形式讲明："皇后钱氏，名位素定，当尽孝养以终天年。……殉葬非古礼，仁者所不忍，众妃不要殉葬。……择好地建陵寝，皇后他日寿终宜合葬，惠妃亦须迁来，以后诸妃次第祔葬。此言俱要遵行毋违。"[5]这部分遗诏讲了三层意思：首先，钱皇后的名位不能改变，百年后必须合葬玄宫；其次，废除明初以来的宫妃殉葬制度；第三，惠妃刘氏（数月前薨，英宗手定其丧仪，葬绵山）迁葬皇陵玄宫，以后诸妃寿终以次祔葬。

尽管英宗口述遗诏时特别强调要"定后妃名分"[6]，但在他死后不久，钱皇后的地位就受到了挑战。在议尊奉皇太后时，太监夏时迎合宪宗生母周贵妃之意，欲摒钱皇后而独尊周贵妃为皇太后，大学士李贤、彭时力争曰："今日合遵遗命，景泰年事不可法！"周贵妃则搬出宣宗废胡后之成宪："子为皇帝，母当为太后，岂有无子而称太后耶！宣德中自有例。"争执的最后结果，是按照彭时的提议，钱皇后、周贵妃并尊为皇太后，钱太后如前朝太后例加上"慈懿"二字徽号，但名义上只能是"得二字好称呼，非有尊卑于其间也"[7]。成化四年（1468年）六月，钱太后崩，周太后为自己身后与英宗合葬玄宫计，千方百计阻挠钱后合葬裕陵，竟欲援宣宗恭让胡皇后例别葬于西山，经大学士彭

此事在《明□宗□皇帝实录》（见校印国立北平图书馆红格钞本缩微卷《明实录·附录》第88册，第60页）中记为：天启七年十二月辛酉，"孝纯刘太后祔庆陵。初，庆陵玄宫稍广其制，故前祔孝元、孝和二太后，今祔孝纯，适相当也"。又，《崇祯长编》卷四（见校印本《明实录·附录》第91册，第173页）记为：天启七年十二月壬寅，"孝纯皇后迁祔庆陵"。

1 ［明］沈德符：《万历野获编》卷三《宫闱·帝后祔葬》，谢兴尧点校本，中华书局，1959年，第78页。

2 ［明］朱元璋：《皇明祖训·法律》，张德信等主编《洪武御制全书》本，黄山书社，1995年，第401页。

3 ［明］李贤：《天顺日录》，［明］邓士龙辑《国朝典故》卷四八，许大龄等点校本，北京大学出版社，1993年，第1121页。

4 ［明］沈德符：《万历野获编》卷二四《畿辅·南内》，谢兴尧点校本，中华书局，1959年，第607页。

5 《明英宗实录》卷三六一"天顺八年正月己巳"，校印国立北平图书馆红格钞本缩微卷《明实录》第21册，台北中央研究院历史语言研究所，1962年，第7172页。

6 ［明］彭时：《彭文宪公笔记》，［明］邓士龙辑《国朝典故》卷七二，许大龄等点校本，北京大学出版社，1993年，第1590页。

7 ［明］彭时：《彭文宪公笔记》，［明］邓士龙辑《国朝典故》卷七二，许大龄等点校本，北京大学出版社，1993年，第1591页。

时、礼部尚书姚夔等人力争，最终变通旧制将钱太后葬于英宗裕陵玄宫之左，“异隧，距英宗玄堂数丈许，中窒之，虚右圹以待周太后，其隧独通；而奉先殿祭，亦不设后主”[1]。弘治十七年（1504年）三月，周太后病故，孝宗召大学士刘健、李东阳、谢迁议陵庙事，“袖出《裕陵图》一纸，指示曰：‘此未合理’”[2]。图中所示“则英宗隧道右圹相通，而左为孝庄钱氏玄宫，相去数丈，中隔不通”[3]。明孝宗曾表示要乘周太后祔葬裕陵之机开通左隧道，但终因“钦天监以为岁杀在北，方向不利；内官监亦谓事干英庙陵寝，难以轻动”而作罢[4]。

从当时的奏疏来看，成化四年所拟定的两太后分别葬于裕陵玄宫主室两侧并且将来分左右同祔太庙之议，是出于被周太后胁迫之无奈，至于裕陵玄宫左隧不通，更是非礼之制。但此事既经做出，亦只得将错就错。钱皇后既葬于裕陵玄宫之左圹，不能正玄宫中皇后之位，惠妃等其他妃嫔因而不可能再葬入皇陵玄宫，英宗遗诏则全未遵奉。此后，在宪宗茂陵、世宗永陵、穆宗昭陵、神宗定陵、光宗庆陵诸陵中，除元配皇后以外，嗣皇帝本生母、本生祖母皆得合葬玄宫，由孝肃周太后之例而成为不可动摇的“祖宗之法”。并且，后祔者并不以相距年久而再启玄宫为忌，定陵中一帝、一后、一嗣皇帝本生母同时落葬，只是巧合而已。所以，皇帝皇后合葬于陵墓玄宫主室应该是明初以来的常制，太祖孝陵、成祖长陵、仁宗献陵、宣宗景陵例皆如此，玄宫配殿之设最初是用于祔葬妃嫔，自英宗裕陵起妃嫔皆不入于皇陵玄宫，配殿始为虚设。

明初妃嫔之所以能够合葬于帝陵玄宫，与当时实行宫妃殉葬之制密切相关。

洪武年间恢复了以活人殉葬这一灭绝人伦的做法，洪武二十八年（1395年）三月，太祖次子秦愍王朱樉死，两名王妃殉葬；三十一年（1398年）三月，太祖三子晋恭王朱棡死，亦用人殉。此后，藩王妃妾之殉葬在列帝《实录》中彰彰可见。据《大明会典》记载：“孝陵四十妃嫔，惟二妃葬陵之东西，余俱从葬；长陵十六妃余俱从葬；献陵七妃，三葬金山，余俱从葬；景陵八妃，一葬金山，余俱从葬。”[5]景帝死，因李贤之奏，汪妃以抚养幼女免殉，但唐妃等亦被“赐红帛”从死。在英宗遗诏废止人殉以前，宫妃殉葬在明朝皇宫和王府中普遍存在。

关于皇帝殉葬妃嫔的葬地，明代官方史料中缺乏明确的记载。顾亭林认为是在天寿山侧翼的东、西二井：“《会典》言长陵十六妃从葬，位号不俱。其曰井者，盖不隧道而直下，故谓之井。”[6]相似的说法亦见于《帝陵图说》：“东井、西井当天寿山正东正西之地，永乐间所置，取金井之义，下窆穿圹不隧，为成祖十六妃殉葬之所，以次而祔也。”[7]现代研究者通过对天寿山陵区诸陪葬墓的调查排比，认为成祖、仁宗、宣宗三朝的殉葬宫妃是祔葬于帝陵玄宫之左、右配殿；而“东西二井规制与其它各坟园基本相同，推测其墓主，亦当为永乐诸贵妃、妃嫔埋葬之所，不当为殉葬妃嫔宫女之葬地”[8]。这个推断

---

1 ［清］张廷玉等：《明史》卷一一三《后妃传·英宗孝庄皇后》，郑天挺等标点本，中华书局，1974年，第3517页。

2 《明孝宗实录》卷二〇九“弘治十七年三月丁丑”，校印国立北平图书馆红格钞本缩微卷《明实录》第32册，台北中央研究院历史语言研究所，1962年，第3887页。

3 ［明］沈德符：《万历野获编》卷三《宫闱·宣宗废后》，谢兴尧点校本，中华书局，1959年，第76页。

4 《明孝宗实录》卷二〇九“弘治十七年三月癸未”，校印国立北平图书馆红格钞本缩微卷《明实录》第32册，台北中央研究院历史语言研究所，1962年，第3896页。

5 ［明］申时行等：《大明会典》卷九〇《礼部·坟陵等祀》，影印明万历十五年（1587年）刊本，江苏广陵古籍刻印社，1989年，第1423页。

6 ［清］顾炎武：《昌平山水记》卷上，北京出版社，1962年，第9页。

7 ［清］梁份：《帝陵图说》卷二，北京十三陵特区影印清汪鱼亭传抄本，第十九页。

8 王岩等：《明十三陵的陪葬墓——兼论东西二井陪葬墓的墓主人》，《考古》1986年第6期。

是有道理的。湖北钟祥郢靖王朱栋墓的两个耳室中保留了比较清晰的宫嫔从殉埋葬现象[1]，可以为一佐证。从《大明会典》中"孝陵四十妃嫔，惟二妃葬陵之东西，余俱从葬"一句，也可证从葬妃嫔都是埋葬在皇陵内。成祖、仁宗、宣宗三朝殉葬者不记葬处，应该是因同于孝陵而省略。

三、明代皇陵玄宫结构的演变

明代皇陵玄宫制度很可能不是单一的模式。关于这个问题，明代文献中的资料虽然很少，而且语焉不详，但还是留下了蛛丝马迹。嘉靖十五年（1536年）五月，"上谒陵还，召见辅臣李时、尚书夏言于行宫，谕以寿宫规制宜逊避祖陵，节省财力。其享殿以砖石为之，地中宫殿器物等旧仿九重法宫为之，工力甚巨，此皆虚文且空洞不实，宜一切厘去不用。至是，言等拟上图制，上命会同知建造侯郭勋，礼、工二部，翰林院讲、读诸臣，通将皇妃从葬之式总拟定图进览。于是诸臣议奏：'皇上亲为之兆，惓惓以避尊节财为谕，执谦虑远，臣等所当将顺；但恐过于贬损，无以称臣子尊崇之礼，其享殿、明楼、宝城拟请量依长陵规制，其地中宫殿等项仍请稍存其制，寔皆臣子无已之诚。至于列圣诸妃从葬之制，具载《会典》。今拟于外垣之内，宝城之外，左右相向依次而祔，庶合礼制。谨画图贴说呈览，仰请圣断施行。'得旨：'具如拟，其未尽事宜，俟朕仍亲往决之。'"[2]这是一份很重要的关于世宗永陵营造规划的文件，它直接讲到了永陵和长陵的关系，即：享殿、明楼、宝城等地面建筑"量依长陵规制"，地中宫殿等"稍存其制"。从长陵、永陵陵园现存地面遗迹来看，永陵虽然多出外罗城一道、明楼的额枋和斗拱等皆以石制成，但其享殿、明楼、宝城的规制都明显逊于长陵，其中享殿台基层数、面阔进深开间以及宝山城的直径等项更为明显。由地面推及地下，永陵的玄宫可能也会比长陵玄宫有所不同。

定陵之建，神宗颇倾心力，以至"钦定寿宫式样、丈尺"[3]。《明会要》记载："中官示帝意，欲仿永陵制。"[4]结合前后文及相关文献记载考察，应该是指陵宫的结构和大小而言。据礼部左侍郎兼经筵日讲官朱赓回忆，万历十二年（1584年）四月，他曾奉神宗之命至大峪山工地巡视，"司礼张宏密传圣谕：'欲仿效永陵之式。'余惊惧曰：'司空安得如许金钱！'乃密令祠部卢正朗丈其地广狭亦不称，因具疏略曰：'永陵宝城横亘八十一丈，外加方墙若干丈，必欲仿之，未免限于沟界。请就中通融，连外方墙总合九九之数，庶规模既已洪远而风气益为完萃，且与昭陵相望不致悬殊之深，亦圣衷之所安也'"[5]。明神宗览奏，留中不发，派人暗访得实后，采纳了朱赓的建议。因此，定陵的宝城、外罗城都要比永陵窄小，但其享殿、明楼等却一如永陵之制，推定其玄宫之制亦仿永陵，应当与事实相去不远。

如果永陵和定陵一样，玄宫为三正两配五室，那么，作为"稍存其制"祖本的长陵玄宫会是什么规制呢？前引《明世宗实录》中有"地中宫殿器物等旧仿九重法宫为之"等语，显然"九重法宫"应该就是长陵的玄宫制度。

1 院文清等：《湖北省钟祥市明代郢靖王墓发掘收获重大》，《江汉考古》2007年第3期。

2 《明世宗实录》卷一八七"嘉靖十五年五月辛未"，校印国立北平图书馆红格钞本缩微卷《明实录》第42册，台北中央研究院历史语言研究所，1962年，第3958—3959页。

3 《明神宗实录》卷一五四"万历十二年十月己酉"，校印国立北平图书馆红格钞本缩微卷《明实录》第54册，台北中央研究院历史语言研究所，1962年，第2847页。

4 ［清］龙文彬：《明会要》卷一七《礼·山陵》，中华书局，1956年，第274页。

5 ［明］朱赓：《茶史》，罗振玉辑《殷礼在斯堂丛书》第七册，东方学会石印，1928年，第三页。

明堂左个 清阳右个 巽四	明堂太庙 离九	明堂右个 总章左个 坤二
清阳太庙 震三	太庙太室 中五	总章太庙 兑七
清阳左个 玄堂右个 艮八	玄堂太庙 坎一	总章右个 玄堂左个 乾六

图8—45 明堂九室之“九宫八卦”布局示意图

从字面上分析，对于“九重法宫”至少可以有三种解释，其一是前后九宫纵向一字排列，其二是左右九宫横向一字排列，其三是“九宫格”式排列法。所谓“九宫”，乃是中国古代一种宫室或寝庙的建置结构，是一种被理想化了的布局模式。关于“九宫”的解释，历来说法不一，其中西汉戴德《大戴礼记》中提出的“明堂九室”之说与礼制建筑的关系最为密切。在这个解释系统中，明堂九室各有名称，九室按“二九四、七五三、六一八”序列呈“井”字型排列，分别为明堂太庙、总章太庙、太庙太室、清阳太庙、玄堂太庙和四个个室，后再配以八卦，遂成“九宫八卦”布局（图8—45）。

按照八卦的固定方位，此九宫八卦图以上为南，下为北。“九宫”的布列形式应该是三横三纵，中路自南而北依次为明堂太庙、太庙太室、玄堂太庙，东路自南而北依次为明堂左个暨清阳右个、清阳太庙、玄堂右个暨清阳左个，西路自南而北依次为明堂右个暨总章左个、总章太庙、玄堂左个暨总章右个。如此，“九重法宫”式玄宫的布局就会是前、中、后三个主殿并连，以当明堂太庙、太庙太室、玄堂太庙；前殿东西通两配殿，以当明堂左个暨清阳右个、明堂右个暨总章左个；中殿东西通两配殿，以当清阳太庙、总章太庙；后殿东西通两配殿，以当玄堂右个暨清阳左个、玄堂左个暨总章右个。这是最标准的“九重法宫”之制，而“稍存其制”的永陵应该有所简化，如果它确实和已经发掘的定陵玄宫结构一致，为三主两副五宫，则是省略了位于四角的四个，只保留了五个太庙。

事实上，九室玄宫之制已见于明初，只不过它既不是正式帝陵，也不是“九宫格”式的排列形式。1982年，江苏盱眙县对曾遭局部破坏的明祖陵玄宫作了初步清理，“在距地面2米深处发现砖砌拱券甬道9座，以神道中线为轴左右对称。中间一券为中券，两侧分别为东一、东二、东三、东四，西一、西二、西三、西四。中券宽1.68米，券下有对开石门两扇，门缝直对神道中线。石门宽1.12米、厚0.2米，门上有门楣石”[1]，东一、西一2券宽度与中券等，东二、东三和西二、西三4券各宽1.36米，东四和西四2券各宽1米。每券前各有对开石门，石门的大小和门间距等亦自中央向两侧递减。这九座南北向的拱券东西一字排开，总宽度在30米左右。并列九券的南面有一条东西向的券洞，东西长17.10米、南北宽2.03米、墙厚1.03米，券顶已被拆除。在这个券洞的南壁中部向南通向另一南北向券洞，长2.65米、宽2.2米，顶部亦遭破坏。据此分析，盱眙祖陵的玄宫结构应该是由墓道、南北纵向甬道、东西横向甬道、玄宫几部分组成。所谓带石门的“砖砌拱券甬道”，实际上已经是玄宫部分，左右九室横向一字排列（图8—46）；而其前面纵横相连的“丁”字形甬道，则刚好把墓道和每座玄宫连接起来。1998年，南京博物院考古研究所对祖陵玄宫部分进行了钻探，在今水塘（即“丁”字形甬道部分，因1966—1967年挖土取

1 蒋中健：《明代第一陵》，江苏古籍出版社，1990年，第81—83页。

图8—46 江苏盱眙明祖陵玄宫遗迹

砖积水而成）南沿探出墓道一条，长5米、宽3米；探得玄宫东西长20米、南北宽5米，“是在自然岗丘之下直接挖深坑，再用砖砌成”[1]。这种以纵拱券洞为前室，向后连接横拱券洞为中室，再连接多个并列的纵拱券墓室为后室的墓葬结构，已知属于明初的实例还有1959年发掘的黔宁昭靖王沐英（薨于洪武二十五年，1392年）墓等[2]，沐英墓在江苏江宁县东善乡印堂村东观音山龙埂之西，墓室砖砌，坐北朝南，后室并列三室，中室葬黔宁王沐英、左室葬沐英元配马氏、右室葬继配耿氏，中室的东西两壁上各有过洞，分别与左、右室相通。

永乐至景泰时期（1403—1456年），明亲王陵多用五室玄宫形式，其平面结构与神宗定陵玄宫相同，如河南洛阳伊厉王（薨于永乐十二年）陵[3]、湖北钟祥郢靖王（薨于永乐十二年）陵[4]、甘肃榆中肃庄王（薨于永乐十七年）陵（图8—47）[5]、湖北江陵辽简王（薨于永乐二十二年）陵[6]、江西新建宁献王（薨于正统十三年）陵[7]等，只是王陵玄宫面积较小，材质逊色而已。湖北江陵湘献王（永乐初衣冠冢）为七室玄宫，在前后两主殿的两侧各设一配殿。亲王既已多用五室甚至七室玄宫，则天子理应再高一等，用九室玄宫。如果按照定陵和湘献王玄宫的模式向上逆推，则皇陵玄宫无疑应该是前述“九宫图”结构。当然，也不排除皇陵使用七室玄宫的可能性，和湘献王玄宫一样，平面呈

1 南京博物院等：《江苏盱眙县明祖陵考古调查简报》，《考古》2000年第4期。

2 南京市文物保管委员会：《南京江宁县明沐晟墓清理简报（附载沐英墓）》，《考古》1960年第9期。

3 徐金星等主编：《洛阳市文物志》第三章第十六节《明代伊王朱木彝墓》，洛阳市文化局刊印，1985年，第133—134页。

4 院文清等：《湖北省钟祥市明代郢靖王墓发掘收获重大》，《江汉考古》2007年第3期。

5 施连山：《明肃王墓考略》，《西北史地》1997年第4期；甘肃省博物馆资料；刘毅：《甘肃榆中明肃庄王陵墓调查》，《中原文物》2012年第3期。

6 荆州地区博物馆等：《江陵八岭山明代辽简王墓发掘简报》，《考古》1995年第8期。

7 陈文华：《江西新建明朱权墓发掘》，《考古》1962年第4期。

“工”字形。勘探孝陵玄宫范围为南北90米、东西50米[1]，而定陵玄宫自甬道至后殿通长87.34米，左右配殿两端最宽处为47.28米[2]，两者大体吻合，说明孝陵玄宫结构不会比定陵简单。明英宗遗诏“皇后他日寿终宜合葬，惠妃亦须迁来，以后诸妃次第袝葬”[3]，亦可从侧面证明当时设计玄宫墓室较多，只有这样，众多后妃合葬于一处才有可能。明代亲王陵的玄宫结构有一个从早到晚由繁变简的大致规律[4]，这暗示着明代皇陵的玄宫结构可能也会有相应的变化。

泰昌元年（1620年）九月，明光宗猝死，议定于景帝旧陵址卜建陵寝。工部郎中万爆曾经参与督工，工毕因作《陵工记事》记其制云：“陵寝有后殿、中殿、前殿，重门相隔。有为门之枢纽者曰铜管扇，冶铸甚艰，旧例责内侍监造，时因庆陵择定九月初四日窀穸，内侍以期太迫，再四规避。工部尚书札臣万爆董其事，甫一月而功成。”[5]以定陵实例考之，配殿也隔以石门，石门之制虽有所不同，但门轴之制应当一致；万氏所记只讲到了庆陵有前、中、后三殿，而不及左、右配殿及石门，或许庆陵玄宫不设两侧配殿。如果能够找到更多的史料佐证此说，则庆陵提供了明代皇陵玄宫的又一种形式——三室玄宫。

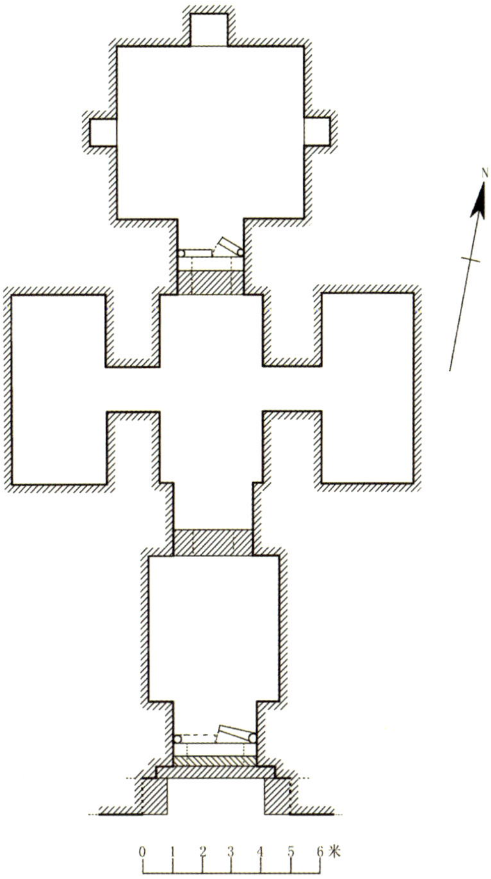

图8—47　甘肃榆中明肃庄王陵玄宫平面图（引自《中原文物》2012年第3期）

综上所述，明朝帝陵玄宫可能会有九室、七室、五室、三室等多种形式；其发展变化之轨迹，不一定就是从早期的九室或七室、五室，简化为晚期的三室。关于皇陵玄宫建筑的材质，已知定陵是全用白石；文献记载营造光宗玄宫时，“工部尚书王佐以庆陵发引期迫，玄宫石料未凑，乞参酌诸陵规制，砖石并用，以竣急工。上命仍用石，添工趱造，务及吉期”[6]，另从各地藩王陵墓来看，除个别几例全用石材外，一般兼用砖石或纯用砖砌，或许明帝陵中亦有“砖石并用”之例。

1 江苏省地震工程研究院等：《明孝陵地下宫殿勘测记》，载中山陵园管理局等编《〈明孝陵志〉新编》，黑龙江人民出版社，2002年，第198—204页。

2 中国社会科学院考古研究所等：《定陵》，文物出版社，1990年，第21页。

3 《明英宗实录》卷三六一“天顺八年正月己巳”，校印国立北平图书馆红格钞本缩微卷《明实录》第21册，台北中央研究院历史语言研究所，1962年，第7172页。

4 刘毅：《明代亲王陵墓玄宫制度研究》，《华夏考古》2010年第3期。

5 ［清］朱孔阳《历代陵寝备考》卷四九引[明]万爆《陵工记事》，江苏广陵古籍刻印社影印清道光刊本，1990年，第341页。

6 《明熹宗实录》卷一〇“天启元年五月庚申”，校印国立北平图书馆红格钞本缩微卷《明实录》第66册，台北中央研究院历史语言研究所，1962年，第529页。

第九章
清代陵墓制度

清代皇陵与明代皇陵相比大同小异，它们处在同一个发展阶段。清早期陵墓制度还保存有较多的关外习俗，康熙以后全面汉化。清承明制，但也借鉴了明代以前的一些做法，两代皇陵制度又有着明显的差异，这些异同共同构成了中国古代陵墓发展演化的最后模式。清朝自太祖、太宗建国，传十一世，十二帝，除末帝溥仪未建陵墓外，其余十一帝和四位追封先祖葬于5处，分别在今辽宁新宾、沈阳，河北遵化、易县。

崇德元年（1636年），清太宗称帝，追尊始祖为泽王、高祖为庆王、曾祖为昌王、祖父为福王，父为太祖武皇帝。顺治五年（1648年），清世祖追尊泽王为肇祖原皇帝，庆王为兴祖直皇帝，昌王为景祖翼皇帝，福王为显祖宣皇帝。清圣祖即位后改太祖谥曰“高”。清朝追尊兴祖以下最初均葬于所居赫图阿拉（今辽宁新宾满族自治县老城）附近，天命九年（1624年）四月，太祖命族弟铎弼等人到赫图阿拉奉迁景祖、显祖等人的遗骸，改葬于东京城（今辽宁辽阳）东北的阳鲁山。此后不久，清太祖再迁驻沈阳，卒后葬于沈阳东郊，名福陵。天聪八年（1634年）四月初九日，清太宗诏令：“沈阳城称曰天眷盛京、赫图阿喇城称曰天眷兴京。”[1]崇德八年（1643年），清太宗崩，葬盛京城北，名昭陵。顺治十三年（1656年）六月，议政大臣鳌拜以钦天监地理官之议上奏：“兴京皇陵风水实系第一福地，请仍迁景祖、显祖陵于肇祖原皇帝、兴祖直皇帝陵旁，庶与风水有合。”[2]顺治十五年（1658年），将二祖迁祔兴祖陵；次年，定兴京陵名为“永陵”。永陵、福陵、昭陵在清代号称“盛京三陵”。

清朝入关后，九帝皆葬于京畿，世祖亲定兆域于京东遵化凤台岭，康熙二年（1663年）在此建孝陵，封凤台岭为昌瑞山，此后圣祖葬景陵、高宗葬裕陵、文宗葬定陵、穆宗葬惠陵，又有昭西陵、孝东陵、定东陵等太后陵以及各陵之妃园寝，这片陵区习惯上称为“东陵”。清世宗另择京西易县太平峪为万年吉地，建成泰陵。乾隆二年（1737年），封泰陵所凭依之泰宁山为永宁山。此后仁宗葬昌陵、宣宗葬慕陵、德宗葬崇陵，又有泰东陵、昌西陵、慕东陵诸太后陵和各陵妃园寝，这片陵区习惯上称为“西陵”[3]。

清代皇陵的地面建筑大多保存基本完好，所以考古发掘工作开展得并不多。20世纪70年代以

1 中国第一历史档案馆：《清初内国史院满文档案译编》上（天聪朝、崇德朝），光明日报出版社，1989年，第75页。

2 《清世祖实录》卷一〇二“顺治十三年六月癸巳”，影印皇史宬等处旧藏清抄本《清实录》第3册，中华书局，1985年，第788页。

3 遵化、易州两陵区简称为“东陵”、“西陵”，自世宗入葬泰陵以后逐渐形成习惯，并进入官方正式文档。如《清高宗实录》卷三一一“乾隆十三年三月辛亥”（影印皇史宬等处旧藏清抄本《清实录》第13册，中华书局，1986年，第94页）下记载当日上谕：“东陵有贝勒公二员、西陵有贝勒公三员，西陵、东陵皆属一体，西陵贝勒公内留二人足矣。”这可能是《清实录》中“东陵”、“西陵”并用年代最早的一条。

来，新宾永陵的祔葬墓[1]，沈阳昭陵的“御厕”、“宰牲厅”、“馔造房”等附属建筑[2]，以及“贵妃园寝”等进行过局部发掘；东西两陵中的高宗裕陵、德宗崇陵[3]、慈禧太后定东陵，以及一些妃嫔园寝的地宫，经过清理发掘，但正式公布的考古资料很少。有些涉及清代皇陵的档案资料（包括文字、图像）经整理公布，具有较高的学术价值[4]。清代皇陵研究主要涉及陵址的卜选[5]、清初皇室的特殊葬俗[6]、石刻艺术特点[7]、陵园及陵区的特点和管理制度[8]等方面。由于清代皇陵地面建筑保存相对较好，当年皇陵营造的各种文件资料保存比较多，所以也有些研究从古建筑调查[9]、陵墓营造工程及管理[10]、建筑工艺特点[11]等方面展开。此外，清代宫史研究会曾编辑《清代皇宫陵寝》论文集（紫禁城出版社，1995年），涉及上述多方面内容。最近，也有一些试图利用考古学的分析方法，对清代帝后陵园进行分类、分期的研究[12]。1980年以后，有关清代皇陵的知识兼研究性著述比较多见，有些具有开拓性并代表了当时的学术水平[13]。

第一节　盛京三陵及其特点

盛京三陵保留了很多女真旧俗，在历代帝王陵墓中独具特色。清朝时三陵各设总管

1 方殿春等：《清武功郡王、恪恭贝勒二墓》，《辽宁文物》总第5期，1983年。

2 刘焕民：《沈阳昭陵“御厕”遗址发掘报告》，《沈阳故宫博物院院刊》第三辑，中华书局，2007年。

3 保定地区文物管理所等：《清西陵崇陵地宫清理简报》，《文物春秋》1990年第2期。

4 中国第一历史档案馆编：《清代帝王陵寝》，档案出版社，1982年；杨丰陌等主编：《盛京皇宫和关外三陵档案》，辽宁民族出版社，2003年。

5 徐广源：《道光陵搬迁始末》，《故宫博物院院刊》1983年第4期；王其亨：《顺治亲卜陵地的历史真相》，《故宫博物院院刊》1986年第2期；王其亨：《光绪生前于西陵金龙峪择定万年吉地的史实》，《故宫博物院院刊》1989年第1期；杨珍：《顺治亲卜陵地与雍正另辟陵区》，《故宫博物院院刊》1992年第4期。

6 尹德文：《清太宗皇太极火葬考略》，《故宫博物院院刊》1985年第1期；黄展岳：《明清皇室的宫妃殉葬制》，《故宫博物院院刊》1988年第1期；刘毅：《昭西陵与清代帝后丧葬礼俗更易》，《故宫博物院院刊》1992年第4期；王微：《乾隆裕陵棺椁藏文经咒释读》，《故宫博物院院刊》2006年第1期；冯秋雁：《清初陵寝之殉葬》，《满族研究》2000年第2期。

7 刘英：《谈清帝陵寝中的石雕文化及其艺术》，《满族研究》2004年第4期；王秀荣：《清西陵古建筑中的石栏杆》，《文物春秋》2011年第2期。

8 徐广源：《清代东陵的管理机构》，《故宫博物院院刊》1986年第4期；徐广源：《清代东陵的防护》，《故宫博物院院刊》1989年第4期；徐广源：《清代陵寝的命名》，《故宫博物院院刊》1992年第1期；刘毅：《明清皇陵制度比异》，《北方文物》1999年第2期；刘毅：《清初三陵制度述论》，南开大学历史研究所编《南开大学历史研究所建所二十周年纪念文集（1979—1999）》，南开大学出版社，1999年。

9 刘敦桢：《易县清西陵》，《中国营造学社汇刊》第五卷第三期，中国营造学社，1935年；知识产权出版社重印，2006年；另收入《刘敦桢文集》第二卷，中国建筑工业出版社，1984年。

10 王其亨等：《“样式雷”世家新证》，《故宫博物院院刊》1987年第2期；王海燕：《陵寝工程中的赔修制：以清东陵裕陵隆恩殿为例》，《河北大学学报（哲社科版）》2006年第5期。

11 王其亨：《清代陵寝地宫金井考》，《文物》1986年第7期；王其亨：《清陵地宫龙须沟》，《文物》1989年第8期；王其亨：《清代陵寝建筑工程小夯灰土做法》，《故宫博物院院刊》1993年第3期。

12 刘毅：《清朝关内九陵陵园制度研究》，《沈阳故宫博物院院刊》第十一辑，现代出版社，2012年；刘毅：《清代后妃陵园分类分期研究》，《故宫学刊》第九辑，故宫出版社，2013年。

13 俞进化：《清东陵与西陵》，北京出版社，1981年；于善浦：《清东陵大观》，河北人民出版社，1985年；陈宝蓉：《清西陵纵横》，河北人民出版社，1987年；晏子有：《清东西陵》，中国青年出版社，2000年；徐广源：《解读清皇陵》，紫禁城出版社，2005年；徐广源：《清皇陵地宫亲历记》，紫禁城出版社，2007年；于善浦：《清代帝后的归宿》，紫禁城出版社，2006年。

衙门、掌关防衙门等管理机构，受三陵守护大臣（盛京将军兼）节制。

一、盛京三陵的陵园结构

1. 永陵

永陵在清兴京城西偏北5公里，今属辽宁新宾满族自治县永陵镇。陵宫红墙外设红桩74根，20丈外设白桩64根，约10里外再设青桩36根，是为陵区的标志。陵宫建于启运山下，背靠启运山，前临苏子河，坐北朝南而微偏东，前方遥对形如笔架的烟囱山，群山拱卫，众水朝宗，据风水绝盛之地。

图9—1 辽宁新宾清永陵前宫门

永陵规制简朴，占地仅约1万平方米，其结构与其他明清皇陵有较大差异。陵宫前为黄沙所铺神道，神道南北两端各有下马碑两座，东西夹峙而立，碑上以满蒙汉藏回五体文字镌刻“诸王以下官员人等至此下马”字样。神道北端为正红门（或称前宫门、大红门），硬山顶覆黄琉璃瓦，三开间，每间安设木栅栏门一对，为陵园中的轴线的南端点（图9—1）。正红门北并列碑亭四座，平面为正方形，南北各辟一门，单檐歇山顶覆黄琉璃瓦。亭内赑屃驮碑，碑身以红黄蓝白黑五色涂绘，赑屃以红绿等色涂绘。四碑碑主，自东而西依次为景祖、肇祖、兴祖、显祖（图9—2）。碑亭以北为启运门，单檐歇山顶覆黄瓦，面阔三间，进深两间，由此进入陵园第二进院落。门前东西为果楼和膳房。启运门北为启运殿，面阔进深各三间，外有一周回廊，单檐歇山顶覆黄瓦，殿内安设四祖帝后暖阁、神牌、宝座及供器等，神牌位次同碑亭位次。殿前东西各有配殿三间。

图9—2 辽宁新宾清永陵四祖碑亭

启运殿后为坟冢区，建于平面为八角半圆形的二层高台之上，有石板神道及石阶、礓礤可上。上层并列三大土冢，正中兴祖，东南景祖，西南显祖，兴祖坟冢东北葬有肇祖衣冠，不起坟；下层两侧祔葬太祖伯叔，东为武功郡王礼敦，西为多罗恪恭贝勒塔察篇古。兴祖冢前原有神榆一株，同治二年（1863年）被大风刮倒，后曾用巨木托架，但最终枯死，今其地有补栽新榆树一棵。永陵的封土不过一抔黄土，封土之下也没有地宫，葬制十分简陋。1981年6月，辽宁省博物馆文物队等单位对武功郡王礼敦、恪恭贝勒塔察篇

图9—3 辽宁新宾清永陵启运殿及启运山

古二人之墓进行过清理，二墓结构基本一致。其中礼敦墓以青砖筑成，墓穴平面呈长方形，南北98厘米、东西84厘米，墓壁上起半弧形券顶，上为四面叠涩递收攒尖式小顶，穴内最高处96厘米。墓底中央放置一块长宽皆34厘米、高7厘米的花岗岩石板，其上安放盛有墓主骨殖的瓷罐一个。墓穴内填充大量木炭，以单壁砌砖封门，其外再砌约1.5米厚的挡券砖垛，向上递收达于墓顶[1]。

永陵各墓落葬的时间不一致。位于上层正中的兴祖冢应为永陵中年代最早、也是陵园中唯一的原葬墓。从有关文献记载来推断，赫图阿拉尼亚满山冈是太祖的家族墓地，可能也是景祖觉昌安、显祖塔克世的最初葬地。天命九年（1624年），二祖等人迁葬东京阳鲁山；顺治十五年（1658年），二祖遗骨回迁兴京，祔葬兴祖左右，礼敦、塔察篇古二人骨殖应该同时迁祔。永陵四碑树立时间也不一致，肇祖、兴祖碑立于顺治十二年（1655年）六月，景祖、显祖碑立于顺治十八年（1661年）九月。《清实录》中关于兴京皇陵最早的记载，是太宗崇德八年（1643年）二月，“清明节，遣官祭太庙、福陵、兴京东京列祖陵”[2]。此前天聪元年（1627年）九月初一日的上谕中提到：“祭太祖、列祖陵寝，照旧仍用大小牛只。”[3]但并没有明确“列祖陵寝”的具体内涵，是否同时兼有兴京、东京二处，不得而知。从广义上说，永陵的最初建造时间应为兴祖落葬之时，但这只是一般意义上的墓葬，作为皇室祖先陵墓而被合乎规范地祭祀、大规模兴建陵园应该始于崇德朝（1636—1643年）。以顺治八年（1651年）封兴祖陵山为标志，永陵陵园建制日益正规。顺治十六年（1659年）九月，定兴祖陵名永陵，并改建享殿、添设暖阁等一应陈设；十八年，定永陵献殿名曰启运殿。康熙元年（1662年），殿中奉安四祖帝后神牌；十六年（1677年）启运殿顶由黑瓦改易黄瓦（图9—3）。至此，永陵陵园始基本成今日所见之规模。

1 方殿春等：《清武功郡王、恪恭贝勒二墓》，《辽宁文物》总第5期，1983年。

2 《清太宗实录》卷六四“崇德八年二月癸未”，影印皇史宬等处旧藏清抄本《清实录》第2册，中华书局，1985年，第883页。

3 《清太宗实录》卷三“天聪元年九月甲子”，影印皇史宬等处旧藏清抄本《清实录》第2册，中华书局，1985年，第53页。

2. 福陵

福陵在今沈阳东郊的石嘴头山，俗称“东陵”。陵园依山势而建，自山脚达于山巅，坐北朝南，前临浑河，气势雄伟，周围原环以红、白、青三色界桩。

清太祖卒于后金天命十一年（1626年）八月，因吉地待卜，暂安于盛京城内西北隅。天聪三年（1629年）二月，清太宗“谨卜地于浑河北石嘴头山，川萦山拱，佳气郁葱。敬建宝城，用诹吉日，奉迁皇考梓宫，奠兹佳域”[1]，孝慈高皇后、大妃富察氏同时自东京陵迁来合葬；顺治八年（1651年）陵园基本建成，康熙二年（1663年）改建地宫，后又添建神功圣德碑及碑亭，始成后来所见之规模。福陵总占地面积19万平方米，居盛京三陵之首。陵园四周环以红墙，南墙正中为正红门，歇山顶，拱券门三洞，左右对称排列石牌楼、华表、石狮；牌楼额坊上刻有“往来人等至此下马如违定依法处”满汉蒙三体文字。正红门内为神道，两旁夹列石兽，为卧骆驼、立马、蹲虎、蹲狮各1对，石兽的南、北两端各有华表1对。石像生以青黑石雕成，体量较小，刀法粗疏，应系初修陵园时的作品；石兽所踞之须弥座为白石雕成，形体较高，刀法精湛，纹饰繁缛堂皇，其时代似不早于遵化孝陵。石像生尽处，神道开始沿山势升高，砖砌108级砖阶，上达山顶。前为重檐歇山顶碑楼，内立清圣祖御制“大清福陵神功圣德碑”。碑楼之后为方形城堡，四角设重檐角楼，南面正中辟券门一洞，名“隆恩门”（图9—4），上为三重城楼，每层各三开间、进深两间，层层收分。城堡内中心为隆恩殿，建于石台基上，丹陛栏板皆雕石为之，正面陛阶三出，面阔进深各三间，四周有回廊，大殿单檐歇山顶，内有宝座、暖阁、神牌及供器等陈设。殿前为东西配殿（图9—5）。隆恩殿后为二柱牌楼门，其后为石几筵台，再后为明楼城台，位于城堡北部正中，与隆恩门南北相对。城台辟券门，入内为月牙城，券门内左右两侧有礓礤磴道可上达明楼，其后为宝城。明楼重檐歇山顶，内立“大清太祖高皇帝之陵”朱砂碑。宝城南接明楼，北面呈大半圆形，中央一冢隆起，是为宝顶，中央植神树一株。

图9—4　清太祖福陵隆恩门

1《清太宗实录》卷五“天聪三年二月己亥”，影印皇史宬等处旧藏清抄本《清实录》第2册，中华书局，1986年，第69页。

图9—5　清太祖福陵隆恩殿及配殿

福陵之西原有太妃园寝，葬太祖寿康太妃等。

3. 昭陵

昭陵在盛京城北5公里，今沈阳市北郊北陵公园内，俗称“北陵”，陵园规制与福陵相仿，但建于平地高岗。周围原先环以红、白、青三色界桩。

清太宗卒于崇德八年（1643年）八月，同年昭陵兴工。顺治六年（1649年）四月，孝端文皇后病故，次年与太宗合葬；顺治八年（1651年），陵工基本告竣。康熙二年（1663年）改建地宫，后又添建神功圣德碑及碑亭。昭陵建于平岗地，但地势比周围略高，陵宫围以红墙，坐北朝南。陵区南端为南北下马碑各1对、华表1对，过三孔石神桥为青白石三阙石牌楼1座，是为陵宫中轴线之南端点（图9—6）。牌楼北为正红门，单檐歇山顶，三洞拱券式门，建于石须弥座上。正红门内神道两侧夹列石像生，自南而北依次为：华表、狮、獬豸、麒麟、马、骆驼、象、华表各1对。从石质、工艺特征来看，这八对石刻不是同一个时代的作品，马、象的年代应该略晚而与须弥座同期，其余石兽及须弥座的特点均同福陵。其北端为碑亭一座，制同福陵，内立清圣祖御制“大清昭陵神功圣德碑”。碑亭北为方城，主体建筑依次为隆恩门、隆恩殿、二柱门、石几筵台、明楼、月牙城、宝顶等，规制略如福陵，惟规模稍大（图9—7）。宝城以北为人工堆筑半环形土山一座，顺治八年（1651年）封为“隆业山”。

昭陵之西原有妃园寝，葬太宗懿靖大贵妃等人。

4. 东京陵

后金天命九年（1624年）四月，因得辽沈之地及迁都东京辽阳，太祖命族弟铎弼等人到赫图阿拉奉迁景祖、显祖，太祖继妃富察氏、孝慈高皇后，太祖伯父礼敦，太祖弟舒尔哈齐、穆尔哈齐，太祖长子褚英等人的遗骸，在东京城东北的阳鲁山举行隆重的迁葬奉安仪式：“迎至接官亭，命束草为汉人形，放炮呐喊，斩草人以夺其地。”太祖亲读祝文：“吾征大明以复祖父之仇，遂得广宁辽阳，今迎先灵葬于所获之地，乞祖父上达天

图9—6 清太宗昭陵石牌楼、正红门

图9—7 清太宗昭陵隆恩殿

地神祇，冥中默佑可也。”[1]顺治十五年（1658年），景祖、显祖迁祔兴祖陵，罢其陵山祀典，东京陵改由诸王府自行管理。

清东京陵今属辽宁辽阳太子河区东京陵乡，俗称“太子陵”，现仅剩舒尔哈齐、穆尔哈齐、褚英三座墓园，墓地所在为高岗。舒尔哈齐墓园前后两进院落，青砖砌成，院平面呈长方形，面朝西南。前院正中为单檐歇山顶灰瓦碑亭，额枋施彩绘，内立“庄达尔汉把兔鲁亲王碑”，碑上刊刻顺治十一年（1654年）三月追封庄亲王诏诰（图9—8）。后院靠近后墙正中为坟丘，建于砖台之上，石砌及腰，冢顶抹灰。褚英墓园在舒尔哈齐墓之

1 《清太祖武皇帝实录》卷四，《清入关前史料选辑》第1辑，中国人民大学出版社，1984年，第380—381页。

图9—8　辽宁辽阳清东京陵之庄亲王碑亭及后寝门

左旁（东南侧），亦为灰砖瓦砌筑，与舒园后院并列，二寝园相距大约6米。褚英墓只有一进院落，无碑，院内北部正中有坟冢一，砖砌及腰，坟顶抹灰。穆尔哈齐墓园在舒园以东约百米处，青砖瓦砌成两进院落，朝向东南。前院内并列三碑，自东北至西南依次为：康熙十年（1671年）"追封辅国公谥刚毅大尔差碑"，康熙十五年（1676年）"追封□□贝勒巴图鲁穆尔哈齐碑"，1935年（伪满"康德"二年）"御制多罗诚毅勇壮贝勒穆尔哈齐碑"。后院内并列两冢，东偏后为穆尔哈齐墓，西偏前为穆尔哈齐之子大尔差墓。

上述三座寝园中轴线往北延伸的交汇点上，地势更高，估计是当年景祖和显祖陵所在，其余诸寝园在二祖陵外围呈扇面状分布。东京陵现存三座寝园皆曾被盗，清理证实坟冢下无墓室，只有一个骨灰坛。这三座坟园皆始建于太祖朝，可以从中窥出清朝立国之初的陵墓制度。

二、盛京三陵制度特征

盛京三陵肇建于清朝开国时期，其建造时间介乎明清两代皇陵之间，地域性和民族性特征十分明显，其制度特征可以归纳为以下三点：

第一，盛京三陵随着后金—清政权的日益扩大和巩固而不断改建、添建，其制度也是逐渐完善的。太祖时代，建洲左卫女真贵族之葬均仍旧制，天命九年（1624年）所迁东京之"陵"，不过是比一般墓葬稍大而已，这从永陵及舒尔哈齐等人的园寝中可以窥见一斑。福陵工程从天聪三年到顺治八年前后持续20余年，其规制依然简朴，无法比肩孝陵。福、昭二陵神道石像生之石质粗糙、刀法古拙与石座之精雕细琢形成的鲜明反差，是关外诸陵不断扩建、从简到繁的一个实证（图9—9）。崇德元年（1636年）清太宗称帝，清王朝典章制度的制定才真正拉开帷幕，就陵寝制度而言，除正在建设中的福陵外，兴京、东京二陵也日益受到重视，祭祀之礼日渐正规化；估计肇祖原皇帝衣冠之葬当在此前后（肇祖墓在朝鲜会宁府半面山猛哥洞古坟）。顺治八年（1651年）六月，"礼部请照例加四祖、太祖、太宗陵山封号，从祀地坛，命作速举行”[1]，十月，仿明制封祀“陵山”。以此为标志，清朝的陵寝制度开始确立，陵寝祭祀、特别是四祖陵的陵寝祭祀也基本形成定制，昭陵隆业山之堆筑当在此稍前。康熙二年（1663年），遵化孝陵工程开工，同年九至十二月，分别改建福、昭二陵地宫，这项工程表明清朝正规的陵寝制度已经确立。此二陵早先的墓室之制可能是殿内奉厝或与礼敦墓相类，正是因其简陋过甚，才不惜惊动祖灵而改建。这次改建工程使二陵的二柱门以后部分与正在兴建的孝陵在体制上大体划一，但受原建筑格局限制，二柱门和石几筵台夹列于享殿、明楼之间，实用功能受到限制，仅具象征意义（图9—10）；改建后的二陵玄宫应与孝陵玄宫制度相同或相近，从工程进展迅速来推断，其规模当不会太大。

图9—9　清太祖福陵神道石像生骆驼及底座

第二，盛京三陵保存了不少满洲旧制，特异性比较突出。三陵及东京陵据地高爽，

图9—10　清太宗昭陵隆恩殿后至明楼

1 《清世祖实录》卷五七“顺治八年六月乙亥”，影印皇史宬等处旧藏清抄本《清实录》第3册，中华书局，1985年，第457—458页。

不仅是一般选择墓地的需要，更是满洲先世据高岗而居的映射，永陵前宫门硬山式房顶、木栅栏门，则是满洲居住条件的直接移植。城堡式的隆恩殿院落、城门式的隆恩门，是福、昭二陵的重要特色之一，而永陵启运门（相当于关内诸陵的隆恩门）做成殿宇式，则明显汉制化。由此推断，永陵格局最终奠定的时间比盛京二陵还要晚一些。福、昭二陵拱券式的正红门，虽可附会为明十三陵及清东、西两陵之大红门，但就其实际功用与规制而言，更接近于明长陵、永陵等陵祾恩门前的陵宫门。在陵园规制方面，顺康以后，尽量将关外三陵规范化，永陵普通坟丘式封土是对满洲旧葬制最大的保留，大概因为三墓相距密迩、不便兴工扩建等因，永陵地宫始终未曾改建。大约绘成于乾隆时期的《永陵图》显示[1]，永陵的宝顶仅为一抔黄土，甚至没有砌石、包灰（图9—11）。从陵园布局来看，三陵皆以明陵为蓝本而兼存满洲旧制，永陵突出表现在前正门与封土之制，福、昭二陵则突出表现在城堡式陵宫墙垣和城门式的隆恩门。

图9—11　清代绘《永陵图》（引自中国第一历史档案馆《清代帝王陵寝》，1982年）

第三，关外诸陵始建、改建的时间不同，其制度也不尽相同。三陵皆据高地而建，但具体卜穴点却不一致，永陵在山阳，福陵在山巅，昭陵和东京陵则在平地高岗，可见当时并没有“皇陵凭依之山”即“陵山”的概念。后来仿明制封祭陵山，但陵山指认标准不一，福陵建于陵山之上，昭陵人工堆筑的陵山在陵宫之内，惟永陵建于山前，稍合明清其他皇陵的风水规范。三陵规模均小，但却各有特色：永陵背景、风水深邃，福陵气势浑雄，昭陵则建筑规模胜过前二陵。三陵陵冢各有“神树”一株，永陵在兴祖陵前，福、昭二陵植于冢顶正中最高处。

第二节　清朝关内九陵的陵园结构及其特点

清朝关内九陵以北京昌平明代诸陵为蓝本，斟酌损益，形成了自己的特色，确定了

1 中国第一历史档案馆：《清代帝王陵寝》，档案出版社，1982年，第6、7、9页。

中国古代陵墓制度发展变化的最后模式。

一、遵化东陵各帝陵的陵园形态及其特点

清东陵位于河北遵化昌瑞山前，陵区东起马兰峪，西至黄花山，北抵雾灵山，南有丈天台、烟墩山两山对峙，中阙为龙门口，陵区环以外围墙（也称“风水围墙”），“周长六千四百三十九丈四尺八寸，高一丈三尺”[1]，在山口辟门若干。陵区内部以昌瑞山为界，分为前圈、后龙两部分，周围开割宽20丈、长380余里的防火道，沿防火道设红桩，红桩外20丈设白桩，白桩外10里设青桩，青桩再向外20里以内为官山。东陵界内共有5座皇帝陵、4座皇太后陵和5座妃园寝，共葬有5位皇帝、15位皇后及妃嫔、皇子等共157人（图9—12）。

1. 孝陵

孝陵在昌瑞山主峰之下，是清世祖和孝康章皇后佟佳氏、孝献皇后董鄂氏的合葬墓。孝陵主体建筑分为神道和陵宫两部分。

孝陵神道实际上也是整个东陵陵区的主神道。最南端为一座青白石牌坊，与昌平明十三陵石坊相仿，五间六柱十一楼式，面阔31.35米、高12.5米（图9—13）。石牌楼正北为大红门，三洞拱券式，单檐庑殿顶，是整个遵化皇陵区的大门，青白石墁神道始自大红门前，中门丹陛石雕刻祥云。拱券红门两旁各有随墙过梁式东西角门一座。大红门的东

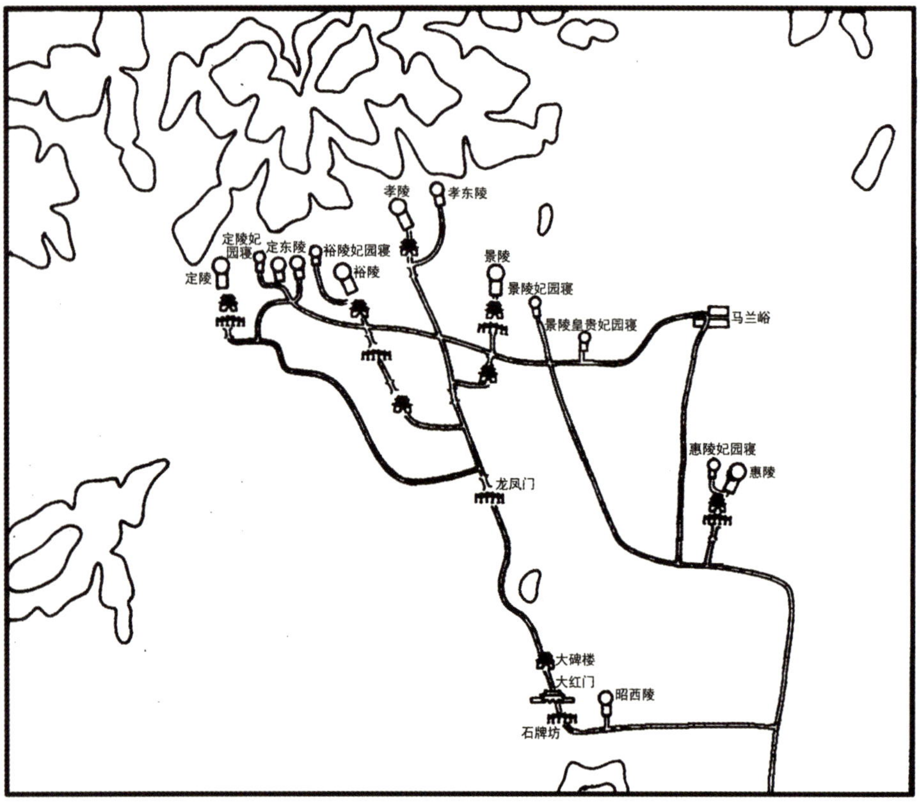

图9—12　清东陵各陵墓园寝分布示意图（据1981年俞进化《清东陵与西陵》改绘）

1 ［清］昆冈等修：《（光绪）钦定大清会典事例》卷九四三《工部·陵寝规制一·孝陵》，据光绪二十七年外务部石印本影印本，第10册，中华书局，1991年，第808页。

西两侧连接以风水围墙，延伸向后环护陵区。大红门外有左右值房各三间，东西下马石坊各一座。大红门内，神道东侧为具服殿，自成一小院，有御道通向神道。大红门正北为孝陵神功圣德碑亭（俗称“大碑楼”），平面正方形，券门四开，重檐歇山顶，内立清圣祖御制“大清孝陵神功圣德碑”，满汉两体文字刊刻，左（东）汉右（西）满，高6.7米，以石雕赑屃承托，碑楼外四隅各立华表1根。大碑楼以北为一座天然土山，名曰“影壁山”，神道向西折北而东绕山而行。影壁山以北开始神道石刻，为望柱1对和石像生18对（图9－14）。石像生自南而北依次为狮子、狻猊、骆驼、象、麒麟、马各2对，造型均为前件蹲或卧、后件站立；武将、文臣各3对，皆为站姿，着满装。石像生以北为龙凤门，形式为并联三座单阙石牌楼门中联以嵌琉璃花红壝墙。龙凤门内神道继续蜿蜒向北，中经一孔石桥、七孔石桥、五孔石桥各1座到达陵宫前（图9－15）。

图9－13　清世祖孝陵石牌楼、金星山

图9－14　清世祖孝陵神道石刻

图9－15　清世祖孝陵陵宫前

孝陵陵宫坐落于昌瑞山下（图9－16），过并列的三座三孔石桥，正中为神道碑亭（俗称“小碑楼”）一座，重檐歇山顶，平面正方形，内立赑屃承托石碑1通，碑额篆刻满汉蒙三体文字“大清”，碑身镌三体文字“世祖体天隆运定统建极英睿钦文显武大德弘功至仁纯孝章皇帝之陵”，排列方式为中满文、左（东）蒙古文、右（西）汉文。碑亭以东为神库、神厨和宰牲亭，自成一独立院落，西墙正中辟门通向神道。神道碑亭正北为殿宇式宫门，五间两进，单檐歇山顶，额题“隆恩门”，满汉蒙三体文字（中满、左蒙、右汉）合璧，是为陵宫门。宫门前东西两侧各有朝房五间、守护班房五间。宫门内院落正中为隆恩殿，即享殿，殿额亦用满汉蒙三体文字题写。大殿面阔五间、进深三间，重檐歇山顶，前出倒“凸”字型月台，月台上陈列铜鼎、铜鹤、铜鹿各1对（鼎列于中道两旁，鹤前鹿后立于东西两侧）；月台南侧三出陛阶，神道丹陛石雕刻龙凤祥云；东西两侧各一出陛阶。隆恩殿内设暖阁三间，供奉帝后神主牌位。大殿及月台环以汉白玉栏楯。享殿前两侧分别为五间一进的左右配殿，配殿南侧各有黄釉琉璃砖包砌的铁芯焚帛亭一座。

隆恩殿后有分东西两股自后寝院中引出的水沟一道，名曰玉带河，其上架石板便桥三座。桥北中轴线上为三座琉璃花门，也称“三座门”或“一字门”，亦即陵寝门，由此进入陵宫后寝。三座门内神道上为一座单阙牌楼门，即“二柱门”，亦名“棂星门”。门后为石祭台，台上陈设鼎式香炉一、烛台二、花瓶二。石祭台以北复有玉带河（或名“月牙河”）一道，上架石便桥以通达明楼前。

明楼之制，下为方形城台，前有礓礤，城台正中辟券洞为门道，城门内为月牙城，院内左右各有转折礓礤可以上达明楼。明楼平面为正方形，四面各辟券洞，重檐九脊歇山顶，重檐之间悬榜额，以三体文字题曰“孝陵”，明楼内立石碑一通，碑额篆书“大清”，碑身楷书“世祖章皇帝之陵”；并书满、汉、蒙三体文字。月牙城北为宝顶，其下为地宫[1]。

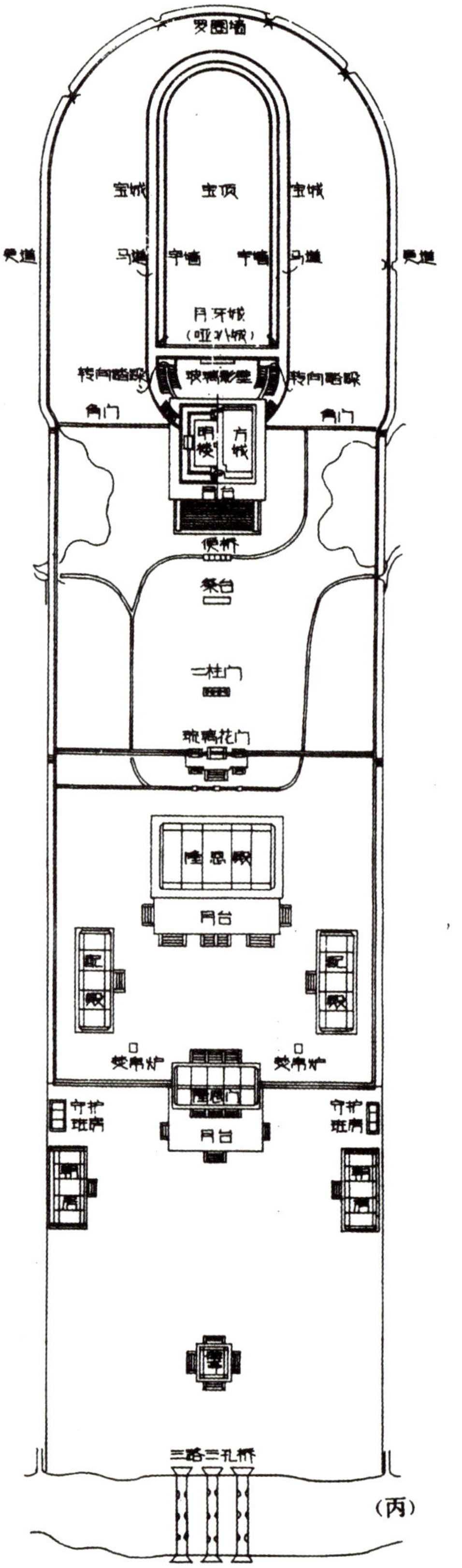

图9—16　清世祖孝陵陵宫平面图（引自《中国营造学社汇刊》第五卷第三期，1935年）

1 孝陵各主要建筑的名称均采用光绪重修《大清会典事例》之说，详见［清］昆冈等修《（光绪）钦定大清会典事例》卷九四三《工部·陵寝规制一·孝陵》，据光绪二十七年外务部石印本影印本，第10册，中华书局，

图9—17　清世祖孝陵石像生之文官（左）、武将（右）

月牙城北墙正中嵌琉璃花影壁一座，正与方城券洞门相对。环绕宝顶与月牙城有椭圆形宝城一道，前接明楼，前中部横亘以东西向平直的月牙城北墙；城墙随山势而后高前低，其最高点在北端的中轴线上。

孝陵是清朝入关后的第一座皇陵，陵园规制脱胎自明代皇陵的痕迹十分明显。其神道石牌坊、大红门、神功圣德碑楼、望柱及石像生、龙凤门等建置及建筑形式和明长陵神道完全相同，神功圣德碑文也依明孝陵、长陵之制由嗣皇帝御撰，只是增加了满文；石像生中的石兽之制一如长陵，石人仍为6对，但因为改易衣冠，变为文武各3对，皆着满式衣冠（图9—17）。孝陵神道自大红门前开始至陵宫前，全长5600余米，向隆恩门内延伸至明楼月牙城琉璃照壁前，全部甃以青白条石、两侧牙石为副道，石道之间墁以二至三层青砖，整齐美观。

清孝陵的陵宫比明长陵陵宫规模小，并且取消了最外一层拱券式宫门，直接以殿宇式的中门作为陵宫门。陵宫门五间二进无周环栏板、享殿五间三进连同月台环以汉白玉栏板，其等制应该是低于明长、永、定三陵而高于或略同于献、景等其他各陵。其宫门前设神道碑亭，是参酌了明昌平陵区献、景以下诸陵的“无字碑”之制，但创新镌刻内容，这一做法为后来的8座皇陵所沿用。

清朝官方文件大多是清（满）、汉文并用，宫殿榜额等亦然。康熙早期以前，许多地方都是满、蒙、汉三体文字并用，孝陵神道碑、明楼陵碑、隆恩门额、隆恩殿额、明楼额等均为三体文字，其排列方式为中满文、左（东）蒙古文、右（西）汉文；其神功圣德碑或以文字内容较多的缘故，仅用满汉两体文字。康熙以后，宫殿等处榜额一般不再有蒙古文，书写习惯也改为左满右汉；但诸帝陵宫二碑及各处榜额兼用三体文字之制却一直沿袭到民国初年最后建成的崇陵。

明陵三座琉璃花门以内的东西两侧陵宫宫墙与宝城的前部相接，宝城之墙的大部

1991年，第806—807页。本书记述清诸陵建筑一般沿用这些名称，以期前后一致，免生歧义。

图9—18　清景陵神道石像生及牌楼门

分作为陵宫墙的后端直接暴露于外。清孝陵宝顶比较小，其外尚有一道宫墙圈起，向南与前面的陵宫东、西墙体连接，明楼东西两侧各横出卡子墙一道延伸至陵宫东西墙，墙上各有一便门以通内外。这样，明楼以后部分实际上成了在隆恩门、三座琉璃花门之后的第三进院落。清孝陵的这种平面设计为以后诸陵所继承，这一变化和明代皇陵的平面布局相比有明显的区别，其优点是使得宝城部分进一步加强了防护。

2. 景陵

景陵在孝陵东南，葬清圣祖帝后和皇贵妃。景陵之东另有景陵妃园寝、景陵贵妃园寝（亦称"太妃园寝"），葬圣祖妃嫔和皇十八子。

景陵神道自孝陵主神道七孔桥以北分出，东行至大碑楼前转向北，全部甃以条石。圣德神功碑楼为景陵南起第一座主体建筑，内立世宗御制"大清景陵圣德神功碑"，满汉文各为一碑，东西并列，承以贔屃，碑楼制同孝陵。其北过五孔石桥，望柱1对导引石象生5对，为狮、象、马、武将、文臣各1对，皆为站立姿。神道石刻后面为牌楼门一座，为六柱五阙式，安镶木隔门，顶覆黄琉璃瓦。石像生所在的神道部分随山势向东而有弯曲，在有清诸陵中独此一例（图9—18）。牌楼门以北为神道碑亭、并列三座三孔石桥、陵宫。陵宫内部的建筑规制与孝陵基本相同，但在三座琉璃花门前、明楼前均没有玉带河及相应的便桥。

由于左砂紧挨陵宫，景陵的神厨库设于左砂砂脚之南，而左右下马碑则按规制顺次设于神厨库以南；它们和神道上的重要标识物——石像生发生了重叠。景陵的最初设计方案应该没有石像生一项，大约是因为后来泰陵设置石像生的缘故，景陵最终使用了折中的办法，但石像生内容和数量大为减少。景陵在大碑楼之后、石像生队列之前增设五孔石桥一座，这一设计为以后的清朝诸陵所沿袭；限于地势观瞻效果，石像生之后的龙凤门改为五阙牌楼门形式，这一制度为后来同属东陵的裕陵、定陵所效法；清末的惠、崇二陵虽不设石像生，但在望柱后、神道碑亭前也都依例设置了五阙牌楼门。

3. 裕陵

裕陵在孝陵之西的胜水峪（亦作“圣水峪”），葬高宗帝后及皇贵妃；裕陵西旁为裕妃园寝，葬高宗妃嫔。

裕陵神道自东陵主神道向西分枝，分岔处在孝陵一孔桥至七孔桥路段由南向北大约2/3的地方，神道向西偏北再折向西北，全部铺以青条石。裕陵大碑楼、五孔桥之制同景陵，惟大碑楼北有砂山一道，石墁神道因而向东绕了一个“U”字形再回到原轴线，到达五孔桥前。过桥为望柱一对，其后设石像生8对，分别为狮、狻猊、骆驼、象、麒麟、马、文臣、武将各1对，皆为立姿。石像生以北的五阙牌楼门制同景陵，但在门北增设单孔石桥一座。此后神道略向西弯曲，绕过左砂脚，复折向中轴线，到达陵宫前。

裕陵陵宫制度参酌孝、景二陵之间，如依景陵顺随水势，东西朝房也设于三座三孔桥以南；和孝陵一样，三座琉璃花门前和明楼前也各有玉带河一道，裕陵明楼前的玉带河上也同样架设平板石便桥，但三座门前的玉带河上则架三座并列的单孔石拱桥，其形式为清代诸陵所仅见。这三座石桥雕刻精工、法式严谨，造型装饰美轮美奂，是乾隆盛世的代表作（图9—19）。

图9—19　清高宗裕陵三座门及石桥

从总体上说，裕陵的建筑工艺、营造艺术在清代诸陵中都是首屈一指的，精雕细琢中透出一股大气。其大碑楼以北、陵宫以南的神道部分，神桥、仪树、石像生、牌坊安排得当，在陵寝的肃穆气氛之外，还特别显示出一种园冶般的匠心独运，透露出园林的气息（图9—20）。这种做法不仅强化了陵墓建筑的美学意义，而且还从心理暗示上淡化了墓葬本身的埋葬意义，减弱了对于死亡的抵触情绪和恐惧感。就建筑结构而言，裕陵继承了孝、景、泰三陵制度，并没有什么创新，只是细部更加精致华丽。但在隆恩殿中却别出心裁地增加了一项功能，其东间暖阁设仙楼，供设佛像，而且还有书画、古玩收藏，这个做法也为以后诸陵所继承。从一定意义上说，这是对宋以前陵墓中“寝宫”功能的局部恢复；另外，同样也在客观上淡化了墓葬与死亡的必然联系，使墓葬这种人生的最终归宿地具有了一种“归隐”的意味。

4. 宝华峪万年吉地

景陵双妃园寝以东的宝华峪，旧名绕斗峪，是宣宗废陵的旧址所在。道光七年（1827年）建成，次年九月，因发现地宫渗水而废弃。道光二年（1822年）七月，清宣宗谕令寿陵“一切工程务从简朴，并谕以宝城内月台、碑亭等工程酌量裁减。地宫内之起脊琉璃黄砖头停，金券内之经文佛像及二柱门，俱行裁撤。其石像生一项，量为收小，井上石栏，无庸起建亭座”[1]。此外，宝城、方城、红墙等也都要求相应简省。宝华峪废陵在清代皇陵发展历史中的地位不应该被忽略，其初建之制基本上承袭昌陵而在若干方面有明显简化，因地宫渗水而废弃后，直接影响了龙泉峪寿陵制度的进一步变异。

图9—20　清高宗裕陵牌楼门透视石像生、大碑楼、仪树

图9—21　清文宗定陵牌楼门、神道碑亭、陵宫

5. 定陵

定陵在裕陵以西的平安峪，葬文宗帝后。神道自孝陵主神道向西分出，分岔处在裕陵神道起点以南。定陵不设大碑楼，其五孔桥、石像生、五阙牌楼门等制略同景陵，但石像生所在段神道取直，5对石像生的神采不如景、裕二陵。受原地势的影响，牌楼门以北逐级增高，为弥补落差，石像生所在神道部分亦比两旁明显垫高；神道石刻和陵宫建筑群高低错落，视觉效果上层次感很强（图9—21）。

定陵陵宫主体建筑设置同景陵、裕陵，但具体形式多有改易。主要表现在：

一、神道碑亭和隆恩门各自所在的地面有明显的高度差，其过渡方式是缓坡和石阶道。左右朝房建在三座三孔石拱桥以北，和隆恩门建在同一个大月台上。

二、隆恩殿的基座建于比平地略高的砖坡上，更加凸出于平地，环绕隆恩殿及月台的汉白玉栏楯到殿前壁接侧壁处转折与殿墙相接，不再包绕整个大殿（图9—22）。

三、三座琉璃花门外有玉带河一道，上设石便桥三座；琉璃花门内裁撤了二柱门，直接是石祭台；明楼前又有玉带河一道，上设石便桥三座。

1 《清宣宗实录》卷三八“道光二年七月丙戌”，影印皇史宬等处旧藏清抄本《清实录》第33册，中华书局，1986年，第679—680页。

图9—22 清文宗定陵隆恩殿（自东北向西南摄）

四、明楼前礓碴的坡度较陡，以踏步间隔分为上下两段，两段礓碴的东西两侧，沿斜坡而上各增加了一道汉白玉栏楯。

五、方城及明楼的方广尺寸略有收小，明楼四面的券门均增加了白石券脸。

六、明楼内月牙城收小，两侧上达明楼的礓碴因而由弧线形变为直线形，因为距离缩短而使坡度增陡。

上述后五项特点为后来东陵中的惠陵、西陵中的崇陵所效法。

图9—23 清穆宗惠陵神道望柱

6. 惠陵

惠陵在景陵东南3公里的双山峪，葬穆宗帝后。惠陵条石墁神道起自五孔石桥，不与孝陵主神道相接，亦不设大碑楼和石像生。五阙牌楼门制同定陵；在牌楼门前设望柱一对，各加白石围栏一周（图9—23）。陵宫制度基本与定陵相同，只是前后没有太大的落差。月牙城内上达明楼的礓碴改为石阶，解决了坡度陡峭而上下不便的问题。

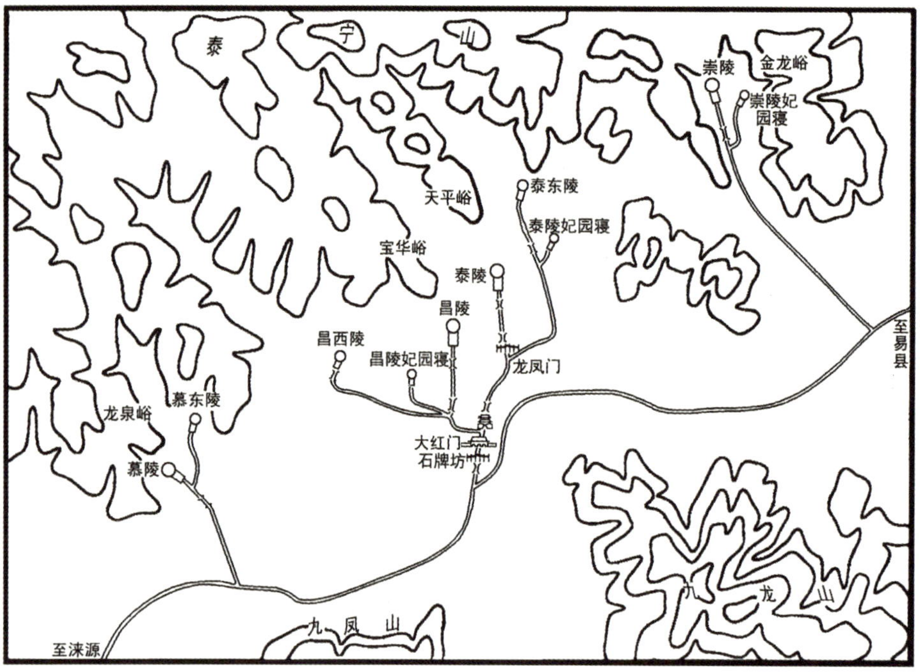

图9—24 清西陵各陵墓园寝分布示意图（据1981年俞进化《清东陵与西陵》改绘）

二、易县西陵各帝陵的陵园形态及其特点

易县清西陵，陵区北起奇峰岭，南到大雁桥，东起梁各庄，西至紫荆关，周围开辟防火道，设红、白、青三色木桩标志及官山等制，一如东陵。其风水围墙“周长四千三百九十九丈，高一丈四尺五寸”[1]。陵区内有皇帝陵4座、皇太后陵3座、妃园寝3座，葬4帝、9后以及妃嫔和皇子、公主等总计76人。另外，在旺隆村北，还有为宣统帝卜选的“万年吉地”，但并未勘定开工（图9—24）。

图9—25 清世宗泰陵大红门石麒麟（东）

1. 泰陵

泰陵为西陵首陵，位于泰宁山（后封为永宁山）太平峪，始建于雍正八年（1730年），基本完工于乾隆二年（1737年），葬世宗帝后、皇贵妃。泰陵总的营造规制是参酌于孝

1 ［清］昆冈等修：《（光绪）钦定大清会典事例》卷九四三《工部·陵寝规制一·泰陵》，据光绪二十七年外务部石印本影印本，第10册，中华书局，1991年，第812页。

图9—26 清世宗泰陵石牌坊、大红门

图9—27 清世宗泰陵龙凤门

陵和景陵之间，但又有明显的增减变异。

泰陵大红门制同东陵，但门前增设一对蹲伏的石雕麒麟，其功用应与常见的守门石狮相同（图9—25）。明孝陵大金门、十三陵大红门外皆无门兽之设，清东陵大红门应该是承袭了这一特点，泰陵则突破了成宪。大红门前南、东、西三面各建石牌坊一座，皆为仿木结构的六柱五间十一楼式，与孝陵石牌坊形制相同，惟雕饰纹样有明显的区别（图9—26）。这三座石坊大小相同，均高12.75米、面阔31.85米，比孝陵石坊略大一些。泰陵大红门东有易水支流流过，因而安设三座石牌坊，并置瑞兽守门，可能有风水方面的考虑。三座牌坊以南有五孔大石桥一座，石墁神道自大红门向南延伸到石牌坊以外，止于五孔桥。由此再向南到大雁桥附近，两山之间进入陵区的大路上另有一座石牌坊，为四柱三阙式，每间正梁上皆有一石雕火焰，因而俗称“火焰牌楼”，是为陵区的最外门户。

大红门内神道东侧为具服殿，自成一院落，开门向西，有石板御路通向神道。大红门北过石平桥为大碑楼一座，内立清高宗御制“大清泰陵圣德神功碑”，制同景陵。大碑楼四角外各有华表1根。碑亭以北过七孔石拱桥置望柱1对和石像生5对，石像生分别为狮、象、马、武将、文臣，皆为立姿。石像生北有一座名曰蜘蛛山的土山，神道因而向东转北再折向西绕山而过，其处理方式和孝陵大碑楼与石像生之间的神道绕过影壁山一致，蜘蛛山被用作距离陵宫最近的案山。山北为龙凤门，三间六柱，制同孝陵（图9—27）。过龙凤门有一孔石拱桥，神道向北到达陵宫前。因为地宫吉穴和大红门各据风水位点，不宜挪移，所以泰陵神道只有大约2500米，长度不及孝陵之半。受限于此，昌陵神道的分岔处在大红门内石平桥与泰陵大碑楼之间；慕陵不与泰陵通神道，固然有“节俭”的用意，但同样也有受限于山水形局的因素；这使得泰陵神道的“主神道”功能远不如孝陵。

最初设计泰陵时，按清世宗要求“务从简朴”，“其石像等件需用石工浩繁，颇劳人力，不必建设”[1]。高宗即位后力主在泰陵神道补置石像生。乾隆二年（1737年）二月末，世宗梓宫到达易州泰陵准备大葬。三十日，高宗于梓宫前行午供礼毕，传谕总理事务大臣等：“朕因泰陵前安设石像生一事，于乾隆元年降旨，令王大臣议

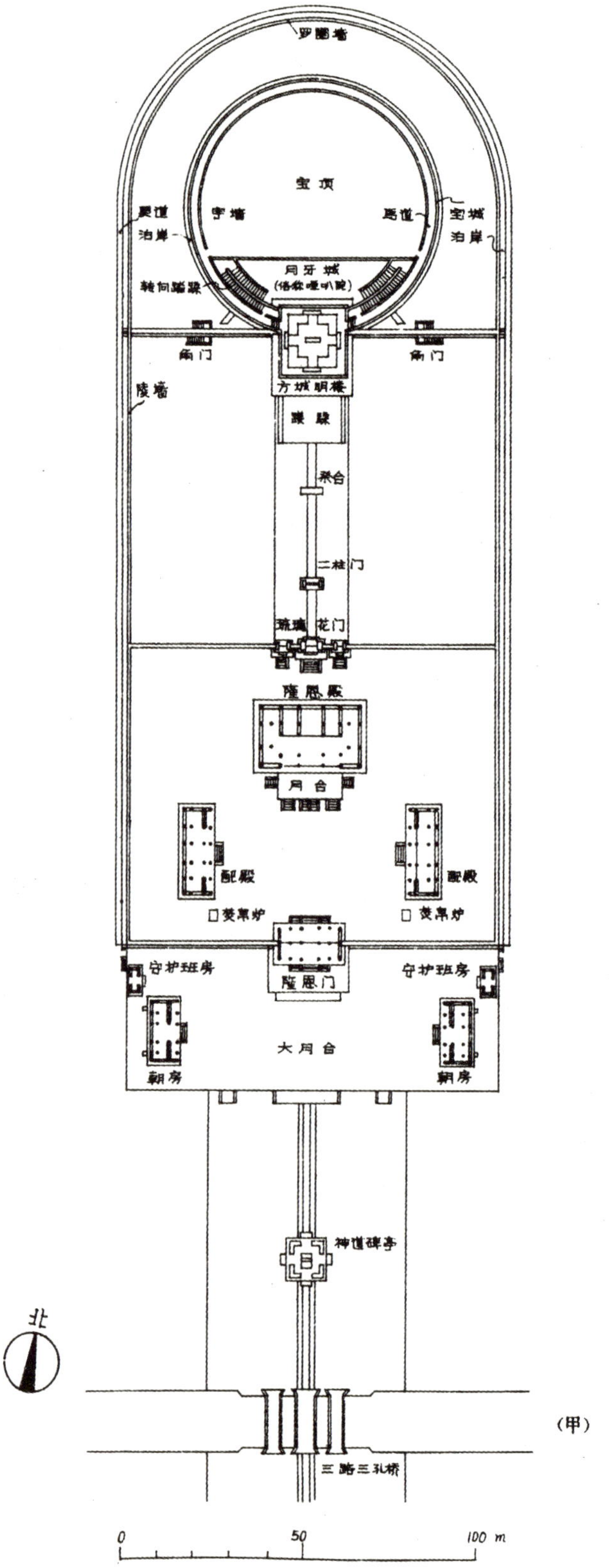

图9—28 清世宗泰陵平面图（引自《中国营造学社汇刊》第五卷第三期，1935年）

1 《清世宗实录》卷八九“乾隆七年十二月壬寅”，影印皇史宬等处旧藏清抄本《清实录》第8册，中华书局，1985年，第191页。

奏。据称‘询问原相度山水之巡抚高其倬、户部员外郎洪文澜，佥称泰陵甬道系随山川之形势盘旋修理，如设立石像生，不能依其丈尺整齐安供，而甬路转旋之处，必有向背参差之所，则于风水地形不宜安设。是泰陵之未议设石像生者，实由风水攸关，非典制之未备’等语。朕思陵前石像生系典礼之一节，若因甬道前地势盘旋，难于安设，或将大红门、龙凤门展拓向外，俾地势宽敞，位置攸宜。尔等同和亲王带领通晓风水之洪文澜再加敬谨相度，妥协定议具奏。”寻议：“大红门正在龙蟠虎踞之间，护北面随龙生旺之气、纳南面特朝环抱之水，前朝后拱，天心十道，实天造地设门户，不便展拓向外。况石像生之设，古制未详，无大关典礼之处，似可毋庸添设。”高宗以“知道了”报闻[1]，此事被暂时搁置。

但泰陵最终还是安设了石像生，工部屯田清吏司编辑、乾隆十三年（1748年）刊刻的《工部则例》记载了泰陵如景陵之制有望柱及石像生5对，可知泰陵石像生工程应该在此之前已经完成。泰陵石像生设在七孔桥以北、蜘蛛山以南的神道段，因地制宜，没有囿于明清祖陵或首陵18对、16对之制，而是和景陵取齐，是兼顾多种因素的变通之例，进一步巩固和确认了清代宗陵各设石像生之制。

泰陵神道碑亭和陵宫中的隆恩门、隆恩殿、琉璃花门、宝城等主要建筑物制度一如景陵，平面布局几乎完全相同。惟神道碑亭建于三座三孔神桥以北，另在隆恩门前垫出一个大月台，其宽度与陵宫相等，月台南部正中做出青白石礓䃰连接三孔桥以北地坪，东西两旁各出石阶五级。隆恩门月台、东西朝房、守护班房等皆建于这个大月台之上，以高度差形成了一个相对独立的空间（图9—28）。这种设计后来为昌陵以后诸帝陵，以及昌西陵、两座定东陵等太后陵所仿效。

泰陵建于清朝盛世，做工精致考究，尤以石做工艺最为突出。自五孔桥起，到三座三孔桥止，所有石拱桥的券脸合龙处都增刻了造型精美的吸水兽（图9—29）；圣德神功碑亭、神道碑亭的四面券门上都增加了白石券脸并且加刻阳纹花饰。这些都超越了孝

图9—29　清世宗泰陵七孔桥雕饰、神道石刻

1《清高宗实录》卷三七“乾隆二年二月戊子”，影印皇史宬等处旧藏清抄本《清实录》第9册，中华书局，1985年，第679—680页。

图9—30　清仁宗昌陵隆恩殿内

陵、景陵，并为以后诸陵所效仿。泰陵明楼内月牙城一侧的券脸也用白石，而不同于孝、景二陵只是外侧用白石、内侧用青砖。此后昌陵因袭此制，而包括裕陵在内的东陵诸陵和西陵中的崇陵皆同景陵制度。

2. 昌陵

昌陵在泰陵以西大约0.5公里处的太平峪，葬仁宗帝后。青白石墁神道自泰陵主神道分出，分岔处在泰陵大碑楼以南。昌陵大碑楼、大石桥、石像生、龙凤门等神道建筑设置大体上与泰陵相同，惟石像生队列前的石拱桥为五孔、龙凤门紧接在石像生队列之后。龙凤门后过一孔石拱桥到达陵宫前。陵宫制度基本与泰陵相同，其隆恩殿中以花斑石铺地，十分考究（图9—30）。

3. 慕陵

慕陵在泰陵西南6公里的龙泉峪，葬宣宗帝后。道光十一年（1831年）二月，宣宗重新卜定于西陵界内的龙泉峪营建寿陵。当年十一月兴工，道光十五年（1835年）八月工竣。

慕陵在有清诸陵中建筑规制奇异，属于特例。其神道部分起自龙凤门前的五孔石拱桥，不与泰陵主神道或昌陵神道相通。裁撤了大碑楼及四隅华表、望柱、石像生等，只有五孔桥与龙凤门遥对相望。龙凤门北为神道碑亭，其间亦无一孔石桥之设。除神道规制简省外，慕陵的陵宫部分也与其他清代皇陵有较大差别（图9—31），主要表现在：

一、神道碑及其碑亭制同诸陵，但在神道碑阴增刻一段文宗御制御书文字，记述宣宗不建圣德神功碑遗命并称颂宣宗德业，这种碑文之制是清代唯一一例。

二、宫门前马槽沟上的神桥之制降等，由诸陵皆同的并列三座三孔石拱桥改为三孔石拱桥一座、石平桥二座。

三、陵宫宫墙不施朱垩，为清一色的青砖磨砖对缝，顶上依例覆黄瓦。

四、隆恩殿面阔、进深皆为三间，四周环以回廊，单檐歇山顶。大殿木构全用楠木，

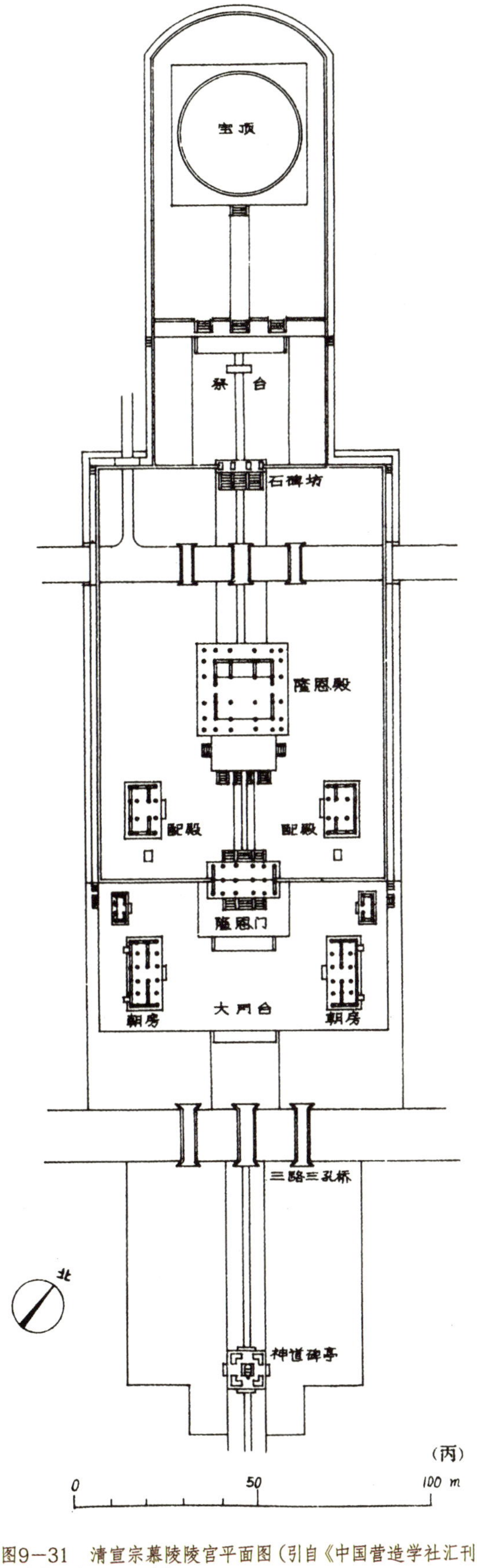

图9—31　清宣宗慕陵陵宫平面图（引自《中国营造学社汇刊》第五卷第三期，1935年）

图9—32 清宣宗慕陵隆恩殿

图9—33 清宣宗慕陵石几筵、宝顶

虽不施彩绘，但雕饰精美，别具一格（图9—32）。殿前月台比较窄小，周环不设栏楯，台上陈设裁减鹤、鹿，现存铜鼎石座二，增设石幢一、石日晷一，石幢上镌刻文宗御书慕陵陵名的由来。

五、隆恩殿后有玉带河一道，其上架带栏板柱头的石平桥一座、无栏板的石便桥两座。

六、后寝不设琉璃花门，代之以三间石牌坊一座，镌陵名于额枋之上，满汉蒙三体文字。

七、后寝部分面阔收窄，裁撤了二柱门，石祭台虽然保留，但雕饰水平明显不及泰、昌二陵。

图9—34 清德宗崇陵隆恩门前

八、无方城、明楼，石几筵后为一须弥座台基，南面设栏板，三出阶道，东西与宫墙相接。台上正中建一硕大的圆形宝顶，石基砖砌，落于正方形条石基座之上（图9—33）。宝顶之下为地宫。

4. 崇陵

崇陵在泰陵以东5公里金龙峪（旧名九龙峪），始建于清宣统元年（1909年），完工于民国二年（1913年），葬德宗帝后。

崇陵神道起自五孔石拱桥，不与泰陵主神道相通，望柱、牌楼门等一应设置与惠陵完全相同；其陵宫部分亦与惠陵一致（图9—34）。

三、清朝关内九陵陵园制度的分期

清朝关内九陵陵园制度的特点和发展变化可以从神道和陵宫两部分的主要建筑物来分别探讨。其中神道部分包括大碑楼、神道石刻、龙凤门或牌楼门。

大碑楼 清孝陵仿明孝陵和长陵之制，在大红门内神道前端竖立神功圣德之碑，并仿长陵之制营建碑亭，俗称“大碑楼”，碑亭四隅外各置华表1根。以后景、泰、裕、昌四陵皆如制竖碑，并增为双碑（图9—35）。圣德神功碑双碑之制始于景陵，设计之前清世宗曾特别嘱咐：“其碑若比世祖章皇帝碑亭宽展，恐有未安，即或加宽，必不可加高。”[1]事实上，景陵大碑楼的面阔和进深比孝陵还各收缩了一尺五寸，而楼内的两座并立石碑的长宽高却比孝陵还要大、龙趺（赑屃）比孝陵略短而高，所以景陵大碑楼内显得比较满。以后泰、裕二陵的双碑与碑亭之制均同景陵（图9—36），昌陵大碑楼超逾孝

1 ［清］昆冈等修：《（光绪）钦定大清会典事例》卷四二八《礼部·大祀·陵寝一》，据光绪二十七年外务部石印本影印本，第5册，中华书局，1991年，第823页。

图9—35　清仁宗昌陵神功圣德碑楼（自东南向西北摄）

陵之制，但其碑身却比景、泰、裕三陵收小[1]。宣宗遗诏，慕陵裁撤圣德神功碑及碑楼，以后的定、惠、崇三陵因之。

从孝陵开始，清诸陵在神道终端、陵宫之前皆立神道碑一道，并建神道碑亭一座，俗称“小碑楼”。小碑楼的具体位置，孝、泰、昌三陵是在三座并列三孔石拱桥与隆恩门（陵宫门）之间，即神桥以北、陵宫门以南；景、裕、慕、定、惠、崇六陵则在三座三孔神桥之南。这种差异应该是因各陵随山就水、因不同的地势而形成的，不是刻意为之。清陵神道碑脱胎自明献陵以下诸陵前的“无字碑”，其上各以满、汉、蒙古三体文字镌刻皇帝尊谥号，相当于一道墓碑。

图9—36　清高宗裕陵神功圣德碑

石像生　孝陵在神道前端大碑楼后设置望柱1对、石像生18对。石像生中的12对石兽，内容和造型特点几乎完全照

1 ［清］昆冈等修《（光绪）钦定大清会典事例·工部·陵寝规制》卷九四三、卷九四四记载，孝陵神功圣德碑“高二丈六寸、广六尺七寸、厚二尺三寸”，龙趺“长一丈六尺三寸、高五尺六寸”；景、泰、裕三陵圣德神功碑尺寸相同，均“高二丈三尺，广七尺四寸，厚二尺九寸”，龙趺座各“长一丈六尺，高六尺一寸”；昌陵圣德神功碑“高二丈一尺六寸，广七尺一寸，厚二尺五寸”，龙趺“长一丈六尺八寸，高六尺”。据光绪二十七年外务部石印本影印本，第10册，中华书局，1991年，第807—808、810、811、814、816页。

图9－37　清高宗裕陵石像生、仪树、牌楼门

搬明长陵模式；石人6对则因为清朝冠服制度的满洲化而取消了“朝衣冠武像”（即“勋臣”）形象，改为武将、文官各3对，皆为辫发满装。此后，景陵、泰陵、昌陵、定陵四陵各在神道设置望柱1对，狮、象、马、文臣、武将等石像生共5对。裕陵神道设置望柱1对、石像生8对，比景陵和泰陵增加了狻猊、骆驼、麒麟各1对（图9—37），这大约是因为高宗曾经于退位后又做太上皇的一种变相升格之制。

景陵的大碑楼以北建五孔石拱桥一座，此桥为跨沟而建，桥拱上还没有出现吸水兽，应该是景陵设计初建时即有。后来，该桥增加了分隔并连接大碑楼与神道石刻的功能，为泰陵以后诸陵所沿用。泰陵石牌坊外设五孔桥一座，其大碑楼与神道石刻之间则为七孔桥；裕、昌、慕、定、惠、崇诸陵神道上都有五孔石拱桥一座。从泰陵开始，东西二陵的各石桥拱上皆增饰吸水兽，后妃墓亦然。

宣宗初建寿陵于宝华峪时要求石像生“量为收小”，及至西陵卜建慕陵，则彻底裁撤了石像生和望柱，在五孔神桥与龙凤门之间是具有仪树意义的两列罗汉松。

定陵不设大碑楼而在五孔桥北保留了望柱和石像生。惠陵、崇陵亦不设石像生，但在五孔桥以北、靠近牌楼门处各设望柱1对。惠、崇二陵望柱的功用不再是作为石像生的导引，而应该与汉唐陵墓前的“阙”相仿，起标识意义。

龙凤门或牌楼门　孝陵在神道石像生之后建三阙四壝龙凤门一座，以后易州西陵中的泰陵、昌陵、慕陵也都建有同样形式的龙凤门。从景陵开始，在石像生之后建五阙牌楼门一座，尽管牌楼门面阔不及孝陵龙凤门，但也同样起到了神道石刻背衬、遮挡陵宫门前视线的作用；以后东陵中裕陵、定陵、惠陵和西陵之崇陵皆依制建牌楼门。

道光十三年（1833年）七月，因绵清奏请修缮裕陵牌楼门、景陵牌楼门前甬路泊岸事宜，清宣宗谕令军机大臣核查旧例，要求与龙凤门“书写画一”。军机大臣等查明“各衙门事案并历年奏修，孝陵系书写龙凤门，景陵、裕陵系书写牌楼门”。宣宗谕旨：“嗣后俱著书写龙凤门，以昭画一。”[1]在此后的官方正式文献中，诸陵一般均写作“龙凤门”。

1 《清宣宗实录》卷二四一“道光十三年七月丁酉”，影印皇史宬等处旧藏清抄本《清实录》第36册，中华

图9—38　清圣祖景陵隆恩殿

清帝陵陵宫部分包括宫门、享殿、寝宫门、二柱门、白石祭台及五供、明楼和宝顶等。除慕陵外，清朝其余八陵陵宫的平面布局和建筑规制基本一致，只有细微差别，营造尺寸亦不尽相同。以陵宫部分围墙（“内围墙”）而论，昌陵规模最大，为二百二十七丈一尺八寸；定陵规模最小，为一百四十七丈六尺六寸；其他诸陵一般都是一百九十余丈，惟景陵略小。其具体建置讨论如下：

宫门　清朝帝陵之陵宫门统一名曰“隆恩门”，关内九陵皆为面阔五间、进深两间的殿宇式，中辟三门，单檐歇山顶；前出月台。九陵隆恩门之结构相同，规格相近，前八陵中，除慕、惠二陵略窄外，开间皆为6丈余。

享殿　清陵享殿正式名称为“隆恩殿”。除慕陵特殊外，其余八陵享殿皆为面阔五间、进深三间，重檐歇山顶，面阔多为9丈4尺或略大，惟泰、定二陵开间略小。殿前有月台，其上陈设鹤、鹿各一对，铜鼎二，殿座并月台周环以汉白玉雕饰栏板和望柱（图9—38）。自定陵开始，裁减掉隆恩殿左、右、后三面石栏。

寝宫门　除慕陵为石牌楼以外，其余八陵皆为并列的三座琉璃砖装饰宫门，即俗称之“三座门”或“一字门”，各陵制度一致，除定陵外，开间尺寸也大体相同。孝陵、裕陵、定陵、惠陵、崇陵的寝宫门前各有玉带河一道，裕陵寝宫门前玉带河上建三座汉白玉单孔石拱桥，其余四陵皆架石板便桥以通内外。慕陵隆恩殿后、相当于寝宫门的石牌坊前亦有玉带河一道，比上述五陵稍宽，架三孔石平桥三座。

二柱门　亦称“二柱牌楼门”或“棂星门”，孝陵至昌陵皆有之，自宝华峪宣宗初建寿陵起裁撤。孝、景、泰、裕四陵规格完全一致，昌陵略窄而高（图9—39）。

白石祭台及五供　为汉白玉须弥座式石台，上置石雕香炉一，烛台、花瓶各二。此制创自明长陵，在明代官修文献中一般称为“石几筵”或“石几筵台”；光绪《大清会典事例》记为“白石祭台……上陈石五供一份”[1]。清九陵石几筵制度相同，长宽尺寸亦相

书局，1986年，第616页。

1 ［清］昆冈等修：《（光绪）钦定大清会典事例》卷九四三《工部·陵寝规制一·孝陵》，据光绪二十七年外务部石印本影印本，第10册，中华书局，1991年，第807页；景陵以下诸陵文字同，不赘引。

图9—39 清仁宗昌陵二柱门、明楼

差无多，孝、景、泰、裕四陵还完全相同，惟5件供器及须弥座之石雕图案内容不尽相同，工艺技法亦有高下之别。

明楼、宝顶 慕陵以外的八陵明楼制度相同，为城门式，下为城台券洞，上为拱券式碑楼，内竖陵碑，重檐重九脊歇山顶；南侧重檐之间悬陵名榜额。明楼建于墁砖包石的基座上，前有斜坡礓礤。慕陵不建明楼；定、惠、崇三陵明楼前礓礤明显加高，坡度变陡，礓礤两侧各加石栏楯。八陵皆在明楼后建月牙城、宝城，宝城环绕宝顶（即封土）。受山势、地形等因素影响，孝、景、定、惠、崇五陵宝城平面为椭圆形，泰、裕、昌三陵宝城平面为圆形或接近圆形。景陵宝城最高，为3丈7尺1寸；泰陵宝城最大，周环82丈9尺；定陵宝城最小，周环只有50丈。尽管形状、尺寸不一，但各陵明楼、宝城的营造法式、规制完全相同。

在上述对比分析的基础上，把清朝关内九陵陵园结构的发展变化分为四期：

第一期，制度形成时期。实例包括孝、景二陵，是在参照明代皇陵制度的基础上，斟酌损益，逐步形成了清代皇陵陵园制度。其突出点是以孝陵为代表的总神道之制和陵宫之制、以景陵为代表的从葬宗陵的神道之制等。

第二期，制度调适和稳定时期。实例包括泰、裕、昌三陵，是在清初二陵的基础上，略加补充、修正和调适，清朝皇帝陵陵园制度的发展达到全盛。此期在陵园制度上少有创新，甚至孝、景、泰、裕四陵的主要建筑物尺寸还都完全相同，可谓中规中矩。但此期三陵在土木、石作等方面营造的精致程度上却让前二陵难望项背，卜建于乾隆盛世的裕陵是清代皇陵陵园制度发展的巅峰之作。本期突出点是泰陵另区营建和东西两陵“祧葬”之制的形成，以及泰、裕二陵神道部分的园林化处理。

第三期，变异时期。实例仅有慕陵。经过大约百余年的总体稳定之后，昌陵陵宫部分主体建筑物已经和前四陵有了明显的尺寸差异，求变的设计思维方式或许已经肇端于昌陵。宣宗宝华峪初建吉地开始显现出趋向简朴的设计思想，由于特殊的社会历史背景和初建地宫渗水等工程方面的原因，慕陵陵园平面布局、建筑规制等出现了许多变异，在很大程度上否定了前二期的陵园制度。

第四期，衰退时期。实例包括定、惠、崇三陵，定陵由变异的慕陵制度回复到昌陵以前的"正统"制度，但建筑物颇有所裁撤、简化，至惠陵更进一步裁减掉石像生和分支神道，清代皇陵陵园制度进入衰退期。

从关内九陵实例来看，清朝陵墓制度存在统一范式，但每一座具体陵墓又都有其自身的特异性，并非都严格恪守成宪，有些甚至还有比较大的变异。即以神道石像生而论，孝陵仿明制用18对，但在神功圣德碑和望柱之间多了一座影壁山。5对石像生应该是宗陵的范式，但景陵石像生所在的神道段取弯，泰陵以西陵首陵而用宗陵之制并且在石像生与龙凤门之间隔了一座蜘蛛山，裕陵用石像生8对，昌陵改牌楼门为龙凤门，似乎只有定陵最合乎规范。因而，这种分期也不绝对化，定型期中不乏创新，而衰退期中亦有精心之作。皇陵毕竟是国家头等大事，惠陵虽然规制大减，但其享殿使用了进口的优质木料，有"铜梁铁柱"之誉。即使是完工于清帝退位以后的崇陵，建筑材料和工艺上依然堪称上乘。

第三节　清朝关内后妃陵园的形态及其特点

与明代及其以前历代相比，清代后妃墓葬之制具有鲜明的特色，是同期皇陵制度的重要补充。从清朝遵化、易州两片皇陵区中现存不同形式的陵墓、园寝来看，清朝后妃有与皇帝合葬、单独葬、妃嫔集中按等级埋葬等多种形式。后妃陵园可以分为三种形态，即皇太后陵、皇太后陵兼妃园寝、妃园寝，下面分别摭举典型例证以分析其不同形态。

一、东西二陵后妃的陵园形态

1. 皇太后陵

清代皇太后陵的实例有昭西陵、泰东陵、昌西陵、定东陵（并列2座），其中昭西、泰东、定东四陵直拟帝陵规制，制度上略有减杀；昌西陵则仿拟宣宗慕陵，简化了陵园建制。兹以昭西陵和泰东陵为例说明。

昭西陵墓主孝庄文皇后博尔济吉特氏，为清太宗永福宫庄妃、世祖生母。顺治八年（1651年），世祖亲政，加上徽号"昭圣慈寿皇太后"，圣祖即位晋尊太皇太后。昭圣太后卒于康熙二十六年（1687年）十二月二十五日，临终前留下了不与太宗合葬的遗嘱。清圣祖追忆："太皇太后疾大渐时谕朕曰：'太宗文皇帝梓宫安奉已久，不可为我轻动。况我心恋汝皇父及汝，不忍远去，务于孝陵近地择吉安厝，则我心无憾矣。'"[1]这里讲了两层意思，一是说太宗奉安年久，不宜轻动（此时上距太宗之崩44年，距重修地宫封闭24年）；二是说心恋世祖、圣祖父子，所以要求安厝于孝陵近处。要将太后留葬关内，在当时的礼仪层面上殊非易事。首先，从夫而葬是天经地义，孝庄皇后不归葬昭陵而葬在遵化陵区，很难向天下后世做出合情合理的解释。其次，即便可以葬在昌瑞山，昭圣太后辈份最高，理应居于主位。但昌瑞山主峰之下早已有安葬世祖帝后的孝陵；其东又建成了圣祖的寿陵，并且已经葬入仁孝、孝昭两位皇后，以太皇太后之尊显然不能旁置于此二陵之下。

1《清圣祖实录》卷一三二"康熙二十六年十二月壬申"，影印皇史宬等处旧藏清抄本《清实录》第5册，中华书局，1985年，第430页。

斟酌再三，圣祖决定在东陵陵区大红门外建“暂行永设地方”[1]，将孝庄太后梓宫暂行安奉。这并不是一座新建筑，而是拆迁大内宫殿至陵区重建而成：“慈宁宫之东，新建宫五间，太皇太后在日，屡曾向朕称善，乃未及久居，遽尔遐升。今于孝陵近地择吉修建暂安奉殿，即将此宫拆运所择吉处，毋致缺损。著拣选部院贤能官员前往敬谨料理，天气甚寒，务期基址坚固，工程完备。”[2]由于皇帝亲自督促，孝庄皇后暂厝的建筑工程进展很顺利，自头年十二月二十八日下令迁建宫殿起算，仅百余日即告工竣。康熙二十七年（1688年）四月十四日，“（太皇太后）梓宫至暂行永设地方，奉安于享殿”。十九日，“卯时，奉安大行太皇太后梓宫于宝殿之座”。二十二日清早，圣祖“诣大行太皇太后梓宫奉安殿，视封掩毕，恸哭，三奠酒，悲哀良久，始出”[3]。从这些记载中，可以看出当时这座“暂行永设地方”的大致结构，是由享殿和宝殿两座主体建筑构成。大内慈宁宫位于隆宗门以西，是皇太后或太皇太后及先朝妃嫔们居住的一组建筑。此次迁建工程，除了将太皇太后所喜爱的五间新宫作为暂厝棺柩的“宝殿”之外，前面的享殿也应该是拆迁自慈宁宫。康熙时代的暂安奉殿，实际上是一组前朝后寝的宫殿建筑，前朝部分充作享殿，后寝部分则用于封厝梓宫。这就是清朝第一座皇太后陵的雏形，与其他帝后陵墓有很大的差异。

雍正二年（1724年）二月，清世宗集诸王大臣议为孝庄皇后正式建陵事，康亲王崇安等遵旨议奏：“圣祖仁皇帝遵奉孝庄文皇后遗旨，奉安暂安奉殿，至今三十余年，圣祖仁皇帝福寿康宁、四海生民乐育，诚希有之吉兆，允宜定为陵寝。”[4]皇帝同意这一奏议，并命择日兴工。同年十一月二十七日，“诸王大臣等恭拟孝庄文皇后暂安奉殿为昭西陵”[5]。昭西陵改建工程于雍正三年二月初三日开工，十六日自暂安奉殿（宝殿）中奉移梓宫至享殿供奉，即暂安奉殿原地构建陵寝地宫。同年十二月癸酉，“奉安孝庄文皇后梓宫于昭西陵宝床，陈册宝于石案毕，恭闭元[玄]宫石门”[6]。这座真正最早的清朝皇太后陵墓的正式建成，前后经历了近40年时间。暂安奉殿改建并正式命名为昭西陵，彻底解决了孝庄文皇后的安葬问题。在孝陵近处安葬、没有还葬关外，更没有按照满洲旧俗火化，遵从了太后遗愿。陵园建于东陵的风水围墙之外，表明虽然近在咫尺，但却与孝陵、景陵不相统属；命名为“昭西陵”，宣示尽管远隔千里，却仍然与盛京昭陵是从属关系，可谓两全其美。

据《（光绪）钦定大清会典事例》记载，昭西陵坐北朝南，中轴线上的主体建筑自南而北依次为：宫门五间，为外围墙宫门；琉璃花门三座，为内围墙宫门；隆恩殿五间，左右配殿各五间，焚帛炉东西各一座；石几筵祭台一座；明楼，宝城。宫门外两侧为东西朝

1 孝庄文皇后葬所的名称，在太后奉厝前后的《康熙起居注》中记为“暂行永设地方”，也称为“宝殿”、“暂行永设殿”或“梓宫奉安殿”等，后来定名为“暂安奉殿”；《清圣祖实录》等晚出官书则统一都写成“暂安奉殿”。“暂安奉殿”一般是指孝庄皇后梓宫奉厝的一组建筑，其概念相当于后来的“昭西陵”，而狭义的“暂安奉殿”则仅指孝庄皇后梓宫的奉厝之殿。

2 《清圣祖实录》卷一三二“康熙二十六年十二月壬申”，影印皇史宬等处旧藏清抄本《清实录》第5册，中华书局，1985年，第430页。

3 《康熙起居注》康熙二十七年四月十四日丙辰、十九日辛酉、二十二日甲子，中国第一历史档案馆整理本，中华书局，1984年，第1764、1766、1768页。

4 《清世宗实录》卷一六“雍正二年二月辛未”，影印皇史宬等处旧藏清抄本《清实录》第7册，中华书局，1985年，第279页。

5 《清世宗实录》卷二六“雍正二年十一月辛酉”，影印皇史宬等处旧藏清抄本《清实录》第7册，中华书局，1985年，第408页。

6 《清世宗实录》卷三九“雍正三年十二月癸酉”，影印皇史宬等处旧藏清抄本《清实录》第7册，中华书局，1985年，第567页。

房，东南为神厨库；宫门正南为神道碑亭，碑亭迤南两侧各设下马碑一。内外两重宫墙，内墙高一丈一尺，周长一百零八丈一尺五寸，南边正中辟琉璃花门；外墙高一丈二尺三寸，周长一百三十六丈一尺，南边正中为陵宫门五间[1]。

暂安奉殿—昭西陵的出现在很大程度上是由于清朝皇室贵族的葬制汉化[2]，这一变化是诸多满洲旧制汉化之一部分，是历史进程的必然；因为墓主身份的特殊性，昭西陵由偶然而必然，成为了一个拐点，进而形成了重要制度。由于处在制度初创至形成过程中、墓主身份特殊、以宫殿为基础改建而成、地理位置独特等原因，昭西陵与清代其他太后陵乃至皇帝陵有较大差别：

一、因为昭西陵在昌瑞山陵区风水围墙之外自成体系且东距盛京昭陵路途遥远，所以在外宫门之南建有神道碑和券门四开的碑亭，“以昭西陵距昭陵甚远，与孝东陵密迩孝陵不同，特建碑亭”[3]。昭西陵神道碑上刊刻满汉蒙三体文字“孝庄仁宣诚宪恭懿至德翊天启圣文皇后之陵”（中满、右汉、左蒙），以赑屃承托。这种仿拟皇帝陵规制的做法一般不用于其他太后陵，比昭西陵早的孝东陵、晚的泰东陵都没有建造神道碑亭；晚清两度垂帘听政的慈安、慈禧两太后修建定东陵时，依昭西陵例各建神道碑亭于陵宫前。

二、清代皇太后陵的陵宫主体建筑依次为隆恩门（宫门）、隆恩殿、三座琉璃花门（陵寝门）、石几筵祭台、明楼、宝城。三座琉璃花门建在隆恩殿与明楼之间，用以分隔出“前朝后寝”，昭西陵的三座琉璃门紧接在宫门后，应该是原先拆迁慈宁宫中的宫门，作为陵宫内围墙之门，与其他太后陵三座琉璃花门的意义不同，不是陵寝门（图9—40）。昭西陵原来的享殿与奉厝梓宫的宝殿相距太近，改建后无法容纳许多建筑，所以仅在隆恩殿东西两侧各设卡子墙以分前后，在卡子墙上各开一门，即东西陵寝门。

图9—40 清昭西陵内围墙宫门

1 [清]昆冈等修：《（光绪）钦定大清会典事例》卷九四三《工部·陵寝》，据光绪二十七年外务部石印本影印本，第10册，中华书局，1991年，第805—806页。

2 刘毅：《昭西陵与清代帝后丧葬礼俗更易》，《故宫博物院院刊》1992年第4期。

3 [清]允禄等监修：《（雍正）大清会典》卷八七《礼部·祠祭司·陵寝》，《近代中国史料丛刊三编》第七十八辑第772册，文海出版社有限公司（台北），1994年，第5699—5700页。

三、昭西陵神道碑亭、宫门、享殿等均已毁坏不存。刘敦桢早年公布的一幅调查照片显示，其大殿是重檐庑殿顶[1]，这是明清宫殿屋顶规制中的最高等级，应该是因拆迁慈宁宫殿宇复建而然，而不是刻意为之。

四、昭西陵明楼宝城之制与孝陵、景陵有较大差别，其明楼下方城后面就是宝顶，方城券洞尽头的东西两侧各有券洞扒道一条，设石阶以上至宝顶。明楼和宝顶紧相衔接，没有月牙城、转角礓礤、琉璃照壁等，其制度与明长陵相同。营造年代早于昭西陵的孝东陵、稍晚的泰东陵以及后来的两座定东陵明楼宝城之制皆同昭西陵，但孝东陵、泰东陵的方城券门内都是坡道向上，昭西陵不用斜坡，而是以三组各两级石阶来解决前后的高度差。

五、清朝东西陵中所有帝陵、太后陵的陵宫都只有一重围墙，昭西陵却有两重围墙。究其原因，主要是东、西两陵区外围各有风水围墙防护，而昭西陵则孤立于风水围墙之外，多设一重宫墙增加安全感。还在孝庄皇后暂厝奉安之初，清圣祖就为这里的安全工作做了具体的安排，传谕管事大臣内务府总管："看守暂行永设殿最为紧要，露陈之器甚多，所派章京又俱系新用，未曾谙练，且在外看守，朕未释于怀。孝陵章京不敢轻用，其陵上（应指已经葬入皇后的圣祖寿陵）章京看守年久，熟悉旧规，且系内地，虽不看守，犹可无妨。著就此内章京选择贤能者，以其半调往暂行永设殿看守。"[2]昭西陵两重宫墙之设无关乎等级典制，主要是为了加强防护，这在关内诸陵中绝无仅有。

泰东陵位于西陵中世宗泰陵东北约1.5公里的东正峪，墓主为高宗生母孝圣宪皇后钮祜禄氏。高宗即位，尊为崇庆皇太后，乾隆四十二年（1777年）正月二十二日薨，同年四月葬泰东陵。

泰东陵神道通泰陵神道，陵宫前为一路三孔石拱桥，20世纪30年代调查时所见"陵前左右平桥已毁，止存中央三孔石桥一座"[3]；现存泊岸部分已经看不出原有平桥的遗

图9—41　清泰东陵隆恩殿

1 刘敦桢：《易县清西陵》图版二十八（甲），《中国营造学社汇刊》第五卷第三期，中国营造学社，1935年；后收入《刘敦桢文集》第二卷，中国建筑工业出版社，1984年，第106页。

2 《康熙起居注》康熙二十七年四月十九日辛酉，中国第一历史档案馆整理本，中华书局，1984年，第1767页。

3 刘敦桢：《易县清西陵》，《中国营造学社汇刊》第五卷第三期，中国营造学社，1935年；知识产权出版社重印，2006年。

迹。桥北为隆恩门广场，神道以东有神厨、神库、宰牲亭院落。隆恩门前东西两侧各有朝房和守护班房。隆恩门五间两进式，单檐歇山顶，门额下另饰天花。隆恩殿五间三进，中为门三槽，重檐歇山顶，前有月台，殿座并月台周围环以汉白玉石栏（图9—41）。月台上陈设仅存石座。隆恩殿前左右分别为东西配殿各五间，单檐歇山顶；配殿南各有黄琉璃砖瓦覆面的焚帛炉一座。隆恩殿后为陵寝门，即并列的琉璃花门三座，门内正中为石几筵祭台，其后为明楼和宝城。明楼重檐歇山顶，檐下悬榜额题曰“孝东陵”；楼内竖朱砂碑，额篆“大清”，碑身楷书“孝圣宪皇后之陵”。明楼与宝顶相衔接，没有月牙城，明楼台基前部有礓䃰通地坪。

泰东陵建于乾隆盛世，是清代最典型的一座皇太后陵。该陵中轴上的主体建筑隆恩门、隆恩殿、陵寝门、石几筵台、明楼、宝城等与泰陵规制相同，惟尺寸有所收缩，比帝陵减宫门前左右石拱桥二、神道碑亭一、二柱门一（图9—42）。其主体建筑的榜额、石碑皆并用满汉蒙三体文字。从现存石座来看，昭西、孝东二陵隆恩殿月台上仅陈列铜鼎式炉二，泰东陵增设铜鹤、鹿各一（鹤左鹿右），体制上更接近皇帝陵（左右各2件，鹤前鹿后）。崇庆皇太后死后六天，高宗谕令：“其月台陈设之铜鼎炉、鹤、鹿，即现交造办处上紧赶铸，以便运送。”[1]这一变革为此后的诸皇太后陵所效仿。

2. 皇太后陵与妃园寝合二为一

清代有两座皇太后陵和妃园寝合二为一的陵墓，即孝东陵和慕东陵。孝东陵是以皇太后陵兼袝葬妃嫔，是清代后妃陵墓制度形成中的过渡；慕东陵则是即妃园寝而升格改建，属于特殊事例。

孝东陵位于孝陵东北约0.5公里处，有石墁神道与孝陵主神道相接。墓主是清世祖继配皇后——孝惠章皇后博尔济吉特氏。圣祖即位，尊为母后仁宪皇太后，薨于康熙五十六年（1717年）十二月，享年七十有七，次年三月葬于孝东陵。

在《清圣祖实录》中没有找到孝东陵的确切始建年代，但康熙三十二年（1693年）十一月初六日的一条记载比较有价值：这天，清圣祖“诣暂安奉殿、孝陵行礼，奠酒举哀毕，至仁孝皇后、孝昭皇后、孝懿皇后陵奠酒举哀。是日，上奉皇太后阅视孝陵东旁宝城”[2]。而资料原始性更强的《起居注》对于此次祭陵的记载更为详细，但却没有提到阅视陵工之事：“初六日乙巳，上诣暂安奉殿行三跪九叩头礼、三奠酒、举哀，继诣孝陵行三跪九叩头礼、三奠酒、举哀。毕，至陵三奠酒、举哀。”[3]按照清代一般通例，以祭陵之便阅视陵工，大都是在陵墓刚刚竣工后最近的有关祭日。从《起居注》、《实录》所载此次东陵全部行程内容来看，这段时间内并没有大祭，则此行的主要目的很可能就是奉太后查看寿陵，而《起居注》官认为此事无关礼制，故而未载。康熙三十二年十一月初应该是孝东陵（至少是宝城部分）建成的年代下限；其营造年代的上限，应该不会早于孝庄文皇后奉厝的康熙二十七年（1688年）四月。孝东陵是继孝庄皇后暂安奉殿之后清朝第一座皇太后陵，太后陵的许多制度由此确定。

孝东陵神道自孝陵主神道分岔，起点在五孔石桥以北孝陵的东砂脚上，向东北弯转，至一路三孔石拱桥到达陵宫前。石拱桥西（右）侧有平桥一座，东面限于地势没有

1 《清高宗实录》卷一〇二五“乾隆四十二年正月乙未”，影印皇史宬等处旧藏清抄本《清实录》第21册，中华书局，1986年，第745页。

2 《清圣祖实录》卷一六一“康熙三十二年十一月乙巳”，影印皇史宬等处旧藏清抄本《清实录》第5册，中华书局，1985年，第762页。

3 《康熙起居注》康熙三十二年十一月初六日乙巳，台北“故宫博物院”《国立故宫博物院珍藏清代起居注册·康熙朝》，联经出版事业公司（台北），2009年，第2157—2158页。

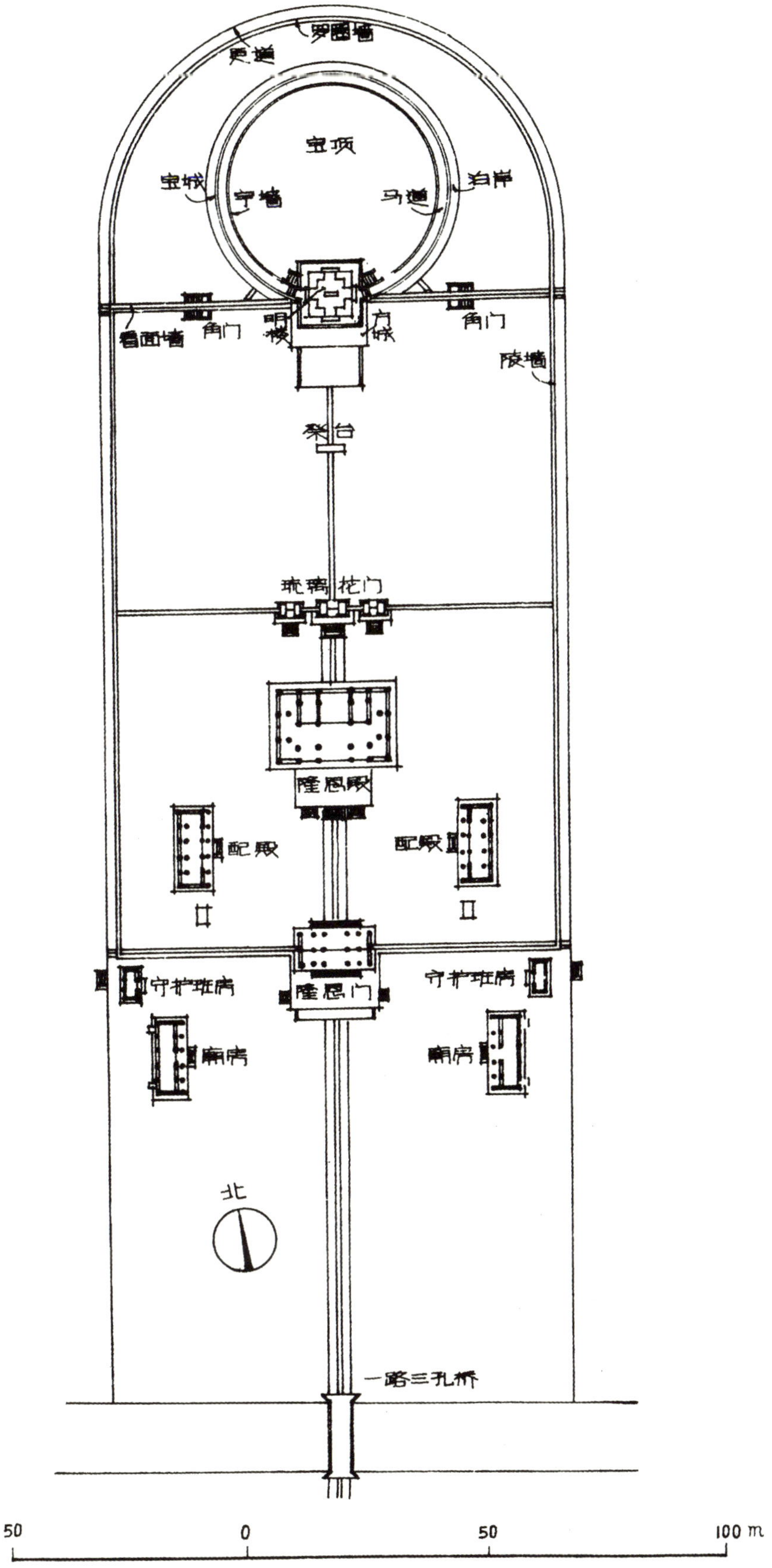

图9—42　清泰东陵平面图（引自《中国营造学社汇刊》第五卷第三期，1935年）

图9—43　清孝东陵明楼、宝顶

对称的平桥，拱桥东为神厨库和宰牲亭院落。陵宫平面为前方后圆形，前后两进院落。隆恩门面阔五间进深两间，中为门三槽，单檐歇山顶；门前有东西朝房各五间和守护班房。隆恩殿面阔五间进深三间，重檐歇山顶，前出月台，环以石栏板，其上陈设铜鼎式炉二，现仅存石座；殿前有东西配殿各五间，两配殿南稍前各有琉璃砖面焚帛炉一座。隆恩殿后为陵寝门，三座琉璃花门形式。琉璃花门内神道正中为石几筵台，祭台后北部正中是方城明楼和宝城。其制与昭西陵、泰东陵相同，为方城券洞终端分出东西扒道转弯上达宝城，无月牙城之设，宝城圆形；但方城两侧不建卡子墙和相应的随墙门，与其他帝后陵不同，没有界分出陵宫第三进院落。后寝部分自琉璃花门至方城明楼的神道两侧各有小宝顶2列，南北纵向排列；其中神道东侧4座、靠近东宫墙10座，神道西侧3座、靠近西宫墙11座，总计28座。宝顶砖砌，外抹红灰，直接落于地面，没有砖石台基（图9—43）。各宝顶没有明显的大小差别，均呈门钉状，但向上收分明显，和景陵妃寝及以后的妃嫔宝顶造型不尽相同，直径和高度的比例相对较小。

孝东陵是明清陵寝制度嬗变过程中后妃陵墓发展变化的一个重要界标和拐点。还原到康熙三十年前后孝东陵的初建时期，很难肯定从一开始就是要建成一座“皇太后陵”，所以后来的昭西陵、泰东陵等与之差异十分明显。孝东陵是清代后妃墓葬制度形成过程中的一个过渡形式，皇太后陵和妃园寝分列的设计思想还没有完全成型。该陵在清代帝后陵墓总体发展过程中的历史地位，可以从如下几方面来分解讨论：

第一，和孝陵、景陵这两座皇帝陵相比，孝东陵裁减了神功圣德碑及大碑楼、神道石像生、龙凤门或牌楼门、神道碑及碑亭、二柱门等，而神厨库、朝房和守护班房、隆恩门、隆恩殿及东西配殿、三座琉璃花门、石几筵台等则仿拟帝陵规制。因此可以说，孝东陵奠定了清朝皇太后陵的基本制度，此后各太后陵的营造规格虽不尽相同，但基本制度却少有突破。

第二，自雍正初年正式兴建昭西陵开始，清代各皇太后陵宫前皆各有左右下马碑；昭西陵和两座定东陵还各有神道碑及碑亭。神道碑及碑亭之设关乎礼制；而下马碑可能没有那么复杂，应该是皇太后陵前的普通设施。孝东陵的情况比较特殊，在其陵宫前左右未见有下马碑，但乾隆三十七年（1772年）时工部奏准：“孝东陵下马碑松树一株，支架作为蟠龙松。”[1]这是孝东陵也有下马碑的明证。从两陵实际位置关系来看，孝陵的东下马碑位于孝陵陵宫前东砂脚之上、在孝东陵的石墁神道北侧，或许此下马碑在当时曾被误视为孝东陵所有或二陵共用。无论哪种情况，都说明孝东陵的从属性更强，皇太后陵还没有从对帝陵的依附关系中完全剥离出来。

第三，孝东陵的命名，涵括了太后陵的地位及其与所属帝陵的关系，确立了清朝皇太后陵的定名模式。孝惠章皇后初葬时尚未有陵名，官方文献只称为“新陵”，如大葬当日的《清圣祖实录》记载：“孝惠章皇后梓宫奉安新陵地宫。”[2]在此前后其他相应的礼仪活动也都称之为“新陵”。康熙五十八年（1719年）二月，才由礼部等衙门题奏：“古来帝后有不合葬而自为陵者，俱就方位定名。今孝惠章皇后陵即在孝陵之东，不必另立陵名，臣等恭拟‘孝东陵’字样，仰候钦定。”[3]孝东陵于是得以命名。称陵，表示帝后一体并尊；沿用帝陵名称加系方位，则申明从属关系、尊卑等序。皇太后陵不单独命名的原则已肇始于汉代，据《汉旧仪》记载：“南陵，即文帝薄太后葬之所，亦谓南霸陵。”[4]这是说汉薄太后近子孝文帝而葬，即以文帝霸陵参照命名。东汉时期，皇帝皇后合葬，嗣皇帝如系庶出，其本生母妃之墓亦可尊为“陵”，即以其相对于所陪葬皇帝陵墓的方位而定名。如“永元中（公元89—105年），和帝追尊其母梁贵人曰恭怀皇后，陵［曰西陵］。……安帝以清河孝王子即位，建光元年（121年），追尊其祖母宋贵人曰敬隐后，陵曰敬北陵。……顺帝即位，追尊其母曰恭愍后，陵曰恭北陵”[5]。以帝陵名加系方位，清孝东陵的命名，很可能是借鉴了东汉追尊皇后陵命名的做法。

第四，孝惠章皇后和诸妃合葬之墓既以陵名，表示这里是皇太后的奉安之地，诸妃嫔是祔从，陵寝后院大小宝顶的排列方式昭示出主从分明。雍正初年，原本是权宜之计的暂安奉殿被改建成正式的昭西陵，单独的、不与诸妃嫔同葬的皇太后陵之制已经呼之欲出。乾隆元年（1736年），清世宗泰陵工程即将告竣，主持陵工的和硕恒亲王弘晊、内大臣户部尚书海望就地宫中是否照景陵例安设龙山石（固定棺位用）以及是否为崇庆皇太后预留万年后梓宫安放分位向高宗请旨，高宗即将此意转达皇太后，皇太后懿旨：“世宗宪皇帝梓宫奉安地宫之后，以永远肃静为是。若将来复行开动，揆以尊卑之义，于心实有未安。况有我朝昭西陵、孝东陵成宪可遵，泰陵地宫不必预留分位。”[6]于是高宗谕令：世宗等人大葬后，泰陵玄宫石门即行永远封闭；将为崇庆皇太后另择万年吉地。从这道谕旨上溯到孝庄文皇后暂安奉殿之设，前后经历了将近50年。至此，皇帝入葬地宫，石门即行封闭，未能与皇帝同时入葬的皇后、嗣皇帝本生母另行就近建陵，乃成定制。

第五，孝东陵中以世祖诸妃嫔祔葬，继稍早开辟使用的景陵妃园寝之后，再次确认了诸妃嫔集中近帝陵而葬之制。清世祖自卜寿域于昌瑞山，顺治十五年（1658年）九月将

---

1 ［清］托津等修：《（嘉庆）钦定大清会典事例》卷七一三《工部·陵寝·栽种仪树》，《近代中国史料丛刊三编》第六十九辑第690册，文海出版社有限公司（台北），1992年，第6869页。

2 《清圣祖实录》卷二七八“康熙五十七年四月乙酉”，影印皇史宬等处旧藏清抄本《清实录》第6册，中华书局，1985年，第729页。

3 《清圣祖实录》卷二八三“康熙五十八年二月甲子”，影印皇史宬等处旧藏清抄本《清实录》第6册，中华书局，1985年，第767页。

4 ［清］孙星衍校集：《汉旧仪》补遗卷下，周天游点校《汉官六种》本，中华书局，1990年，第102页。

5 ［晋］司马彪：《后汉书志》第九《祭祀下》，宋云彬等点校本《后汉书》，中华书局，1965年，第3197页。汉和帝刘肇，孝章帝第四子，母梁贵人，章帝陵名曰敬陵。汉安帝刘祜，孝章帝之孙，祖母章帝宋贵人。汉顺帝刘保，孝安帝之子，母李氏，安帝陵名曰恭陵。

6 《清高宗实录》卷二六“乾隆元年九月乙未”，影印皇史宬等处旧藏清抄本《清实录》第9册，中华书局，1985年，第573页。

卒于当年三月的悼妃博尔济吉特氏葬在陵区范围以西的黄花山，后来又有贞妃董鄂氏、恪妃石氏也相继葬于悼妃陵园。康熙二年（1663年）清明节，“端敬皇后梓宫发引，暂安奉黄花山”[1]。可见黄花山诸妃墓葬区的范围并不小，这里很可能是清世祖最初仿明朝金山之制而划定的妃嫔墓葬区。康熙五十七年（1718年），悼妃陵园内的诸妃随孝惠章皇后大葬而迁入孝东陵，原妃墓葬区废弃，由此进一步强化了清代诸妃嫔皆于所奉帝陵左右集中安葬的制度。孝东陵方城明楼东西两侧之所以不设卡子墙，应该与孝东陵功能的设计思想有关：既用于世祖诸妃合葬，又要突出孝惠章皇后的尊贵地位。

3. 妃园寝

从圣祖景陵开始，清代每座皇陵的近旁都集中建有妃嫔墓葬区，名曰“妃福地”或“妃衙门”。各妃园寝最初多以入葬地位最高者之名号而称为“某妃园寝”，待皇帝大葬确定陵名后，正式命名为“某陵妃园寝”。又因泰、裕等陵的妃园寝中都葬有皇贵妃，所以在嘉庆以后所修《大清会典》及其“事例”中也有“泰陵皇贵妃园寝”等称谓，惟景陵妃园寝不然。妃园寝在帝陵陵宫东旁或西旁，视地势之所宜相度卜建，其基本平面布局为前朝后寝式两进院落，前院为享殿祭祀区，后院是墓葬区，每人一座小宝顶，按位号尊卑排列前后左右，数目多少不等，不建明楼；主要建筑物皆覆绿琉璃瓦。圣祖悫惠皇贵妃佟佳氏、惇怡皇贵妃瓜尔佳氏二人单独建园寝，宝顶前增设明楼；高宗纯慧皇贵妃葬裕妃园寝前排正中，亦建有明楼，此三人为特例。

A. 景陵妃园寝

景陵妃园寝位于景陵以东偏南约0.5公里处，葬圣祖48位妃嫔和1位皇子，分别为贵妃1人、妃11人、嫔8人、贵人10人、常在9人、答应9人，幼殇的皇十八子允祄祔葬于其生母顺懿密妃王氏墓旁；第5排中有一座空券，原为敬敏皇贵妃章佳氏之葬所，其棺后迁入景陵地宫。

景陵妃园寝坐北向南，前后两进院落，平面呈前方后圆形。最南端为一孔石拱桥架于马槽沟上，拱桥以东有石平桥一座。石拱桥与园寝宫门之间为方砖墁铺的神道，神道两侧各有东西厢房和班房，均覆灰瓦。宫门面阔三间、进深两间，为门三槽，单檐歇山顶，覆绿琉璃瓦。

宫门内为第一进院落，中心建筑为享殿，面阔五间、进深三间，单檐歇山顶，覆绿琉璃瓦，现仅余残垣；前出月台。殿内现存石须弥座三个，推知原有暖阁三间，供奉所葬妃嫔的神牌。享殿前原有焚帛炉一座，已不存。享殿以北为东西向院墙一道，辟门三，通第二进院落。中门单檐歇山顶，饰绿釉琉璃砖瓦；两旁分别为东西随墙角门，过梁式，无屋檐、门垛。

第二进院落为墓葬区，共有大小不等的宝顶50座，分为7排前后排列。自南而北，第1排2座、第2排4座、第3排5座、第4排7座、第5排10座、第6排11座、第7排11座。越靠后，横排线的弧度也越大，因而排与排之间的位次交错现象也就越严重（图9—44）。各宝顶皆为圆柱体，高度、直径不等，三合土筑成，外抹红灰。宝顶下为长方形基座（月台）。

雍正修《大清会典》记景陵妃园寝制度为：“享堂五间，大门三间，仪门一座，茶膳房二座、各三间，围墙长一百七十八丈。温僖贵妃、慧妃、平妃、良妃、荣妃俱在内葬。”[2]对比景陵妃园寝现存格局，雍正《会典》的“仪门一座”，应该是指后寝中门。景

---

1 《清圣祖实录》卷八“康熙二年二月丙寅”，影印皇史宬等处旧藏清抄本《清实录》第4册，中华书局，1985年，第139页。

2 [清]允禄等监修：《（雍正）大清会典》卷二一〇《工部·屯田清吏司·山陵》，《近代中国史料丛刊三编》第七十九辑第787册，文海出版社有限公司（台北），1995年，第13929—13930页。

图9—44　清景陵妃园寝宝顶群（自后向前摄）

陵妃园寝是昌瑞山陵区中最先建成的妃墓葬区，其最初建成使用的年代大体与景陵地宫相当，第一位入葬者——慧妃，与仁孝、孝昭两皇后同日安葬。康熙二十年（1681年）三月初八日，“寅时，奉移两皇后梓宫安葬地宫礼成，上食、奠酒、举哀。前薨慧妃灵柩自暂厝地方同皇后梓宫移送于地宫左偏安葬，上亲临酐［酹］酒”[1]。可见，不晚于康熙二十年三月，景陵妃园寝已经初具规模，只是当时还没有正式名称，与主陵的关系也尚未界定清楚。但既有此先例可循，才有康熙五十七年世祖诸妃迁祔孝东陵，集中近孝陵而葬。

B. 景陵皇贵妃园寝

景陵皇贵妃园寝位于景陵妃园寝东南约0.5公里处，陵园坐北向南，前后两进院落，平面呈前方后圆形。内葬圣祖二位皇贵妃，俗称“双妃园寝”。

景陵皇贵妃陵园寝比一般妃园寝规格高，最南端为一孔石拱桥架于马槽沟上，拱桥西有石平桥一座、东有石便桥一座。石拱桥与园寝宫门之间为方砖墁铺的神道，神道两侧各有东西厢房和守护班房，均覆灰瓦。宫门面阔三间、进深两间，为门三槽，单檐歇山顶，覆绿琉璃瓦。

宫门内第一进院落，中心建筑为享殿，面阔五间、进深三间，仅余残垣。殿座台基面阔26.4米、进深14.3米、高0.97米，前有月台。月台南面正中有丹陛石一块，浮雕立凤一只，背景为海水江牙和祥云。清代妃园寝享殿用丹陛石者仅此一例。享殿前左右为东西配殿各五间，单檐歇山顶，覆绿琉璃瓦。配殿南各有焚帛炉，外包砌绿釉琉璃砖。

享殿以北为横亘东西的院墙一道，辟门三，通第二进院落墓葬区。中门单檐歇山顶，覆绿琉璃砖瓦；两旁东西各为随墙过梁式角门一座。院内正中并列明楼宝城二座，结构、法式完全相同（图9—45）。方城建于高1.26米的台基之上，前有礓䃰以通上下。方城正中开辟券门，向内斜坡而上到头分为东西两券洞，有扒道通达明楼、宝顶之上。城台上建明楼，单檐歇山顶，覆绿琉璃瓦；楼内竖立陵碑，额篆“大清”、碑身楷体“悫惠皇贵妃园寝”（东）或“惇怡皇贵妃园寝”（西），为右满左汉二体文字。方城明楼之后紧接宝城，仿拟皇太后陵制度，无月牙城之设，宝城平面为正圆形。根据陵碑所示，东宝

1 《康熙起居注》康熙二十年三月初八日辛酉，中国第一历史档案馆整理本，中华书局，1984年，第672页。据《清圣祖实录》卷三三“康熙九年五月癸亥”条记载：慧妃，“博尔济金氏，乃科尔沁冰图郡王额济音之亲叔额德台吉之子三等台吉阿郁锡之女，选进宫中待年，方欲册封”，却不幸于康熙九年（1670年）五月初八日“遽尔长逝”，经礼部议，“追封为慧妃”。影印皇史宬等处旧藏清抄本《清实录》第4册，中华书局，1985年，第445页。

图9—45　清景陵皇贵妃园寝明楼

顶下所葬为悫惠皇贵妃瓜尔佳氏，西宝顶下所葬为惇怡皇贵妃佟佳氏。

和其他妃园寝相比，景陵皇贵妃园寝增设了享殿前的丹陛石和两侧配殿，并且设置了方城明楼及宝城，这是妃墓建置上的最大突破，仿拟皇太后陵制度；但享殿、明楼等皆为单檐歇山顶，仍显示出等级上的差别；而建筑物屋顶和宫墙覆瓦用绿琉璃以及神道墁砖等，则是遵守了妃嫔园寝本身的等制。乾隆二年（1737年）五月二十日诏谕总理事务王大臣："朕自幼龄仰蒙皇祖慈爱，抚育宫中，又命太妃皇贵妃、太妃贵妃提携看视，两太妃仰体皇祖圣心，恩勤备极周至，朕心感念不忘，意欲为两太妃千秋之后另建园寝。令王大臣稽查旧例，王大臣奏称古有另建园寝之制，今若举行，与典礼允协。朕奏闻皇太后，钦奉懿旨允行。可传谕该部，于景陵稍后附近之处敬谨相度，择地营造。其规制稍加展拓，以昭朕敬礼之意。"[1]七月又谕："淳郡王等所奏太妃园寝规制，朕已览悉，著照所奏行。向来妃园寝之例具用月台，今修建太妃园寝著仿照方城式样，上建碑楼，其规模酌量简小，用绿色琉璃瓦料。"[2]由这两道上谕可以看出，二妃单独建园寝并且在一定范围内超逾常制，皆出自清高宗特旨。

C. 裕陵妃园寝

裕陵妃园寝位于裕陵西旁偏北，葬高宗36位后妃，分别为皇后1人、皇贵妃2人、贵妃5人、妃6人、嫔6人、贵人12人、常在4人。其中皇后即高宗继后乌喇纳喇氏，实际上是祔棺于纯惠皇贵妃地宫内。纯惠皇贵妃苏佳氏，初侍高宗藩邸，即位封纯嫔，乾隆十年（1745年）晋纯贵妃，二十五年（1760年）四月再晋皇贵妃，当月薨。

裕陵妃园寝坐北朝南，前后两进院落，平面呈前方后圆形。最南端为一孔石拱桥，拱桥以东有石平桥一座。石拱桥与园寝宫门之间为方砖墁铺的神道，神道两侧各有东西厢房和班房，均覆灰瓦。宫门面阔三间、进深两间，为门三槽，单檐歇山顶，覆绿琉璃瓦。

宫门以内第一进院落的中心建筑为享殿，面阔五间、进深三间，单檐歇山顶，覆绿琉璃瓦。殿内暖阁三间，供奉所葬妃嫔的神牌。殿前有月台，东、西、南三面各出陛阶，

1 《清高宗实录》卷四三"乾隆二年五月丁未"，影印皇史宬等处旧藏清抄本《清实录》第9册，中华书局，1985年，第759页。
2 《清高宗实录》卷四七"乾隆二年七月丙午"，影印皇史宬等处旧藏清抄本《清实录》第9册，中华书局，1985年，第811页。

无丹陛石浮雕。享殿前左右各有东西配殿五间，单檐歇山顶，覆绿琉璃瓦。东配殿西南有焚帛炉，外包砌绿釉琉璃砖瓦。享殿北墙略靠前向东西两侧各延伸出卡子墙一道，分别接陵宫东西墙，卡子墙上各有寝宫门一座通向第二进院落，单檐歇山顶，门顶及冰盘檐子等处饰绿釉琉璃砖瓦。

第二进院落为墓葬区，自南而北，分为5排前后排列。第1排正中为一座方城明楼和宝城，建筑形式同景陵皇贵妃园寝，陵碑额篆“大清”、碑身楷体“纯惠皇贵妃园寝”，满汉二体合璧。明楼两侧各有一宝顶建于月台上，东为颖贵妃巴林氏、西为婉贵妃陈氏。由此向北，第2排有宝顶7座、第3排9座、第4排11座、第5排5座，自颖贵妃以下，宝顶之制同景陵妃园寝。裕陵妃园寝宝顶的等级特征更加突出，前排大、后排小，第3、4排的弧度最大，第5排仅集中安排在中间。

裕陵妃园寝参酌景陵皇贵妃园寝和景、泰二陵妃园寝制度而规划，而众宝顶星拱一明楼，似又可以看出孝东陵的影子。享殿前东西配殿之设、纯惠皇贵妃明楼宝城之设都是采用景陵皇贵妃园寝制度，其余则基本遵循了景、泰二陵妃园寝之制。其陵寝门减为二门、分列于享殿两侧，应该是因为增建明楼，分隔前后院的宫墙不得不向南推移而与享殿重叠，只能改为卡子墙门；但各妃园寝卡子墙上东西两座陵寝门的建筑形式一般都是过梁式角门，裕陵妃园寝则加建门垛、屋顶，是表示等制没有降低的一种折中，这种处理方式可能是借鉴了昭西陵。

二、清代后妃陵园制度特征的归纳

1. 皇太后陵陵园制度特征

清代东西两个陵区中的7座皇太后陵营造规制不尽相同，有些甚至差异很大，但也有明显的可以标识皇太后特殊身份，而又与皇帝陵、妃园寝有等级差别的共同特征。具体表现为以下几点：

其一，皇太后陵宫中的所有建筑和宫墙之上均覆黄琉璃瓦，宫门外的东西朝房亦然，只有守护班房顶覆灰瓦；陵宫门名隆恩门、享殿名隆恩殿，榜额俱用满汉蒙三体文字；陈设石几筵祭台；明楼内朱砂碑上刊刻三体文字墓名，称为“陵”（昌西、慕东两陵无明楼，书陵号于陵寝门额上）；这些都是墓主皇太后身份的明确体现，其制与皇帝陵相同。

其二，所有皇太后陵都没有神功圣德碑楼、石像生、龙凤门或牌楼门、明楼前的二柱门、明楼后的月牙城（哑巴院），这是它们与皇帝陵的最大差别。除昭西陵和两座定东陵以外，也都没有神道碑和神道碑亭。

其三，和皇帝陵一样，皇太后陵宫前设下马碑一对，陵宫门前神道甃以石。孝东陵下马碑制度不明晰，可能是因为当时太后陵尚未定制；慕东陵神道墁以砖，则是所用原妃园寝未经彻底改建的结果。

其四，在营造规制上，皇太后陵左前方（东南）各设神厨库、宰牲亭一组；除昌西陵、慕东陵以外，均为宫门五间两进三门道单檐歇山顶、享殿五间三进重檐歇山顶（昭西陵享殿为重檐庑殿顶，系拆迁宫殿重建而然）、明楼重檐歇山顶，其制与皇帝陵相同。昌西陵是因为仿照宣宗慕陵法式、慕东陵是即原妃衙门改建而且还要迁就慕陵既成制度，其宫门各为三间两进三门道、享殿用单檐歇山顶、裁减方城明楼，属于非常之制。

其五，就陵宫部分而言，皇太后陵与皇帝陵的主要建筑物设置和营造规制几乎没有差别，但其细部却仍然表现出明显的不同。如陵宫前的神道石桥，帝陵为并列拱桥三座、两旁平桥各一座（孝、景二陵因限于地势各只有一座平桥），皇太后陵为拱桥一座、两旁平桥各一座（制度简省的慕陵同此制，但全用青白石），昌西陵拱桥用青白石，两座平桥用豆渣石。方城上南面的垛堞，帝陵为九出，太后陵为七出（均不计两角）。另外，太后陵宫门、享殿、方城明楼、宝城等主要建筑物的体量一般也都比所对应的帝陵收小，梁、枋、雀替等处的彩绘图案也不尽相同。隆恩殿前月台上的陈设，皇帝陵为鼎、鹤、鹿各一对；昭西陵、孝东陵仅有鼎二，泰东陵开始增制为鼎式香炉二、鹤鹿各一。

2. 妃园寝陵园制度特征

清代7座妃园寝的营造规制也不尽相同，其共同特征可以归纳为以下几点：

其一，妃园寝中主体建筑和宫墙之上均覆绿琉璃瓦、东西厢房和守护班房顶覆灰瓦，宫门前神道以方砖铺墁，由此而与皇帝陵、皇太后陵区分出至为明显的等级差别。

其二，宫门三间单檐歇山顶、享殿五间单檐歇山顶、只有一座焚帛炉（现存之例皆在东侧）等，是妃园寝的基本等制，由此而与皇太后陵分出明显等差（图9—46）。

除景陵皇贵妃园寝、裕陵妃园寝以外，其他妃衙门均无配殿之制，也没有方城明楼，这两种建筑物应该是为三位身份特殊的皇贵妃而设；反过来说，无配殿、无方城明楼应该是妃园寝的常制。

其三，妃园寝为前后两进院落，前院享殿，后院坟墓，仍是前朝（庙）后寝之制。作为前后间隔的陵寝门常制为中门设门楼、两侧为过梁式随墙门结构（裕、昌二园寝只有东西二门，但制度不同），而与除昌西陵、慕东陵以外的皇太后陵不同。并且，与皇陵和皇太后陵相比，妃衙门省略了三座门以内至方城明楼这段空间以及石几筵祭台等相应设施，而明昌平陵区的各妃墓前一般都有祭台石。

其四，妃园寝宫门、享殿均无特定名称，三座皇贵妃明楼内的朱砂碑上刊刻满汉两体文字，名为“园寝”而不称“陵”。

其五，从景陵妃园寝开始，妃嫔以至答应人等的宝顶开始以高矮和直径大小以及相应的台基丈尺差异区别等级，身份尊贵者宝顶、台基高大，其排列相应靠前，身份越低，其宝顶越小，也越靠后。各园寝享殿内均设三间暖阁，并不以供奉神主多少而有所变化，如景陵妃园寝等埋葬人数甚多者，往往难容几案。

其六，妃园寝陵宫前神道桥为正中青白石单孔拱桥一、东旁豆渣石平桥一，皇太后陵除多建一座对称的平桥外，也大都用青白石，而且石拱桥与皇帝陵之制相同，皆为三

图9—46　清定陵妃园寝宫门、焚帛炉、享殿

孔。因为慕陵神道降用一拱二平三桥，慕东陵及其前身慕陵妃园寝则相应降等为三座平桥，并且三桥石材全部为豆渣石。

三、清代后妃陵园制度的分期

通过以上对于清代后妃陵园形态及其制度特点的对比分析，参考各陵墓的营造年代及皇室成员葬制变化等因素，把清代后妃陵园分为五期：

第一期，制度萌芽。后金到清初是其后妃墓葬制度的萌芽时期，基本特征是以民族或民俗的地方性生活习俗为出发点，而逐渐走向规范化，满洲旧制仍占据着主体。在时间范围上以后金天命九年（1624年）辽阳东京陵的修建为上限，其下限并不止于清兵入关的顺治元年（1644年），而应该把先后还葬于盛京的太祖和太宗的后妃也包括进去。太宗孝端文皇后薨于顺治六年（1649年）四月，次年二月“奉移宝位恭送昭陵”，“咸与太宗文皇帝大丧仪同”[1]。太祖最后一位离世的妃嫔是来自蒙古科尔沁部的博尔济吉特氏，圣祖即位尊为皇曾祖寿康太妃，卒于康熙四年（1665年）；太宗懿靖大贵妃博尔济吉特氏（麟趾宫贵妃）卒于康熙十三年（1674年），二妃皆还葬盛京。寿康、懿靖二妃等人的园寝分别建于福陵、昭陵之右（西），其陵园制度见诸记载，但已无建筑遗迹佐证。顺治十五年（1658年）三月十五日，待年宫中的悼妃博尔济吉特氏（孝惠章皇后之姑）薨逝，同年九月初八日葬于凤台岭以西的蓟州黄花山东南珠儿峪山，俗称“悼妃陵”[2]。顺治十八年正月初七日身殉世祖的贞妃董鄂氏、卒于康熙六年（1667年）十一月的恪妃石氏等人亦初葬于此陵园，这些妃嫔应该都是火葬。卒于康熙九年（1670年）五月的圣祖慧妃是否火化，不得其详。

本期前后约50年，下限定为康熙早期。

第二期，形成定制。康熙六年（1667年）清圣祖亲政以后，朝廷各项典章制度日趋完备。康熙早期，在借鉴明朝后妃葬制的基础上，结合本朝特点，缘事设例，清代后妃墓葬逐渐形成定制。在这一过程中标志性的重要事件有：

1.康熙十三年（1674年）五月初三日，仁孝皇后赫舍里氏难产而崩，圣祖因而卜建寿陵。十五年正月谕令工部、礼部：“仁孝皇后陵寝，已卜定于孝陵附近之山。理应备依典制营建，但目今军需浩繁、民力维艰，著将地宫先行修造，其余一应工程候国用充足之日次第举行。”[3]康熙二十年（1681年）三月初，圣祖“亲往仁孝皇后、孝昭皇后（卒于康熙十七年二月二十六日）地宫相视”[4]。直到此时，“享殿尚未告成，于宝顶方城前平台上，盖造芦殿”[5]，许多典礼即在此临时建筑内举行。三月初八日，两位皇后“梓宫奉移龙輴，由隧道入地宫，奉安宝床。仁孝皇后在左、孝昭皇后在右，香册、香宝均照左右奉

---

1 ［清］昆冈等修：《（光绪）钦定大清会典事例》卷四七六《礼部·丧礼·孝端文皇后大丧仪》，据光绪二十七年外务部石印本影印本，第6册，中华书局，1991年，第422页。

2 黄花山在今天津蓟县与河北遵化交界处，清代属于蓟州。凤台岭后来封为昌瑞山，其下建世祖孝陵，逐渐成为清东陵的中心。顺治十五年（1658年）正月二十四日，世祖宠妃董鄂氏（端敬皇后）所生皇四子仅百余日而薨，追封为和硕荣亲王，同年八月二十七日葬于黄花山前；其园寝以西后来又陆续建成世祖、圣祖诸皇子园寝六座。悼妃园寝遗址在清东陵西侧风水围墙外，位于荣亲王等清代皇子园寝区域的东南。

3 《清圣祖实录》卷五九“康熙十五年正月丙申”，影印皇史宬等处旧藏清抄本《清实录》第4册，中华书局，1985年，第765页。

4 《清圣祖实录》卷九五“康熙二十年三月己酉”，影印皇史宬等处旧藏清抄本《清实录》第4册，中华书局，1985年，第1194页。

5 ［清］昆冈等修：《（光绪）钦定大清会典事例》卷四七八《礼部·丧礼·孝昭仁皇后大丧仪》，据光绪二十七年外务部石印本影印本，第6册，中华书局，1991年，第464页。

安”[1]。圣祖两皇后之葬是为清朝帝后保留棺木葬之始，同时也开启了清代皇后先卒即先卜、先葬于帝陵玄宫之例。

2.康熙二十六年（1787年）十二月二十五日，昭圣太皇太后崩，次年四月建成暂安奉殿奉厝梓宫。清圣祖在处理太皇太后丧葬过程中曾经明确表示：“满洲例有可从者，有不可从者。”[2]正是基于这种思想，清朝皇室葬俗的彻底汉化乃势所必成。以孝庄文皇后的暂安奉殿为标志，清朝皇室贵族彻底完成了由火葬向保存棺木葬制度性的转变，同时也开创了皇太后别葬之例，此后五年，进一步巩固此项新制度的仁宪皇太后寿陵（孝东陵）已经初具规模。

3.康熙二十年（1681年）三月，在圣祖寿陵旁初步建成妃园寝并开始有妃嫔葬入，妃嫔于皇陵旁边集中埋葬之制初步形成。康熙五十七年（1718年），将原葬于黄花山前的世祖悼妃等人的宝宫或彩棺迁入孝东陵，既是对这一制度的再次认可，也是对于孝陵未设妃园寝的一种补救和折中。此外，盛京福、昭二陵妃园寝之制的完善也可以视为是对前一期陵墓制度的补充。

本期起始年代为康熙十五年，下限至康熙末，前后约45年。

第三期，鼎盛时期。雍正、乾隆二朝国力强盛，后妃陵墓制度在此期间得以空前扩张发展，总体水平达到高峰，进入鼎盛时期。此期的几个标志性事例是：

1.皇贵妃祔葬帝陵：雍正元年（1723年）九月初一日，自景陵妃园寝启出敬敏皇贵妃金棺随圣祖、孝恭皇后梓宫入葬景陵地宫，由此创立了皇贵妃祔葬帝陵之例。此后雍正、乾隆年间先后有5人以皇贵妃身份分别入葬泰陵或裕陵。

2.皇太后另起陵墓成为固定的制度：雍正三年（1725年）正式建造昭西陵地宫是对皇太后单独建陵之制的补充认可；乾隆元年（1736年）九月，崇庆皇太后懿旨：“我朝昭西陵、孝东陵成宪可遵，泰陵地宫不必预留分位。”[3]此后不久，比昭西、孝东二陵格局更为严整的泰东陵开始兴建。

3.出现了超逾妃园寝之制的皇贵妃园寝：乾隆四年（1739年），景陵皇贵妃园寝开工；二十五年（1760年），裕陵妃园寝内的纯惠皇贵妃明楼、宝城增建开工，这种带有明楼宝城的皇贵妃园寝仅见于乾隆盛世。

本期起始年代为雍正元年（1723年），下限至乾隆末年，前后70余年。

第四期，平稳时期。嘉庆、道光两朝，先后有昌陵妃园寝和宝华峪妃园寝、龙泉峪妃园寝的兴建，除昌陵妃园寝之后寝门一带建筑格局有所变化以外，没有明显的制度更新。是为清代后妃墓葬制度的平稳发展时期，前后将近60年。

第五期，衰退时期（含极端个案）。以咸丰元年（1851年）二月昌西陵开始动工修建为标志，清朝后妃陵墓制度进入了衰退期。昌西陵比照泰东陵规制大为简化，稍后即慕陵妃园寝改建的慕东陵更是在很大程度上保留了原来妃园寝的规制。此后，国力日衰，定、惠、崇三陵妃园寝的规制都相对简单，以完工于民国初年的崇陵妃园寝更甚。

在此期间的两座定东陵，规制上有不少地方超越了所从属的文宗定陵，一些细部装饰甚至超过了先前所有的帝陵和后陵（图9—47），特别是慈禧陵，用料、做工均无所

1 [清]昆冈等修：《（光绪）钦定大清会典事例》卷四七八《礼部·丧礼·孝昭仁皇后大丧仪》，据光绪二十七年外务部石印本影印本，第6册，中华书局，1991年，第463页。

2 《康熙起居注》康熙二十六年十二月二十六日庚午，中国第一历史档案馆整理本，中华书局，1984年，第1696页。当时的语境是圣祖反对满洲“年内丧事不令逾年”的旧俗，不同意礼部题奏于当月二十九日将太皇太后梓宫发引出宫。

3 《清高宗实录》卷二六“乾隆元年九月乙未”，影印皇史宬等处旧藏清抄本《清实录》第9册，中华书局，1985年，第573页。

图9—47 清普祥峪定东陵（慈安陵）后寝门

图9—48 清普陀峪定东陵（慈禧陵）隆恩殿月台雕饰

不用其极，是清代规格最高、用工最精的皇太后陵（图9—48），也是清代后妃墓葬制度衰退时期的极端个案。

本期起始年代为咸丰元年，下限延续到民国初年，前后60余年。

第四节 清代皇陵的地宫制度

由于盛京三陵的特殊性，前已做专节集中论述，本节只讨论清代关内九陵的地宫制度及其特征。

相比以前的历代王朝而言，有关清代皇陵玄宫形态的研究资料比较多，特别是工部“样式雷”世家所保留的大量清中期以后诸陵的烫样图纸，为了解清代帝后地宫结构提供了十分珍贵的资料。20世纪70年代以来，高宗裕陵、德宗崇陵、文宗孝钦皇后（慈禧太后）普陀峪定东陵的地宫相继被清理，这三座地宫虽然都曾经被盗掘，并且有些局部遭到严重破坏，但建筑结构保存完整，它们提供了最直观的实物资料。

清裕陵位于河北遵化马兰峪昌瑞山胜水峪，地宫中除安葬高宗外，还祔葬有孝贤纯皇后富察氏、孝仪纯皇后魏佳氏（仁宗生母），以及慧贤皇贵妃高佳氏、哲悯皇贵妃富察氏、淑嘉皇贵妃金佳氏。裕陵地宫建于乾隆盛世，法式严谨，石雕精美。地宫的主体部分为前、中、后三个墓室，通长约54米，总面积（墓室内落空面积）372平方米。根据“样式雷”工程做法档案的记载，清朝皇陵玄宫的前、中、后三殿分别名曰明堂券、穿堂券和金券。

裕陵地宫为拱券式石构建筑，由九个券洞组成[1]，第一个券洞名“隧道券”，亦即墓道，它南起方城券门处的地表，北接地宫墓室前的封门墙（名“金刚墙”），礓磜地面呈斜坡状由地表到达地下，长32米、宽4米。帝后入葬经由此道，葬毕以土填实。第二个券洞名“闪当券”，是墓道和墓室的过渡，相当于甬道。第三个券洞名“罩门券”，罩门券北端为地宫第一道石门，门楼由整块青白石雕成，檐柱螭吻以及瓦、脊等均精雕细琢，正脊上方有佛像、海螺等；门柱两侧墙壁上浮雕狮子驮宝瓶；石门两扇，每扇高3米、宽1.5米、厚0.19米，门上各有一尊浮雕的站立菩萨，东扇门上为文殊菩萨、西扇门上为大势至菩萨，门后有轮、螺、伞、盖、花、瓶、鱼、盘长等“八吉祥”图案和梵字、藏文经咒等。第一道石门后经过第一门洞券到达明堂券亦即地宫前殿，在第一门洞券中东西两壁有浮雕身着铠甲的四大天王像，东壁南侧为操蛇的西方广目天王、北侧为持伞（幡）的北方多闻天王，西壁南侧为仗剑的南方增长天王、北侧为调琵琶的东方持国天王（图9—49）。四大天王手中的宝剑、琵琶、宝伞（宝幡）、水蛇分别象征“风”、“调”、“雨”、

图9—49　清高宗裕陵地宫前殿石刻之北方多闻天王（左）、东方持国天王（右）

1 裕陵地宫资料主要依据于善浦：《清东陵大观》，河北人民出版社，1985年，第94—100页。

图9—50　清高宗裕陵地宫后殿西壁雕刻

图9—51　清德宗崇陵地宫头道石门

“顺”。明堂券的券顶雕刻五方佛，东西两壁前各有四个方形须弥座式册宝台，其上原有清高宗及陪葬后妃的檀香木册、宝。

明堂券北端为地宫第二道石门，形式与第一道石门相同，惟东扇门上浮雕观世音菩萨，西扇门上浮雕地藏王菩萨。第二道石门后经过第二门洞券进入穿堂券即地宫中殿，中殿东西两壁各雕刻着佛教“五欲供”图像，为莲花上分别承托镜、琵琶、涂香、水果、天衣五种物，象征人生“色”、“声”、“香”、“味”、“触”五欲，意谓只有破除“五欲”才能修成正果，进入极乐世界。穿堂券券顶浮雕24尊端坐佛像，各结不同手印。

穿堂券北端为地宫第三道石门，形式同第一道石门，惟东扇门上浮雕除盖障菩萨，西扇门上浮雕虚空藏菩萨。第三道石门后经过第三门洞券进入金券亦即地宫后殿，第三门洞券的末端原有第四道石门，1928年被孙殿英等盗匪炸毁，后经拼对，基本复原，现陈列于金券东西两侧棺床上。第四道石门和第一道石门形式相同，惟东扇门上浮雕慈氏菩萨，西扇门上浮雕普贤菩萨。金券是裕陵地宫中最重要的部分，比前殿、中殿明显高大宽敞，殿顶有浮雕三大朵佛花和二十四个花瓣，花蕊为佛像和梵字；侧壁有浮雕佛像和八吉祥（图9—50），其余部位阴刻梵字或藏字经咒文，总计三万余字。

后殿内东西北三面为艾青石质须弥座式棺床，棺床正中有金井一口。裕陵地宫中原葬有六副棺椁，因盗匪破坏，现仅存其四，清高宗的棺椁安放于棺床正中、金井之上。由于惨遭盗掘，裕陵棺椁残破，骨殖零乱，逊清皇室代表重新安葬时，因无法分辨，乃将帝后妃5人遗骸并殓于高宗棺内，仅一具未朽尸骸仍原棺单葬。值此之故，至关重要的裕陵原葬棺位已无法考究。

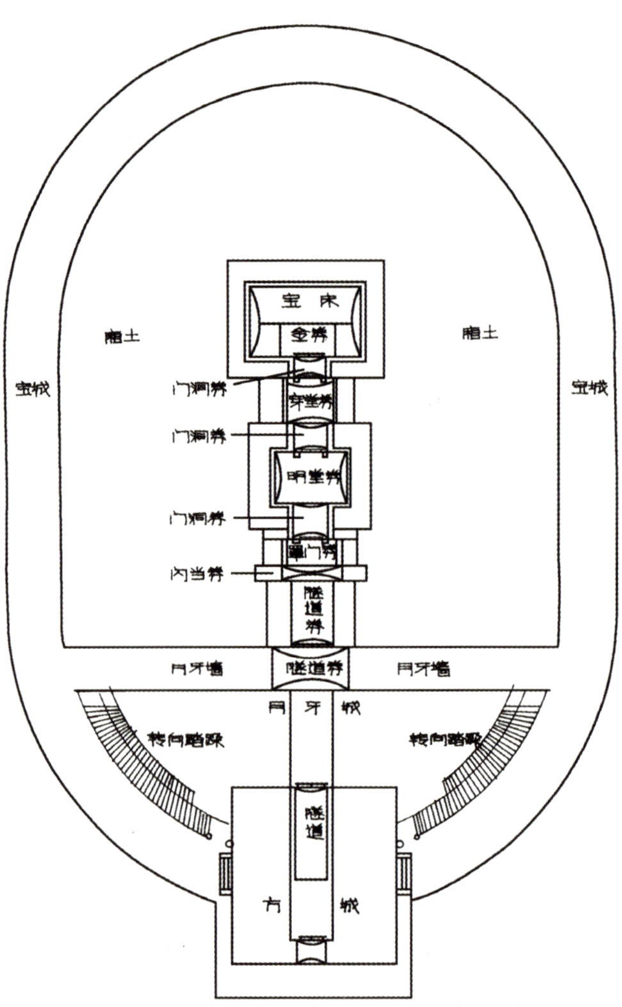

图9—52　“样式雷”清仁宗昌陵地宫平面图（引自《中国营造学社汇刊》第五卷第三期，1935年）

河北省保定地区文物管理所和易县清西陵文物管理处清理了清朝最后一陵——德宗崇陵，证实其地宫确由隧道券、封门墙（金刚墙）、闪当券、三个罩门券、四道石门和明堂券、穿堂券、金券等几部分组成[1]，地宫面积近350平方米。崇陵墓道长10.25米、宽3.8米，自墓道至金券全长64.05米（图9—51）。明堂券、穿堂券、金券分别为地宫的前、中、后三室，明堂券进深9.71米、面阔7.79米；穿堂券进深7.80米、面阔5.09米、中高6.30米；金券进深7.22米、面阔12.32米、高8.95米，金券内有石砌棺床。宝床正中有金井一口，其上安放清德宗棺椁，其东为孝定皇后（即隆裕太后）棺椁。

从已经清理发掘的裕陵、崇陵二陵的地宫实例，以及刘敦桢摹绘的“样式雷”清昌陵、崇陵的地宫平面图来看（图9—52、图9—53），至少乾隆至光绪朝清朝五座皇陵的地宫结构应该是相同的，为九券四门串联的三室结构；其间只有慕陵地宫结构变异较大，为单室结构。道光二年（1822年）七月，清宣宗因宝华峪陵工大臣绵课等人所奏，面谕大学士戴元均、英和等，寿陵“地宫内之起脊琉璃黄砖头停，金券内之经文佛像及二柱门，俱行裁撤”[2]。由此推测，初建于东陵界内的宣宗陵的地宫石刻装饰应该比较简单，但其平面结构和裕陵、昌陵相比应该没有变化。重新迁建于西陵后，为了宣示节俭，宣

1 保定地区文物管理所等：《清西陵崇陵地宫清理简报》，《文物春秋》1990年第2期。

2 《清宣宗实录》卷三八“道光二年七月丙戌”，影印皇史宬等处旧藏清抄本《清实录》第33册，中华书局，1986年，第679页。

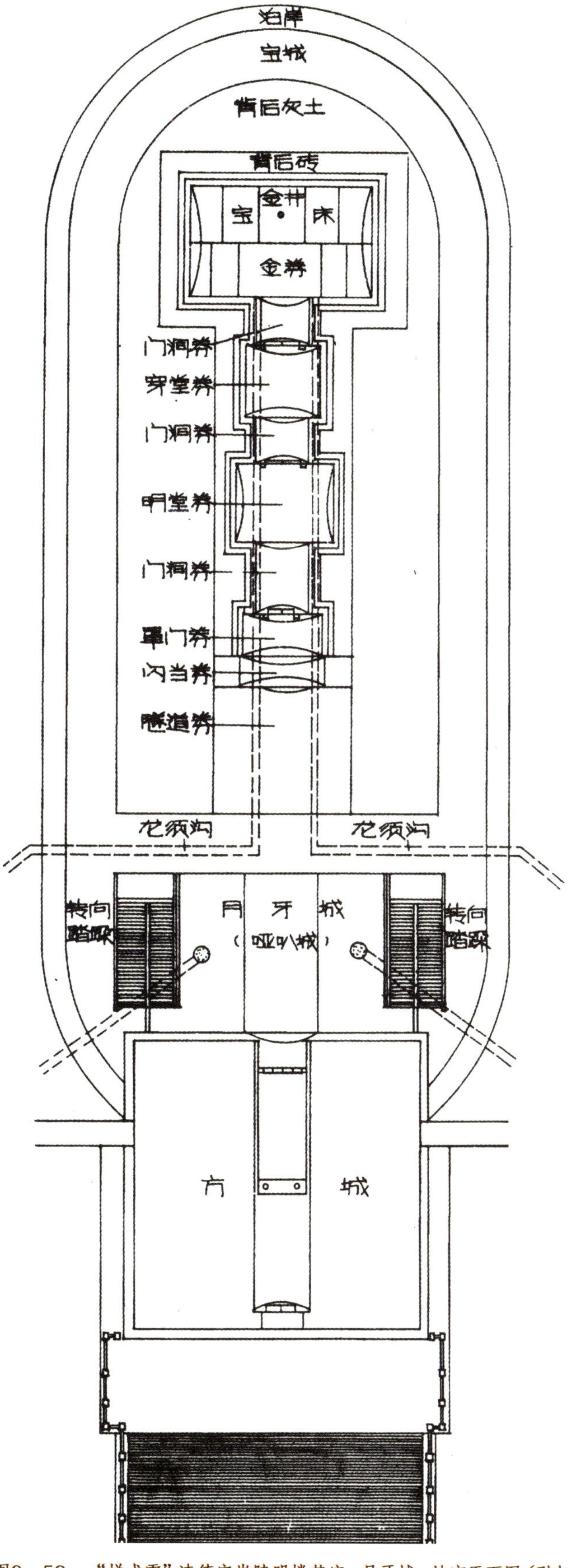

图9—53 “样式雷”清德宗崇陵明楼基座、月牙城、地宫平面图（引自《中国营造学社汇刊》第五卷第三期，1935年）

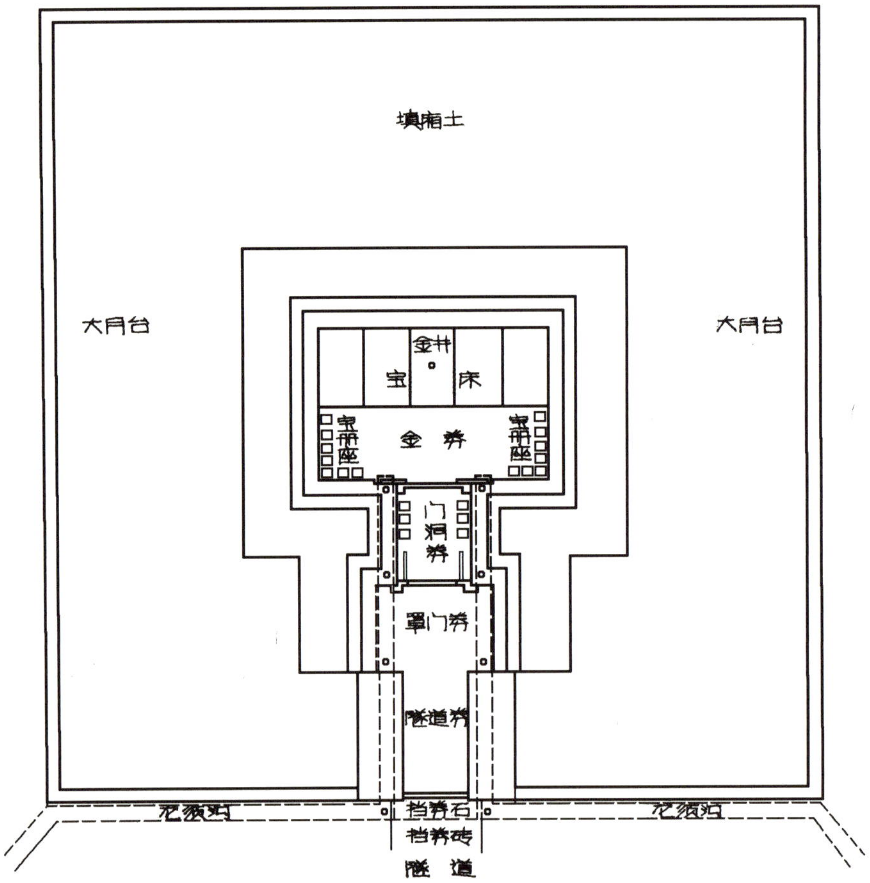

图9—54　“样式雷”清宣宗慕陵地宫平面图（引自《中国营造学社汇刊》第五卷第三期，1935年）

宗寿陵不仅在地面建筑上大规模裁减、修改原有制度，其地宫部分相比诸陵也大为简化。从“样式雷”制作平面图和剖面图来看，慕陵地宫平面为倒置的“土”字形，为五券二门之制，即隧道券、罩门券、第一道石门、门洞券、梓券、第二道石门和金券组成，与诸陵相比，仅保留了作为后殿（棺室）的金券，而取消了明堂券和穿堂券，为一室地宫。墓室的后半部为棺床，前半部东西两侧分别放置册、宝（图9—54）。慕陵以后的定、惠、崇三陵地宫石作装饰也依例简化，虽仍为三室，但除四道石门上仍保留佛像、门柱门脊略作雕刻外，其余诸处壁面均不再雕饰。崇陵地宫所反映的四座石门依然雕饰八大菩萨立像而其他地方不再装饰佛像和经文的做法，应该是始于道光初年。

关于清陵地宫的建筑结构，刘敦桢曾根据“样式雷”制作的清代皇陵地宫平面图作过扼要的阐述：“地宫墙壁之下，皆下柏木桩。桩长一丈至一丈五尺，径五寸至七寸。桩头露出五寸，空间填碎石，谓之‘掐当石’。石缝之间满灌桃花浆，待阴干后，再筑灰土。”“灰土之上，砌垫底石及埋头，皆用豆渣石灌浆。次砌压面石一层。次平水墙，用顺石与丁石合砌，其上砌券洞。”“凡砌石俱灌石灰浆，内加糯米白矾，并嵌生铁银锭及熟铁锔榁，以资联络。对缝处，则凿浅沟，嵌填桐油石灰。”“平水墙外侧，另砌背后砖墙保护之。然亦有二者之间，再加豆渣石一层者。其在各券洞之上，昌（仁宗）、崇（德宗）二陵皆加砌砖券，厚五券五伏，慕东陵规模较小，则减为三券三伏，据雷氏昌陵地宫图，地宫砖券之上，再覆琉璃瓦脊，如普通宫殿状。”“自道光以后，则皆改为庑殿顶之蓑衣砖。”“背后砖墙外侧与蓑衣砖之上，苫盘踖五次，内加糯米汁搀和二次，搀灰泥背一层。其自背后墙至宝城城壁之间，满筑小夯填厢灰土，但亦有下层用小夯，上层用大夯者。宝城城壁厚约一丈，以铁拉扯与内部灰土联络。”“自蓑衣砖以上至宝顶，筑过河灰土，亦系小夯。上苦盘蹓五次，内加糯米汁搀和二次，搀灰泥背三层，表面刷土黄二遍，俗云'包金泥'。"[1]道光二年（1822年）七月，宣宗面谕大学士戴元均等，寿陵"地宫内之起脊琉璃黄砖头停"[2]。可知自慕陵以后，清诸陵地宫顶上不再覆黄琉璃瓦，而以灰砖叠压排列如蓑衣状覆盖于地宫诸券的券顶上。

限于资料，裕陵以前的孝、景、泰三陵地宫结构情况不明。清初以明昌平诸陵为蓝本，确立了本朝的陵园制度，其玄宫制度也应该继承自明陵。1956—1958年发掘的明神宗定陵玄宫由前、中、后三殿和左、右配殿五座殿宇组成[3]。参与督工营造明光宗庆陵的工部郎中万爆在所著《陵工记事》中记载："陵寝有后殿、中殿、前殿，重门相隔。"[4]万氏所记只讲到庆陵前、中、后三殿的石门，而没有谈及左、右配殿，以定陵实例考之，配殿也隔以石门，门轴之制应当一致；可以推定明庆陵玄宫只有前、中、后三主殿，而别无配殿之设。

清初孝陵之建上距明庆陵、德陵的完工只有三四十年的时间，其结构应该相近。清代文献记景陵、泰陵中祔葬皇贵妃时均未涉及地宫配殿，为崇庆皇太后预留分位龙山石事请旨，也未涉及地宫配殿，可知此二陵地宫结构应该和裕陵一样。由此判断，除西陵中的慕陵以外，清朝关内诸陵（包括宝华峪宣宗初陵，甚至可能也包括改建后的盛京福、昭二陵）的地宫结构前后应该是一致的，为前、中、后三室（殿）；所不同处在于墓壁和墓门等处的石雕装饰。裕陵地宫是清代关内诸陵地宫的杰出范例，其余诸陵地宫结构与之相仿，但石作装饰则有繁简精粗的不同。从营造时间上看，孝、景二陵相近，其地宫制度也应该相近；泰、裕二陵年代相接，其风格也应该相同或相似，昌陵最初营造于高宗做太上皇时期，也是用的乾隆制度，装饰风格上应该更接近裕陵。

第五节　明清陵墓制度的异同

清代五处十二座皇陵建于不同时期，其制度亦不尽相同。盛京三陵建于清初，它们随着后金—清政权的日益扩大和巩固而不断改建、添建，其制度也是逐渐完善的。三陵保存了不少满洲旧制，介于明清皇陵制度转型期之间，特异性比较突出。清初诸帝王殁后火化，再葬以骨灰罐，因此墓室比较简陋，有些墓甚至没有墓室，这是清初帝王陵墓制度中最具特色的部分。帝后火葬的习俗一直沿袭到康熙初年，孝陵中的清世祖、孝康章皇后（圣祖生母）、孝献皇后（端敬皇后）都是葬骨灰罐，直到圣祖亲政以后皇室贵族的葬俗才发生变化。顺治八年（1651年）六月，"礼部请照例加四祖、太祖、太宗陵山封号，从祀地坛。命作速举行"[5]。同年十月，清朝仿明制封祀"陵山"，"封肇祖原皇帝、兴祖直皇帝陵山曰启运山，景祖翼皇帝、显祖宣皇帝陵山曰积庆山，福陵山曰天柱山，昭

1 刘敦桢：《易县清西陵》，《中国营造学社汇刊》第五卷第三期，中国营造学社，1935年；后收入《刘敦桢文集》第二卷，中国建筑工业出版社，1984年，第143—144页。

2 《清宣宗实录》卷三八"道光二年七月丙戌"，影印皇史宬等处旧藏清抄本《清实录》第33册，中华书局，1986年，第679页。

3 长陵发掘委员会工作队：《定陵试掘简报》，《考古通讯》1958年第7期；《定陵试掘简报（续）》，《考古》1959年第7期；中国社会科学院考古研究所等：《定陵》，文物出版社，1990年。

4 ［清］朱孔阳《历代陵寝备考》卷四九引[明]万爆《陵工记事》，影印清道光刊本，江苏广陵古籍刻印社，1990年，第341页。

5 《清世祖实录》卷五七"顺治八年六月乙亥"，影印皇史宬等处旧藏清抄本《清实录》第3册，中华书局，1985年，第457—458页。

陵山曰隆业山。遣多罗贝勒吞齐、固山贝子吴达海等祭告”[1]。以此为标志，清朝的陵寝制度开始走向全面汉化。康熙二年（1663年），世祖亲自看定风水的遵化凤台岭孝陵工程开工；同年九月至十二月，分别改建福陵、昭陵地宫，这项工程表明清朝规范化的陵寝制度已经确立。孝陵以后，清朝诸帝陵制度与明代皇陵制度非常相似，主要表现在以下几方面：

第一，清陵选址的风水标准与明代一致，甚至还有传闻说清朝关内第一陵——孝陵的风水还是明末勘定的。据清初查继佐记载："崇祯初年，遍求天寿无吉壤，至十三年（1640年），始召刘诚意孔昭及张真人甲协视地，得蓟州凤台山，云地善而难得治陵起工之吉，吉在甲申（1644年）以后，不及事。后为董贵妃葬处。"[2]蓟州凤台山就是遵化昌瑞山（在今天津蓟县与河北遵化交界处，清代以来属遵化），考明思宗并无董氏妃，并且，按照明朝中期以后制度，妃嫔不可能合葬皇陵。卒于崇祯十五年（1642年）七月的田贵妃，葬于天寿山西南的鹿马山（又名锦屏山）妃园寝，后来明思宗帝后殉国藁葬其中，号思陵，是帝后不得已葬入妃墓，而不是贵妃入葬皇陵。所以"后为董贵妃葬处"之"董贵妃"，只能是清朝人，或许就是合葬孝陵的董鄂妃（端敬皇后）之讹传。

第二，清代皇陵陵宫平面布局与明代昌平多数皇陵相似，亦为前后两进院落，主体建筑的布局方式、建筑形式均与明陵一致，琉璃花门、明楼、宝顶等名称亦沿自明朝之旧，前院的隆恩门、隆恩殿，与明陵中相应的祾恩门、祾恩殿也仅仅是一字之差。

第三，清代帝陵玄宫为前、中、后三室，与明神宗定陵"三主两配"之形式不同，而与文献记载中的明光宗庆陵结构相同，这是定陵式玄宫的简化形式，即省略了两个配殿。若按"明堂九宫"之制来说，清陵玄宫不但减省了四个，还减省了清阳太庙和总章太庙，而只保留了明堂太庙、太庙太室和玄堂太庙三个主要部分。

第四，清朝诸皇陵每年有五次大祭，为清明、中元、冬至、岁暮和忌辰，每月朔、望皆有小祭。和明朝一样，皇陵之祭皆于享殿举行，而别无寝宫之设。除了固定大、小祭祀以外，清代凡逢遇国家重大庆典、武功告成等皆有遣官祭陵之仪。官员因公谒陵，三品以上在罗城门外行礼。如遇祭日，二品以上许入城随守陵官陪祭；归京复命前要谒辞。皇帝亲祭陵，行前要躬告太庙，于隆恩殿行大享礼。礼成还京仍告太庙，并出御太和殿，受百官表贺[3]。乾隆八年（1743年），定皇帝谒陵之仪同太庙亲祭之仪，至此，皇陵在礼制上已经完全与宗庙并尊。从法理上肯定了山陵与宗庙等尊的地位，把明朝及其以前重视陵祭的观念发展到极致。

第五，清朝继承了明代昌平皇陵式的陵区制，父祖子孙不葬于同一兆域有不合礼义之嫌。清世宗以"规模虽大，而形局未全，穴中之土又带砂石"[4]为由，对于为他在遵化卜选的九凤朝阳山万年吉地的风水不满意。后来由怡亲王允祥、总督高其倬等人在易州泰宁山太平峪选择了寿陵址，世宗虽心喜其地，但却因与祖、父之"孝陵、景陵相去数百里，朕心不忍"，而不敢贸然开工，让大臣们讨论另处建陵"与古帝王规制典礼有无未合之处"。于是大学士九卿会议上奏："谨按《帝王世纪》及《通志》、《通考》诸书，历代帝王营建之地远或千余里，近亦二三百里。地脉之呈瑞关乎天运之发祥，历数千百里蟠结之福区，自非一方独擅其灵秀，今泰宁山太平峪万年吉地虽于孝陵、景陵相去数百里，

1 《清世祖实录》卷六一"顺治八年十月乙丑"，影印皇史宬等处旧藏清抄本《清实录》第3册，中华书局，1985年，第480页。

2 ［清］查继佐：《罪惟录》卷一六"陵志"，浙江古籍出版社，1986年，第809页。

3 赵尔巽等：《清史稿》卷八六《礼志·谒陵》，中华书局，1976年，第2589页。

4 《清世宗实录》卷八九"雍正七年十二月壬寅"，影印皇史宬等处旧藏清抄本《清实录》第8册，中华书局，1985年，第190页。

然易州及遵化州皆与京师密迩，实未为遥远。”于是皇帝表示“朕心始安”，正式下令另辟易州陵区[1]。后来，清高宗考虑到若后世子孙皆依父祖而葬，则“孝陵、景陵日远日疏，不足以展孝思而申爱慕”，于是将自己的寿陵卜定于昌瑞山胜水峪。嘉庆初年，他又念及“若嗣皇帝及孙曾辈因朕吉地，在东择建，则又与泰陵疏隔，亦非似续相继之意”，于是命仁宗万年吉地卜于西陵界内。并预嘱：“至朕孙缵承统绪时，其吉地又当建在东陵界内。我朝景运庞鸿，庆衍瓜瓞，承承继继，各依昭穆次序，迭分东西，一脉相联，不致递推递远。且遵化、易州两处山川深邃，灵秀所钟，其中吉地甚多，亦可不必于他处另为选择，有妨小民田产，实为万世良法。”[2]从而确定了清朝皇帝父子异陵区的祧葬之制，为了预防子孙依世宗成宪再另择陵区，他反复强调：不要听信形家术士的蛊惑，“遵化、易州两处山川灵秀宽广，其中吉地甚多，我子孙务须恪守前训，永垂法守，断不必另择他处，有妨民业”[3]。所以此后清朝诸帝实行京东、京西两个陵区的祧葬之制。

清代皇陵制度虽然基本仿自明陵，但在具体建制和平面布局上、在礼制方面，与明代相比还是有一些明显的差别，兹对比如下：

第一，明十三陵以成祖长陵为中心，子孙祔葬于同一兆域，有些设神道以达长陵，有些则自宗陵分之。除长陵外，其余诸陵均无望柱、石像生、龙凤门，更没有大碑楼，各陵属于自身的部分实际只有陵宫及神库、神厨等附属建筑，相对独立性要差一些；清代东、西陵虽诸帝同兆域，相距也不远，但孝陵以后的圣祖景陵、世宗泰陵、高宗裕陵、仁宗昌陵各有神功圣德碑、望柱和石像生、龙凤门或七间牌楼门等，而且大多都是自祖陵（或首陵）主神道分出本陵支神道，相对独立性更强一些。另外，明十三陵以长陵为首陵，其余各陵惟自重风水卜址，以长陵为基点考察，其东西两旁皇陵数目对比悬殊（东3座，西9座）。清东陵则以祖陵居中，子孙序于祖祢之下，即孝陵居中，景陵居左，裕陵居右，宣宗初陵居于次左，文宗定陵居于次右，穆宗惠陵居于再次左，在一定程度上体现了昭穆制度。西陵各陵似考虑风水因素更多一些，但相对于首陵泰陵而言，慕陵仍然是居于昌陵之下。

第二，明代皇陵玄宫除皇帝外，还合葬皇后和嗣皇帝本生母，甚至孙辈皇帝的本生祖母。皇后先崩者或先葬入地宫，或权攒他处以待异日帝后同葬；皇帝已经落葬，皇后或嗣皇帝本生母等人后死亦开启玄宫合葬，并不以年久为忌。这种现象很普遍，如仁宗皇后（宣宗生母）晚于仁宗17年，宣宗继后（英宗养母）晚于宣宗27年，英宗钱皇后晚于英宗4年、宪宗生母晚于英宗40年，景帝汪皇后晚于景帝49年，世宗本生祖母晚于宪宗35年，孝宗皇后（武宗生母）晚于孝宗36年，蒋太后（世宗生母）晚于睿宗19年，穆宗继后晚于穆宗24年、神宗生母晚于穆宗42年，皆合葬，这是一种完整意义上的帝后合葬。清代皇陵合葬制度与明代有所不同，自孝庄文皇后另建暂安奉殿为始，凡皇帝已先死并入葬皇陵，玄宫石门既经封闭便永不再启，皇太后死后均单独建陵，于是在皇帝陵之外又有皇太后陵。清代帝陵玄宫除皇后、嗣皇帝本生母合葬外，还有一些皇贵妃从葬，此例创自景陵，景陵除一帝四后外，还葬有敬敏皇贵妃章佳氏。此后诸陵效尤，泰陵地宫葬敦肃皇贵妃年氏，裕陵地宫葬慧贤皇贵妃高佳氏、哲悯皇贵妃富察氏、淑嘉皇贵妃金佳氏。高宗继后乌喇纳喇氏因为得罪皇帝，既不得合葬裕陵，又不能单独起后陵，只是

---

1 《清世宗实录》卷八九“雍正七年十二月壬寅”，影印皇史宬等处旧藏清抄本《清实录》第8册，中华书局，1985年，第190—191页。

2 《清高宗实录》卷一四九五“嘉庆元年十二月癸巳”，影印皇史宬等处旧藏清抄本《清实录》第27册，中华书局，1986年，第1024页。

3 《清高宗实录》卷一四九六“嘉庆二年三月乙卯”，影印皇史宬等处旧藏清抄本《清实录》第27册，中华书局，1986年，第1034页。

图9—55　明宪宗茂陵无字碑及碑亭残迹

图9—56　清圣祖景陵神道碑

祔梢于裕陵妃园寝中纯慧皇贵妃券室内，并且在陵园、宗庙中均无祭享。

第三，除南京孝陵外，明朝妃嫔之葬多不近帝陵，或在天寿山之东井、西井、银线山、袄儿峪、锦屏山等处，或远至于西郊金山、翠微山。清代列帝妃嫔则集中建园寝，各祔于所奉帝陵左右。关内九陵，七陵有妃园寝（或名“妃衙门”），孝、慕二陵虽无之，但孝东、慕东二后陵中亦兼葬诸妃嫔。

第四，明清陵园在建筑建置方面也有所差异。明陵中孝陵、长陵、永陵、定陵诸陵之陵宫皆为三进院落，在祾恩门前还有一道拱券式宫门；清代诸陵皆无之。明朝诸陵在嘉靖时皆于陵宫前立石碑，但皇帝未遑撰文，遂成无字之碑（图9—55）；清代陵宫前石碑上刊皇帝庙号及尊谥，名曰“神道碑”（图9—56）。明陵祾恩殿之制，孝陵、长陵九间，永陵七间，其余诸陵皆五间；清陵隆恩殿，除永、福、昭、慕四陵为三间单檐歇山顶以外，其余诸陵皆为五间重檐歇山顶。明朝诸陵除昭、德二陵外，明楼内皆无月牙城，宝顶一般呈圆形或椭圆形；清陵宝顶一般是前方后圆，皇帝陵在明楼以内皆有月牙城（“哑巴院”），皇太后陵不设月牙城。明朝皇陵宝顶较大，宝城前端与陵宫墙相接，除永、定二陵各有一道外周垣以外，其余诸陵宝城之后部皆暴露于外；清陵宝城较小，成为陵宫三座琉璃门后第二进院落的中心建筑，方城明楼两侧延伸出卡子墙与陵宫两侧墙相接。从陵园朝向来看，明代诸陵除朝南或朝南略偏外，还有朝东、朝西者；清朝诸陵则皆朝南或朝南略偏。

第五，明清皇陵玄宫皆为石砌拱券式，明陵玄宫制度前后应该有所变化，其中定陵是前、中、后、左配、右配五殿，玄宫连同甬道前后通长87.34米，左右横跨47.28米，总面积1195平方米[1]。清陵地宫制度前后基本一致，以裕陵为例，玄宫分为明堂券、穿堂券、金券三殿，而别无左、右配殿，设石门四道，地宫全长约54米，总面积372平方米[2]。清陵地宫虽然比明陵狭小，但石门甚至全部墙壁都有精美的雕饰，为明陵所难以企及。

1 中国社会科学院考古研究所等：《定陵》，文物出版社，1990年，第21页。

2 于善浦：《清东陵大观》，河北人民出版社，1985年，第94页。

第六，明朝太祖、成祖、景帝、世宗、神宗为生前亲卜吉地，预建寿陵，其余诸帝都是殁后才择地建陵。昌平陵区中，凡建于皇帝生前的诸陵，规模都比较大，建筑材质也比较讲究；而殁后所建诸陵则规模较小、制度划一。清代从康熙朝开始，皇帝预建寿陵成为定制，“向例，皇帝登基后，即应选择万年吉地”[1]。皇太后凡卒于皇帝大葬以后，既不能开启玄宫与先朝皇帝合葬，乃于皇陵近处预建后陵。这项制度一直沿用到清末，其间只有惠陵卜建于穆宗身故之后，德宗和宣统帝都已卜得吉地但未曾兴工。清朝关内诸陵，除慕陵外，各陵陵宫部分制度相对统一，所不同惟在神道部分，皇太后陵亦然。

1 《清高宗实录》卷一四九五“嘉庆元年十二月癸巳”，影印皇史宬等处旧藏清抄本《清实录》第27册，中华书局，1986年，第1023页。

后　记

2012年10月，林沄先生召集我们到成都开会，其间孙华教授给我布置任务——承担《中国古代物质文化史》中的《陵墓》卷。经孙兄一再劝诱，我答应先和出版方见一次再定。回天津后不久，开明出版社社长兼总编辑焦向英先生、教育与学术分社社长柴星女士专程来访，详谈了这套书的概况，两位虽是初次相识，却相谈甚欢，也最终促使我接受了这一工作。之所以最初不愿接这个任务，是因为我所在的系当时正着手准备重编传统教材《中国古代物质文化》，大约此前半个月的中秋节我刚刚拟出大纲，深恐分身无术。还有一个重要的原因，就是2010年5月我才在南开大学出版社出版了《中国古代陵墓》，该书虽然是教材形式，但由于陵墓领域的空白点不少，所以并非“编著”，而是有不少个人见解在其中。仅仅两年多的时间，同一个主题显然很难做出突破性的创新。

我似乎是消极地加入这个庞大的创作团队的，但这项工作2013年12月正式开始以后，我越来越觉得其实《陵墓》卷可做的事情很多。陵墓是王朝重要的礼制建筑，但其制度并非固定模式，而往往呈现出动态的变化。随着田野考古工作的不断深入，陵墓个案资料越来越多，本书摭举了许多例证，并不是要否定共性，而是要在共性中看个性、由个性而归纳共性，探寻陵墓制度的发展轨迹。除了补充最新考古资料外，本书增加更多的内容是我对于早先已知考古和文献资料的重新理解和认识。比如辽西夏金部分，在2006年韩国新星出版社出版的《中国古代陵寝制度研究讲义》中是独立的一章，考虑到时代的共性和各民族文化的多元一体，在“南开版”中与五代两宋合并为一章。尽管当时我已经意识到了北方三朝陵墓制度的新因素及其影响问题，但许多资料尚未消化，所以只是简单的合并；随着最近几年考古新资料的披露和我个人认识的深化，此次再独立成章。此外，还有对于唐代及其以前陵墓制度一些局部性的新认识。相比南开版《中国古代陵墓》，本书不仅字数增加了近一倍、插图增加了200余幅，最大的区别在于写作时更放得开，因为专著毕竟不同于教材，不必过于四平八稳，个人观点可以、也应该多一些。

由于本书并不是对“南开版”简单的修订，有些章节甚至是推翻重写，所以工作量远远大于当初的想象。我曾经筹划过五十岁前后交出所有的行政事务，专心学术15年，在退休前把多年想做的事情尽量做完、做好。但由于种种原因，梦想成了幻想，文债之台高筑。于是，这部书稿更多的是见缝插针而“抢”出来的。高铁上、飞机上，开会出差的间隙，乃至奉陪父母输液、住院都成了最安静的工作时间。很惭愧有劳柴星社长、程锦编辑多次催问，感谢她们的督促，使我不敢懈怠。感谢孙华教授审稿中提出的宝贵意见！书中图版除特别说明外均为我历年所拍摄，张婧文博士提供了设计意见；线图多经南开大学刘尊志教授加工处理；征引历史文献的出处经我研究生孟晋园、梁金鹏、石兆含、杨丰溢、刘梦诗等人核对；白瑶瑶博士通读了“二校”全稿，纠正了一些我视而不见的错误；程锦女士为本书的出版付出了辛勤的劳动，特别是在怀孕身体不适期间坚持工作，令我感动，谨此一并致谢！

年过知命，才真正体会到人生如白驹过隙的涵义。我还要感谢我的中学和大学时代，因为那时候机械管理比较少，我才能沐其仁风，有机会在教材以外，读了更多的书。其实，素质教育真的应该是桃李不言、潜移默化。

掩卷而坐，内心增加了几分惶恐和不安，书中肯定存在着不少的疏漏和谬误，特别是不能一气呵成的缺憾，敬祈众师友和读者诸君批评指教。

刘　毅

2016年2月26日于获鹿旅次

图书在版编目（CIP）数据

中国古代物质文化史．陵墓／刘毅著．
—北京：开明出版社，2014.10
ISBN 978-7-5131-1760-9
Ⅰ．①中… Ⅱ．①刘… Ⅲ．①物质文化-文化史-中国-古代
②陵墓-历史-中国-古代 Ⅳ．① K220.3 ② K878.8

中国版本图书馆 CIP 数据核字（2014）第 190533 号

出 版 人：陈滨滨

责任编辑：程 锦 魏红岩 董晓君 谭天佼
美术编辑：周怡君
装帧设计：羽人·高伟

出 版：开明出版社（北京市海淀区西三环北路 25 号青政大厦 6 层）
印 制：保定市中画美凯印刷有限公司
开 本：889×1194 1/16
印 张：25.75
字 数：470 千
版 次：2016 年 5 月 第 1 版
印 次：2023 年 2 月 第 2 次印刷
定 价：280.00 元

ISBN 978-7-5131-1760-9